戚其章 著

甲午战争史

上海人民出版社

出 版 说 明

　　今年适逢甲午年。120 年前爆发的中日甲午战争是近代史上具有决定性、全局性和深远性影响的一场重要战争,在一定程度上决定了中日两国在近代的走势。由于战局复杂、战事跌宕、影响深远,甲午战争一直是近代史研究的一个焦点。

　　在汗牛充栋的甲午战争研究成果中,戚其章先生的《甲午战争史》因史料渊富、考订精严、内容全面、持论公允,自 1990 年首次出版以来即广受各界好评,被海内外学界公认为甲午战争研究领域最重要的著作之一。

　　为此,在甲午战争 120 周年之际,本社特隆重推出插图版的《甲午战争史》,既帮助读者更准确、全面地了解那段历史,也提醒国人勿忘国耻、奋发图强。

　　同时以本书再版纪念 2012 年去世的戚其章先生。

上海人民出版社

甲午岁首

再 版 前 言

　　《甲午战争史》原由人民出版社于 1990 年 9 月刊行,迄今已有 15 个年头了。现在回过头来看,它之得以成书,与有关方面和学术界同仁的关心、支持是分不开的。

　　早在 20 世纪 50 年代中期,我开始对甲午战争史产生兴趣,着手搜集有关文献资料,并展开实地调查工作。在此基础上,先后在山东人民出版社出版了两本小书——《中日甲午威海之战》(1962 年 4 月出版)和《北洋舰队》(1981 年 8 月出版)。曾有人问过我:为什么不写一本完整的甲午战争史? 我的回答是:斯事体大,无论资料积累还是研究的深度和广度,皆有不足,难当此任。这是我当时的心里话。

　　到了 1982 年 4 月,中华书局总编辑李侃先生来济南,住在珍珠泉宾馆,我去看他。他告诉我,美国哈佛大学费正清教授向国务院古籍整理出版规划小组组长李一氓先生建议,认为我国 50 年代编辑出版的大型资料书《中国近代史资料丛刊》贡献甚大,仅在美国培养的历史学博士就不下于 200 名,但此后新资料不断发现,《丛刊》已经不能适应进一步研究的需要了,应该组织编辑出版《丛刊》的续编。李老很重视费正清的建议,决定纳入工作计划,责成中华书局组织实施。李侃先生问我:你能否就甲午战争资料部分的续编代拟一份计划? 虽然事情来得突然,但我还是应承下来,两天后便将草拟的一份《续编甲午战争资料的设想》交给了他。不想这份《设想》竟得到李老的认可,于 1983 年 1 月 12 日由古籍整理出版规划小组发文,正式委托我担任《中国近代史资料丛刊续编》之一的《中日战争》主编。我之所以写这本《甲午战争史》,与此事是大有关系的。

　　其后,山东省社会科学规划会议在济南举行。分科讨论时,山东师范大学胡滨教授提出:听李侃先生说,甲午战争资料续编已确定由我省担任,作为甲午战争主要战场之一的山东省,还应该编写一部较为系统的《甲午战争史》,作为课题立项。并认为我是承担此课题的最佳人选。最后,会议采纳了胡滨先生的意见,将《甲午战争史》列为山东省社会科学"六五规划"的一项课题立项。同年3月,为筹备甲午战争90周年学术讨论会事,我去北京与三家会议发起单位——中国史学会、《历史研究》编辑部和《近代史研究》编辑部(另两家发起单位为山东社会科学院和山东省历史学会)商量有关事宜。在京期间,还广泛征询学术界同仁的意见,有机会与人民出版社的张作耀先生相识。这是我们第一次会面,他就直截了当地提出,《甲午战争史》要交给人民出版社出版。他是一位办事非常认真的人,以后多次询问书稿的进展情况。还有一次开玩笑地说:千万别等到我退休了再交稿!他的不断催询,也使我感到寸阴尺璧,不敢稍懈。到1985年10月,国家教委又将此书列入了《高等学校历史专业教材编选计划(1985—1990)》。笔耕历时几近八年,此书终得面世。

《甲午战争史》的出版,受到了有关领导部门的重视。出版的当年,中央宣传部、新闻出版署联合发出通知,为纪念鸦片战争150周年,更好地配合爱国主义教育,特向读者推荐一批优秀图书,在书单中开列人民出版社刊行的《从鸦片战争到五四运动》等著作5种,此书亦名列其中。学术界舆论对此书也表示认同,并作出了肯定评价。1992年,此书被评为山东省社会科学优秀成果一等奖。当初由于各方面的推动和鼓励,我才有勇气和决心承担《甲午战争史》的写作任务;今逢此书再版,我要向关心并给予帮助的有关部门、学术界同仁和热心的读者表示最诚挚的感谢。

这次本书由上海人民出版社再版,我对全书又重新做了校订,错字改之,漏字补之。原来书中凡公元纪年、记时及单纯用作数词的数字,皆用汉字,今除引用文献仍保其旧外,余则统改用阿拉伯数字。对西人译名误从近人者,则根据清朝档案更正之,如戴乐尔(William F. Tyler)即是。原先此书梓行后,即有读者认为,书中应插印若干照片和地图,以期做到图文并茂。再版的责任编辑孙瑜先生也提出了同样的意见。这个建议非常好,这就是书中增加地图和照片的由来。另外,书后还附有一份《征引与参考书目举要》,以便于读者查阅。是否妥当,仍请读者提出宝贵的批评意见。

著　者

乙酉仲春于泉城

目　　录

第一章

日本蓄谋发动侵略战争

第一节　朝鲜东学党起义与中日出兵

一　东学道的创立及其性质

日本外务大臣陆奥宗光在其所著《蹇蹇录》第一章中洋洋得意地宣称："将来如有人编写中日两国间当时的外交史，当必以东学党之乱为开宗明义第一章。"日本抓住东学党起义这个时机，挑起了甲午战争，使日本跻身于列强之林，这是日本扩张主义者一贯自诩的得意之作。不过，即使当时不爆发东学党起义，日本还会利用别的借口来发动一场侵略中国的战争的。所以，日本利用东学党起义而挑起战端，看来似乎偶然，其实是日本实行大陆政策的一个必然步骤。

东学党，自称"东学道"，即后来盛行于朝鲜民间的天道教、侍天教的前身。所谓"东学"，就是"东方之学"，是与当时叫做"西学"的天主教相对抗的。早在19世纪30年代，西方传教士就从中国偷渡鸭绿江，陆续进入朝鲜秘密传教。当时信奉洋教的教民，有不少是地痞、流氓和不法之徒，他们以教会为靠

日本外务大臣陆奥宗光(1843—1897)

山，横行霸道，欺压良民，民教矛盾日趋尖锐。于是，以宗教为外衣的秘密结社东学道便应时而生。

东学道的创始人崔济愚(1824—1864)，本名济宣，号水云斋，庆尚道庆州府人。父亲是乡村塾师，以道德文章名于一道。崔济愚十六岁丧父，家道衰微，无以为业，便遍游名山大川，访师求友。他见西方传教士努力布教，贫苦群众皈依者颇多，便萌发了创立新的宗教与洋教对抗的念头。于是，改名济愚，

进入庆尚道梁山郡之千圣山，在内院庵内修道。数年之间，他对于儒、佛、道三教教义之长短进行了反复的忖量和比较。1860 年 5 月 25 日，忽有所悟，感到儒教拘于名节，未臻玄妙；佛教入于寂灭，断绝伦常；道教悠游自然，缺乏治平之术。决定取三教之长，舍其所短，以"诚"、"敬"、"信"三字为要义以教人。并制成 21 字咒语曰："至气今至，愿为大降侍，天主造化定，永世不忘万事知。"自称代天主布教济民，所新创之道为"天道"，学为"东学"，以与天主教为代表的"西学"相抗。东学道教义简明，信徒日众，以庆尚、全罗二道为中心，在几年的时间内渐及全国。崔济愚为道主，号天宗大神师，其下各道有大接主，郡县有接主，信徒主要是农民群众。东学道的迅速发展，引起了统治者的极大恐慌。1862 年，崔济愚被捕，当时由于数百名教徒群集官署请求而获释。次年，崔济愚和道徒二十余人再度被捕，以其咒语中有"天主"二字，被目为黄巾、白莲之流，决定严惩不贷。1864 年 4 月 15 日，庆尚道观察使徐宪淳判崔济愚以左道惑民之罪，在道治太邱府处以斩刑。被捕的道徒也都被发配到绝岛或远恶之地。

崔济愚虽死，但东学道并未被镇压下去。当他被捕之前，先将秘法授予门下高徒崔时亨，以备不幸殉教之后可继承其衣钵。于是，崔时亨成为东学道第二世道主。崔时亨（1827—1898），初名庆翔，号海月堂，庆尚道庆州府人，与崔济愚同族。幼丧父母，生活贫苦，曾到造纸作坊学徒。1861 年，投于崔济愚门下受教。及继任教主后，称海月神师，并遵教祖遗命避于太白山中。后辗转于庆尚、忠清、全罗三道之间，秘密传教。1880 年，崔时亨集教祖之遗文，以《东经大全》之名刊行。到 1883 年，又增补再刊。因此，东学道之教义得以广泛传播，来投访者络绎不绝。此时，东学道的内部组织已渐完备，设教长、教授、都执、执纲、大正、中正六职。①

虽然东学道在隐蔽中继续发展，但仍被政府视为厉禁，不容许其存在。1885 年以后，忠清道观察使沈相薰对东学道徒屡加镇压。及至 1892 年，赵秉式任忠清道观察使，继续侦察崔时亨之行踪。当时，崔时亨潜居于忠清道报恩县，有道众建议：天主教布教之禁已经解除，而东学道反禁，实为本末倒置，请教主集合教徒，向观察使请愿，申教祖之冤，为之建祠，并严禁迫害东学道徒。是年 12 月 20 日，各地教众会于全罗道参礼郡，到者数千人，草拟陈情

---

① 《海月神师实史》，《天道教书》，第 52—78 页。转见田保桥洁：《甲午战前日本挑战史》中译本，第 35—37 页。

书,向全罗道观察使李宪植申述。李宪植在陈情书上批曰:"勿再迷惑!"东学道众不服。25 日,再上书李宪植,申述地方吏胥军校恣意没收东学党徒财物,以饱私囊,及其种种不法之举,并请求为先师雪冤。上书后,道众数千人留全州府不去。李宪植害怕道众暴动,于 27 日发布告示,禁止今后迫害东学道众。请愿道众归参礼郡后,以道祖之冤未能昭雪,议决再檄召八道道众向中央请愿。

1893 年 1 月 23 日,崔时亨召集八道道众于忠清道报恩县,决定向中央呈递陈情书,陈述东学道教义及教祖之冤案。3 月 29 日,以崔时亨门人朴光浩为疏首的 40 人,齐集景福宫光化门前,上疏于国王。疏称:

> 某等饮泣茹恨于兹三十年,先师之至冤至今尚未得伸。以是鸣冤锦营,呼吁定府①,而浇世薄俗不辨底细,随而辄目之以邪学,被之党锢。以东学为名者,茫茫天地,无所归矣。盖东学云者,别无他意,但我先师居于东,学于东,以此名倡者,所以遏西来之学也。不意今日党锢之灰复燃,反助西教之左臂。悠悠苍天,此何人耶?

朝王以其上疏违制,不予接受,而下教旨曰:"尔等其各归家,各安其业,则依愿施行。"②朴光浩等不得已而离京返回全罗道报恩县。

东学道徒伏阙上疏,虽未达到预期的目的,但却造成了极大的影响。《容庵弟子记》记此事说:东学道徒"来汉数十人,请韩政府尽逐各国官民,只留华人。揭榜挂西人门首,诟詈多端,外人均大恐。"③4 月 6 日,袁世凯致电李鸿章,亦称:"东学邪教,联名诉请韩王,尽逐洋人。迭有揭帖榜文,沿西人门多端诟骂,称将逐杀。在汉洋人均大恐。日人多携刀昼行,尤骚讹。"④东学道的揭帖榜文保存下来的不多,现摘录一件,以见其斗争矛头所向:

> 今倭洋之贼,入于心腹,大乱极矣。试观今日之国都,竟是夷贼之巢穴。窃惟壬辰之仇⑤,丙子之耻⑥,宁忍说乎? 宁忍忘之? 今我东方三千

---

① 锦营,忠清道公州监营;定府,全罗道全州监营。
② 《海月神师实史》,《天道教书》,第 92—96 页。转见田保桥洁:《甲午战前日本挑战史》第 40—42 页。
③ 沈祖宪、吴闿生编纂:《容庵弟子记》,见《中日战争》(2),第 268 页。
④ 《寄译署》,《李文忠公全集》,电稿,第 14 卷,第 28 页。
⑤ 壬辰之仇,指 1592 年日本丰臣秀吉侵略朝鲜之役。
⑥ 丙子之耻,指 1875 年日本军舰云扬号占领江华岛炮台事件。

里兆域,尽为禽兽之据;五百年宗社,将见黍离之叹。仁义礼智,孝悌忠
信,而今安在哉?况乃倭贼反有懊恨之心,包藏祸胎,方肆厥毒,危在朝
夕。倘视恬然而谓之安,则方今之势与投火薪上何异哉?生等虽草野蠢
氓,犹袭先王之法,耕国君之土,以养父母。于臣民之分,虽有贵贱之殊,
然忠孝何所异哉?愿效微忠于国家,而区区下情无路上达。伏想巡相阁
下,以世家忠良,永保国禄,忧在进退,爱君忠国之忱,非生等之可比也。
古语曰:大厦将倾,一木难擎;大浪将籏,一苇难航。生等数百万,同力誓
死,欲扫破倭洋,而效大报之义。伏愿阁下同心协力,募选有忠有义之士
吏,同遂辅国之愿。千万祈恳之至!①

这份充满爱国激情的揭帖,提出了"扫破倭洋"的口号,无异于一篇讨伐外国侵
略者的檄文。

不久,东学道徒又开始酝酿再次伏阙上疏。4月26日,全国八道的东学道
徒汇集于忠清道报恩县,达数万人之多。忠清道观察使赵秉式束手无策。消
息报到京城后,朝鲜政府惊恐万状,下令革去赵秉式、李宪植观察使职务,以赵
秉镐、金文铉代之。又派户曹参判鱼允中为宣抚使,速赴报恩县解散道徒。鱼
允中派人密探东学道内情,得知道主崔时亨并无聚众暴乱之意。5月15日,鱼
允中偕报恩县县令李圭白亲赴东学道徒之聚会处,传达国王的教旨,并当众宣
布今后地方官吏如有非法杀害东学道徒没收财产等事,将处以严罚。崔时亨
本无反抗政府之念,在鱼允中劝谕下,便令道徒解散,各自归家。

崔济愚、崔时亨领导的东学道,其宗旨是对抗"西学",与中国近代的某些
反洋教斗争有相似之处,从反对西方教会开始,逐步发展到逐灭一切洋人。这
一斗争,尽管带有笼统排外的倾向,但其实质却具有鲜明的民族自卫性质,应
该是反帝爱国运动。东学道并不反对官府,不能称之为反对封建统治的斗争。
当然,不排除东学道的某些行动带有一定的反封建因素,但迄于1893年为止,
其主要斗争矛头仍是对准外国侵略者的。②

---

① 转见王芸生:《六十年来中国与日本》第2卷,第17—18页。

② 国内外有些学者认为:A.崔时亨领导的东学道运动是反对封建统治的斗争。如〔苏〕提亚加
伊:《1893—1895年朝鲜农民起义》第85页:"在东学道的宗教外衣之下藏有农民群众对封建压迫的反
抗。"周一良:《东学党——朝鲜的反封建反帝斗争》:"(东学道)在宗教外衣下,喊出反对西教口号,作反
对封建统治的斗争。"见《中日甲午战争论集》第16页。B.东学道具有反封建反侵略斗争两重性质。如
王芸生:《六十年来中国与日本》第2卷,第16页:"东学道的重要性,不在于它的宗教信仰或思想体系,
而在于根据民族精神,喊出反对西教的口号,从事反封建反侵略的斗争。"两说都不准确。

二　东学党起义

从 1892 年 12 月东学道开始公开活动后,连续发生了全州请愿、伏阙上疏及报恩聚会三大事件,但其斗争的结果最后竟化为泡影。东学道徒解散后,官府又分别加以逮捕。东学道徒所受的迫害反而有增无已。从金允植给鱼允中的信中,可以看出统治者对东学道徒所采取的可耻的欺骗手段:

> 窃谓大服人心莫如"信"之一字。向于宣谕之后,宜自朝廷即发一令,既往勿问。……今乃一边开诱以好生之道,一边行会以捕核党魁,彼安肯心服乎?焦唇弊舌而竟归食言,事何以行令乎?未知其间事状如何,党魁已就捕否?此系庙算,非野人之所可与知,而事体则顾不然乎?……方今民心涣散,从乱如水,朝廷无固系之信,所在贪污,长吏又从而叚而纳之。以此言之,未可以已散而释虑也。惟激浊扬清,兴利除弊,为挽回民心之大关捩。①

金允植反对政府当局的欺骗手段,提出兴利除弊以挽回民心,是完全正确的,但是又有谁肯听呢?所以,他的"未可以已散而释虑"的说法,确实是相当清醒的估计。果然,刚转过年来,东学党武装起义便爆发了。

东学党起义首领全琫准

这次起义的领导者不是东学道主崔时亨及其门下高徒,而是道徒全琫准。全琫准(1854—1894),全罗道古阜郡人。其父为人正直,秉性刚强,曾为古阜郡衙吏属,因不满郡守贪婪无厌,率农民袭击郡衙,不幸被捕,死于乱杖之下。全琫准悲愤不已,常以报亡父之仇、拯救民众于水火为念。1874 年,他拜谒崔时亨,聆听教义,遂为东学道信徒。到 1894 年领导起义时,已是古阜郡东学道的首领。全琫准所领导的起义,虽然是以东学道徒为核心,并继续沿用东学道的名称,但已经脱去了宗教外衣,所以历史上一般称之为东

---

① 　金允植:《与宣抚使鱼一斋别纸》,见《中日战争》(2),第 403 页。

学党起义。

　　长期以来，由于朝政腐败，人民苦于苛政久矣。一方面，权贵横征暴敛，榨取无厌，过着穷奢极欲的生活；另方面，人民贫苦不堪，求生乏术，挣扎于水深火热之中。国内阶级矛盾日趋激化。在东学道徒中传诵着这样一首歌谣：

　　　　金樽美酒千人血，玉盘佳肴万姓膏。

　　　　烛泪落时民泪落，歌声高处怨声高。①

这是当时朝鲜社会生活的真实写照。民不聊生，怨声载道，对政府的不满情绪弥漫了全国。1894 年初，俄国驻华公使喀西尼在一份报告中说："根据各种征象，朝鲜人民的不满以及其对于政府的敌视态度，正波及全国。""全朝鲜陷于沉重而日益增长的激愤情绪已有相当时日，这种激愤情绪极易转变为公开的暴乱。"②果然不久，震撼半岛的东学党起义在全罗道古阜郡爆发了。

　　东学党起义发端于全罗道古阜郡，事非偶然。1892 年，古阜郡郡守赵秉甲走马上任。他本是个著名的贪官，巧取豪夺，诛求不已，农民尤无噍类，早有愤愤不平之意。到 1894 年，万石洑水税事件发生，便激发了这次起义。古阜郡是朝鲜的产米区之一，水利灌溉至关重要。朝鲜有一种特有的堰，以木石或土沙筑成，用来截水灌溉农田，叫做洑。洑分国有和民有两种。万石洑就是古阜郡的国有洑之一。农民从国有洑引水灌溉，须缴纳一定的水税。此项水税收入，按惯例只用于洑的管理及其他有关事业，并不上缴国库。自赵秉甲上任后，征发数万农民修洑。及至完工之后，赵秉甲竟擅自废除惯例，增加水税，且将水税纳入私囊。郡民不服，赴郡衙辩理，赵秉甲置之不理。郡民复派代表赴全州，向全罗道观察使金文铉申述。金反将代表逮捕，投入监狱。郡民忍无可忍，便揭竿而起了。

　　是年 2 月 15 日，全琫准率东学道徒和农民袭击郡衙，驱逐了郡守赵秉甲。起义军占领郡衙后，开仓库，将钱谷分散给农民。3 月下旬，起义军以古阜郡的白山为根据地，制订了四项行动纲领：一、弗杀人，弗伤物；二、忠孝双全，济世安民；三、逐灭夷倭，澄清圣道；四、尽灭权贵，复国安邦。③并发布檄文揭露吏治

---

　　①　《日清战争实记》第 5 编，第 102 页。

　　②　《驻北京公使喀西尼致外交大臣急件》，见《中日战争》(7)，第 218 页。译文参看《1893—1895年朝鲜农民起义》，第 92 页。

　　③　《远东报》1894 年 6 月 10 日，转见《1893—1895 年朝鲜农民起义》，第 95 页。

之腐败。从其纲领和檄文看,起义军并未把斗争的矛头直接指向最高统治者,仍然认为"今我圣上仁孝慈爱,神明圣睿"。正如各国历史上的许多农民起义一样,他们反对贪官污吏和地主,可是"拥护好皇帝"。尽管这样,起义军提出了"逐灭夷倭"、"尽灭权贵"的口号,还是带有鲜明反侵略反封建的性质的。就是说,全琫准领导的东学党起义与崔时亨领导的反对西教的斗争相比,已经把斗争提到了更高的水平。

全罗道观察使金文铉接到起义军攻占古阜郡的报告后,立即派李庚镐率全州监营 200 士兵前往镇压。全琫准闻讯,率起义军在古阜郡的黄土岘迎战,打败官军。领兵官李庚镐被击毙。起义军初战告捷,士气大振,乘胜追击,进抵长城郡一带,全罗道首府全州危如累卵。此时,参加起义军的农民甚多,武器也大有改善。据日本《时事报》载:

> 匪约计四千,此即滋蔓之根也。若统计之,则不下万余人矣。其所用器械不一:有用鸟枪者,有用剑者,有用戈矛者。其枪若三千杆,内两千杆自行购置,其一千系由军械库劫掠者。该匪有乘马者百余人,以为哨探。……其行军战阵之法,的是曾经训练者。①

于是,全琫准被推为总督,以金德明为军师,大将孙和中与金开男各领一军。起义军有了严密的组织,战斗力大大加强了。

东学党起义军纪律异常严明,朝鲜人民和旅朝的外国人士无不有口皆碑。据日本《东京日日新闻》载:

> 东学党订有不耽酒色、不吃烟等等规律,党员很能遵守,一点也不为害于农民。有人问他们的目标,回答是:改革政府弊政,驱逐居留的外国人,以图国民的福利。他们所说的总能实现。从古阜进军全州时,禁止践踏田地、妨害农作,并且放空炮告诫军队离开田圃。他们所到地方,各货用现钱交易,商业照常进行,相当有利益而无危害之患。他们在人民中声誉很好。

东京《国民新闻》刊登一个旅朝日人的来信说:

> 东学党军纪律之严正,实在令人佩服而外,无话可说。如果有一个兵士夺了良民的财产或奸淫了妇女,立即捕来,当众数说他的罪恶,处以死

① 《同文馆学生长德节译日本报》,见《朝鲜档》(1901)。

刑,警戒全军。所以队伍经常齐整,服从命令。犹如我所说的听来或似过誉,实际情形确是如此。地方人民一则(对官军)畏如蛇蝎,一则(对义军)爱如父母,其间相去实如天渊。①

同文馆学生长德禀呈总理衙门的节译日报新闻稿亦称:

> 若论各匪待民,不但和平,且有仁厚之意,绝不剥削脂膏。无论用民何物,皆予以公平之值。倘遇府库之财,必尽取之以充用度。现该匪志不在图谋京师,而亟亟于储粮草,备器械,购军火,得民心也。②

起义军秋毫无犯,深受人民群众拥护;人民群众对起义军也给予有力的支持。当时,"政府发布了关于保证讨伐队粮米与人民应向官军交纳粮米的严厉命令,但任何人也不加以理睬。至于东学党的军队,它却有足够的粮米,用不着征集,因为农民完全自愿地给他们以各种帮助。"③

朝鲜政府接到全州监营为起义军所败的报告,惊恐万状,急派京军壮卫营正领官洪启薰为两湖④招讨使,率京军壮卫营八百,自仁川海路向全罗道群山浦进发;又命京军二百,自汉城由陆路开赴全州。当时,北洋海军的平远舰正停泊仁川港,朝鲜政府向袁世凯交涉借用此舰,得到允许。5月8日,洪启薰乘平远舰自仁川出港,前忠清道报恩县县令李圭白为从事官。兵员、野炮两门、枪械及弹药400箱,皆分载于平远舰及苍龙、汉阳两火轮上。10日,洪启薰从群山浦上岸,19日,抵全州,会合由陆路开来的京军,再加以全州监营新募的军队,即向南进发。

先是,1893年东学道报恩大会时,洪启薰曾率壮卫营六百进行威慑,从而达到了迫使崔时亨解散道徒的目的。此番他想重演故伎,对全琫准采取招抚的手段,不战而瓦解起义军。于是,向起义军发谕招降,谓:"朝廷现已免黜全罗监司金文铉,械系郡守赵秉甲,以示抚慰,天恩圣仁极矣。若仍执迷不悟,则决大举讨伐!"⑤全琫准拒绝受抚,率军东袭灵光县,生擒守城统长黄万基,斩之。洪启薰知招抚无望,决意以武力镇压。京军壮卫营经过新式训练,是当时

---

① 转引王芸生:《六十年来中国与日本》第2卷,第20—21页。

② 《同文馆学生长德节译日本七日报》,见《朝鲜档》(1901)。

③ 东京《国民新闻》1894年7月21日通讯。转引王芸生:《六十年来中国与日本》第2卷,第21页。

④ 两湖,指全罗、忠清两道。

⑤ 织田纯一郎:《日清韩交涉录》,第4页。

朝鲜唯一配备外国新式武器的军队,但洪启薰感到兵力太少,难操胜券,便密奏朝王,建议借外兵镇压。其奏有云:

> 目今东学猖獗,或窟于西南,无赖称托蚁附,操守畏缩虎视。大者以万数,小者以千数。初因守令贪墨,生灵涂炭,学虽不足为,乱实可忧。……东逐则西去,西逐则东去,万无剿灭之道。臣之罪多,复命之日,将自缚待罪,以顺王法。而现今时势,我少彼多,难以分兵摧击。伏乞借外兵以助之,使彼首尾不接,音信不通,彼必势孤必散,力穷自解,一举而全得,唯此一条耳。①

朝王以兹事体大,未敢轻易采纳。于是,仅遣枪炮队400人增援。在援兵到达之前,政府军已经与起义军在长城郡月坪洞交火了。

起义军先采取避实就虚的战术,不与之正面交锋,使政府军疲于奔命,然后伺机突击袭之。政府军屡为所乘,士气衰落。全琫准率军由灵光南进,经兴德、咸平而辗转进入长城郡,扎营于城南月坪。5月24日,洪启薰率政府军蹑踪而至。起义军设伏于月坪洞北丛林中,另以少数老弱之兵扼路口,诱敌深入,伏兵突起袭击。政府军猝不及防,大败而逃,军械多被起义军缴获,营官李斗璜被击毙。据日报载:"缘官军失于谋划,被贼诱入敌营,腹背受困,伤亡者二百余名,余皆溃散。此一役也,官军大挫其锐矣。"②洪启薰逃往灵光郡。但是,起义军并不追击,经泰仁、金沟两县北上,进逼全罗道首府全州。31日,起义军自金沟逼近全州府城,占领完山,以缴获的野炮向府城内轰击。此时,全州监营军队全部被洪启薰调走,城内无兵驻守。观察使金文铉驱使城中壮丁上城守卫,知难持久,乃与中营将林泰斗弃城往忠清道公州,判官闵泳升亦随后而逃。城内既无守将,居民便开城纳降。

6月1日,全琫准率军入城,秩序井然,没收官衙及土豪财富分给贫民,并严禁伤害百姓,居民大悦。全琫准在全州城南门楼张贴榜文,宣布起兵的宗旨曰:

> 方今事势,非可坐以待死。有雄兵猛将在信地以待,各郡才士飞书千里,以勤王事。以国势论之,执权大臣皆闵姓,终夜经营,只知肥己。其党派布各邑,日以害民为事,民何以堪? 今之招讨使,人本无识,自到此地,

---

① 《日清战争实记》第1编,第28—29页。
② 《同文馆学生长德节译日本报》,见《朝鲜档》(1901)。

畏东道之威,不得已而出兵,妄杀贤良有功之人,冀以邀功,久必受刑而死。惜三年之内,我国将归倭国。是故东道大举义兵,以安民生。①

全琫准占领全州后,忠清、庆尚两道的东学道徒蜂起响应。起义军控制了朝鲜南部三道,并建立了自己的政权机构"执纲所"。至此,东学党起义军的发展达到了顶峰。

日本政府早就在一直注视着朝鲜局势的发展,以待出兵朝鲜的时机,然后制造挑起战端的借口。如今,这样的时机终于来到了。

三　朝鲜乞兵与清军赴援

东学党起义前后,借兵问题成为朝鲜政府内部讨论的重要议题,但几起几落,长期未能得以实行。

先是在 1893 年 4 月东学道徒报恩聚会时,朝鲜政府即有借兵中国之意。5 月 2 日,举行大臣会议时,有人提出:忠清道监营兵力微弱,不足以镇压之,而京畿防务亦不甚固,唯有借调中国军队代戡。会后,朝王特派内务府官员朴斋纯亲访清朝驻朝鲜总理交涉通商事宜的袁世凯,请求中国派军舰及陆军驻马山浦,以资震慑。袁认为,东学道乌合之众,不足构成威胁,而"调兵骇闻远近,必多骚谣"。②并力劝朝鲜政府宜镇静处之。10日,再次召开大臣会议,讨论处理报恩事件的对策。朝王又提议请援中国,因领议政沈舜泽、右议政郑范朝及左议政赵秉世皆持反对意见,未能做出决定。当时,朝王怕京城空虚,不敢派遣亲兵,故主张借兵中国。而沈舜泽等人反对借兵中国,只是怕负担军费。至于如何妥善解决国内的危机,皆无一人道及。因此,君臣们尽管意见不一,实际上都无改革弊政以从根

清朝驻朝鲜总理交涉通
商事宜袁世凯(1859—1916)

---

① 见王芸生:《六十年来中国与日本》第 2 卷,第 21—22 页。
② 《养寿园电稿》津院去电,《袁世凯致李鸿章电》(光绪十九年三月十八日)。

本上解决问题的打算。只是由于报恩聚会的东学道众解散,借兵之议才不再提起。

及至 1894 年全琫准起义后,借兵中国之议再起。两湖招讨使洪启薰密奏朝王,提出借外兵助剿。然而,推动借兵中国之议的最有力者,还是"势道"①闵泳骏。闵泳骏的后台则是朝王李熙和闵妃。当时已有大院君李昰应与东学党勾结的风传。李熙和闵妃为防范此事,故积极支持闵泳骏与袁世凯保持密切联系。②只因大臣中反对者甚多,难以付诸实行。5 月 25 日,李鸿章电总理衙门称:"舟次迭接袁道电:'全罗道匪党势颇猖獗,韩兵、练溃败。又添调江华枪队炮队四百余往剿'云。韩王未请我派兵援助,日亦未闻派兵,似未便轻动。应俟续信如何,再酌。"③直到此时,大臣之间尚未取得一致的意见,李熙尽管倾

朝鲜国王李熙(1864—1907)

向于向中国借兵,但唯一的顾虑是惧怕日本出兵。因为日本代理公使杉村濬曾多次访问外务署督办赵秉稷及其他大臣,力言借调外兵甚为不可。④李熙更担心如借兵中国,日本必以此为借口出兵,局面将难以收拾,因此举棋不定,下不了最后的决心。

但在此时,闵泳骏仍然与袁世凯暗中联络,不断磋商此事。闵、袁曾在校洞之闵泳骏府中密议,袁谓朝鲜文武官吏中无一人物,闵请道其意。袁称:"方今东学跳梁,招讨重任,而使孺子之洪启薰任之。国家不误而何?余近遣使至战地侦察,将无严威,军无纪律,官校终日不为一事。兵卒出入闾里,偷财贪色,为害居民。贼军在前,则远阵于数十里以外,待其退却,然后追讨。是岂讨贼之本意?余谓朝鲜无人物以此。若使余划策,期以十日,必不难讨灭之。"⑤袁

① "势道",又作"世道",用以称王族外戚之当权者。
② 《梅泉野录》,第 132 页,见《袁世凯与朝鲜》第 348—349 页转述。
③ 《李文忠公全集》,电稿,第 15 卷,第 32 页。
④ 杉村濬:《明治二十七八年在韩苦心录》,第 3 页。
⑤ 《日清战争实记》第 1 编,第 33—34 页。

还向闵表示，只要朝鲜政府以正式照会的形式提出求援，中国可随时考虑其借兵要求。

30 日，廷臣会议讨论借兵问题，意见仍然相持不下。领敦宁府事金炳始反对借兵最为激烈，向李熙进言曰："匪徒虽难赦，然皆我民，将以我兵剿之。若借他国兵诛讨，我民心当如何？民心易涣散，宜审慎！"①讨论无结果而散。

31 日，全州陷落的消息传来，京城为之震动。李熙急派闵泳骏向袁世凯求助："方今全州失守，以若朝鲜之兵，难以抵乱敌。且人才难得其人。望大人特念。"袁十分爽快地回答道："朝鲜有危，吾岂不悉心护之乎？若有难处之端，吾当担当矣。"闵闻此言大喜，即回报李熙。

6 月 1 日，廷臣会议讨论借兵是否会引起第三国出兵的问题。朝王与大臣的谈话内容如下：

> 闵泳骏、赵秉稷禀："都城二十里内，贼犯之前，各国兵不得下陆，公法所载。今日清兵请来，其他外兵不得挥入。"
>
> 朝王："若日本称邻谊，出兵来助，以何对之？"
>
> 闵泳骏："此亦袁世凯必有涂抹之策，不必烦圣虑。"
>
> 朝王："日前袁氏之言，不无俄兵见机称助之意，此则何以答之乎？"
>
> 闵泳骏："自有所答之道。"

至此，朝王才下定借兵的决心，对诸大臣曰："此论（指反对借兵的主张）固好矣。来头事未可料，诸大臣之论亦宜请援云。清馆照会促送可也。"②

同一天，袁世凯向李鸿章报告说：

> 京兵败，械被夺，韩各军均破胆。昨今商派京及平壤兵二千人，分往堵剿。王以"兵少不能加派，且不可恃"为词，议求华遣兵代剿。韩归华保护，其内乱不能自了，求为代戡，自为上国体面，未便固却。顷已嘱"如必须华兵，可由政府具文来，即代转电请宪核办"等语。③

按照《天津条约》，中国向朝鲜派兵，日本也可借口出兵。对于这一点，袁世凯不是不知道。朝王之所以迟迟不敢请援者，也是为此。那么，袁世凯为什么这么积极地推动此事呢？因为他相信，即使日本以护卫使馆为名，有出兵之举，

---

① 《朝鲜史》，高宗李熙三十一年四月二十六日。

② 转见林明德：《袁世凯与朝鲜》，第 347、349 页。

③ 《李文忠公全集》，电稿，第 15 卷，第 32—33 页。

也不过派遣百余名士兵而已,不致引起难以了结的纠葛。

其实,早在5月上旬,当袁世凯派平远舰帮助朝鲜运兵时,日本即非常关注中国士兵是否登岸。5月29日,日本外务大臣陆奥宗光又密令杉村濬:密切注意朝鲜政府与中国使节之间的关系,是否已向中国求援。到6月1日,杉村濬已探知朝王决定借兵,但不知中国态度如何。于是,急遣书记生郑永邦访问袁世凯,以"询匪情"为名试探袁的真意,并诱引袁入其圈套:

> 郑:"匪久扰,大损商务,诸多可虑。韩人必不能了,愈久愈难办,贵政府何不速代韩戡?"
>
> 袁:"韩廷亦有此请,我政府冀其习战自强,尚未核准。"
>
> 袁:"乙酉约我如派兵,应由何处知照?"
>
> 郑:"由总署、北洋均可,我政府必无他意。"①

袁世凯听了郑永邦"必无他意"的口头保证,更加相信日本顶多"不过借保护使馆为名,调兵百余名来汉",绝不会出什么大事的。所以,他才那么自信地给李鸿章打了请兵的电报。

6月2日,杉村濬亲访袁世凯,详探朝鲜请援之究竟。前一天郑永邦来访时,袁世凯已经透出"俟接到正式公文后,即筹备出兵"的口风。杉村濬当即致电陆奥宗光报告此事。所以,他今天来访,一方面是证实此事;一方面以"盼华速代戡"为名,进一步诱袁上钩:

> 杉村濬问:"盼华速代戡,允否?"
>
> 袁答:"韩惜民命,冀抚散。及兵幸胜,故未之请,不便遽戡。韩民如请,自可允。"
>
> 杉村濬问:"倘请迟,匪至全州,汉城甚危。拟先调兵来防护,华何办法?"
>
> 袁答:"或调兵护,或徙商民赴仁川,待匪近再定。"
>
> 杉村濬:"韩送文请告知,以慰盼念。倘久不平,殊可虑。"

杉村濬所说:"拟先调兵来防护",含催促中国出兵之意,又是为日本出兵预留地步。袁世凯却见不及此,总是从好的方面考虑,以为同杉村濬有老交情,不

---

① 《李文忠公全集》,电稿,第15卷,第33页。

会对自己过不去,说什么"杉与凯旧好,察其语意,重在商民,似无他意。"①他完全相信了日本方面的瞎话。

到了6月3日,朝鲜政府终于命内务府参议成岐运,携政府照会正式请求中国派兵。并任命工曹参判李重夏为中国兵舰迎接官,内务府督办申正熙、参议成岐运统辖军务司,负责有关接待中国军队事务。

在朝鲜政府向中国送出请援照会的当天,日本驻天津领事荒川已次奉陆奥训令,也前去拜会李鸿章。荒川所谈与杉村濬"语意略同",使李鸿章更相信日本"必无他意"的保证,毫不怀疑其包藏祸心,便坦率相告:"韩请兵,势须准行。俟定议,当由汪使知照外部,事竣即撤回。"②这样,日本方面便完全掌握了中国的派兵计划。

清政府既应朝鲜政府的请求,决定派兵赴朝,便致电驻日公使汪凤藻,根据1885年中日《天津条约》有关条款,知照日本外务省。6月6日,汪凤藻照会陆奥宗光,告知中国政府应朝鲜政府之请求,按照"我朝保护属邦旧例",派令直隶提督叶志超"选带劲旅,星驰朝鲜全罗、忠清一带,相机堵剿,……一俟事竣,仍即撤回,不再留防。"③

照会发出的当天,日本方面立即有所反映。汪凤藻急电李鸿章,告知日本政府令其驻朝鲜公使大鸟圭介"带捕二十名立赴韩,并添调一舰护商"。④李鸿章电复汪称:"韩未请倭派兵,倭不应派。若以使馆护商为词,究竟有限,且汉城现安静无事。祈与妥商。"7日,袁世凯亦来电:"大鸟来,虑生事"。李鸿章则复电说:"大鸟不喜多事,伊带巡捕二十名来,自无动兵意。"⑤他坚信日本"必无他意",不会借机生事。

就在同一天,接连发生了两桩事情:

第一桩:日本外务省照复汪凤藻:"查贵国照会中有'保护属邦'之语,但帝国政府从未承认朝鲜国为中国之属邦"。⑥为"属邦"二字,日本外务省官员与汪凤藻"大费辩论",日方欲汪"商请酌改",汪则"正词拒之"。对此,李鸿章的态度很坚决,复汪电云:"文内我朝'保护属邦旧例',前事历历可证,天下各国皆

---

① ④　《李文忠公全集》,电稿,第15卷,第34页。
②　《北洋大臣来电》,《清光绪朝中日交涉史料》(954),第13卷,第8页。
③　《北洋大臣来电》,《清光绪朝中日交涉史料》(958),第13卷,第9页。
⑤　《北洋大臣来电》,《清光绪朝中日交涉史料》(956、957、960),第13卷,第8—9页。
⑥　《日本外交文书》第27卷,第519号。

知。日本即不认朝鲜为中属,而我行我法,未便自乱其例。故不问日之认否,碍难酌改。"①但是,他完全没有看到,日本之所以提此问题,是为日后扩大事态而埋下的伏笔。

第二桩:日本驻北京临时代理公使小村寿太郎照会总理衙门,声明根据《天津条约》,"因朝鲜国现有变乱重大事件,我国派兵为要,政府拟派一队兵"。②同时,李鸿章亦迭接袁世凯来电,谓已派译员询杉村濬,询问日本"派兵何事",杉村答以"调护使馆,无他意"。又说:杉村"近颇惊惶自扰,故各国均疑之,谣议颇多。鸟(大鸟圭介)来,或稍镇静。"③李鸿章均信之不疑。由于他对日本的险恶用心缺乏清醒的估计,因此只能按照自己一厢情愿的主观构想那样干下去。

中国所派军队分三批渡海。第一批,是太原镇总兵聂士成所统芦防马步军,共910人,为前锋。6月6日下午6时,自塘沽登图南轮,于8日下午6时抵牙山海口。9日,登岸整队,进扎牙山县。第二批,是直隶提督叶志超所带榆防各营,共1055人,以及弹药、粮饷等,分载于海宴、定海二轮,于8日下午6时启航,10日下午3时抵牙山海口。因无驳船,直至12日上午10时始全部登岸。第三批,是总兵夏青云率马队100名、旱雷兵100名及步队300名,乘海定轮渡海,于25日抵牙山县。于是,屯驻牙山的清军人数达2465人。

当中国派兵之先,丁汝昌先期遣济远舰率扬威驶至仁川口,与平远合为一小队,以观形势。及至叶、聂两统领率军赴朝时,以超勇舰护之。又恐其力量单薄,又分扬威赴牙山,留济远、平远两舰泊仁川口。当时,日本运兵船络绎而至,大和、筑紫、赤城三舰亦泊仁川口,并派遣汽艇探测牙山湾,显然居心叵测。而李鸿章却要袁世凯劝告朝鲜政府:"日与华争体面,兵来非战,切毋惊扰。迭阻不听,即听之。速设法除全匪;全复,华兵去,日自息。如有要挟,仍可坚持不许。"④

6月12日,根据李鸿章的指示,叶志超委派聂士成为前敌营务处,负责剿办事宜,本人则暂驻牙山以待命。但是,聂军并没有同东学党起义军直接交仗。聂士成只是派弁兵100人,随带翻译,持告示前往全州招抚。告示共三

---

① 《北洋大臣来电》,《清光绪朝中日交涉史料》(963),第13卷,第10页。
② 《日本外交文书》第27卷,第525号,附件乙号。
③ 《北洋大臣来电》,《清光绪朝中日交涉史料》(962、965),第13卷,第10页。
④ 《李文忠公全集》,电稿,第15卷,第37页。

种：其一，晓谕起义军解散。其中有"尔国王发电告急，我中朝爱恤属国，不忍坐视不救，奉谕钦差北洋大臣李奏派本统领率带马步枪炮大队前来助剿。特念尔等本属良善……大兵到日，尔等能悔罪投诚，洗心革面，均予免杀"①等语。其二，"谕示商民各安其业，毋得惊恐"。其三，申明军纪。有"奉宪檄饬，防营远征，保护藩属，护卫商民，自行军旅，纪律严明。今入朝鲜，军令重申，购买物件，照给钱文。如有骚扰，或犯别情，军法从事，决不稍轻"等语。②这三种告示被日本间谍送报日本驻朝公使馆。不久，"汉城饬弁持倭使大鸟圭介来咨，诘问前日所出告示是否真伪"。③果然，后来大鸟圭介便就聂士成告示中"我中朝爱恤属国"、"保护藩属"的语句大作起文章来了。

其实，聂士成派人招抚起义军之日，正是起义军退出全州之时。先是东学党起义军攻陷全州后，两湖招讨使洪启薰又返军攻城，因起义军防守严密，久难攻下。朝王一面处分引起事件的责任者，将全罗道观察使金文铉革职，流配济州岛，并将古阜郡守赵秉甲革职，系械监禁；一面急发最后的精锐江华枪炮队四百及京城、平壤监营兵二千增援，并命严世永任三南④招抚使，同新任全罗道观察使金鹤镇赴任，与洪启薰协力从事。从派"招讨使"到再派"招抚使"，说明朝鲜政府对东学党起义军的政策已由"主剿"转为"主抚"了。

严世永抵达全州后，先布告朝王处罚负此次事件责任的地方官吏，以缓和起义军的敌对情绪，继之以劝谕，表示政府愿意妥商解决此事。此时，全琫准已获悉中日两国出兵的消息。在这种情况下，严世永代表朝鲜政府接受了起义军提出下列十二条件，于6月11日共同签订了休战协定，即所谓《全州和约》：

一、停止迫害起义者和东学道徒；政府与东学党人合力维持社会秩序。

二、查明贪官污吏的罪行，加以严惩。

三、严惩横暴富豪。

四、严惩不良儒林两班。

五、烧毁奴婢文书。

六、改善七种贱民待遇，不得强制白丁（原注：屠户卖肉者）戴平

---

① 聂士成：《东征日记》，见《中日战争》(6)，第2页。
② 桥本海关：《清日战争实记》第2卷，第93—94页；《日清战争实记》第1编，第63页。
③ 《东征日记》，见《中日战争》(6)，第4页。
④ "三南"，指朝鲜南部全罗、忠清、庆尚三道。

壤笠。

七、许青年寡妇再嫁。

八、废除一切扰民的苛捐杂税。

九、任用官吏打破门阀界限,登用人才。

十、严惩私通日本者。

十一、取消一切公私债务。

十二、土地应平均分配。①

12日,全琫准率起义军退出全州,撤至淳昌和南原一带。②14日,新任全罗道观察使金鹤镇到任,开始安抚地方。

聂士成之抵全州,已是7月5日,亦即东学党起义军退出全州后20天。是日下午3时,聂士成独率数十骑进入全州城。全州经过此番战火,"庐舍焚毁,民无栖止"。查明流离失所者共9万家。聂士成令"开列名单,每家给以洋银二元,聊助牵萝补屋之费"。7日,又发布告示,表示希望"本统领旋师之后,尔等士农工贾务须守法奉公,各安生业,同享太平之福"。③即离开全州。10日,聂士成回牙山,向叶志超报告全州事件业已处理完毕。并建议速请李鸿章"派轮接队内渡,免启衅端"。叶志超则犹豫不决。当天夜晚,聂士成致电李鸿章,报告"前敌招抚情形,并请撤队内渡"。其禀文有云:

> 我军本奉命平韩乱,非与倭争雄也。倭乘间以水陆大队压韩,据险寻衅,蓄谋已久。又敌众我寡,地利人和均落后着,与战,正堕彼术中。今匪乱已平,正可趁此接队内渡,免资口实。此老子不为人先之谋,亦兵家避实就虚之计。况韩为泰西通商之国,岂容倭人鲸吞?倘仍顽梗,可请英、俄诸国评论曲直;一面调集我海陆各军驻屯北洋、奉天边境。俟秋凉,我陆军出九连城趋平壤以拊其背,海军战舰大队塞仁川以扼其吭,彼时倭师劳而无功,将骄卒惰,可一鼓破之也。否则,倭将先发制我,衅端一启,大局可危。④

---

① 转引《1893—1895朝鲜农民起义》,第100—101页。
② 全琫准率撤至淳昌、南原一带后,并未解散。11月下旬,日军大举进攻起义军。12月9日,全琫准被叛徒告密,不幸被俘。日本侵略者把全琫准处以斩刑,并悬首示众。日本侵略者又搜查东学道教主崔时亨,捕之,于1898年7月25日在汉城处以绞刑。
③ 《东征日记》,见《中日战争》(6),第6—7页。
④ 《东征日记》,见《中日战争》(6),第8页。

聂士成电文的中心意思,是主张实行退却。这位被日人誉为"计划战略常以勇敢见称"①的将领为什么主张退却呢？这是因为"兵无常势",而要逐步地在军事上变被动为主动,只有采取兵法所说的"避实就虚之计"。这是一种积极的战略退却。在军事上已失先着的情况下,应该说实行战略退却是唯一切实可行的办法。如果聂士成的意见被采纳,则中国不仅在军事上可改变不利的处境,而且在政治及外交方面也将居于主动的地位。对于日本发动侵略战争的计划来说,必然是一个沉重的打击。当时,大鸟圭介看到"朝鲜国内出乎意外的平稳,中国派去的军队只是驻扎在牙山,并未进入内地",即曾致电政府说:"目前若向朝鲜派遣过多军队,就会引起朝鲜政府和人民,尤其是第三者外国人发生不必要的怀疑,在外交上实非得计。"陆奥宗光也认为:"目前既无迫切的原因,又无表面上的适当借口,双方还不可能开战。因此,要想使这种内外形势发生变化,除去实施一种外交策略使局势改观以外,实在没有其他方法。"②中国若真实行战略退却的话,尽管日本还会玩弄各种花招,但要逞其外交伎俩,必会遇到更多的困难,欲实行其速战决策则定然势所难能了。

11 日,聂士成又力请叶志超电李鸿章"请班师"。于是,叶根据自己的考虑,向李提出上、中、下三策。他把聂士成的建议作为"中策",而另外提出了由北边速派大军的所谓"上策"。但是,兵机既钝,缓不济急,且无贯彻此策的决心和正确措施,结果仍是"迁延不断"③,实际上无异于"下策"也。当天,李鸿章复电"暂静守勿动"。④

聂士成提出"撤队内渡"的建议时,正是清军实行战略退却的大好时机,而这样的时机稍纵即逝,难以再来。叶志超和李鸿章皆未能采纳此议并付诸实行,真是聚九州之铁难以铸成之大错！这样一来,清政府在各方面的处境愈来愈陷于被动了。

四　日军大举入朝

当东学党起义军胜利发展之时,日本报纸争相传布,物议纷纷。一些扩张主义者更趁机大造舆论,促使政府出兵。日本各报还用诗歌的形式宣扬"日本

①　桥本海关:《清日战争实记》第 3 卷,第 134 页。
②　陆奥宗光:《蹇蹇录》中译本,第 20—21 页。
③　《洪熙致盛宣怀函》,见《盛档·甲午中日战争》(下),第 21 页。
④　《李文忠公全集》,电稿,第 16 卷,第 14 页。

刀"和"日本魂",煽动战争歇斯底里。有的鼓吹"宣扬国威此其时,百年大计在一战"。①有的则公然鼓吹灭亡朝鲜,说什么"五百年而李氏亡,果然劫运应红羊"。②外务大臣陆奥宗光也认为此乃确立日本在朝鲜的势力之难得良机,切不可失之交臂。③但从外交的角度考虑问题,陆奥感到此时出兵未免过早,而出兵总须有所借口,故颇寄希望于朝鲜政府之请求中国派兵,然后伺机行事。因此,他指示杉村密切注视朝鲜政府与袁世凯之间的联系,查清事实回报。

事实上,日本军事当局已在进行出兵的准备。掌握军事大权的参谋次长川上操六态度尤为积极,他先派驻朝鲜使馆武官陆军炮兵大尉渡边铁太郎,赴接近变乱地方之釜山搜集情报。其后,复以参谋总长的名义派陆军炮兵少佐伊知地幸介至釜山,继续进行调查。30日,伊知地调查完毕后返回日本。听取伊知地汇报之后,军部内出兵声浪益盛。川上操六遂以总参谋长的名义向伊藤博文建议:"东学党匪势甚为猖獗,韩兵无力镇压,目下趋势必向清国请求援兵,清国政府亦必至允纳此种要求。如欲保护在韩臣民,维持帝国权势,我亦有出兵之必要。"④同时,秘密着手进行战争动员。以参谋本部第一局长陆军步兵大佐寺内正毅为主任,工兵少佐山根武亮、海军大尉松本和、工兵大尉井上仁郎、骑兵大尉西田治六为组员,专门掌管输送陆军事务,以备战争爆发后成立运输通讯部。当天,陆奥宗光和正在国内休假的驻朝鲜公使大鸟圭介进行了会谈。31日,又就出兵规模及手续等问题进一步征求大鸟的意见。大鸟特别提醒说:从天津到仁川需两天两夜,而日本军队从门司出发到仁川则需四天四夜,若不早作充分准备,将

日本参谋本部次长陆军
中将川上操六(1852—1912)

---

① 漠漠生:《在一战》,见《日清战争实记》第1编,第102页。
② 五峰坂口恭:《闻客谈鸡林近事杂然有作》。见《日清战争实记》第1编,第101页。按:"鸡林",朝鲜之别称。"五百年",朝鲜太祖考献王1392年登位,至甲午年为502年,"五百年"乃取其整数言之。甲午之次年乙未为羊年。根据白莲教的教义,"红羊(阳)"为世界之末劫。
③ 山崎有信:《大鸟圭介传》第250页。
④ 田保桥洁:《甲午战前日本挑战史》中译本,第68页。

有中国执先鞭之患。

6月2日,伊藤博文在官邸召开内阁会议。适日本外务省突接杉村濬之急电,报告朝鲜政府已向袁世凯提出中国出兵的请求。陆奥宗光如获至宝,持此电出席内阁会议,首先将电文交给阁员们传阅。然后,陆奥提出意见说:"如果中国确有向朝鲜派遣军队的事实,不问其用任何名义,我国也必须向朝鲜派遣相当的军队,以备不测,并维持中日两国在朝鲜的均势。"①当时,伊藤内阁正陷于危机之中。伊藤博文所处的地位是,要么实行内阁总辞职,要么解散议会:二者必居其一。而且,他本人已决意采取后一种手段。杉村的急电和陆奥的意见,不仅使政府排除上述两种手段有了可能,而且提供了把国内矛盾转向国外的绝好时机。因此,阁员莫不同意陆奥的意见。于是,伊藤立即派人请参谋总长有栖川炽仁亲王和参谋次长川上操六参加会议,并对出兵朝鲜问题作出了秘密决议。伊藤随即携带此项秘密决议进宫,上奏于明治天皇,得到了裁可。

当天夜里,陆奥宗光和外务次官林董将川上操六请到外相官邸,三人对坐讨论落实出兵朝鲜的计划。讨论中一致认为:日本出兵,必然要与清兵发生对抗。中国所派军队当不至于超过 5 000 人,而日本要居于必胜地位,需要 6 000 至 7 000 兵力。如果中国进一步增加兵力,日本也要增派一个师团。因此,应作派出一个师团的准备,并首先派出一个混成旅团。林董后来回忆说:当天的会议"不是议论怎么和平解决问题,而是讨论了怎样进行作战和如何取胜的问题"。②与此同时,日本还进一步加强了在华的间谍活动,并特派来华多年的老牌间谍宗方小太郎潜伏烟台,以监视北洋舰队的行踪。

6月3日,袁世凯派译员蔡绍基通知杉村濬,朝鲜政府已经正式提出请求派遣援兵。杉村立即急电报告政府。同时,日本驻中国临时公使小村寿太郎也有报告到外务省。4 日,陆

改着华装的日本著名
间谍宗方小太郎(1864—1923)

---

① 陆奥宗光:《蹇蹇录》中译本,第 9 页。
② 《林董回忆录》,转见藤村道生:《日清战争》中译本,第 55 页。

奥命大鸟圭介即日到外务省，授以训令，命其迅速回任。大鸟临行前，陆奥又特别指示："倘局势紧急不及请示本国训令时，该公使得采取认为适当的便宜措施。"尽管陆奥后来自我辩解说："在这种形势下，对派往外国的使节给予非常的权力，也是不得已的。"①这实际上是把挑起战端的任务完全交给了大鸟。

5日，日本根据战时条例，正式成立了大本营。其主要机构及成员如下：

侍 从 武 官	侍从武官长陆军少将冈泽精
	侍从步兵中佐中村觉、海军少佐斋藤实、海军大尉川岛令次郎
军事内务局	局长陆军少将冈泽精（兼）
	局员海军少佐三须宗太郎、陆军宪兵大尉系贺虎次郎、海军大尉丹羽教忠（1894年9月1日步兵大佐田村宽一补任；同年10月25日免，以步兵大佐真锅文武接任）
幕 僚 长	参谋总长陆军大将有栖川炽仁亲王（1895年1月24日炽仁死，26日以小松彰仁亲王接任）
陆 军 参 谋	参谋次长陆军中将川上操六
海 军 参 谋	海军军令部长海军中将子爵中牟田仓之助（1894年7月17日，海军中将子爵桦山资纪接任）
兵站总监部	总监陆军中将川上操六（兼）
	参谋陆军步兵少佐田村怡与造（1894年8月27日步兵中佐高木作藏接任）
运输通信部	长官陆军步兵大佐寺内正毅
	铁路船舶运输委员陆军工兵少佐山根武亮（1894年10月1日免）
	野战高等电信部长陆军工兵少佐渡部当次
	野战高等邮便部长递信书记官汤川宽吉
野战监督部	长官野田豁道
野战卫生部	长官石黑忠悳
管 理 部	部长陆军炮兵少佐村田惇
陆 军 部	陆军大臣陆军大将伯爵大山岩（1894年9月25日海军大将西乡从道兼任）

---

① 陆奥宗光：《蹇蹇录》中译本，第19页。

　　　　　　副官陆军炮兵少佐福家安定

海　军　部　海军大臣海军大将伯爵西乡从道

　　　　　　副官海军大佐山本权兵卫

　　按照战时大本营条例，军事动员计划、出兵数量以及运输计划等等都完全归军事统帅掌管，而由大本营决定，内阁大臣在法制方面也无权进行干预。当时，日本仅决定派出一个混成旅团，从指挥上说，并无设立如此庞大的大本营之必要。其所以如此，盖日本参谋本部早有必战之心，而伊藤博文在外交上尚颇有顾虑，一时举棋不定，军部正可借此收取内阁"对清、韩大方针决定之权，而极力以导引开战为有利之阴谋"。①同一天，明治天皇批准向朝鲜派出一个混成旅团，并向驻广岛的第五师团下达了扩充兵员的旨令。

　　当天下午，大鸟圭介偕同外务省参事官本野一郎、海军军令部第二局员海军少佐安原金次，乘巡洋舰八重山号自横须贺启航返回任所。警视厅警部及巡查 20 名随行，以护卫公使。出发之前，海军大臣西乡从道指示八重山舰长海军大佐平山藤次郎：要与公使共进退；抵仁川后，公使如认为必要，除该舰临时搭乘之 70 名官兵外，尚可与停泊仁川港之帝国军舰各舰长协议，务派多数陆战队登陆以待命。半夜 11 时半，杉村濬接到陆奥宗光的电报："大鸟公使于六月五日午后一时乘八重山舰从横须贺起锚去仁川，有三百名水手和二十名警察作为警卫随行。但水兵出发一事，在新的训令到达之前不得公开。"6 日，杉村向朝鲜外务督办赵秉稷和袁世凯通报大鸟公使已出发回任，同时"透露了作为护卫率来警察二十名，但对水兵同来一事秘而不宣"。②7 日，当大鸟一行已在驶往朝鲜的途中时，日本始将出兵决定正式照会中国。当天，日本驻天津领事荒川已次持外务省电报来见李鸿章，称："韩事多警，日本已派兵往保护使署领事及商民。"李鸿章对荒川说："汉城、仁、釜各口现俱安静，中国派兵专剿内地土匪，并不至汉及通商各口。汝国似不必派兵，致人惊疑。"又谓："如已派保护官商，断不可多，且非韩请派，断不可入内地，致华日兵相遇生衅。"③9 日，总理衙门以同样的理由复照驳之。日本挑衅之心已定，当然不会就此罢休，便于 12 日照会总理衙门，声称："此次我国派兵朝鲜，是凭《济物浦条约》而于为之，遵照《天津条约》办理在案。其应几多调派，我政府不得不自行定夺。其应

---

①　田保桥洁：《近代日支鲜关系之研究》，第 98 页。

②　杉村濬：《明治二十七八年在韩苦心录》，第 6 页。

③　《李文忠公全集》，电稿，第 15 卷，第 35 页。

如何行动,非所掣肘。"①其险恶居心已昭然若揭。

9日拂晓,八重山驶至丰岛附近海面,与担任警备的日舰筑紫号相遇,得知中国军队业已到达牙山湾。下午3时,八重山进入仁川港。在此之前,日本常备舰队司令海军中将伊东祐亨正率松岛、千代田、高雄三舰停泊于福建闽江口之马祖岛,西乡从道令其回航釜山。伊东留速力迟缓的高雄在后,即率松岛、千代田二舰急驶釜山。日本驻釜山总领事室田义文向伊东传达了海军大臣"赴仁川"的命令。伊东即留高雄于釜山,率松岛和千代田启航,稍后于八重山而抵仁川。此时,泊仁川港的日本军舰为松岛、千代田、八重山、筑紫、大和、赤城六艘,而中国仅有济远、扬威、平远三舰。日本海军力量远远凌驾于中国海军之上。

伊东祐亨抵仁川后,即至八重山舰会见大鸟圭介,商讨进兵的计划。当时决

日本驻朝鲜公使大鸟圭介
(1832—1911)

定,大鸟于明日登岸赴汉城任所,伊东则自各舰抽调人员编成联合陆战队登陆护卫。联合陆战队由松岛副舰长海军少佐向山慎吉任指挥官兼大队长,海军大尉中川藤次郎为大队副官,海军大尉岛村速雄、井上保为大队参谋,包括海军大尉谷雅四郎、仙头武夫为中队长的两个中队的枪队,及海军大尉名利又八郎为中队长的一个中队的野炮队(有野炮4门)②,共官佐28人、士兵405人。当天晚上10时许,陆战队全部上岸,驻扎于仁川日租界。10日凌晨3时,全队集合于日本总领事馆。4时,枪队和炮队同时出发:枪队由陆路护送大鸟进入汉城;炮队取道水路,乘汽船顺明号溯汉江而上,在龙山登陆。是日下午,大鸟在麻浦乘渡船过汉江,自南门入城,于午后6时45分抵公使馆。

先是朝鲜政府接到日本出兵通知后,外务督办赵秉稷曾于8日派主事李鹤圭至日本公使馆,质问其出兵理由。及至闻大鸟圭介将率兵入京,急遣外务

---

① 《日本外交文书》第27卷,第545号,附件一。

② 田保桥洁《甲午战前日本挑战史》谓携带野炮两门(该书第73页),杉村濬《明治二十七八年在韩苦心录》则谓"携野战炮四门"(该书第9页)。杉村为当事人,所记当较可信。

衙门参议美人李仙得及外务参议闵商镐至仁川劝阻,因大鸟已从仁川出发,未能遇上。朝鲜政府又派外务协办李容植迎至汉江左岸,在麻浦附近会见大鸟,告以京城平稳,勿需率兵入城,并劝其返回。双方争论相当激烈,大鸟坚持不允,终于当天10日午后6时半入京。联合陆战队除一小队驻木觅山之麓外,余均随大鸟入城,设大队本部于市川旅馆内。11日,赵秉稷亲访大鸟,抗议日兵入京,并要求日本急速撤兵。日本国内还在继续动员增兵朝鲜,大鸟当然不会接受朝鲜政府的撤兵要求,因此断然予以拒绝。

自6月2日阁议出兵后,日本参谋本部即下令广岛第五师团长陆军中将野津道贯,命调其所统之驻宇品附近的第九旅团两个联队,加以骑、炮、辎重、卫生等队,编为混成旅团,以陆军少将大岛义昌为旅团长。大岛混成旅团主要包括步兵第十一联队、第二十一联队、骑兵一个中队和野战炮兵一个大队(野炮12门),合计7 600多人。混成旅团至6月10日编制完毕。本来,大本营打算等混成旅团组织动员后再行出兵。可是,在此前数日,日本大本营接驻华武官陆军少佐神尾光臣电报,谓中国第一批派遣军定于6日由山海关出发。日本大本营怕中国先行一步,于是改变计划,不等混成旅团编制完毕,先派步兵一大队作为先遣队出发。野津道贯即令大岛义昌先遣第十一联队第一大队长步兵少佐一户兵卫,率其所部步兵一大队,并附以工兵一小队,于8日从宇品

大岛混成旅团先遣队临时司令部

上运输船和歌浦丸。9日,和歌浦丸在高雄舰护卫下出发。12日,一户抵仁川,急率部登陆。13日,一户率队进汉城,以接替海军少佐向山慎吉的联合陆战队,使其返回本舰。

在此以前,陆军省先与日本邮船株式会社订立了租船租约,租用山城丸、和歌浦丸、近江丸、酒田丸①、熊本丸、远江丸、仙台丸、越后丸、兵库丸、住江丸十艘轮船,作为运兵之用。后又与大阪商船会社租用木曾川丸、筑后川丸两船,专备釜山、仁川间海路通信之用。于是,大岛义昌少将率已准备好的第一批部队分登近江丸、熊本丸、远江丸、越后丸、酒田丸五船,于6月10日自宇品出港先发。续发部队分乘住江丸、兵库丸、仙台丸、山城丸四船,亦于11日出港,至13日追及先发各船。日本运兵船由吉野舰护航,于15日先后进入仁川港。16日,全队登陆。大岛将旅团司令部设于仁川的水津旅馆。此次共运步兵一联队、骑兵一中队、炮兵一中队、工兵一中队、辎重兵半中队、野战病院一个、兵站监部及司令部,共2 673人、马186匹。加上一户兵卫所带的先遣部队,混成旅团入朝人数近4 000人。

日军大岛(义昌)混成旅团先遣队从仁川登陆

此时,日军入朝人数除陆军近4 000人外,海军则有松岛、吉野、千代田、八重

---

① 桥本海关《清日战争实记》记为"高砂丸"(该书第2卷,第97页)。

山、筑紫、大和、高雄、赤城八舰,兵力远在中国军队以上,已占有绝对的优势。

第二节 中日交涉撤兵与清政府和战两歧

从 6 月以来,中日两国围绕着从朝鲜撤兵的问题开始了频繁的交涉。在这场交涉中,由于李鸿章一心想"保全和局"①,而清朝中枢内部又和战两歧,难以对朝鲜问题制定出正确的方针,因此,交涉的结果只能对日本有利,使它赢得了动员和部署兵力的时间。

集军事外交重责于一身的北洋大臣李鸿章,对日本的情况既不真正了解,对整个形势也缺乏正确的估计,所以在朝鲜问题的处理上处处被动。起初,当朝鲜政府乞援时,他采纳了袁世凯出兵朝鲜的建议,对日本"必无他意"的口头保证毫不置疑,并未料到日本会派遣军队进入朝鲜。及日本已经出兵,他先是于 6 月 7 日要求日本只派少量军队。9 日,总理衙门即以此意照会日本驻北京临时代理公使小村寿太郎。12 日,小村复照总理衙门,断然拒绝无须多派军队的提议。其后,日本继续增兵不已,李鸿章始感到事态的严重。于是,中日双方开始了历时近一个半月的交涉。整个交涉过程可分为四个阶段:

第一阶段,从 6 月 12 日至 16 日,是交涉中日双方共同撤军的阶段。

6 月 12 日,日本大岛混成旅团先遣部队抵仁川时,大岛义昌少将率混成旅团第一批部队业已出发,正在驶向仁川的途中。此时,汉城非常平静,日本突派大军压境,颇引人注目。各国驻汉城公使对日本的举动无不吃惊,而且持有异议。正是在这种外交的压力下,大鸟圭介才主动同袁世凯商谈双方撤军问题。到 15 日,谈判进入实质性阶段,即就分批撤军的问题取得了一致的意见,只差双方互换公文了。事实上,早在两天前,大鸟已经接到了陆奥宗光的电令,不仅反对从朝鲜撤军,而且明确指出:"关于对朝鲜将来之政策,日本政府不得已或至采取强硬之处置。"②撤军谈判进行到第五天,便由于日本正式提出

① 此系李鸿章借俄国驻华公使喀西尼之语提出的,见《清光绪朝中日交涉史料》(1075),第 14 卷,第 6 页。

② 日本外务省政务局编:《日清韩交涉事件记事》,转引田保桥洁:《甲午战前日本挑战史》中译本,第 88 页。

共同改革朝鲜内政方案而宣告失败了。在谈判中,李鸿章坚持两国同时撤军的原则,应该说是公平合理的。但是,由于他未能觉察日本蓄谋挑起衅端的野心,所以在原则行不通时未能采取适当的策略。在此期间,朝鲜政府曾先后照会日本和中国要求撤军。如果中国在双方撤军谈判失败的情况下,宣布根据朝鲜政府的要求而单方面撤军,未尝不是切实可行的措施。因为日本当时已经在外交上处于不利的地位,如果中国军队一旦撤离朝境,那么,日本不仅在外交上更加孤立,而且想把清军拖住的阴谋必然破产,其精心策划的所谓"共同改革朝鲜内政"方案想提也提不出来了。所以,在此阶段中,李鸿章保全和局的想法不见得全错,是无可厚非的。问题是他未能洞察奸谋,及早采取相应的策略。否则,日本尽管还会玩弄各种花招,但要想急于挑起衅端则势所难能了。

第二阶段:从 6 月 16 日至 22 日,是谈判日本提出的"共同改革朝鲜内政"方案的阶段。

6 月 16 日,日本政府在使双方撤军谈判破裂之后,向中国提出了所谓"共同改革朝鲜内政"方案。日本之提出此案,是想既把清军拖在朝鲜,又使日军赖在朝鲜不走,以达到进一步挑衅的目的。在此阶段中,李鸿章和总理衙门皆据理驳斥日方提案。李鸿章同意驻日公使汪凤藻关于"中倭皆不干预韩政,惟劝韩自行清厘"的意见,认为"尚是正论"。①并断定日本"以重兵挟议,实欲干预韩内政,为侵夺之谋"。他已看出了日本的侵略野心。他还指示袁世凯:"任他多方恫吓,当据理驳辩勿怖。"②总理衙门也告诫日本:"朝鲜有其自主之权","不得对其内政滥加干涉"。③在谈判中通过斗争来保全和局,坚持了原则立场,这无疑是正确的。但是,对于日本决心挑起战争这一点,李鸿章并无充分的估计。他不是加强战备以保全和局,而是用绥靖手段以求和局,结果只能是适得其反。6 月 17 日,汪凤藻致电李鸿章提出增兵的建议:"察倭颇以我急欲撤兵为怯,狡谋愈逞,其布置若备大敌。似宜厚集兵力,隐伐其谋,俟余孽尽平,再与商撤,可望就范。"李却复电曰:"日性浮动,若我再添兵厚集,适启其狡逞之谋。因拟必战,殊非伐谋上计。"④18 日,袁世凯亦致电李鸿章:"日廷意在胁韩,大鸟不能自主,难与舌争。似应先调南北洋水师迅来严备,续备陆兵。"建

---

① 《北洋大臣来电》,《清光绪朝中日交涉史料》(1007),第 13 卷,第 20 页。
② 《李文忠公全集》,电稿,第 15 卷,第 49 页。
③ 《日本外交文书》,第 27 卷,第 575 号,附件二。
④ 《李文忠公全集》,电稿,第 15 卷,第 43—44 页。

议加强军备,不可单靠口头上的交涉。李鸿章也只是命北洋海军提督丁汝昌添调数船往仁川,以"聊助声势"。①对于汪凤藻、袁世凯二人加强战备的建议,他致电总理衙门阐述己见说:"汪、袁皆请添拨重兵。鸿思倭兵分驻汉、仁,已占先着。我多兵逼处,易生事;远扎,则兵多少等耳。叶驻牙山,距汉二百余里,陆续添拨已二千五百,足可自固,兼灭贼。我再多调,倭亦必添调,将作何收场耶? 今但备而未发,续看事势再定。"②李鸿章在已觉察日本怀有"侵夺之谋"的情况下,不作军事上的充分准备,以立于不败之地,而想依靠外交上的折冲尊俎来保全和局,当然只能是一种幻想。到 6 月 22 日,日本政府发出"第一次绝交书",强硬地表示:"设与贵政府所见相违,我断不能撤现驻朝鲜之兵。"③李鸿章的这一幻想也就破灭了。

第三阶段:从 6 月 22 日至 7 月 14 日,是一面与日本交涉一面依靠列强调停的阶段。

6 月 21 日,日本举行御前会议,决定向朝鲜继续派出第二批部队,并撇开中国而单独胁迫朝鲜政府"改革内政"。

直隶总督兼北洋大臣李鸿章
(1832—1901)

日本挑战的意图已经暴露得相当充分。当时,日本方面虽百般威逼,朝鲜政府仍严正指出:日本"严限实行改革的日期,不免有干涉内政之嫌。"④并表示:"内政改革一事,须待贵军撤回之后,我政府可实行之。"⑤朝鲜政府拒绝了日本以高压手段强勒"改革内政"的计谋。此时,清政府主要依赖列强进行调停。在朝鲜,袁世凯与大鸟圭介的交涉已告终止;在北京,总理衙门与小村寿太郎的谈判表面上还在进行。先是 7 月 4 日,小村至总理衙门表示,"愿两国相商,不

① 《北洋大臣来电》,《清光绪朝中日交涉史料》(999),第 13 卷,第 18 页。
② 《李文忠公全集》,电稿,第 15 卷,第 49 页。
③ 《北洋大臣来电》,《清光绪朝中日交涉史料》(1020),第 13 卷,第 22 页。
④ 陆奥宗光:《蹇蹇录》中译本,第 34 页。
⑤ 《日本外交文书》第 27 卷,第 411 号。

甚愿他国干预,以免日后牵制。"并说明"已接其外务电,予以商议之权,日内必能开谈"。①其后,总理衙门与小村进行了两次会谈:

第一次会谈是在 7 月 7 日,中国方面参加的有奕劻、孙毓汶、徐用仪、崇礼、张荫桓五人,日本方面则由小村寿太郎携书记官兼译员郑永昌参加。其主要对话如下:

小村:"对于此次事件,如贵我两国不速开协商之端绪,恐日益受他国之干涉,此应为特别注意之事。"

孙:"贵政府对此事更应提出办法,我政府希望据此与贵署大臣达成协议。"

小村:"目前自朝鲜撤出两国兵员,乃谈判开始先应议定之事项。即对于撤兵之方法和时间进行必要之协商。此点仅供贵王大臣参考,故明言之。"

孙:"如同意以此为协商之第一项,本大臣亦表同感。"

奕劻:"早者明日,迟者亦不过后日,可答复之。"

小村:"此事急需处理,希望至迟后日必须答复。"②

日本政府早就否定了中国提出的双方撤军建议,并决定制造决裂的口实,小村对此不会不知道,而他却主动提出再议撤兵问题,显然是有意地引中国上钩。奕劻、孙毓汶等误认为是列强调停奏效,欣然应诺,结果大上其当。

第二次会谈如约在 7 月 9 日举行,双方的参加人员未变。其主要对话如下:

奕劻:"望贵我两国进行协商,迅速结束此事。然而,目前两国派出众多兵员,一则使各国产生种种疑虑,难免会有来自他国的多方干涉;二则恐两国军

日本驻华公使小村寿太郎(1855—1911)

① 《发北洋大臣来电》,《清光绪朝中日交涉史料》(1062),第 14 卷,第 1 页。
② 《日本外交文书》第 27 卷,第 603 号,附件一。

队发生意外冲突,遂有破坏两国友好之悬念,故贵我两国谈判前互将兵员撤回,乃当务之急。"

孙:"顷接朝乱已平之报告,故两国兵员已无驻扎之必要。两国先将兵员撤回,然后再协商善后之策。盖两国撤兵乃执行《天津条约》之明文也。"

小村:"朝鲜目下安宁,然明日难期。一旦两国撤兵,乱必再起。故我政府力求两国充分协议,以绝乱源。谈判之始先商撤兵一事,亦为实现日后不再出兵之切望也。"

孙:"贵我两国政府根据《天津条约》而出兵,业已平定朝乱。今国王既请求撤兵,贵我两国亦应遵照《天津条约》之明文,约定日期共同撤兵,是乃恰当之处置。"

小村:"在事情未定之时,我兵员决不撤回。"

孙:"目前两国出兵朝鲜,引起各国种种猜测,以至试图干涉之。为消除此患,惟有速撤两国之兵。况且撤兵之举,并非不再谈判。第一步先行撤兵,然后两国就劝告国王改革内政事进行协商。"

小村:"如此,为免于误解,本官可将贵王大臣意见之要点重复如下:现今朝鲜内乱业已平定,根据《天津条约》之明文,日清两国所派兵员应各自撤回。且两国驻兵朝鲜,亦有引起他国出兵之虑。因此,谈判非于撤兵之后难以进行。"

徐:"如是,无误。"

奕劻:"接到贵政府对我政府意见之回电后,望速报知。"①

在这两次会谈中,中国方面都以避免他国出兵为词,强调两国撤兵的必要性。而日本方面需要的只是挑衅的口实,不是用道理可以使其转变立场的,其结果也就不难预期了。

到 7 月 14 日,日本驻北京临时代理公使小村寿太郎送来了日本政府的照会,内称:

> 查朝鲜屡有变乱之事,从其内治纷乱而来。我政府因念今俾该国能更正内治,绝变乱于未萌,莫善于日清两国戮力同心者,缘两国之与该国

---

① 《日本外交文书》第 27 卷,第 603 号,附件二。又见《清光绪朝中日交涉史料》(1122)附件一,第 14 卷,第 18—19 页。但后者记录过于简略,不如前者之详细具体。

所有关系原常吃紧也。乃将此意提出清国政府，讵料清国政府定然不依，惟望撤兵，我政府实深诧异。近闻驻京英国大臣顾念睦谊，甚愿日清两国言归于好，出力调停等语。但清国政府仍惟主撤兵之言，其于我政府之意毫无可依之情形。推以上所开，总而言之，清国政府有意滋事也。则非好事而何乎？嗣后因此即有不测之变，我政府不任其责！①

这就是陆奥宗光的所谓"第二次绝交书"。其中，不仅断然拒绝了中国提出的双方共同撤兵的正当要求，还倒打一耙，预将挑起战端的罪责推给中国。清政府"始则假俄人为钳制，继则恃英人为调停"②，幻想依赖列强折冲调停，到此终于落空。

在此阶段中，李鸿章对俄国的干涉抱有很大幻想，故在军事上仍不积极准备。这与光绪皇帝的态度适成鲜明的对照。6月25日和7月1日，光绪曾两次谕李鸿章加强备战。但是，李鸿章认为日本决不会先开衅，仍不积极进行部署。6月29日，丁汝昌请战，提出："各舰齐作整备，候陆兵大队调齐，电到即率直往，并力拼战，决一雌雄。"③7月初，叶志超有移军水原的建议。在此以前，袁世凯也曾提出："不妨先播进汉声势，而不必遽进，看其如何变态。"④不久，汉城即风传聂士成"准备以谒见为名，率二千大兵入京"。大鸟圭介听说后，异常惊慌，准备制止，如不听其劝告，"即以武力相拒"。而陆奥宗光回电则称："可进行劝告以制止其入京，但不可使用武力。目前英国正在两国间进行斡旋，非到万不得已时不可使用武力。"⑤可见，当时如果清军及时增派兵力，在军事上争取主动，不失为可行的办法。而李鸿章却认为："与日相逼，日转有词。两国交涉全论理之曲直，非恃强所能了事，仍望静守勿动。"⑥及到7月10日，聂士成请求"撤队内渡"时，李鸿章又未能当机立断，再一次失去了撤军的大好时机。既不加强战备，从军事上争取主动，又不能及时撤军，从政治上争取主动，而是迁延不决，愈来愈陷于被动，这不能不是李鸿章的极大失误。

---

① 《朝鲜档》(1914)；《清光绪朝中日交涉史料》(1155)附件一，第14卷，第32页。
② 《御史张仲炘奏藩属阽危敌人叵测亟宜破除成见折》，《清光绪朝中日交涉史料》(1130)，第14卷，第21页。
③ 《丁军门来电》，《李文忠公全集》，电稿，第15卷，第56页。
④ 《叶军门来电》，《李文忠公全集》，电稿，第15卷，第45页。
⑤ 杉村濬：《明治二十七八年在韩苦心录》，第31页。
⑥ 《寄朝鲜成欢叶提督》，《李文忠公全集》，电稿，第16卷，第10页。

第四阶段:从 7 月 14 日至 25 日,是主战空气高涨而又希望转圜的阶段。

7 月 15 日,即日本发出"第二次绝交书"的第二天,光绪皇帝颁旨,命户部尚书翁同龢、礼部尚书李鸿藻,与军机大臣和总理各国事务大臣会商有关朝鲜问题的对策。16 日,中枢诸王大臣会议。会议间,翁同龢、李鸿藻主张续派军队,而奕劻等持观望态度,因此议无所决。会后,军机大臣以此入奏,光绪大为震怒,严责上次办理失当,此番须加整顿,宣示主战之意,并传慈禧太后"懿旨亦主战"。[①]当天,军机处电寄李鸿章一道谕旨:

> 现在倭韩情事已将决裂,如势不可挽,朝廷一意主战。李鸿章身膺重寄,熟谙兵事,断不可意存畏葸。著懔遵前旨,将布置进兵一切事宜迅筹复奏。若顾虑不前,徒事延宕,驯致贻误事机,定惟该大臣是问![②]

在朝廷的严令下,李鸿章才开始增派军队援朝。

此时,主战的空气渐趋高涨。如太仆寺卿岑春煊奏曰:"为今之计,与其后日添防,老师匮饷,靡有穷期,何若今日临以大兵,示以必战? 倘该夷自揣理屈,退兵守约,诚国家之福。设仍相抗,即以一战,挫其凶锋。"[③]礼部右侍郎志锐亦上疏称:"我若急治军旅,力敌势均,犹冀彼有所惮,不敢猝发。是示以必战之势,转可为弭衅之端。不然,则我退而彼进,虽欲求无衅,不可得也。"并指责依赖列强调停之失当:"全凭口舌折冲,虽俄、英各使逞辩苏张,果能化弱为强,强日人以就我范围乎?"[④]翰林院修撰张謇则上书翁同龢,为"中国之兵狃于庆典,不开边衅,翱翔海上"的情况担忧,提出:"此时舍大张旗鼓,攻其所必救,则朝鲜之事无可望其瓦全。"[⑤]这些议论,多是批评前此已失机宜,应为亡羊补牢之计,力争在军事上掌握主动权。

也有一些官员虽不反对主战,但提出了一些值得重视的问题。给事中余联沅认为:"轻于开衅,则兵连祸结,恐无已时;急于求和,则贻患养骄,亦非至计。当此之时,能守而后可以言战,能战而后可以言和。……而大局所关,一

---

① 《翁文恭公日记》,甲午六月十四日。

② 《军机处电寄李鸿章谕旨》,《清光绪朝中日交涉史料》(1164),第 14 卷,第 35—36 页。

③ 《太仆寺卿岑春煊奏朝鲜为北洋关键请饬李鸿章极力保卫折》,《清光绪朝中日交涉史料》(1162),第 14 卷,第 34 页。

④ 《礼部右侍郎志锐奏倭人谋占朝鲜事机危急请速决大计折》,《清光绪朝中日交涉史料》(1169),第 14 卷,第 38 页。

⑤ 《张謇致翁同龢秘函》,见戚其章主编:《中日战争》(中国近代史资料丛刊续编),第 6 册,第 445—446 页。

有不慎,则成败利钝争于顷刻。"建议朝廷:"饬下廷臣密议,广集群策,独运宸谟,计必出于万全,事无持夫两可。"①他主张或战或和皆须慎重。御史钟德祥则忧虑北洋陆军不可恃,想战而不可能。他指出:"然则今日即不遽战,尚安得不筹战? 而臣独不能不长虑而却顾,何也? 北洋水陆诸将,即使尚有可恃,亦必不堪疲于独战,况未必可恃乎? 其势将不得不搜起宿将。然所号宿将者,臣夙知之矣:名位已极,家实已厚,精气久耗于利欲,而勇悍非复其往时,仍泯然庸众人耳。"②工部郎中端方回顾历史的经验教训说:"然前谋之不预,持之未

军机大臣、户部尚书翁同龢
(1830—1904)

坚,则本根动摇,事变杂出,或因小有胜负而浮说已兴,或因谋出老成而赔偿如故。从前俄、法衅端,其初未尝不言战也,而卒归于失算,则谋之不预,持之不坚也。而犹能终归于和,则以其始之不忘战也。况今日之事强弱众寡迥不相侔哉?"并提醒朝廷既战而应善其后,因为"一胜一负,兵家之常。万一小有挫衄,则主和者得以阻挠,主战者无所依倚,势必人心震恐,致坏大局。"③这些议论提出的问题,显然都是确实存在而且应该注意解决的。

那么,清朝统治集团最高层内部在和战问题上的意见是否已趋于一致呢? 当时,湖广总督张之洞曾电询津海关道盛宣怀:"日来情形如何? 内意及傅相意若何?"盛宣怀在复电中称:"上主战,派翁、李会议,内外臣尚合拍。"④这是他有意地做官样文章,事情远不是这样简单。事实上,他也无法如实回答。此时,中枢的意见并未真正统一,除翁同龢、李鸿藻外,多数人仍然幻想依赖列强调停,并无主战的决心。7月18日,以翁同龢领衔的《复陈会议朝鲜之事折》便反映了这种首鼠两端的情形:

① 《给事中余联沅奏东事日急请申宸断折》,《清光绪朝中日交涉史料》(1177),第15卷,第3页。
② 《钟德祥密陈筹划朝鲜兵事片》,《清光绪朝中日交涉史料》(1208)附件一,第15卷,第13页。
③ 《工部奏郎中端方因闻日本盘踞朝鲜条陈管见据呈代奏折》,《清光绪朝中日交涉史料》(1223),第15卷,第19页。
④ 《盛档·甲午中日战争》(上),第19、20页。

　　倭人以重兵驻韩，日久未撤，和商迄无成议，不得不速筹战事，此乃一定之法。……此次派兵前往，先以护商为名，不明言与倭失和，稍留余地，以观动静。现在倭兵在韩颇肆猖獗，而英使在京仍进和商之说，我既预备战事，如倭人果有悔祸之心，情愿就商，但使无碍大局，仍可予以转圜。此亦不战而屈人之术也。盖国家不得已而用兵，必须谋出完全。况与洋人战，尤多牵掣。刻下各国皆愿调停，而英人尤为着力，盖英最忌俄，恐中倭开衅，俄将从中取利也。我若遽行拒绝，恐英将暗助倭人，资以船械，势焰益张。且兵端一起，久暂难定。中国沿海地势辽阔，乘虚肆扰，防不胜防；又当经费支绌之时，筹款殊难为继；此皆不可不虑者也。然果事至无可收束，则亦利钝有所勿计。①

此折反映了中枢内部和战两歧，实际上是主和主战两派妥协的产物。会议的结果，仍然决定采取和商与进兵并行，但以和商为主的方针。当时，中日两国的交涉已经中断，所谓和商也只是通过第三国的英国来继续调停而已。

　　由于清朝当局幻想日本会"有悔祸之心"，而且相信列强"逼着日本讲理，谅亦不敢不从"②的胡话，因此，无论在思想上还是军事上始终缺乏必要的准备。这在很大程度上决定了中国在甲午战争中的失败命运。

---

　　① 《户部尚书翁同龢等复陈会议朝鲜之事折》，《清光绪朝中日交涉史料》(1172)，第 14 卷，第 40 页。
　　② 《总理各国事务衙门与英使欧格讷问答》，《清光绪朝中日交涉史料》(1230)，附件一，第 15 卷，第 23 页。

第二章

甲午战争的爆发

第一节 丰 岛 海 战

一 清军增援牙山

1894 年 7 月 25 日爆发的丰岛海战,是甲午战争第一战。这是日本精心策划的一次海上袭击。

自 6 月以来,中日两国为朝鲜撤兵问题交涉频繁。清政府始终举棋不定,以致贻误时机,在战略上处于被动地位。日本政府则逞其外交伎俩,极尽纵横捭阖之能事,赢得了向朝鲜派遣和部署兵力的时间。到 7 月中旬,日本的军事力量已居于绝对优势,便决定挑起这场侵略战争了。7 月 14 日,小村寿太郎代表本国政府向总理衙门发出一纸照会,即陆奥宗光所谓的“第二次绝交书”,首先关闭了中日商谈的大门。总理衙门及李鸿章依靠列强折冲调停,至此终于落空。

同一天,光绪迭降谕旨:一则“著李鸿章体察情形,如牙山地势不宜,即传谕叶志超先择进退两便之地,扼要移扎,以期迅赴戎机”①;一则令李鸿章“速筹战备,以杜狡谋”,“先派一军由陆路前往边境驻扎,以待进发”,而“叶志超一军兵力尚单,须有继进之军以资接应”。②

16 日,又传旨“朝廷一意主战”,著李鸿章“将布置进兵一切事宜迅筹复奏”。③是日,李鸿章奏曰:

光绪帝载湉(1871—1908)

① 《军机处电寄李鸿章谕旨》,《清光绪朝中日交涉史料》(1146),第 14 卷,第 27 页。
② 《军机处密寄北洋大臣李鸿章上谕》,《清光绪朝中日交涉史料》(1147),第 14 卷,第 27—28 页。
③ 《军机处密寄北洋大臣李鸿章上谕》,《清光绪朝中日交涉史料》(1164),第 14 卷,第 35—36 页。

查汉城、仁川附近一带，倭兵水陆分布严密，历来中国进兵朝鲜皆由平壤北路进发。现派总兵卫汝贵统盛军马步六千人进平壤，宋庆所部提督马玉崑统毅军二千进义州，均雇商局轮船由海道至大东沟登岸，节节前进，相机妥办。所需军火、器械、粮饷转运各事，均剋日办齐，俾无缺误。并电商盛京将军派左宝贵统马步八营进平壤，会合各军，图援汉城。至叶志超一军，昨已电商该提督移扎平壤，厚集兵势。俟其复准，即派丁汝昌酌带海军能战之船往朝鲜海面巡获游弋，以资策应。①

但是，叶志超恐海道不安全，不同意"以船移平壤"，认为："仍由陆扼要移扎，稍有把握，且梗日兵南路。若并军而北，日以全力专顾北面，势益张。"他的意见不是没有道理，但兵力太单，怎能支撑得住？李鸿章也看到这一点，便决定派记名提督江自康率仁字等营增援。并电嘱叶志超："贵军过单，恐不足当一面。再四筹思，除芦榆马队添调外，拟令吴育仁挑精队千五百，交江自康带往牙口登岸，归弟调遣，合之将及五千，气力稍厚。以后但筹济饷需。如电报中阻，应由釜、汉日电借发，不知顺手否？北兵尚早，贵部不可距汉过近。俟北南能通气会合时，再行前进。望相机稳慎筹办，勿性急。闻日又添兵三千，我去兵愈多，彼必不肯减退。"②李鸿章明知牙山驻军"过单"，但以区区之数增补，无异于杯水车薪，焉能济事？主要的问题在于：他当时对保全和局仍存侥幸之心，故并未认真备战。18日，致电总理衙门尚称："日兵在汉，无甚动静，二十开仗之说似是谣传。"③20日，还告诫叶志超："日虽竭力预备战守，我不先与开仗，彼谅不动手。此万国公例，谁先开战，谁即理诎。切记勿忘！汝勿性急。"④由于李鸿章相信所谓"万国公例"，并担心"我去兵愈多，彼必不肯减退"，故只派少量增援部队以摆样子，这不能不是他的一大失误。正如英人赫德指出："日本是根本没有什么正义可言的，除非借口代别人打抱不平而自己捡便宜也可以算作正义。正义完全在中国方面。我不信单靠正义可以成事，正像我相信单拿一根筷子不能吃饭那样，我们必须要有第二根筷子——实力。但是，中国人却以为自己有充分的正义，并且希望能够以它来制服日本的铁拳，这想法

① 《北洋大臣来电》，《清光绪朝中日交涉史料》(1154)，第14卷，第31页。
② 《寄朝鲜成欢交叶提督》，《李文忠公全集》，电稿，第16卷，第23—24页。
③ 《复译署》，《李文忠公全集》，电稿，第16卷，第24页。
④ 《复叶提督》，《李文忠公全集》，电稿，第16卷，第25页。

未免太天真了。"①对于李鸿章来说,这个批评真是一针见血!

其实,不仅李鸿章,在中枢内部多数人也还在对列强调停抱有幻想。7月18日中枢诸亲王大臣合奏称:"现在倭兵在韩颇肆猖獗,而英使在京仍进和商之说。我既预备战事,如倭人果有悔祸之意,情愿就商,但使无碍大局,仍可予以转圜,此亦不战而屈人之求也。"②但预备战事是假,依赖调停是真。7月14日小村寿太郎送交"第二次绝交书"后,英国公使欧格讷跑到总理衙门为其掩饰,说日本"并无不愿和商之意"。17日,欧格讷又进一步为日本政府辩解说:"前日本所致贵衙门照会,据译出英文,但云贵国不允办法,并无'滋事'、'好事'之义。此事我政府总要调处妥协,今晚或明早必有电来。"③直到25日,即日本海军在丰岛附近袭击中国军舰的当天,欧格讷还到总理衙门声称:"现在贵国与日本虽未失和,却不可不先防备。本国前劝日本退兵和商一节,日本非但不听,且说话更紧。我政府甚为不悦,已电日本。""现在英、俄之外,又约德、法、意三国同办此事,合力逼着日本讲理,谅亦不敢不从。"④言之凿凿,不容不信。连翁同龢也认为:"失此机会可惜,其言确凿可凭。"⑤正由于清廷醉心于折冲樽俎,战备工作未能及早认真筹办,因此援朝各军皆迟迟始行登程。

直至朝鲜局势日趋紧张,李鸿章始匆匆运兵增援牙山。但恐海路危险,李鸿章决定租用外国商船,由清政府承担保险,即如果"至朝鲜海口遇险失事,中国允许赔偿船价",而损失的武器装备则"由中国自行认赔"。在这样苛刻的条件下,租赁了爱仁、飞鲸、高升三号外国商船。此次增援牙山的兵力仅两千余人,还是多方设法抽拨的。从下面盛宣怀给叶志超的信中,可以看出当时筹拨增援军的为难情形:

> 贵部孤悬牙口,力薄势单。前议于山海关抽拨一营,以恐该处空虚,仅拨二百人,合之吴乐山所统共二千二百人,仍不见厚。帅意向绥、巩商调两营,孝侯观察(戴宗骞)亦未见允。只得先令渡海,计二千余人,爱仁、高升两轮足可分装。飞鲸一船即拟另走别口,与昨议稍有不符矣。现在

① 《赫德给金登干的信》,《中国海关与中日战争》,第78页。
② 《户部尚书翁同龢等复陈会议朝鲜之事折》,《清光绪中日交涉史料》(1168)附件一,第14卷,第36页。
③ 《总理各国事务衙门与英使欧格讷问答》,《清光绪朝中日交涉史料》(1173)附件一,第14卷,第41页。
④ 《总理各国事务衙门与英使欧格讷问答》,《清光绪朝中日交涉史料》(1230)附件一,第15卷,第23页。
⑤ 《翁文恭公日记》,甲午六月二十五日。

虽经英、俄两国调停,而倭意绝少迁就,和局恐属难成。贵部如须厚集兵力,仍望麾下切实电禀中堂,弟再代为说项。至目下则防军已属空虚,无可添拨。贾致堂招八营,吴瑞生招五营,均备填扎。卞吉云添五百人,新兵一时不能到,且未经训练,亦不能战也。①

临急时,移东补西,左支右绌,平时武备不修的情况可见一斑。

三船装兵后,考虑到牙山只有民船 30 只,每船一次只能渡兵 30 人,进口 70 里才能上岸,往返需两天时间,如果三船载兵同到,起驳亦须多日,因此决定三船分批由塘沽起碇。这样,每船相隔一天,爱仁 21 日下午开,飞鲸 22 日傍晚开,高升 23 日早晨开,皆向牙山进发。三船载兵情况如下表:

船名	部队番号	士兵人数	管带官	备　注
爱仁	仁字正营	500	江自康	28 生的大炮 2 门。另载长夫等 150 人,合计 1 150 人。
	仁字副营	500	谭清远	
飞鲸	芦防步队	200		另载四营粮饷、炮械、账房等件,马 47 匹,及马夫、长夫、管账等近 300 人。合计近 700 人。
	义胜前营	200	潘金山	
高升	义胜前营	300	吴炳文	另载山炮 4 门、七生的半炮 8 门,以及营哨官等 16 人和营务处、文案、军械、管账、长夫等 165 人。合计 1 116 人。②
	通永练军左营	500	骆佩德	
	亲兵前营炮队	100	许天才	
	北塘水雷营	35	张砚田	
	营务处		高善继	

当三船载兵赴朝之际,日本军方早已得到了情报。高升号起碇的当天,日本大本营即下达了袭击中国护航舰的密令。

二　日本海军准备袭击北洋舰队

日本海军为袭击北洋舰队,曾经进行了一系列的准备工作。

早在 6 月 2 日,日本内阁会议做出向朝鲜派兵决定的当天,日本海军即着

---

① 《盛宣怀致叶志超函》,《盛档·甲午中日战争》(下),第 52、58 页。按:飞鲸船原拟改装盛军,因吴育仁部已上船,只好仍开牙山。

② 关于高升等船装载兵员数目,据《日清战争实记》第 2 编第 6 页所载。另外,《日本外交文书》第 27 卷,第 712 号载八重山号舰长报告,谓为 1 119 人。两处记载人数相差 3 人。

手进行动员和战争准备。因当时日本海军分属于横须贺、吴港、佐世保等镇守府,日本海军大臣西乡从道便命令各镇守府,应立即做好战争准备,不得稍懈。当时,日本常备舰队由松岛(旗舰)、高千穗、千代田、高雄、大和、武藏、筑紫、赤城八舰组成。其中,松岛、千代田、高雄三舰由司令官海军中将伊东祐亨率领南下,在侦察台湾海岸形势后,又碇泊福州进行窥探;高千穗以"保护侨民"名义远驶南洋,尚未归队;大和、筑紫已派往朝鲜仁川,为登陆部队担任警戒;赤城于上月驶往山东半岛侦察北洋海军检阅情况,仍泊烟台;仅武藏一舰停泊横须贺港内。非役舰为严岛、桥立、扶桑、浪速、秋津洲、比叡、海门、爱宕、凤翔九艘,均进坞修理,何时竣工尚难预计。因此,西乡从道命令在福州的松岛、千代田、高雄三舰迅速返航釜山,在烟台的赤城先至威海窥探后,再回仁川侦察,并将诸舰集中于朝鲜近海;宣布浪速、秋津洲、扶桑、爱宕、比叡等舰为"至急之事",必须抓紧抢修。

与此同时,日本海军加强了对北洋舰队行踪及运兵情况的侦察。为此,除加强在中国的间谍活动外,还派出军舰到朝鲜港口进行监视。6月5日,西乡从道命令赤城舰长海军少佐坂元八郎太巡航丰岛附近,注意中国运兵船,监视其登陆情形,并立即报告。又命碇泊仁川的大和舰长海军大佐舟木练太郎,报告每天出入该港的各国军舰及重大事件。停泊仁川的筑紫舰长海军大佐三善克己,则派海军大尉谷雅四郎等乘汽艇驶入牙山湾,以观察有无清军。8日,筑紫报告:在仁川港内的中国军舰有济远、平远、扬威三舰。9日,即有松岛、千代田、大和、筑紫、赤城、八重山六艘日舰来仁川聚泊,力量已居于绝对优势。

为适应发动侵略战争的需要,日本海军的整备工作也在加紧进行。从6月中旬起,日本海军当局对舰队进行了多次调整和改编。18日,颁布舰队改正条例,要求抢修和装备非役舰,加强战斗训练,以提高舰队的作战能力。并以海军少将坪井航三补任常备舰队司令官。24日,原常备舰队司令官伊东祐亨率舰到达佐世保。随后,各舰即开始作必要的战斗准备,并进行紧张的训练和实战演习。尤其重视舰队运动的演习,或化零为整,编为统一队形,或化整为零,分成两个舰队,以研究阵形之变化冲突。27日,新任常备舰队司令官坪井航三、参谋长海军大佐鲛岛员规到达佐世保就职。7月10日,又设警备舰队,以海军少将相浦纪道任司令官。这样,日本海军便编成两个舰队,经甲午战争相沿未改,成为日本舰队的基本编制。

7月中旬起,日本更加紧了挑起侵略战争的步伐。12日,日本外务大臣陆奥宗光致电驻朝鲜公使大鸟圭介说:"今有施行断然处置之必要。故阁下务须注意,可择一不受世上非难之某种口实,以之开始实际运动。"①13 日,陆奥命参事官本野一郎及陆军中佐福岛安正速返朝鲜,向大鸟传达其机密训令:"促成中日冲突,实为当前急务,为实行此事,可以采取任何手段。"②17 日,日本大本营召开御前会议,正式作出对中国开战的决定。并根据明治天皇睦仁的特别旨令,以预备役海军中将、著名的主战论者桦山资纪恢复现役,接替"主张舰队取守势运动"的原海军军令部部长中牟田仓之助的职务。这表明了明治政府发动侵略战争的决心。

日军大本营举行御前会议。左起为海军司令部部长桦山资纪、海军大臣西乡从道、枢密院议长山县有朋、参谋本部总长有栖川炽仁亲王、明治天皇睦仁、内阁总理大臣伊藤博文、陆军大臣大山岩、参谋本部次长川上操六

桦山资纪莅职后,首先抓了舰队的改编工作。决定仍维持划为两个舰队的体制,于 19 日只将警备舰队改为西海舰队。但为了舰队的统一指挥,又将常备舰队与西海舰队合编为联合舰队,以伊东祐亨为联合舰队司令官。改编

---

① 《日清韩交涉事件记事》,转引田保桥洁:《甲午战前日本挑战史》,第 127 页。
② 陆奥宗光:《蹇蹇录》中译本,第 69 页。

后,日本联合舰队的编制及配置情况如下:

  司令官:海军中将伊东祐亨;

  参谋长:海军大佐鲛岛员规;

  参谋:海军大尉岛村速雄;

  参谋:海军大尉正户为太郎。

  常备舰队:松岛、浪速、吉野、千代田、严岛、桥立、高千穗、秋津洲、比叡、

    扶桑;

   通讯舰:八重山;

   附属舰:筑紫、爱宕、摩耶、鸟海、天城;

   附属船:山城丸、近江丸;

   鱼雷艇:山鹰、七号艇、十二号艇、十三号艇、二十二号艇、二十三

    号艇。

  西海舰队:金刚、天龙、大岛、大和、磐城、葛城、高雄、赤城、武藏;

   附属船:玄海丸。

  军港警备:

   横须贺港:筑波、干珠;

   吴港:凤翔、海门、馆山;

   佐世保港:满珠。[1]

至此,日本海军已经完成了发动战争的组织准备工作。

  在海军战略方面,桦山资纪主张采取攻势,夺取和掌握制海权。日本大本营采纳了桦山的主张,并根据海军的胜负,制定了相应的作战方案。同一天,日本大本营便向伊东祐亨发出了如下的命令:"贵司令官当率领联合舰队,控制朝鲜西岸海面,在丰岛或安眠岛附近的方便地区,占领临时根据地。"[2]同时,日本政府还通过英国驻日本公使楚恩迟转告清政府:如果中国派兵增援驻朝军队,应视为对日本表示敌意的行动,"即作要杀倭人论"。22 日,大鸟圭介向朝鲜政府发出照会,要求朝鲜政府"亟令清军退出境外",并限定 24 日为期,"倘延不示复,则本使自有所决意行事"。[3]这实际上就是最后通牒。大鸟对海

---

[1] 日本海军军令部:《二十七八年海战史》卷上,第 70—72 页。

[2] 藤村道生:《日清战争》中译本,第 79 页。

[3] 《北洋大臣来电》,《清光绪朝中日交涉史料》(1202、1207),第 15 卷,第 9、10 页。

军军令部派来的安原金次海军少佐说："终于决定不免一战。"①公使馆书记官杉村濬也透露了日本的意图：朝鲜政府"无论如何答复，或逾期不答，都要举事"。②当时，海军大臣西乡从道提出质询：若于此最后通牒期间后遇中国舰队，或中国有更增派军队之事实，"日本舰队立即开战，在外交上有无困难？"陆奥宗光果断地回答："作为外交上的顺序，没有什么问题。"③这就赋予了日本海军袭击北洋舰队的行动自由。

日本海军军令部部长、
海军中将桦山资纪(1837—1922)

日本联合舰队司令官、
海军中将伊东祐亨(1843—1914)

　　显然，到此时为止，日本政府走向战争行动的时间表，已经准确地制订出来。停泊在佐世保港的日本联合舰队，只等大本营一声令下，便可以向北洋舰队实行攻击了。

三　不　宣　而　战

　　果然，到7月25日，日本联合舰队便不宣而战，在丰岛附近海面对北洋舰队实行了海盗式的袭击。

----

① 藤村道生：《日清战争》中译本，第80页。
② 杉村濬：《明治二十七八年在韩苦心录》，第46页。
③ 藤村道生：《日清战争》中译本，第79—80页。

先是 7 月 22 日早晨，丁汝昌命济远、广乙、威远三舰由威海出发，以副将济远管带方伯谦为队长，护卫爱仁、飞鲸等运兵船到牙山，并到大同江一带游巡。本来，丁汝昌准备率海军大队随后接应，但李鸿章来电否定了丁汝昌的计划，结果海军大队未能出海。23 日，济远等三舰抵达牙山。24 日凌晨 4 点，爱仁进口。六点，驳船到，开始驳运。济远等舰各派"小火轮照料装运，拖带驳船，对兵丁、军装、马匹、大米各等件运驳上岸，并派船上水手帮同起卸"。①到 7 点钟，仅用了一个小时，仁字军统带官记名提督江自康、仁字副营管带记名总兵谭清远等及两营士兵均全部登岸，随运的 160 箱弹药也都卸清。8 时，即出牙山口返航。同日下午 2 时，飞鲸来到。因为威远已在早晨送电报往仁川，此时尚未返回，只有济远、广乙两舰协助卸船，再加上飞鲸装兵虽然较少，但其他杂项较多，除 4 个营的粮米 800 石，军马 47 匹外，还装有大量的余银、炮械、子药等件②，所以卸船比较费时间。先是中国军舰发现一日舰在白石浦口外游弋。到下午 5 时半，威远由仁川回到牙山。威远管带林颖启报告："念一日，汉城韩倭已开仗，电线已被截断。往见英兵船主罗哲士，据云：'倭大队兵船明日即来。'"③方伯谦见情况紧急，考虑到威远是木船，不能承受炮火，而且行驶迟缓，万一出口遇敌，徒然损失一船，便令威远于当晚 9 时 15 分先行离开牙山。到 25 日凌晨 1 时，飞鲸船上的兵马才有过半登岸。而广乙所带小轮已进白石浦江，拖运驳船入内，仍无法起航。延至凌晨 4 时，飞鲸所载兵、马、粮米、军饷、炮械、子药等已大部分上岸，广乙小火轮也已回来，方伯谦不敢再耽搁，便率济远、广乙起碇返航。傍 8 点钟，飞鲸还在牙山湾内抛锚时，忽"闻海湾内有大炮声"。④日本舰队对济远、广乙二舰的袭击开始了。

早在 7 月 20 日，日本大本营已经接到了北洋舰队将赴牙山的情报。当天，刚刚走马上任的海军军令部部长桦山资纪，带着参谋总长有栖川炽仁亲王的密令乘船离开横须贺。22 日下午 5 时，桦山抵达日本联合舰队聚泊的佐世保，传达了到朝鲜海面伺机袭击北洋舰队的命令。在桦山资纪到佐世保之前，伊东祐亨

---

① 《冤海述闻》，《中日战争》(6)，第 84 页。按：此条所记，尚属可信。《满德上李鸿章禀》："卸时该三兵船均行照料。"(《盛档·甲午中日战争》(下)，第 81 页)可证。

② 《吴育仁致盛宣怀电》，《盛档·甲午中日战争》(上)，第 15 页。按：原计划装军马一百匹。

③ 《冤海述闻》，《中日战争》(6)，第 84 页。按：《冤海述闻》说威远"午刻由仁川回牙山"，误。

④ 《瓦连航海日记》，《盛档·甲午中日战争》(下)，第 82 页。按：据瓦连日记，飞鲸上午 9 时卸岸完毕，10 时离开牙山，目击了日舰浪速击沉高升号的全过程。飞鲸因系空船，日本海军未予拦截。飞鲸于 26 日上午 9 时安抵威海。

已先接大本营的命令,明确了舰队出海的任务。22 日午前 11 时,伊东召集各舰长开会,研究舰队的编队问题。会上,决定本队分为两个小队,又划分了第一和第二两个游击队。午后 2 时,第一游击队司令官坪井航三发出集合令,商讨关于游击顺序等问题。至此,日本联合舰队已做好了袭击北洋舰队的战术准备。

7 月 23 日午前 11 时,日本联合舰队开始离开佐世保港,第一游击队先发,次为本队,再次为第二游击队、鱼雷艇队、护卫舰等。其航次序列是:

第一游击队:吉野(常备舰队旗舰)、秋津洲、浪速。

本队:

　　第一小队:松岛(联合舰队旗舰)、千代田、高千穗;

　　第二小队:桥立、筑紫(先已与赤城同时派往朝鲜忠清道西岸浅水湾
　　　　　　　探测)、严岛。

第二游击队:葛城(西海舰队旗舰)、天龙、高雄、大和。

鱼雷艇队:

　　母　舰:比叡;

　　鱼雷艇:山鹰、七号艇、十二号艇、十三号艇、二十二号艇、二十三
　　　　　　号艇。

　　护卫舰:爱宕、摩耶。①

舰队按预定航线先向全罗道西北端的群山湾进发。当舰队离港时,桦山资纪乘坐高砂丸高挂"发扬帝国海军荣誉"的信号旗,向全舰队官兵鼓劲打气。第一游击队旗舰吉野答以"完全准备就绪";联合舰队旗舰松岛答以"坚决发扬帝国海军荣誉";第二游击队旗舰葛城答以"待我凯旋归来";护卫舰先头舰爱宕则答以"永远谨志不忘"。等到舰队全部离港时,已是下午 4 时 20 分。

日本联合舰队从佐世保出口后,当天下午五点便进入战斗准备状态。为了及时截住北洋舰队的护航舰,连夜兼程航进。夜间航行时,各舰皆配备哨兵分四班轮流警戒,并除向导舰和旗舰外,都熄灯灭火。24 日下午 5 时 20 分,绕过朝鲜半岛的西南端,抵达黑山岛附近时,伊东祐亨命令第一游击队前进侦察。25 日凌晨 4 时半,第一游击队到达安眠岛,三舰又以 12 节速力成单纵阵向丰岛附近搜索。此时,本队和第二游击队等则分道随后继进,于同日下午 2 时在群山湾会合,遂以此为临时锚地。

---

①　日本海军军令部:《二十七八年海战史》上卷,第 73—74 页。

　　丰岛是牙山湾外群岛中的一个岛屿,地当牙山湾之冲要。此岛最长处
1 388 公尺,高 174 公尺。岛北水深,可航巨轮,为进出牙山湾的必经之路。上
午 6 时半左右,吉野、秋津洲、浪速三艘日舰行抵丰岛西南的长安堆附近。是
日,晴朗无云,海上能见度甚好。日舰遥见丰岛方向有两艘轮船喷烟而来,随
后即判断为军舰。坪井航三命令各舰准备战斗,以每小时 15 海里速力前进,
向目标接近。7 时 22 分,日舰看清迎面而来的是中国两艘军舰济远和广乙。
于是,坪井航三"即时下战斗命令"。随后,日舰吉野便对北洋舰队发射了揭开
甲午战争帷幕的第一炮。

　　本来,24 日第一游击队接受侦察任务时,联合舰队司令官下达命令说:"如
果在牙山湾附近的中国舰队力量弱小,则不必一战;如果中国舰队力量强大,
则加以攻击。"当时,中日双方参战军舰的情况如下表:

国别	舰　名	排水量（吨）	马力	速力（节）	火炮（门）	乘员	制地	进水年代
中国	济　远	2 300	2 800	15.0	23	202	德	1883
	广　乙	1 030	2 400	15.0	9	110	闽	1890
日本	吉　野	4 225	15 968	22.5	34	385	英	1892
	秋津洲	3 150	8 400	19.0	32	311	日	1892
	浪　速	3 709	7 328	18.0	20	357	英	1885

从主要火器看,日本军舰有 26 公分口径克虏伯大炮两门和 15 公分口径克虏
伯大炮 6 门,还配备有 15 公分口径速射炮 8 门、12 公分口径速射炮 14 门;而
中国军舰仅有 21 公分口径克虏伯大炮两门、15 公分口径克虏伯大炮 1 门及
12 公分克虏伯大炮 3 门。显而易见,日本方面占有压倒优势。但是,坪井航三
采纳舰队参谋釜谷忠道海军大尉的意见,认为:"究竟是强还是弱,都必须通过
战争来判断。总之,无论如何也要进击。这就是执行命令的主旨。"①于是,日
本方面终于采用突然袭击的手段,发射了丰岛海战第一炮。

　　在日本第一游击队的进攻下,济远、广乙二舰完全处于被动的地位。开始
增援牙山时,中国海军将士业已预感到形势日趋严重,战争有随时爆发的可
能。临行前,广乙管带林国祥请示丁汝昌说:"若遇倭船首先开炮,我等当如何

---

　　①　藤村道生:《日清战争》中译本,第 89 页。

应敌?"丁汝昌便按李鸿章命令"如倭先开炮,我不得不应"的调子,回答说:"两国既未言明开战,岂有冒昧从事之理? 若果倭船首先开炮,尔等亦岂有束手待毙之理? 纵兵回击可也。"①这表明中国护航舰的方针是:决不首先开炮,但若日本舰队袭击,则进行自卫性的还击。 济远、广乙等舰抵达牙山后,由于消息隔绝,完全得不到日本舰队的确实情报。 直到 24 日傍晚,威远舰才从仁川带来了"倭大队兵船明日即来"的消息,但此消息是否确实,济远、广乙二舰的将领们还是将信将疑的。

25 日凌晨 4 时,济远、广乙起碇,鱼贯出口,依山而行。7 点钟,看见吉野、秋津洲、浪速三日舰驶来。当发现日舰之初,中国将领推断"倭船必欲请战"②,因此命令"站炮位,预备御敌"。③不料忽见日舰先向东拐了一个弯子,又转舵西驶,于是"又疑其不欲战"。④ 及见日本三舰"旋转取势而来"⑤,欲拦阻中国军舰的去路,这才断定"其来意不善,遂严阵以待"。⑥原来,日本第一游击队发觉自己处于狭窄水路,不宜作战,所以向西驶至广阔海面,又转头向北,对着济远、广乙驶去。7 点 45 分⑦,双方相距 3 000 公尺时,日本第一游击队旗舰吉野突然向中国军舰发起炮击,济远、广乙二舰被迫进行自卫还击。丰岛海战的帷幕就这样拉开了。

购自德国的巡洋舰济远

①②④⑥ 《中倭战守始末记》第 1 卷,第 12 页。

③ 《济远舰航海日志》,戚其章:《中日甲午战争史论丛》,第 168 页。

⑤ 《冤海述闻》,《中日战争》(6),第 84 页。

⑦ 关于丰岛海战何时打响的问题,迄无定说。据日方记载,丰岛海战第一炮的时间是 7 点 52 分。至今,日本历史学者及国内的研究者,皆袭用此说。实则大误。因为日方说 7 点 52 分济远首先开炮,是企图将挑起战争的责任推到中国身上。《济远航海日志》为我们揭开了这个历史之谜,它记道:"〔7 时〕45 分,倭三舰同放真弹子,轰击我船,我船即刻还炮。"

丰岛海战发生后,日本外务大臣陆奥宗光在致各国公使的照会中声称:"中国军舰在牙山附近轰击日军。"①他竟把挑起战争的祸首装扮成为自卫者。日本的官方著作写道:"七时五十二分,彼我相距约三千米之距离,济远首先向我发炮。旗舰吉野立即应战,以左舷炮向济远轰击。"②《日清战争实记》更把日本写成为受害的一方:

> 当时我舰尚不知朝鲜汉城发生事变,对清国虽暗中敌视,但表面上仍是友好邻邦,因此决定对清舰做海军普通的敬礼。我军旗舰升起将旗,对方军舰接近时本应做相应的敬礼。然清舰不仅不还礼,反而做战斗准备,对我军表示敌意。我因海域狭窄,不便向前航行,未进而咎其无礼,转向西南驶入外海。须臾间,彼我距离渐近时,对方突然开炮。既对方已挑起战端,我舰岂能迟疑,遂立即开炮应战。③

其实,这都是自欺欺人之谈。当事人日本常备舰队参谋釜屋忠道海军大尉后来证实:当伊东祐亨命令第一游击队前去牙山湾侦察时,"且赋与内命,谓牙山湾附近如有优势的清国军舰驻泊,可由我方进攻击"。④日本浪速舰长东乡平八郎海军大佐在日记中也明确地写道:"午前7点20分,在丰岛海上远远望见清国军舰济远号和广乙号,即时下战斗命令。"⑤可知日本第一游击队在袭击前25分钟,即在发现中国军舰之时,便下达了战斗命令。所谓被迫"应战"云云,不过是侵略者所惯用的贼喊捉贼的伎俩罢了。

四 济远和广乙的抵抗

丰岛海战后,济远和广乙两舰官员互相攻讦,一时闹得不可开交。《济远舰航海日志》写道:"〔七时〕四十三分半,倭督船(吉野)放一空炮,广乙即自行驶去。"后济远帮带大副何广成撰写《冤海述闻》⑥,也说开战时"广乙早已遁逃矣"。而事后广乙管带林国祥接受西报记者采访时,回答却全然不同:"其时济远在前,竟过倭船之侧,倭船并未扯旗请战。及广乙行至日船对面,该船倏开

---

① 《红档杂志关于中日战争文件》,《中日战争》(7),第271页。
② 日本海军军令部:《二十七八年海战史》上卷,第88页。
③ 《日清战争实记》第2编,第1—3页。
④ 田保桥洁:《甲午战前日本挑战史》,第186—187页。
⑤ 《东乡平八郎击沉高升号日记》,《中日战争》(6),第32页。
⑥ 参看拙作:《〈冤海述闻〉研究》,《中日甲午战争史论丛》,第183—187页。

一炮,以击广乙。济远钢皮轮在前,见之并不回轮助战,即加煤烧足气炉,逃遁回华。"①这究竟是怎么回事?你攻击我没打,我指责你未战,都是为了抹煞别人的功劳,夸大自己的战绩,以邀功讨赏。这当然不足为训。不过,丰岛海上的战火是由于日本海军的突然袭击而燃起的,济远和广乙在处于绝对劣势的情况下,能以弱对强,奋力抵抗,却是客观的事实。

当上午 7 点 45 分,中日双方五艘军舰位于长安堆以西海面时,日舰吉野突然发炮,向济远轰击。济远冒着敌舰的炮火,由西转舵向南,于 7 点 52 分发炮回击吉野。7 点 55 分,秋津洲开始向济远发炮。7 点 56 分,浪速也向济远炮击。日方拥有 22 门速射炮,而济远和广乙则只有旧后膛炮,并无速射炮。敌舰的炮火太猛,"聚攻济远,密如雨点"②,济远仍然苦战不已。8 点 10 分,济远发出一炮,击中吉野舰首附近,跳弹击断敌舰前樯桁索。8 点 20 分,济远发出的 15 公分炮弹,击中吉野右舷之侧,击毁舷板数只,贯穿钢甲坏其发电机,坠入机器间之防御钢板上,然后又转入机器间。由于炮弹的质量差,里面未装炸药,故击中而不爆炸,致使吉野侥幸免于沉没。③

在敌我强弱力量极为悬殊的情况下,济远将士依然临危不惧,拼死搏战,给敌舰以相当的打击。其中,表现最为突出的是帮带大副都司沈寿昌、枪炮二副柯建章、天津水师学堂见习学生黄承勋等人。

沈寿昌(1865—1894),字清和,上海川沙人。曾考入上海出洋总局肄业,以成绩优异,被选派出洋,进挪威大学专攻物理、化学。1881 年,清政府初创海军,急需海军人才,下令召回出洋学生。沈寿昌奉调回国后,即上威远舰见习,不久升为该舰二副。后又积功升署北洋海军中军左营都司,充济远帮带大副。沈寿昌在海军任职凡十三年,恒"以国事为重"④,很少顾及家事,颇为时人所传诵。

柯建章(? —1894),福州人,船生出身。以刻苦学习,技艺日进,由船生拔为战官。积功升署北洋海军中军左营守备,充济远枪炮二副。

黄承勋(1874—1894),字栋臣,湖北京山县人。1886 年,考入天津水师学堂驾驶班,为该班第三届学生。1890 年毕业后,被派上济远舰实习。黄承勋奉命赴

① 《中倭战守始末记》第 1 卷,第 12 页。

② 《丁提督来电》,《李文忠公全集》,电稿,第 16 卷,第 35 页。

③ 日本海军军令部:《明治二十七八年海战史》上卷,第 91—92 页。又,《郑观应致盛宣怀函》称:"闻倭炮船八重山中济远之弹不炸,入船澳剖视,知系无药。"按:"八重山"为"吉野"之讹传。(《盛档·甲午中日战争》(下),第 128 页)。

④ 《民国上海县志》第 15 卷,《人物补遗》。

援牙山,慷慨就道,抱必死的决心。行前,其至友医官关某在刘公岛为他饯行,酒酣时他嘱医官说:"此行必死!他日骸骨得归,惟君是赖。莫逆之交,爰以敦托。"①

在这场炮火的激烈交锋中,沈寿昌一直在舰前屹立司舵,指挥炮手还击。由于沈寿昌沉着应战,指挥果决,士气大为振奋,多次发炮命中日本旗舰吉野,并击中了浪速舰的左舷船尾。结果"浪速舰尾被击落,海图室被破坏"。②正在激战之际,不料日舰飞来一颗炮弹,命中济远望台,爆炸后一块弹片击中沈寿昌的头部。沈寿昌当即仆地不起。二副柯建章见帮带大副牺牲,义愤填膺,继续督炮击敌。但敌弹继至,柯建章洞胸阵亡。见习学生黄承勋见大副、二副均亡,自抱奋勇登台指挥,"召集炮手装弹窥准"。"正指画间,敌弹飞至中臂,臂断遂仆。"有两名水手立即把他抬进舱内急救,他摇头说:"尔等自有事,勿我顾也!"③遂闭目而死。军功王锡山、管旗头目刘鹍亦均中弹阵亡。真是前仆后继,视死如归,表现了中华民族气壮山河的爱国主义精神。丰岛海战之后,以"济远能战,日人犹图绘于报纸以为警备"。④

当敌人三舰聚攻济远之际,广乙后至,立即投入战斗。广乙伺机向敌舰冲去,准备施放鱼雷。吉野为避开广乙冲撞和施放鱼雷,便向左转舵,在海面上划出一个大的圆弧。广乙则改变航针,向秋津洲和浪速之间疾驶。7点58分,广乙从斜侧驶至距秋津洲600公尺处,向其舰尾逼近,准备施放水雷。这时,秋津洲猛烈回击,一弹击中广乙桅楼,致使一炮手坠落牺牲,又一弹"击毁水雷炮洞,幸未触炸",广乙始得保全。激战中,秋津洲忽发一榴霰弹"炸于广乙舱面,以致死伤二十人"。⑤舵手亦中弹牺牲。广乙伤亡虽重,仍与敌舰继续拼战。

此时,海面上硝烟笼罩,敌舰无法用信号旗联络,秋津洲便鸣汽笛报知自己的位置,浪速鸣汽笛应之。于是,两舰开始合击广乙。须臾之间,硝烟渐散,浪速忽然发现广乙在距舰尾三四百公尺处,便一面向右转舵以避开广乙的冲撞,一面用左舷炮和尾炮加以猛击。在敌舰的连续进攻下,广乙受伤甚重,船舵"均已毁坏,不堪行驶"。⑥广乙舰上官兵牺牲已有30多人,受伤者40多人,难以支撑,便向右转舵走避。浪速于欢呼声中尾追,被广乙回击一炮,弹穿浪

---

①③ 池仲祐:《黄守戎栋臣事略》,《海军实纪·甲午海战海军阵亡死难群公事略》。

② 《八重山舰长平山致西乡海军大臣函》,《日本外交文书》第27卷,第512号附件。

④ 池仲祐:《甲午战事记》,《海军实纪·述战篇》。

⑤ 《中倭战守始末记》第1卷,第12页。按:"水雷炮洞"即鱼雷发射管。

⑥ 《中倭战守始末记》第1卷,第13页。

《点石斋画报》所绘之丰岛海战图

速左舷之侧,由内部穿透后部钢甲板,断其备用锚,并将锚机击碎。日本第一游击队司令官坪井航三以为广乙舰体已毁,决定不予追击,命三舰各取适宜位置合击济远。广乙这才脱险,驶撞朝鲜西海岸十八家岛(或简称"十八岛")搁浅,"凿锅炉,渡残卒登岸,遗火火药仓自焚"。广乙管带林国祥登岸后,率残部直奔牙山清营。及至牙山,听说叶志超已率军退平壤,便于26日下午1时上英国舰亚细亚号返国。此时部下只有17人了。在仁川"复截于倭舰,听命立永不与闻兵事服状,国祥以下连署与倭,乃得纵归"。①"服状"乃由日人起草,林国祥等18人连署。其内容如下:

　　舰长林国祥以下广乙号船员十八名,蒙英国军舰搭救。值此日清战争期间,今后决不再参与战事,兹作出誓言,保证履行誓言之义务。②

---

① 姚锡光:《东方兵事纪略》,《中日战争》(1),第65页。
② 《广乙号乘组员之誓词》,见《日清战争实记》第6编,第99页。

　　8点30分,广乙已东驶远离济远。济远已牺牲30人,受伤27人[1],势难抵御,便趁机以全速向西驶避。日本三舰会合,拟共追济远。忽见西方海上出现两缕汽烟,但一时辨认不出为何国舰船。坪井航三下令各舰采取"自由运动"。于是,秋津洲转舵追击广乙,吉野、浪速则尾击济远。8点53分,浪速超越吉野,猛追济远。济远乃悬白旗,然犹疾驶不已。浪速追至相距3000公尺时,又以舰首回旋炮猛击。济远又在白旗之下加悬日本海军旗。浪速挂出信号:"立即停轮,否则炮击!"是时,两舰相距2700公尺,浪速遂向旗舰吉野报告:"敌舰降服,已发出命令停轮之信号,准备与彼接近。"9点钟,高升从浪速右舷通过,向东驶去。9点15分,浪速一面命令高升停驶,一面追击乘机以全速驶逃之济远。9点30分,吉野忽令秋津洲、浪速归队。秋津洲先是追击广乙,见广乙已经搁浅,及接到吉野信号,立即回航。此时,中国运输船操江与高升号相距约3英里,见高升被日舰所截,遂转舵回驶。9点47分,坪井航三命令浪速监视高升,秋津洲追击操江,由旗舰吉野追击济远。

丰岛海战中击伤日舰吉野之济远的后主炮

---

[1]　《方伯谦丰岛海战报告》,见《清光绪朝中日交涉史料》(1241),第15卷,第27页。

丰岛海战后弹痕累累的济远

12 时 38 分,吉野逼近距济远 2 000 公尺处,以右舷炮猛击,共发 6 弹。济远航速才 15 节,而吉野航速则近 23 节,势将追及。在此紧要关头,水手王国成挺身而出,反击敌寇。

王国成(1867—1900),山东文登人,出生于一个农民家庭,家境贫苦。成年后,投北洋海军为练勇,学习期满后被派上济远当水手。[①]他激于爱国热情,奔向舰尾炮位,另一水手李仕茂从旁协助,用 15 公分口径尾炮对准吉野连发 4 炮:第一炮中其舵楼;第二炮中其船头;第三炮走线,未中;第四炮中其船身要害处。12 点 43 分,吉野受伤,舰头立时低俯,不敢停留,转头向来路驶逃。

吉野东逃后,济远遂定向威海卫,于 26 日早晨 6 时半抵港下锚。

五　操江被掳和高升之沉

当济远、广乙正同日本三舰激战之际,高升和操江先后驶近作战海域。上

① 《王守谊口述》(1978 年记录稿)。按:王守谊为王国成之嫡孙。

午 9 点 1 刻,高升突被日舰拦住,强迫停驶。操江管带参将王永发见状,知情况有异,立即转舵西驶。

操江是北洋舰队的运输舰,装载武器饷银由塘沽出发,经烟台、威海卫开往牙山。24 日晨 3 时,操江由烟台驶往威海。是日下午 2 时,操江离开威海港。起航前,丁汝昌曾将文书等件交王永发带至牙山。将驶近丰岛时,正好与由塘沽起航的高升号不期而逢,于是二船遂同行。

王永发,浙江镇海人,生于 1843 年。船生出身。青年时在英国军舰上当水手,继升为水手头。后来转入清朝水师,在兵船上任职。积功擢参将,委带操江运船。操江本是一艘木质旧式炮船,上海江南制造总局所造,舰龄已逾 20 年,实际航速只有 8 节,虽装备 5 门旧炮,但火力甚弱,难以任战,所以改为运输舰使用。舰上执事的官兵,管带王永发以下共有 82 人。①此外,天津电报局的丹麦籍洋匠弥伦斯也在船上,系奉派去汉城接管该地的中国电报局的。操江运船起航东驶时,时局已相当紧张,而清朝当局仍让其只轮出洋,且无军舰保护,实乃一种冒险。

操江西驶约一小时,忽见济远舰由一海岛后傍岸驶出,向西北而行。11 点 30 分,济远驶近操江,并超出操江船头驶过,此时两舰相距仅 800 公尺。"济远兵船原可帮助操江,乃并不相助,亦未悬旗通知。"②半小时后,日舰吉野尾随济远舰航向而来,以全速疾驰,与操江相距 2 500 公尺处成相并位置。此时,操江急将龙旗降下,以表示无战意。坪井航三的主要目的是对付济远,认为击毁或俘获济远后再来处置操江,为时尚不为晚,因此暂不理会操江,继续尾击济远。

在吉野追击济远的同时,秋津洲也在后循其航迹前驶。下午 1 点 50 分,秋津洲逼近操江,挂出"停驶"信号,并放空炮一响。操江不应,继续西驶。秋津洲追至距操江 4 000 公尺时,发出 12 公分口径炮弹一发以示警告。王永发见情况紧急,慌乱间六神无主,准备自尽,被弥伦斯劝住。王永发便在樯头悬挂白旗,又在大樯上加挂日本国旗,表示投降。又采纳了弥伦斯的建议,将所带重要文书及密电本当即投炉中焚毁,以免泄露军情。还准备将船上所装 20 万两饷银投到海中,以免为敌所得,但仓促间未及施行。

约在下午 2 点 10 分,秋津洲放下一只舢板,装有日本海军官兵及管轮等

---

① 《日清战争实记》第 2 编,第 7 页。
② 《弥伦斯致博来函》,《盛档·甲午中日战争》(下),第 146 页。

共28人,俱持枪械,登上操江。到船后,即将操江船上所有人员拘禁于后舱,由日兵持枪看守。日兵遍船搜求文书,但无所得。于是,将王永发拘上秋津洲,其他人员仍关在操江后舱。随后,秋津洲起锚南驶,操江随行。途中与旗舰吉野相遇,立即以信号报告:"敌舰降服,其舰长在我舰。"又报告说:"据操江舰长称,清舰在大同江,扬威在仁川,镇海在牙山"。于是,坪井航三下令将操江带至群山湾与本队相会合。

7月28日早晨6时,所有操江船上83人,都由日舰八重山押送到佐世保港。是日"午后二点钟上岸,上岸之时极备凌辱。""船近码头即放气钟摇铃、吹号筒,使该处居民尽来观看。其监即在码头相近地方,将所拘之人分作二排并行,使之游行各街,游毕方收入监,以示凌辱。"[1]在这被拘禁的83人当中,除弥伦斯在8月5日被释放外,其余的82名清军官兵,包括管带王永发、大副孙茂盛、二副徐起凤、三副王生才、大车石德行、二车包振瑞、三车鲍忠林、管事方长春、师爷3人及士兵71人,皆关押到1895年8月始遣返回国。[2]

由于操江被掳,船内20万两饷银,以及大炮20门、步枪3 000支和大量弹药,全部为敌人所得。

操江被掳和高升被截,是发生在同样情况下,而且是同一时间里的事。操江管带王永发等甘愿放下武器,束手就擒,忍受敌人的凌辱,而高升号上的爱国官兵却宁死不屈,几乎是手无寸铁地同敌人搏战,用鲜血谱写出一曲英雄壮歌。

高升号是英国怡和轮船公司所属的一艘货轮,它于7月20日从上海开抵大沽后,被清政府租用。高升于23日早晨从塘沽出口时,装有北塘防军官兵1 116人,还有行营炮12门及枪枝、弹药等件。通永练军左营营官骆佩德、义胜前营营官吴炳文随船而行。统带官则为仁字军营务处帮办高善继。

高善继,字次浦,江西彭泽县人。曾署弋阳县训导。中戊子科本省举人,保举五品衔知县。1894年春,高善继看到国家处在多事之秋,正男儿挺身卫国之时,便去天津见李鸿章,自请投笔从戎,为国效命。因话不投机,愤然辞去,转投直隶通永镇总兵吴育仁幕下,留为仁字军营务处帮办。及至李鸿章决定增援牙山,吴育仁特遣翼长记名提督江自康带队前往。高善继认为,为国报效之时已

① 《弥伦斯致博来函》,《盛档·甲午中日战争》(下),第147页。

② 1895年遣返士兵70名,另一名死在日本佐世保监狱中。见《日本送还各营人数清折》,《盛档·甲午中日战争》(下),第463页。

到,便慷慨陈词,请赴前敌。吴育仁为之感动,命他与江自康带队同往。江自康乘爱仁号于 20 日下午先行出口,高善继乘高升号于 23 日早晨始起碇离港。

25 日上午 8 时半,高升驶近丰岛时,忽然发现济远舰全速西驶,但起初却误认为是日本军舰。因为济远"挂有日本旗,其上还有一面白旗招展",经过高升号时"把旗降落一次,又升上去,以表示敬意"。据当时乘坐高升号的德国退役军官汉纳根说:当他先在航行中看到日本军舰时,"心中有些不安,但到现在看见这只日本船驶过我们的船时,以旗来向我们行敬礼,我们对于他们和平的意旨感到安慰"。①高升号船长、英国人高惠悌也加以证实:"我们将近丰岛的时候,掠过一艘军舰,它悬挂日本海军旗,旗上再挂一面白旗——这只船后来证明为中国战舰济远号。"②他们都把济远当作日本军舰,而且产生了麻痹思想。船长高惠悌和大副田泼林等"坚信该船为英国船,又挂英国旗,足以保护它免受一切敌对行动"。③因此,决定仍按原航线徐徐前进。

9 时,高升号从日舰浪速右舷通过。浪速舰长东乡平八郎注视高升驶过,断定船内必装有中国军队。9 点 1 刻,浪速挂出信号:"下锚停驶!"9 点半,高惠悌在日舰的武力威胁下屈服,将船停下来。浪速又挂出第二次信号:"原地不动,否则承担一切后果!""此时,吉野、秋津洲、浪速三只日本船都向前移动,似乎要互相以信号取得联系,因为他们看见一只显系悬挂英国旗的中国运输船后,不知怎么办好。"④高惠悌见此情形,以为日舰发现为英国船,已决定放弃敌对行动,便用信号询问:"我是否可以前进?"其实,这纯系误解。日本旗舰吉野命令秋津洲、浪速归队的原因,是要重新分配任务,令浪速专门监视高升,由吉野、秋津洲追击济远和操江。浪速发信号请示对高升的处置办法。吉野回答:"将商船带赴总队,向司令长官报告!"于是,浪速第三次依然用"停止不动"的信号命令高升。并掉转头来,驶到距高升约 400 公尺的海面上停下,将舰上所有的 21 门大炮都露出来,用右舷炮对准高升船身。

10 点左右,浪速放下一只小艇,向高升开来。小艇靠高升后,有几名带有来复枪和佩刀的海军军官登船,为首的是人见善五郎海军大尉。人见善五郎等来到高惠悌的房间,要求检查商船的执照。高惠悌出示执照,并提请登船的

① 《汉纳根大尉关于高升商轮被日军舰击沉之证言》,《中日战争》(6),第 19—20 页。
② 《高升号船长高惠悌的证明》,《中日战争》(6),第 22 页。
③ 《汉纳根大尉关于高升商轮被日军舰击沉之证言》,《中日战争》(6),第 22 页。
④ 《汉纳根大尉关于高升商轮被日军舰击沉之证言》,《中日战争》(6),第 20 页。

日本军官注意高升是英国商船。人见善五郎不予理睬，向高惠悌提出："高升要跟浪速去。同意吗？"高惠悌竟回答说："如果命令跟着走，我没有别的办法，只有抗议下服从。"①对日本的武力威胁完全屈服。这更加助长了日本侵略者的气焰，并为其提供了有利机会，使其阴谋得以实现。②这样人见善五郎等便带着满意的答复离开高升而回到浪速。

当人见善五郎等日本海军军官登船检查时，船上的中国官兵始终怀着高度的警惕。仁字军营务处帮办高善继感到事情危急，对大家说："我辈同舟共命，不可为日兵辱！"这时，忽见日舰挂出第四次信号："立刻斩断绳缆，或者起锚，随我前进！"高惠悌准备服从浪速的命令。顿时，许多将士攘臂而起，全船骚动。高善继冲向船长，拔刀瞋目曰："敢有降日本者，当污我刀！"大家齐声响应，一船鼎沸。因言语不通，由汉纳根翻译，将全体官兵的决心通知船长："宁愿死，决不服从日本人的命令！"高惠悌试图说服清军将士对敌降服，于是同高善继展开了一场辩论：

船长："抵抗是无用的，因为一颗炮弹能在短时间内使船沉没。"

帮带："我们宁死不当俘虏！"

船长："请再考虑，投降实为上策。"

帮带："除非日本人同意退回大沽口，否则拼死一战，决不投降！"

船长："倘使你们决计要打，外国船员必须离船。"

清军官兵见高惠悌不肯合作，便把他看管起来，并看守了船上的所有吊艇，不准任何人离船。高惠悌要求发信号请浪速再派小艇来，以便传知船上所发生的情况。人见善五郎等日本军官又靠近高升轮。汉纳根到跳板上对日军军官说："船长已失去自由，不能服从你们的命令，船上的兵士不许他这样做。军官与士兵坚持让他们回原出发的海口去。"高惠悌说："带信给舰长，说华人拒绝高升船当作俘虏，坚持退回大沽口。"还指出：高升是一艘英国船，并且离开中国海港时尚未宣战，"考虑到我们出发尚在和平时期，即使已宣战，这也是个公平合理的要求。"人见善五郎答以模棱之词，驾艇回舰。③

---

① 《高升号船长高惠悌的证明》，《中日战争》(6)，第23页。

② 汉纳根指出：若高升早为之计，当浪速发出第二次信号时，"脱开锚链，再采用诡计，假装服从日船命令而逃往附近岛屿的话，它可有很多机会得到一个较好的命运"。(见《汉纳根大尉关于高升商轮被日军舰击沉之证言》)

③ 以上据《汉纳根大尉关于高升商轮被日军击沉之证言》、《高升号船长高惠悌的证明》，《中日战争》(6)，第20—23页；《中倭战守始末记》第1卷，第5页。

1894 年 7 月 25 日日舰浪速(右)在丰岛海面击沉高升号(左)的情景

　　这时已是中午 12 点半钟,交涉历时 3 个小时。在这场交涉中,中国官兵不怕威胁,宁死不屈,挫败了日本侵略者的迫降企图。东乡平八郎决定要下毒手。于是,浪速又挂出第五次信号:"欧洲人立刻离船!"将士们看出了敌人的毒计,"慷慨忠愤,死志益坚,不许西人放舵尾之小船"。[1]于是,高惠悌用信号回答:"不准我们离船,请再派一小船来。"浪速答复:"不能再派小船。"并在樯头挂出红旗。这显然是一个表示危险的警告。而高惠悌竟俯首听命,坐等高升被击。

　　与此同时,浪速向前开动,并绕巡高升号一周,然后停在距高升 150 公尺处。下午 1 时,浪速突然发射一枚鱼雷,但没有命中。又用 6 门右舷炮瞄准高升,猛放排炮。浪速舰长东乡平八郎在日记中记载此事道:"清兵有意

---

　　[1]　《中倭战守始末记》第 1 卷,第 5 页。

与我为敌,决定进行炮击破坏该船。经发射两次右舷炮后,该船后部即开始倾斜,旋告沉没。历时共 30 分钟。"①当高升号将沉之际,高善继等意气自若,同士兵一起誓死抵抗。在浪速炮火的猛烈轰击下,用步枪"勇敢地还击"。浪速虽不停地"向垂沉的船上开炮",但清军官兵视死如归,仍然英勇战斗,直至船身全部沉没。日舰为了报复,对落水的中国士兵进行了野蛮的屠杀,竟"用快炮来向水里游的人射击"②,为时达"一时之久"。③

下午 1 时半,高升号船体全部没入海中,其位置在蔚岛以南约 2 海里处。当时,飞鲸由牙山返航后适经此处,目击了浪速击沉高升号的全过程。对此,飞鲸船主瓦连在航海日记中有详细的记述:

> 当午后一点钟时,该兵船即向商船开炮,该商船上汤气烟即滚上。此时,本船与该商船相离约五里,当即转舵向南行,以避炮火。日本兵船向该商船放炮约十五、六响,其船即沉。该商船首尾俱有天遮,甚似图南。船尾舱高,舱面即系天遮。当沉时系船头先沉,船尾向上,该船忽翻转四十

下令击沉高升号的浪速舰长、
海军大佐东乡平八郎(1847—1934)

五度,即全沉下,桅杆复直立出水四丈,时潮水甚小,至一点半钟时即全不见。④

船上的中国官兵共 1 116 人。高升号沉没后,法舰利安门号从桅杆上救出42 人,德舰伊力达斯号运回 112 人,英舰播布斯号运回 87 人。三国军舰所救起各营弁兵的情况如下:

---

① 《东乡平八郎击沉高升号日记》,《中日战争》(6),第 33 页。
② 《汉纳根大尉关于高升商轮被日军舰击沉之证言》、《高升号遭难遇救者之陈述》,《中日战争》(6),第 21、28 页。
③ 《亲兵前营后哨哨长张玉林供词》,《朝鲜档》(2013)。
④ 《瓦连航海日记摘抄》,《盛档·甲午中日战争》(下),第 82 页。

国别	舰名	舰长	救 出 人 数				备 注
			义胜前营	通永练军左营	亲兵前营炮队	北塘水雷营	
法	利安门	高 格	15	14	13		其中有亲兵前营哨长张玉林
德	伊力达斯	宝悌森	47	45	20		
英	播布斯	斐 理	25	41	15	6	其中有北塘水雷营哨长张砚田
（小 计）			87	100	48	6	合计241人

事后,清政府对三国军舰舰长及有关人员均授予相应的宝星奖章,"以酬劳勚"。①此外,通永练军左营士兵李裕发、冯玉山二人,被日军俘虏。②还有直隶籍士兵二人,"原乘高升号来韩者,因半途高升号击沉,凫水漂于孤岛,渴吸海水,饥食野草四十余日,遇救来汉城"。③根据现存资料,可知高升号上的中国官兵共有245人遇救获生。其余的871名官兵全部壮烈殉国。

据高升号船籍名单,该船共有79名工作人员。其中,船长、大副、二副、三副、大车、二车、三车7名皆英国人;舵工3名皆菲律宾人;其余船员68名,多为广东、福建、浙江籍人,也有少数菲律宾人。船沉后,日舰浪速放小船救起高升号船长高惠悌、大副田泼林及舵工泽里斯塔三人。④法舰利安门号救起舵工欧利爱脱及水手2人;德舰伊里达斯救起水手6人。乘客德人汉纳根因水性好,自己游到了岸上。这样,在高升号工作人员中,只有12人得救,二副韦尔什、大车戈尔顿等5名英国人,以及舵工1名和船员56名,也都葬身海底。

第二节　成　欢　之　战

一　日军进犯牙山

早在7月23日,日本混成旅团长大岛义昌少将即接到大本营发来的讨伐牙山清军的电令。本来,大岛就要率队出发,因需执行包围朝鲜王宫的任务,

---

① 《倭击高升轮船片》,《李文忠公全集》,奏稿,第78卷,第43页。
② 《北塘练军左营步兵李裕发、冯玉山供词》,《日清战争实记》第3编,第89页。
③ 许寅辉:《客韩笔记》第25页。
④ 《日本法制局长官末松谦澄调查书》,《日清战争实记》第2编,第47页。

故将进攻牙山清军的日期推迟。到 25 日,大岛收到中国援朝部队将集中于忠清道牙山县和平安道平壤府的报告,深恐再行推迟中日军事冲突的时间,对日本颇为不利。乃决定不等朝鲜政府的委托书到来,即率混成旅团主力由龙山出发,向牙山进犯。大岛所率混成旅团主力,包括步兵第十一联队和第二十一联队的 4 个大队,共 15 个中队;炮兵第五联队第三大队,携山炮 8 尊;骑兵第五大队第一中队,有战马 47 匹;工兵第五大队第一中队,以及辎重兵和卫生队等,合计兵力有 4 000 余人。大岛以第二十一联队第三大队为前锋,由古志正纲陆军少佐率领;自率混成旅团本队为后军。但是,朝鲜官民对日本军队皆抱敌视态度,"拒绝供应食物和人马",给行军带来了困难。于是,大岛义昌"决定采取非常手段,从军队中选拔二十名机警的士兵,加派二十名警察,把守通往汉城近郊的要道龙山、鹭梁、铜雀津、汉江、东门外等处,凡路过的牛马,不管是否载有货物,尽行扣押"①,以备军用。这样,大岛混成旅团才得以开拔。当天,前锋宿于京畿道的水原府,后军宿于果川。

日军前锋宿水原后,原计划 26 日继续前进,但因前日所征集的朝鲜夫役全部逃走,大队长古志正纲少佐"大愤,虽百方苦心征发,韩民多避不应"。②因此,日军前锋不得不在水原滞留一天。26 日下午 3 时,大岛义昌率混成旅团本队亦抵水原。古志正纲是日本山口县人,19 岁入伍,在军 28 年,参加多次战役,从未陷入如此困境,深觉失职和贻误军机,于是自杀。大岛遂命第三大队第十二小队长松崎直臣大尉代理大队长。

是日下午 4 时半,大岛义昌先派出的探兵一队,在丰边新作骑兵大尉带领下,进至振威以南的七原,与聂士成的探兵相遇,双方交火片时,即均撤回。日方记载称此为"日清两国军队交战之始"③,其实这仅是少数骑兵的相互枪击,尚不能称之为两国军队正式交战。据聂士成《东征日记》:"二十四(7 月 26 日)⋯⋯探报倭大队已逼振威。"④清军探骑在七原与日军探兵相遇,误认为日军大队已离水原南进,因而作出了"倭大队已逼振威"的错误判断。27 日,大岛义昌率混成旅团本部进至振威,全军在此露营。直到此时,大岛还不知道清军大部已移守成欢。

28 日凌晨 4 时,日军从振威出发,经七原开赴素沙场。上午 8 点半,大岛

---

①　杉村濬:《明治二十七八年在韩苦心录》,第 60 页。

②　桥本海关:《清日战争实记》第 3 卷,第 141 页。

③　田保桥洁:《甲午战前日本挑战史》中译本,第 151 页。

④　聂士成:《东征日记》,见《中日战争》(6),第 9 页。

混成旅团本部到达素沙场。这一带沼泽很多,水田相连,到处丘陵连绵起伏。日军前锋军官登上高丘瞭望,始发现前方有中国军队扎营,便下令停止前进,在树阴下露营。并立即挑选五六名军官改着朝鲜服装,到清军营盘附近侦察。到黄昏以后,奉命侦察的军官回报,大岛始知中国军队大部已撤离牙山,而移驻于成欢驿。

于是,大岛混成旅团便以素沙场为总营,进行攻击的部署。当天夜间,旅团长大岛义昌少将、参谋长冈外史少佐、福岛安正中佐、武田秀山中佐等召开会议,讨论作战计划。会议认为:"敌军占领成欢驿,其右翼以一高地为依托,在此筑成正方形营垒,树立旗帜,中央设炮台两处,可向正面及侧翼前方射击;左翼以步兵占领。有一条道路由素沙场直穿敌阵中央。两翼之间相距约一里半地,其间全为水田,两条小河由东向西流去,与阵地恰好平行。敌阵地势如此,故白天不利于进攻,须先利用夜幕掩护接近敌阵。敌之右翼,与一高地相连,多少有可隐蔽之处,且正面十分开阔;敌之左翼,虽亦为山冈,但正面开阔不大,且难隐蔽接近。因此,主攻方向应放在敌之右翼。"①于是,决定将全军分为左右翼两队:右翼队以步兵4个中队和工兵1个中队组成,由武田中佐率领,担负牵制清军左翼的任务;左翼队以步兵9个中队、炮兵1个大队(缺1小队)和骑兵1个中队组成,由大岛亲自率领,采取攻击清军右翼侧后之策。

日军连夜讨论制订作战方案之后,便于当天午夜发起了攻击。

二 安城渡伏击战

牙山清军本来仅2 000余人,到7月24日江自康率仁字营抵达后,总兵力始达到3 880人。见下表:

部队番号	人 数	统 领
正定练军中营	500	
正定练军右营	500	
正定练军前营	210	直隶提督叶志超
正定练军左营	210	
亲兵马步小队	80	
山海关武备学生	25	

---

① 《日清战争实记》第2编,第21—22页。

续表

部队番号	人 数	统 领
古北口练军右营	500	太原镇总兵聂士成
武毅军副中营	300	
武毅军老前营	300	
天津武备学生	10	
仁字正营	500	记名提督江自康
仁字副营	500	
义胜前营	200	游击潘金山
文武官员	45	

是日，叶志超接李鸿章来电，谓"和议决裂，速备战守"。①下午，聂士成亲自驰往成欢驿，察看地势。先是在 7 月 13 日，聂士成获悉日军在汉城分兵扎各要隘，其探骑已至水原，便请求率队至成欢驿防堵。叶志超怕引起衅端，未允。至是，日军探骑已到振威一带活动，牙山电线中断，与汉城消息不通，叶志超始同意聂士成率部移扎成欢驿。

7 月 26 日凌晨 2 时，聂士成率武毅军副中、老前、练右等营驰赴成欢驿，布置防御。当天晚间，接牙山叶志超飞函，告知"广乙、高升被倭击沉，边衅已开，预备战事"。②又据探兵回报，日军大队已逼近振威。聂士成以兵力单薄，难御大敌，飞报叶志超速派兵以助战守。27 日，叶志超派江自康和许兆贵各率 1 营至成欢驿。于是，成欢驿清军增至 2 800 人。清军在战略上既处于被动地位，兵力又仅及日军的三分之二，以单薄之孤军而仓促应敌，焉有不败之理！

聂士成、江自康先后拔队开赴成欢驿之后，叶志超率余部仍驻牙山。7 月 27 日，警报频来，双方探骑已在振威以南交火。28 日晨，日军大队已抵距成欢驿仅 15 里的素沙场。叶志超看到情况危急，亲自驰往成欢驿，向聂士成征询战守之策。聂士成说："海道已梗，援军断难飞渡，牙山绝地不可守。公州背山面江，天生形胜，宜驰往据之。战而胜，公为后援；不胜，犹可绕道而出。此间战事，当率各营竭力防御，相机进止也。"③叶志超见此方案正合乎自己的心意，便立即同意。于是，他亲率一营"护辎重赴公州"，因公州路远，先暂屯天安，另

---

①②③　聂士成：《东征日记》，见《中日战争》(6)，第 9 页。

直隶提督叶志超(1838—1899)及
太原镇总兵聂士成(约 1840—1900)之将旗

留记名总兵谭清远带仁字副一营"驻牙截倭由牙上兵之路"。①

聂士成提的乃是一个撤军绕道北上的方案。叶志超先已向李鸿章提出"由陆扼要,相机移扎","且梗倭军汉〔城〕、釜〔山〕相通南路"②的建议,实际上也是准备"绕道东趋"。他们的意见是基本上一致的,只有一点不同的是:聂士成认为"牙山绝地不可守",主张全军撤离牙山;叶志超则偏要留下一营,这不仅无此必要,而且使本来不多的兵力更加分散了。人们一般都认为当时清军系分扎两处,实际上是分扎三处。对此,时人评论说:"全队东行,且战且走,绕归北路,方是死中求活

法。今困守牙山,且与聂镇台分扎两处,实为失算。"③一方面肯定清军绕道北上之策;一方面又批评分兵之不当。这不是没有道理的。

叶、聂方案之所以造成这样的失误,主要是由于过分地夸大了敌人力量的缘故。当时,清军的情报多不准确,且每每渲染敌情严重。例如,大岛混成旅团南下兵力不过 4 000 余人,清军却探报"倭队聚果川、水原,众约三万",竟将敌人兵力夸大了 7 倍之多。这种不真实的情报,使统兵将领不可能做出正确的判断,从而无法形成正确的决心和作战计划。7 月 28 日,聂士成"登山望倭军,见马步大队驻振威,众约二、三万,军容甚盛。我军马步不满二千④,众寡悬

---

① 《叶志超成欢之战报告》,《清光绪朝中日交涉史料》(1427),第 17 卷,第 20 页。
② 《北洋大臣来电》,《清光绪朝中日交涉史料》(1187),第 15 卷,第 6 页。
③ 《周桢致盛宣怀函》,《盛档·甲午中日战争》(下),第 133 页。
④ "我军马步不满二千",应不包括江自康和许兆贵二营。

殊,颇为顾虑。"①他虽然亲自登山观望,却仍然相信日军有两三万之多的先入之见。如果敌我众寡悬殊真是达到了敌人兵力10倍于我的话,那身为主将者怎能不"颇为顾虑"呢? 在这种情况下,清军制订了一个以"走"字为主的战守方案,也就很自然了。实际上,尽管清军兵力少于日军,但如果能够力争主动,并且布置得当的话,不见得不可以取得较好的战果。安城渡伏击之奏效就是明证。

安城渡伏击战是成欢驿之战的一次前哨战。安城河位于素沙场之南,起源于安城县境内,由东向西,从平泽县北流入牙山湾。河之南北两岸皆泽国水乡,沼泽与水田交错。唯中通一线,为汉城南来必经之路,跨河为桥,曰安城渡。过安城渡而南行,即是成欢驿。成欢驿适在平泽、稷山两县之间。中通纵横两条驿道:北走振威、水原达汉城;南经天安达公州;东达稷山;西南达牙山。成欢驿地处交通要冲,形势也十分险要。驿之东、西、南三面皆山,峰峦蜿蜒起伏,只有一条大道贯穿驿街。驿西为牛歇里山;驿东为月峰山,此山从驿南逶迤而来,驿街恰座于西北山麓。所以,从地势来看,成欢驿易守难攻,聂军扎此御敌可谓"甚据形胜"。

在日军发动进攻之前,聂军连日构筑工事,以备御敌。三天之间,共构筑壁垒6座:在驿东月峰山上,由东而西共筑4座,其中第二座为大营所在;在驿之西南山上,即月峰山的最西高峰,此处已位于驿道之西,筑壁垒1座,在驿西牛歇里山,筑壁垒1座。聂士成将全军分为四部,即左、右翼、中路和前军。以驿道为分界,划地为左、右两翼。左翼防守成欢驿西南高峰至牛歇里山一线,包括两座壁垒,由江自康一营扎牛歇里山,以"堵截振威来路",并"扼敌趋牙山路";哨长尹得胜带炮队扎西南山顶,以"遏大道倭兵来路"。右翼防守成欢驿东月峰山一线,包括4座壁垒,由许兆贵一营驻扎,以扼月峰山东北来路,兼为前军声援;哨官徐照德率100人伏于山侧,并设望哨于山顶,监视敌人动向,"何方有警,即悬灯为号"。中路由帮带聂鹏程带4哨伏在驿道西沟畔,以阻止敌人强行通过驿道;营官魏家训率500人为接应。前军由武备学生于光炘、周宪章、李国华、辛得林等率士兵数十人,埋伏在安城渡南岸驿道东侧佳龙里民房附近,准备伏击过桥的敌人;帮带冯义和率精锐300人伏在河旁松林间,以伺敌半渡即出击。

7月28日晚饭后,于光炘向聂士成报告,已探悉日军将于当晚分两路进犯,"一来袭成欢官军,一截住公州去路"。聂士成当即"传令各营,皆饱食以

---

① 聂士成:《东征日记》,见《中日战争》(6),第9页。

待",并布置战斗任务。"部署毕,慷慨誓师。众感奋,皆愿决一死战。"①

是日,大岛义昌经过亲自观察清军阵地,认为"攻成欢,利暗夜而不利白昼,宜及明旦天未晓攻之"。于是,大岛下令以左翼为总队,担任主攻,从安城河上游涉渡,攻击清军在月峰山的阵地;以右翼为支队,担任侧攻,与总队"缓急相应,进退相共"。大岛还命令武田中佐:"成欢苟陷,则宜直进,冲牙山,勿姑待。"②

29日凌晨零时30分,日军左翼先锋部队首先出发,通过前哨线。接着,右翼队在武田秀山中佐率领下出发,于晨2时通过前哨线,顺驿道直进。日军右翼分为4个梯队:第一梯队,由松崎直臣大尉率领1个中队为前卫,分出其中山田四郎的1个小队为先锋;第二梯队为支队的主力,包括3个中队,由武田亲自率领;第三梯队为工兵1个中队;第四梯队为卫生队,殿于整个支队之后。

是夜,"宿云蔽天,四顾晦冥,咫尺难辨"。③在夜色的笼罩下,日军右翼队从素沙场行约半里,先偷涉水深仅过膝的安城河的一条支流。然后,继续缓慢地前进,人马寂静无哗。又行半里,安城河横在前面。河上有一桥,甚窄,且有一半毁断,此即安城渡。因桥面窄小,大部队通过速度甚慢。而河水深过人肩,河床呈Ｖ形,且烂泥甚深,无法涉渡。于是,松崎直臣命令前卫部队中水性好的士兵泅渡过河。直到晨3时许,日军前卫始全部通过安城渡。日军第一梯队过河后,前行不远,顺驿道向东行,即来到沼泽地。由于清军事前堵塞水道,沼泽水涨,淹没驿道,水深处可没过人肩,日军第一梯队好不容易才通过沼泽地。接着又穿过水田,到达佳龙里。此时,埋伏在附近的周宪章、于光炘等带领20余名士兵,正在监视日军的行军,等待发起攻击。

当日军第一梯队先锋在山田四郎少尉带领下到达佳龙里后,因迷路进入村内,无法继续前进。松崎直臣率领的前卫全队随后赶到,也因迷路而麇集于此。日军拟派译员寻人问路,忽见黑暗中有一人影闪过,正欲抓住盘问,不料此人高喊一声,便倏忽不见。突然,枪声四起,清军发起攻击,子弹雨点般地从各家窗边门缝向日兵群里猛射。此时,敌我双方相距仅数丈,清军从暗击明,比较得力。而日军卒然被击,事出不意,况且夜色黝暗,村路狭窄,进退皆失所据。日军前卫"皆为一列",更加"不利战斗"。④于是,松崎下达紧急命令,要求

---

① 姚锡光:《东方兵事纪略》,见《中日战争》(1),第18页。

② 桥本海关:《清日战争实记》第3卷,第136页。

③ 《日清战争实记》第2编,第22页。

④ 《日方记载的中日战史》,《中日战争》(1),第226页。

前卫全队退入水田之中，并伏于田埂下躲避枪弹。松崎发现地势仍然不利，又下令退至沼泽地散开伏卧。于是，双方展开了一场对射。

适在此时，日军右翼第二梯队在武田秀山率领下通过安城渡后，其先头部队已到达沼泽地，也在塘下散开，支援前卫。时山龚造中尉带领一个分队在后，正要通过沼泽地之际，忽然听到枪声不断，知前方发生激战。因清军藏于隐蔽之处，又占据有利地形，频频狙击日兵，使日兵寸步难进。时山中尉急欲前去救援前卫部队，率先挥刀前进，其部下随之，误陷沼泽之中，"水深没肩，水底泥深，两脚深陷不能拔，竟与部下兵卒二十九人共溺死"。于光炘、周宪章等伏击得力，"发射益烈"。①此时，两军相距仅 50 公尺，但在清军的猛烈射击下，日兵只能伏在塘下躲避枪弹，还击又看不见目标。松崎直臣试图摆脱困境，命令前卫全队冲锋。而帮带冯义和率领的骑兵队忽然出现在佳龙里村边，举枪猛射。山田四郎少尉带领先锋在前，中弹伤足，瘫地不起。松崎挥刀从田埂上跃起，腿部先中一弹，倒地再起，"又一流弹击穿头部"②，终于毙命。于是，日军士气大挫，纷纷后退，先退者拥向安城渡桥。"时夜色茫茫，敌猝遇伏，遽引退，桥小人众，挤拥坠水溺死甚众。"③

在日军前卫趋于瓦解的情况下，武田秀山率支队主力赶到，发起第二次冲锋。帮带冯义和的骑兵队前临水田和沼泽地，无法驰骋杀敌，又以目标大而陷入被动，被迫后撤。周宪章、于光炘等坚持抵抗，战斗异常激烈。但因敌我力量过于悬殊，又无后队支援，武备学生周宪章及士兵 20 余人，在激烈的战斗中大都壮烈牺牲。④凌晨 4 时，日军才进占了佳龙里村。

安城渡之战，是清军打得比较好的一次伏击战。在这次伏击战中，清军利用地形地物相当成功，周宪章等武备学生和士兵也勇敢善战，充分发扬誓死抗敌的爱国精神，歼灭了较多的敌人。如果清军部署得当，并有坚强的统一指挥，这次伏击战是可能取得成功的。但是，由于清军人数过少，成欢西南山顶

---

① 桥本海关：《清日战争实记》第 3 卷，第 137 页。

② 《日清战争实记》第 2 编，第 25 页。按：桥本海关《清日战争实记》谓松崎直臣"弹中其胸而死"（该书第 3 卷，第 137 页），所记与此不同。

③ 聂士成：《东征日记》，见《中日战争》（6），第 10 页。

④ 一般有关论著皆谓周宪章等四名武备学生皆于此役牺牲。此系根据姚锡光《东方兵事纪略·援朝篇》："光炘等四学生皆死焉，倭人遂进。"按：姚氏所记并不确实。兹查《援护朝鲜伤亡员弁名单》，在平壤打仗一栏中，有于光炘、李国华、辛得林三人的名字。可见，在 4 名武备学生中，唯有周宪章一人在成欢战斗中牺牲。（《清光绪朝中日交涉史料》（2160），附件一，第 27 卷，第 9 页。）

上的炮兵也未能及时支援，冯义和部因不知利用地形或迂迴战术，而失利先退，又事先未布置后继部队，致使这次伏击战终于功败垂成。

三　激战成欢驿

当日军右翼队强行通过安城渡和进攻佳龙里之际，大岛义昌率领的日军左翼队进至月峰山东麓，在松林边上布下炮兵和步兵阵地。大岛听到西边传来枪炮声，知道双方正在安城渡激战，便命令总队官兵注意隐蔽，等待进攻的号令。凌晨4时，西边的枪炮声又归于沉寂，大岛判断武田秀山支队已经得手，于是传令总队上下做好攻击的准备，并留出时间让右翼整顿好队伍。直到1个小时后，大岛才下令对清军阵地发动了总攻击。

5时，日军左翼炮兵发出第一炮，向月峰山最东侧的清军第一壁垒开始炮击。这是敌人发起总攻的信号。清军许兆贵部因未曾配备大炮，只有"开放步枪，竭力应战，流星万道，横飞半空，其声飘然"。①日军配备野炮8门，早已测准距离，瞄准清军第一壁垒，每每命中。清军壁垒乃筑土为墙，只及胸高，一炮落下，只见墙土四散纷飞，黑烟腾起，士兵根本无法隐蔽，战斗异常艰苦。此时，成欢西南山顶上的清军炮兵发炮支援，但因敌炮兵阵地隐蔽较好，故命中率甚低，作用极微。清军虽处境艰难，仍然坚持抵抗。6时30分，日军炮火摧毁了清军右翼第一壁垒。随后，日军总队又向清军右翼第二壁垒发起了攻击。这是清军的大营，围墙高达数丈，构造比其他壁垒较为坚固。壁垒内守兵为清军之"精锐，誓死拼战"。但因第一壁垒已经陷入敌手，日军占据有利地势，炮火又极为猛烈，守军无法进行持久的抵抗，被迫撤出阵地。到6时50分，清军月峰山东侧第一、第二两座壁垒，皆先后被日军攻占。

日军右翼听到东边炮声，也立即从佳龙里村出发，向清军牛歇里山阵地（即左翼第一壁垒）进逼。武田秀山支队在日军左翼炮火的支援下，发起了猛攻。江自康部奋勇抵抗，成欢西南山顶阵地（即左翼第二壁垒）也发炮轰敌。此时，"硝烟弥漫，喊杀声与枪炮声相和，震天撼地，疑山岳为之崩裂"。②但敌我众寡悬殊，日军炮火又猛，清军左翼两座壁垒亦被敌先后攻占。

大岛义昌指挥的日军总队既攻下了清军右翼第一、第二两处壁垒，其武田

---

①　《日方记载的中日战史》，《中日战争》(1)，第226页。
②　《日清战争实记》第2编，第26、27页。

《点石斋画报》所绘之成欢激战图

秀山支队又攻下了清军左翼第一、第二两处壁垒,清军便只剩下右翼第三、第四两处壁垒了。于是,日军便左右夹攻,对清军阵地采取钳形攻势。清军尽管誓死拼战,"莫不以一当十",坚持不屈,但伤亡很重,"死伤积野,血流成渠。而敌愈聚愈众,布满山谷。我军四面受敌,犹复决命争首,抢占山头,轰击不辍"。聂士成"时驰骤枪林雨弹中,往来策应,见军火垂尽,不得已率众溃围而出"。①7点半钟,日军终于攻进了清军的最后两处壁垒。

聂士成率军突围后,向南退至天安,与叶志超会合。他请叶志超先率部驰往公州,自为断后,并一路招集残卒。当晚,聂军宿于广亭里。7月30日,聂士成行近公州城北的锦江时,见叶志超又由公州渡江北退。叶对聂说:"公州不可守,不如绕道至平壤,会合大军,再图进取。"遂率所部先行。聂驻队半日,收集余众,随叶之后而行。清军绕道朝鲜东海岸,渡汉江和大同江,行程两千余里。叶志超于8月21日,聂士成于8月28日,先后抵达平壤,与左宝贵、马玉

---

① 聂士成:《东征日记》,见《中日战争》(6),第10页。

崐、丰升阿、卫汝贵诸军会合。在行军途中,对于行动不便的受伤士兵,"均给资留医治,派员照料,并照会韩官一体保护"。此次长途行军,正值酷暑季节,跋涉道途,人困马乏,沿途多亏朝鲜群众"献蔬菜、柴草,代汲饮","让庐舍,供栖止",才得以顺利到达平壤,从而基本上保存了这支军队的实力。

日军既攻陷成欢之后,当即分兵两路:大岛义昌率领第十一联队,顺南北驿道向天安前进;武田秀山率第二十一联队,沿东西驿道直趋牙山。大岛估计牙山为清军长期驻扎之地,成欢败后必全部集中于此,进行殊死战斗。29 日午后 4 时,武田支队到达牙山后,发现已无清军踪影,便当即在此露营。武田判断,牙山既为清军入朝后的长期据点,尚留有大量军械、弹药、粮食等物资,清军有可能隐蔽在附近,准备在夜间偷袭,便下令警戒。果然,清军趁夜袭击日营,因日军已有准备,夜袭未能奏效,受挫而退。清军遗弃的大炮 8 门①、大米500 包、军旗及大量弹药,全部为日军所得,于 30 日作为战利品从白石浦运往仁川。大岛义昌也于同日率总队抵牙山,与武田支队会合。31 日,大岛混成旅团北归。8 月 5 日,返回汉城。是日,大鸟圭介在汉城南郊扎凯旋门,举行盛大的欢迎仪式,他本人亲自着礼服乘舆迎接,并"迫韩兵鼓乐郊迎三十里"。②大岛混成旅团整队经过凯旋门时,队前打出一面白旗,上写"成欢之战利品"和"清兵大败之证"两行大字,其后是装载缴获物资的大车,特别把一面三角黄龙旗置于显眼的地方,以夸耀日军的战功,并表示对中国的蔑视。

此战日军死 37 人,伤 50 人,合计 87 人。③其中包括军官六人,松崎直臣大尉等二人被击毙,桥本昌世少佐等四人受枪伤。清军伤亡 100 余人④,兵力损失较日军为大。如果再加上清军在牙山的伤亡,以及北撤途中饥疫而死者,损失当为 200 余人。⑤

---

① 据日方记载:"清兵临撤时,拆去大炮重要部件,或用铁钉钉死,欲使其不再能够使用。"见《日清战争实记》第 2 编,第 32 页。

② 许寅辉:《客韩笔记》,第 11 页。

③ 《日清战争实记》第 2 编,第 30—31 页。

④ 聂士成:《东征日记》,见《中日战争》(6),第 10 页。

⑤ 关于成欢战役清军损失数字,历来无精确的统计。日方材料说清军死伤"共五百人"(《日清战争实记》第 2 编,第 31 页),显然过分夸大。桥本海关《清日战争实记》即改称"清兵死者凡百人"(该书第 3 卷,第 138 页),但未提伤亡数字。叶志超在北撤途中,先于 8 月 15 日致函左宝贵等称"我兵共伤〈亡〉二百余",又于 17 日致电李鸿章称"伤亡勇丁数百名"。可见,伤亡数字一时尚难落实。等到达平壤后,他在 24 日致电李鸿章仍称"伤亡仅二百余名"(见《清光绪朝中日交涉史料》(1418、1427、1471),第 17 卷,第 18、20 页;第 18 卷,第 9 页)。这个数字是大致可信的。

日军建凯旋门以迎大岛混成旅团成欢凯旋归来

　　成欢之战,是甲午战争期间中日双方的第一次陆战。这虽是一次规模很小的战役,但其影响却是很大的。日本政府认为日军的战胜,正是大鸟圭介高压外交手段所收到的实效。陆奥宗光说:"牙山战捷的结果,汉城附近已无中国军队的踪影,朝鲜政府完全在我帝国掌握之中等喜讯,立时传遍全国;即欧美列强在今日中日之间已经实行交战,也无轻易置喙干涉的余地,唯有暂时立于旁观地位。故从前那些应否以强硬手段迫使朝鲜改革,以及高谈我军先攻中国军队的得失等议论,已被全国城乡到处飘扬的太阳旗和庆祝帝国胜利的沸腾的欢呼声所淹没,那些人也都抛开了愁绪,不再忧心忡忡了。"[1]从此,日本完全切断了中国到达朝鲜西海岸的航道,日军便可以专力北顾,为后来发动平壤战役解除了后顾之忧。同时,此为"开战后第一冲突之胜败,关系尔后两军志气者极大"。[2]因此,可以说成欢之战的结果,预示了清军平壤战役的失败。

第三节　中日正式宣战

　　日本海军在丰岛袭击中国军舰后,清政府并未立即作出反应,其原因有

---

① 　陆奥宗光:《蹇蹇录》中译本,第 70 页。
② 　誉田甚八:《日清战史讲授录》附录,第 14 页。

三：其一，认为日本海军击沉英国商船，上挂英旗，又未宣战，系违犯国际公法，英国必不答应；其二，日本陆军在汉城围宫拘王，狂悖已极，各国当动公愤；其三，英国正在联络俄、法、德、意各国合力令日本退兵，日本不敢不从。一句话，主要还是想看列强的态度如何。

7月25日，即丰岛海战发生的当天，英国公使欧格讷到总理衙门说："前劝日本退兵和商一节，日本非但不听，且说话更紧，我政府甚为不悦，已电日本。"又称："现在英、俄之外，又约德、法、义三国同办此事，合力逼着日本讲理，谅亦不敢不从。此时说话，总在日本一边用力。我今日即发电我政府，加力催着日本。并往西山请德国钦差回京。令各电各政府同向日本政府说去。此是好机会，难得五国同心帮助贵国。"①

26日下午，总理衙门接李鸿章电，谓："二十一日，日本兵围韩宫，拘韩王。"奕劻等即派章京舒文、俞铨颖二人至英国公使馆，告以："日本如此举动，无理已极，本衙门即以开衅失和论布告各国。缘欧大人久有调处之意，故各堂特令我们专来相告。"欧格讷答称："尚未闻有拘韩王之说，似与北洋大臣所报情形较轻。中国若即照会各国，未免可惜。我意可稍缓数日，即此数日内，中国亦可妥速布置。我今日尚与各国大臣商量，拟请华兵退至平壤，日本兵退至釜山。日本如不听话，各国均不能答应。"②

27日，本来是要宣战和布告各国的。军机处已经拟好了请旨宣战的奏片，但在是日的枢廷会议上，奕劻因听信了欧格讷的话，认为情况并不像所传那样严重。同时，又见李鸿章发来的电报，谓龚照瑗从英国外交部得到消息："倭横劲稍松，前［五日］'五日内运兵以杀倭论'一语已自收回。"③判断情况稍有缓和，五国联合勒令日本撤兵有望。当天，翁同龢在日记中写道："欧使问答云：'将合五国勒令撤兵，倭撤至仁至〔川〕，中撤至平壤，此数日勿宣布，失此机会可惜。'其言确凿可凭。"④于是，暂时按下宣战一事，仅由总理衙门发给李鸿章一封征询布告各国意见的电报："汪使应否即撤，抑俟布告各国之后？希电复。至布告各国照会，必应及时办理，本署现已拟稿。此事在

---

① 《总理各国事务衙门与英使欧格讷问答》，《清光绪朝中日交涉史料》(1230)，附件一，第15卷，第23页。

② 《章京舒文等与英使欧格讷问答》，《清光绪朝中日交涉史料》(1234)，附件一，第15卷，第25页。

③ 《北洋大臣来电》，《清光绪朝中日交涉史料》(1240)，第15卷，第26页。

④ 《翁文恭公日记》，甲午六月二十五日。按"仁至"不讲，"至"当为"川"字误笔。

我理直气壮,可以详细声叙。其应如何措词,以臻周密? 希望尊见详电本署,公酌缮发。"①

28 日,李鸿章复电总理衙门,第一次明确表示与日本决裂的姿态:

> 倭先开战,自应布告各国,俾众皆知衅非自我开。似宜将此案先后详细情节据实声叙,钧署拟稿必臻周妥。内属国一节,朝鲜与各国立约时均声明在先,各国虽未明认,实已默许,可否于文内轻笔带叙。斯我先派兵非无名,后来各国调停议结亦暗伏其根。汪使应撤回,倭驻京使及各口领事应讽令自去。②

对于李鸿章来说,此乃其态度之一大转变。其所以如此,不外乎以下两个原因:

其一,认为外交上中国居于有利地位。因为从 7 月 25 日以来,他接到的都是列强对日本态度趋于强硬的消息。25 日,接总理衙门密电:"顷欧使来说:'已接喀电,愿与英商,令倭退兵再议。'欧并言:'约德、法、义三国同办,均乐从。英外部责倭,未复,所索更甚,与前议不符。现合五国加力责之,俾从公论。"③26 日,喀西尼遣参赞巴福禄来告李鸿章:"已与欧商明:欧在京请署议;喀在津与鸿议。欧、喀皆奉国家训条,令商驻倭使告倭廷,限令退兵再议。德、法、义皆由国家公请,此亦如昔年土耳其攻某国,英、俄、法诸大国勒令退兵,不能不遵。"④同一天,又接到龚照瑗的电报,谓英国外交副大臣秘告"倭横劲稍松"一事。龚又称:"驻英倭使茇启,俄廷最信任。金前面告各言,似属得力。"⑤所谓"金前面告各言",乃指龚照瑗 22 日电报所称:英廷向日本声言,日本"如必执己见,以后有开战事,倭国一肩担当。"⑥所有这些,都使李鸿章感到国际形势对中国是极为有利的。恰在 27 日,又收到方伯谦关于日舰在丰岛袭击我舰及击沉英船高升号的报告。于是,他更加相信"英人必不答应"了。这是李鸿章对日态度转变的最主要的原因。

其二,对北路赴援朝鲜的陆军寄予期望,并抱有很大信心。25 日,盛军 6营步队开抵义州。26 日,马玉崑的毅军和卫汝贵的盛军已大半到达义州,并准

① 《发北洋大臣电》,《清光绪朝中日交涉史料》(1248),第 15 卷,第 29 页。
② 《复译署》,《李文忠公全集》,电稿,第 16 卷,第 34 页。
③ 《总署来电》,《甲午战争电报录》上卷,见《东行三录》,第 145 页。按:"未复"二字,原文作"末后",据文义校改。
④ 《复译署》,《李文忠公全集》,电稿,第 16 卷,第 31 页。
⑤ 《寄译署》,《李文忠公全集》,电稿,第 16 卷,第 32 页。按:"茇启"为"青木"之音译。
⑥ 《发天津中堂》,《节录龚大臣中英法往来官电》,见《中东战纪本末三编》第 2 卷,第 38 页。

备"稍养士气,即日前进"。①左宝贵的奉军早在 21 日即从沈阳开拔,丰升阿营队亦于 26 日分起开拔,估计很快皆可驰抵义州。李鸿章认为,有此四大军赴平壤,当可济事。从 5 天后李鸿章给总理衙门的另一封电报中,可以看出他当时的思想:

> 派赴平壤卫汝贵、马玉崑、左宝贵各军,皆系鸿旧部,练习西洋新式枪炮多年。屡饬该统将等和衷商办。凡其力所能及者,当可无误机宜。若分调素不相习之大员前往统率,有损无益,转不足以维系军心。现平壤以北电线可通,鸿随时往复指示,尚能周详,似暂无须另派统帅。前檄饬姜桂题、程允和添募六营,向在毅军,可助马玉崑;卫汝成添募五营,向在盛军,可助卫汝贵。俟添兵到前敌时,仍可一气贯注。如各军均逼汉城,届时须与各国交涉,再随时请派大员前往督率联络,期有实济。②

在李鸿章看来,卫、马、左诸军都是他的旧部,"练习西洋新式枪炮多年",皆有较强的战斗力,必可进逼汉城。这样,中国便可转居主动地位,再与列强交涉,促成和议。在此前一天,龚照瑗寄来一电转述法国外交部长阿诺托的建议:"今为中计,船难必胜,弗贪战,留守要害,多进陆兵,用洋将监督,必能逐倭下海。先将中允退、倭不退先开战之说告各国。现倭焰盛,望中获一胜仗,日后公议,中益多。"③其实,此说跟李鸿章的想法正是一致的。可见,李鸿章之主张与日本决裂,同主战派应有差别,他是在中日商谈与列强调停不成之后,才决定采用以战促和的策略。

李鸿章在复总理衙门的同时,着手进行备战。在短短的几天内,他主要抓了以下四件事:

第一,严催朝鲜北路进兵,"先进平壤以遏敌谋"。连饬马玉崑和卫汝贵"先后进兵","以资进剿"。此时,盛军第一批 6 营已抵义州,第二批 4 营也到了东沟,第三批 3 营尚在大沽待发。当时,"因大沽至东沟一路已有倭轮游弋,商船无炮,深恐为其所乘",李鸿章便令改驶营口,起旱赴义州。同时,命盛宣怀电告卫汝贵:"尾批三营已装海定、广济、镇东,今日出海","中堂深虑我后到〈平壤〉,只能速行,已解相忧"。并转令马玉崑:"倭兵马步约一千

---

① 《盛星怀致盛宣怀电》,《盛档·甲午中日战争》(上),第 28 页。
② 《北洋大臣来电》,《清光绪朝中日交涉史料》(1291),第 16 卷,第 3 页。
③ 《寄总署》,《甲午战争电报录》中卷,见《东行三记》,第 150 页。

人将到平壤,大同口若为彼得,不易得手。公能星夜南行,扼守大同江北,可期得手。"①在李鸿章的严催下,清军终于先进平壤。这从战略上来说是有重要意义的。

第二,禁止拍发密电,以防泄露军情。7月27日,李鸿章命盛宣怀先电总理衙门:"倭人狡谲,各口有人改装侦探,用洋人密码通电,大碍军情。若专禁倭电,仍可托名他国人传递。自应照公例禁止一切密报。"又将禁止密电的具体办法电示各电报局:

> 奉傅相谕:倭兵已在牙山开仗,各局自六月二十五起,除中国一等三、四等有印官报及驻洋各钦差一等报,督办、总办有印公报,密码照发留底备查外,凡商报无论华洋文密报均不准收。明码各电应听电局派员细看,如有关涉军务者立即退还。至各国公使及总税务司、津税司有盖中国之密电,京总署、津督署特允收发者,请由两署加印饬局代收。各国来报,亦须奉两署特饬准收,仍送两署转交。此外密电,概不准收。如有违误,定惟局员、领班是问。此系军务,所关非浅,勿稍玩视。②

于是,7月28日以后,英、法、德等公使馆凡发密电,皆按此办法执行。这对日本间谍传递情报起了一定的防止作用。③

第三,建议查究间谍。7月30日,李鸿章致电总理衙门:"自五月初至今,日派奸细二三十分赴各营各处侦探,并有改装薙发者。狡猾可恶!拟令出境,以杜诡谋。如再有影射奸探,即行查捕。是否,乞速核示。"④总理衙门采纳了这个建议,行文全国督、抚、将军、大臣曰:

> 本衙门查两国开战,虽有互保人民之条,而稽查奸宄,尤应严密。倭人狡诈,是其惯技,所有沿海沿江及内地各省倭人足迹能到之地,均应一体访缉,以重防务。此为公法所准。况倭系同文之国,须发晴准与华民相类,防范自应加严。除照会美国公使外,相应咨行贵督、抚、将军、大臣,饬属严密访查。如有日本奸细改装薙发,潜匿民居、客寓或庙寺等处,各该地方官立即查拿监禁看管。仍呈报本衙门以凭办理可也。⑤

① 《盛宣怀致马玉崑电》,《盛档·甲午中日战争》(上),第41页。
② 《盛宣怀致总署总办电》,《盛档·甲午中日战争》(上),第33—34页。
③ 以后日谍只能用明码暗语传递情报,既不方便,也易被识破。
④ 《北洋大臣来电》,《清光绪朝中日交涉史料》(1267),第15卷,第35页。
⑤ 《总理衙门行北洋大臣文》,《朝鲜档》(2051)。

此后，沿海各省都加强防范日谍的工作，因此破获了几起重大的日谍案件。

第四，采纳丁汝昌建议，在威海口增添挡雷链等设备，以防日本鱼雷偷袭。7月29日，李鸿章复丁汝昌：

> 正虑威海南口太敞，日多诡计，设黑夜以雷艇入袭，恐自扰乱。勘电拟令定、镇、致、靖、经、来六船暂赴旅泊，汝在威照料布置水雷及制挡雷链、木桩、鱼网等件，所筹甚是，应即照办。但嘱六船到旅后，晓夜仍须防备。德税司条陈南口宜添制挡雷铁链、木桩，中系大船，已令罗道电商，可参酌妥办。大铁链旅坞尚多，可借用。余需费若干，核实开报。①

后威海南北两口皆设置了挡雷铁链及木桩。在日军占领威海陆地之前，对于预防敌人偷袭起了重要的作用。

7月28日当天，总理衙门即接到李鸿章撤使之复电。29日，军机处令李鸿章转电汪凤藻："日本击我兵船，业已绝好开衅。出使日本大臣汪凤藻应即撤令回国。"②并拟好对外的宣示稿，但"未定何日发"。③这说明：直到此时，清政府虽下令撤使，但尚未最后下定决心宣战。是日，翁同龢见门人翰林院修撰张謇来信，亦主"即日声明倭人不守约章知照派兵，不遵公法遽先开衅，布告各国绝其交、撤回中使，谢绝倭使"。并建议："现在必应以十数营进薄韩京，约叶军会攻。韩城不甚高坚，因利乘便，必易得手。"④张謇的信倒是投合了翁同龢的心思。

7月30日，李鸿藻急告"牙山得捷音"。张荫桓等亦函告："牙军与倭鏖战，杀倭千余，我兵亡百余。"⑤其实，消息的来源都是李鸿章给总理衙门的电报："廿三叶军与倭开仗，倭兵三千死一千余，我兵伤亡百余。倭兵已往北退。闻叶军要往水原府。"⑥这当然是好消息，可惜纯属讹传。不过，这个消息却使中枢大臣们产生了乐观的情绪。于是，当天总理衙门便照会各国公使谴责并声叙日本无理挑衅之举。照会最后指出：日本"在牙山海面突遣兵轮多只，先行开炮，伤我运船，并击沉挂英旗英国高升轮船一只。此则衅由彼启，公论难容。

---

① 《复丁提督》，《李文忠公全集》，电稿，第16卷，第36—37页。
② 《军机处发李鸿章转汪凤藻电》，《清光绪朝中日交涉史料》(1260)，第15卷，第32页。
③ 《翁文恭公日记》，甲午六月二十七日。
④ 《张謇致翁同龢密函》。
⑤ 《翁文恭公日记》，甲午六月二十八日。
⑥ 《北洋大臣来电》，《清光绪朝中日交涉史料》(1263)，第15卷，第35页。

中国虽笃念邦交,再难曲为迁就,不得不另筹决意办法。想各国政府闻此变异之意,亦莫不共相骇诧,以为责有专归矣。"①

31日,总理衙门又致电李鸿章,告以已照会日本临时代理公使小村寿太郎:"倭先开衅,致废修好之约,此后与彼无可商之事。殊为可惜!"②同一天,日本外务大臣也向驻东京各国公使发出中日两国进入战争状态之通告:"帝国政府为使日清间之争议合理解决,并使彼此关系永远协调,虽曾使用各种光明正大之手段,迄今显然未奏其效。为解决此事,本大臣荣幸地通知阁下:帝国与清国现进入战争状态。"③

8月1日,李鸿章致电总理衙门称:"仁川英领事致斐税司函:'西历七月念七、八号,即六月念五、六日,叶军屡胜,倭死二千多人,叶兵死二百余人。叶军现离汉城八十余里。汉城倭兵皆往,敌只留守王宫之兵。请税司速电中堂,催北路速进兵。'……已电催卫、马、左统将相机速进兵接应。"谣传愈来愈神奇,不由中枢大臣们不相信。翁同龢闻此消息,极为兴奋地在日记中写道:"可喜也!"是日,遂下宣战谕旨:

> 朝鲜为我大清藩属二百余年,岁修职贡,为中外所共知。近十数年来,该国时多内乱,朝廷字小为怀,迭次派兵前往戡定,并派员驻扎该国都城,随时保护。本年四月间,朝鲜又有土匪变乱,该国王请兵援剿,情词迫切。当即谕令李鸿章拨兵赴援,甫抵牙山,匪徒星散。乃倭人无故派兵,突入汉城,嗣又增兵万余,迫令朝鲜更改国政,种种要挟,难以理喻。我朝抚绥藩服,其国内政事向令自理。日本与朝鲜立约,系属与国,更无以重兵欺压强令革政之理。各国公论,皆以日本师出无名,不合情理,劝令撤兵,和平商办。乃竟悍然不顾,迄无成说,反更陆续添兵。朝鲜百姓及中国商民,日加惊扰,是以添兵前往保护。讵行至中途,突有倭船多只,乘我不备,在牙山口外海面开炮,轰击伤我运船。变诈情形,殊非意料所及。该国不遵条约,不守公法,任意鸱张,专行诡计,衅开自彼,公理昭然。用特布告天下,俾晓然于朝廷办理此事,实已仁至义尽,而倭人渝盟肇衅,无理已极,势难再予姑容。着李鸿章严饬派出各军,迅速进剿,厚集雄师,陆

---

① 《总理各国事务衙门致各国公使照会》,《清光绪朝中日交涉史料》,(1262)附件一,第15卷,第34页。

② 《发北洋大臣电》,《清光绪朝中日交涉史料》(1277),第15卷,第38页。

③ 《日本外交文书》第27卷,第687号。

续进发,以拯韩民于涂炭。并着沿江沿海各将军督抚及统兵大臣,整饬戎行,遇有倭人轮船驶入各口,即行迎头痛击,悉数歼除,毋得稍有退缩,致干罪戾。将此通谕知之。钦此。①

同一天,明治天皇睦仁也下宣战诏书:

> 保全天祐践万世一系之帝祚大日本帝国皇帝示汝忠实勇武之有众:朕兹对清国宣战,百僚有司,宜体朕意,海陆对清交战,努力以达国家之目的。苟不违反国际公法,即宜各本权能,尽一切之手段,必期万无遗漏。惟朕即位以来,于兹二十有余年,求文明之化于平和之治,知交邻失和之不可,努力使各有司常笃友邦之谊。幸列国之交际,逐年益加亲善。讵料清国之于朝鲜事件,对我出于殊违邻交有失信义之举。朝鲜乃帝国首先启发使就与列国为伍之独立国,而清国每称朝鲜为属邦,干涉其内政。于其内乱,借口于拯救属邦,而出兵于朝鲜。朕依明治十五年条约,出兵备变,更使朝鲜永免祸乱,得保将来治安,欲以维持东洋全局之平和,先告清国,以协同从事,清国反设辞拒绝。帝国于是劝朝鲜以厘革其秕政,内坚治安之基,外全独立国之权义。朝鲜虽已允诺,清国始终暗中百计妨碍,种种托辞,缓其时机,以整饬其水陆之兵备。一旦告成,即欲以武力达其欲望。更派大兵于韩土,要击我舰于韩海,狂妄已极。清国之计,惟在使朝鲜治安之基无所归。查朝鲜因帝国率先使之与诸独立国为伍而获得之地位,与为此表示之条约,均置诸不顾,以损害帝国之权利利益,使东洋平和永无保障。就其所为而熟揣之,其计谋所在,实可谓自始即牺牲平和以遂其非望。事既至此,朕虽始终与平和相终始,以宣扬帝国之光荣于中外,亦不得不公然宣战,赖汝有众之忠实勇武,而期速克平和于永远,以全帝国之光荣。②

睦仁的宣战诏书,颠倒黑白,满篇诡辩之词,实不值一驳。但既要发动侵略战争,只有如此厚颜无耻地强词夺理了。公布诏书之日,睦仁特遣敕使从一位公爵九条道孝到伊势太庙和孝明帝陵奉告宣战之事。

中日正式宣战后,两国政府皆委托美国代为保护居住于敌国的商民的合法权益,皆经美国政府同意。8月3日,总理衙门向各公使馆致送保护各国商

---

① 《上谕》,《清光绪朝中日交涉史料》(1289),第16卷,第2—3页。
② 《日本外交文书》第27卷,第610号。

民教士之照会，内称："现与中国寻衅者只日本一国，此外有约各国悉皆交好如常。凡各国商民教士之在中国境内者，中国均应照约保护。本衙门已电达北洋大臣，分电各直省将军、督、抚知照，预为告诫，毋令愚民误会，别酿事端。仍祈贵大臣转饬各口领事官，晓谕各本国商民教士照常办事，勿因日本开衅致为惶惑可也。"①4 日，总理衙门照复美国公使田贝，允准"保护在各口之日本臣民免受凌虐"。并对于"日本人之现在满洲、蒙古地方游历寄寓者"，亦"一体保护，俾其各得平安旋回各口"。②随后，欧美各主要国家，除俄国外，皆先后声明局外中立。

日本明治天皇睦仁(1852—1912)

---

① 《总理衙门致英国公使照会》，《朝鲜档》(2007)。
② 《总理衙门致美国署公使田贝照会》，《朝鲜档》(2016)。

第三章

中日陆海决战

第一节 平 壤 之 战

一 四 大 军 入 朝

平壤之战,是甲午战争期间中日两国陆军的一次决战。从中国方面来说,早在两个月前已经开始为这次决战进行准备了。

先是在 7 月 14 日,光绪即降旨命李鸿章速为筹备,即派一军由北路进发,另派南路军由海路接应叶志超军。从 7 月 21 日开始,南北两路援朝军同时分批登程。北路入朝之援军,即所谓四大军。

在四大军中,最先入朝的是盛军和毅军。盛军原驻天津小站,由记名提督宁夏镇总兵卫汝贵统率,是当时淮军中最大的一支,共有 18 营。7 月 21 日,卫汝贵先率第一批盛军 6 营由塘沽乘船至大东沟,从陆路转赴朝鲜。第二批 4 营后发,亦由大东沟登岸转赴朝鲜。第三批 3 营,系乘船至营口登岸,再起旱赴朝。先后三批赴朝盛军,共 13 营,合计 6 000 人。其番号是:中军正营、中军副营、中军右营、中军后营、中军传字正营;左军正营、左军左营、亲兵炮队营;右军正营、右军右营、右军后营、亲兵马小队、亲军步小队。毅军原驻旅顺口,共 8 营,由四川提督宋庆统率,总兵马玉崑为分统。7 月 22 日,马玉崑率前军 4 营 2 000 人,乘船至大东沟登陆转赴朝鲜。其番号是:前军正营、前军左营、前军起营、前军邱营。

其次是奉军。奉军原分驻奉天各地,由高州镇总兵左宝贵统领,总兵聂桂林分统。援朝奉军自 7 月 21 日起分批开拔,左宝贵于 7 月 25 日起行,29 日抵九连城,并于即日渡江入朝。左宝贵所率部队包括马队两营和步队 6 营,计 3 526 人。后又招募 500 人,成立炮队 1 营,合计 4 026 人。其番号是:左营马队、左营步队、右营步队;靖边中营马队、靖边中营步队、靖边前营步队、靖边右营步队、靖边后营步队;靖边亲军炮队。

最后入朝的是奉天练军盛字营和吉林练军,由副都统丰升阿统带,于 7 月 26 日由奉天分起开拔。丰升阿于 7 月 28 日起行。丰升阿所统为盛字马队、吉字马队和步队各两起,计 1 500 名。其番号是:正红旗步队、正蓝旗步队;盛字左翼马队、盛字右翼马队；吉字左翼马队、吉字右翼马队。四大军共 32 营起，因有些营兵不足额，故合计仅 13 526 人。

清军先头部队入朝之初，清政府内部在作战方针问题上即意见不一。7 月 26 日，卫汝贵抵义州后，李鸿章即电告："电旨屡催进兵，为叶军南北策应，岂知远莫能致！"他命令同一天抵达义州的马玉崑，率毅军"先进平壤"，卫汝贵安排好大东沟至义州的转运事项后再"相机前进"。①28 日，卫汝贵致电盛宣怀称："知倭焰方张，本拟先进平壤，以遏敌谋。旋奉相电，饬毅军先后进兵，贵已与马荆山（玉崑）妥商遵办，已饬干员会同义州府尹前往搭造浮桥，以资进剿。贵俟各营到齐，即督队前进。"②这样，已经入朝的清军便推迟了进兵平壤的时间。是日，仅马玉崑率毅军开赴平壤。

就在当天，盛宣怀接义州电报局委员张廷桂转平壤电报局委员王锡祉电，告日军已抵大同江口，拟撤至安州。29 日，李鸿章得报，这才着急起来，即电致卫汝贵："日兵已抵江口，恐先据平，事更棘手，须与马荆山合力图之。"③卫汝贵知全队开拔已赶不及，便派哨官曲德成率亲兵马小队先行，沿途侦察有无日军动静，于 7 月 31 日抵达平壤。8 月 2 日，日兵百余欲由大同江南岸渡江北进城。先是大岛义昌惧清军自平壤南下袭击汉城，欲探悉平壤情况，便派步兵中尉町口熊槌化装为商人，偕通译官佐伯小太郎至平壤侦察，即住在日本间谍今井仲四郎所开设的店中。町口侦悉清军已渡鸭绿江并向平壤行进，即赴电报局向大岛报告。因被群众怀疑，町口等三人皆逃至中和，与骑兵少尉竹内英男所率骑兵队会合。时为 7 月 30 日。31 日，町口与竹内商定，趁清军大队到达平壤之前，先将平壤电报局破坏，以绝清军之通讯。8 月 1 日夜，町口、竹内率骑兵到大同江南岸船桥里，见岸边小船皆被收至北岸，便派军曹伊势雄独泅水过江，因江流湍急而未能到达北岸。次日，日兵仍然试图渡江，终被盛军亲兵小队发现。于是，曲德成与平壤监司闵丙奭、电报局委员王锡祉共同商议，决定由曲德成亲兵小队及朝鲜兵百余名"出南门堵御，连放排枪，惊退日兵"。3 日，曲德成又不顾辛苦，率众昼夜守城，以防日兵偷袭，"其胆识奋勇，合城乡民同声感激"。④由于盛军马小队先期到达，日军探兵才未能先进平壤。

---

① 《寄义州电局交盛军卫统领》，《李文忠公全集》，电稿，第 16 卷，第 30—31 页。
② 《卫汝贵致盛宣怀电》，《盛档·甲午中日战争》（上），第 35—36 页。
③ 《寄义州电局交盛军卫统领》，《李文忠公全集》，电稿，第 16 卷，第 34 页。
④ 《寄译署》，《李文忠公全集》，电稿，第 16 卷，第 40 页。

8月4日,卫汝贵和马玉崑始至平壤。6日,左宝贵到。9日,丰升阿最后赶到。至此,四大军的大部分兵力都集结于平壤了。先是在8月3日,王锡祉还致电盛宣怀称:"平壤危在旦夕,盼援不至。马统领二十六发队,至今未至。卑职此时已计穷力竭,倘失守城池,是谁之过?"①由于四大军先后抵达,平壤城幸得保全,在当时是大好消息。盛宣怀在8月4日的一封电报里高兴地说:"倭兵早到大同江,宣饬平壤电局会同平安道将民船悉数收至北岸,倭在南岸无可渡,正在击船,危急。马镇、卫镇头队今日赶到,即可扎住。平壤居然不失,诚国之福!"②

清军抢先进入平壤,有了立足之地,并且集结了一万余兵力,这从战略上说是有利的。但是,可惜的是,清军却未能充分利用这一有利条件,长期统帅无人,战守无策,最后只能走向失败了。

二 平 壤 的 防 御

从8月上旬以来,驻平壤清军在李鸿章"坚扎营垒"的指示下,以"先定守局"为上策。卫、马、左、丰四将领地位并列,"平日彼此拜会,专尚虚文",军中早有人"知其不可守"。③诸将则惟"日督勇丁并朝民于城内外筑垒,环炮而守。及志超至军,弥庸懦,无布置,识者忧之。"④

当时,清军的探骑只在平壤附近活动,东仅到成川,南不过保山、黄州一带,对敌情多有隔膜,对形势的紧迫性也无认识。8月31日,叶志超提出一个"俟兵齐秋收后合力前进"的计划,李鸿章竟认为是"老成之见"。⑤9月2日,李鸿章接平安道闵丙奭电,得知日兵已自元山登陆,南路平山日兵到瑞兴,才急电叶志超"预备进击"。3日,叶志超复电,表示怕敌切断后路,不敢迎击来敌:"闻大岛有云:'若我军前进,渠由水用船载兵登岸,袭我后路,断我转运。'此情系由王京朝鲜通事所探查。我军到韩名虽万有数千,实在各军马步有未到齐者,亦有护运由义州、安州分扎后路者,现平壤不过万人。陆军劳费万端,必有四万余人,厚集兵力分布前敌后路,庶可无虞。请筹调添募。"⑥大敌当前,还要

① 《王锡祉致盛宣怀电》,《盛档·甲午中日战争》(上),第56页。
② 《盛宣怀致翁崧卿电》,《盛档·甲午中日战争》(上),第60页。
③ 《两浑函》,《盛档·甲午中日战争》(下),第253页。
④ 姚锡光:《东方兵事纪略》。见《中日战争》(1),第20页。
⑤ 《寄译署》,《李文忠公全集》,电稿,第17卷,第2页。
⑥ 《北洋大臣来电》,《清光绪朝中日交涉史料》(1537),第19卷,第9页。

指望"筹调添募"，犹如望梅止渴，只是空想。当天，李鸿章致电叶志超，指出："应与诸统将密筹，挑选精锐，间道出奇，拦头痛击，使其畏威不敢深入。我军未齐，自然不能遽然前进，须将日队设法击走一两处，俟后布置周密，相机进发。"①显然，他对叶志超的复电是不满意的。4日，光绪看到叶志超的复电，也深为不悦，当即谕李鸿章："现在敌氛已逼，所有分布进剿机宜，著即妥筹具奏；不得以兵未全到，束手以待敌人之攻，而于敌之分兵修道，听其自由往来，不思半济而击之术也。"并特别告诫曰："朕为军情至急，晰夕焦急。该大臣慎毋稍涉大意，致有疏虞，自干咎戾也。"②当天，李鸿章不敢怠慢，急电叶志超及诸将："各国密探日廷主意，拟两三礼拜内全力围扑平壤，如牙山故事。现我续调各营难遽齐集，望诸君尽此兵力，同心奋勇，出奇制胜，勿为所算，勿中诡计，是为至要！"③

其实，叶志超此时的真实主张，是不战而退出平壤。他曾召诸将会商云："敌人乘胜大至，锋芒正锐，我军弹药不齐，地势不熟，不如各整队伍暂退嗳州，养精蓄锐，以图后举。"当时诸将依违参半，惟左宝贵力言："敌人悬军长驱，正宜出奇痛击，使只轮弗返，不敢窥觎中原。朝廷设机器，养军兵，每岁靡金钱数十万，正为今日耳。若不战而退，何以对朝鲜而报国家哉？大丈夫建业立功，在此一举！至成败利钝，不遑计也。"他慷慨陈词，怒色形面，恳望叶志超"同心合力，共济时艰"。④叶志超也知道此事非同小可，朝廷决不会批准放弃平壤，遂作罢论。如今又有谕旨和帅命督促，他只得命各军加强派哨，探敌行踪。9月6日，左宝贵派奉军哨官傅殿魁率骑兵1哨出探，进至黄州东五里时，适与日军第九混成旅团先头部队一户兵卫步兵少佐所率第十一联队第一大队遭遇。双方交火后，奉军以敌我悬殊太大，即撤队回营报告。

当天，叶志超获悉日军大队即将来攻，便召集卫、左、马、丰等将领会议，决定各军抽调八成队，合计7 000余人，酌带行粮，于7日晨渡江至中和，相机迎击；各营留二成队，仍扎平壤老营。至中和，"天气已晚，遂相度地势，各分扎要隘。夜越三更，忽言敌至。黑夜昏昏，不辨东南，竟施放各枪炮，不问敌在何方。彼此自攻，互相击杀，混击一时许，带伤者、击毙者兼有之。及闻确报，始知敌人尚远。"⑤此番因误会而引起的对战，"两阵死者凡二十人，伤者百

---

① 《寄平壤叶总统》，《李文忠公全集》，电稿，第17卷，第3页。
② 《军机处寄北洋大臣李鸿章上谕》，《清光绪朝中日交涉史料》(1542)，第19卷，第13页。
③ 《寄平壤叶总统及各统领》，《李文忠公全集》，电稿，第17卷，第4页。
④⑤　栾述善：《楚囚逸史》。

人"。①清军士气大受挫伤。8日,李鸿章接清军至中和迎敌的报告,颇不以为然,急电叶志超:"拟挑精锐七千余赴中和,相机迎击,是否已行? 揣度敌情,以元山至阳德一路可窜我后路,关系尤重。前电商令派队拦头迎击,何不于此路设法雕剿而亟图黄州? 若我进攻黄州,而阳德敌众绕扑我后,则进退失据,为患甚大。"②于是,叶志超便于当天飞函前敌调各军回防。从此,各军坚匿平壤,乃作婴城而守之计。

在此以前,清军已在平壤城内外修筑了若干防御工事。至此时为止,所修筑工事如下:

以大同门至江东岸之船桥,已为涨水毁坏,不堪使用,便于内城东南角架设一船桥,直通江东岸,为两岸之联络。船桥之东岸,习惯称之为船桥里。在船桥里共修筑堡垒5座。其中,船桥与东岸相接之长城里,沿江迤南至中碑街,筑堡垒3座;再南至大同江向西拐弯处之永济桥,筑堡垒1座;永济桥稍南之栽松院附近高地,筑堡垒1座。

外城东北隅,即外城一里,筑堡垒及兵营15处,由江岸绵亘至平川附近,并利用旧时胸墙修建一道长约半里的长墙,墙高丈余,军中名之曰"长城"。又于临江处修炮台一座,以支援江东岸之守兵。

中城最北角景昌门外之高城,筑一大堡垒,并设炮位,以防普通江西岸来犯之敌。中城南区之苍光高地,筑堡垒一座;西南隅之安山,筑坚固之堡垒,并设炮台,以固隅角及西南两面之防御。由景昌门及凤阳关亘安山,城墙与河堤并行,即利用之,以抑制普通江之河谷地带。

内城的防御重点,在于大同门至朱雀门一线与城北七星门至玄武门一带。大同门至朱雀门一线,即利用临江的城墙,加强守御,以防止敌人从船桥抢渡。城北则于乙密台利用城墙,增修胸墙,并加设炮位,以固城郭向北伸出之凸角。

东北城之牡丹台,筑堡垒一座,在台之东北江岸处,又筑堡垒一座,以防东路来敌;在台之西并岘高地附近筑堡垒3座,其中1座稍南,两座偏北。这样,玄武门外便构成两重堡垒:内重两垒,牡丹台为内重之东垒,并岘高地稍南一座为内重之西垒;并岘高地偏北之二垒及牡丹台东北江岸之一垒,为外重三垒。外垒环绕内垒,共扼平壤城北爱美、坎北二山以南之谷地。

---

①　桥本海关:《清日战争实记》第4卷,第147页。

②　《寄叶总统》,《李文忠公全集》,电稿,第17卷,第7页。

到 9 月上半月,集中在平壤的清军到底尚有多少,记载颇为参差。如前所述,四大军共 32 营起,合计 13 526 人,但这仅是清军从北路入朝的部队数目,并不是全部都驻守在平壤的。当时,有相当一部分清军分扎在平壤后路。8 月 25 日,马玉崑等四将向李鸿章报告:"商同先派毅军赵杰伟一营,驻义州后路;奉军林长春一营,盛军卫本先三营,奉天盛字马队五百、步队五百,暂行分驻清川江要隘,为安州后路之防。"共派 7 营分扎后路。9 月 6 日,叶志超再向李鸿章报告:"安州为平壤紧要后路,现仅马步六营,殊嫌太单。"①可见,分扎安州的清军 6 营还在原地未动。9 月 16 日,义州电报局委员张廷桂致电盛宣怀:"现在情形:后路大军未到,只可暂以安州盛军两营、奉军一营、盛字两营。"②此时驻安州盛军,只有两营。两天前,聂士成返抵安州时致电李鸿章,亦称安州仅"盛右军步队两营住城内,分段守"。③此时,安州后路的博川,也有盛字军步队一起和吉字马队一起驻守。以上七营起的名称及人数如下表:

地　名	营　　名	人　数
安 州	靖边军右营步队	500
	盛字右军正营	500
	盛字右军右营	500
	盛字练军正蓝旗步队	262
	吉字左翼马队	273
博川	盛字练军正红旗步队	262
	吉字右翼马队	273
（合计）	7 营起	2 570

但是,由于日军进抵平壤,叶志超又感到"后路空虚",便下令再抽一营盛军,"暂调盛军两营回扎肃州"。再加上留驻义州后路的毅军一营,驻扎平壤后路的清军总数便达到 4 070 人之多。入朝四大军的兵力被后路分去 4 000 余人,驻守平壤城内外的只有 9 500 余人了。叶志超曾电李鸿章称:"现平壤不过万人。"④几天后,左宝贵驰书依克唐阿,亦称:"此间防军,除扎安州及转运外,不足万人,兵单实难展布。"⑤可见,四大军驻守平壤的部队不到一万人,是符合实

① 《寄译署》,《李文忠公全集》,电稿,第 16 卷,第 57 页;第 17 卷,第 6 页。
② 《张廷桂致盛宣怀电》,《盛档·甲午中日战争》(上),第 155 页。
③ 《寄译署》,《李文忠公全集》,电稿,第 17 卷,第 15 页。
④ 《北洋大臣来电》,《清光绪朝中日交涉史料》(1586),第 19 卷,第 31、9 页。
⑤ 《左宝贵致依克唐阿书》。

际情况的。

清军防守平壤的兵力除四大军外,还有叶志超所带来的一支部队。这支部队原有3 880人,经过成欢之战已有减员。叶志超抵达平壤后在写给周馥的信中,谈到该军的伤亡情况时称:"官长、棚头、散勇受伤者七十余名,仍在祥原养伤。阵亡勇丁只二百余人。"又称:"我军伤亡患病共三百余人,尚未归伍。"①可知叶志超军尚有3 500余人。其中包括芦榆防军5营、江自康仁字正副两营两哨,及游击潘金山所带两哨。这样,防守平壤清军的总兵力约达13 000人。清政府虽从各处抽调兵马往援平壤,然除总兵吕本元率马队两营于9月13日驰抵义州外,余皆迟缓而未入朝鲜国境。

9月12日,各路日军进至平壤城外,并开始与清军交火,情况已万分吃紧,叶志超始召集诸将会议,讨论如何部署兵力,加强防御。13日,叶志超发布防御命令:

> 现奉征倭事宜总办李钦差传谕:倭情诡诈,必须严防。现在战守布置,既经会议定局,彼此令互相援。查南门外江南,马总统(玉崑)与盛军一营共扎浮桥;倘有缓急,马总统一营、聂统领(桂林)一营可派队速令应援。自大西门至盛军孙镇(显寅)与马总统营处交界方向,倘有缓急,可使盛军应援。北门外山上,江统领(自康)驻两营;倘有缓急,可使丰总统(升阿)队速援之。从大西门至七星门(静海门)其间,芦榆及山海关戍兵、即正定练军及武毅军古北口练军各营防守之;倘有缓急,盛军卫总统(汝贵)队可速援之。不论何军何营,倘有疏失,一经查出,立照军法惩办!②

以左宝贵驻城北山顶,仍守玄武门,故命令中未曾提及。于是,叶志超驻城中调度,诸将皆按各自的防区驻守,布置总算大体就绪。

三 日军分兵合攻平壤

当平壤清军筹备战守未妥之际,日军便采取分进合击战术,对平壤发动了进攻。

先是8月19日,日军第五师团长野津道贯中将由釜山从陆路抵达汉城。此时,大岛义昌少将所率领的混成旅团分驻数地:一部在龙山;一部在临津;一

---

① 《叶志超致周馥电》,《盛档·甲午中日战争》(上),第107页。
② 桥本海关:《清日战争实记》第4卷,第157—158页。按:原书误作左宝贵的命令,今予改正。

个步兵大队被派赴朔宁;并已命一户兵卫少佐率步兵第十一联队第一大队向平壤方向探敌。大岛鉴于力量单薄,尚不敢贸然大举北犯。据探兵回报,清军已据守平壤,在大同江南岸修筑堡垒,并派出部队进驻黄州。野津到汉城后,听取敌情,审察形势,认为:"清军一部至大同江以南,其全军一意固守平壤如不动者。盖彼极短于野战。窥其所长,唯有守城一法耳。然则彼必占平壤形胜,严其防备,以待我军进攻。我果攻之,宜速围以陷之。"[①]野津苦于日军口粮不足,又担心清军后继部队进入朝鲜和加强防御阵地,而且感到后援的第三师团一旦开到,补给将会更加困难。他从日本出发时,即接受大本营的训令:务将清军驱逐于朝鲜境外,不使在朝鲜留有一兵一卒。为执行此项命令,只有迅速进攻平壤,舍此而无他策。因此,决定在第三师团尚未到达时先以所部第五师团强攻平壤,并且规定,以 9 月 15 为总攻之期,各路部队皆须按时赶到指定的方位。

　　大岛义昌所率领的第九混成旅团奉命先在开城集结,于 8 月 23 日接到北进的命令。第九混成旅团包括步兵第十一联队,联队长为西岛助义中佐;步兵第二十一联队(缺一个大队),联队长为武田秀山中佐;骑兵第五大队第一中队;炮兵第五联队第三大队,大队长为永田龟少佐;工兵第五大队第一中队,以及卫生队和野战医院。合计 3 600 余人。

　　野津道贯到达汉城的当天,接到从抱川郡送来的报告:8 月 8 日在元山登陆的第十旅团之一部,在开赴汉城的途中已抵抱川郡。20 日,野津命令该部改变方向,向西北方向的朔宁进发,与第

日军第五师团长、陆军中将
野津道贯(1841—1908)

九混成旅团原先派出的部队会合。21 日,第十旅团长立见尚文少将到达仁川,次日进入汉城。于是,野津为集结在朔宁的部队命名为朔宁支队,由立见尚文率领。朔宁支队包括:步队第十二联队第一大队(缺第一中队),大队长为富田

---

　　① 桥本海关:《清日战争实记》第 4 卷,第 158—159 页。

春壁少佐;第二十一联队第二大队（缺第八中队），大队长为山口圭藏少佐;骑兵第五大队第三中队的一个小队及一个分队;炮兵第五联队第一中队。合计2 400余人。

适在此时，野津道贯接大本营发来之训令:第三师团之一个混成旅团将于8月26日前由元山登岸，暂归第五师团指挥。野津为其命名曰元山支队。元山支队包括:步兵第十八联队，联队长佐藤正大佐;骑兵第三大队第一中队;炮兵第三联队第一大队，大队长村表三郎少佐;工兵第三大队（缺一个中队），大队长为佐川耕作少佐。合计4 700余人。

第五师团本部由野津道贯亲自率领，下属两个行进团队:第一行进团队和第二行进团队。第一行进团队以柴田正孝炮兵中佐为司令官，包括:步兵第二十二联队（缺第二大队），联队长为富冈三造中佐;炮兵第五联队第二大队，大队长为山内定矩少佐;骑兵第五大队第二中队的一个分队。第二行进团队以友安治延步兵中佐为司令官，包括:步兵第十二联队（缺第一大队），联队长为友安治延中佐;骑兵第五大队本部及第二中队，大队长为木村重少佐;炮兵第五联队本部及第一大队，第一大队长为四宫信应少佐;工兵第五大队（缺第一中队），大队长为马场正雄少佐;卫生队。合计5 400余人。

除此以外，当时已入朝的日军还有:京城守备队，包括步兵第二十二联队第二大队和骑兵第三大队的一个中队，驻扎汉城;大迫混成旅团，包括步兵第六联队和骑兵第三大队的一个中队，驻扎元山;兵站守备队，包括驻仁川之步兵第二十二联队第五中队，以及驻龙山之第十二联队第一中队和骑兵第十二中队的一个分队;电线维修队，为步兵第二十一联队第八中队，驻扎洛东。以上合计3 500多人。

由上述可知，当时日军进入朝鲜的总兵力为19 600余人，其中担任进攻平壤的兵力为16 000余人。

组成进攻部队和布置守备部队之后，野津道贯便向进攻部队下达命令:

第一团队宜以五日由新庄进，十日分其半:半队由看乐坡、祥原、串场，半队由绿沙浦、月江、保山镇、新兴共进冲平壤。第二团队宜由南川经黄州，分为两队:一队由麻华里、当洞、潮川，期十四日进至平壤;一队由看乐坡、祥原、串场、麦田店，以十五日迫近平壤。大岛混成旅团宜以七日聚集黄州;前队忽与之合，更先发至中和，十一日再聚集。以十三日由水湾桥出赤屯田，十四日进至大地境洞，十五日突击平壤。朔宁支队宜由新溪县九日出三登；十二日午前出发，经江东县、麦田店；十四日至大地境洞，邀击敌遮大岛旅团队者，从便突平壤。元山支队宜以五日由阳德向顺安，截击敌逃路。①

部署既定，各部队便相继向平壤进发。

大岛义昌少将在师团长野津道贯到汉城后立即出发，23日宿于临津。西岛助义中佐先率所部抵达开城。24日，旅团本部亦进驻开城。25日，一户兵卫少佐所部仍作为先遣队，先期出发。旅团本队于28日离开城北进，当天宿于金川。29日，到达平山。在此停留三天后，又沿大道北进。9月3日，抵瑞兴府。5日，大岛从瑞兴出发，当夜宿剑水驿。6日，旅团本部到凤山。此日，一户兵卫所率先遣队与奉军一哨在黄州附近遭遇，清军败退。在此以前，曾有清军70余名进至凤山郡。4日，闻日军先遣队进入凤山境，遂越过洞仙岭而退至黄州。及见日军逼近黄州，又弃黄州而去。7日，旅团本部进入黄州府。洞仙岭在凤山与黄州之间，岭上有关口曰舍人关，颇为险要。过舍人关，尽是陡坡，赤壁江横于其前，过江即是黄州府。府城背依峻岭，面临湍流，是开城以北的第一城镇。对于如此险要之处，清军竟不分兵把守，不能不是一大失策。10日，旅团本部从黄州向中和进发，以进入战备状态行进，但未遇任何抵抗，便于当夜宿于中和。

9月12日凌晨4时，大岛义昌率第九混成旅团从中和出发，向平壤前进。上午9时25分，日军前卫已接近大同江东岸，一面向栽松院清军堡垒进攻，一面试图从下滩附近江岸乘船渡江。清军发炮轰击，日军前卫被迫后撤。于是，大岛下令，将部队划分为左右两翼：武田秀山中佐的步兵第二十一联队为左翼，配备大炮10余门；西岛助义中佐的第十一联队为右翼，配备大炮8门。大岛命令日军右翼炮击清军炮兵阵地，双方展开了激烈的炮战。原先，清军防守江东岸的部队，只有毅军一营和盛军一营。为了抵御日军的进攻，卫汝贵又派队从船桥过江支援，皆"布置在预先修筑于河岸的三个堡垒里，奋力进行防御准备"。②10时，日军在炮火的掩护下，向清军堡垒发起冲锋。毅、盛两军士兵英勇抵御，江西岸的清军也发炮支援，终将日军击退。13日上午，大岛义昌召集幕僚举行军事会议，双方战斗暂时停息。但是，武田秀山却派所属第三大队

---

① 桥本海关：《清日战争实记》第4卷，第159—160页。

② 《日清战争实记》第7编，第34页。

的一等军曹生实、胁田等数人凫水到江心洲羊角岛,又泅至西岸,夺得大小船只5艘而归,这便为日军渡江作战提供了便利。下午,双方又炮战许久。14日,大岛继续召开军事会议,讨论明日总攻击的部署。是日黄昏时,大岛命令各部队:左右翼兵力如前,惟左翼队之一部由奥山义章少佐率领,"操船渡江,冲击敌军之侧翼"①;炮兵队全部移至右翼,以全力炮击大同门外的敌垒;旅团长前进至接近敌军处,而卫生队则移至旅团本部位置。

当朔宁支队在山口圭藏、富田春壁两少佐率领下出发时,支队司令官立见尚文少将尚在开城,未到部队。9月3日,支队到新溪暂住,以待司令官到来。6日,从新溪出发。7日,宿遂安。8日,离遂安,攀天子山之险,至陵洞露营。9日,立见尚文派第二十一联队第八中队为先遣队,沿祥原大道而行;支队主力则沿三登大道向正北前进。这一带山路崎岖,河流纵横,行进十分困难。行至三登附近,一条大河横在前方,河宽约100公尺,水亦甚深,从两峰之间穿过而经三登县南注入大同江,此即柳绿河。在这种险要之处,清军却未派兵扼守。当天,支队主力宿于三登。11日,立见命山口率步兵第二十一联队第二大队为渡江掩护队,与工兵队一起从三登出发。12日,立见从三登出发,经江东直抵江岸。此处为大同江之主流,乃平壤东北约20公里元山大道之渡口,从东路进攻平壤的必经之路。如果清军在此固守,敌人势难渡江。然而,守卫渡口清军稍事抵抗,便向平壤退去。日军抢来五只渡船,彻夜过江。至13日拂晓,终于全部到达北岸。当天,朔宁支队进至国主岘高地附近,决定在此露营,沿大圣山南麓设前哨线,隔合井江与清军对峙,两阵相距仅三四千公尺。

元山支队于8月30日开始分批进发,于9月1日进驻阳德府。5日,从阳德出发,以道路险阻,至8日始至成川。11日,又从成川出发,当天至柳洞坊露宿。13日,支队进至平壤以北约20公里的顺安,切断了清军的后路。14日,又移驻坎北山、爱美山两山之南的坎北院,并布置炮兵阵地。此处距平壤城北的并岘清军阵地仅约3000公尺,使清军阵地完全置于日军炮火的有效射程之内了。

野津道贯中将亲自率领的第五师团本部,按计划于9月1日从汉城出发。师团本部沿第九混成旅团的行军路线前进。9月10日,师团主力第一行进团队至黄州;第二行进团队在凤山。当天,马场正雄工兵少佐派工兵抢到25艘

---

① 《日清战争实记》第7编,第37页。

船,拟渡过大同江向江西进发。11日,部队开始从十二浦渡江。直到13日,师团本部的大部分才渡过大同江。14日,师团主力到达距平壤16公里的沙川,先头部队进至距平壤12公里的新兴洞,而后续部队则仍留在大同江渡口附近。15日上午,野津始率师团主力抵达距平壤6公里的山川洞,晚于日军发动总攻击的时间三四个小时。

到14日白天,大岛义昌少将与其他各路部队还未取得联系,情况不明,甚是不安。夜间,野津从保山镇派来的使者始来到大岛的驻地,送来野津的书信,内称:"我军当涉大同江,潮流妨之,大费时日,恐愆期。今夜欲勉达沙川,不敢后期也。"大岛当即复书报之。随后,立见尚文亦从国主岘派人送一信,谓:"我支队以十二日至麦田店,与清兵凡三百人、骑兵七八骑战。昨十三日遂进至距平壤城壁凡六百米突、即达国主岘国主店间。清兵据平壤城壁,如为专守防御者。又新筑圆廓二三炮台于牡丹台,盖其意欲包围元山支队,以击我也。我今止于此地待十五日。宜报之野津师团长。"大岛见信大喜,即命参谋长冈外史少佐作书答曰:"贵报达以前,野津师团长有报云:'费日子于十二浦渡河,因违十五日期亦不可知也。'我甚忧之。今得贵报,不胜欣喜。因直报于师团长,促其急行。本旅团将以明日十五午前八钟时前后陷平壤,共握手于城中,以祝万岁也。"又作书报告野津云:"当遗别书之时,适朔宁支队报告书至,云元山支队既达坎北山,此两支队期包围攻击,各驻其营以待。十五日,我混成旅团分半大队自羊角岛傍近使向右翼,以专力自船桥里欲进攻平壤。万一师团本队后期,恐元山、朔宁两支队孤立,是以本旅团冒犯危险欲陷平壤。愿以师团本队先着部队,援明日之战。"[1]夜半,此书送到沙川,日军各路之联络始通。

于是,按野津道贯的原定计划,各路日军于15日凌晨向平壤发起了总攻击。

四 船桥里挫敌

日军对平壤的总攻击,首先是从混成第九旅团所在的平壤南战场开始的。

9月14日午夜,大岛义昌为准备明晨的总攻,决定重新布置兵力,将部队分为以下四队:

---

① 桥本海关:《清日战争实记》第4卷,第163—164页。

一、中央队:包括步兵第二十一联队本部、第一大队和第三大队的两个中队,炮兵第五联队第一大队本部和第二中队,以及旅团卫生队之一半,以武田秀山中佐为司令官,沿土器店、水湾桥之大道前进;

二、右翼队:包括步兵第十一联队本部和第二大队,炮兵第五联队本部、第三大队和缴获炮小队,以及旅团卫生队之一半,以西岛助义中佐为司令官,从右侧西浦洞、中山洞两高地之间进发,向船桥里前进;

三、左翼队:包括步兵第二十一联队第三大队本队和两个中队,由奥山义章少佐率领,乘预先夺得之船只,由羊角岛强渡大同江,到北岸登陆,再沿江边向东北方向的"长城"前进;

四、预备队:包括步兵第十一联队第一大队(缺1个小队),由一户兵卫少佐率领,在中央队的右方前进。

此外,还以第十一联队第一大队之1个小队和骑兵中队,作为独立骑兵小队和独立骑兵中队,在右翼沿其东北之柯亭店道路前,以便与朔宁支队及时联系。

15日凌晨3时,日军右翼队炮兵第三大队至前哨线位置,修筑胸墙,伐除树木。4时,布置炮列完毕,集合右翼队步兵于其侧,以步兵第五中队为前队,第六、七中队为后继,向船桥里的桥头堡进逼;以第八中队为炮兵护卫。当日军右翼队之前队进至船桥里的清军堡垒附近时,担任警戒的清兵开枪鸣警。于是,双方枪炮齐鸣,平壤之战开始打响了。

与右翼队行进的同时,日军中央队之前卫,包括步兵第二十一联队第一大队、第二中队及第四中队,也在森祗敬少佐的率领下,向水湾桥方向前进。中央队之本队,包括步兵第二十一联队第一、第三、第九、第十等4个中队,炮兵第一大队及卫生队,继前卫之后。4时许,前卫尖兵行至碑石洞,为清兵所阻。日军第二队长町田实义大尉列队攻击,第四中队长小笠原松熊大尉欲同时进击,为森祗敬所制止,只令其分1个小队以助町田。清军原在土器店和水湾桥附近各筑有一座堡垒,但其结构系利用旧草屋加固而成,挡不住敌人的枪弹。守卫在此处的清军小队便撤回船桥里。这样,清军在大同江南岸的据点只剩下了3个桥头堡。

于是,日军集中兵力进攻船桥里的3个桥头堡。其右翼队从正面攻击,中央队则从水湾桥沿江岸大道前进,攻击船桥里的右侧。这样,清军堡垒便处于敌人的两面夹击之中。日军右翼队向清军堡垒猛烈轰击,大小火炮不间断地发射。中央队的柴田正孝炮兵中佐和永田龟炮兵少佐,也都亲自指挥炮兵发炮配合。在日军的猛烈进攻下,马玉崑督同中国将士顽强搏战,毫无畏惧之色。

马玉崑(1838—1908),字景山,原籍安徽蒙城,后徙居涡阳。幼家贫,性沉毅,有远志。咸丰间,随同父马贯一在籍办团练。1864年投宋庆毅军。宋奇之,使领亲军1哨,继檄充亲军营管带,倚为左右手。又统毅军4营,兼管全军营务处。积功至副将,以总兵记名。1874年,曾随乌里雅苏台将军金顺出嘉峪关,与左宗棠共同抗击阿古柏和沙俄的侵略。左、金皆以其"勇略冠诸将,倚为靖边之助"。[①]马玉崑居新疆先后10余年,"收复名城以十数,暇辄使部下屯垦辟地利"。[②]1889年,经李鸿章奏调北洋,派至旅顺,统毅军后军。1894年,补授太原镇总兵。旋奉调赴平壤,在入朝四大军中表现最为突出。

面对敌人的强大攻势,马玉崑指挥毅军1营和盛军3营决不退让,"拼死防战,弹丸乱飞,不可向迩"。[③]大同江北岸的清军也连连发炮支援,军势益张。据日方记载:"大小炮弹连发如雨,炮声隆隆震天撼地,硝烟如云涌起,遮于面前。""在如此激烈的炮击下,原以为敌兵会立即溃散。然而,我军前进一步,敌军亦前进一步,彼此步步相互接近。此时,除使炮击更加猛烈外,亦别无他顾。战争愈来愈激烈,乾坤似将为之崩裂。"日军将领早即闻马玉崑"慓悍"之名,今日始知果不虚传。[④]

未几,天渐明,东方稍露白色。从大同江北岸瞭望南岸,知敌营所在未占地利,可以乘机攻之。于是,卫汝贵亲率盛军传字正营两哨过江作战。尽管这批生力军仅200人,却大大地鼓舞了士气。清军"于堡垒频连发铳弹丸,掠树枝如疾风扫落叶。江右清垒亦飞巨弹拒之,弹片屡降,多伤日兵"。[⑤]激战继续进行。直到太阳出现于东面山顶之上,双方阵地形势益明显可见,日军因缺乏可供隐蔽之良好地物,若强行逼近桥头堡,则不得不将身体暴露在清军枪口的正前方,伤亡甚众。

日军预备队一户兵卫少佐本在后阵,见两军战方酣,而进攻未能得力,便率队向前支援。第十一联队第二中队长町田实义大尉与第二十一联队第二中

---

① 《清史稿》,列传248,《马玉崑传》。
② 《先君马忠武公事略》(抄本)。
③⑤ 桥本海关:《清日战争实记》第4卷,第165页。
④ 《日清战争实记》第8编,第6页。

队长林久实大尉,各麾其队,欲实行突击,以夺取清军堡垒。垒壁高1丈2尺,周围绕以壕沟,难以靠近。在突击中,林久实大尉、队副细井有顺中尉及第一中队副今井健中尉等,当场被击毙。町田实义大尉中弹,随从士兵扶之,一弹飞来又击倒其随从士兵,皆死。日军前卫司令官森祗敬少佐亦中弹负伤。两中队始不敢向前,又退回原地。

日军中央队司令官武田秀山中佐见前卫危急,激励士兵上前救援。步兵第二十一联队第三中队本来受命护卫炮兵,见情况紧急,也投入战斗。其1个小队迫清军堡垒,清军断其后路,攻击益急。武田中佐急派队应援。日军小队被清军侧射,弹中4人,皆仆地。武田中佐又派第十中队长若月曾一郎大尉率队进援。经过一场激烈的战斗,第十中队实行突击,举队猛进,遂夺一垒。此垒甚大,筑障壁于中间,将堡垒一分为二,日军与清军各据其一,于是双方展开了一场生死的搏斗。日方记述当时的情况说:“两阵相对,铳击最烈。俄而,清国大兵来袭,〈若月〉大尉以众寡不敌,弃垒而退。更又励众再三突击之,死伤甚多,大尉亦被伤。其他将校多死伤,曹长亦乏。兵队分散于各阵中,士官无一人者。”①武田中佐见状,急命联队副官杉冈直次郎代若月大尉指挥其兵,又命工兵中队长芦泽正胜指挥步兵。此时,江北岸清军通过船桥不断为江南堡垒守兵运送弹药,而日军则弹药殆竭,士气更为低落。

先是日军中央队以第二中队进攻船桥里之桥头堡,配合右翼队的攻势,而以炮兵第五中队长山本忠知大尉和第六中队长樱本大尉,合兵排列山炮12门于碑石洞东面的丘麓,炮击大同江南北两岸之清军堡垒。以中央队进至船桥里,两军处于近距离交战之中,日军炮队对江南岸清军堡垒已不再发挥作用。于是,右翼队司令官西岛中佐乃命山本大尉率炮兵第五中队,以小野大尉的步兵第八中队为护卫,转移至右翼队阵侧之高粱地中,轰击清军之桥头堡。“清兵见日本炮兵阵地近,举全力乱发小铳,山本(忠知)大尉、田上(觉)大尉、副官林中尉死之。田上大尉,第二十一联队第二大队长也。至是,联队中无一大队长。”趁日军陷于混乱之际,马玉崑和卫汝贵又下令发起反攻。日方记其事颇详:“当是时,清军善拒善战,日兵决死当之。旗手大森少尉见事急,恐委联队旗于清兵手,令从卒穿穴曰:‘我如战死,宜合我尸以埋之。’因先埋旗以战。联队长西岛中佐伤左额,怒而益进,立于堡垒外角,大呼励众曰:‘宜进而死,勿退

---

① 桥本海关:《清日战争实记》第4卷,第166页。

而生！'第二十一联队长武田中佐亦挥剑曰：'不取敌垒，不敢退也！'部队甚决心，奋战甚力。清兵据桥头堡高处，俯瞰射日兵；堡垒以七连发铳愈加射击。日兵以单发铳抗之，弹药缺乏。长冈少佐欲视察战状，跨马出，于弹丸蝗飞中过中央队后。至右翼队，见西岛中佐被微伤，直下马慰之；又骑还本部。会清兵一弹来，摩大岛义昌胁而过，殪其背后通辩人。益张威势，绕出中央队左侧，将绝日军后路。义昌愤然蹶然呼曰：'以一死报皇恩，唯在此时而已！'进立于第十一联队旗下，以督众。西岛中佐、长冈少佐等见义昌立弹丸奔注中，危之，劝义昌使退。义昌厉声叱之，益励众，士气大振。中央队共右翼队奋斗，以当清兵。预备队亦来合。柴少尉率第一中队中一小队留在左侧，清兵自大同江岸进，将自左袭日兵背后，频激射之。少尉防战良久，死伤颇多。……武田中佐见清兵既出垒，指日兵背后而来，左侧兵队益急，即以炮兵护卫小队而当清兵，更使联队旗一小队向左侧。于是，联队长下无护兵。且其从旅团长者，合旅团将校及从卒，仅十余人而已。"[1]尽管字里行间多有美化大岛等人之处，但还是可以从中看出在马玉崑和卫汝贵的指挥下，毅、盛两军打得多么英勇顽强，且具有怎样的英雄气概！而对于日军损失之惨重，其处境之狼狈，则虽欲盖而弥彰。

当船桥里激战已经打响之际，日军左翼队司令官奥山义章少佐按预定计划，与第十一中队长井上政继大尉和第十二中队长杉山大尉同至大同江南岸。此时，第十二中队之小队长松本中尉已准备好船只，并在江心洲羊角岛筑掩堡以待之。早晨5时，全队悉渡至羊角岛。将渡大同江时，奥山少佐命第十二中队乘船先渡。清军见之，连连发枪射击。日军自羊角岛掩堡及草丛中还击，以掩护渡船，遂强行登陆。清军散兵抵抗不住，向平壤外城1里之"长城"退去。日军全队渡江，向"长城"突进。盛军分统孙显寅率清军拒之，苦战良久，始将日军左翼队击退。

时已过中午，清军在船桥里的反攻战，在马玉崑和卫汝贵的指挥下，还正在进行之中。"分守江东之毅军与盛军三营，合力奋威，舍命进击。敌兵掘沟三条，持枪伏击。我军迎弹以上，夺沟二条。彼此相距十余步，舍死不退，击毙者不知其数，中伤者络绎不绝。血战终日，敌兵大败而逃。"[2]

---

[1]　桥本海关：《清日战争实记》第4卷，第167—168页。
[2]　栾述善：《楚囚逸史》。

这已是下午的事了。此时,大岛义昌知道部队全日都未进餐,而且弹药已经打光,便停止了射击,实已无力再进行战斗。下午 2 时半,日军仓惶撤离战场,清军亦未追击。对于日本混成第九旅团此番在船桥里战斗中之挫败,当时英国政府派来远东观战的炮兵司主事蒲雷评论说:"直至九月十四日,野津尚未得元山、朔宁两路之消息;且是日渡江之际,又有耽延,遂失师期。野津则传令大岛,先于十五日趋前小战,俟十六日始用正兵。大岛对曰:'元山、朔宁两路,计已如期攻平壤之后,设我军为尝敌而设,其若预约何!况贵督大军未至,我岂能逡巡观望?'遂于十五日平明,拔队齐出,以步兵为前驱,攻江左之华军。无何,已夺防守船桥之一垒,然他炮台皆屹然完整,大岛始觉部兵之少,而他路不合之苦。适会是时,有立见、佐藤两军驰至平壤之北,遥闻炮声,又未接援攻之军令,因遂麾兵进逼。大岛亦闻其炮声,知北路业已开战,急于见功,愈益奋迅。徒以兵力不足,死亡渐伙,战

激战后的平壤城南船桥里

至下午无奈退守原营。"①大岛义昌因成欢之胜，滋长了骄傲情绪，而产生轻敌思想，颇"急于见功"，曾对立见尚文少将夸下"本旅团将以明日十五午前八钟时前后陷平壤，共握手于城中，以祝万岁"的海口，结果事与愿违，遭到挫败，死伤累累。不巧"此日自午后四时，骤降大雨，士兵浑身淋透，雨水和伤员的鲜血混在一起流淌，满地皆红。"②混成第九旅团的营地到处呈现出一片凄惨的景象。日本诗人杉浦梅谭不禁为之发出"此役不克旗下死，呜呼苦战船桥里"③的哀鸣。

在这次战斗中，清军以 2 200 人对 3 600 敌兵，拼死搏战，取得了重大战果，这是很不容易的。可以说，船桥里之战，是甲午战争的陆战中打得最好的一次战斗。日军"将校以下死者约一百四十名，伤者约二百九十名"。④其中，步兵大尉田上觉、町田实义、林久实、炮兵大尉山本忠知、步兵中尉今井健、细井有顺等 6 名被击毙，旅团长大岛义昌少将、第二十一联队长西岛助义中佐受伤，炮兵第五联队第三大队长永田龟少佐、步兵大尉若月曾一郎皆重伤垂毙。"第二十一联队之第二、第十两个中队，军官全部战死或负伤；第四中队，除柴少尉以外，其他军官或死或伤。"⑤可见，日军所受打击之沉重了。

五　坚　守　普　通　江

平壤西战场的战斗开始的时间较晚。担负平壤西线进攻任务的是日本第五师团主力，有 5 400 余人。因在黄州十二浦渡江而耽误了时间，故比预定时间迟三、四小时才到达指定的作战地点。

先是在 9 月 11 日，野津道贯中将将师团主力分为 4 队，分批渡江：以步兵第二十二联队第二大队、骑兵第五大队第二中队一分队、炮兵第五联队第二大队为前卫，第二十一联队长富冈三造中佐为司令官；步兵第二十一联队第一大队、骑兵第五大队第二中队一分队为左侧卫，第二十二联队第一大队长今田唯一少佐为司令官；骑兵第五大队第二中队为独立骑兵部队，骑兵第五大队长木村重为司令官；步兵第十二联队第二大队、炮兵第五联队第二大队第四中队、

---

① 《英兵部蒲雷东方观战纪实》，《中东战纪本末三编》第 2 卷，第 11 页。
②⑤ 《日清战争实记》第 8 编，第 10 页。
③ 转见川崎三郎：《日清战史》第 4 编，第 4 章，第 122 页。
④ 日本参谋本部：《明治廿七八年日清战史》第 10 章，第 172 页。按《英兵部蒲雷东方观战纪实》："专论大岛部下，实死一百三十人，伤二百九十人。"所记日军死亡人数少 10 人。

步兵第十一联队第三大队及卫生队为本部,由野津直接率领。且规定诸队的行军日程。是日,前卫一队至十二浦,先渡大同江。此处江宽约1 500公尺,水流湍急,渡船往返一次,需数小时,每次所渡人数十分有限。直至13日,部队才全部渡完。在师团主力等待渡江期间,日军劫持了一艘从大同江下游而来的中国商船,师团参谋福岛安正从船上搜出一封密信,原来是大孤山清军守将致书丰升阿告知刘盛休等即带队来援平壤,略曰:"虑平壤华兵乏,方今以舢船数艘,自大沽、旅顺送兵鸭绿江岸,且以运粮军舰护卫之。兵达平壤当非远也。"①于是,福岛安正一面急报于日本联合舰队司令官伊东祐亨中将,以进行截击;一面向野津师团长报告。野津虑部队后期,将给作战带来不利,便不等后队赶到,先行进发,这才于15日上午7时赶到沙川。及至进到预定的阵地山川洞时,已是上午8时许,比开战时间晚到了整4个小时。

师团到达山川洞后,野津道贯知清军已做好防御日军进攻的准备,便命令炮兵第五联队第二大队长山内定矩少佐,在右方高地架炮轰击。清军也在中城之苍光山连连回击。双方展开了激烈的炮战。在炮火的掩护下,日军步兵第十二联队长友安治延中佐率领所部第二大队,由江西大道前进;步兵第二十二联队第一大队长今田唯一少佐率部占据甑山大道旁之高地;步兵第十一联队第三大队长松本箕居,自山川洞向正前方前进;第十二联队第二大队之第五、第六中队,自高粱地间前进至距清军堡垒400步处,渡普通江,向平壤中城的西北城墙堡垒进击。城内清军奋力抗御。盛军在左,芦榆防军在右,向进攻的敌人猛射。相持许久,"两军铳击益炽"。野津登高遥望,见攻击难以奏效,便下令说:"白昼进兵不便,即命两队长暂退居要地。"②

正在此时,忽有清军骑兵队从中城奔出,突向敌阵。日军占据有利地形,以炮兵与步兵配合射击,火力甚猛,而清军骑兵目标太大,不适于向敌阵突击,纷纷落马。清军又第二次派骑兵出城作战,牺牲仍然很大。据日方统计,清军骑兵队两次冲击,有273头战马被击毙,士兵则牺牲130余名。③清军见出战不利,便依靠堡垒坚守,使敌人不敢渡普通江。据参加此次战斗的一位盛军官员称:西北一路,清军"死力拒守,如铁壁铜墙"④,终使日军难越雷池一步。

---

① 桥本海关:《清日战争实记》第4卷,第187页。
② 桥本海关:《清日战争实记》第4卷,第189页。
③ 《日清战争实记》第8编,第15页。
④ 栾述善:《楚囚逸史》。

野津道贯派落合兼知步兵大尉侦察清军动静，归报说："清兵犹在，阵地不动。"此时中午已过，野津不知其他战场的情况，所收到的报告都说："敌兵善战，平壤防守甚固"，于是与师团参谋长上田有泽步兵大佐、参谋福岛安正中佐等相商，而皆一筹莫展。野津忿然作色说："我今率兵于千里之外与敌作战，蕞尔此城，竟不能陷之，有何面目归谒我天皇陛下？我意已决，明日之战，举全军以进逼城下，冒敌弹，攀胸墙，胜败在此一举！我军幸得陷城，我愿足矣；如若不幸败绩，平壤城下即我葬身之处！"①于是，下令停战，以待明日。两军遂处于休战的状态。

六 玄武门外的战斗

平壤北战场是平壤之战的主战场。此处，日军集中了它进攻平壤的总兵力的将近一半，包括朔宁、元山两个支队，共达 7 800 余人。按预定计划，两支队于 9 月 15 日拂晓时分东西两路向玄武门外的清军堡垒展开了钳形攻势。

9 月 13 日，立见尚文少将已率部抵国主岘高地，此处距平壤城仅五六千公尺，牡丹台近在眼前。中日两军阵地，由大同江的一条支流合井江隔开。是日，立见少将闻炮声来自船桥里方向，仍按兵不动。14 日，派一等军曹西冈逸太郎驰往混成第九旅团本部，向大岛义昌少将报告情况。至日暮时，元山支队的使者亦到，报告支队已进据坎北山。于是，大岛少将决定："元山支队宜及晓先率众攻敌左翼堡垒，朔宁支队宜逼其侧面。"朔宁、元山两支队皆按计划等待明日之进攻。进攻前，元山支队长佐藤正步兵大佐送信于立见，告以明日从清军左翼进攻并岘高地之堡垒，并问朔宁支队如何行动。立见答以："明朝贵队宜以敌垒侧面炮击之；朔宁支队今夕以一点钟聚集，在侧面攻坎北山南垒。"②

防守玄武门外的清军也有两支：一是左宝贵的奉军 3 营，其营官分别是副将杨建春、都司徐玉生和金得凤，守卫平壤玄武门、牡丹台及城外堡垒，计 1 500 人；一是江自康仁字 2 营 4 哨，由江自康本人、记名提督谭清远及游击潘金山分别带领，防守箕子陵一带，计 1 400 人。两军人数共为 2 900 人。若将双方兵力作一对比，可知日军进攻部队的兵力是清军的 2.7 倍，相差极为悬殊。

15 日破晓前，朔宁支队自国主岘营地出发，过合井江，进至距清军最东堡

---

① 《日清战争实记》第 8 编，第 15—16 页。
② 桥本海关：《清日战争实记》第 4 卷，第 173、182 页。

平壤城北之牡丹台及玄武门

垒500公尺之兴浮洞高地,并架设山炮。从平壤玄武门外的形势看,并岘高地在玄武门之正北,适为牡丹台与箕子陵以北之要冲,也是清军布防的重点。"清军新筑造堡垒,以严防御;若非拔并岘山,不能入平壤城北。"①因此,并岘高地附近的堡垒成为日军首先攻击的目标。晨5时许,立见忽闻西北方向响起炮声,知是元山支队发起进攻,便下令向并岘高地东侧清军外重3垒之中垒进击。此时,清军内外两重堡垒之西垒,皆突然以毛瑟十三连发枪,向进攻的日军射击,"其势猛烈,锐不可当"。立见尚文见攻击清军中坚之法难以奏效,便决定改变战术,将部队分为左右两翼:以步兵第二十一联队第二大队为左翼,由第二大队长山口圭藏少佐率领,沿大同江北岸丘陵前进,攻击清军外重堡垒之东垒;步兵第十二联队第一大队为右翼,由第一大队长富田春壁少佐率领,沿元山大道向南穿过丘陵西进,攻击清军外重堡垒之中垒。

与此同时,元山支队也正向并岘高地西北侧清军外重堡垒之西垒发起猛攻。在此以前,支队长佐藤正先召集各队长会议,研究进攻的部署,并发布如下之命令:"支队即时宜以左翼攻并岘山,第一大队长(石田正珍少佐)宜与

① 桥本海关:《清日战争实记》第4卷,第182页。

［第］五〈个〉中队合为射击部队，助支队前进路；第三大队长（牛岛木蕃少佐）宜自江东桥店西方迫敌左翼，攻最近堡垒（即外重堡垒之西垒）；第二大队（大队长门司和太郎少佐）宜继第三大队后；工兵第三大队（大队长佐川耕作少佐）及骑兵小队，宜聚集坎北山背后；炮兵宜直射击敌军。"破晓前，炮兵第三联队第三大队长迫水周一少佐，已率部将 12 门山炮排列于坎北山南麓，正与清军外重堡垒之西垒相对。晨 5 时整，佐藤正下令发射进攻平壤城北的第一炮。于是，"左右两队鳞次射击，清兵亦发炮，山鸣谷应。"①佐藤支队长正在指挥之际，忽有一颗弹丸飞至，击中其前额，只因射程太远，弹力已衰，佐藤侥幸未曾丧命。

在日军的左右夹击下，清军的处境十分困难。清军防守平壤城北的部队虽有两支，但日军却集中兵力进攻左宝贵的奉军。而奉军防守城北的兵力仅 1500 人，还不到日军进攻城北的兵力的五分之一。左宝贵身为清军的高级将领，处此危境，对他来说确实是一次极为严峻的考验。

左宝贵（1837—1894），字冠廷，出生于贫苦的回族农民家庭。原籍山东省齐河县，其先祖于乾隆年间迁居费县地方集（今属平邑县）。他继承了回族人民的尚武精神，"性勇敢，多大略"。后投身行伍，积功至总兵。"治军严肃，重文士，爱材勇，有奇技异能者辄罗致之麾下。功不苟赏，罪不私刑，士乐为用。"他还十分关怀部属，"在军中与兵勇同甘苦，部下有受伤残殁者，皆以私财赡养其家属"②，故深为部属所爱戴。此次统兵援朝后，以昼夜操劳，突患"右偏中风"③之症。他以为"奉旨御寇，力即不及，义不可挠"④，仍力疾视事，筹备战守。8 月下旬，叶志超至平壤，曾有退兵之议，亦有随声附和者。

高州镇总兵、奉军统领左宝贵

① 桥本海关：《清日战争实记》第 4 卷，第 182、183 页。
② 《沈阳县志》第 9 卷，《左宝贵传》。
③ 《寄译署》，《李文忠公全集》，电稿，第 17 卷，第 12 页。
④ 《费县志》第 11 卷，《左宝贵传》。

左宝贵怒斥道:"若辈惜死,可自去,此城为吾冢矣!"日军既以朔宁、元山两支队合攻平壤城北,因"素惮其威名,知宝贵不死,平壤不可得"①,遂暂不与江自康军相接,而集中兵力专攻左宝贵军。左宝贵见大敌当前,情况危急,便激励将士说:"吾辈安食厚禄重饷数十年,今敌失约背盟,恃强侵犯,正好愤忠义,扫尽边氛,上纾九重东顾之忧,下救万民西奔之苦。社稷安危,兆在斯时!进则定有异常之赏,退则加以不测之罚。我身当前,尔等继至,富贵功名,彼此共之。"②将士们无不感奋,应声争进。

但是,日军以其兵力占绝对优势,向清军外重3垒猛扑不已。左军奋勇抗击,日军久攻而未下一垒。6时,元山支队第一大队长石田正珍少佐重新布置所辖之5个中队,命第一、第二两个中队排列于坎北山南麓,第三中队进至义州大道坎北院前,第四、第五两个中队位于义州大道西侧,以攻击清军外重堡垒之西垒。但因相距甚远,弹丸力不能达,毫无效果。石田少佐遂将第四、第五两个中队委于第二大队长门司少佐,自率第一、第二、第三中队而进,并命第一、第三两个中队占据义州大道西方高地,第二中队占据江东桥店前高地,以击清军外重堡垒之西垒和中垒,掩护第三大队进攻。第三大队长牛岛木蕃少佐则率3个中队自清军左翼进,攻击清军外重堡垒之西垒。此时,突有清军四、五哨上前迎击,猛放排枪,外重之西垒也频频发炮支援。日军势将不支,又以第十一、第十二两中队进行突击。清军英勇抗击,杀伤过当,日军第十二中队长品川大尉亦在此时被击毙。但日军自江东桥店前之高地连放榴霰弹,"弹无空发,皆裂于营中","清兵苦日兵榴霰弹破裂,将避"。6时50分,日军趁此机会,以第一、第二、第九3个中队向清军外重堡垒之西垒突击,遂夺之。外重之西垒既失,内重之西垒便突出在外,7时15分,石田少佐亲率第二中队急突击之,内重西垒之守兵"不能支,弃堡垒而遁。"③于是,奉军左翼的两座堡垒皆被敌攻陷。

当元山支队进攻奉军左翼两座堡垒之际,朔宁支队也正向清军外重堡垒之东垒和中垒发起猛攻。立见尚文少将原先命步兵第二十一联队第二大队长山口圭藏少佐率部进攻清军右翼,以第一中队长神大尉为前卫。但是,神大尉在行进中失路,与右翼之富田少佐部队相合,山口遂改命第五中队长小仓信泰

---

① 《沈阳县志》第9卷,《左宝贵传》。
② 栾述善:《楚囚逸史》。
③ 桥本海关:《清日战争实记》第4卷,第183页。

大尉为前卫。山见少将知不夺取清军外重堡垒之东垒,便不可能接近牡丹台,遂命旅团副官桂大尉至前卫部队指挥。桂大尉即率小仓的第五中队和中间德次郎中尉(代理中队长)的第七中队共进,向外重之东垒冲击。只见垒内"时有一缕烟氛,如墨冲天",随之"平壤牙城(玄武门)亦烟腾,盖清兵扬狼烟也。"这是清军炮兵发炮的信号。"既而炮声俄起,响声如雷。小仓大尉与第七中队长代理本间中尉共进,近清兵,俄命突击之。清兵小部队坚守不动,本间中尉以下二十余人死之。"桂大尉麾众而进,清军小队被围,虽奋勇搏战,终因众寡不敌,全部壮烈牺牲。垒内清军坚决抵抗,枪炮齐鸣,"弹丸雨注,勇不可当"。①日军依仗人多势众,向堡垒发起冲锋。清军将士誓死以战,跳出堡垒,与敌人展开肉搏。50余人决心与堡垒共存亡,宁死不退,全部战死在阵地。在日军方面,桂、小仓两大尉亦皆被伤。7时30分,日军终于冲进了清军外重堡垒之东垒。

在此以前,日军第十二联队第一大队长富田春壁少佐已率队逼近清军外重堡垒之中垒。富田先命炮兵轰击清垒,清垒不应,似"阒无一人"。富田便以铃木直义大尉率第二中队进击。铃木大尉率队刚进至低地,埋伏于附近高地的清军,骤然鸣枪,飞弹如雨。原先极为寂静之外重中垒,"至此俄张气势,炮如飞霰,〈与〉高阜清弹交叉于中队头上,兵皆伏地"②,死伤甚众。此时,富田少佐急命大野齐大尉率第三中队进援。大野在铃木中队之右侧展开队伍,向高地清军射击。立见尚文又命炮兵第一中队长山名有友大尉在与清军"相距八百公尺的高地布置火炮阵地,不断发射榴霰弹,支援冲突清垒之富田少佐。"③占据高地的清军仍顽强抵御,"与垒兵合力战,见日大队渐进,连激射之,其势若猛雨骤至"。④但是,日军的山炮榴霰弹频频在清军阵地和堡垒上爆炸,使清军伤亡殆尽。同时,富田又命4个中队发起冲锋。到上午8时,清军内重堡垒之东垒终被敌人攻陷。

先是在元山支队攻陷清军内外两座西垒之后,佐藤正大佐即命令石田正珍少佐率第一大队进攻箕子陵之清军。石田命第五、第九两个中队攻击箕子陵的正面,第八中队从侧面以火力掩护。江自康的仁字营"尽力铳击,其弹丸为十字火注"。⑤在清军的交叉火力射击下,日军伤亡不少。石田大队先利用

① 桥本海关:《清日战争实记》第4卷,第175页。
② 桥本海关:《清日战争实记》第4卷,第173—174页。
③ 《日清战争实记》第8编,第11页。
④⑤ 桥本海关:《清日战争实记》第4卷,第174、184页。

侧面进攻以分散清军的力量,然后实行正面突击,使清军陷于困境。此时,江自康见势不敌,而且"子弹已完",便"先自撤队"。①于是,箕子陵亦为日军所占领。

至此,平壤城北的 4 座堡垒及箕子陵阵地,已全部落入日军手中。于是,立见尚文便将朔宁、元山两支队合并,重新部署兵力,分为 3 队:山口圭藏少佐率步兵第二十一联队第二大队,进攻牡丹台外城;富田春壁少佐率第十二联队第一大队,进攻城后的高地;佐藤正大佐督第十八联队第二、第三两个大队,自牡丹台侧绕险隘出于牡丹台护墙背后。然后,3 支部队从"三面以合击之"。牡丹台号称"天设险堑","巍然屹立于平壤城北角,截然临大同江","垒壁高五丈,炮座完备,掩蔽极坚固"。②日军虽从三面向牡丹台发起猛攻,但"因清军固守,而攻取匪易"。③牡丹台配备有野炮 3 门,以及速射炮和七连发步枪,火力很强,日军伤亡甚重,难以接近台前。原朔宁支队的一个炮兵中队和元山支队的一个炮兵大队,本来布置炮列,专向玄武门排击。"时见步兵苦战,欲援之,急转其炮口,以炮弹连发牡丹台外城。其弹轰坏牡丹台胸壁,清兵多杀伤;且坏裂速射炮。"④在日军炮火的猛烈轰击下,其步队乘势蚁附而上,牡丹台守军终于不支。8 时 30 分,日军攻上了牡丹台。

日军占领牡丹台后,即将山炮队移于牡丹台上,对玄武门及全城都造成了极大威胁。时左宝贵正在玄武门上督战,见牡丹台陷敌,知势不可挽,志在必死。往日,他"每临敌,辄衣士卒衣,身先犯阵。至是,乃衣御赐衣冠,登陴督战。"⑤部下劝他换掉翎顶和黄马褂,以免敌人注目。左宝贵回答说:"吾服朝服,欲士卒知我先,庶竟为之死也。敌人注目,吾何惧乎?"⑥当时有一门大炮,原"由出洋肄业之某学生管理,未几中炮而殒",于是他"亲自燃点"⑦,先后发榴弹 36 颗。守备杨建胜"劝其暂下,宝贵斥之"。⑧激战中,左宝贵已受枪伤,犹裹创指挥,誓死抵御。部下将士见状感奋,无不英勇搏敌。日军富田大队在炮火的掩护下向玄武门冲击,清军则以泥土坚塞城门口,拼死防战。"日兵三突之,

---

① 《叶志超致李鸿章电》,中国第一历史档案馆藏宫中电报档。
②④ 桥本海关:《清日战争实记》第 4 卷,第 176 页。
③ 《日清战争实记》第 8 编,第 12 页。
⑤ 《沈阳县志》第 9 卷,《左宝贵传》。
⑥ 《清朝野史大观》第 8 卷,第 49 页。
⑦ 《中倭战守始末记》第 1 卷,第 19 页。
⑧ 《费县志》第 11 卷,《左宝贵传》。

清兵三退之。"①"敌军披靡，相顾失色。"②日军炮队在牡丹台"瞰视此状，故连发炮，霰弹聚中玄武门城楼，城墙崩碎"。"城门碎坏，唯见四柱耸于半空。"日军遂"乘势越玄武门胸壁跳入壁中，直夺其门以开之"。③

在激烈的战斗中，左宝贵本"先中两枪，仍在炮台指挥。复被炮中胸前，登时阵亡"。④"黑云革山山突兀，俯瞰一城炮齐发，火光所到雷磕礚，肉雨腾飞飞血红。翠翎鹤顶城头堕，一将仓皇马革裹。"⑤他将鲜血洒在玄武门城头，为中朝两国人民共同抗击侵略者而献出了自己的生命。左宝贵牺牲后，光绪皇帝亲作《御制祭文》："方当转战无前，大军云集；何意出师未捷，上将星沉？喑呜之壮气不消，仓猝而雄躯遽殉。"表示极度的痛悼。"本期痛饮黄龙府，不意难回落日戈。"⑥人民既无限崇敬他的爱国精神，又为他的抱恨牺牲而惋惜不已。时人有数语以评之："见危授命，血战捐躯，生气懔然，临大节而不可夺。"⑦可谓恰当之论。

继左宝贵之牺牲，奉军营官副将杨建春和都司徐玉生先后中弹阵亡。尽管如此，奉军依然不屈。有数百士兵仍"据高壁，飞铳如骤雨降，不可向迩"。还有部分奉军士兵骤集于乙密台，"自楼橹左右壁眼频放铳"，顽强地进行抗击。日军步兵第十八联队第二大队冲进玄武门外门，但聚集一起，处境甚是不利。"忽有一弹丸飞中神田中尉，再有一弹中上等兵译村宽次，二人皆死。"⑧此时，日兵仅余27人陷于苦战之中，赖牡丹台炮兵助之，勉强支持，仍无法突进内门。立见尚文见一时难以攻进内城，便派飞骑传令，命进入玄武门的部队悉撤至城北高地，以观清军动静。这样，玄武门的战斗也随即停了下来。

七　雨　夜　溃　奔

日军虽然攻占了牡丹台和玄武门，但仍被阻于内城之外。特别是平壤西、南两个战场的形势很好，日军之进攻连连受挫。此日之战，"日兵共死一百八

①　桥本海关：《清日战争实记》第 4 卷，第 176 页。
②　栾述善：《楚囚逸史》。
③⑧　桥本海关：《清日战争实记》第 4 卷，第 176—177 页。
④　《叶志超致李鸿章电》，中国第一历史档案馆藏宫中电报档。
⑤　黄遵宪：《悲平壤》，《人境庐诗草》卷 8。
⑥　王蕲新：《为左忠壮公书衣冠墓门坊》。
⑦　李敬修：《左忠壮公助损书院膏奖记》。

十九人,伤五百十六人"①,合计 705 人。而清军在战斗中伤亡的人数远少于日军。日军所携带的口粮及弹药已将告罄,而且皆在平壤城外冒雨露宿,处境极为困难。如果身为总统的叶志超下决心坚守,并能够坚持数天的话,不但战事当有转机,而且日军将无力再次发动进攻,只能不战而退。

但是,叶志超此时却完全丧失信心,他召集各统领商酌:"北门咽喉既失,弹药不齐,转运不通,军心惊惧,若敌兵连夜攻击,何以御之? 不若暂弃平壤,令彼骄心,养我锐志,再图大举,一气成功也。"②诸将皆无异议,惟马玉崑仍主抵御,抗言曰:"余带兵三十余年,经数百战,常以不得死所为恨,岂临敌退缩自贻罪戾哉?"③叶默然,卒不听。又商之平安道监司闵丙奭,亦只好听任之。下午 4 时许,遂以闵丙奭的名义,派一朝鲜人冒雨送书于日军元山支队阵中。佐藤正大佐接书读之,其文曰:"平安道监司闵丙奭致书于大日本国领兵官麾下:现华兵已愿退仗休让,照诸万国公法止战。伏俟回教,即揭白旗回,望勿开枪。立俟回书。"④佐藤正又付之传令骑兵,送达于朔宁支队立见尚文少将。立见阅之未毕,已见玄武门、七星门、静海门、大同门等处皆已悬白旗。

于是,立见少将一面命元山支队至七星门外,一面亲与旅团副官桂大尉共率一个小队下牡丹台,入玄武门而至小窦门外,要求门内清兵打开城门。以言语不通,桂大尉即用铅笔在纸片上写道:"若降服,可允。应速开城门,集中兵器缴于我军;否则,即攻取之。"⑤自门隙递于门内。清兵亦书于纸上答以:"降雨甚〈大〉,刻下兵多,难以速散,当期明朝,开放此门。"⑥立见少将知清军今夜必逃,因发布命令:"今夜须严警戒,以要击逃兵。"⑦

是夜 8 时,清军开始撤退。叶志超先已密传各营,轻装持械,趁夜而退。因事出匆忙,未能周知,加以大雨倾盆,清兵冒雨结队成群,或自七星门、静海门蜂拥而出,或由城墙攀越而去;或取瓻山大道而走海岸,或由义州大道

---

① 《英兵部蒲雷东方观战纪实》,《中东战纪本末三编》第 2 卷,第 11 页。又,日方记载谓"将校以下士卒死伤 685 人。"(见桥本海关:《清日战争实记》第 4 卷,第 197 页)数字出入不大。

② 栾述善:《楚囚逸史》。按:或谓:叶志超"不与众将商议,自行决定弃城逃跑"。此说与事实不符。卫汝贵电盛宣怀亦称:"惜左军门阵亡,守城乏人,且子药又尽,叶军门不得已与诸将筹商退守之策。"(《盛档·甲午中日战争》(上),第 167 页)与《楚囚逸史》所述是完全一致的。

③ 《先君马忠武公事略》(抄本)。

④⑥ 栾述善:《楚囚逸史》。

⑤ 《日清战争实记》第 8 编,第 14 页。

⑦ 桥本海关:《清日战争实记》第 4 卷,第 194 页。

而向北奔。而日军元山支队埋伏于义州大道,第五师团主力部队则埋伏于甄山大道,以截击撤逃的清军。自 15 日晚间 8 时至翌日拂晓,清兵络绎不绝,急奔直冲,欲开遁亡之路。无奈日军枪炮排击,溃兵"回旋不得出,以避弹故,团集愈紧,死亡愈众"。①据亲历此役的盛军官员栾述善记述当时情况说:"阴云密布,大雨倾盆。兵勇冒雨西行,恍似惊弓之鸟,不问路径,结队直冲。而敌兵忽闻人马奔腾,疑为劫寨,各施枪炮,拦路截杀。各山口把守严密,势如地网天罗,数次横冲,无隙可入。且前军遇敌击,只好回头向后;而后兵欲逃身命,直顾奔前。进退往来,颇形拥挤。黑夜昏暗,南北不分。如是,彼来兵,不问前面是敌人抑是己军,放枪持刀,混乱相杀,深可怜悯! 前行士卒,既遭敌枪,又中己炮,自相践踏,冤屈谁知? 当此之时,寻父觅子,呼兄唤弟,鬼哭神号,震动田野。人地稍熟者,觅朝鲜土人引路,均已脱网。惊惧无措,非投水自溺,则引刀自戕,甚至觅石碣碰头,入树林悬颈。死尸遍地,血水成渠,惨目伤心,不堪言状!"②

9 天明后,日军巡阅战场,仅箕子陵附近"二三百步间,清兵人马尸体,累累如山,埋没道路,溪流为红。其尸体最为密集堆积者,在五十步以内伏尸百二十,毙马三十头,互相枕藉"。③据统计,仅仅在此一夜之间,清军在逃跑路上被击毙者达 1 500 余人之多。并有 683 人被俘。其中,有 119 人系因伤被俘,25 人伤重而死,3 人病死,47 人因企图逃跑而被敌人枪杀。④平白无故地丧送了差不多 5 个营。

月 16 日拂晓,立见尚文率朔宁支队,佐藤正率元山支队,自玄武门进入平壤牙城。上午 7 时,野津道贯率第五师团本部自静海门进入平壤内城。至上午 10 时,大岛义昌才知平壤已陷,便率队由朱雀门进入城内。此时,平壤城内早已无清军一兵一卒。平壤本是计划中清军进兵汉城的基地,不仅工事构筑坚固,而且军储甚厚。据日方统计,日军在平壤所缴获的战利品有:各类大小口径炮 35 门,步骑连发枪 550 支,后膛单发枪及其他枪 610 支,炮弹 792 发,子弹 56 万发,行军帐篷 1 092 顶,军用锅 354 口,各种粗细杂粮 4 700 石,大车156 辆,乘马及驮马 250 匹,金砖 43 公斤,金锭等 53 公斤,银锭 540 公斤,以及

---

① 姚锡光:《东方兵事纪略》,见《中日战争》(1),第 23 页。
② 栾述善:《楚囚逸史》。
③ 桥本海关:《清日战争实记》第 4 卷,195 页。
④ 《日清战争实记》第 8 编,第 19 页。

平壤之战被日军俘虏的部分清军

火药、信管、纸币和其他物资无数。①

　　清军经此次平壤大挫，元气大伤，一蹶不振。日军的侵略气焰更加嚣张了。

八　日军的军事冒险与清军平壤之溃退

　　平壤之战是甲午战争期间中日两国陆军的一次决战，其意义及影响都是非常巨大的。在这次战役中，双方各有其有利的因素和不利的因素。当时不仅是力量的对抗，也是意志的较量。清军平壤之败，与其说是败在力量不敌，不如说败在战争指挥者缺乏坚强的战斗意志和敢于胜利的勇敢精神。

　　日军之发动平壤之役，是带有很大的冒险性质的。日本政府为消除国内日益滋长的厌倦战争的情绪，并避免西方列强插手，非常急于发动这次战役。"对于日本来说，尽快地有机会获得一次重大的胜利，无论是从不给予欧美各国以干涉的时间来讲，还是从使国内的人心统一到战争上来并维持下去来讲，都是绝对必要的条件。"所以，日军是在准备尚不充分的情况下发动这次战役的。日本第一军司令官山县有朋大将于平壤之战的前两天到达汉城时，即向

---

　　① 《日清战争实记》第 8 编，第 18—19 页。

麾下的军官们训示："万一战局极端困难,也绝不为敌人所生擒,宁可清白一死,以示日本男儿之气节,保全日本男儿之名誉。"[1]虽说是为了激励日军将士发扬武士道精神,却也透露了他对取得这次战役的胜利并无绝对的把握。日本第五师团长野津道贯中将在进攻平壤受阻之后,也抑止不住自己的悲愤情绪说:"如若不幸败绩,平壤城下即我葬身之处!"他是做了万一失败的思想准备的。

野津道贯在第三师团尚未到达的情况下,主要以第五师团进行平壤作战。8月底,师团主力离汉城北进,几乎是倾巢而出,汉城附近的兵力已所剩无几。据统计,汉城城内有步兵1个大队和骑兵1个中队,城外龙山有步兵1个中队和骑兵1个分队,仁川有步兵1个中队。从仁川到汉城一带,日军仅有步兵1 200余人,骑兵300余人,合计才1 500余人,基本上没有多大的防御能力。而日本第一军司令官山县有朋大将和第三师团长桂太郎中将所率领的第三师团,在日本联合舰队的护航下,却迟迟于9月12日始从海路直接送运至仁川。"在当时北洋舰队主力完整无缺的情况下,这种做法是一种赌注。"[2]不仅如此,如果在9月上旬趁汉城空虚之际,清军以五六营至10营兵力,在北洋舰队的全力护卫下于仁川登陆,突袭汉城,必可成功。日军北上部队后路既被切断,后援不继,势难坚持下去。

况且日军的北上部队是分路行进的:混成第九旅团从开城北上,朔宁支队从朔宁进兵,元山支队从元山西进,第五师团主力从汉城出发。在半个月的行军过程中,作为师团长的野津道贯根本不可能及时掌握各支部队的情况。各支部队都是单独行动,而且由于道路险阻,行军极为困难。例如:混成第九旅团从凤山到黄州府,必须经过舍人关之险并渡过赤壁江,而对于平壤以南的重镇黄州,清军并未派兵严守。朔宁支队进至三登县南,须渡过水深流急的大同江支流柳绿河,但仅抢到两只渡船,从头天中午到次日拂晓,经过整整16个小时,朔宁支队才全部渡到对岸。第五师团主力从十二浦渡大同江,一连3个昼夜也未全部渡完。对这两处险要的渡口,皆无清军击日军于半渡。元山支队从元山到阳德,"本道有马息岭、飞虎岭,颇险隘;文川道有留去岭、麒麟岭,亦

---

① 藤村道生:《日清战争》中译本,第102、103页。

② 藤村道生:《日清战争》中译本,第103页。

险峻。风雨如注，或桥绝阻行，或崖崩压杀兵卒，或马僵浸粮食于溪水。其运炮送粮，马痛人疲，搬弹中马发蹄炎毙者相踵。"①如果清军掌握日军的这种情况，而采取正确的战术，集中兵力对敌人实行各个击破，歼其一支或二支，那么日军就会有完全失败的危险。

对于日军来说，还有一个最大的困难，就是粮食匮乏。由于朝鲜人民对日军侵略的抵制，日军在朝鲜征集粮食是非常困难的。混成第九旅团前锋抵金川露营时，"雷雨大至，入夜不止，军无雨衣，将士皆立雨中，且乏粮食，每人一日之粮不过米四五合而已。所至村落，征发食物，才得疗饥。"朔宁支队也"苦粮乏"，当其抵新溪时，步兵第二十一联队第二大队长山口圭藏少佐"啜粥者数次"；步兵第十二联队第一大队长富田春壁少佐幸亏"腰载干饭，仅免于饥"。②元山支队到达阳德后，由于"粮食缺乏，军官亦仅喝两碗稀粥充饥"。师团和其他部队一样，"粮食极缺，师团长本人也有数日没有米吃，仅以小米饭果腹。"③日本历史学者说："苦于粮食不足、担心清兵加强防御阵地的野津师团长，感到后援的第三师团一到，补给将更加困难，于是决定在后援部队尚未到达时，便以第五师团进行强攻。这种作战是极其冒险的。""如果连续激战两天以上，那么弹药和粮食将同时失去补给，只有放弃围攻，实行退却。"④这是符合历史事实的结论。

所有以上事实，足以说明日军之进行平壤作战，是带有很大程度的军事冒险性质的。如果中国方面能够采取正确的对策，这次战役是有可能打好的。但不幸的是，中国方面却出现了一系列的失误，从而导致了影响战争全局的失败。中国方面的失误，就其最主要的而言，有以下五点：

其一，长期没有任命具有威望的统帅，因而赴朝诸军形成了"有将无帅"的局面。这种情况引起了许多有识之士的忧虑。当时，各方面都寄望于前台湾巡抚刘铭传，认为他是比较合适的人选。李鸿章也希望他能够出来，并担任会办北洋督办朝鲜事务一职。尽管劝驾者甚多，但刘铭传始终不肯出山。他之所以不肯出山，身体有病固是一个原因，但主要的原因是"知和议在即"，故以病作为推托的借口。另一个颇为重要的原因，是刘铭传认为朝

---

① 桥本海关：《清日战争实记》第 4 卷，第 179 页。
② 桥本海关：《清日战争实记》第 4 卷，第 161、171 页。
③ 《日清战争实记》第 7 编，第 44 页。
④ 藤村道生：《日清战争》中译本，第 104—105 页。

廷并不真正重视他,所以采取"不降明诏"的方式。据说,他曾对人言:"吾任封疆,即退处,固大臣也。今廷寄等之列将,岂朝廷所以待大臣之义哉?"①其不满之情溢于言表。这也说明了朝廷起用刘铭传的态度并不是很坚决的。如果当时光绪明发谕旨,明示必战,晓以大义,刘铭传是会亲赴前敌的。由于"有将无帅",入朝诸将缺乏统一的领导,各怀意见,未能团结相处。据随盛军入朝的盛星怀报告:"丰(升阿)带旗不甚精练,且有骚扰。卫总统(汝贵)军令不严,且待下苛刻,诸将领、勇丁均生异志,其病非在一日,宪台谅早洞悉。左(宝贵)、马(玉崑)力顾大局,惜其器局褊浅,不能融洽。"②特别是在战守问题上意见亦颇不一致。"黄州迭次告急,马、左欲前进,总统力阻,恐得首功。"因此提出:"看此情形,非有督办不可。"③直到8月下旬,朝廷始委派不负众望的叶志超为诸军总统,不仅为时已晚,而且任命极为不当。日人评论说:"使败将叶志超任诸军总指挥官,但叶之威望坠地,不能统一诸将,有总指挥官之名而无其实。"④在这种情况下,平壤之战的结局也就不难料定了。

其二,对平壤之战的重要意义认识不足。就战略方面而论,当时清军有两种可供选择的方案:一是从平壤撤退,专保鸭绿江一线;一是加强入朝的兵力,力争必胜。叶志超是主张前一方案的。他退至平壤后,即曾劝说诸将"各整队伍,暂退暧州,养精蓄锐,以图后举"。⑤有人亦肯定此方案,如称:"是时清国宜企划撤退平壤之后,与其后方诸队并合,以优势兵力与日军会战。"⑥其实,前一方案是绝对行不通的。因为此时日本已经组成第一军,而且其本部及所属第三师团皆于9月中旬到达汉城,随即由此北上,日军的兵力正在加强,拖延时间非为得计。对清军来说,当时最好的方案是,趁日军在朝兵力薄弱之机,迅速增派大军入朝,并以敢战之将统之,力争主动,与敌决战。如依克唐阿一军留防沈阳而不令入朝,能战之聂士成却派回国内募兵,未能抓紧时间从海路运兵至大同江登岸等等,都不能不是指挥上的错误。退一步说,即使暂不与敌决战,而有此众多的兵力,则可分驻数地,既可守险,又可互为策应。若能如

---

① 王树楠:《清史本传》。
② 《盛星怀、王锡祉致盛宣怀电》,《盛档·甲午中日战争》(上),第98页。
③ 《盛星怀致盛宣怀电》,《盛档·甲午中日战争》(上),第103页。
④⑥ 誉田甚八:《日清战争讲授录》附录,第20页。
⑤ 栾述善:《楚囚逸史》。

此,则日军进攻平壤的困难将会增加数倍,平壤之战的结局也将会是另一个样子了。

其三,消极防御思想使清军深受其害。日军主将野津道贯,对清军的意图颇为了解:必然是"全军一意困守平壤","盖彼极短于野战。窥其所长,唯有守城之法耳。"①四大军入朝以后,本来有两次进攻的机会:第一次,是在 8 月上旬清军抵平壤之时。这是进兵汉城的一个大好时机,已如前述。第二次,是在 9 月上旬日军分兵进犯平壤之时。此时,各军虽"均挑八成队"前往中和、黄州一带截击,但又随即撤回平壤。本来,清军挑队南下即很勉强,各将统的意见是不一致的。左宝贵认为:"敌人悬军长驱,正宜出奇痛击。"②马玉崑与左同见。而卫汝贵则认为:"此时东支西吾,万不敢孟浪进兵。"叶志超"审敌量力,亦颇为然"。③只是在严旨的督促下,才不得不派兵截击北犯之敌,但又决心不大。恰好李鸿章来电告以:"若我进攻黄州,而阳德敌众绕扑后路,则进退失据,为患甚大。"④此电正合叶志超之意,遂调各军回营。日本军事评论家曾对清军派兵南进之举给予肯定的评价,指出:"此计划果能成功否? 不敢断定。但若实施之,则使当时分离日军之行动龃龉,不能在同一时期现出于平壤城下,因是至少可缓平壤陷落之期。当时日军包围攻击运动,殊为危险,若清军正当行动,拒止一方,向他方举首力转取攻势,则可得逐次各个击破之机会。然清将不能取如斯果敢之策及其军队缺乏运动性,遂唯见其实施之端绪,未见遂行。其南下邀击之顿挫,实清军之不幸也。"⑤此论从原则上说是对的,清军果能对敌采取"各个击破"的战术,有可能产生一定的效果。但问题在于:清军并未从战术的高度自觉地实行"各个击破"的战法,派兵南进也只是单纯的截击。唯其如此,李鸿章和叶志超既感南进成功的可能性甚小,又怕后路被敌包抄,只有坚匿平壤之一法,仍回到消极防御的老路上来了。

其四,清军在布防上问题甚多。险要处不置兵严守,全军株守平壤待敌,将战争的主动权完全让与敌人。此其一。把全部兵力的约四分之一来保护退

---

① 桥本海关:《清日战争实记》第 4 卷,第 158—159 页。
② 栾述善:《楚囚逸史》。
③ 《卫汝贵致盛宣怀函》,《盛档·甲午中日战争》(下),第 189 页。
④ 《寄叶总统》,《李文忠公全集》,电稿,第 17 卷,第 7 页。
⑤ 誉田甚八:《日清战争讲授录》附录,第 21—22 页。

路,其中有 3 000 人驻于距平壤 170 里的安州,从此地到平壤需两天的路程。在兵力不足的情况下,抽调如此众多的兵力来保护退路,只能削弱平壤的防守力量。此其二。错误地估计了日军的主攻方向,因此较为重视平壤南路的防守。而对平壤北路的防守则重视不够。增援部队未能及时赶到,是玄武门失守的重要原因之一。此其三。平壤城北所修筑的堡垒既少且近。北之坎北山、爱美山,东之大圣山、国主岘高地,皆未构筑堡垒,致使日军得以占据该处有利地形,并从容地布置炮兵阵地。在敌人的猛烈炮火轰击下,清军城北的几座堡垒是很难守住的。此其四。由此可知,日军在平壤南、西两个战场受挫,而唯独在北战场得势,是并非偶然的。

其五,主将的失败主义导致清军的平壤溃退。叶志超身为诸军总统,却无抗敌的决心。先在成欢之战时,他率一军撤至公州,使守卫成欢之聂士成军为之削弱,即已铸成大错。及至抵平壤后,更是丧失信心,提出撤军之议。因遭到左宝贵等的反对,也知朝廷不会批准,此议始寝。他见退兵不成,又以"倏得头眩心跳之症"为由,请求"开缺回津就医调养"。[1]后被派为清军总统,仍"奏请开缺就医"[2],而朝廷则多方慰勉之,谕其"毋庸开缺,在营安心调理,一俟痊愈,即统帅全军合力进剿"。[3]叶志超本应义无反顾,激励将士拼死搏敌。果能如此,则平壤之战局或尚有转机,起码不会遭到如此惨重的损失。因为经过 9 月15 日一天的激战,平壤南、西两个战场都打得很好,北战场虽然失利,敌人也只是突破玄武门的外门,一时尚难进城。此时,大多数日军皆一日未曾进餐,又饿又累,疲惫万分,已不甚任战。兼之雷雨交加,更不利于日军作战。如果叶志超下定决心拼战,重新调集兵力从北门反击,不仅可把敌兵赶出玄武门,而且夺回牡丹台和其他几个堡垒也不是没有可能。但是,叶志超却下令逃跑,使清军遭受到惨重的损失。有的日本历史学者亦认为:"清兵仍然有继续战斗的可能性。但是,总指挥官的失败主义招致了大溃退,使日军在第二天早晨几乎是在没有流血的情况下就占领了平壤。"[4]对于清军在平壤的大溃退,叶志超是应负主要罪责的。

---

① 《叶志超致周馥电》,《盛档·甲午中日战争》(上),第 107 页。
② 《北洋大臣来电》,《清光绪朝中日交涉史料》(1480),第 18 卷,第 12 页。
③ 《军机处电寄李鸿章谕旨》,《清光绪朝中日交涉史料》(1500),第 18 卷,第 21 页。
④ 藤村道生:《日清战争》中译本,第 105 页。

日军第五师团攻陷平壤后设司令部于宣化堂(朝鲜平安道监司行政厅)

叶志超逃到安州后,又重演成欢之战谎报军情之故伎,上奏朝廷:"倭人遽以三四万之众猛扑环攻","苦战五昼夜","子尽粮绝,退出平壤"。[1]朝廷又信以为真,降旨慰勉有加,称其"深入异地,苦战连日,此次退出平壤,实因众寡不敌,伤亡甚多,尚无畏葸情事",竟"加恩免其议处"。[2]后言官揭发其捏造战功,清政府下令查办。又被"械送京师,下刑部鞫实,定斩监候。"[3]叶志超本人虽受到严厉处分,也是其应得之咎,但朝廷用人不察,以致造成平壤大溃退的严重后果,却是永远无法挽回的。卫汝贵则系受池鱼之祸,被拿交刑部治罪。据刑部上报,卫汝贵之罪状有三:一、"临敌退缩,以致全军溃败";二、"克扣军饷";三、"纵兵抢掠"。[4]卫汝贵所统盛军纪律不严,事诚有之,然不能说就是"纵兵抢掠"。至于前两条,更是莫须有的罪名。在平壤之战中,卫汝贵指挥盛军在西、南两个战场激战,重创敌人,坚守阵地,是有战功的。其过有二:一是未能整饬军纪;二是不曾反对叶志超撤出平壤的错误决定。但若全面衡量,他还是功大于过的。1895 年 1 月 16 日,由刑部尚书薛允升监刑,将卫汝贵斩决。对于这样一位重要的高级将领,清廷竟然功罪不辨,草率成案,处以

① 《直隶总督李鸿章奏平壤诸军退至安州情形并自请严议折》,《清光绪朝中日交涉史料》(1649),第 20 卷,第 31—32 页。

② 《军机处寄北洋大臣李鸿章上谕》,《清光绪朝中日交涉史料》(1650),第 20 卷,第 32 页。

③ 《清史稿》,列传 249,《叶志超传》。按:叶志超于 1900 年出狱,次年病死。

④ 《光绪朝东华录》,光绪二十年十二月,第 225—227 页。

极刑,不能不是一个严重的错误。

第二节 黄 海 海 战

一 北洋舰队护航大东沟

9月17日,即平壤陷落的第3天,日本联合舰队终于在鸭绿江口大东沟附近的黄海海面挑起一场激烈的海战。

先是当各路日军渐逼平壤之际,叶志超以兵力不敷、后路空虚为由屡次电请益师。9月7日,叶致电李鸿章:"接各营探弁自阳德报称,现到日兵三千余名,尚有多兵续向平壤进发。阳德、安州、平壤势如犄角,安州为平壤后路,现仅马步六营,殊嫌太单。"①若安州一失,将会切断平壤清军的后路,李鸿章不能不予以重视。于是,他一面告诫叶志超"仍督同各军镇静严守,勿涉张皇",一面决定调刘盛休率铭军填防平壤后路。8日,李鸿章给驻守金州的刘盛休发出电令:"平壤日兵三路渐逼,后路空虚,续调之兵皆远不济急。叶提督屡电,后路安州距平百七十里,最为紧要,现仅卫、左、马、丰等马步六营,殊嫌太单。拟就近调铭军精锐四千人,乘船往安州一带扼要驻扎,既为平壤声援,又断元山抄袭。务望迅速整备,五日内船到即行。当令丁提督海军大队护送前去。其守炮台兵不应动,各营仍留新募一哨守营。"②9日,李鸿章命盛宣怀将此任务通知丁汝昌,以便做好护运铭军的准备。同时,为了避免铭军调离后金旅一带兵力过于单薄,又从山海关调总兵赵怀业率怀军5营到大连湾填扎。

15日上午,丁汝昌率北洋舰队主力抵大连湾。舰队一面补充煤水,一面等待运兵船搭载陆兵及辎重。当天午夜,诸事已毕,丁汝昌不敢耽搁,当即下令起航。16日凌晨1时,丁汝昌率北洋舰队大小舰艇18艘,护送分乘新裕、图

---

① 《寄译署》,《李文忠公全集》,电稿,第17卷,第6页。
② 《寄金州铭军刘统领》,《李文忠公全集》,电稿,第17卷,第7页。

南、镇东、利运、海定五艘运兵船的铭军 10 营 4 000 人①,向大东沟进发。北洋舰队的 12 艘主要舰只情况见下表:

舰名	舰种	吨位	速力（节）	装甲		主要兵器		鱼雷发射管(个)	管带	
				部位	厚度（公分）	炮种	数量（门）		官阶	姓名
定远	铁甲	7 335	14.5	装甲堡 炮塔 司令塔	35.6 30.5 20.3	30.5 公分口径 15 公分口径	4 2	3	右翼总兵	刘步蟾
镇远	铁甲	7 335	14.5	装甲堡 炮塔 司令塔	35.6 30.5 20.3	30.5 公分口径 15 公分口径	4 2	3	左翼总兵	林泰曾
经远	铁甲	2 900	15.5	铁甲 炮塔 司令塔	24.0 20.0 20.0	21 公分口径 15 公分口径	2 2	4	副将	林永升
来远	铁甲	2 900	15.5	铁甲 炮塔 司令塔	24.0 20.0 20.0	21 公分口径 15 公分口径	2 2	4	副将	丘宝仁
致远	巡洋	2 300	18.0	铁甲 司令塔	5 至 10 15.0	21 公分口径 15 公分口径	3 2	4	副将	邓世昌
靖远	巡洋	2 300	18.0	铁甲 司令塔	5 至 10 15.0	21 公分口径 15 公分口径	3 2	4	副将	叶祖珪
济远	巡洋	2 300	15.0	炮台 司令塔 水线下甲板	25.4 12.7 7.6	21 公分口径 15 公分口径	2 1	4	副将	方伯谦
平远	装甲	2 100	11.0	甲带 炮塔 司令塔	20.3 20.3 15.2	26 公分口径 15 公分口径	1 2	1	都司	李和

---

① 关于此次护运刘盛休铭军的营数和人数,记载不一:一说 12 营 6 000 人;一说 8 营 4 000 人。据李鸿章致刘盛休电和盛宣怀致丁汝昌电,皆谓 4 000 人。6 000 人说不能成立,可谓明矣。至于营数,盛宣怀致盛京将军裕禄电:"铭军十营,辎重甚多。"(《盛档·甲午中日战争》(上),第 144 页)李鸿章致总理衙门电:"查铭军十一营。"(《李文忠公全集》,电稿,第 17 卷,第 24 页)现综合各种材料,知铭军实有兵力为 11 营 2 哨 4 480 人,而调走的是 10 营 4 000 人。据盛宣怀致宋庆函:"旧章每营只四百人,此次远征劲旅,请添足五百人。"(《宋庆致盛宣怀函》,《盛档·甲午中日战争》(下),第 190 页)铭军平均每营人数为 400 人,是符合"每营四百人"的章程。又刘盛休致李鸿章电:"卑军除留守大连湾炮台六哨,不过八营之谱。"(《清光绪朝中日交涉史料》(1617),第 20 卷,第 18 页)这是以每营 500 人的满额计算。可见,八营说和十营说,是按不同的编制方法计算,但都是有根据的。

（续表）

| 舰名 | 舰种 | 吨位 | 速力（节） | 装甲 | | 主要兵器 | | 鱼雷发射管（个） | 管带 | |
				部位	厚度（公分）	炮种	数量（门）		官阶	姓名
超勇	巡洋	1 350	15.0	舰体	1左右	25公分口径	2		参将	黄建勋
扬威	巡洋	1 350	15.0	舰体	1左右	25公分口径	2		参将	林履中
广甲	巡洋	1 296	14.0			15公分口径	2		都司	吴敬荣
广丙	巡洋	1 030	15.0			12公分口径	3		都司	程璧光

另外6艘舰艇为炮舰镇南、镇中和鱼雷艇福龙、左一、右二、右三。

16日午间，北洋舰队护卫运兵船抵大东沟口外。由于港内水浅，并为了保证陆军安全登岸，丁汝昌令镇南、镇中两炮舰和4艘鱼雷艇护卫运兵船进口，平远、广丙两舰停泊口外担任警戒，定远、镇远、致远、靖远、来远、经远、济远、广甲、超勇、扬威十艘战舰距口外12海里下锚，以防止日舰袭击。当天下午，运兵船进口后溯流而上，至登陆地点陆续上岸。由于登陆地点离江口甚远，又辎重甚多，卸运费时，整整一个下午才有少半士兵上岸。于是，丁汝昌下令连夜渡兵卸船。直至次日早晨，10营铭军及炮械、马匹等全部登岸。这样，北洋舰队也就完成了此次护船的任务。

17日上午8时，"主舰定远上挂出龙旗，准备返航。"①9时许，丁汝昌传令进行"巳时操"。这是北洋舰队每天都要操练的一种舰队常操，主要是为了训练阵法："时或操火险，时或操水险，时或作备攻状，时或作攻敌计，皆悬旗传之。"②因为上午的舰队常操多在巳时进行，故海军中习惯上称之为"巳时操"。据参加操练的洋员美人马吉芬记述："是日，朝暾晖晖，轻风徐来。晨间，舰中服务一如往昔，自午前九钟起，各舰犹施行战斗操练一小时，炮手并复习射击不辍。……舰员中，水兵等尤为活泼，渴欲与敌决一快战，以雪广乙、高升之耻。士气旺盛，莫可名状。"③约10点半钟，舰队常操结束。此时，北洋舰队广大将士尽管有欲战之心，但还没有料到这场震惊世界的海上鏖战即将发生。

当北洋舰队正在演习常操之际，日本联合舰队也正从海洋岛向东北方向

---

① 《来远舰水手陈学海口述》（1956年记录稿）。

② 余思贻：《航海琐记》（又名《楼船日记》），上册。

③ 《马吉芬黄海海战述评》，《海事》第10卷，第3期，第37页。

航进,并在航进中进行操练。日本12艘军舰的航行序列及各舰情况如下表:

舰行序列	舰名	舰种	吨位	速力(节)	装甲		主要兵器		鱼雷发射管(个)	舰长	
					部位	厚度(公分)	炮种	数量(门)		军阶	姓名
第一游击队	吉野	巡洋	4 225	22.5	司令塔	10.2	15公分口径速射 12公分口径速射	4 8	5	大佐	河原要一
	高千穗	巡洋	3 709	18.0	司令塔	5.1	26公分口径 15公分口径速射	2 6	4	大佐	野村贞
	秋津洲	巡洋	3 150	19.0	司令塔	5.1	15公分口径速射 12公分口径速射	4 6	4	少佐	上村彦之丞
	浪速	巡洋	3 709	18.0	司令塔	5.1	26公分口径 15公分口径速射	2 6	4	大佐	东乡平八郎
本队第一群阵	松岛	海防	4 278	16.0	炮塔 司令塔	30.0 10.0	32公分口径 12公分口径速射	1 12	4	大佐	尾本知道
	千代田	巡洋	2 439	19.0	司令塔	3.3	12公分口径速射	10	3	大佐	内田正敏
	严岛	海防	4 278	16.0	炮塔 司令塔	30.0 10.0	32公分口径 12公分口径速射	1 11	4	大佐	横尾道昱
本队第二群阵	桥立	海防	4 278	16.0	炮塔 司令塔	30.0 10.0	32公分口径 12公分口径速射	1 12	4	大佐	日高壮之承
	比睿	巡洋	2 284	13.5	部分甲带	11.4	17公分口径 15公分口径速射	2 6	2	少佐	樱井规矩之左右
	扶桑	铁甲巡洋	3 777	13.0	炮塔 全甲带	20至30 15至23	28公分口径 15公分口径速射	4 4	2	大佐	新井有贯
本队右侧	西京丸	代用巡洋	4 100	15.0			12公分口径速射	4		少佐	鹿野勇之进
	赤城	炮	622	10.3			12公分口径速射	4		少佐	坂元八郎太

上午10时23分,正在航行中的吉野发现东北方水平线上有黑烟一缕,但不能辨认是军舰还是商船,便一面向本队发出"东北方有船只"的信号,一面继续航进。

11时许,北洋舰队也发现了日舰。原来,丁汝昌下令午饭后返航。按北洋舰队的秋季作息时间,上午11时55分开午饭。此时,各舰伙夫正在准备午餐,瞭望兵突然发现西南方向海面上有黑烟簇簇,立即用信号报告。丁汝昌登上甲板,"遥见西南有烟东来,知是倭船"。①他立即决定升火以待,"挂'三七九九'旗,命令各舰实弹,准备战斗"。②于是,"各舰皆发战斗喇叭,音响彻乎全队。瞬息之间,我队各舰烟筒皆吐出浓黑煤烟。其服务于舰内深处之轮机员兵,已将机室隔绝,施行强压通风,储蓄饱满之火力汽力,借为战斗行动之用。先是我由敌吐煤烟以见敌,今也我队各舰煤烟如是,敌队当亦明我队之所在,毫无疑焉。"③

确实如此。11 时 30 分,吉野先发现黑烟两缕,随即可遥见三四缕,遂确认为北洋舰队,当即发信号报告本队:"东北方发现三艘以上敌舰。"伊东祐亨见此信号,便立即传令:本队由三舰群阵改为单纵阵;西京丸和赤城移至本队左侧,作为非战斗行列。

两支舰队逐步接近,这场海上鏖战终于发生了。

二　两军相接
——海战的序幕

丰岛海战之后,北洋舰队广大将士求战情绪就十分高昂。因此,旗舰的备战号令一下,水兵们便迅速地作好了战斗的准备。对此,马吉芬曾作过详细的记述:"中日启衅之后,我舰队员官无不锐意备战。有鉴于丰岛一役济远、广乙两舰之覆辙,各舰皆将舭板解除,仅留六桨小艇一只。意在表示军舰之运命即乘员运命,舰存与存,舰亡与亡,岂可有侥幸偷生之念,或借舭板遁逃,或忍败降之辱哉?此外,若十二时炮之薄炮盾,若与战斗无益之木器、索具、玻璃等项,悉行除去无余。各舰皆涂以深灰色,沿舱面要部周围积置沙袋,高可三四英尺,……以煤袋

北洋海军提督丁汝昌(1836—1895)

---

① 《丁汝昌关于黄海海战的报告》,见《清光绪朝中日交涉史料》(1738),第 21 卷,第 22 页。
② 《来远舰水手陈学海口述》(1956 年记录稿)。
③ 《马吉芬黄海海战述评》,《海事》第 10 卷,第 3 期,第 38 页。

购自德国的北洋水师旗舰定远

配备冲要处所,借补沙袋之不足。通气管及通风筒咸置之舱内,窗户与防水门概为锁闭。凡有乘员俱就战斗部署,战斗喇叭余响未尽,而战斗准备业已整然。"①可见,当时的士气是多么高涨!

此时,提督丁汝昌、右翼总兵刘步蟾及总教习德人汉纳根,都登上了旗舰定远号前方的飞桥,一面密切注视着日舰的动向,一面商讨对策。丁汝昌先向停泊在大东沟口外的10艘战舰传令,以定远、镇远为第一小队,致远、靖远为第二小队,来远、经远为第三小队,济远、广甲为第四小队,超勇、扬威为第五小队,排成犄角鱼贯小队阵②,用每小时5海里的航速驶向敌舰,准备迎战。"各舰皆见旗舰定远揭扬'立即起锚'之信号,无不竞相起锚,行动较之平昔更为敏捷。即老朽之超勇、扬威两舰起锚费时,因之落后,然亦疾驰,竟就配备。"③在比往常更为短暂的时间内,犄角鱼贯小队阵即已排成。这种阵式是按小队编队,每队两舰,位于前者为队长,僚舰在其右后方的45度线上,相距400码。每队的间距为533码。这时,"船应机声而搏跃,旗帜飘舞,黑烟蜿蜒",直冲敌阵而去。

双方舰队越来越接近。日本军舰上用望远镜已经能够清楚地看到:中国

---

① 《马吉芬黄海海战述评》,《海事》第10卷,第3期,第38页。

② 《冤海述闻·大东沟战事纪实》:"我军阵势初本犄角鱼贯(小队)。"按:犄角鱼贯小队阵,与夹缝鱼贯小队阵排列方法相同。参看拙作《中日甲午战争史论丛》,第110、125—126页。

③ 《马吉芬黄海海战述评》,《海事》第10卷,第3期,第39页。

军舰上"头上盘着发辫、两臂裸露而呈浅黑色的壮士,一伙一伙地伫立在大炮旁,正准备着这场你死我活的决战"。①先是,当日舰发现北洋舰队之初,伊东祐亨即挂出第一个信号:"吃饭"。中午 12 点零 5 分,伊东又传令备战,"在樯头升起舰队旗,命各舰就战斗位置"。②并部署全舰队为单纵阵。于是,日舰第一游击队居前,本队六舰继后,西京丸、赤城二舰在本队左侧先后相随,直对北洋舰队的定远、镇远二舰驶来。伊东祐亨因见北洋舰队阵势严整,怕士兵临战畏惧,特别下令准许"随意吸烟,以安定心神"。③

参加黄海海战的北洋海军总教习、德籍洋员汉纳根(1855—1925)

此时,北洋舰队已经能够辨清驶来的日舰共 12 艘。丁汝昌见其来势凶猛,不敢掉以轻心。为了发挥各舰舰首重炮的威力,他毅然下令改犄角鱼贯小队阵为犄角雁行小队阵。犄角雁行小队阵与夹缝雁行小队阵的排列顺序相同,其基本要求是:每一小队中,前舰为队长,其僚舰位于其右后 45 度线上,相距 400 码;各小队之间距为 1 200 码。同时,丁汝昌还向各舰管带发出以下训令:"(一)舰型同一诸舰,须协同动作,互相援助;(二)始终以舰首向敌,借保持其位置而为基本战术;(三)诸舰务于可能的范围之内,随同旗舰运动之。"④其中,第一条之"舰型同一诸舰"指姊妹舰而言。在北洋舰队的五个小队中,除第四小队的济远和广甲外,皆为舰型相同的姊妹舰。故此条实际上是要求每队两舰都要互相保持一定的距离,配合作战。第二条是犄角雁行小队阵或夹缝雁行小队阵的基本要求,其特点是"弥缝互承"⑤,故或称之为"鳞次横阵"。⑥这样,前后"皆可轰击敌船,不至为本军船只

---

① 川崎三郎:《日清战史》第 7 编(上),第 4 章,第 120 页。
② 《伊东祐亨给大本营的报告》,《日清战争实记》第 7 编,第 53 页。
③ 川崎三郎:《日清战史》第 7 编(上),第 4 章,第 116 页。
④ 《汉纳根给北洋大臣的报告》,《海事》第 8 卷,第 5 期,第 63 页。
⑤ 天津机器局印:《船阵图说》。
⑥ 《马吉芬黄海海战述评》,《海事》第 10 卷,第 3 期,第 39 页。

参加黄海海战的北洋海军镇远帮办、
美籍洋员马吉芬(1860—1897)

所蔽也"。①但北洋舰队的重炮皆设于舰首,故提出"始终以舰首向敌"为基本战术,以发挥重炮的威力。第三条是强调全队集中,进行整体作战。在此以前,丁汝昌曾"屡次传令,谆谆告诫,为倭人船炮皆快,我军必须整队攻击,万不可离,免被敌人所算"。②此条要求各舰不能单独行动,必须随旗舰所向而进击敌舰。

变换阵形一开始,旗舰定远先以每小时 7 海里的航速前进,其余各舰也都以同一航速继之。但是,由于后续诸舰不是作直线运动,而是作斜线甚至弧形运动,故要达到所规定的位置,则在同一时间内需要完成更大的航程。本来,变阵就需要一定的时间。而当时情况紧急,定远、镇远两艘铁甲舰须率先接敌,而又不能减速以待后继诸舰,这样,完成变阵就需要更多的时间。对此,参加这次海战的《冤海述闻》作者写道:"我军阵势初本犄角鱼贯,至列队时复令作犄角雁行。丁提督乘定远铁舰为督船,并镇远铁舰居中,致远、靖远为第二队,经远、来远为第三队,济远、广甲为第四队,超勇、扬威为第五队,分作左右翼,护督船而行。原议整队后,每一点钟行八嗼。是时,队未整,督船即行八嗼,以致在后四队之济远、广甲,五队之超勇、扬威,均赶不及。缘四船鱼贯在后,变作雁行傍队,以最后之船斜行至偏傍最远,故赶不及。"③于是,整个舰队便形成窄长的"人"字形。据一些参战的老水手回忆,皆指出当时是以"人"字阵势迎战敌舰的。有的参战洋员也证实:北洋舰队"列阵作人字阵"。④英国远东舰队司令斐利曼特曾目击当时的海战实况,所观察到阵形是:

① 天津机器局印:《船阵图说》。
② 《军情要电清单》,《清光绪朝中日交涉史料》(1711),附件一,第 21 卷,第 11 页。
③ 《中日战争》(6),第 87—88 页。按:"嗼",即英里,为 mile 的意译,与译作"海里"的 sea mile 不同。8 英里,约合 7 海里。
④ 《大东沟海战》,《中东战纪本末》,朝警记四,第 4 卷,第 10 页。

黄海海战中日两军初接战时的情景

"既遇敌舰,即似成'人'字形。"①从前方看来,"人"字阵形恰像一个大英文字母V,故外国人士有称之为"V字形阵"②或"楔状阵"。③所有这些记述,都表明了北洋舰队阵形初变时的特点。

丁汝昌下达变换阵形的命令,其时间约在中午12时20分。一刻钟后,"人"字形阵式即初步形成。日方记载说:"零时三十五分,已经能明显看见敌舰,细一审视,定远作为旗舰在中央,镇远、来远、经远、超勇、扬威在右,靖远、致远、广甲、济远在左,形成三角形的'突梯阵'。"④变阵后的北洋舰队,起初正是一个窄长的"人"字阵式,恰似一把锋利的尖刀,直插敌舰群。

一场规模空前的激烈海战就这样开始了。

三 勇 冲 敌 阵
——海战的第一阶段

海战的第一阶段,从12点50分到下午两点半,历时90分钟。

中日双方舰队互相对驶,越来越接近,都想力争主动,先占一着。12时18

---

① 《英斐利曼特水师提督语录》,《中日战争》(7),第549页。
② 川崎三郎:《日清战史》第7编(上),第3章,第180页。
③ 《马吉芬黄海海战述评》,《海事》第10卷,第3期,第39页。
④ 《日方记载的中日战争》,《中日战争》(1),第240页。按:"突梯阵",或译作"凸形梯阵"。又,原文将"靖远"和"经远"的位置相互颠倒,引用时予以改正。

分,日舰第一游击队即已接到本队旗舰的旗令:"截击敌军右翼。"起初,第一游击队仅以每小时6海里的航速行驶,以缩短本队与自己拉远了的距离。此时,第一游击队已和本队保持到适当距离,遂恢复8海里的时速航进。12时30分,又遵照本队旗舰的命令,把航速增加到每小时10海里。当时乘坐在吉野上的第一游击队司令官坪井航三少将,即向属下四舰传令:"注意距离";"注意速度"。根据舰速快、舷侧速射炮多的特点,日本海军早就重视单纵阵的训练,要求在作战时严格地保持单纵阵。坪井在海战报告中说:"我自出征伊始,就期望着无论敌舰对我摆出什么样的阵形,我只能以严整的单纵阵予以猛烈攻击。为此,即使在侦察巡航时,也努力练习单纵阵,并和第一游击队各舰长一再谈论速度和距离的问题。"此时,坪井观察到北洋舰队的阵形,"是把最坚固的二铁甲定远、镇远置于中央突出点的凸形阵,几乎是成锐角的横阵"。于是,日舰第一游击队以东北偏东的航向直指北洋舰队的中坚,佯作攻击北洋舰队中坚之势。其计划是:"迨逐渐接近后,将指针稍稍转向右方,准备完成迎击的命令,击破敌军右翼,以挫伤其全军士气。"①

北洋舰队仍保持每小时8海里的航速,一面将阵式向扁"人"字形展开,一面向敌舰冲击。据日舰观测:此时中国凸阵尖端之铁甲舰上"沉寂无声,有一士官于前樯楼上以六分仪测其距离,每动小信号旗报知距离远近,炮手低照尺,各炮长手牵索保护测准方位,且为防火灾之计。距离渐近,俄而迅雷轰空,白烟蔽海,忽有炮弹飞落日舰吉野侧,即旗舰定远右舷露炮塔所放也。是为黄海海战第一炮声,盖此炮声唤起三军士气也。"②其时恰在中午12点50分,双方舰队相距为5 300公尺。定远之所以选取5 000公尺左右之距离,是因为"相距十里左右,炮弹力量既足,且命中无虚发者"。③但是,定远这第一炮并没有打中。日舰高千穗某尉官在其《战时笔记》中写道:"定远舰之炮座吐出一团白云,轰然一声巨响,其三十公分半巨弹冲开烟雾,从游击队头上高高飞过,于左舷附近落入海中,海水顿时腾高数丈。"④由于定远瞄准取角偏高,弹着点稍远,致落在吉野舷左100公尺处。定远的第一炮,实际上也是全队发动进攻的信号。这场海上鏖战的帷幕正式拉开了。

---

① 《坪井航三关于黄海海战的报告》,《中日战争》续编,第7册,第236页。
② 桥本海关:《清日战争实记》第7卷,第251—252页。
③ 《中倭战守始末记》第1卷,第15页。
④ 《高千穗舰某尉官关于黄海海战的笔记》,《中日战争》续编,第7册,第252页。

购自德国的铁甲舰镇远

　　继定远之后，镇远驶至距敌舰 5 200 公尺时，又发出第二发炮弹。时间仅仅相隔 10 秒钟。随后，北洋舰队各主要炮座一齐发炮轰击。12 点 53 分，日本旗舰松岛进至距北洋舰队 3 500 公尺时，也开始发炮。于是，双方舰队大小各炮，连环轰发，不少间断，"但闻大声发于水上，嗡呔如钟声不绝，而火弹怒发，则海波为沸矣"。①

　　两军开战之初，中国参战的军舰为 10 艘，日本参战的军舰为 12 艘，数量的对比是十比十二。中国军舰的总吨位为 31 366 吨，日本军舰的总吨位为 40 849 吨。中日相差 9 483 吨。中国军舰的平均航速为每小时 15.5 海里；日本军舰平均航速为每小时 16.4 海里，其中本队为每小时 15.6 海里，第一游击队为每小时 19.4 海里。中国军舰与日舰本队的平均航速虽然差不多，却比其第一游击队每小时差 3.9 海里。特别在发射速度方面，日本更占有极大的优势。日本参战军舰共装有各种口径速射炮 97 门，而中国参战军舰却一门速射炮也没有。所以，从双方的力量对比看，北洋舰队处于明显的不利地位。试看下表②：

---

　　①　《大东沟海战》，《中东战记本末》，朝警记四，第 11 页。
　　②　关于中日双方火炮的种类及数量，无论中国还是日本的记载皆出入甚大，甚至自相矛盾。兹反复核对而制成此表。又，表中总兵力一项，因缺少日舰西京丸的乘员材料，暂以最低乘员数 100 人计算。

类　别＼舰队		北洋舰队	日本联合舰队	比　较
军舰总数		10	12	−2
舰种	铁甲舰	4	1	＋3
	半铁甲舰	1	3	−2
	非铁甲舰	5	8	−3
火炮	火炮总数	173	268	−95
	30公分以上口径重炮	8	3	＋5
	20公分以上口径大炮	16	8	＋8
	15公分以下口径炮及杂炮	149	160	−11
	15公分(6吋)口径速射炮		30	−30
	12公分(4.7吋)口径速射炮		67	−67
总吨数(吨)		31 366	40 849	−9 483
总马力(匹)		46 200	73 300	−27 100
平均马力(匹)		4 620	6 108	−1 488
平均航速(海里/小时)		15.5	(本队)15.6 (一游)19.4	−0.1 −3.9
总兵力(官兵人数)		2 054	3 630	−1 576

对此，英国斐利曼特海军中将曾评论说："为比较两军实力计，但以参与黄海战斗之军舰而事对照，已可得其正确结论矣。是役也，无论吨位、员兵、航速，或速射炮、新式舰，实以日本舰队为优。该国军舰除赤城外，性能约略一致，舰体大小由二千二百吨至四千二百吨，俱为甫竣工之新锐舰。中国方面，虽有定远、镇远两二等战舰，吨位各七千四百吨；其次经远、来远两舰，吨位亦各二千九百吨，但不过虚具装甲巡洋舰之名而已。其余各舰，或吨位小，实力弱，或舰型不称，装备不当。集合若是复杂军舰编为一队，不惟非专门之丁提督不能统率，即专门老练之将帅恐亦无能为力也。"① 所以，对于北洋舰队的广大官兵来说，这次海战确实是一次严峻的考验。

定远打响第一炮后，北洋舰队即以"人"字阵猛冲直前。定远恰在楔状阵形的尖端，镇远则在定远之右而略偏后，整个梯队像锐利的尖刀插向敌舰群。

---

① 《斐利曼特关于黄海海战的评论》，《海事》第10卷，第1期，第41页。

开战之后,两翼诸舰逐渐赶了上来,于是舰队又成为类似半月形的扁"人"字阵。本来,日舰第一游击队就是佯攻北洋舰队的中坚,今见北洋舰队来势甚猛,特别是"畏定、镇二船甚于虎豹"①,故远在 5 000 公尺以外便突然向左大转弯,在海面上划出一道近似直角的航迹,并加速到每小时 14 海里,一面发炮,一面以斜线从定远、镇远二舰之前夺路而进,直扑北洋舰队的右翼超勇、扬威二舰。12 时 55 分,坪井航三少将传令发出信号:"适时开炮!"当吉野进至距超勇、扬威二舰 3 000 公尺时,开始炮击。高千穗、秋津洲、浪速亦随之开炮。超勇、扬威奋勇抵抗。1 点零 8 分,一颗炮弹"恰恰击中吉野,穿透铁板在甲板上爆炸"②,"打死海军少尉浅尾重行及水兵一名,伤九名,并引起火灾。"③与此同时,高千穗也中数炮,"在火药库附近的军官室被击穿,八时多厚的钢板穿透三个大洞,床上器具已经粉碎,弹丸四处飞扬。一名管理火药库通风的人员腹部被击中,肠子流出,倒于血泊之中。破碎的木板、衣物等都已着火。火药库就在跟前,而且敞着门,眼看士兵将有全部炸死的危险"。④高千穗舰上既要处理死者、包扎伤号,又要救火,一时忙乱不堪。秋津洲第五号炮座中炮,海军大尉永田廉平以下 5 名被击毙,伤 9 名。日舰第一游击队仍然咬住超勇、扬威不放,集中火力猛攻不已。超勇、扬威乃是中国 10 舰中最弱之舰,舰龄已在 13 年以上,速力迟缓,火力与防御能力皆差,虽竭力抗击,终究敌不过号称"帝国精锐"的日本第一游击队 4 舰。下午 1 点 20 分,超勇、扬威已中弹甚多。一颗敌弹击穿超勇舱内,引起大火。刹那间,黑烟将全舰遮蔽。扬威也同时起火。到 2 时 23 分,超勇渐难支持,右舷倾斜,海水淹没甲板。管带黄建勋坠水后,左一鱼雷艇驶近相救,抛长绳以援之,不就而沉于海。扬威受伤后,管带林履中亲率千总三副曾宗巩等奋勇抵抗,发炮击敌。但是,扬威在日舰第一游击队的轮番轰击下,伤势过重,"首尾各炮,已不能动",而"敌炮纷至"⑤,扬威只得驶离战场施救,又复搁浅。⑥林履中登台一望,奋然蹈海,随波而没。

① 《大东沟海战》,《中东战纪本末》,朝警记四,第 4 卷,第 11 页。
② 川崎三郎:《日清战争》第 7 编(上),第 4 章,第 122 页。
③ 日本海军军令部:《二十七八年海战史》第 6 章,第 171 页。
④ 《高千穗舰某尉官关于黄海海战的笔记》,《中日战争》续编,第 7 册,第 253 页。
⑤ 池仲祐:《林镇军少谷事略》,《海军实记·甲午海战海军阵亡死难群公事略》。又,《曾国晟口述》(1978 年记录稿)。按:曾国晟为曾宗巩之侄。
⑥ 9 月 18 日,搁浅的扬威号被日舰千代田用鱼雷炸毁。

当日舰第一游击队开始炮击超勇、扬威之前，日本旗舰松岛已到达定远的正前方。12时53分，松岛驶至距定远3 500公尺时，开始发炮。于是，双方展开了猛烈的炮击。"战阵甫合，炸弹遝来，正中定远之桅。桅顶铁瞭楼中，有七人焉，弹力猛炸，与桅同堕海底。又有一实心弹至，击中汽管，幸而未断。"丁汝昌正在飞桥上督战，因舰身"猛簸"，"抛堕舱面"①，身受重伤。刘步蟾"代为督战，指挥进退，时刻变换，敌炮不能取准"②，表现出色。松岛也成为北洋舰队炮火集中打击的目标。12时55分，一颗炮弹击中松岛32公分口径大炮之炮塔上段，毁其大炮旋转装置，伤两名炮手，并使水压管破损。以松岛为首的日舰本队，因畏惧定远、镇远的强大炮火，不敢继续对峙交锋，便急转舵向左，驶往定远的右前方。北洋舰队也全队向右旋转约4度，各舰皆以舰首指向日舰本队。日舰本队后继之比睿等数舰，因速力迟缓，远远落后于前方诸舰，遂被北洋舰队"人"字阵之尖所切断。这样一来，日舰本队便被拦腰截为两段，形势对其大为不利。

北洋舰队抓住这一有利时机，向敌发动猛攻。"定远猛发右炮攻倭大队，各舰又发左炮攻倭尾队三船。"③1点零4分，定远发炮击毁松岛第7号炮位，有3名炮手受伤，1名信号员毙命。此时，日舰比睿已落后扶桑1 000公尺，而且中国军舰定远和靖远正向它驶来，进逼至相距700公尺处。比睿见处境危殆，"若继续照直前进，则势必与敌舰发生冲撞"，不得已向右急转弯，向定远和靖远的间隙闯去，企图"穿过成群的敌舰，重新与联合舰队本队会合"。④但是，刚刚闯进中国舰群的比睿，立即左右两面都受到攻击。此时飞来一弹，命中比睿"右舷仰角计，炮弹炸裂，弹片四飞。一等兵曹团野兼藏、二等兵曹西谷源久郎、一等水兵金井仓助及九号炮手西原久松皆被击毙。"⑤靖远舰停止炮击，"甲板上排列着携带步枪的突击队，欲靠近比睿"，将其俘虏。在危急当中，"比睿舰上的速射炮不间断地连射，在五分钟内发射了一千五百余发"，使靖远难以靠近。⑥两舰正在对峙之际，定远从比睿的右后方发炮猛击。比睿被"定远放出之三十公分半巨弹击中，下甲板后部全部毁坏，三宅（贞造）大军医、村越（千代

① 《大东沟海战》，《中东战纪本末》，朝警记四，第4卷，第12页。
②③ 《直隶总督李鸿章奏请优恤大东沟海军阵亡各员折》，《清光绪朝中日交涉史料》（1738），第21卷，第22页。
④ 《比睿舰战斗日志》，《日清战争实记》第11编，第105页。
⑤ 平田骨仙：《黄海大海战》上卷，第326页。
⑥ 《日清战争实记》第6编，第21—22页。

吉)少军医、石塚(铸太)大主计以下十九人被击得粉碎而死。"①"俄顷之间,该舰后部舱面,已起火灾,喷出浓烟,甚高甚烈,舰内喧嚣不息。"②1点55分,比睿虽侥幸脱出北洋舰队的炮火网,但已无力战斗,只得挂出"本舰火灾退出战列"的信号,向南驶逃。

　　赤城本是一艘炮舰,速力更为迟缓,不能随本队而行,落在最后,陷于孤立地位。当比睿驶至定远正前方时,赤城还位于其左后方。比睿穿过中国舰群后,北洋舰队左翼诸舰又向赤城驶来,发炮猛击,赤城中弹累累,死伤甚众。1点20分,"旗舰定远后部十五公分克虏伯炮弹击中赤城舰桥右侧之四十七公厘速射炮之炮楯,打死一号炮手、一等水兵宫本丈太郎及二号炮手、三等水兵椋木繁治,弹片打穿正在观看海图之坂元舰长头部,鲜血及脑浆溅在海图台上,染红了罗盘针。"③赤城舰长坂元八郎太死后,航海长佐藤铁太郎大尉继续指挥。赤城又接连中炮,死伤达28人。"舰上军官几乎非死即伤。"④于是,赤城转舵向南驶逃。来远

黄海海战中被击毙的日本赤城舰长、
海军少佐坂元八郎太(1854—1894)

尾追,连连发炮,先击倒赤城的大樯,又中其舰桥,击伤赤城代理舰长佐藤铁太郎。直至下午2点30分,赤城才逃出作战海域。

　　在海战的第一阶段中,定远先发制人,打响黄海海战第一炮。双方展开了激烈的炮战。北洋舰队右翼的两艘弱舰超勇、扬威,成为日舰第一游击队集中打击的目标。二舰以弱抵强,连伤敌舰,终因强弱悬殊,中弹起火,或沉或毁。而北洋舰队亦将敌阵冲断,重创敌舰比睿、赤城,使其无力再战而逃出战列。

---

　　①　川崎三郎:《日清战史》,第7编(上),第4章,第125页。按:据《比睿舰战斗日志》,此炮击毙20人,伤30人。(《日清战争实记》第11编,第106页)

　　②　《马吉芬黄海海战述评》,《海事》第10卷,第3期,第40页。

　　③　平田骨仙:《黄海大海战》下卷,第250—251页。

　　④　《日清战争实记》第6编,第28页。

四 背腹受敌
——海战的第二阶段

海战的第二阶段,从下午两点半到 3 点 20 分,历时 50 分钟。

先是比睿、赤城二舰尚未逃出战列之际,桦山资纪中将乘坐的西京丸发出"比睿、赤城危险"的信号。此时,日舰第一游击队正位于北洋舰队右翼一侧。伊东祐亨中将原先的计划是:因第一游击队速度快,尽量与本队拉开距离,"绕到敌人背后,然后尽量进逼,和本队一起形成夹击,一举解决战斗"。[①]但是,此时本队旗舰松岛发出了语义模糊的"第一游击队回航"信号。造成坪井航三少将的错误理解,认为这是命第一游击队回援比睿、赤城。于是,他立即下令向左变换方向 16 度,以全速向北洋舰队的前方驶去,以采取从左舷炮击的姿势。及至第一游击队回航,比睿和赤城已经逃得远离战场了。伊东祐亨见状,只好令本队向右转,绕到北洋舰队后翼而到达背后,与第一游击队正形成夹击的形势。

正在此时,北洋舰队停泊在大东沟港口的平远、广丙两舰前来参加战斗,港内的福龙、左一两艘鱼雷艇也赶到作战海域。平远从东北方向驶来,恰好经过松岛的左侧,便向松岛进逼。下午 2 时 30 分,平远与松岛相距 2 800 公尺,又缩短至 2 200 公尺,突然发射 26 公分口径炮弹,击中了松岛的中央水雷室,击毙其左舷鱼雷发射手 4 名。松岛也发炮还击,命中平远的前炮座,炸毁平远26 公分口径的主炮,并引起火灾。平远管带都司李和为扑灭烈火,便下令转舵驶向大鹿岛方向,暂避敌锋。广丙管带都司程璧光也随之驶避。

海战开始不久,西京丸即多次中炮,因其位于本队之左侧,距北洋舰队较远,故受伤不重。西京丸随日舰本队向右转变时,其右舷正暴露在北洋舰队的前方。定远、镇远趁机开炮,一颗炮弹穿过西京丸的客厅,在客厅和机械室之间爆炸,将气压计、航海表、测量仪器等全部击毁;炮弹还穿过上部甲板,将通往舵轮机的蒸气管打断,蒸气舵轮机因之不能使用。西京丸被迫发出"我舰故障"的信号。由于舵机损坏,西京丸只得使用人力舵,勉强航行。不久,飞来一弹,击中西京丸右舷后部水线,立即出现裂缝,渗进海水。下午 2 点 55 分,北洋舰队的福龙鱼雷艇见西京丸受伤,便驶近攻击。当驶至距西京丸 400 公尺

---

① 《伊东祐亨在保勋会上关于黄海海战的演说》,《中日战争》续编,第 7 册,第 229 页。

的距离时,福龙先发一鱼雷,未中。又对直西京丸的左舷发一鱼雷。此时,西京丸已躲避不及,桦山资纪中将见之,惊呼:"我事毕矣!"其他将校也都相对默然,目视鱼雷袭击。但因相距过近,鱼雷从舰下深水处通过而未能触发。这样,西京丸才侥幸地得以保全,向南驶逃。

此时,在战场上,中国8舰与日本9舰还正在激烈地战斗。但是由于日舰采取分队夹击的战术,北洋舰队陷入了背腹受敌的困难境地。

在这战局转为极端不利的危急时刻,北洋舰队广大将士皆怀同仇敌忾之心,继续与敌搏战。丁汝昌身负重伤,不能站立,而置个人的生命危险于度外,拒绝部属要他进舱养息的规劝,裹伤后始终坐在甲板上激励将士。"各将士效死用命,愈战愈奋,始终不懈。"①由于海战开始不久,定远的信号装置被敌舰的排炮摧毁,指挥失灵,因此除定远、镇远两姊妹舰始终保持相互依持的距离外,其余诸舰只能各自为战,伴随敌舰之回旋而战斗。

于是,战场上出现了这样的局面:日舰第一游击队位于北洋舰队的正面,"以快船为利器,而吉野为其全军前锋,绕行于我船阵之外,驶作环形,盖既避我铁甲巨炮,而以其快炮轰我左右翼小船,为避实击虚计";日舰本队则位于北洋舰队的背后,作为策应,回旋炮击,使北洋各舰首尾难以相顾。日舰两支"左右环裹而攻"②,使北洋舰队更加凌乱不整。虽然如此,各舰将士仍拼死搏战,与敌舰相拒良久。

战至下午3点零4分,定远忽中一炮,"击穿舰腹起火,火焰从炮弹炸开的洞口喷出,洞口宛如一个喷火口,火势极为猛烈"。③定远舰上正集中人力扑灭火灾,攻势顿弱,而火势益猛,暂时没有扑灭的迹象。这时,日舰第一游击队不失时机地向定远扑来,炮击愈频,使定远处于危急之中。在此千钧一发之际,镇远管带林泰曾命帮带大副杨用霖驾舰急驶,上前掩护。致远管带邓世昌见此情景,为了保护旗舰,也命帮带大副陈金揆"开足机轮,驶出定远之前",迎战来敌。于是,定远的火灾得以扑灭,转危为安,但邓世昌乘坐的致远舰却因此而受重伤。

邓世昌(1849—1894),原名永昌,字正卿,广东番禺人。青年时随父寓居

---

① 《直隶总督李鸿章奏请优恤大东沟海军阵亡各员折》,《清光绪朝中日交涉史料》(1738),第21卷,第23页。

② 姚锡光:《东方兵事纪略》,见《中日战争》(1),第67页。

③ 《日清战争实记》第6编,第11页;第7编,第4页。

致远舰部分官兵合影。中间站者为邓世昌,其左为英籍洋员余锡尔,皆与舰同殉

上海,目睹中国积弱的现实,蓄志投入海军,以保卫祖国海疆为己任。后终于实现夙愿,考入沈葆桢创办的福州船政学堂驾驶班。毕业后,留福建水师任运船大副,又调充炮舰管带。1880 年,清政府大办海军,李鸿章留意海军人才,闻其"熟悉管驾事宜,为水师中不易得之才"①,遂调至北洋差遣。同年,随丁汝昌赴英国接超勇、扬威二舰,并考察西方海军发展情况。1887 年,又去英国接致远等舰。他每次都利用接舰的机会考察西方海军发展情况,潜心研究海战之术。平时精于训练,治事精勤,时人称他"使船如使马,鸣炮如鸣镝,无不洞合机宜"。②他经常"在军激扬风义,甄拔士卒,有古烈士风。遇忠孝节烈事,极口表扬,凄怆激楚使人零涕"。③曾对人说:"人谁不死,但愿死得其所耳!"④丰岛海战后,邓世昌"愤欲进兵"⑤,在战略上争取主动,并对部下将士说:"设有不

①④ 《番禺县续志》第 23 卷,《邓世昌传》。
② 《大东沟海战》,《中东战纪本末》,朝警记四,第 4 卷,第 10 页。
③ 徐珂:《邓壮节阵亡黄海》,见阿英编《近代外祸史》。
⑤ 《清史稿》,列传 247,《邓世昌传》。

测,誓与日舰同沉!"①以表露其誓与敌人决一死战的决心。及战于黄海,他见旗舰定远情况危急,便激励将士说:"吾辈从军卫国,早置生死于度外,今日之事,有死而已!"②"然虽死,而海军声威弗替,是即所以报国也。"③于是,致远舰于"阵云缭乱中,气象猛鸷",冲上截住敌舰。在激烈的战斗中,致远中弹累累。此时,日舰吉野适在致远前方。邓世昌见吉野横行无忌,早已义愤填膺,准备与之同归于尽,以保证全军的胜利。他对大副陈金揆说:"倭舰专恃吉野,苟沉是船,则我军可以集事!"④陈金揆深为感动,开足马力,"鼓轮怒驶,且沿途鸣炮,不绝于耳,直冲日队而来"。⑤日舰第一游击队见致远奋然挺进,向前冲锋,便以群炮萃于致远,连连轰击。有数颗榴弹同时命中致远水线,致使其舷旁鱼雷发射管内一枚鱼雷爆炸,右舷随即倾斜。⑥时为下午 3 时 20分。据目睹致远沉没的洋员马吉芬记其事道:"不转瞬间,该舰即向一方倾斜。最以勇敢著称之邓舰长世昌,早经觉悟已迫

北洋海军中军中营副将、
致远管带邓世昌(1849—1894)

于最期,能破敌一舰,斯可以洁此生,故毅然决然出于杀身成仁之举。第敌舰所发巨弹有如雨霰,加之自舰倾斜已甚,致功业垂成之际遽尔颠覆,舰首先行下沉,推进器直现于空中,犹在旋转不已。惜哉,壮哉!"邓世昌与大副陈金揆、二副周居阶同时沉海。"该舰乘员大抵葬身海中,遇救者仅水兵七名耳。"⑦据载,邓世昌落海后,其仆刘忠同时坠水,以救生圈付之,拒不受。左一鱼雷艇也

① 《大东沟海战》,《中东战纪本末》,朝警记四,第 4 卷,第 10 页。
② 徐珂:《邓壮节阵亡黄海》,见阿英编《近代外祸史》。
③ 《清史稿》,列传 247,《邓世昌传》。
④ 姚锡光:《东方兵事纪略》,见《中日战争》(1),第 67 页。
⑤ 《英斐利曼特水师提督语录》,《中日战争》(7),第 550 页。
⑥ 《普拉茨塞海军年鉴》(1895 年出版),转见日本海军军令部:《二十七八年海战史》,别卷。按:致远舰之沉没原因,历来说法不一。或谓中雷而沉,然据查日舰在黄海之战中并未发射水雷;或谓中炮而沉,然无法解释何以其状似鱼雷爆炸。《普拉茨塞海军年鉴》的记述较为合理,也可使上述矛盾得到解决。故采用此说。
⑦ 《马吉芬黄海海战述评》,《海事》第 10 卷,第 3 期,第 41 页。

《点石斋画报》所绘邓世昌赴海图

赶来相救,亦不应,"以阖船俱没,义不独生,仍复奋掷自沉"。①此刻,他所蓄爱犬㲋到身边,"衔其臂不令溺,公斥之去,复衔其发"。②邓世昌誓与舰共存亡,毅然用力按爱犬入水,自己也随之没入波涛之中。舰上管理机务的英人余锡尔先受重伤,与舰同沉。

致远沉没后,北洋舰队左翼阵脚之济远、广甲二舰远离本队,处境孤危。开战后,济远累中敌炮,二副守备杨建洛阵亡,共伤亡十余人。济远管带方伯谦"先挂本舰已受重伤之旗"。③及见致远之沉,遂转舵西驶,于下半夜2时许遁回旅顺。广甲管带吴敬荣见济远西驶,也随之而逃。夜半时,驶至大连湾三山

---

① 《直隶总督李鸿章奏请优恤大东沟海军阵亡各员折》,《清光绪朝中日交涉史料》(1738),第21卷,第23页。

② 池仲祐:《邓壮节公事略》,《海军实记·甲午海战阵亡死难群公事略》。

③ 《大东沟海战》,《中东战纪本末》,朝警记四,第4卷,第11页。

岛外,因慌不择路而迫近丛险石堆,舰底触礁进水,不能驶出,遂致搁浅。吴敬荣纵火登岸。两天后,广甲被日舰驶近开炮击毁。海战后,李鸿章奏参逃将称:"致远沉后,该管驾方伯谦即先逃走,实属临阵退缩,应请旨将该副将即行正法,以肃军纪。广甲管带澄海营守备吴敬荣亦随济远逃,至中途搁礁,咎有应得,惟人尚明白可造,可否革职留营,以观后效。"①9月23日,军机处电寄李鸿章谕旨:方伯谦军前正法,吴敬荣革职留任。次日天未明,方伯谦被押至旅顺黄金山下大坞西之刑场上处斩。

济远、广甲之遁,日舰第一游击队曾随后追击,因相距过远而折回,转而绕攻经远。经远被划出阵外,势孤力单,中弹甚多,"船甫离群,火势陡发"。经远管带林永升率领全舰将士奋勇搏敌,有进无退,"发炮以攻敌,激水以救火,依然井井有条"。②吉野等四艘日舰死死咬住经远,环攻不已。经远舰以一抵四,毫无畏惧,拒战良久。日舰第一游击队依仗势众炮快,以群炮萃于经远。在激烈的炮战中,林永升"突中敌弹,脑裂阵亡"。③

林永升(1853—1894),字钟卿,福建侯官人。福州船政学堂驾驶班毕业。曾与刘步蟾、林泰曾、严宗光(严复)等留学英国,学习海军。归国后,在北洋任炮舰管带。1887年,李鸿章在英、德船厂订造的致远、靖远、经远、来远四艘快船竣工,林永升与邓世昌等奉命出洋接带。林永升任经远舰管驾。他在军中反对肉刑,认为当长官者应以身作则,循循善诱,以其"待士卒有恩,未尝于众前斥辱人,故其部曲感之深,咸乐为之死"。日本挑起战争后,他知海军决战必不可免,"先期督励士卒,昕夕操

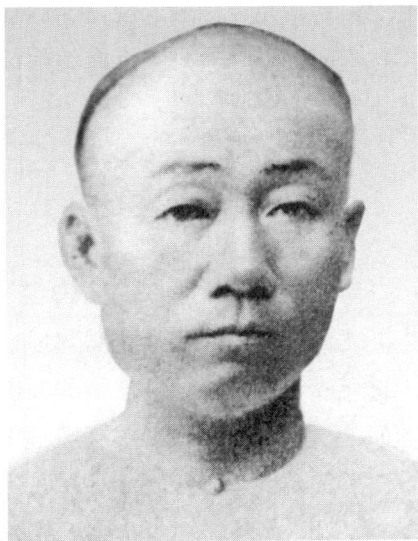

北洋海军左翼左营副将、经远管带林永升

---

① 《军情要电清单》,《清光绪朝中日交涉史料》(1711),附件一,第21卷,第12页。
② 《大东沟海战》,《中东战纪本末》,朝警记四,第4卷,第11页。
③ 《直隶总督李鸿章奏请优恤大东沟海军阵亡各员折》,《清光绪朝中日交涉史料》(1738),第21卷,第22页。

练,讲求战守之术;以大义晓谕部下员弁士兵,闻者咸为感动"。①临战前,林永升下令尽去舰上舢板及舰舱木梯,并将龙旗悬于樯顶,以示誓死奋战。但经远一舰终难抵御四艘日舰的进攻。激战中,林永升不幸中弹身亡。

林永升牺牲后,帮带大副陈荣、二副陈京莹也先后中炮阵亡。经远舰在"船行无主"的情况下,士兵仍坚守岗位,决不后退一步。此时,经远与敌舰相距不到2 000公尺,遭到吉野等4舰的"近距离炮火猛轰,尤其被吉野之六英寸速射炮猛烈打击,遂在烈焰中沉没。"②舰身虽在逐渐下沉,炮手继续开炮击敌,一直坚持到最后的时刻。全舰200余人中,除16人遇救生还外,余者皆葬身海底。

在海战的第二阶段中,中国致远、经远二舰沉,济远、广甲二舰逃,只剩下定远、镇远、靖远、来远四舰还在坚持战斗;而日舰本队尚余松岛、千代田、严岛、桥立、扶桑五舰,加上第一游击队之吉野、高千穗、秋津洲、浪速四舰,则共有9艘战舰。双方战舰的数量对比是四比九。特别是日本联合舰队去掉了比睿、赤城、西京丸三艘弱舰,无疑解除了后顾之忧,更可肆行无忌地放手进攻。因此,在此阶段中,日本方面已跃居绝对优势,而北洋舰队则大为失利,处境更加困难了。

五　力　挽　危　局
——海战的第三阶段

海战的第三阶段,从下午3点20分到4点10分,历时50分钟。

北洋舰队虽然居于劣势,处境极端困难,但定远、镇远、靖远、来远四舰将士拼死战斗,力挽危局,誓与敌人拼搏到底。因此,战场上出现了敌我相持的局面。

下午3点20分以后,双方舰队开始分为两群同时进行战斗:日舰本队松岛、千代田、严岛、桥立、扶桑五舰缠住定远和镇远;第一游击队吉野、高千穗、秋津洲、浪速四舰则专力进攻靖远和来远。日本方面的企图是:将战场上仅余的中国4艘战舰分割为二,使之彼此不能相顾,先击沉较弱的靖远、来远两舰,然后全军合力围攻两艘大型铁甲舰定远和镇远,以期胜利结束战斗。这个阶

---

① 池仲祐:《林少保钟卿事略》,《海军实记·甲午海战海军阵亡死难群公事略》。
② 川崎三郎:《日清战史》第7编(上),第3章,第67页。

黄海海战中遭到严重破坏的来远舰甲板

段一开始,对于北洋舰队来说,形势仍然非常险恶。日本联合舰队依仗其舰多势众,对北洋舰队又是环攻,又是猛逼,恨不得一下子将其吃掉,早奏凯歌。但是,中国4艘战舰巍然屹立,英勇搏战,使日舰徒唤奈何。

　　面对日舰第一游击队的猛攻,靖远、来远二舰将士打得十分勇敢顽强。这两艘战舰尽管舰型不同,而且不是一个编队,但靖远管带叶祖珪和来远管带邱宝仁觉察到敌人的险恶用心,及本身处境之危殆,便临时结成姊妹舰,彼此保持一定的距离以互相依持,坚持战斗到底。靖远、来远二舰以寡敌众,苦战多时,均受重伤。来远舰中弹200多颗,引起猛烈火灾,延烧房舱数十间。尽管舰上烈焰腾空,被猛火包围,炮手依然发射不停。不久,"来远后部因敌弹起火灾,火焰熊熊,尾炮已毁,仅有首炮应战。舱面人员悉忙于消防,因通气管有引火之虞,亦为解除。机舱热度增至二百度,而舱内人员犹工作不息。及火灾消弭之后,机舱人员莫不焦头烂额。"①来远舰将士这种艰苦卓绝的斗争精神和视死如归的英雄气概,赢得了全军上下的赞佩,连当时在作战海域附近"观战"的西方人士也无不视为奇迹。"战后,来远驶归旅顺,中外人士目睹其损伤如此严重,尚能平安抵港,皆为之惊叹不置。"②

与此同时,靖远舰也中弹100余颗,特别是"水线为弹所伤,进水甚多"③,情况十分危急。在此紧急关头,为了修补漏洞和扑灭烈火,并使定远和镇远得以专力对敌,叶祖珪向来远发出"西驶"的信号。来远遂先行西驶,靖远紧随其后,冲出日舰第一游击队的包围,驶至大鹿岛附近。靖远、来远二舰占据有利地势,背靠浅滩,一面用舰首重炮对准敌舰,一面抓紧灭火修补。吉野等4舰尾追而来,然已失地利,害怕搁浅,不敢靠近,只是来回遥击,丧失了自由机动的能力。靖远、来远二舰终于赢得了修补灭火的时间,这才化险为夷。

此时,在原作战海域,中国仅余定远、镇远两艘铁甲舰还在同日舰本队松岛等5舰激烈战斗。敌人早就视定远、镇远为眼中钉,"其所欲得而甘心者,亦惟定、镇二船"。定远和镇远虽处在5艘日舰的包围之中,"药弹狂飞,不离左右"④,但二舰将士毫不畏惧,果敢沉着,坚决抗击。在日舰炮火的猛烈轰击下,"各将弁誓死抵御,不稍退避,敌弹霰集,每船致伤千余处,火焚数次,一面救火,一面抵敌"。⑤日方记载也承认这样的事实:"定远、镇远二舰顽强不屈,奋力与我抗争,一步亦不稍退。""我本队舍其他各舰不顾,举全部五舰之力量合围两舰,在榴霰弹的倾注下,再三引起火灾。定远甲板部位起火,烈焰汹腾,几乎

---

① 《马吉芬黄海海战述评》,《海事》,第10卷,第3期,第43页。
② 川崎三郎:《日清战史》第7编(上),第3章,第66页。
③ 《直隶总督李鸿章奏请优恤大东沟海军阵亡各员折》,《清光绪朝中日交涉史料》(1738),第21卷,第22页。
④ 《大东沟海战》,《中东战纪本末》,朝警记四,第4卷,第12页。
⑤ 《直隶总督李鸿章奏请优恤大东沟海军阵亡各员折》,《清光绪朝中日交涉史料》(1738),第21卷,第23页。

延烧全舰。镇远前甲板殆乎形成绝命大火，将领集合士兵救火，虽弹丸如雨，仍欣然从事，在九死一生中毅然将火扑灭，终于避免了一场危难。"日舰甚至用望远镜观测到，镇远舰上有一名军官正在"泰然自若地拍摄战斗照片"。①可见，尽管战斗环境险恶丛生，二舰将士始终怀着必胜的信心。

在这场你死我活的大搏斗中，右翼总兵定远管带刘步蟾肩负重任，指挥得力。刘步蟾（1852—1895），字子香，福建侯官人。考入沈葆桢所创办的福州船政学堂后，为驾驶班第一届学生。"学习驾驶、枪炮诸术，勤勉精进，试迭

北洋海军中军右营副将
叶祖珪（1852—1905）

冠曹偶。"②"卒业试第一。"③又赴英国学习海军，"涉猎西学，功深伏案"。④国人亦认为："华人明海战术，步蟾为最先。"⑤归国后，历任炮舰、快船管带。1885年督带定远等舰回国，遂派充定远铁甲舰管带。1888年北洋海军成军，奏准《北洋海军章程》，定海军经制，"一切规划，多出其手"。时朝廷停购船械，刘步蟾深以为忧，曾当李鸿章之面抗论："平时不备，一旦偾事，咎将谁属？"时人评之曰："盖其忧国之深，忠愤激昂，流露于言词之间而不自觉。"他"治军严肃，凛然不可犯，慷慨好义有烈士气"。⑥开战之前，他即立下誓言："苟舰亡，必与亡！"⑦两军相接之初，刘步蟾驾舰冲锋在前。丁汝昌负伤后，他代为督战，"表现尤为出色"，"指挥进退，时刻变换，敌炮不能取准"。⑧在刘步蟾的指挥下，全舰上下一心，勇抗强敌。定远舰水手有口皆碑："刘船主有胆量，有能耐，全

① 川崎三郎：《日清战史》第7编（上），第3章，第70、71页。
②⑥ 池仲祐：《刘军门子香事略》，《海军实记·甲午海战阵亡死难群公事略》。
③⑤ 《清史稿》，列传247，《刘步蟾传》。
④ 《英斐利曼特水师提督语录》，《中日战争》（7），第544页。
⑦ William Ferdinand Tyler, *Pulling Strings in China*, London, 1929, p.80.（泰莱：《在中国牵线》，伦敦1929年版，第80页。）
⑧ 《直隶总督李鸿章奏请优恤大东沟海军阵亡各员折》，《清光绪朝中日交涉史料》（1738），第21卷，第22页。

北洋海军右翼总兵、定远管带刘步蟾

船没有一个孬种!"①据日方记载：定远对"配备大口径炮之最新式诸巡洋舰毫不畏惧"，"陷于厄境，犹能与合围之敌舰抵抗。定远起火后，甲板上各处设施全部毁坏，但无一人畏战避逃。"②定远舰洋员英人泰莱目睹官兵的英勇表现，深为之感动，在其回忆录中写道："(定远)露炮塔的巨炮继续喷出火焰和黑烟……炮手及水兵皆激奋异常，毫无畏惧之容。我见一名炮手身负重伤，同伴劝他进舱养息。当我再回到露炮塔时，见他业已因伤致残，仅包扎一下伤处，依然工作如常。"③舰上洋员也表现得十分勇敢。定远总管轮德人阿璧成两耳被炮弹震聋，毫不畏避，仍奋力救火。管理炮务英人尼格路士见舰首管理炮火的洋员受伤，急至舰首代司其事。及见舱面火起，又舍生救火，中炮身亡。

左翼总兵镇远管带林泰曾和帮带大副杨用霖，在海战中表现也很突出。林泰曾(1851—1894)，字凯仕，福建侯官人。福州船政学堂驾驶班第一期毕业。后与刘步蟾等同赴英国学习海军。回国后，历任炮舰、快船管带及镇远铁甲舰管带。沈葆桢曾称其"深通西学，性行忠谨"。日本挑起这次战争后，林泰曾提出应捉住战机，采取主动进攻，举全舰队进扼仁川港，与日本联合舰队决胜负于海上。他治军严明，而"用人信任必专，待下仁恕，故临事恒得人之死力"。④临战前，下令卸除舰上的舢板，以示"舰存与存，舰亡与亡"之意。

杨用霖(1854—1895)，字雨臣，福建闽县人。船生出身，未进过水师学堂。然在工作中，"日夕勤劬，寒暑不辍，而颖悟锐进，于航海诸艺日益精熟"，成长为一位优秀海军将领。北洋海军总教习英人琅威理称赞他"有文武才，进而不

---

① 《定远舰水手陈敬永口述》(1958年记录稿)。
② 川崎三郎：《日清战史》第7编(上)，第3章，第70—71页。
③ W.F.Tyler, *Pulling Strings in China*, London, 1929, p.54—55.
④ 池仲祐：《林军门凯仕事略》，《海军实记·甲午海战阵亡死难群公事略》。

止者,则亚洲之纳尔逊也"。杨用霖平时即"常以马革裹尸为壮",并以此激励属下。海战中他奋然顾左右说:"时至矣! 吾将以死报国,愿从者从,不愿从者吾弗强也。"众皆感动得流泪说:"公死,吾辈何以生为? 赴汤蹈火,惟公所命!"①他协助林泰曾指挥全舰将士奋力鏖战,弹火飞腾,血肉狼藉,而神色不动。

在林泰曾和杨用霖的指挥下,镇远舰与定远舰紧密配合,共同对敌,战绩卓越。据日方记载:"镇远与定远的配置及间隔,始终不变位置,用巧妙的航行和射击,时时掩护定远,奋勇当我诸舰,援助定远且战且进。"②定远、镇远二舰之所以能够同日舰本队5舰相搏而久持,始终坚不可摧,镇远广大将士是作出了贡献的。在这关系到全舰队生死存亡的关键时刻,林泰曾、杨用霖二人指挥沉着果断,"开炮极为灵捷,标下各弁兵亦皆恪遵号令,虽日弹所至,火势东奔西窜,而施救得力,一一熄灭"。③在全舰士兵中,争先杀敌、前仆后继的英勇事迹层出不穷。"十二英寸巨炮炮手某,正于瞄准之际,忽来敌弹一发,炮手头颅遽为之掠夺炸碎;头骨片片飞扬,波及附近炮员,而炮员等毫无惊惧,即将炮手尸体移开,另以一人递补照准,赓续射击。"有一名新补青年炮手,乃某炮术长之弟,"来舰访兄,因战机迫切,未即离舰。遂应兄劝,配备于露炮塔后方服务,热心勇猛,毫无畏惧。战斗中,炮术长身负重伤,扶入舱中,弟向乃兄略事安慰,仍归原处服务。是役,该炮塔人员,除乃弟之外,无不伤亡。"④这两兄弟并肩抗敌的英雄事迹,后来在北洋舰队中传为佳话。

定远和镇远一靠配合默契,二靠勇敢无畏,终于顶住了日舰本队5舰的猛烈进攻。马吉芬说:"我目睹之两铁甲舰,虽常为敌弹所掠,但两舰水兵迄未屈挠,奋斗到底。"⑤斐利曼特也指出:日舰之所以"不能全扫乎华军者,则以有巍巍铁甲船两大艘也"。⑥这是符合当时的实际情况的。

战至下午3点半钟,当定远与日本旗舰松岛相距大约2 000公尺时,由枪炮大副沈寿堃指挥"发出之三十公分半大炮炮弹,命中松岛右舷下甲板,轰然爆炸,击毁第四号速射炮,其左舷炮架全部破坏,并引起堆积在甲板上的弹药

---

① 　池仲祐:《林军门凯仕事略》,《海军实记·甲午海战阵亡死难群公事略》。

② 　川崎三郎:《日清战史》第7编(上),第3章,第70页。

③ 　《大东沟海战》,《中东战纪本末》,朝警记四,第4卷,第12页。

④ 　《马吉芬黄海海战述评》,《海事》第10卷,第3期,第42—43页。

⑤ 　《马吉芬黄海海战述评》,《海事》第10卷,第3期,第42页。

⑥ 　《英斐利曼特水师提督语录》,《中日战争》(7),第550页。

爆炸。刹那间,如百电千雷崩裂,发出凄惨绝寰巨响。俄而,剧烈震荡,舰体倾斜,烈火焰焰焦天,白烟茫茫蔽海。死伤达八十四人,队长志摩(清直)大尉、分队长伊东(满嘉记)少尉死之。死尸纷纷,或飞坠海底,或散乱甲板,骨碎血溢,异臭扑鼻,其惨憺殆不可言状。须臾,烈火吞没舰体,浓烟蔽空,状至危急。虽全舰尽力灭火,轻重伤者皆跃起抢救,但海风甚猛,火势不衰,宛然一大火海。”①伊东祐亨见情况危急,一面亲自指挥灭火,一面下令“以幸存者、军乐队等马上补充炮手”。到下午4点10分,松岛的大火虽被扑灭,但舰上的设施摧毁以尽,“三十二公分炮栓和水压机发生故障而不能发炮”②,已经丧失了指挥和战斗能力。于是,松岛发出了“各舰随意运动”的信号。随即竭力摆脱定远、镇远二舰,与其他4艘日舰向东南逃逸。

在海战的第三阶段中,定远和镇远在战局急转直下的危急情况下,仍然巍然屹立,勇搏强敌,力挽危局,重创敌舰,终于化被动为主动,使日舰本队不敢久抗而南遁。

六 转 败 为 功
——海战的第四阶段

海战的第四阶段,从下午4点10分到5点半,历时80分钟。

日舰本队转舵南遁后,定远和镇远从后尾追进逼,使其不得已而回头复战。马吉芬回忆当时情景说:日舰本队“向东南引退,我两铁甲舰即尾击之。至相距约二三海里,彼本队复回头应战。炮战之猛烈,当以此时为最。然而,镇远射出六英寸弹百四十八发,弹药告竭;仅余十二英寸炮钢铁弹二十五发,而榴弹已无一弹矣。定远亦陷于同一困境。”③战到后来,“定远只有三炮,镇远只有两炮,尚能施放。”④

在激烈的炮火交锋中,日舰本队受创严重。其旗舰松岛“不但舱面之物扫荡无存,并验明护炮之铁甲亦遭华弹击碎,修理良非易易”。⑤对其打击尤为严

---

① 川崎三郎:《日清战史》第7编(上),第4章,第157页。按:松岛在黄海海战中共伤亡100余人,其中即死者51人,住院后死者2人。

② 《松岛舰长尾本知道大佐关于黄海海战的报告》,见《中日战争》续编,第7册,第248页。

③ 《马吉芬黄海海战述评》,《海事》第10卷,第3期,第41页。

④ 《直隶总督李鸿章奏请优恤大东沟海军阵亡各员折》,《清光绪朝中日交涉史料》(1738),第21卷,第22页。

⑤ 《大东沟海战》,《中东战纪本末》,朝警记四,第4卷,第13页。

日本旗舰被重创后的惨状（日本随军记者木村浩吉所绘）

重的是："舰体水线以下部分被击中数弹,炮手及其他人员蒙受重大损害"①,侥幸未进水沉没。至于其余各舰,"或受重伤,或遭小损,业已无一瓦全"。②

下午5时许,"靖远、来远修竣归队"。③靖远只是水线部位进水,已堵塞妥当。来远"火焚最酷,受伤重于他船",全舰合力扑灭大火,虽"舱面皆已毁裂",但由于扑救得力,"全船之机器及炮械等皆尚可用"。④因此,靖远、来远都恢复了战斗力。此时,靖远帮带大副刘冠雄向管带叶祖珪建议,"悬旗董率余舰变阵,绕击日舰;并号召港内诸船艇,出口助战"。⑤叶祖珪从之,代替旗舰升起收队旗。于是,来远、平远、广丙诸舰及福龙、左一两鱼雷艇随之,尚在港内的镇南、镇中两炮舰及右二、右三两鱼雷艇也出港会合。直到海战的最后阶段,定远、镇远两舰"仍有稳固不摇之气概",又有诸舰复来助战,北洋舰队的声势益

---

① 川崎三郎:《日清战史》第7编(上),第4章,第183页。
② 《大东沟海战》,《中东战纪本末》,朝警记四,第4卷,第13页。
③ 《直隶总督李鸿章奏请优恤大东沟海军阵亡各员折》,《清光绪朝中日交涉史料》(1738),第21卷,第22页。
④ 《大东沟海战》,《中东战纪本末》,朝警记四,第4卷,第12页。
⑤ 池仲祐:《甲午战事记》,《海军实记·述战篇》。

振,"竟若能恢复军威,而仍有自主之意"。①

到下午5点半,日舰本队各舰多已受伤,无力再战。此时,太阳将沉,暮色苍茫。伊东祐亨见北洋舰队集合各舰,愈战愈奋,又怕鱼雷艇袭击,遂发出"停止战斗"的信号。但是,他又不等第一游击队驶来会合,便下令向南驶逃。北洋舰队"定、镇、靖、来、平、丙六舰相距各八、九哩,鱼贯东行"②,尾追数海里。因日舰开足马力,"行驶极速,瞬息已远"③,便转舵驶向旅顺。

日舰本队南逃后,其第一游击队随后赶来。直到下午6点,第一游击队才赶上本队。7点15分,伊东祐亨见北洋舰队已停止追击,便下令停驶,自率幕僚移往桥立,以之为旗舰。并命松岛立即返船吴港进行修理,然后率余舰鱼贯而东去。

在海战的最后阶段中,日舰本队在定远、镇远的尾追进逼下,不得已回头复战,企图重振声威,并挽回颓势,但未达到目的。北洋舰队终于"以寡敌众,转败为功"④,最后迫使日舰不敢再战,仓皇遁逃。

历时4小时40分的中日黄海海战,至此乃告结束。

七　北洋海军将领对黄海海战的检讨

黄海海战是中日双方海军的主力决战,其规模之巨大,战斗之激烈,时间之持久,在世界近代海战史上是罕见的。在这次海战中,北洋舰队以弱敌强,鏖战近5小时,重创日舰多艘,将日本舰队击退,使其受到一次沉重的打击。中国广大海军将士不屈不挠、视死如归的爱国主义精神将永远彪炳史册。但是,北洋舰队却有致远、经远、超勇、扬威四艘战舰在海战中或沉或焚,而且牺牲了600多名官兵,其中包括像邓世昌、林永升这样优秀的爱国海军将领,这不能不是严重的损失。通过这一次大规模海战,进一步暴露了北洋舰队的一些失误和存在的问题。战后,北洋海军将领条陈海军利弊,对黄海海战亦有所检讨。他们着重地指出了以下6点:

其一,赏罚不明。来远舰帮带大副张哲溁指出:"海军经仗之后,无论胜败,其各船中奋勇者有之,退缩者有之,使能分别赏罚,庶足以鼓人心。我军仗

---

① 《英斐利曼特水师提督语录》,《中日战争》(7),第550、551页。
② 《英斐利曼特水师提督语录》,《中日战争》(7),第550页。
③④ 《直隶总督李鸿章奏请优恤大东沟海军阵亡各员折》,《清光绪朝中日交涉史料》(1738),第21卷,第22页。

后，从无查察。其畏葸避匿者，自幸未尝冒险；其冲锋救火奋勇放炮者，尚悔不学彼等之黠能。受伤虽住医院，而扶持之役，资派本船水手；阵亡者，衣衾棺椁出己之薪俸口粮。领恤赏之时，亦有幸与不幸。士卒一念及此，安得死敌之甘心？谁无父母妻子，使能给养其家，何有求生之念？"丰岛海战时，济远舰帮带大副沈寿昌、二副柯建章等为国英勇献身，并未得到特别奖恤，而广乙管带林国祥逃跑后触礁失舰，不但没受处分，反而受到多方褒奖，即其显例。是非竟颠倒如此！"功罪倒置，物议沸腾"，必然要产生不可避免的恶果。这样，在海战中出现了"勇怯不同"的现象，也就并不奇怪了。定远舰枪炮大副沈寿堃说：大东沟之战，"非兵士不出力，乃将领勇怯之不同也。勇者过勇，不待号令而争先；怯者过怯，不守号令而退后。此阵之所以不齐，队之所以不振也。"在黄海海战的最后阶段，若不是定远、镇远苦战不已和来远、靖远修竣之归队，则北洋舰队很可能遭到全军覆没的命运。

其二，迎敌阵式一成不变。沈寿堃指出："大东沟之役，初见阵时，敌以鱼贯来，我以雁行御之，是也。嗣敌左右包抄，我未尝开队分击，致遭其所困。"根据海战的实践，他认为海战开始时以犄角雁行小队阵应敌是正确的，但又认为后来未能"开队分击"是一个错误。对于北洋舰队迎敌阵式之是否，长期以来聚讼不休。或完全肯定，或完全否定，皆失之片面。每种阵式本身，都包含着集中和分散两种因素。可以化集中为分散，也可以化分散为集中。在临敌布阵时，必须考虑和处理好集中与分散的关系，并做到临时应变。丁汝昌只是片面地强调集中，而忽视了分散有时是必要的。他的战术思想相当机械、呆板，胸中只存一种迎敌阵式，而且将其贯彻于舰队的平时操练。对此，沈寿堃深有感触地说："平日操演船阵，阵势总须临时应变，不可先期预定。预定则各管驾只须默记应操数式，其余则可置之。"他认为，这正是北洋舰队在黄海海战中未能"开队分击"的原因所在："此皆平时操练未经讲求，所以临时胸无把握耳。"正由于北洋舰队集中为单一的编队，因此在日舰的前后夹击下陷入了极端困难的境地。而海战进入第三阶段后，北洋舰队之所以能够逐渐扭转被动局面，主要是自动地将兵力分为两支，使日本联合舰队不得不将兵力分散，从而摆脱了背腹受敌的严重不利处境。

其三，舰速迟缓。定远舰炮务二副高承锡说："战船贵快，快则变阵容易，易于取胜。如大东沟之战，初则两军，彼鱼贯，我雁行。战至半时之久，彼即分作两队，变为双行鱼贯，顷刻列成左右夹攻。我船迟缓，变化艰难，所以受敌致败。"镇远舰鱼雷大副曹嘉祥和守备饶鸣衢也说："大东沟之役,敌变动至灵,转瞬一阵。我军变换阵势尚未完竣,已被其所围。虽有夺天之巧,亦难插翅而飞也。"有的将领还列举了舰速快的各种益处,这些益处,归结为一点,就是可以充分发挥战争中的主动性。北洋舰队速力缓慢而能坚持战斗到底,并且"仍有自主之意",这已经是很不容易了。

其四,军械不知更新。定远舰副管驾李鼎新指出"各船军械多系旧式"的事实。当时,世界各国军械制造发展甚快,其式样及性能皆日新月异,而北洋舰队成军后装备任其陈旧,不再更新,因此愈来愈落后于日本。曹嘉祥、饶鸣衢说："致、靖两船请换截堵水门之橡皮,年久破烂,而不能修整,故该船中炮,不多时立即沉没。经、来两船非细小船只,但每船仅有四尊大炮。若一傍迎敌,只有三尊可用,岂能御之?"致远之沉,竟然与缺少截堵水门的橡皮有关,曹嘉祥等人的揭发,是多么令人触目惊心!不仅如此。日本从英国海军采用速射炮后,即向英国公司订购大批速射炮。到甲午战争前,日本战舰都已装备了速射炮,而北洋舰队各舰却不曾装备一门速射炮。据英国海军年鉴统计:12 公分速射炮每分钟可 8 发至 10 发,15 公分速射炮每分钟可 5 发至 6 发,而同口径之旧后装炮每分钟才 1 发。速射炮发射速度比旧后装炮大 5 至 10 倍。[①]就是说,日舰速射炮的发射速度至少为北洋舰队的旧式后膛炮的 5 倍。以此,战场上才出现了张哲溁所说的"我开巨炮一,敌可施快炮五;如不命中,受敌已多,我又无快炮以抵"的不利情况。

其五,船械单纯依赖进口。日本海军的发展道路,是一方面向国外购买船械,一方面着手进行仿造。如日本从法国购进 4 278 吨的严岛和松岛后,横须贺厂仅用两年的时间就仿造了一艘同样舰型的桥立,合称为"三景舰"。这是一条成功的道路。而中国则不然,不仅主要战舰和军械依赖进口,甚至连一些配件也须从国外购进。李鼎新说："军火储备不全,且多有不能自制者,以致临敌无以接济。"张哲溁说："配炮零件,所备不足,一旦急需,非购自外洋不可得。临阵施放,难保无伤。东沟之役,因零件损伤,炮即停放者不少。"这都是单纯依赖进口所带来的恶果。

其六,弹药质量太差。沈寿堃说："中国所制之弹,有大小不合炮膛者;有铁质不佳,弹面皆孔,难保其未出口先炸者。即引信拉火,亦多有不过引者。

---

① 《英国海军年鉴对黄海海战之述评》,《海事》第 10 卷,第 2 期,第 31 页。

临阵之时,一遇此等军火,则为害实非浅鲜。"张哲溁也指出:"所领子药,多不合式,亦不切备。东沟之役,因弹子将罄而炮故缓施者,有因子不合膛而临时减药者。"[①]弹药质量存在问题,确实为害匪浅。对此,早有多人揭发。北洋舰队将领的条陈,进一步证实这些揭发是真实的。炮弹"不合式",如其铜箍直径过大,使用时须锉小才能填进炮膛,就会使本来已经很低的发射速度变得更低。引信拉火"不过引",就会使炮弹击中敌舰而不爆炸。在丰岛海战中,日舰吉野中炮,炮弹穿透舷侧而进入机器间;在黄海海战中,日舰浪速被击破水线进水,比睿、赤城、西京丸及其旗舰松岛等都中弹甚多。为什么这些日舰却一舰也未被炸沉? 了解了这一情况,对此问题便不难理解了。若非如此,则黄海海战的结局很可能会全然改观。

　　上述六个问题,虽然并不完全是北洋舰队本身的问题,但对北洋舰队却具有很大的制约作用。战后,北洋舰队的将领们通过反思,对舰队的弊端和失误有了进一步切身的体会,才有可能提出这些问题。他们的总结,给后人留下了极为深刻的历史教训。

---

① 以上未注明出处之引文,皆见《盛档·甲午中日战争》(下),第 397—413 页。

第四章

日本扩大侵略战争和辽东战役

第一节　鸭绿江防之战

一　鸭绿江岸清军布防

清军自平壤脱围后,溃奔而北,并集安州。安州南离平壤 180 里,北倚清川江,南则群山环绕,为平壤以北第一巨镇。此处为日军北犯必经之路,而且城垣高大,足资扼守。过安州西北行 160 里,至定州,亦称险要。是时,清军尚有万余人,重整军伍,后援部队续至,仍可一战。时人指出:"苟我将领简料军实,为死守计,倭人岂得长驱渡江躏我边圉?"①先是聂士成由牙山北撤平壤后,"出望大军漫无布置,隐切杞忧",便向叶志超等"力陈各军宜择要分扎防敌抄袭,悉驻平壤城中非策",竟被叶派回天津募兵。因奉廷旨:"前敌得力之员,著勿庸回津招募。"聂士成奉旨后,因平壤事急,飞驰回助战守。及赶至安州,知平壤已失,左宝贵阵亡。适叶志超等亦逃到安州。聂士成建议:"即请出令收散队,扼守安州,深沟固垒以待。"②但是,叶志超拒不采纳。他连经两战而丧胆,安州、定州皆弃不守,继续北撤。一路上,风声鹤唳,草木皆兵,狂奔 500里,直抵义州。

此时,清政府先前所派增援平壤后路的铭军 10 营,仍滞留于鸭绿江北。清政府一面电催铭军总统刘盛休速至义州,一面于 9 月 18 日以"义州空虚可虑,沈阳边防尤关紧要",电谕四川提督宋庆先统带所部驰赴义州,然后"募足三十营以备攻剿"。③19 日,又电饬刘盛休带铭军进驻义州,改令宋庆带毅军前赴九连城驻守,并饬候补道张锡銮所募猎户炮手两营随同防堵。④同一天,刘盛休致电李鸿章:"查九连城在鸭绿江西岸,实为奉省门户,现只有两旗营,不甚得力。"又称:"九连城为义州紧要后路,必得重兵划江防守。"刘盛休的电报为李鸿章的防御计划定了基调。20 日,李鸿章便提出:"九连城防军太单,铭军即

---

① 姚锡光:《东方兵事纪略》,见《中日战争》(1),第 24 页。
② 聂士成:《东征日记》,见《中日战争》(6),第 13、14 页。
③ 《军机处电寄李鸿章谕旨》,《清光绪朝中日交涉史料》(1606),第 20 卷,第 6 页。
④ 《军机处电寄定安裕禄谕旨》,《清光绪朝中日交涉史料》(1612),第 20 卷,第 16 页。

去义州,未必能当倭人数万之众,若令在鸭绿西岸布防,于大局有益。昨奉旨催宋庆赴九连城,因海路运兵不行,必须遵陆前往,尚须时日;且仅二千四百人,力量亦薄。自不若暂留铭军,扼江固守为稳。"①他提出让刘盛休留守九连城的建议的背后,还隐藏一个目的,就是不放宋庆离开旅顺。果然,当天他即建议:"饬刘盛休驻九连城一带,与派出旗营连络,严防鸭绿江窜越之路;留宋庆仍住旅顺。"②光绪否定了李鸿章的建议,一面降旨派宋庆帮办北洋军务,带所部各营往扎九连城,"与铭军固守沿江一带";一面饬刘盛休"仍先驻义州,与叶志超通筹战守"。③李鸿章折奏"严防渤海以固京畿之藩篱,力保沈阳以顾东省之根本"④的防御方针,实则主张不守义州,竟得到朝廷的批准。21日,电谕李鸿章:

> 义州屏蔽奉边,仅隔一江,又为前敌各军转运之所;该处兵亦无多,倭人惯用抄截后路之术,势亦可危。叶志超等军日内有无战事?若以大队回顾义州,背水扎扎,能否足遏寇氛?倘量度贼势过众,不能操退敌之胜算,与其株守孤城,不若全军渡回江西,于九连城一带合力严防。先立于不败之地,一俟各路征调之军到齐,再图进剿。著李鸿章统筹进止机宜,妥为调度,朝廷不为遥制。⑤

这表明光绪终于放弃了在鸭绿江南岸与日军作战的计划,而采纳了李鸿章的建议,并授以统筹进止之权。

同一天,光绪为了加强鸭绿江防线,一面命黑龙江将军依克唐阿率所部3 000人驰赴九连城防御,并派员赶紧开招新营,陆续进发;一面谕东北练兵大臣定安饬令张锡銮带领两营前往鸭绿江扼守,并再行添募5营赶赴前线,以协同防御。同时,还特谕定安及盛京将军裕禄,对边防事宜责无旁贷,不能置身事外:"即就现有各营速筹布置,如果兵力不敷,并著酌量添调,严密扼守,以固岩疆。"⑥

9月22日,李鸿章接叶志超自义州来电:"现在各军退回带伤及足踵难行

---

① 《北洋大臣来电》,《清光绪朝中日交涉史料》(1617),第20卷,第18页。
② 《寄译署》,《李文忠公全集》,电稿,第17卷,第24页。
③ 《军机处电寄李鸿章谕旨》,《清光绪朝中日交涉史料》(1621、1622),第20卷,第20—21页。
④ 《直隶总督李鸿章奏军事紧急情形折》,《清光绪朝中日交涉史料》(1630),第20卷,第26页。
⑤ 《军机处电寄李鸿章谕旨》,《清光绪朝中日交涉史料》(1637),第20卷,第28页。
⑥ 《军机处电寄定安裕禄谕旨》,《清光绪朝中日交涉史料》(1638),第20卷,第28页。

者,十有八九;带有枪回者,不过十之六七,所有枪子每枪不过数颗。锅、帐、炮位等件遗失尽净;整顿养息非月余不可。若勉令其扎守义州,不特势有所不能,亦且必致误事。"叶志超打电报时尚不知朝廷已有"全军渡回江西"之旨。于是,李鸿章当即电饬叶志超等"分起过江,择地驻扎,整顿休养,再图合力进展。"①并将此事电告总理衙门。23日,军机处电寄李鸿章一道谕旨,对其部署表示同意:

> 倭现以全力专注义州,昨经降旨令叶志超等量度贼势,渡回江西,于九连城一带严防。又迭催宋庆、依克唐阿赶赴九连城,合力防剿。本日据奏情形,义州势难停顿,即著饬叶志超等军分起过江,择要驻扎,与刘盛休、吕本元、聂士成等,及奉省所派张锡銮、耿凤鸣各营,协力同心,分扼上下游各要隘,勿令一人偷渡。如遇敌人猛扑,各营不分畛域,奋勇齐击。并著预悬赏格,遇有斩级夺械者,即分别优赏。不得稍有退缩,致干军法。义州所存粮饷、军火,著星速运回九连城。一俟我军士卒饷械全数过江,即将所有江内船只一律撤归西岸,分兵驻守,以防抢渡。是为至要!②

清廷希望叶志超等退回江西后,能够组成一道牢固的鸭绿江防线,以阻止日军的进攻。所以,当李鸿章以平壤之败自请严议和对叶志超等分别惩处时,朝廷对叶等犹以"众寡不敌"谅之,对李也一并宽免,只是告诫他"务当妥筹调度,饬令各军合力防剿,勿得再有疏懈,致干咎戾"。③

从9月23日开始,鸭绿江南岸的清军陆续分批由义州过江。叶志超命盛军吕本元马队5营、步队2营及靖边步队1营,仍在宣川、铁山一带监视敌军,又命刘盛休的铭字左军3营布防于义州城东的弘壮洞至南山洞一带高地,担任掩护。是日,丰升阿部和马玉崑部过江。因盛军及芦榆、北塘各军粮械运送不及,故迟至25日才分批过江。至26日,清军已全部撤离朝鲜国境。各军过江后,都到达原先议定的防区驻守:芦榆及北塘各营,由聂士成、江自康统领,驻安东县与九连城之间的老龙头、土城子一带;毅军,由马玉崑统领,驻大沙河右岸至元宝山附近;盛军,由卫汝贵统领,驻安东县附近;奉军及盛军练军,由聂桂林、丰升阿统领,与刘盛休的铭军同驻九连城附近。此时,宋庆已被授任

① 《北洋大臣来电》,《清光绪朝中日交涉史料》(1642),第20卷,第29页。
② 《军机处电寄李鸿章谕旨》,《清光绪朝中日交涉史料》(1657),第20卷,第36页。
③ 《军机处寄北洋大臣李鸿章上谕》,《清光绪朝中日交涉史料》(1650),第20卷,第32页。

帮办北洋军务,叶志超知自己将被免职,且亦无抵抗的决心和信心,并不积极筹备战守,只在九连城等待宋庆的到来。

先是四川提督宋庆奉旨赴九连城后,即命分统总兵宋得胜率毅军4营,于9月26、27两日由旅顺分批出发,经金州、貔子窝及大孤山开向凤凰城。宋庆则于29日率亲兵发自旅顺。30日,即宋庆出发的第二天,李鸿章致电总理衙门:"宋提督谢帮办折已缮发在途。叶提督奉恩旨后,平壤战事方殷,未遑奏谢;今既溃退,又有宋帮办前去,原奉总统之命,似应奏请撤销。"[①]10月1日,朝命除依克唐阿一军外,所有北洋派赴朝鲜各军及奉省派往东边各营,均归宋庆节制。2日,又有谕旨撤销叶志超总统之职,"以一事权"。[②]10月8日,宋庆抵凤凰城。然后,又率同宋得胜4营赴九连城,于11日到达九连城。与此同时,黑龙江将军依克唐阿也奉速至九连城筹防之旨,于13日率靖边军马步13营抵达。于是,宋庆和依克唐阿成为守卫鸭绿江防线的两位最高将领。

宋庆(1820—1902),字祝三,山东蓬莱县泊子宋家庄人。自幼家贫,无以为生,闻同乡宫国勋在安徽亳州任知州,投之。宫见其颇有壮志,命统带练勇。积功至总兵,赏穿黄马褂。后授提督,加尚书衔。宋庆驻守旅顺12年,共筑炮台9座,为巩固渤海海防,训练士卒,修建工事,竭尽心力,当时被称为"诸军之冠"。[③]他奉命赴九连城督师之时,已是75岁的高龄,临行前对部属说:"此行若不能奏功,一死殉国而已。"[④]并在奏谢委任帮办北洋军务折中说:"念时事之方艰,更无辞避,自维捣昧,深惧弗胜,惟有弹竭血诚,以冀仰酬知遇。"[⑤]此时,边防诸将皆"束

帮办北洋军务四川提督宋庆

① 《北洋大臣来电》,《清光绪朝中日交涉史料》(1708),第21卷,第5页。
② 《军机处电寄宋庆谕旨》,《清光绪朝中日交涉史料》(1712),第21卷,第14页。
③ 《清史稿》,列传248,《宋庆传》。
④ 桥本海关:《清日战争实记》,第5卷,第224页。
⑤ 《四川提督宋庆奏谢委任帮办北洋军务并报即赴九连城驻扎折》,《清光绪朝中日交涉史料》(1713),第21卷,第15页。

手无策"，及宋庆至，"军心始定"。①宋庆受命于国家危急之秋，明知任务艰巨，难期必胜，而毅然不顾。他是清军高级将领中著名的抵抗派，虽已年逾古稀，仍然在战斗中"短衣帕首，蹀躞冰雪中，与士卒共甘苦，人以为难"。②率领毅军"身先士卒，前后七战，敌为之慑"。③故日人也交口称赞：毅军"不愧为闻名的白发将军宋庆的部下，不轻露屈挠之色"。④由于宋庆以年迈之躯奔驰沙场，不屈不挠，勇抗强虏，故时人评之曰："晚节淬砺，一时毅军之名几出湘、淮诸军右。即东西洋之善战者，亦服公之血诚忠勇。"⑤

依克唐阿（？—1901），字尧山，扎拉里氏，满洲镶黄旗人。早年以马甲入伍从征，积功累迁至副都统。"勇而有谋，性仁厚。"⑥1881年中俄改订伊犁条约期间，俄国陈兵边境，吉林戒严。乌里雅苏台参赞喜昌素知依克唐阿谙战术，请旨饬令就近募猎户守珲春。后被命佐吉林军事，又擢黑龙江将军。他也是清军高级将领中著名的抵抗派。日本挑起战争后，他请求带兵开赴前敌。自谓："景近桑榆，沙场马老"，"今兹大敌当前，岂可袖手旁观，自耽安逸？"⑦及至平壤败绩后，仍请亲自督率一军，"由吉林烟集冈直入朝鲜咸境道内，相机绕拊汉城之背"。⑧但未被朝廷批准。他募猎户抗敌，"善避击，伤者恒少"，屡以少击众，愈挫愈奋，"故依军声誉远出诸军上"。⑨

当时，宋庆和依克唐阿所面对的形势是极其严峻的，他们共同承担的是一项"弹竭血诚"也难以完成的任务。10月14日，依克唐阿与宋庆相会，共筹防守鸭绿江一线之策。是日，宋庆接到谕旨，以叶志超、卫汝贵屡被参劾，均先行撤去统领，听候查办。于是，聂士成接统原牙山军；并兼统盛军，吕本元、孙显寅会统。此时，驻守鸭绿江防线的清军有以下各军：

一、铭军：由总兵刘盛休统带，先开来步队10营4000人，后又从留守大连湾炮台的8哨中调步队1哨和马队1哨，共4200人。

二、毅军：原守平壤步队4营及平壤后路步队1营，伤亡300余人，患疾百

---

① 朱孔彰：《宋忠勤公别传》，见《清代碑传全集》，下册，《续碑传集》，第53卷，第1080页。

② 《清史稿》，列传248，《宋庆传》。

③ 《宋忠勤公墓志铭》（原碑现存山东蓬莱蓬莱阁上）。

④ 《日方记载的中日战史》，《中日战争》(1)，第265页。

⑤ 《宋忠勤公墓志铭》。

⑥⑨ 《清史稿》，列传248，《依克唐阿传》。

⑦ 《依克唐阿致盛宣怀函》，《盛档·甲午中日战争》（下），第167页。

⑧ 《黑龙江将军依克唐阿奏倭夷构衅请集雄师力敌折》，《清光绪朝中日交涉史料》(1661)，第20卷，第38页。

余人,可战者仅 2 000 人,由总兵马玉崐统率;后开来 4 营,共 2 000 人,由分统总兵宋得胜统率;宋庆自率亲兵队 400 人。合计 4 400 人。

三、盛军:原守平壤步队 12 营 1 哨、马队 1 哨,约 5 000 人,因伤亡减员十分之二,尚余 4 000 人;原驻安州右军 2 营 1 000 人,马队 5 营 1 哨 1 300 人。合计 6 300 人,由聂士成接统,总兵吕本元、孙显寅会统。

四、奉军及靖边军:原守平壤步队 5 营、炮队 1 营及马队 2 营,在战斗中左营步队和左营马队几乎全军覆没,其他各营均因伤亡减员四成,余 3 200 人;驻安州的靖边右营步队,为 500 人;从大东沟新调来新右营步队和新后营炮队,共 800 人。合计 3 500 人。由总兵聂桂林统带。

五、芦榆防军:因经成欢及平壤两次战斗,伤亡甚大,所余仅合 4 营 2 000 人,由总兵聂士成统率。

六、仁字虎勇:多半由营口新募,共 5 营 2 500 人,由记名提督江自康统率。

七、盛字练军及吉字练军:盛字练军步队 3 营、马队 1 哨,约 1 500 人;吉字练军 2 营,为 500 人。合计 2 000 人。由副都统丰升阿统带。

八、齐字练军:步队 4 营约 1 000 人,马队 1 营约 500 人。合计 1 500 人。由侍卫倭恒额统带。

九、镇边军:步队 4 营,其中有猎户队 2 营,另马队 9 营,合计 4 000 人。由依克唐阿直接统率。

以上清军各军共 81 营 5 哨,总计 30 400 人。①从鸭绿江两岸对峙的中日双方兵力看,是基本上相等的。以装备而论,清军亦不太差。据日方统计,当时防守鸭绿江一线的清军大炮共有 90 余门。而且"米均齐备,枪炮子弹均二百数十出"。②特别是宋庆和依克唐阿两名主帅,又都是敢战之将。按道理说,鸭绿江防之战是有打好的可能的。

但是,清军自平壤溃败后,士气大为低落。平壤败军逃回后,虽尚存一万数千人,而"伤病二千有零"③,"疮痍未复,整顿非易"。各军惊恐未消,余悸犹存,避敌唯恐不及,已无抵御的勇气。故有人指出:"军心已涣,若不持之以猛

---

① 一般论著皆谓清军人数少于日军甚多,实则非是。据桥本海关《清日战争实记》,宋庆所属清军人数为 2.45 万人。(见该书第 5 卷,第 215 页)再加上依克唐阿的镇边军 4 000 人,倭恒额的齐字练军 1 500 人,合计 3 万人。与此处统计数字基本一致。

②③ 《前敌紧要军情各电清单》,《清光绪朝中日交涉史料》(1797),附件一,第 22 卷,第 7 页。

峻,断难冀其协力同仇。"①盛军人数最多,宋庆以"前者各军心离",特到盛军驻两日,"以鼓其气"。②但各将面是心违,效果不大。后到防的清军,情况亦不见佳。刘盛休的铭军虽"素称劲旅,惟承平二十年,已非旧日士卒,近悉为刘氏族邻少年子弟,饷糈过厚,踵事增华,不听约束。"③至于倭恒额的齐字练军和聂桂林新调两营,皆知其"未经大敌,殊不可恃"。④盛京将军裕禄指出:宋庆"身临前敌,自无不激励士卒,力筹战守,但其所统各部(指毅军以外的各军),或值新挫之余,众心未定;或系新招之众,战阵初经。"⑤确实道出了宋庆所面临的棘手问题。更为麻烦的是,诸将平时各驻一地,互不隶属,骄横已惯;宋庆骤禀节度,除他亲统的毅军9营外,多不服调遣。故宋庆"虽负节制诸军名,各军实阴不受部勒。"⑥指挥这样一支松散杂乱的队伍,怎么能够抵御锐气方张的敌人强劲之旅呢?

不仅如此,清军还是不肯放弃旧的一套作战方法而制定正确的积极的防御计划。此时,号称"知兵"的台湾布政使唐景崧致电李鸿章,提出建议说:"现惟坚守凤凰城一带险要,掘地立营,凭山置炮。敌倘未攻,我惟坚伏不动,枪炮不及不发,切勿轻出交锋;能忍一二次,军心自定。备足军资,再图进取。"其实,这仍是一个消极防御的方案。但是,李鸿章却对此十分欣赏,认为"颇有可采",命宋庆等"酌办"。⑦清军的作战方法始终跳不出原来株守待敌的窠臼,要想取得这场防御战的胜利也是不可能的。

清军的两位主帅宋庆和依克唐阿,虽有坚决抗敌之心,却都拿不出切实可行的御敌措施,而且开始在分工问题上意见未能趋于一致。二人系第一次共事,过去没有交往,相互不够了解。在宋庆看来,依克唐阿分位较崇,谈话颇有顾虑。10月13日,宋庆与依克唐阿在沙河镇会晤。谈话间,依克唐阿告诉宋庆,他是"奉旨驻扎九连城"。宋不以为然,但未深谈下去。会见后,宋庆致电李鸿章报告此事经过:"初次觌面,筹商恐难见听。目今九连城、沙河兵集如

① 《江南道监察御史张仲炘奏请严申军令以固防守折》,《清光绪朝中日交涉史料》(1767),第21卷,第34页。

②④ 《北洋大臣来电》,《清光绪朝中日交涉史料》(1790),第22卷,第3页。

③ 《宋帮办来电》,《清光绪朝中日交涉史料》(2006),第24卷,第21页。

⑤ 《盛京将军裕禄奏报军务情形折》,《清光绪朝中日交涉史料》(1974),第24卷,第9页。

⑥ 曹和济《津门奉使纪闻》,见《中日战争》(1),第157页。

⑦ 《寄凤凰厅宋宫保沙河叶提督卫镇九连城刘统领》,《李文忠公全集》,电稿,第18卷,第9页。按:台湾巡抚邵友濂亦向总理衙门提出相同的建议。(见《台湾巡抚来电》,《清光绪朝中日交涉史料》(1761),第21卷,第32页)

云,而马队向不扎营,散出村庄,似太拥挤。一遇贼至,政令不一,亦颇棘手。似依将军移防北路为宜。纵兵力不逮,庆必亲督策应,义不容辞。"并恳请李代为"电奏饬遵"。15 日晚,宋庆又致电李鸿章说:"依将军前晚晤面,但云:'奉旨防九连城。'其分位较崇,庆未便商请移防。"并提出:"若帮办、将军同驻于此,兵勇参杂,恐又蹈平壤之辙。其不能展布情形,务乞电奏,请饬依将军专顾北面长甸河口一带。否则,惟有庆率游兵北顾,以中、南各段请依策应,方免疏虞。"①清廷采纳了宋庆的意见,命依克唐阿于长甸、蒲河一带"酌度地势,移军驻扎"。②18 日,依克唐阿便亲率马队启程,步队后发,至长甸各河口一带布防。

这样,清军便分为左右两翼,其分布如下:

右翼:以苇子沟为大营,宋庆率亲兵 400 人驻此;铭军,由刘盛休统带,驻九连城;芦榆防军,由聂士成统带,驻虎山至栗子园一带;毅军一部,由马玉崑统带,驻榆树沟至叆河右岸一带;毅军一部,由宋得胜统带,驻苇子沟至叆河右岸一带;盛军,由吕本元、孙显寅统带,驻安东县沙河镇一带。

左翼:以长甸城为大营,依克唐阿驻此;齐字练军,由倭恒额统带,分扎安平河口、鼓楼子及蒲石河口;镇边军,由依克唐阿直接统率,分扎东阳河口、苏甸河口;另有聂桂林所派奉军 3 哨,驻扎长甸河口。③

清军防线绵长,兵力配置西起海岸,东至鸭绿江上游长甸城附近,散在数十里间。右翼防御以九连城至安东县为防御的重点。但左翼兵力有限,又分扎 6 处,愈形单薄。左右两翼相接处也是防御的薄弱环节。布防上的这些缺点,更便利了日军的进攻。

二　日军攻占安平河口

侵入中国本土作战,是日本政府的既定方针。因此,就日本方面来说,将清军逐出朝鲜"只是征清的第一步"。其最终目的,是使日军"深入中国境内,攻占其首府,以迫使中国签订城下之盟"。④而"经略满洲"⑤,就是日本这一侵略计划的重要组成部分。

---

① 《北洋大臣来电》,《清光绪朝中日交涉史料》(1783),第 22 卷,第 2、3 页。

② 《军机处电寄依克唐阿谕旨》,《清光绪朝中日交涉史料》(1789),第 22 卷,第 3 页。

③ 《黑龙江将军依克唐阿奏现探倭军三路内侵已调兵严防折》,《清光绪朝中日交涉史料》(1941),第 23 卷,第 32 页。

④ 《日清战争实记》,第 9 编,第 1 页。

⑤ 桥本海关:《清日战争实记》,第 5 卷,第 209 页。

9 月 12 日日本第一军开始从仁川登陆,做扩大侵略战争的准备

当日军向平壤发动进攻时,日本第一军司令官山县有朋大将业已离开汉城北上,在途中获悉占领平壤的消息,遂继续北进,于 9 月 25 日抵达平壤。10 月 2 日,第一军第三师团长桂太郎陆军中将也率部进入平壤。至是,日本第一军已全部到达平壤。总兵力为三万。先是日军攻占平壤后,即以立见尚文少将的第十旅团为先锋队,9 月 24 日由平壤出发,于 10 月 17 日到义州。大迫尚敏少将的第五旅团,也于 10 月 4 日自平壤开拔。10 月 5 日,山县大将率第一军司令部,与野津道贯中将、桂太郎中将及参谋长小川又次少将共发平壤。同一天,大岛义昌少将的第九旅团随后出发,为全军后卫。平壤距义州约 200 公里。先前清军由北路进入朝鲜时,因需运送大炮及辎重等,曾沿途“修筑道路,削平险坡,开拓小路,遇水搭桥,完成了惊人的土木工程”,如今却方便了日军。但是,因气候恶劣,驮牛死亡甚多,辎重运输极为困难。物资运不走,粮草供不上,军行十分迟缓。日军天天四处搜捕逃避的朝鲜百姓充当民夫,并强征马牛,“才得以应付急需”。①这样,直到 10 月 22 日,日本第一军才全部到达义州。至此,日本第一军主力已在义州集结完毕。

此时,山县有朋驻义州城中坐镇。步兵第十旅团扎城内,第三师团司令部与第五旅团扎城南所串馆附近,第五师团司令部与第九旅团扎铁山和宣川口,

---

① 《日清战争实记》第 11 编,第 49 页。

日本第一军在朝鲜义州设兵站监部司令部

第六旅团扎顺安和肃川附近;骑兵第五大队在义州城内,第三大队在城南所串馆;预备炮兵在定州占领阵地,做好战斗准备。山县下令严禁日军先锋旅团挑战,收起军旗,减少炊烟,尽量隐蔽兵力,充分养精蓄锐,并加强侦察活动,以选择最有利的进攻地点。

义州为朝鲜北境的重镇,以石为城,呈角形,西北临鸭绿江,与中国盛京省的九连城隔江相望,东南则有南山岘丘陵环绕。城凡二门:临江曰静波门,有舟渡至九连城;东北曰镇北门,可通水口镇。城东北角小山最高处建有亭阁,名曰统军亭。登亭遥望,鸭绿江两岸地势形胜,一览无余。山县有朋抵义州的当天,便登上统军亭,以观察对岸的山川形势。

自"征韩论"起,在日本扩张主义分子中间有一句流行一时的口头禅,就是"饮马于鸭绿江"。[①]从历史上看,日本军队只有在"文禄之役"(1592 年)时曾占据过平壤,再从未到过朝鲜北部,更不用说进入中国国境了。丰臣秀吉在 1592 年日本军队进占平壤时,一度得意忘形,不可一世,进而谋划要在第二年打进中国,并攻占北京,迁日本国都于此,将其周围 10 县"贡圣上(天皇)御用"。[②]丰臣的狂想虽然幻灭了,但山县有朋却想实现丰臣的未竟之志。山县并不满足

① 《日清战争实记》第 9 编,第 6 页。
② 《丰臣太阁御事书》,《新订大日本历史集成》第 3 卷,第 1184—1185 页。

于"饮马于鸭绿江",他脑子里想的是一个"大韬略",即计划先略取奉天,然后进行直隶作战,并攻占北京。他在统军亭上想象着渡鸭绿江作战的情景,并挥毫书七绝一首以言志:

> 对峙两军今若何? 战声恰似迅雷过。
>
> 奉天城外三更雪,百万精兵渡大河。[1]

日本第一军司令官、陆军大将山县有朋(1838—1922)

山县有朋从统军亭上俯瞰,鸭绿江横于眼前。鸭绿江在此分为三支江流:第一江从义州城下流过,河宽 60 公尺,水深 1 公尺左右,可以徒涉;第二江又称中江,河宽 150 公尺,水深达 3 公尺;第三江的河宽和水深同于第一江,亦可徒涉。过第三江,即是爱河右岸,有一道长堤,并筑有堡垒,旗帜招展,标明为清军阵地所在。再抬眼遥望,正前方是九连城、夹河,其北面是一望无际的千里沃野;东面的安平河口,以及西面的安东县和五道沟,也都尽收眼底。旌旗如林,随秋风而飘扬,幕营和炮垒点缀其间,皆历历可数。山县抵义州后,已听取了先锋旅团的汇报:"敌军以九连城为总根据地,伸其左翼于虎山及长甸城,张其右翼至安东县,在鸭绿江沿岸有炮寨垒营数十,几百面军旗随风飞翻,看来总数不下两万人。"[2]山县通过实地观察,证实了侦察报告的可靠性。他认为,虎山是江北的天险,欲进攻九连城,必先拔取其左翼之虎山,以为立足之地。但拔取虎山似非易事,因而制定了先攻安平河口的计划。当天夜间,山县即命步兵第十八联队长佐藤正大佐担任此项任务:先迂回至水口镇,"徒涉鸭绿江,出梨〔栗〕子园,冲清军左背"。[3]佐藤接到命令后,当即率 7 个步兵中队、1 个骑兵分队,并携大炮两门,绕道义州城南的所串馆,然后转向水口镇进发。

---

[1] 《东亚先觉志士记传》中卷,第 170 页。

[2] 《日方记载的中日战争》,《中日战争》(1),第 246 页。

[3] 桥本海关:《清日战争实记》第 5 卷,第 216 页。

从水口镇附近至安平河口一段江面,是极好的涉渡处所。日军之所以选择这里为涉渡地点,正是反复侦察的结果:安平河口与水口镇"略相对峙,江水至此颇散漫,水渐浅,流渐缓,处处便于徒步。从此地至上游,两岸多悬崖峭壁,碧流如箭,湍声如雷,不能通舟筏;自义州至海,其间两岸地土淤泥,萱葭郁茂,难以行军。"①对于安平河口这样重要的地点,清军本应派重兵把守。实则不然,驻守部队为倭恒额的齐字练军春字营 250 人和骑兵 1 哨 50 骑;另筑炮垒两座,各设有大炮 1 门,兵力相当单薄。

清军之所以部署不当,一个重要原因是不太了解敌情。在此期间,清军曾多次派人侦探敌军的行动,一些朝鲜群众也往往自动过江偷送情报。但是,由于日军故意制造假象,尽管报告纷至沓来,而情况歧出,使人扑朔迷离,莫知底蕴。先是在 10 月上旬,铭军统领刘盛休已探知日军有从安平河口和长甸河口渡江的可能,报告李鸿章说:"贼已到义州。上游忙牛哨(水口镇附近)离义州三十里,人马均能过江;长甸口离九连城九十里,亦有渡船,均无兵防守。"当时,宋庆和依克唐阿皆未到防,清廷因命驻九连城"各军会商,酌派马队为游击之师,于江岸上下游严密梭巡,遇有贼踪,半渡击之。"清廷又担心日军从别处渡江,故又于次日补发一道电谕:"鸭绿江地段绵长,必须择应行设防之处,或筑土炮台,或建地营,或设水雷,一切防具妥慎筹办。"②这表明:清廷鉴于鸭绿江防线太长,防不胜防,也不知在何处重点设防为好。盛京将军裕禄则主张重点防守长甸河口一带,先派倭恒额前往防守,"加意梭巡,遇有敌船来渡,即行迎击。"③而倭恒额派队巡至蒲石河口,又发现日军"在附近义州江边,或十余人,或七八人,往来察看。并有朝鲜土人为之指划,踪迹诡秘。"④宋庆到防后,听取探报:"时有倭人窥至九连城上游之蒲石河、长甸河口,与朝鲜至江堡只隔一江,水又甚浅,倭人十数成群,往来窥伺。"认为"蒲石河、长甸河等皆通兴京之腹,又有路通沈阳",最需严防,而只有倭恒额马步 4 起、奉军 3 哨防守,兵力太单。因此,他电请定安、裕禄奏饬依克唐阿移防该处。可见,宋庆初到前敌,也未发现重点防守安平河口的必要性。周馥也得到情报:"近探倭贼大队循江

---

① 桥本海关:《清日战争实记》第 5 卷,第 211 页。
② 《军机处电寄李鸿章谕旨》,《清光绪朝中日交涉史料》(1729),第 21 卷,第 20、21 页。
③ 《盛京将军等来电》,《清光绪朝中日交涉史料》(1748),第 21 卷,第 28 页。
④ 《盛京将军来电》,《清光绪朝中日交涉史料》(1758),第 21 卷,第 31 页。

北行,约在长甸河、小蒲石河等处,似系扎筏西渡之意。"①适在此时,安东知县荣禧致书宋庆说:"倭人多诡计,先围长甸以牵制我,然后自羊心堡出奇偷涉娘娘城(安东县下游)。"②可见,清军始终没有探准日军选择何处为进攻鸭绿江防线的突破口。

10月24日上午11时半,佐藤支队到达水口镇东面的杜武谷,开始向安平河口涉渡。佐藤正令炮兵小队列炮于徒涉点南面的高地,步兵一小队占领通往徒涉点道路两侧的高地,以为掩护。然后,又命一个中队擎枪探水徐渡,大队随后继进。当日军将达江心洲姜甸时,防守河口的齐字练军春字营举枪遥击。此时,南岸高地的日军炮兵小队开始炮击。安平河口的清军炮垒发炮回击,东面鼓楼子的清军炮垒也发炮支援。于是,双方展开了一场炮战。日军在硝烟弥漫中向北岸猛进。当进至距岸约600公尺时,齐字练军已弃炮而逃,倭恒额退至红石磊子。此时,宋庆得探马来报,知日军已攻占安平河口。他断定日军"冀由上游分股牵制,并图扰后"③,便派吕本元之马队200余骑往援。清军骑队向日军先渡之部队猛攻,试图将其击退。但是,佐藤支队后渡各部又陆续到达,力量大为增加,马队终不能支。午后1时半,日军终于占领了安平河口的清军两座炮垒。

日军从安平河口突破清军鸭绿江防线后,佐藤正派骑兵将战报送至统军亭。山县有朋立即打电报向大本营报告:"佐藤大佐率领之步兵队,于二十四日午前自水口镇渡鸭绿江,攻击中国步兵约百名(后电改为三百人)、骑兵五百余名(后电改为六十人)及拥有两门火炮的炮垒,于午后一时半占领。现正向叆河左岸之梨〔栗〕子园一带前进。敌人是春字军,伤亡二十名。我军缴获野炮两门、步枪十余支。"④是日午后3时许,佐藤支队行至安平河口西南的一处高地,不敢孤军深入,遂在此处露营,以等待西线日军的进攻。

三　虎　山　激　战

在佐藤支队向水口镇出发的同时,山县有朋对进攻虎山的兵力进行了部署:桂太郎率第三师团主力渡鸭绿江进攻虎山正面;大迫尚敏率第五旅团为右

---

① 《军机处电寄宋庆依克唐阿谕旨》,《清光绪朝中日交涉史料》(1770),第21卷,第36页。
② 桥本海关:《清日战争实记》第5卷,第216页。
③ 《宋提督来电》,《清光绪朝中日交涉史料》(1821),第22卷,第21页。
④ 《日清战争实记》第9编,第6页。

翼队，渡鸭绿江"攀虎山东方高阜攻之"；立见尚文率第十旅团为左翼队，"绕攻虎山左"。另外，炮兵部长黑田久孝负责掩护部队渡江，"以野炮及臼炮据义州东方（高地）"。①工兵部长矢吹秀一则负责监督架设浮桥。

架设浮桥的任务，由马场正雄少佐的工兵第五大队承担，他们先抢夺了11艘民船，但船板破烂，不能成为桥梁材料。于是，马场命工兵造扁底船18艘，并搜集木材，以造桥柱和桥桁。他们还利用深夜探测虎山前第三江水深浅，以便部队进攻时涉渡。24日夜10时，日本工兵先开始架义州城下第一江的浮桥。随后，又在富田春壁的步兵大队的掩护下，开始架设第二江的浮桥。要完成第二江架桥任务，须先携绳游过150公尺的江面。一等兵三原国太郎水性甚佳，"自告奋勇担当此项任务"。②"时方十月下旬，朔风凛冽，寒暑表下三十五度（摄氏一度半），水面见薄冰。"③三原下水后，未达彼岸即冻僵而死。一等军曹三宅兵吉带另一工兵随即下水，将系绳任务完成。天明前，第二江的浮桥

日本第一军工兵部队在鸭绿江上架设浮桥

---

① 桥本海关：《清日战争实记》第5卷，第216—217页。
② 《日清战争实记》第10编，第14页。
③ 桥本海关：《清日战争实记》第5卷，第217页。

终于架好。

10月25日凌晨3时半,日军不等浮桥架成,即开始进行渡江的准备。4时,山县有朋偕参谋官登上统军亭,观察形势。按山县原来的命令:"架桥队须于二十五日晨四时以前在义州府西北之适当地点架设长达一百五十米的军桥;第三师团应于四时三十分渡江,向虎山前进。"①但是,由于架桥工作不太顺利,推迟了大约一个半小时,始将浮桥架好。桂太郎乃率第三师团首先渡江,自率师团主力列阵于虎山清军阵地正面,另命大迫尚敏率第五旅团占领虎山东面的高地。立见尚文率第十旅团先占领了中江台之税关局,然后也渡江至虎山西面。这样,虎山便处于日军的三面包围之中了。

虎山位于叆河与鸭绿江交汇处,西隔叆河与九连城相望,南隔鸭绿江与统军亭相对。山拔地百余公尺,"虽不甚高,然险绝峻绝,殆不可攀登,远望之如孤立者"。②山形似乳虎蹲伏,故名虎山或虎儿山,音拗而成"虎耳山"。③守此山者为以勇敢著称的总兵马金叙。

马金叙(? —1913),字丽生,安徽蒙城人。原隶于刘铭传,为铭军将领,积功为总兵。"中日战事起,铭军主帅挟私易将,遂隶宋庆部下。"④先是10月22日,宋庆接到探报:"倭寇催运粮械甚急,又运大炮二十余尊到义。踞义城之贼仍约万众,其设防各要隘又约七八千人;聚集长木板,用西法以铁丝贯联,成桥甚易。"推断敌人正在做偷越的准备。23日早晨,宋庆带同聂士成、宋得胜、马金叙三将亲往虎山查看。他认为:"虎耳山界于江、河之间,势极崇隆,实占形胜。昨派各军凭叆〔叆〕河为守,固可迎头痛击,惟虑敌兵扑渡,一面别渡抢山,占我形势。""若先据此山,凭高临下,便可夺贼气而利守御。"因此,传集各将,谓:"能膺此险要者受上赏。"马金叙明知此任艰巨,但抱定与虎山共存亡的决心,自愿守御此山,遂"选奋勇五六百人登山为垒"。

是日中午,宋庆重新部署兵力,除已命马金叙驻守虎山外,又令聂士成选精锐驻扎山边;宋得胜继其后,为游兵策应;刘盛休在叆河西岸挑挖地沟,埋设旱雷,以防敌人从江对岸架桥偷渡。为了便于往来,还设法在叆河上搭造浮

---

① 《日清战争实记》第10编,第16页。

② 桥本海关:《清日战争实记》第5卷,第211页。

③ 或谓:"以山形如虎耳,故名。"(见《安东县志》第8卷,第90页)按:疑非是。据实地考察,山确如蹲虎,而绝无虎耳之状。

④ 《甲午战争轶闻》,《安东县志》第8卷,第90页。

桥，以接应虎山驻军。他本人则居中调度，何路吃紧，即率同马玉崑一军应援。宋庆自称："布置既密，军心遂壮，各有思奋之心。"这样，清军在鸭绿江防线的兵力便分为三路："马金叙四营守虎耳山为前锋，聂士成四营守栗子园为接应，刘盛休所部铭军八营驻九连城，分守江岸，是为中路；依克唐阿所部分守宽甸、安平河口、长甸各隘，为东路；丰升阿、聂桂林等分守安东县、大东沟、大孤山，为西路。"①对此，日人评论说："清军所实施之防御法，亦以为虎山附近第一线（日军）强大而确实占领其东北方高地，且严密警戒搜索前方，则料日军攻击虎山终归失败。又虽已经过虎山战斗，然由九连城及苇子沟出击之部队热心果敢实施攻击，或亦可期胜算。又在安平河口、蒲石河口之齐字练军一千五百人，对佐藤支队在水口镇附近之渡河极力抵抗，亦能使该支队不能西进。但镇边军五千五百人（包括齐字练军）被配置于东阳河口、长甸河口间远隔地，毫不能参与此战斗。实为兵力分散结果，能夺胜算之大部。"不仅如此，除东路依克唐阿军 5 500 人外，西路的丰升阿军和聂桂林军共 5 500 人，也都远隔而不能参加战斗。至于刘盛休军 4 200 人，则主要负责防守九连城河边一带。实际上能够投入战斗的兵力不足 9 000 人。其中，江自康军 2 500 人，系新募之兵，尚未经过训练，毫无战斗力可言。正由于此，"故此战斗之败北，非于战时定之，可谓胚胎于取此配备时矣。"②

本来，宋庆见日军已占领安平河口，知大战在即，召集诸将于 25 日至其驻地大楼房会议战守。24 日晚，马金叙探悉"东路已溃，日人过江，知翌日必有战事，遂复命不与会"。25 日黎明，他亲率部众守御虎山后要隘，并对属下说："今日之战关系甚大，虎山存亡悉赖尔等，须戮力同心，以御敌人。"士卒皆大呼："愿效死保守此山！"③此日，正是"晓雾浮江"，清军未能及时发现日军的架桥和渡江活动。及至日军先头部队通过浮桥登上沙滩后，清军始发炮防战。时为午前 6 时 15 分。

此时，日军第三师团主力业已渡江完毕，遂用 12 公分加农炮向虎山守军猛攻。马金叙虽仅率五六百人独守虎山，但"顽强抵抗，毫无退却之色"。④尽管日军"攻甚锐"，他仍指挥部下将士英勇还击，在"接应未到之先，独自力战，快

---

① 《甲午战争轶闻》，《安东县志》第 8 卷，第 90 页。按：此谓马金叙带 4 营，误。据刘盛休报告，马实带 8 哨人。（见《清光绪朝中日交涉史料》(1827)第 22 卷，第 23 页。）这与宋庆所说五六百人是大致相合的。

② 誉田甚八：《日清战史讲授录》，第 39、40—41 页。

③ 《甲午战争轶闻》，《安东县志》第 8 卷，第 90 页。

④ 日本参谋本部：《二十七八年日清战史》第 13 章，第 331 页。

炮放至一百八十余出"。①"日军迭次奋勇猛扑,皆为我退。"②江南岸的日本炮队见久攻不下,便发炮助战。据日方记载称:"清将马金叙据高拼死力战。时黑田(久孝)少将部下炮队在江左岸,以榴霰弹注射清军垒,以援桂(太郎)中将兵势。清兵亦善战,隔江望之,晨雾漠漠与硝烟相混,但闻其中轰轰殷殷之响。"③激战中,马金叙"受枪子十余处","其弟督队阵亡",依然"抚创拒守,战益力"④,先后打退了日军的三次冲锋。

交战不久,日军右翼队在大迫尚敏指挥下,也全部通过浮桥,并抢占了虎山东面的高地,从侧面向清军俯射。此时,驻守虎山边的聂士成军背腹受敌,一面与马金叙相与联络,一面奋勇抗敌。在猛烈炮火的掩护下,日军右翼队"自虎山东方高岗中腹进,冲突清军;清军据侧面高丘,亦为大迫(尚敏)兵所炮击。"⑤于是,聂士成军陷于异常困难之境地。宋庆见马、聂"兵单难支,势甚岌岌",便派宋得胜和马玉崑率毅军步骑3 000余人来援,"皆蹚过爱〔瑷〕河两道,拼命迎战,勇丁亦皆鼓舞奋发,枪弹如雨"。⑥此时,铭军"炮兵在九连城凸角部者,帅野炮四门亦至,急击日兵,左翼日兵色动"⑦,士气为之低落。宋得胜趁势"率队力夺三座山(丘),贼尸盈野;马玉崑由南面夹击,互施枪炮。"⑧日军阵地开始动摇,攻势顿挫。

桂太郎见难进一步,士气开始衰落,便派飞骑向军司令部告急,"请别出一部队兵"。山县有朋即命立见尚文率第十旅团赴援。此时,立见正在中江台,已占领税关局,"因顾北方,敌旗翩翩于空中,如渐逼日军者,乃急驰马至架桥点会桂(太郎)中将"。于是,立见"以步兵第十二联队为先锋,自率混成旅团兵赴之。友安(治延,步兵第十二联队长)中佐在虎山,富冈(三造,步兵第二十二联队长)中佐在中江台,左右相应,轰击清军各翼。少将冒炮弹雨射间进逼清军。"⑨并"从虎山之左侧迂回,出敌背后,猛冲敌军侧面"。⑩原来命令佐藤支队适时插到虎山背后,"无奈鸟道樵径,一山连着一山,道路艰难,未能如期完成行军任务"。⑪至此,日军的进攻部队已全部渡江。特别是立见旅团以生力军出

①④⑥⑧ 《宋提督来电》,《清光绪朝中日交涉史料》(1843),第22卷,第33页。
② 《甲午战争轶闻》,《安东县志》第8卷,第90页。
③⑤ 桥本海关:《清日战争实记》第5卷,第219页。
⑦ 桥本海关:《清日战争实记》第5卷,第219—220页。
⑨ 桥本海关:《清日战争实记》第5卷,第220页。
⑩ 《野津道贯致川上操六电》。见《日清战争实记》第9编,第7页。
⑪ 《日清战争实记》第10编,第17页。

现，使日军士气大振。宋庆急调刘盛休的铭军赴援，然"铭军仅凭垒施炮，几番令其接应，仅至爱〔瑗〕河岸，未过河"①而止。马玉崑等虽无后援，仍坚持战斗。对此，宋庆曾记述道："至浮桥倭已毕渡，以大炮数十尊排列桥左，背水殊死斗，炮弹轰驰，声震数十里。我军伤亡鳞叠，犹相持不少后。"②

但是，敌我众寡悬殊，且被敌军分割，各自为战，难以久持。"当是时，铭军溃西南，盛军败而北，毅军之营哨官伤者十六。"③而"能战之哨，除伤亡所存无几"。④宋庆见状，只好令宋得胜、马玉崑撤至瑗河以西。聂士成所部仅七百人⑤，兵力单薄，又被日军反复纵兵环攻，力不能支，亦退渡瑗河西岸。此时，只有马金叙仍在坚持战斗。他誓与虎山共存亡，"督战益力"。有部属劝之曰："公虽勇敢，其与寡不敌众何？与其同归于尽，不如留此身以图恢复。且援兵不至，非公之罪也。"⑥马金叙遂率残部突围而出，渡瑗河西走。时为上午10时30分。

在这次战斗中，清军战死者495人，其中仅毅军即有333人，约占总阵亡人数的百分之七十。记名提督谭清远（芦榆防军）和14名清军士兵被俘。⑦日军死伤149人，其中死34人，伤115人。⑧可见战斗之激烈程度了。

四　清军鸭绿江防全线崩溃

日军占领虎山后，山县有朋即将第一军司令部移于虎山，暂住附近民房。野津道贯一同在此露营。桂太郎及其第三师团本队阵于九连城背后，在栗子园附近要地露营；大迫尚敏、立见尚文则露营于大围子及南口。山县决定明晨对九连城发动总攻击，乃于傍晚7时命参谋官策马传令："第三师团为我军右翼，立见旅团取中央，第九旅团（旅团长大岛义昌）为我军左翼，明晨六时全军一齐向九连城前进。"⑨

日营距九连城甚近，按军中规定，夜间不许点火。然日军人马"皆涉水中，

---

①④　《北洋大臣转宋帮办来电》，《清光绪朝中日交涉史料》(1878)，第23卷，第13页。

②③　宋庆：《大清敕建锦州毅军昭忠祠碑记》（原碑现存辽宁省锦州市博物馆）。

⑤　《北洋大臣转宋帮办来电》："聂士成挑兵700人备策应。"（《清光绪朝中日交涉史料》(1878)，第23卷，第12页按：或谓聂士成以4营驻守（见《安东县志》第8卷，第90页），误。

⑥　《甲午战争轶闻》，《安东县志》第8卷，第90页。

⑦　桥本海关：《清日战争实记》第5卷，第225—226页。

⑧　日本参谋本部：《明治二十七八年日清战史》附录第30，《鸭绿江虎山战役第一军伤亡表》。

⑨　《日清战争实记》第10编，第18—19页。

不耐浸湿,故解其禁。诸队设燎火,以焙其湿气。于是,鸭绿江畔宛然如白昼。清军见之,俄乱发巨炮。"①这样的盲目射击,当然不会有任何效果。本来,这是清军实行夜袭的好机会,也徒然错过了。

九连城在叆河流入鸭绿江的河口之西,城建于小丘上,叆河流过丘下,老龙头和虎山耸立于城之东西,颇具形势,故清军以为根据地。虎山虽已失守,但从虎山至九连城须通过叆河。叆河自栗子园分为两支水流,一宽百丈,一宽70余丈,"河深及马腹","河底石滓水急,甚难渡"。②而清军在叆河西岸未来得及设防。

10月26日黎明,日军各部皆整队自营地出发。三路日军成扇面形逼近九连城。是时,"浓雾咫尺莫辨"③,日军不摸城内情况,便向九连城炮击,但城内毫无反应,"唯见鸟雀惊飞"。④第九旅团长大岛义昌便命步兵第十一联队直攀城墙而入,始发现城内已无清军一兵一卒。原来,刘盛休已在夜间带领铭军弃城而遁。午前10时,山县有朋进入九连城,以旧税关局为第一军司令部。野津道贯亦率第五师团驻城内。

当日军进攻虎山之际,山县有朋曾派奥山义章少佐率第二十一联队第三大队开赴安东县对面沙洲之麻田浦,以牵制清军的兵力。10月25日,奥山从义州出发,抵达麻田浦,当即设警戒,并布置炮兵阵地。是夜,四顾黯黑,咫尺不辨,对岸的盛军似未发觉,只听乱发步枪之声。日军夺取了毅军的粮饷船一艘。26日黎明,奥山下令以野炮两门轰击安东县。安东县原名沙河子,1876年置县,本有盛军6 000余人防守,但盛军早在夜间撤走。这样,该县竟被日军一个大队不战而占领。

日军占领安东县后,设立民政厅,以原驻华临时公使小村寿太郎为长官。山县有朋为此发布"告谕"称:"我军所敌清国军队而已,至尔农商民无辜,毫不加害,却抚恤之如慈母视子。"又谓:"今本司令官观察地方情况,悯兵力余害,民人涂炭,兹垂非常仁惠,命我所管辖地方吏,令勿纳今年租税。"⑤日本在安东县设民政厅的电讯传到国内后,又激起了一阵战争狂热。舆论界也对此大肆宣传,以煽动扩张主义情绪。如说:"在日本版图之外设民政厅,是在任那设

①④ 桥本海关:《清日战争实记》第5卷,第221页。
② 《北洋大臣转宋帮办来电》,《清光绪朝中日交涉史料》(1878),第23卷,第12页。
③ 《日方记载的中日战史》,《中日战争》(1),第247页。
⑤ 《山县有朋告谕》,见桥本海关:《清日战争实记》第5卷,第222—223页。

'日本府'以来的快事,但那时日本府终未发展到朝鲜以外。今我军已占领鸭绿江右岸一带,并在那里实施日本法律,此乃日本开国以来未曾有过的事情。"①日本天皇睦仁也赐书第一军予以嘉勉,其文有云:"卿等忠勇,能排万难而进击,退敌于朝鲜国境外,遂入敌国,占领要冲地,朕深嘉赏之。时方沍寒,卿等各自爱,期将来成功。"②睦仁在嘉勉书中特别提到"期将来成功",实是暗含继续扩大侵略的点睛之笔。

与此同时,日军所到之处还张贴一种《告十八行省豪杰书》,开宗明义地说:"满清氏原塞外之一蛮族,既有非命之德,又无功于中国,乘朱明之衰运,暴力劫夺,伪定一时,机变百出,巧操天下。当时豪杰武力不敌,吞恨抱愤以至今日,盖所谓人众胜天者矣。今也天定胜人之时至焉。"并公然宣称:"满清氏之命运已尽,而天人与弃之因也。我日本应天从人,大兵长驱,以问罪于北京朝廷,将陈清主面缚乞降,尽纳我要求,誓永不抗我,而后休矣。"最后,还号召所谓"十八行省豪杰","逐满清氏于境外,起真豪杰于草莽,而以托大业"。这份《告十八行省豪杰书》,同《山县有朋告谕》一样,都是日谍分子宗方小太郎起草的。其中,把日本侵略者装饰成中国人民的拯救者,称其入侵中国完全是为了吊民伐罪,并企图利用广大民众对清朝腐朽统治的不满情绪,制造混乱,以尽快地迫使清廷签订城下之盟。这完全反映了山县有朋当时的策略思想。

日军占领安东县时,聂桂林和丰升阿所率奉军、靖边军及练军盛字营尚驻大东沟西,当即留下两营奉军驻大东沟,余皆北退。10月27日,日军大迫支队来逼,两营奉军亦退走。至是,三万重兵防守的鸭绿江防线全线崩溃。对于鸭绿江防之败,光绪皇帝以"强弱不敌",犹予谅之,谕宋庆"以全局为念,择地稳扎,相机雕剿","毋得株守一隅,不思变计。"③

在鸭绿江防之战中,清军不仅伤亡惨重,而且各种武器、弹药及军用物资也损失严重。据日方公布的数字,日军缴获大炮 74 门、步枪 4 401 支、炮弹 30 684 颗、枪弹 4 320 661 颗、精米 2 590 石、杂谷 2 000 余石,以及马粮和其他杂物无数。④

① 《日清战争实记》第 9 编,第 11 页。按:日人曾普遍认为:公元 4 世纪末以后,日本派兵渡海侵占了新罗的伽倻(日本称任那),控制了朝鲜东南部的釜山、金海一带,并设置了"任那日本府"。

② 桥本海关:《清日战争实记》第 5 卷,第 226 页。

③ 《军机处电寄宋庆谕旨》,《清光绪朝中日交涉史料》(1837),第 22 卷,第 26 页。

④ 桥本海关:《清日战争实记》第 5 卷,第 225 页。

第二节　金　旅　之　战

一　日军登陆花园口

日本挑起这场大规模的侵华战争，其志不小。平壤战役后，日本大本营最初计划以第一军"乘势直进入满洲，以经略辽东，向山海关，拔奉天"。[1]但是，又考虑"中国疆域辽阔，人口众多，即使攻占其部分国土，也难使其国主面缚请降。须另遣一军直攻其首都北京，以迫使对方签订城下之盟"。[2]遂于9月21日着手组织第二军。

日本第二军暂由第一师团和混成第十二旅团组成。第一师团（师团长山地元治中将）下属：步兵第一旅团（旅团长乃木希典少将），包括东京步兵第一联队（联队长隐岐重节中佐）和高崎步兵第十五联队（联队长河野通好大佐）；步兵第二旅团（旅团长西宽二郎少将），包括佐仓步兵第二联队（联队长伊濑知好成大佐）和东京第三联队（联队长木村有恒中佐）；东京骑兵第一大队（大队长秋山好古少佐）；东京野战炮兵第一联队（联队长今津孝则大佐）；东京工兵第一大队（大队长田村义一少佐）；东京辎重兵第一大队（大队长岸用和少佐）。混成第十二旅团（旅团长长谷川好道少将），包括小仓步兵第十四联队（联队长益满邦介中佐）和福冈第二十四联队（联队长吉田清一中佐）；骑兵第六大队第一中队（中队长山本米太郎

日军第一师团师团长、
陆军中将山地元治

---

① 桥本海关：《清日战争实记》第 8 卷，第 275 页。
② 《日清战争实记》第 9 编，第 13 页。

大尉);野战炮兵第六联队第三大队(大队长石井隼太少佐);工兵第六大队第二中队(中队长下山笔八大尉)。并拟于适当时机增加第二师团。

日本大本营进攻北京方针既定,便开始研究登陆作战的具体方案。日本间谍所提供的侦察材料表明:欲攻取北京,除大沽、北塘外,以山海关为捷路。但是,旅顺口雄堡坚垒,而北洋舰队驻泊威海卫,共扼渤海门户,运兵深入渤海实行登陆作战,确实颇有困难。因此,决定先命第二军攻取金州。9月26日,日本大本营任命陆军大臣大山岩大将为第二军司令官。

10月8日,大本营向大山岩发出训令,指示其进行辽东半岛作战:"因季节关系,非俟冰雪融解之期,不能运兵渤海湾头以行决战;今先以进此决战地步之目的,拟即占领旅顺半岛。"①并以此为根据地,俟开春后,越渤海而进行直隶平原作战。第二军参谋部认为:"旅顺坚垒,正面攻之,恐不能奏功,宜先选定其根据之地,而后冲其背后,以出敌不意也。"②此建议为大本营所采纳。于是,一面命海军探测在旅顺后路的登陆地点,一面开始向国外运兵。

先是在9月22日,山地元治即率第一师团官兵从东京青山练兵场出发,昼夜兼程行军,于29日全部到达广岛。出发前,山地在东京芝红叶馆举行诀别宴会,第一旅团长乃木希典少将、第二旅团长西宽二郎少将、参谋长大寺安纯大佐等"帝国陆军中以慓悍骁勇"著称的将领皆到会。席间,山地表示宁肯"马革裹尸","不攻克北京决不返回日本的决心"③,以激励部下。在此以前,征用的运输船已将长谷川混成旅团运往仁川,准备返航后再运送第一师团。因此,第一师团在广岛停留了20天,以待运输船归来。10月14日,睦仁召见出征将校数十人于广岛大本营,赐以酒馔。并特赐大山岩骏马及名刀,以示恩宠和鼓励。15日,第一师团开赴宇品港。依次登船,分三批出发,每批又分两天起航:第一批,15日和16日启碇;第二批,17日和18日启碇;第三批,19日和20日启碇。运输船共30余艘,以大同江口南侧的渔隐洞为目的地,先后舳舻相衔相发。由于北洋舰队已不进入黄海,故此次运兵没有使用日本联合舰队掩护。19日下午4时,第一批运兵船最先到达,其他船几天后续至,皆集结在港内待命。

此时,日本海军已多次派舰侦察北洋舰队动静,并测量大连湾至鸭绿江口

① 《甲午中日战争纪要》,第83页。
② 桥本海关:《清日战争实记》第8卷,第275页。
③ 《日清战争实记》第9编,第13页。

的海岸,为第二军寻找登陆地点。据八重山舰报告,花园口为登陆的最适宜地点。但是,第二军参谋数人乘秋津洲前往复查后,则提出异议。因此,陆海两军在登陆地点问题上产生了意见分歧。陆军希望尽可能在靠近清军驻地的地方登陆,提出:"苟以花园河口为日兵登陆之地,即至金州城,而其间有三河流不可徒涉,迟延至数日,使敌兵完防御,势大不可。"①因欲以貔子窝附近为登陆地点。海军却希望运兵船能够尽可能靠近陆地,以便迅速登陆,同时尽量避免敌人的抵抗,而花园口恰恰是未布防的地区,虽然距离稍远,还是利大于弊。最后,第二军的参谋们仍然坚持希望从近处登陆。海军"无奈又偷偷地测量了距清军较近的海岸,但发现除五海里以外的海岸外,都是运兵船无法航行的浅滩。"②10月21日上午,伊东祐亨亲自在旗舰桥立号上召集陆海军参谋会议。经过一整天的激烈争论,才勉强统一了认识。"至夕,舰队始行从花园河口〈登陆〉之议也。"③22日,大山岩发布命令,规定以下三条:一、以花园口为登陆地点;二、工兵做沿途河流渡河的准备;三、派间谍侦察普兰店附近及盖平等地。

花园口是辽东半岛东侧的一个小海湾(今大连市庄河县西南),西南距金州约80公里。海湾宽阔,为沙底,适于受锚。而清军并未在此设防,更便利了日军的登陆活动。貔子窝是九连城至旅顺口大道上的一个驿站,日本第二军若由此沿东海岸北进,便不难与第一军取得联系;若能占领金州,则可拊大连湾、旅顺口之背,并进而攻占之。根据日本大本营的计划,日军攻占旅顺口之后,即可由陆路长驱北上,直取牛庄、辽阳,并趁势进攻大沽、北塘及山海关,以实施直隶平原作战的方案。

10月23日,日本第二军乘运兵船40余艘,从渔隐洞向花园口进发。是日上午8时,旗舰桥立率日本联合舰队本队及第一、第二、第三、第四游击队启碇先行。9点半钟,第二军第一批运兵船14艘继发。其中,名古屋丸、和泉丸、丰岛丸、三池丸、釜山丸、海洋丸、宇品丸七船为第一队,航行在前;横滨丸载第一师团司令部将校,居中坚位置;摄津丸、松岛丸、广岛丸、南越丸、福冈丸、新发田丸六船为第二队,尾随于后。24日午前7时25分,第一批运兵船航近花园口,见日本联合舰队各舰已先下锚。根据伊东祐亨的命令:本队及第一、第二游击队,除秋津洲、浪速二舰驶向威海卫、旅顺口,监视北洋舰队的行动外,皆

① 桥本海关:《清日战争实记》第8卷,第277页。
② 《伊东祐亨在保勋会上关于黄海海战的演说》,《中日战争》续编,第7册,第233页。
③ 《日清战争实记》第9编,第17页。

停泊于远海,以防北洋舰队来袭;第三、第四游击队停泊于靠近花园口的海面,以掩护陆军登陆;八重山、筑紫、大岛、鸟海、西京丸、相模丸六舰官兵则协助陆军登陆。在陆军登岸之前,千代田舰先派舰上海军陆战队的1个小队,从河口北面的海滩上陆,发现没有清军驻守。于是,第一联队第一中队便作为先头部队,向登陆地点前进,以接替海军陆战队小队。然后,各部队及第一师团司令部先后上岸。26日,载有第二军司令部的第二批运兵船驶抵花园口。11月1日,长谷川混成旅团也在此登陆。至此,日本第二军司令部,以及第一师团和混成第二旅团,已全部登陆完毕。但是,日军运输炮、马及辎重的工作,则一直持续到11月7日。整个登陆活动历时半个月,共约25 000人登陆。

早在日军登陆前的20余天,李鸿章即知日军将犯旅顺。9月28日,他致电驻旅顺诸将及丁汝昌说:"各国探报,均称日派大队分路北犯,尤注意金州各岛左右,欲窜旅后路,毁我船坞,实在意中。"因北洋舰队在旅顺船坞尚未修竣,故指示丁汝昌:"师船速修,择其可用者,常派出口外,靠山巡查,略张声势。"①10月2日,又电丁汝昌及龚照玙说:"日决意以兵船护运陆兵二万,或旅顺左右各岛,或山海关一带,上岸滋扰。"并指示:"定、镇、靖、济、平、丙六船,必须漏夜修竣,早日出海游弋,使彼知我船尚能行驶,其运兵船或不敢放胆横行;不必与彼寻战,彼亦虑我蹑其后。"还特别告以:"用兵虚虚实实,汝等当善体此意。"②9日,又致电询问:"水师六船何日出巡? 须往来旅湾之间,俾彼大队运船稍有牵制。"③13日,他知道丁汝昌准备"力疾上船",并"订期出海",立即发电嘱咐:"我海军出巡威、湾、旅一带,彼或稍有避忌。"④15日,李鸿章致电总理衙门:"迭接龚使照瑗电称:英、法水师提督屡电,倭欲由大连湾旁登岸,抄袭旅顺。"进一步证实了日军欲由旅顺口后路登陆的消息。他认为:"大连湾尤为旅顺紧要后路,互相犄角,湾防不守,则旅防可危。"他决定加强大连湾的防御,但只饬令正定镇总兵徐邦道添募3营,连同原来所带的马队、炮队各1营,乘轮东渡。他所以这样做,还是下了最大的决心,因而自我辩解说:"旅防可危,不得不并力于此,实无余力分扼他处。"⑤实际上,这也是杯水车薪,根本无济于事。18

① 《寄旅顺黄张姜程各统将并丁提督》,《李文忠公全集》,电稿,第18卷,第1页。
② 《寄旅顺丁提督龚道》,《李文忠公全集》,电稿,第18卷,第2页。
③ 《寄大连湾赵统领旅顺龚道丁提督》,《李文忠公全集》,第18卷,第7页。
④ 《寄旅顺丁提督》,《李文忠公全集》,电稿,第18卷,第11页。
⑤ 《复总署》,《甲午战争电报录》中卷,《东行三录》,第174页。

日，北洋舰队始出旅顺口游巡，回威海卫停泊。在此 20 天内，李鸿章主要抓了修舰工作，对于旅顺后路的防务并未采取得力的措施。

日军从花园口登陆时，李鸿章也未及时采取相应的对策。10 月 28 日、即日军登陆的第五天，他才电令丁汝昌"酌带数船，驰往游巡，探明贼踪，以壮陆军声援"。[1]29 日，丁汝昌率舰抵旅顺。11 月 3 日，李鸿章指示丁汝昌："如贼水陆来逼，兵船应驶出口，依傍炮台外，互相攻击，使彼运船不得登岸。"这道命令之错误极为明显：其一，旅顺口非运兵船可登岸之处，何况日军已在花园口登岸南下，也不会再在旅顺口实行第二次登陆；其二，令舰队"依傍炮台外"击敌，实际上是将战舰当作"水炮台"使用，即使舰队丧失了机动性，且亦不能解除旅顺后路威胁的燃眉之急。其实当时在李鸿章脑子里占上风的想法，还是"保船"要紧，所以又特别叮嘱要"相机进退"。[2]

11 月 6 日，即日军攻陷金州的当天，光绪皇帝以"贼逼金州，旅防万分危急，其登岸处在皮（貔）子窝，必有贼舰湾泊及来往接济"，谕李鸿章饬"海军各舰前往游弋截击，阻其后路"。[3]这道谕旨未免太晚，因为此时日军已经登陆完毕。同一天，丁汝昌以大连湾形势吃紧，提出舰队宜撤。其电有云："现水师在旅亦有三难：一、湾有失，敌兵必捣旅后路，我师船在口内，不能施展，无以为力；二、敌船来攻，口门窄小，不能整队而出，且定、镇必须候潮，若遇急，冲出不易；三、口外寄泊敌舰过多，夜间来攻，我船尤少快炮，尤难防备。候示遵行。"[4]李鸿章也怕铁甲有失，便立即复电丁汝昌："旅本水师口岸，若船坞有失，船断不可全毁。口外有无敌船？须探明再定进止。汝自妥酌。"[5]这道命令有两层含意：一是旅顺船坞若失，船一定要保；二是授权丁汝昌自酌进止，即根据情况或留驻或撤离，实际上是同意舰队撤离旅顺。第二天，李鸿章复电督办军务处，指出：敌人舰多炮利，海军"力量夙单，未便轻进，致有损失"。[6]并电告总理衙门："英船传信云，（日舰）专要打沉定、镇。丁提督因旅顺受敌，今夜暗渡威海，拟明早六点到威归队。"[7]8 日晨，丁汝昌遵令率舰回威，并报告撤离的理由

① 《寄威海丁提督》，《李文忠公全集》，电稿，第 18 卷，第 21 页。
② 《寄旅顺龚道等》，《李文忠公全集》，电稿，第 18 卷，第 28 页。
③ 《军机处电寄李鸿章谕旨》，《清光绪朝中日交涉史料》（1915），第 23 卷，第 24 页。
④ 《丁汝昌致津院电》，《盛档·甲午中日战争》（上），第 257 页。
⑤ 《复丁提督》，《李文忠公全集》，电稿，第 18 卷，第 31 页。
⑥ 《北洋大臣致督办军务处》，《清光绪朝中日交涉史料》（1921），第 23 卷，第 25 页。
⑦ 《北洋大臣来电》，《清光绪朝中日交涉史料》（1919），第 23 卷，第 24 页。

日本第二军登陆花园口

有四：一、"和尚岛三台均失"，"现关内无重兵出援，旅亦万难久支"；二、"旅坞已停工，定、镇起锚机未配妥，来远工程只修一半"，"赶将紧要工程在威厂设法修理"；三、"旅口陆路有急，各船不能展动为力，有损无益"；四、"因湾、旅各统领悬速告急，故回威电禀"。①

当日军登陆花园口之时，清政府忙于应付辽东的战局尚且不暇，眼巴巴地看着敌人的大股部队在旅顺后路上岸，"海陆军无过问者"。②金旅之战的结局也就不难预卜了。

二　日军攻陷金州

日军在登陆之前，已经制订了具体的金州作战方案，其内容如下：

一、第一师团由上陆第一日算至第六日起，向金州行进；第十日到达金州附近；第十一日实行金州攻击。但必须留置必要之守备队于假根据地（花园口）。

二、军司令部与第一师团二次上陆部队，同日上陆；于攻击金州之日，到达该地附近。

---

① 《丁提督由刘公岛来电》，《李文忠公全集》，电稿，第 18 卷，第 35 页。

② 姚锡光：《东方兵事纪略》，见《中日战争》(1)，第 37 页。

三、第一师团开始前进;同时,师团与假根据地之间,即着手野战电信队之架设,且逐次设置兵站司令部。

四、攻略金州,大连湾附近归我所有,即移根据地于大连湾。

五、混成旅团第八日上陆,第十六日于金州附近归入本军。该旅团不加入金州攻击,或即由新根据地大连湾上陆。①

本来日军对清军的防御能力就作了过高的估计,所以才制订了这份登陆第十一天进攻金州的作战计划。而在实际执行作战计划的过程中,却又推迟了两天,这是为什么? 主要是由于日军对辽东半岛清军的布防情况还不完全掌握的缘故。

为了探清清军的防御设施及驻军情况,日本第二军特地调集了一批有经验和受过专门训练的间谍。对此,第二军司令官大山岩非常重视,曾亲自予以接见。他们是随头批登陆部队从花园口上岸的。上岸前,第一师团长山地元治激励他们"为君国效劳"。参谋长大寺安纯也反复说:"此行责任重大,务望完成任务。"②这批间谍有六名:

山崎羔三郎(1864—1894),福冈人,1888 年被派来华,参加汉口"乐善堂"间谍机构。前曾侦察牙山清军情况,又调来执行此项任务。因在六人中年最长,又住中国多年,中国话说得极好,故奉命侦探旅顺口要塞。

钟崎三郎(1869—1894),福冈人。1891 年春,随荒尾精到上海,入日清贸易研究所特别班学习。半年后,经荒尾精推荐,到芜湖田中洋行任职,进行各种调查。1894 年 3 月,化名钟左武,改扮中国卖药商人,奔走于直隶山东间,侦察渤海湾各处军事设施及驻军情况,并深入过旅顺要塞。曾协助日本驻天津武官泷川具和测量过渤海湾。中日两国宣战后,一度潜伏天津,又赴山海关一带活动。后经上海回国。

藤崎秀(1872—1894),鹿儿岛人。毕业于上海日清贸易研究所。战争爆发后,被召回国。是年 9 月,被编入第一师团,从事军事侦探。他同钟崎三郎一起,奉命侦察金州城及和尚岛炮台。

猪田正吉(1869—1895),福冈人。上海日清贸易研究所毕业后,在上海日华洋行任职。1894 年 8 月,被召回国,参加第一师团。

---

① 《甲午中日战争纪要》,第 85—86 页。

② 向野坚一:《回忆日清战役》,《明治二十七八年战役余闻》(油印本)。

大熊鹏(1871—1895)，福冈人。毕业于上海日清贸易研究所。1894 年 7 月，奉命化装潜伏上海，屡次冒险向国内传递军事情报。回国后，到第一师团担任特别任务。他同猪田正吉一起，被派往大孤山一带侦察。

向野坚一(1868—1931)，福冈人。上海日清贸易研究所毕业后，曾在长江沿岸调查。战争爆发后，被召回广岛大本营，派至第一师团司令部。他的任务是侦察普兰店、复州一带的清军设防情况。

但是，日本间谍的侦察活动进行得并不顺利。猪田正吉、大熊鹏二人东行后，即下落不明。日军从花园口登陆后，驻貔子窝的捷胜营营官荣安得到渔民报告，立即派哨长黄兴武率马队驰赴花园口一带巡查，在碧流河西岸捕获了钟崎三郎。后又在貔子窝捕获了山崎羔三郎，在曲家屯捕获了藤崎秀。三人皆由荣安押至副都统衙门。向野坚一"变服装土人赴金州、普兰店、复州城等密侦敌状"，在碧流河边被当地群众捉住，准备押送貔子窝兵营，中途侥幸逃脱。又因失路，被清军骑兵捕问，"以辩得免"。于是，向野顺利地"入金州城，察内外之虚实，取路于貔子窝，探石门子军状"[1]，为日军进攻金州提供了重要情报。

金州的军事地位十分重要。旅顺半岛为渤海咽喉，而金州城为旅顺口门户。"其地自金州斜伸入海，形如卷心荷叶卧波，金州角则荷蒂也；从金州向西南，愈趋愈狭，至南关岭而极，中宽不过六里，有若荷茎，为旅顺后路要隘。逾南关岭而西南，则地势渐张，亘西南而东北，作三角形，山海依倚，磴道回旋，乃天然形胜。"[2]所以，在日本大本营看来，"欲扼制直隶省，先据金州半岛（旅顺半岛）；欲占有旅顺口，不可不先取金州城"。[3]

当时，金州城及其附近驻防的清军有两支：一是副都统连顺的制兵；一是正定镇总兵徐邦道的拱卫军。制兵先有洋枪步队 200 人，后又两次招募步队 300 人，共成一营 500 人，驻金州城；马队两哨 80 人，驻貔子窝。皆遥受盛京将军裕禄节制。后裕禄又拨给捷胜营步队 500 人，但迟未赶到。[4]拱卫军有步队 3 营，驻徐家山附近；炮队 1 营，驻金州城南；马队 1 营驻金州东北一带。后又以兵力不敷，提出在大连湾就近增募步队 1 营，得到批准。此 6 营直接隶于北

---

①　丹山太岭：《向野坚一墓志铭》，《明治二十七八年战役余闻》（油印本）。

②　姚锡光：《东方兵事记略》，见《中日战争》(1)，第 34 页。

③　桥本海关：《清日战争实记》第 8 卷，第 279 页。

④　《盛军将军裕禄复奏查明金州失陷情形折》，《清光绪朝中日交涉史料》(2098)，第 25 卷，第 31 页。

洋大臣李鸿章。这样,驻守金州的清兵总共才 3 080 人。

日军登陆花园口的第二天,清军即已探悉。10 月 26 日,旅顺营务处电津院报告:"庆军探马称:'在皮(貔)子窝东北地名洋花园(花园口),亲见倭船三十六只,带小划船百余只,在彼处上岸扎营,约有三万人。'"①但敌人登陆后的企图不明。据金州诸将推断,日军登陆后的行动有两种可能:或是袭安东县后路,或是进攻金州和大连湾。这时捷胜营马队营官荣安送来捕获的日谍钟崎三郎、山崎羔三郎两名②,立即进行审讯。钟崎、山崎供认,日军在花园口登陆,其目的是进攻金州和大连湾。连顺即将审讯结果报知大连湾守将总兵赵怀业。27 日,赵怀业电李鸿章报告:"金州连副都统报称:'皮口(貔子窝)有倭船三十六只,拿获奸细二人,供称约三万余人,已登岸三千余人,驻杨花园(花园口)。'军情紧急,湾防已严密预备。"③28 日,盛宣怀复电赵怀业、徐邦道等,告以:"各路吃紧,无人可调,如自己添募,又无枪械。"④于是,连顺、赵怀业、徐邦道便联名致函盛宣怀,再次告急,并建议设法挽救:"皮(貔)子窝至洋花园(花园口)共长九十里,现在所踞地方尚不甚大……倘再听其滋蔓,该匪谲诈异常,且多民船及小剥(驳)船,凡浅水隘口均可登岸,万一分路来攻,设有疏虞,弟等固罪不容辞,而大局更难收拾。诚如傅相来谕,大连湾不保,旅顺更危。何妨乘此力图,尚易办理?"还特别强调指出:"倘不结实抵御,万一该匪串〔窜〕至金州,则各营均恐难守。"⑤29 日,李鸿章复电赵怀业等,竟斥责说:"倭匪尚未过皮(貔)子窝而南,汝等只各守营盘,来路多设地雷埋伏,并无守城之责。旅顺兵单,同一吃紧,岂能分拨过湾? 可谓胡涂胆小!"⑥

连顺知北洋援兵难至,于是致书盛京将军裕禄求援,略谓:"倭军逼近,局势日紧,徐总镇矢志歼寇,而孤军无援。赵统领观望,程军门(之伟)未到,各将意见不一,金州恐难固守。本拟电禀,因有不便,故驰书沥陈,恳请速派将领前来主持,以保金州。"并派幕下王某变装间道送往。不料行至中途,被日军拘捕。敌人"始以柔语诱之,继以酷刑拷问,王君坚不吐实。后搜出文件,知事

---

① 《旅顺来电》,《盛档·甲午中日战争》(上),第 223 页。
② 藤崎秀捕获稍晚,此时尚未送到。10 月 31 日,藤崎秀同钟崎三郎、山崎羔三郎一起在金州西门外处斩。
③ 《前敌紧要军情各电清单》,《清光绪朝中日交涉史料》(1948),附件一,第 23 卷,第 37 页。
④ 《旅顺金州去电》,《盛档·甲午中日战争》(上),第 230 页。
⑤ 《连顺、赵怀业、徐邦道致盛宣怀函》,《盛档·甲午中日战争》(下),第 309—310 页。
⑥ 《寄大连湾赵统领等》,《李文忠公全集》,电稿,第 18 卷,第 22 页。

败，义不苟生，大骂敌人，头触石墙而死。"①数日内，连顺迭接荣安的报告，知日军已从花园口向南行进。正忧虑间，得裕禄来电，谓："闻倭人早已由花园口上陆，距金州境界极近，尊处只可以现有兵力与赵（怀业）、徐（邦道）两军连合，竭力防御。"②至此，连顺争取援兵的希望完全落空。

10月29日，日军前锋已抵貔子窝，荣安所部马队仅两哨，"以众寡不敌，退扎二十余里。"③金州形势愈加危急。此时，李鸿章束手无策，只是让盛宣怀转嘱金旅诸将："倭寇来路，速即安置地雷、碰雷、炸药。""坚手〔守〕，勿轻与战。"④希图依靠地雷、碰雷等物阻止日军的进攻，岂非异想天开？连顺则不知所措。在此危急的时刻，徐邦道挺身而出，愿与共守金州。

徐邦道（1837—1895），字见农，四川涪陵人。早年参加楚军，累迁至副将。后转入淮军，隶于刘铭传。1878年，以提督记名。1880年，调驻天津军粮城。1889年，授正定镇总兵。甲午战争爆发后，奉命招成拱卫军步队3营、马队1营及炮队1营，并在军粮城连日操练，以备开赴前敌。10月10日，大连湾敌氛日逼，徐邦道以"招此勇队原为打仗而设，并无别有所怕"，要求速发枪支，"操练数日，将军装衣帽等件稍为布置，并发饷一关，即行开往"。⑤13日，即乘船赴大连湾，驻扎金州附近。日军从花园口登陆后，又批准在大连湾招募步队1营，"以济一时之急"。⑥日军既占领貔子窝，金州副都统连顺电北洋大臣和盛京将军告急，皆告以无兵可援。徐邦道以大敌当前，应不分畛域，同心协力，愿尽一切力量，共筹战守。连顺曾对裕禄幕下之达融亭说："倭贼侵境，已据皮口

正定镇总兵、拱卫军统领徐邦道

---

① 《金州副都统幕王君死难记》，《旅大文献征存》（抄本），第3卷。
② 《裕禄致连顺电》，转见《甲午中日战争纪要》，第88—89页。
③ 《赵怀业致盛宣怀电》，《盛档·甲午中日战争》（上），第233页。
④ 《金州旅顺去电》，《盛档·甲午中日战争》（上），第246页。
⑤ 《徐邦道致盛宣怀函》，《盛档·甲午中日战争》（下），第270页。
⑥ 《徐邦道致盛宣怀函》，《盛档·甲午中日战争》（下），第319页。

（貔子窝），原应与诸军会合痛击，以扫逆氛。但盛字营留在辽阳，捷胜营亦迄未至，金州仅有一营。若以之与客军联合进攻，纵各军敌忾同仇，不存观望，本职任斯土之守备，举攻守之责向客军叩头依赖，情用难堪。今幸赖徐（邦道）之壮义，允借军资，招募马步各队，以图联合进攻。"①但此计划因日军迅速发动进攻而未及实行。他还对赵怀业说："金州若失，则旅顺不可守，请分兵御之。"②赵怀业始则"辞以不能"，经徐邦道再三讲明利害，才勉强应允，但仅派自告奋勇的前营营官周鼎臣"抽拨二百人，预备接应"。③

到11月初，连顺又接荣安报告，日军开始在大沙河架桥，知其即将进攻金州，便报知徐邦道和赵怀业，共同会商防御之策。经过会商，三将的分工如下：徐邦道率拱卫军防金州东路，截击来攻之敌，由赵鼎臣率怀字军步队两哨助之；连顺率捷胜营及旗兵守备金州城；赵怀业率怀字军专守大连湾。但是，徐邦道认为，与其株守待敌，不如趁敌立足未定、等待粮秣运送之机，实行进击，当为有利。而赵怀业踌躇不决。徐邦道知孤军难胜，只好放弃进攻的计划。遂专力布置防御，以貔子窝大道上的石门子为中坚，重点防守；右翼依托大和尚山，在其北麓夹桃沟以西高地设置炮兵阵地；左翼则占领复州大道大三里台与八里庄之间的破头山，在此修筑炮垒。徐邦道所部守中坚和右翼，周鼎臣守左翼。徐邦道设大营于金州城东阎家楼，亲自坐镇指挥。与此同时，他还派出马队沿貔子窝大道至石拉子附近侦察，并在石拉子与石门子之间的刘家店赶筑防御工事。

日军占领貔子窝后，即着手进行进攻金州的准备。11月2日，日军派斋藤德明少佐所部步兵第十五联队第一大队、田村义一少佐所部工兵第一大队及河野政次郎大尉所部骑兵第一中队先发，"一搜索敌情，一修理道路"。④3日，山地元治亲率第一师团主力从貔子窝向金州进发。第一旅团长乃木希典率步兵第一联队、骑兵一小队及山炮兵一中队为前卫；第二旅团长西宽二郎为殿军。另遣骑兵第一大队长秋山好古少佐带骑兵一中队及步兵一中队，从岔路到复州大道上的五十里堡警戒，以预防从复州来援之清军。

日军自花园口登陆后，虽未遇到清军的抵抗，却不断遭到当地居民的袭

---

① 《甲午中日战争纪要》，第90页。
② 《清史稿》，列传248，《徐邦道传》。
③ 《金州来电》，《盛档·甲午中日战争》（上），第249页。
④ 桥本海关：《清日战争实记》第8卷，第282页。

击。先是在貔子窝附近，即有某铁匠同农民二人用木棒袭击日军的哨兵线，将日本哨兵头部打成重伤。铁匠被捕受审时，"坦然不动，咒骂不止，请求就死"。[1]农民徐三还趁夜晚冲进日军营地，用长矛刺死了日军通译官藤城龟彦。[2]11月3日，斋藤德明进至亮甲店、陈家店一带活动，曲家村农民陈宝财带领44名农民，埋伏在凤凰山落风沟内，乘敌不备，袭杀日兵多人。日军以大军围困，陈宝财等全部牺牲。农民高武组织起800多户农民，袭击日军驻地。高武和一部分农民在战斗中壮烈牺牲。[3]老猎手姜二在日军的行军路上多处挖掘类似打狼的大坑，地面伪装如常，日军马队连续跌入坑内，死伤数人。[4]正由于日军时遭群众袭击，沿途警戒，故行进十分缓慢。

11月4日，斋藤支队到达刘家店，与清军相遇。双方展开了对射。原来，清军是在此赶修防御工事，而敌军已至，只好放弃尚未完成的工事而西撤。斋藤德明又派小队长小崎正满少尉率骑兵9名，至大和尚山附近侦察。小崎等进入大和尚山唐王殿，登上石城观察清军防御情况，并在军用地图上划符号标记。当小崎等回到松树沟西岭时，为拱卫军右营左哨队长童福霖发现。童福霖立即"布置口袋形包围圈，将抬枪队埋伏正面，洋枪队分在左右山坡上，刀矛队位于山沟里。敌人进入袋中，两骑中弹而倒，余骑向坡东转去。我军洋枪队开火，敌人又向回转，往返数次，击毙六人，俘虏三人。小崎正满一人逃走。"[5]

11月5日上午10时，乃木希典率部进至刘家店，适遇斋藤率1个中队侦察回

日军第一师团第一旅团长、
陆军少将乃木希典(1849—1912)

---

① 《日清战争实记》第9编，第22页。
② 向野坚一：《从军日记》(油印本)，1894年12月13日。见《明治二十七八年战役余闻》。按：藤城龟彦，熊本人。上海日清贸易研究所毕业。随第一师团侵华后，任兵站司令部通译官，属涩谷国高中尉的侦察队。
③ 王芸生：《六十年来中国与日本》第2卷，第173—174页。
④ 拙编：《甲午战争九十周年纪念论文集》，第269页。
⑤ 《甲午战争纪闻》，《旅大文献征存》(抄本)，第3卷。

来。乃木知清军在石门子高地构筑炮垒,其左右皆有步兵守御,于是决定以前卫兵力击之。11 时,日军向拱卫军阵地发动了进攻。乃木命步兵第一联队第一大队攻击大和尚山西北的清军炮兵阵地,第二大队自金州大道及其北方进击。日军各队进逼清军炮垒,拱卫军努力防战,"枪炮齐发,弹落如雨"。日军在清军的猛烈射击下,只能"藏身于山谷,与之相应"。激战约 3 小时,至午后两点钟战斗暂时告一间歇。日军大尉大野尚义及士兵 2 人受伤。午后 4 时,战斗再次打响。据日方记载:此战"犹如轰雷闪电,弹弹相击,硝烟竞涨,激烈猛击,尤为雄壮。然而,敌军占据天险,由高垒俯射,我军则由低处仰射,本来难易悬殊,而失地利之宜。遂停止左侧的警戒,而转移至金州大道与复州大道之间露营。时值晚上八时。"①徐邦道以新募之兵激战 7 个小时,先后粉碎了日军的两次猛攻,连日方也不得不承认"清兵善防"和"巧发射榴弹"。②

当拱卫军与日军第一旅团开战之际,第一师团主力刚到达金州大道上的关家店附近。山地元治、大寺安纯和师团参谋皆登上山头,瞭望战况。然后,山地又沿复州大道迂回到乾家子,沿途观察清军的防御配置,知拱卫军的防御重点在金州大道,复州大道的防御较为薄弱。于是,"决定采取扪敌之背的战术"。山地传令于乃木希典说:"虽金州路近傍,清兵寡少,其位置颇要冲,其金州街道通刘家店、石门子间,即来往其谷底,小山脉多横其左右。我兵为敌所瞰制,恐不便利。"因命乃木"使一支队与石门子近傍清兵对峙",而其本人则与西宽二郎率第二、第三联队"避清兵眼,转出复州路,更逼清军左翼背"。

11 月 6 日,日军发起了总攻。凌晨 4 时,日军各队由露营地出发。斋藤支队进逼清军左翼炮垒。周鼎臣率部"殊死作战,连放枪炮,战斗非常激烈"。③战至 6 时 10 分,由于众寡不敌,清军死伤甚多,周鼎臣也"骹受枪伤"④,左翼防线终被敌人突破。于是,拱卫军遂陷于腹背受敌的境地。驻守陈家屯北方高地的拱卫军后营营官林治才,见大队敌兵来攻,下令开火,枪炮齐发,打退了日军的第一次冲锋。随即修整胸墙,准备再战。日军依仗势众,又进行第二次猛扑。炮手牟道良在激战中右腿受伤,血流如注,仍拼战不屈,最后夺刀跳出胸

---

① 《日清战争实记》第 11 编,第 4 页。
② 桥本海关:《清日战争实记》第 8 卷,第 283 页。
③ 《日清战争实记》第 11 编,第 5 页。
④ 《盛京将军裕禄奏报金州失守大概情形折》,《清光绪朝中日交涉史料》(2069),第 25 卷,第 14 页。

墙与敌搏斗,终因伤势过重而倒于血泊之中。此时,阵地仅余百余人,"犹据胸壁防战"。①不久,破头山阵地又陷于敌手。徐邦道见敌人几面包来,不得已先退至阎家楼本营,随后在三里庄集合队伍,撤回金州城内。

是日午前 8 时,山地元治率第一师团主力由复州大道,乃木希典率第一旅团由金州大道,同时向金州城发起了猛攻。日军第一旅团占领城东高地,以野炮、山炮向金州城内猛轰。其第二旅团在复州大道左右布置阵地,集中 36 门大炮向城墙轰击。拱卫军和捷胜营共同战斗,"殊死防战"。连旗民和地方官也都登上城墙,"竭力堵守"。是时,"其声音如万雷齐鸣,山河为之震动,硝烟弥漫天空。清军架设于城墙上的克虏伯炮,时时放炮应战。"②山地元治见久攻不下,便下令吹起总攻号,从东、北两面向金州城冲击。清军从城垛的枪眼里用枪射击,城墙又高达 3 丈有余,日军无法逼近城墙。于是,日军派工兵用炸药炸开了永安门(北门)。随后又攻破了春和门(东门)。此时,"赵怀业带队始至,甫及城门,闻警复返。"徐邦道、连顺见城已破,率余部从宁海门(西门)和承恩门(南门)突围而出。此时,尚有一哨清军在城内与敌人展开巷战,其中除"十四名残伤被俘外,余皆壮烈牺牲"。③徐邦道、连顺二人"奔赴旅顺求兵救援,亟图夺回城池"。但是,旅顺诸将"言战言守,众志不一"④,无人赴援。上午 11 时,金州城全部陷落。裕禄在奏报金州失守的原因时说:"此次金州失守,系因贼势过众,该副都统(连顺)与徐邦道等商令赵怀业拨兵救援,仅派营官周鼎臣带兵三百人⑤前往接应。余兵屡催不至。⑥将士受伤、兵勇伤亡大半,力不能支,致城被陷。"⑦所奏尚属实情。

日军由于在 11 月 5 日进攻时受挫,在 6 日的进攻中便加以报复,滥杀无辜。日军第一师团主力从复州大道进逼时,即沿途杀人。日谍向野坚一在日记中写道:"到九里庄,我军欲杀一支那人,据说此人向敌人发暗号。还枪杀一清人。当时士兵报告:'此清人投降。'军官回答说:'讨厌,杀掉!'随即在两枪

---

① 桥本海关:《清日战争实记》第 8 卷,第 283 页。

② 《日清战争实记》第 11 编,第 6 页。

③ 《甲午战争纪闻》,《旅大文献征存》(抄本),第 3 卷。

④⑦ 《盛京将军裕禄奏报金州失守大概情形折》,《清光绪朝中日交涉史料》(2069),第 25 卷,第 14 页。

⑤ 赵怀业自称 200 人,应以 200 人为是。

⑥ "余兵"指程之伟、佟茂荫二军。前引裕禄折称:"函催程之伟迅带大同军前进,连催三次,该军竟在复州逗留。又迭催驻扎复州协〈领〉佟茂荫带捷胜营兵赴援,亦未到防。"

日本第二军司令部进驻金州副都统衙门

金州郊外的清军遗尸

声中毙命。"①这仅是其一例而已。日军攻破金州城北门后，"进路上遇有难民，不分男女老幼，枪击刀斫，直杀至西门外始止。"②日兵还在城内挨户搜查，奸淫烧杀，无所不为。西街曲姓家中仅剩姑嫂姊妹五人和五个儿童，见日兵闯入欲施强暴，便拿起菜刀剪刀与敌相拼，最后连同 5 个孩子一起被日军投入当院井中而死。时人有诗志其事曰："曲氏井，清且深，波光湛湛寒潭心。一家十人死一井，千秋身殒名不沉。"③从日本随军记者的笔下，也可以看出经日军洗劫后的金州城，是一幅多么凄惨的景象："市街上到处可见兵士和市民的尸体，死猪、死狗杂陈，军旗遗弃在地，衣服、家具散乱各处，光景极为荒凉惨淡。"④

三　大连湾弃守

日军第一师团攻占金州的第二天，便乘势向大连湾发动了进攻。

大连湾山形左右拱抱，东南面临海湾，三山岛屏障于前，湾之中央有两半岛突伸湾中，左曰和尚岛，筑东、中、西海岸炮台三座；右曰老龙岛，筑有老龙头、黄山海岸炮台两座。后路则筑有徐家山陆路炮台一座。各炮台所配备的炮位如下表⑤：

炮　台　名　称		炮　类	炮　数		
			门	小计	合计
海岸炮台	和尚岛	东炮台	21 公分加农炮	2	4	38
			15 公分加农炮	2		
		中炮台	21 公分加农炮	2	6	
			15 公分加农炮	2		
			8 公分加农炮	2		

---

①　向野坚一：《从军日记》（油印本），1894 年 11 月 6 日。

②　《甲午战争纪闻》，《旅大文献征存》（抄本），第 3 卷。

③　王芸生：《六十年来中国与日本》第 2 卷，第 174 页。

④　《日清战争实记》第 11 编，第 7 页。

⑤　《甲午中日战争纪要》，第 94 页。按：此表与姚锡光《东方兵事纪略》所载海岸炮台炮位全同，惟后路炮台多野炮 12 门。日人记载相差较大，合计为 20 门。（见桥本海关：《清日战争实记》第 8 卷，第 286 页）

续表

炮 台 名 称			炮 类	炮 数		
				门	小计	合计
海岸炮台	和尚岛	西炮台	21公分加农炮	2	4	38
			15公分加农炮	2		
	老龙头		24公分加农炮	4	4	
	黄山		21公分加农炮	2	4	
			15公分加农炮	2		
陆路炮台	徐家山		15公分加农炮	4	16	
			8公分野炮	8		
			4斤野炮	4		

当时,"我海疆炮台,大连湾式最新,炮亦最利,创建于戊子(1888年),竣工于癸巳(1893年),以屏蔽南关岭,为旅顺口后路扃钥。"[1]

原先,大连湾的驻守部队是刘盛休的铭军11营3哨。9月间,清政府为应援平壤清军,命刘盛休仅留守炮台兵8哨,其余10营4000人皆由北洋舰队护航,运抵大东沟登岸。后又续调两哨赴前敌,守台部队仅余6哨。李鸿章以大连湾防务空虚,命铭军分统赵怀业招募怀字军6营2哨。其中,和尚岛驻两营,老龙头及黄山各驻1营,南关岭驻1营,苏家屯驻1营2哨。金州危急时,赵怀业应徐邦道之请,拨2哨助守金州。这样,驻守大连湾的清军共有6营6哨,计3300人。

11月7日拂晓,根据山地元治的部署,日军分三路向大连湾进犯:右路部队,包括步兵第三联队、骑兵一小队及炮兵两中队,由第二旅团长西宽二郎少将指挥,沿旅顺大道前进,截断清军来援之路,称为旅顺大道支队;中央部队,包括步兵第十五联队、骑兵一小队及工兵一中队,由步兵第十五联队长河野通好大佐指挥,攻击大蓝山[2]炮台,称为大蓝山炮台攻击支队;左路部队,包括步兵第一联队、骑兵一小队及工兵一中队,由第一旅团长乃木希典少将指挥,攻

---

① 姚锡光:《东方兵事纪略》,见《中日战争》(1),第38页。

② 大蓝山炮台之名称,系根据日方记载。或称作大龙山半岛炮台。(见《第一师团司令部参谋野口坤之大尉关于攻克金州和大连湾的谈话》,《日清战争实记》第13编,第88页)疑即指老龙岛。因大连湾内只有两个半岛,除和尚岛外,就是老龙岛了。

击和尚岛炮台,称为和尚岛炮台攻击支队。其余部队,驻金州城南,作为预备队。

早在日军攻占金州之前,李鸿章对守御大连湾已感信心不足。他提出了两个方案:

第一个方案,是坚守金州通往旅顺大道上的南关岭。他授意盛宣怀致电湾、旅诸将:"貔子窝至金州路皆宽,惟有南关岭起,土城子止,宽止十里。中有山岭,形如蜂腰,西人皆称可守。若调十营扼山岭,多安炮位,平路多设地雷,当可紧守。一面再调兵接应。如能守住南关岭,不使越过,统领、营官当邀破格恩爵,弁兵重赏银两,决不食言。"并告诫诸将说:"卫达三(汝贵)已拿问。其势不能不拼,然舍南关岭不守,过此恐不能守。"①他还多次电催赶办南关岭土炮台,并多方设法调军赴援。从盛宣怀致登莱青道刘含芳的一封电报,即可看出当时调兵遣将急如星火的情况:"倭兵犯金、复,人数不多。但求夏(辛酉)、章(高元)两军速渡,守住南关岭。刘子征(盛休)已到海城,程魁斋(之伟)已到熊岳,电饬合师夹击,俟鉴帅(李秉衡)允准拨队。请公送电龚鲁卿(照玙),即派在旅之图南、海定、广济夜渡赴登。"②实际上,各路援军皆缓不济急,李鸿章赶办南关岭土炮台的命令也未曾执行。

第二个方案,是在紧急时放弃大连湾而专守旅顺。11月2日,盛宣怀致电赵怀业等:"尊处分守各营,兵力散而不聚,恐难当大敌。帅意旅重于湾,南关岭有险可守,倘湾不得守,须带炮队退守南关岭,以保旅顺为要。"③同一天,李鸿章也电嘱旅顺水陆营务处道员龚照玙:"吾意宁失湾,断不失旅。"④这实际上是告诉赵怀业、龚照玙等对大连湾可以弃而不守。

李鸿章的这两个方案,显然是自相矛盾的。南关岭不仅是旅顺口后路的孔道,也是大连湾后路的屏障,既放弃了大连湾,南关岭还能屹立无恙吗?而且,李鸿章本人前后的思想也是矛盾的。早在日军登陆花园口之前,他获悉"倭欲由大连湾旁登岸,抄袭旅顺"的消息时,曾经认为:"大连湾尤为旅顺紧要后路,互相犄角,湾防不守,则旅防可危。"⑤如今却说:"宁失湾,断不失旅。"而

---

① 《盛宣怀致龚照玙等电》,《盛档·甲午中日战争》(上),第250页。
② 《盛宣怀致刘含芳电》,《盛档·甲午中日战争》(上),第254—255页。
③ 《盛宣怀致赵怀业等电》,《盛档·甲午中日战争》(上),第245页。
④ 《复旅顺龚道》,《李文忠公全集》,电稿,第18卷,第26页。
⑤ 《复总督》,《甲午战事电报录》中卷,见《东行三录》,第174页。

实际上是失湾必失旅。这反映了他的方寸已乱，在指挥上已经毫无章法了。但是，李鸿章的指示，却使赵怀业不战而退出大连湾有了依据，造成了难以挽回的恶果。

先是拱卫军及捷胜营败向旅顺时，在苏家屯和南关岭的两营怀字军，即随之而去。赵怀业也率驻和尚岛两营，于当夜移于老龙岛。因此，日军于7日向大连湾进攻时，一路上没遇到任何抵抗，行进极为迅速。日军行至三十里堡迷路，令塾师阎世开为之引路，被拒绝。日本军官以死相威胁。阎世开痛骂敌人，奋笔书曰："宁作中华断头鬼，勿为倭奴屈膝人！"书毕慷慨就死。时人作歌吊之："刀边骂敌怒裂眦，掷笔甘就刀头死。心肝攫出泣鬼神，淋漓血染山凹紫。"①

至是日上午9时左右，大连湾各炮台全部被日军各支队分别占领。如下表：

炮台名称	日军占领部队			
	编　　制	指挥官姓名		
和尚岛东炮台	步兵第一联队第三大队	今村信敬少佐	隐岐重节中佐	乃木希典少将
和尚岛中炮台	步兵第一联队第二大队	左栗屋干少佐		
和尚岛西炮台	步兵第一联队第一大队	竹中安太郎少佐		
黄山炮台	步兵第十三联队	河野通好大佐		
老龙头炮台	步兵第二联队第一大队	伊濑知好成大佐		西宽二郎少将
徐家山炮台	步兵第二联队工兵第一中队	田村义一少佐		

在以上各炮台中，除老龙头炮台稍作抵抗外，余皆弃台而走。赵怀业见日军至，即率所部奔向旅顺。

日本海军为应援陆军作战，也于是日早晨驶赴大连湾外，先对岸上试放两炮，而毫无反应。至9时许，筑紫、赤城二舰来向旗舰报告，和尚岛炮台已悬挂日本旗。随后，第二十三号鱼雷艇又来报告，中国炮台的炮口皆指向天空。于是，日本海军知第二军已完全占领了大连湾炮台，便派人至水雷营"收布设水雷图，因得详其布设之状，即扫海以绝其忧。"②李鸿章经营多年的大连湾，反成了日本继续扩大侵略的根据地。不仅如此，大连湾储备甚丰，除饷银已被赵怀业运走外，军械、弹药等全归敌人所有。时人指出："方倭将至时，我金州、大连

---

① 张之汉：《阎生笔歌并序》。按：阎世开，字梅一，金州城南三道沟人。家境贫寒，世代业儒。本人在金州城南三十里堡为塾师。死年38岁。

② 桥本海关：《清日战争实记》第8卷，第288页。

湾储备军械自勇丁配执兵枪以外,有海岸、行营两种炮凡一百二十余尊,大小炮弹二百四十六万余颗,而自沪局运至行营快炮封尚未启;华厂自制枪并德国枪六百数十杆,枪弹三千三百八十一万数千颗;及马匹行帐诸式军需,所蓄甚厚。严城巨防,特两日间竟委之去。大连湾有海军码头,倭人据之,其大小军资从此得登岸地转输前敌,而辽东之祸愈烈矣。"①

四　旅顺口的防御

日军攻陷金州,夺取大连湾,其目的是为了攻取号称"东洋第一坚垒"的旅顺口。因此,日本第二军在大连湾休整 10 天之后,便向旅顺发动了进攻。

旅顺口与威海卫隔海相望,共扼渤海的门户。旅顺口门狭窄,内澳周约 14 里,水深可容铁甲兵轮。1880 年冬天,首筑黄金山炮台,为旅顺设防之始。1881 年,又在旅顺设置水雷营、鱼雷营和屯煤所,并配备了挖泥船,以浚深海港。1885 年中法战争后,清政府决意"大治水师"。李鸿章也主张:"为保守畿疆计,尤宜先从旅顺下手。"他说:"铁舰收泊之区,必须有大石坞预备修理,西报所讥有鸟无笼,即是有船无坞之说,故修坞为至急至要之事。"②到 1890 年,在内澳东岸所建之大船坞全部竣工。这是一项大工程,当时被称为"海军根本"③,"其规模宏敞,实为中国坞澳之冠"。④

在建港的同时,还陆续修建海岸炮台多座。战争爆发后,又临时增修了一些炮台。在东西两岸诸炮台中,"以黄金山炮台为第一坚固,置三百六十次〔度〕回转自在大炮,海面攻之甚难。"⑤著名爱国诗人黄遵宪曾有诗赞旅顺口之险要:"海水一泓烟九点,壮哉此地实天险!炮台屹立如虎阚,红衣大将威望俨。"但又指出:"鲸鹏相摩图一噉,昂头侧睨视眈眈。"⑥确实,日、俄两国早就对旅顺口虎视眈眈,欲攫而噉之,只是等待时机罢了。

旅顺口之险要,不仅在于口门严实,也在于有"山列屏障"。港澳背靠群山,峰峦蜿蜒起伏,呈半月之形,犹如天然城郭,拱环旅顺后路。主要山峰上皆

---

① 姚锡光:《东方兵事纪略》,《中日战争》(1),第 39 页。按:姚著所载日军虏获之武器弹药数字,与日方公布的数字基本相同。(见《日清战争实记》第 11 编,第 12—13 页。)

② 《论旅顺布置》,《李文忠公全集》,海军函稿,第 1 卷,第 17 页。

③ 姚锡光:《东方兵事纪略》,见《中日战争》(1),第 35 页。

④ 薛福成:《出使英法义比四国日记》第 4 卷,第 240 页。

⑤ 桥本海关:《清日战争实记》第 9 卷,第 295 页。

⑥ 《哀旅顺》,《人境庐诗草》第 8 卷。

日军第一师团集结双沟台做进攻旅顺的准备

设置炮台，以老虎涧山为界，划分为东、西两个方面炮台群，是为旅顺后路炮台。其炮位如下页表①。由下表可知，旅顺后路炮台可算是绵密无间，"且山顶峻嶒，连络不断，炮门尽皆向敌，实属形胜天然"。②

防区	炮台名称	炮　　种	炮数	小计
东炮台群	松　树　山	12 公分加农炮	1	9
		20 公分臼炮	2	
		12 磅榴弹炮	1	
		8 公分野炮	1	
		7 公分野炮	1	
		6 公分山炮	2	
		机关炮	1	

---

① 此表主要根据日本参谋本部《明治二十七八年日清战史》附录 56 之《旅顺口陆路正面炮台兵备表》而重新编制。该表亦有一些不确之处，如将望台北炮台列入东方面炮台群，缺少椅子山炮台，等等。兹据姚锡光《东方兵事纪略》、《日清战争记》第 12 编所载《旅顺战图》及《英兵部蒲雷东方观战纪实》，予以校正。

② 《英兵部蒲雷东方观战纪实》，《中东战纪本末三编》第 2 卷，第 17 页。

续表

防区	炮台名称		炮　种	炮数	小计
东炮台群	二龙山	主炮台	12公分加农炮	1	5
			12公分臼炮	2	
			6公分山炮	1	
			机关炮	1	
		东炮台	8公分野炮	1	3
			机关炮	2	
	鸡冠山	西北炮台	6公分山炮	3	5
			机关炮	2	
		西炮台	12公分加农炮	2	4
			机关炮	2	
		主炮台	6公分山炮	1	3
			机关炮	2	
		小坡山	机关炮	3	3
		大坡山	6公分山炮	4	4
	临时炮台	松树山东	6公分山炮	4	6
			机关炮	2	
		二龙山西	6公分山炮	7	7
		鸡冠山西	8公分野炮	4	4
		蟠桃山	6公分山炮	6	6
西炮台群	椅子山		9公分野炮	1	2
			机关炮	1	
	案子山	西炮台	12公分加农炮	2	3
			7公分野炮	1	
		东炮台	12公分加农炮	1	3
			20公分臼炮	2	
		东麓小炮台	20公分臼炮	2	4
			机关炮	2	
	望台北		12公分加农炮	2	7
			8公分野炮	3	
			7公分野炮	1	
			机关炮	1	
合　　　计					78

防守旅顺海岸炮台的清军，原先只有亲庆军6营。其中，记名提督黄仕林率3营驻东岸：中营守黄金山炮台及人字墙；前营守摸珠礁炮台；正营守老砺

嘴炮台。记名总兵张光前率 3 营驻西岸:后营守老虎尾及威远炮台;副营守蛮子营炮台;右营守馒头山及城头山炮台。战争爆发后,黄仕林增募副前营,张光前增募副后营,各成 4 营,共 8 营 4 100 人。①

　　旅顺后路各炮台,原由四川提督宋庆率毅军驻守。后以毅军陆续调走,旅顺后路空虚,李鸿章请旨令临元镇总兵姜桂题招募桂字军,记名提督程允和招募和字军,各成三营半。和字军驻守椅子山至松树山一线,包括椅子山、案子山、望台北及松树山炮台;桂字军驻守二龙山至蟠桃山一线,包括二龙山、鸡冠山炮台及蟠桃山等临时炮台。姜、程以日军登陆花园口,旅顺兵单,不够分布,共商于旅顺前敌营务处道员龚照玙,"将程之半营并归姜部,程添一营,并成各带四营"。②得到李鸿章的批准。于是,姜桂题带桂字军 4 营,程允和带和字军 4 营,共 8 营 4 000 人。11 月初,清政府又派记名提督卫汝成率成字军 5 营及马队一小队乘轮赴援,以加强旅顺后路的防御。成字军 5 营系分乘两轮赴旅:海定轮载 3 营 1 672 人③;图南轮载两营 1 336 名。④共 3 008 人。⑤卫汝成抵旅顺后,率部驻白玉山东麓,作为旅顺后路的总预备队。此外,金州、大连湾失守后,连顺、徐邦道及赵怀业皆率部来旅。连顺的制兵步骑 580 人,在金州战斗中损失很重。据日方记载:金州"敌军死伤甚多,或死于城外郊原,或跳入护城河自尽,或因进退无路而被俘。"原在城内的"敌军死者数十名,伤者不下百余名,俘虏二百名内外。"⑥可见,连顺所部人本不多,经此战后所剩无几。他带残兵至旅顺后,便于 11 月 11 日乘船至复州⑦,没有参加旅顺战斗。徐邦道的拱卫军,在 11 月 5、6 日两天的激战中,也损失较重,以减员二成计,尚余 1 400人。赵怀业的怀字军中,赵鼎臣 2 哨损失较大,其余 6 营在撤离大连湾时也有减员,还有 1 800 人。铭军 6 哨,来旅者有 400 人。⑧这样,防守旅顺后路的兵力达到了 10 600 人。

　　清军驻守旅顺的总兵力为 14 700 人,其数量不能算少,若能各将同心,指

　　①⑧　《日清战争实记》第 12 编,第 18 页。

　　②　《龚照玙致津院电》,《盛档·甲午中日战争》(上),第 233 页。

　　③　《海定轮船装运兵弁、军械节略》,《盛档·甲午中日战争》(下),第 332 页。

　　④　《图南轮船装运部队清单》,《盛档·甲午中日战争》(下),第 321 页。

　　⑤　按编制,步队五营足额为 2 500 人,另有马小队 24 人。因成字军长夫、伙夫、马夫、炮车夫等甚多,故超编近 500 人。

　　⑥　《日清战争实记》第 11 编,第 6、7—9 页。

　　⑦　《盛京将军裕禄奏报金州失守大概情形折》,《清光绪朝中日交涉史料》(2069),第 25 卷,第 14 页。

挥得力,是不易攻破的。日军第一师团长山地元治也是这样估计的。据日方记载:在进攻旅顺之前,山地元治的副官预先编制了一份 500 人的敢死队名册,山地认为不够;副官又增加 500 人,他仍说"不足";及增至 1 500 人,"始颔首曰可"。①可见,日军是准备付出重大伤亡的代价来攻取旅顺的。可是,旅顺并不像日方所预想的那样难以攻取。

事实上,当时一些熟悉内情的官员,都料定旅顺必失无疑。李鸿章则把不失旅顺的希望寄托于"诸将才能"。他在致龚照玙电中说:"希与张(光前)、姜(桂题)、程(允和)酌之,诸将要知此系背水阵,除同心合力战守外,别无他法。"②龚照玙以道员任旅顺前敌营务处兼船坞工程总办,代北洋大臣节度,"尽护诸将,实即隐帅旅顺"。本来,龚照玙确实应该负起激励诸将"合力战守"的责任,但他"贪鄙庸劣,不足当方面,颇失人望"。③不仅如此,在 11 月 6 日、即金州失守的当晚,他既不请示上司,又不与诸将共商,便以"商运粮米"为名,乘海军鱼雷艇赴烟台。时山东巡抚李秉衡正驻烟台,他却避而不见,致被奏参。又以"请援"为名乘商轮赴天津,李鸿章饬其"即日回防,激励诸将同志固守"。④龚照玙此番离旅,显系托词逃避,致使人心浮动,造成混乱。"船坞局逃匿殆尽,市无买卖,水旱雷学生亦均逃走。军械局委员自委员以下,迄无下落。"⑤西岸旱雷队长张启林竟"将电箱损坏,畏罪带水勇四名逃去"。11 日,龚照玙回旅后,仍然"不能联络诸军,同心固守"。⑥于是,在旅顺又重新出现了像平壤那样"有将无帅"的情况。

旅顺先是有五统领,即姜桂题、张光前、黄仕林、程允和和卫汝成。后又增加赵怀业和徐邦道,成为七统领。七统领不相系属,各行其是,怎能御敌?张光前"恐不能和衷,致误大事",便与黄仕林、程允和、卫汝成等共议,公推姜桂题为总统,"一切听其调度,同心协力",希望"可以支持大局"。然姜桂题出身行伍,目不识丁,"生平未尝把卷"⑦,且才本中庸,难有作为,终未能改变"诸军

① 《日清战争实记》第 12 编,第 1 页。
② 《复旅顺龚道》,《李文忠公全集》,电稿,第 18 卷,第 26 页。
③ 姚锡光:《东方兵事纪略》,见(中日战争)(1),第 36 页。
④ 《查参龚照玙片》,《李文忠公全集》,奏稿,第 79 卷,第 36 页。
⑤ 《张光前致盛宣怀函》,《盛档·甲午中日战争》(下),第 326 页。
⑥ 《刑部奏审明失守旅顺之龚照玙按例定拟折》,《清光绪朝中日交涉史料》(2639),第 33 卷,第 27 页。
⑦ 林纾:《昭武上将军姜公家传》,见《碑传补》,卷末,第 15 页。

皆观望坐视"的局面。他战守无策,只是一味地告援。先驰书于盛宣怀:"刻间旅洋万分吃重,惟望大鼎力转恳中堂格外关系大局,速设良策。"①继又致书于李鸿章:"刻下,贼既踞金,势必乘胜进犯旅顺。前路已无兵拦阻。职镇等会商,除紧守长墙土炮台,别无良策。然外无援应,纵竭力守御,亦难日久持撑。"②其实,这种防御方法正是自败之道。时人指出:"方旅顺兵事之棘也,诸将不布远势而蹙于自守。当十月初旬,即经营扼后山之计,循老砺嘴后炮台北,沿山北趋,顺山势折而西,又稍北属至元宝房药库之东、水师营之南,逾椅子山炮台再西,而南抵洋沱凹,直走黑沙沟之北,逦迤包三面若半环形,依陆路炮台,严军自守。其无炮台之处,弥以行营炮;行营炮之隙,护以枪队,循山高下,补以土垒。当倭兵踞南关岭后,旅顺诸营自留守海岸炮台勇丁以外,尽数分布后山,即支行帐以宿。而备多力分,牵掣既多,敌人转得蹈我瑕隙。"③把这一办法用于防守海岸线,更是难以行得通的。驻守旅顺口西岸的张光前致书盛宣怀说:"西岸由口门至双岛套等处,相去几百里之远。口汊太多,仅弟与程平兄(允和)数营分别扼守,地广兵单,万分焦灼。"④即使将士兵排成单行,也摆不满这样长的防线。采用这种"备多力分"的防御办法,正反映了诸将的慌乱无计,欲其不败是不可能的。

旅顺诸将慌乱无计之日,正是朝廷急筹对策之时。先是清政府鉴于日军既突破鸭绿江防,又从花园口登陆,敌氛日逼,便于 11 月 2 日成立了督办军务处。及至金州和大连湾失守,督办军务处接报大惊。当天,以"旅顺势甚孤危",决定派广东提督唐仁廉"前往督率诸将尽力战守"。派唐仁廉去旅顺督率诸将,本是李鸿章在此前一天提出的建议,认为旅防"各军无人督率,号令不齐","得唐去鼓励督率,定能同心御侮"。督办军务处诸大臣正在束手之时,也想不出别的高招儿,只好同意。实际上,尽管唐仁廉"勇气焌勃",且"颇有远虑",但一木终难支撑将倾之大厦。故翁同龢于是日在日记中写道:"请派唐仁廉赴旅顺,许之。唐以只身蹈海,何济于事哉?"⑤后因没有去旅顺之船,又改令唐仁廉赴奉天,为宋庆后路。

---

① 《姜桂题等致盛宣怀函》,《盛档·甲午中日战争》(下),第 327 页。
② 《姜桂题等致李鸿章函》,《盛档·甲午中日战争》(下),第 335 页。
③ 姚锡光:《东方兵事纪略》,见《中日战争》(1),第 40 页。
④ 《张光前致盛宣怀函》,《盛档·甲午中日战争》(下),第 326 页。
⑤ 《翁文恭公日记》,甲午十月初一日、十一日。

　　与此同时,督办军务处又提出命李鸿章催令登莱青镇总兵章高元率嵩武军8营"设法东渡"援旅。李鸿章复电答以:"轮船、民船皆难冒险运旅。"①于是,督办军务处又想出"以马吉芬统带铁舰护送章高元八营赴旅",并请旨谕李鸿章"面询汉纳根,妥筹办理"。②枢府诸臣面对严峻的形势,已感到无计可施,只好寄希望于洋人来创造奇迹。为此,李鸿章召集汉纳根、丁汝昌至天津开会。11月10日,李鸿章先与汉纳根会晤。汉纳根提出:"海军六船只定、镇可恃,倭既据金、湾,其快船、雷艇必聚大连湾海澳,时在旅口游弋。我舰挟运船往旅,必有大战,以寡敌众,定、镇难保,运船必毁。定、镇若失,后难复振,力劝勿轻一掷,仍回威海与炮台依护为妥。"李鸿章则认为:尽管马吉芬"胆气尚好",但"目下情势尚未敢任战舰护兵之役。"③12日,李鸿章与汉纳根、丁汝昌商谈援旅事。汉纳根提出3条意见:一、旅顺"山径险阻,现有二十一营④分守前后,可以暂支,即冒险添兵往助,似无大益";二、"旅口倭船游弋,运船断不可往";三、"金州北路一军往攻,是以牵制敌势,但敌众我寡,难期制胜,章高元八营请由登州乘轮至营口前进,会合宋军,气力较厚"。丁汝昌也认为"若令护送运船,适以资敌",与汉纳根"意见相同",但表示愿意"即率六船由津赴口外巡缴,遇敌即击,相撞即攻"。三人商谈的结果,看来取得了一致的意见。所以李鸿章当即电嘱山东巡抚李秉衡:"饬章高元整备,改赴营口,为宋庆、刘盛休等后继,雇用商轮,分起运往。"⑤

　　清廷听到旅顺"可以暂支",又寄希望于北路进兵,便批准了三人商谈的保旅方案。光绪谕李鸿章:"章高元八营着即由登州乘轮赴营口,会合宋庆进剿。据称旅顺'可以暂支',惟前电有'各炮台防守可支半月,惟乏粮'等语。究竟如何馈运接济?着李鸿章设法迅速办理。"⑥李鸿章一面雇镇东商轮往旅顺运粮,一面命丁汝昌率六舰由大沽径赴旅顺探巡。13日晨,丁汝昌抵旅,了解旅顺的布防情况后,即向旅顺诸将提出:"须抽奋勇为迎击之师,或出墙迎剿,或策应吃紧之处。"当晚,丁汝昌以"羊头窝(洼)、小平岛倭均驻雷艇","六船不能在旅

①　《北洋大臣来电》,《清光绪朝中日交涉史料》(1932),第23卷,第29页。

②　《军机处电寄李鸿章谕旨》,《清光绪朝中日交涉史料》(1935),第23卷,第30页。

③　《北洋大臣来电》,《清光绪朝中日交涉史料》(1938),第23卷,第31页。

④　汉纳根所说之二十一营,系单指驻旅部队而言,并不包括怀字军和拱卫军。

⑤　《北洋大臣来电》,《清光绪朝中日交涉史料》(1950),第23卷,第43页。

⑥　《军机处电寄李鸿章谕旨》,《清光绪朝中日交涉史料》(1956),第24卷,第2页。

久泊,夜间恐至失事"①,启碇离旅,于 14 日凌晨到威海。从此,旅顺便与外界断绝了联系。

15 日,日军便开始向旅顺进逼了。

五　土城子迎击战

日军既占领金州和大连湾,便开始为进攻旅顺进行准备。每日多发探骑,侦察旅顺的道路、地形及驻兵情况,并绘制旅顺半岛地图。

11 月 15 日,又组织两支大股部队进行前敌侦察:骑兵第一大队长秋山好古率骑兵大队及步兵两个中队,至土城子侦察地形;步兵第二旅团长西宽二郎率其支队,侦察旅顺后路炮台。秋山一股进至水师营北。西宽一股则行近旅顺后路炮台,因被守军发现而开炮,始退至营城子。16 日,日军暂止大股活动,只派少数探骑潜入水师营东南的八里庄,侦察旅顺后路炮台西面的通路。由于连日来的侦察,日军完全掌握了旅顺的防御情况。而清军明知"东兵从土城子、水师营而来,正走山凹缺口"②,却不在此设防,而听任日军侦察部队自由往来。

17 日拂晓,日本第二军除少量留守部队外,全部出动,开始向旅顺进犯。其行进顺序如下:

　　骑兵搜索队:骑兵第一大队(缺 3 个小队)及骑兵第六大队第一中队(缺两个小队),由骑兵第一大队长秋山好古少佐率领。

　　前卫:步兵第三联队(缺第二中队)、骑兵第一大队的半个小队及卫生队之一半,由西宽二郎少将率领。

　　右翼纵队:第一师团本队(其中,步兵第十五联队的两个大队留守金州),由山地元治中将率领;混成第十二旅团步兵第二十四联队,由长谷川好道少将率领。

　　左翼纵队:混成第十二旅团步兵第十四联队(其中 1 个大队留于和尚岛的柳树屯,警备大连湾兵站监部驻地)、骑兵第六大队的 1 个小队、炮兵第六联队的 1 个山炮中队、工兵第六大队第二中队(缺 1 个小队)、第六师团卫生队之一半及粮食运输队之一半,由步兵第十四联队长益满邦介中

---

① 《北洋大臣来电》,《清光绪朝中日交涉史料》(1960),第 24 卷,第 3 页。
② 《英兵部蒲雷东方观战纪实》,《中东战纪本末三编》第 2 卷,第 17 页。

佐率领。

野战兵工厂。

是日,骑兵搜索队、前卫、第一师团在三十里堡会合;混成第十二旅团本队驻于金州南;第二军司令部位于第一师团与混成旅团之间;左翼纵队在辛寨子;野战兵工厂在柳树屯。

18日晨6时,秋山好古率领骑兵搜索队自三十里堡先发。西宽二郎率前卫继后。西宽二郎率队至前各镇堡与第一师团主力会合后,重新进行编队;又率步兵第三联队、1个骑兵中队、1个炮兵中队及工兵第一大队,作为前卫前进。这样,日军骑兵搜索队在前,前卫随后,经营城子、双台沟向土城子行进。

先是丁汝昌于13日抵旅时,曾建议"抽奋勇为迎击之师",但姜桂题自以"紧守长墙土炮台"为得计,对此建议并不重视,致使日军侦察部队得以屡次出现于旅顺后路炮台附近。徐邦道不顾新败之后,"固请于桂题,欲增兵与倭争后路,不许;乃请给枪械,桂题许之,令至军库自择。邦道率其残卒行,而怂恿卫汝成并进。汝成为所动,从之。"①18日,徐邦道率拱卫军行,卫汝成率成字军继之,经水师营进抵土城子。

上午10时,日军骑兵第一大队长秋山好古率骑兵搜索队抵土城子。前卫骑兵中队先发现清军步兵300余人及骑兵40余占领前方高地。前卫骑兵中队长浅川敏靖大尉根据往日的经验,以为清军一看到日军就会狂奔,但"今日不仅一步也不后退,而且有进攻的迹象"。果然,到10时30分,清军突然在相距1 000公尺的高地上吹响了军号,向日军发起攻击。浅川考虑:清军"占领了最便于进攻的位置,无论防守还是作战,日军皆处于不利的地位。"②于是,他便带领前卫骑兵中队向土城子村西北撤退。此时,骑兵大队正在土城子村东北,据守沙河土堤,下马徒步作战。清军一面以步队进逼,一面以骑兵从土城子以西包抄日军后路。浅川见状,向秋山好古建议撤退。秋山认为,撤离河堤将会招致更大的损失,莫如坚持反击。浅川不得已率前卫骑兵中队回头作战,但仅战片时,即中弹落马,因被一士兵救起,侥幸未曾丧命。此时,双方刀枪相加,战况趋于激烈。由于徐邦道的拱卫军和卫汝成的成字军都投入了战斗,在数

① 姚锡光:《东方兵事纪略》,见《中日战争》(1),第39页。
② 《浅川敏靖大尉谈话》,《日清战争实记》第14编,第17页。

土城子日军骑兵搜索队突围

量上占有极大的优势,而且士气旺盛,勇往直前,"清弹乱射,势不可挡"①,因此日军"骑兵全部陷于重围之中,面临进退维谷之境"。②秋山好古见事不好,下令突出包围,向双台沟方向奔逃。清军遂将土城子占领。

徐邦道下令向北追击逃敌。时日军前卫第三联队第一大队长丸井政亚少佐已抵双台沟。丸井已先派步兵第三中队为尖兵,命其在双台沟高地选择防御阵地。及至日军前卫抵双台沟后,丸井即率步兵第三中队向土城子前进,第一大队之第一、第二、第四中队则留在双台沟高地。南行约6里时,丸井突接骑兵来报,知清军已至土城子,便一面遣快骑传令步兵第一大队其余中队来援,一面率队向清军反击。二等军曹川崎荣助在日记中详细地记述了这次战斗:"敌军举着红白、红蓝旗帜,潮水般地涌来。我中队立即射击,敌军反击,战斗数小时。炮声如雷,弹如雨注,硝烟迷漫,笼罩原野,彼我难辨。……敌军的旗手举着蓝色旗帜,距我仅仅有二三十米了,其势难敌。……我军苦战之状,

---

① 桥本海关:《清日战争实记》第9卷,第296—297页。
② 《日清战争实记》第12编,第4页。

实非笔墨所能尽述。"①尽管日军又有两个中队来援,清军仍然猛追不已。日军来不及收拾尸体和运走伤员,只顾向北奔逃。有些受伤日兵不能行走,便举刀"自刎",或"在敌人尚未靠近的瞬间,自割喉咙而死"。在步兵的救护下,秋山好古"万死之中得此一生,终于得以逃出战场"。②时已下午4时。清军连战近6个小时,"饥疲甚","无接应",且徐邦道拱卫军"新败,无行帐,其步卒非回旅顺不能得一饱,遂弃险而不守,仍退归"。③

土城子迎击战是甲午战争期间清军打得比较好的一次小战斗,给日军以较大的杀伤。据日方公布的死亡数字:日军骑兵搜索队死二等兵饭尾金弥一人,伤中队长浅川敏靖大尉以下5人④;步兵第三联队第一大队死小队长中万德次中尉以下11人,伤三谷仲之助中尉以下38人。⑤共死12人,伤43人,合计55人。在这次战斗中,清军发挥了战术上数量的优势,打得主动,所以取得

日军卫生队搬运土城子之战的战死者

---

① 《川崎荣助军曹日记》,《日清战争实记》第14编,第19、20页。
② 《日清战争实记》第12编,第4、5页。
③ 姚锡光:《东方兵事纪略》,见《中日战争》(1),第40页。
④ 《骑兵中尉某致友人书》,《日清战争实记》第14编,第24页。
⑤ 《川崎荣助军曹日记》,《日清战争实记》第14编,第24页。

了这样的战果。但是,在清军将领中,还是株守阵地待敌来攻的消极防御思想占了上风,局部的胜利并不能挽回注定的败局。土城子迎击战以后,后路险要尽弃而不守,"旅顺事遂不可为矣"。①

六　旅顺口的陷落

土城子战斗后,日本第二军继续向旅顺进逼。11月19日晨5时,各部队从营城子出发。20日,已全部到达准备发起攻击的出发地。因攻城炮尚未运到,故决定以21日为总攻之期。是日下午2时,大山岩在李家屯西北召开作战会议,部署次日的作战计划:

> 骑兵搜索队:警戒盘龙山西,且出一部分骑兵搜索通向旅顺的道路。
> 右翼纵队:第一师团在旅顺大道以西展开,首先攻占旅顺后路最高大坚固的椅子山炮台,然后进攻松树山;混成第十二旅团列阵于旅顺大道以东,进攻二龙山炮台。
> 左翼纵队:列阵于旅顺东北,以牵制清军。
> 总预备队:第一师团步兵一大队及骑兵搜索队半小队,隶于军司令部,驻于土城子南。

同时与海军取得联系,要求舰队次日从海上加以配合。

徐邦道见日军已逼近旅顺,再次决定主动出击,并请卫汝成派队助之。20日下午两点多钟,清军分两路向石嘴子进袭:一路自水师营西的盘龙山进,约3 000人;一路自大道进,约2 000人。此时,大山岩召集的作战会议刚散。日军第一师团长山地元治还正在返回师团本部的途中,发现"山谷里到处出现大大小小的红蓝军旗"②,断定是清军来袭。他立即命令各部队紧急集合,进行战斗准备。清军已从三面包围了日军步兵第二联队长伊濑知好成大佐所占领的石嘴子以南高地。但由于日军占据了有利地形,清军的进攻受阻。日军在高地架起野炮和山炮,据高猛轰山谷里的清军。第一师团本队及混成第十二旅团也分兵来战。双方战至日落西山,暮色朦胧,徐邦道见以寡敌众,终难取胜,便下令撤退。日军不敢追赶,只是严加戒备。这是徐邦道指挥的第二次迎击战。尽管清军在战斗中奋勇拼战,已经无法挽回不利的局面了。

---

① 姚锡光:《东方兵事纪略》,见《中日战争》(1),第40页。
② 《日清战争实记》第12编,第6页。

日军第一师团炮兵第一联队炮击旅顺口炮台

11月21日凌晨2时,日军各部队在篝火间整顿装备,做好进攻的准备,然后悄悄地向指定阵地前进。进攻的前夜,第一师团长山地元治向各部队下达了师团命令,其内容如下:

一、全军于二十一日进兵敌军堡垒。混成旅团展开于土城子至旅顺大道之间,进攻二龙山炮台;但在炮击椅子山炮台期间,须实行佯攻。左翼纵队展开于旅顺东北,牵制敌军。攻城炮自明日拂晓时开炮。

二、本师团的任务是首先占领椅子山炮垒群。

三、西少将率领步兵第三联队(缺一个中队)、步兵第二联队第三大队、骑兵半个小队、山炮大队、炮兵一个中队及卫生队之半,明日拂晓炮击椅子山炮垒群。

四、炮兵联队(缺第三大队)于明日凌晨五时以前,在石嘴子以西占领阵地,做好炮击椅子山炮台的准备。步兵第二联队(缺一个大队)、工兵第二中队的两个小队及卫生队之一半,支援炮兵。

五、其余各部队作为预备队,凌晨二时集合于石嘴子西南,属本人直辖,沿步兵第二旅团长的前进道路行进。

六、各部队的辎重于清晨六时以前集合于米河子附近。

七、野战医院和弹药运输纵队于清晨五时以前集合于石嘴子;粮食运输纵队集合于米河子与土城子之间。

八、本人同预备队一起行进。①

21 日晨 6 时 40 分,西宽二郎率领所部到达椅子山炮台之西北。此时,"烟雾茫茫,不辨位置。未几,日光渐高,烟消雾散,始见椅子山左翼炮位位置。"②6 时 50 分,日本联合舰队"以兵轮横排一字阵于旅顺海面,包我东西各炮台之外,而距离甚远,盖以眩我将士耳目,牵我兵力,俾得专注陆路尽力来攻。"与此同时,日军攻城炮、野炮、山炮共 40 余门,围住椅子山炮台连环轰放。"我椅子山以炮还击,东路之松树山陆路炮台助之,而东南面之黄金山、南面之馒头山两海岸炮台皆以炮遥击,相持及一点钟。"③"斯时战斗最为激烈,两军炮声隆隆,似有天柱为之崩塌、地维为之碎裂之势。"④日军利用炮火的掩护,渐次迫近椅子山炮台,并蚁附而登。清军竭力抵抗,"自上而击,自下而逼","从侧面射击之势尤剧烈"。并与日军展开了白刃战,只见"剑影相闪及兵刃相接"。山地元治见状,急命预备队投入战斗。其中一股占领了椅子山西鸦湖河北岸的高地,程允和的和字军"据堤轰击",使其不得前进。日军第一联队第一大队山炮兵发炮猛射,清军终于不敌。8 时许,旅顺后路西炮台群的椅子山、案子山及望台北诸炮台,皆先后被日军攻陷。和字军撤出炮台后,在程允和的指挥下,还在继续抵抗,"战斗益激,铳声、炮声愈剧"。并"架野炮于高地以击日兵,馒头山、黄金山海岸炮台亦连射击,日兵苦战。"⑤和字军四面受敌,死伤甚重,便一面抵抗,一面向西海岸退去。

按原来大山岩布置的作战计划:日军第一师团进占椅子山炮垒群以后,立即进攻二龙山的邻堡松树山炮台;与此同时,混成第十二旅团以步兵第二十四联队全力进攻二龙山炮台,以另一支部队占领其右侧的炮垒。但是,"椅子山与松树山之间河水滚滚,道路极为不便,加之中间有一个清军兵营,清军以枪炮据守,第一师团的部队无法顺利地通过,因而延误了时间。"⑥此时,混成第十二旅团早已埋伏于二龙山以北,等待着发起进攻的时刻。上午 8 点钟刚过,旅团长长谷川好道看见第一师团已将椅子山炮台攻占,却没有向松树山发动进

① 《日清战争实记》第 12 编,第 8—10 页。
② 桥本海关:《清日战争实记》第 9 卷,第 299 页。
③ 姚锡光:《东方兵事纪略》,见《中日战争》(1),第 40 页。
④ 《日清战争实记》第 12 编,第 10—11 页。
⑤ 桥本海关:《清日战争实记》第 9 卷,第 300—301 页。
⑥ 平冈浩太郎:《第十二旅团长长谷川将军访问记》,见《日清战争实记》第 14 编,第 32 页。

旅顺椅子山炮台被日军攻陷后的情景

攻。8点20分,长谷川命令步兵第一大队和炮兵分队进至担任先头部队的第三大队的近旁。直到9点已过,第一师团仍未对松树山炮台发动进攻。由于混成第十二旅团埋伏的地点已经暴露,可能会陷于不利的境地,因此长谷川决定不等第一师团进攻松树山,便先对二龙山炮台发起进攻。于是,他下令:第二十四联队长吉田清一中佐率领第一大队第一、第三、第四中队及第三大队,进攻二龙山;第二大队长中村正雄少佐率领第二大队,进攻二龙山以东的炮台。

上午9时45分,日军混成第十二旅团开始对二龙山炮台发动进攻。第三大队为前锋,第二大队继进,工兵小队又继之,预备队在最后。据日方记载:清军努力防战,"炮声如万雷齐鸣,硝烟弥漫天地,咫尺不辨;机关炮炮弹落在我军部队之前后左右,战斗极为激烈,又特别雄壮。"①清军对接近炮台的日军,则用步枪射击。10点钟过后,仍未见第一师团向松树山炮击。而此时清军从三个方向的炮台一齐猛击,使日军处境极为困难。于是,日军便派出1个小队向松树山前进,佯攻松树山炮台,以使其停止对二龙山方面的炮击。适在此时,日军第一师团的野炮开始向松树山猛射,炮兵联队也用攻城炮发炮支援,日军的攻势大为加强。不久,"松树山堡垒内火起,白烟涨天,火药库爆裂"②,守台

① 《日清战争实记》第14编,第28页。
② 桥本海关:《清日战争实记》第9卷,第302页。

清军只好撤向二龙山。松树山炮台遂被日军攻陷。

吉田清一见松树山炮台攻陷,便命令第二十四联队向二龙山炮台发起冲锋。姜桂题指挥桂字军拼命抵御,用克虏伯炮、格林炮猛轰,并以步枪瞰射,两次打退了敌人的冲锋。日军依仗人多势众,继续向炮台攀登。当日军登至三分之二的距离时,清军引爆了地雷,使其冲锋再一次受阻。但是,日军在军官的督战下,"足踏鲜血,跨过尸体,终于逼近了炮台"。[①]此时日军已布满山野,从四面向炮台攀登。姜桂题见伤亡太重,已不可胜防,便率部撤下炮台,突围而出。清军撤离前,在弹药库里点燃了地雷。当日军"攀上垒壁的刹那间,天崩地裂一声巨响,蒙蒙浊云弥漫于六合"[②],当时在阵后目击的西方武官无不视为"壮举"。[③]上午 11 时 35 分,日军攻占了二龙山炮台。

在日军第二十四联队进攻二龙山炮台的同时,第十四联队在联队长益满邦介中佐的指挥下,也向鸡冠山炮台发起了进攻。益满邦介命第一大队为前锋,由大队长花冈正贞少佐率领,直攻鸡冠山炮台;又命第三大队第九、第十二中队,由大队长岛野翠少佐率领,转向小波(坡)山炮台,自第一大队的左侧而进。"清兵极力拒之,诸炮台连发速射炮,纷纷簌簌,如骤雨不绝,日前卫队颇苦之。"[④]在激战中,花冈正贞中弹,不久毙命。11 时 40 分,日军终于攻占了鸡冠山炮台及附近的临时炮台。

当椅子山炮台失守时,卫汝成和赵怀业"即向东行"。徐邦道在毅军操场接战,被日军围困于教场沟,"皆老队,死剩十余人,犹战不已"[⑤],终于冲出重围。程允和和姜桂题也都先后突围而出。龚照玙先奔小平岛,又乘渔船逃到了烟台。

日军这时已全部占领了旅顺后路炮台,便转而向海岸炮台发动进攻。日军进攻的主要目标是黄金山炮台。"因此台瞭望自由,胜过其他炮台,且备有大口径火炮,皆可旋转三百六十度,有八面射击之便,故占领旅顺海岸炮台,须

---

① 《日清战争实记》第 12 编,第 13 页。
② 《日清战争实记》第 14 编,第 30 页。
③ 平冈浩太郎:《第十二旅团长长谷川将军访问记》,见《日清战争实记》第 14 编,第 33 页。
④ 桥本海关:《清日战争实记》第 9 卷,第 303 页。
⑤ 《直隶总督李鸿章查复旅顺失守详细情形折》,《清光绪朝中日交涉史料》(2047),第 25 卷,第 1 页。

先自此台开始。"①山地元治将进攻黄金山炮台的任务交给了步兵第二联队长伊濑知好成大佐。伊濑知好成即率队前进,逼近黄金山炮台。但清军东岸守将黄仕林不作任何抵抗,即弃台而走。日军便轻易占领了黄金山炮台。东岸之摸珠礁、老砺嘴等炮台守兵见主将已遁,亦皆不战而奔。但在此时,西岸炮台还在守将张光前的指挥下坚守不退,日军为攻占西岸炮台,以联合舰队从海上配合轰击。馒头山等炮台"频炮击之","舰队不敢应"。②直到夜幕降临,西岸炮台还在清军手中。日军只得暂时停战。是夜,张光前率队循西海岸向北撤退。

至此,旅顺口终于全部陷落。当时军中流传的歌谣,有"铁打的旅顺"③一语,事实并非如此。"旅顺之防,经营凡十有六年,糜巨金数千万,船坞、炮台、军储冠北洋,乃不能一日守。门户洞开,竟以资敌。自是畿甸震惊,陪都撼扰,而复(州)、盖(平)以南遂遍罹锋镝已!"④

日军虽然攻陷了旅顺口,但也付出了沉重的代价。据统计,是役"日军死六十六人,伤三百五十三人,不知下落者七人"⑤,合计 426 人。清军的死伤数字远比日军多,但从无精确的统计。或说"清兵死于旅顺口者凡二千五百人"⑥,或说"约死二千人"⑦。其实都有所夸大,因为其中多数是旅顺市街的平民。⑧再据日方政府公布的数字,清军被俘的人员为 355 人。⑨

旅顺口失守后,清政府查办有关人员,将姜桂题、程允和、张光前"一并革职,准其暂留宋庆军营,戴罪图功,以观后效"。⑩龚照玙、黄仕林、卫汝成、赵怀业四人,被江南道监察御史张仲炘奏参,指其"不能一战委而去之,失地丧师,偾军误国,实为罪魁"。⑪龚照玙和黄仕林皆先后被逮问,定斩监候。⑫卫汝成、

① 《日清战争实记》第 12 编,第 16 页。

② 桥本海关:《清日战争实记》第 9 卷,第 307 页。

③ 李锡亭:《清末海军见闻录》,见拙著《北洋舰队》,附录 5,第 229 页。

④ 姚锡光:《东方兵事纪略》,见《中日战争》(1),第 41 页。

⑤⑦ 《英兵部蒲雷东方观战纪实》,《中东战纪本末三编》第 2 卷,第 18 页。

⑥ 桥本海关:《清日战争实记》第 9 卷,第 310 页。

⑧ 克里尔曼《倭寇残杀记》:"旅顺之战场所死者,华人(清兵)不逾百人,惟无军械在手之人(平民)被杀者至少两千人。"(《中倭战守始末记》第 2 卷,第 26 页)谓清军死者仅百人,亦未免过少。

⑨ 《美国外交文件》第 88 号,附件一,见《中日战争》(7),第 461 页。

⑩ 《上谕》,《清光绪朝中日交涉史料》(2147),第 26 卷,第 16 页。

⑪ 《张仲炘奏提督赵怀业等丧师误国请查明正法片》,《清光绪朝中日交涉史料》(2113),附件一,第 26 卷,第 4 页。

⑫ 后皆被开释。

赵怀业二人在逃未获,则被查抄家产。

七　旅顺大屠杀惨案

日本侵略军攻占旅顺口之后,兽性大发,滥杀手无寸铁的平民,制造了震惊世界的旅顺大屠杀惨案。大屠杀从 11 月 21 日至 24 日,持续了 4 天,共屠杀无辜群众两万余人。[①]日军的骇人听闻的野蛮暴行,引起了世界正义舆论的强烈谴责,指斥"日本披着文明的外衣,实际是长着野蛮筋骨的怪兽"。[②]

许多事件的目击者都记述了这次惨案的真相。当时,美国驻日本武官海军上尉欧伯连正在旅顺,他在给该国驻日公使谭恩的报告中写道:"我曾亲眼看见一些人被屠杀的情形。……我又看见一些尸体,双手是绑在背后的。我也看见一些被大加屠割的尸体上有伤,从创伤可以知道他们是被刺刀杀死的;从尸体的所在地去看,可以确定地知道这些死的人未曾抵抗。我看到了这些事情,并不是我专为到各处看可怖的情况才发现的,而是我观察战事的……途中所看到的。"[③]谭恩虽是站在袒护日本的立场上,但接到欧伯连的报告后,在给美国国务卿格莱星姆的电报中不得不承认:"欧伯连上尉的报告与帝俄驻中国及日本武官窝嘉克上校的报告相符合,也与日本运输舰的美籍指挥官康纳的报告相符合。日军占旅顺时他就在旅顺。从这些人的报告里,似可以清楚地看出一八九四年十一月二十一日……有一次屠杀。"[④]英国《泰晤士报》也根据其本国武官的报告和记者的报道,指责日本的残杀暴行说:"日本攻取旅顺时,戕戮百姓四日,非理杀伐,甚为惨伤。又有中兵数群,被其执缚,先用洋枪击死,然后用刀肢解。……日本士卒行径残暴如此,督兵之员不能临时禁止,恐为终身之玷。"[⑤]

在惨案的目击者当中,除欧美各国武官外,还有其他一些西方人士。英国人艾伦本是兰克郡一个棉商的儿子,家庭富有,因挥霍无度而破产,无奈出海去碰运气,随美国货轮哥伦布号赴华,为正在同日本作战的清军运送军火。在

① 孙宝田《甲午战争旅顺屠杀始末记》:战后"除有家人领尸择地安葬者千余外,据扛尸队所记,被焚尸体实有一万八千三百余。"(《旅大文献征存》,第 3 卷)

② 陆奥宗光:《蹇蹇录》中译本,第 63 页。

③ 《欧伯连致谭恩函》,《美国外交文件》第 90 号,附件。见《中日战争》(7),第 462 页。

④ 《美国外交文件》第 90 号,见《中日战争》(7),第 461 页。

⑤ 《北洋大臣来电》,《清光绪朝中日交涉史料》(2233),第 27 卷,第 39 页。按:《泰晤士报》,原译作《泰谟新闻纸》。

日军攻占旅顺后进行血腥大屠杀

旅顺大屠杀期间,他困于旅顺口,几乎遭日军杀害,侥幸逃出虎口。辗转回国后,他写下了他在旅顺所经历和目睹的这场灭绝人性的惨剧。兹摘录其中的一些片断如下:

在我周围都是狂奔的难民。我第一次亲眼看见日本兵追逐逃难的百姓,用枪杆和刺刀对付所有的人,对跌倒的人更是凶狠地乱刺。……日军很快地便布满了各街,击毙所有遇见的人。在街道上行走,脚下到处踩着死尸,而且遇见成群的杀人凶手的危险的可能性每时每刻都在增加。我一再地目击日本兵的残杀行径,并屡次看见他们用排枪向胡同里扫射。……

天已经黑了……屠杀还在继续进行着,丝毫没有停息的迹象。枪声、呼喊声、尖厉的叫声和呻吟的声音,到处回荡。街道上呈现出一幅可怕的景象:地上浸透了血水,遍地躺卧着肢体残缺的尸体,有些小胡同简直被

日军在旅顺市郊监督搬尸者埋尸

死尸堵住了。死者大都是城里人。……①

除艾伦之外，还有一批西方新闻记者，如美国纽约《世界报》记者克里尔曼、英国《泰晤士报》记者柯文、《黑白画报》记者兼画师威利阿士等，当时都在旅顺，也是日军屠杀罪行的目击者。日军攻占旅顺的第 4 天，即 11 月 24 日，

———————

① James Allan, *Under The Dragon Flag*, London, 1898, P.78—93,（艾伦：《在龙旗下》，伦敦 1898 年版，第 78—93 页）按：有人怀疑艾伦的《在龙旗下》不同于一般史实记载，这是没有根据的。据笔者考证，艾伦记述的真实性无可怀疑。例如，其中所述黄海海战、旅顺街道、炮台的名称和位置，都很准确。特别是记述清军奖励活捉倭人的告示，不见于其他记载，却与日谍向野坚一的《从军日记》所述一致，更可证明艾伦若不亲历其境是写不出这本回忆录来的。详见拙文《旅顺大屠杀真相再考》，《东岳论丛》2001 年第 1 期。

克里尔曼从旅顺发回国内一篇通讯,适可与艾伦的记述互相印证和补充:

> 我亲眼看见旅顺难民并无抗拒犯军。日人谓枪弹由窗及门放出,尽是虚语。日兵并不欲生擒。我见一人跪于兵前,叩头求命,兵一手以枪尾刀插入其头于地上,一手以剑斩断其身首。有一人缩身于角头,日兵一队放枪弹碎其身。有一老人跪于街中,日兵斩之,几成两段。有一难民在屋脊上,亦被弹死。有一人由屋脊跌下街心,兵以枪尾刀刺插十余次。
> ……

美国纽约《世界报》记者克里尔曼撰文揭露日军制造旅顺惨案的罪行

战后第三日,天正黎明,我为枪弹之声惊醒,日人又肆屠戮。我出外看见一武弁带兵一队追逐三人,有一人手抱一无衣服之婴孩,其人急走,将孩跌落。一点钟后,我见该孩已死,二人被枪弹打倒。其第三人即孩之父,失足一蹶,一兵手执枪尾之刀者即时擒住其背。我走上前,示以手臂上所缠白布红十字,欲救之,但不能救止。兵将刀连插伏地之人颈项三四下,然后去,任其在地延喘待死。……我等又闻路上离数码外有枪声,又前往探看何事。我等见一老人立于道上,双手被缚于背后,又有三人均系背绑,并已被枪弹倒者转辗于旁。我等行前来,兵即将老人弹倒于地,面朝天呻吟叹气,两眼转睐。兵又脱其衣服,看其胸中流血,后又复放枪弹击之。其人痛极凄楚,形体瑟缩,兵不独不垂其怜,而且唾其面,且嘲笑之。我等睹其情形,惨不可说,不能与日人以理相争。……

次日,(战后第4天,即11月24日)予与威利阿士至一天井处,看见死尸一人。即见二兵曲身于一尸之旁,甚为诧异。一兵手执一刀,此二兵已将尸首剖腹,刳出其心。一见我等,即欲缩身隐面回避。〈据我所见〉旅顺之战场所死者,华人(清兵)不逾百人,惟无军械在手之人被杀者至少二千人。……所有我所述之情状,非有英、美随营员弁即有柯文或威利阿士在场所见。此虽谓之战,惟不过野人之战而已。……日本统帅与其分统,非不尽知连日屠杀。……①

克里尔曼的通讯,在西方引起了极大的震惊。当时,日本同美国商谈缔结改订条约已经达成协议,只等美国参议院通过了。美国国务卿格莱星姆通知日本驻美公使栗野慎一郎说:"如果日军在旅顺口屠杀中国人之传闻属实,参议院的通过必将发生极大困难。"陆奥宗光大为恐慌,一面指示栗野"以敏捷手段,尽力使参议院早日通过新条约"②,一面玩弄其欺骗世界舆论的惯技,发表公开声明,指责克里尔曼的报道"是大加夸张渲染以耸人听闻的"。③尽管日本政府对其军队的滔天罪行矢口否认,百般抵赖,但墨写的谎言终究掩盖不住铁的事实。

一些旅顺大屠杀的幸存者,以亲临目睹的活生生事实揭露了日军的惨暴

① 克里尔曼:《倭寇残杀记》,见《中倭战守始末记》第2卷,第23—26页。详见拙文《西方人眼中的旅顺大屠杀》,《社会科学研究》2003年第4期。
② 陆奥宗光:《蹇蹇录》中译本,第64页。
③ 《日本外交文书》第27卷,第945号,附件甲号。

罪行。苏万君老人那年才 9 岁,他"亲眼看见日本兵把许多逃难的人抓起来,用绳子背着手绑着,逼到旅顺大医院前。砍杀后,把尸体推进水泡子里,水泡子变成一片血水。大坞北边机器磨房里尸体满地,麻袋包和墙上到处是血。"被日军强迫收埋死尸的老人鲍绍武说:"日本兵侵入市内,到处都是哭叫和惊呼声。日本兵冲进屋内见人就杀。当时我躲在天棚里,听到屋里一片惨叫声,全家被杀了好几口。我们来参加收集尸体时,看到有的人坐在椅子上就被捅死了。更惨的是,有一家炕上,母亲身边围着四、五个孩子,小的还在怀里吃奶就被捅死了。"另一个被迫参加抬尸的水师营老人王宏照说:"一天鬼子用刺刀逼着我们抬着四具尸体往旅顺走。看见旅顺家家户户都敞着门,里面横七竖八的尸体,有的掉了头,有的横倒在柜台上,有的被开膛,肠子流在外面一大堆,鲜血喷得满墙都是,尸体把街都铺满了。"①这些当事人的控诉,证明了艾伦的记述和克里尔曼的报道是完全真实的。

不仅如此,日谍向野坚一日记的发现,更进一步证实是日本军事当局一手制造了这起惨绝人寰的大屠杀事件。向野随日本第二军第一师团进攻旅顺口,他在 11 月 19 日的日记中记述:日军由营城子向旅顺进攻时,军官下达了"见敌兵一人不留"的命令。日军步兵第三联队士兵路过民家,见"有土人二","遂进去击杀之,鲜血四溅,溢于庭院"。"师团长(山地元治)见此景……表示今后不许轻易对外泄漏。"②旅顺大屠杀后不久,向野还在一次内部谈话中透露:"在旅顺,山地将军说抓住非战斗员也要杀掉。……山地将军……下达了……除妇女老幼外全部剪除之命令。旅顺实在凄惨又凄惨。旅顺口内确实使人有血流成河之感。"③向野坚一的自供,不仅承认旅顺大屠杀是事实,而且明确指出是日军第一师团长山地元治中将亲自下令制造这起惨案的。再证以克里尔曼的通讯,可知这次大屠杀也是为日本第二军司令官大山岩大将所同意和批准的。

在铁的事实面前,连原先支持过日本发动这场侵华战争的西方人士也难以为其辩护。英国知名的法学权威胡兰德博士即是如此。旅顺大屠杀事件发生后,他倍感难堪,因为他"在这次中日战争中,从一开始就常常赞扬日本的行

---

① 转引周祥令、朱金枝:《甲午战争在旅大》(打印本),第 10—11 页。
② 向野坚一:《从军日记》(油印本)。
③ 河野占男速记:《向野坚一氏追忆》,见《明治二十七八年战役余闻》(油印本)。

被占领后的旅顺街市之一角（日本人所绘，载《日清战争写真图》）

动"。①为了避免使自己在国人面前名誉扫地，他不得不在所著《关于中日战争的国际公法》一文中说点表面上的公道话："当时日本官员的行动，确已越出常轨。……他们除了战胜的当天以外，从第二天起一连四天，野蛮地屠杀非战斗人员和妇女儿童。据说当时从军的欧洲军人及特约通信员，目睹这一残暴情况，无法加以制止，唯有旁观，令人惨不忍睹。在这次屠杀中，能够幸免于难的中国人，全市中只剩三十六人。这三十六人，完全是为驱使他们掩埋其同胞的尸体而被留下的。他们帽子上粘有'勿杀此人'的标记，才得免死。"②

旅顺惨案的消息迅速传遍全世界，使日本政府非常惊慌。美国驻日公使谭恩对陆奥宗光说："如果此时日本政府不采取一定的善后措施，那么迄今日

① 陆奥宗光：《蹇蹇录》中译本，第 63 页。

② 胡兰德：《关于中日战争的国际公法》，转见陆奥宗光：《蹇蹇录》中译本，第 63—64 页。按：关于旅顺幸免于难群众，据《甲午战争旅顺屠杀始末记》载："全市人民免于屠戮者，仅有逃在英国洋行院内之百余人与和顺戏院演员八九十人，以及深夜由山道逃出者四五百人而已。"（《旅大文献征存》第 3 卷）又查，胡兰德此文收入其所著《国际法研究》（T.E. Holland, *Studies in International Law*, Oxford, 1898）一书。

日本第二军将校在大屠杀的枪声中举行祝捷宴会

本获得的名誉将完全毁掉。"随后,俄国驻日公使希特罗渥亦面晤陆奥,谈及旅顺口屠杀事件时,"虽所言与美国公使略同,然其口气冷淡,令人可怕"。陆奥不敢怠慢,急电伊藤博文说:"此等事实如最终不能否定,应有一定善后之考虑。"①可是,要采取善后措施和调查这次大屠杀事件,从第一师团长山地元治到第二军司令官大山岩就都有涉及责任问题的危险。而召回在国外指挥作战的最高司令官,不仅在接替人选的安排上有困难并影响士气,而且政府也有可能遭到军部反击。伊藤博文考虑到问题的严重性,同陆奥商谈后,下达指示:"承认错误危险甚多,而且不是好办法,只有完全置之不理,专采取辩护手段。"②这就是说,日本政府决定采取其否认事实和指鹿为马的惯用手段了。

于是,陆奥宗光一面致电纽约《世界报》"辟谣";一面向其驻美公使栗野慎一郎发出一份"关于旅顺口事件善后工作的训令",内称:

请记住:在向部内及他处有关人员提供资料时,务必运用以下诸点:(1)逃跑的中国士兵将制服丢弃;(2)那些在旅顺口被杀的身着平民服装的人大部分是伪装的士兵;(3)居民在打仗前就离开了;(4)一些留下来的

① 《日本外交文书》第27卷,第941号。
② 藤村道生:《日清战争》中译本,第118—119页。

人受命射击和反抗；(5)日本军队看到日本俘虏被肢解尸体的残酷景象（有的被活活烧死，有的被钉在架子上），受到很大的刺激；(6)日本人仍然遵守纪律；(7)旅顺口陷落时抓到大约三百五十五名中国俘虏，都受到友好的对待，并在几天内送往东京。

他煞费心机地编造出来这些谎言，其目的是统一口径，以消除日本政府内部的步调不一现象。不久，陆奥又炮制了一份"关于旅顺口事件的辩解书"，发给日本驻西方主要国家的公使，并将日本政府决定发表"辩解书"的原因通知他们说："关于占领旅顺口之际所发生的事实，因来自误传而毁坏我军之声誉，且使外国人往往怀有不快之感，对我甚为不利。为此而起草了关于上述误传之辩解书。"①这就是公诸报端的《陆奥声明》。陆奥在公开声明中，一面为日军的暴行辩护，说什么外国记者关于旅顺惨案的报道"是大加夸张渲染以耸人听闻的"，一面觍然人面地谎称："旅顺陷落时，中国兵士看到公开抵抗是无用了，便抛弃他们的军服，穿上平民衣服，把他们自己化装成这个地方的和平居民的样子。"并称："在旅顺被杀的人大部分被证实是变装的兵士。这些事实的证据是：在所见的尸体上，差不多里衣全都有一些军服上的东西。"②

日本政府掩饰暴行和回避责任的做法，产生了严重的恶果。有的日本历史学家指出："这样一来，旅顺屠杀事件的责任问题就被搁在一边。但结果从日军的军纪来说，却产生了一个不能掩盖的污点，对残暴行为毫无罪恶感，以致后来又连续发生了这种行为。"③

第三节　保卫辽阳东路之战

一　清军退守辽阳东路

虎山之战后，宋庆、聂士成、吕本元、孙显寅等皆退至凤凰城。宋庆身为主

---

① 《日本外交文书》第 27 卷，第 943、945 号。
② 《美国外交文件》第 88 号，附件一，《陆奥声明》。见《中日战争》(7)，第 460—461 页。
③ 藤村道生：《日清战争》中译本，第 119 页。

将,主动承担了这次失败的责任。他说:"此役惟庆一身耽过,甘受国法而已!"①初至凤凰城时,他本有死守之意,叹道:"不料事终至此,何面目复见天子乎? 我年已垂八旬,余生不足惜,今也宜枕至凤凰城至死而已!"②词气慷慨,声泪俱下,闻者无不感奋。然而,凤凰城"无要可守",加以"溃勇纷纷四窜,势甚岌岌",很难守住此城。适在此时,宋庆接到光绪"择要扼防"的电旨,遂决定采纳东边道宜麟在摩天岭设防的建议,实行退守的方针。③于是,宋庆一面收集各部溃兵,一面做退守的准备。10月28日,宋庆留少量清兵在后,以掩护部队撤退。是日,立见尚文混成第十旅团的先头部队开始进犯凤凰城,"清兵二十余人立于焦土中死守力战"④,直至次日完成掩护任务后始撤走。31日,立见尚文率旅团本部进入凤凰城。

在日军混成旅团北犯的同时,大迫尚敏也率步兵第五旅团开始西进。日军占领大东沟后,即由第五师团参谋福岛安正中佐率领第三师团派出的一支部队,与大迫尚敏的第五旅团主力分道向大孤山进犯。11月5日,日军进入大孤山,始发现清军早已撤至岫岩。

岫岩为盛京省南方的重镇,西通海城、盖平,北连辽阳,东达凤凰城,南接大孤山,可谓四通八达的要冲。日军在辽东战场的主要战略目标,是"欲进逼辽阳、奉天"⑤,并且"声言必取奉天度岁"。⑥而日军要进攻辽阳、奉天,只有两条行军道路:一是由凤凰城经过雪里站(又称薛礼站)、樊家台、通远堡、草河口、分水岭、连山关、摩天岭、甜水站等地,到达辽阳,再北上至奉天;一是由安东、大东沟或大孤山经岫岩,先到达海城,再经辽阳直趋奉天。因此,山县有朋为实现此战略目标,决定派在凤凰城的步兵第五师团的一部由凤凰城北上,在大孤山的步兵第三师团的一部先攻取岫岩。11月14日,山县命大迫尚敏率3个步兵大队、1个骑兵中队及1个炮兵大队(缺1个中队),由大孤山出发,从正面进攻岫岩。为了配合大迫支队作战,山县又从驻凤凰城的第五师团中抽调1个步兵大队及搜索骑兵一分队,由步兵少佐三原重雄指挥,从凤凰城出发,经黄花甸、松树沟、兴隆沟,拊岫岩之背。

---

① ③ 《北洋大臣转宋帮办来电》,《清光绪朝中日交涉史料》(1878),第 23 卷,第 13 页。
② 桥本海关:《清日战争实记》,第 5 卷,第 224 页。
④ 桥本海关:《清日战争实记》,第 6 卷,第 228 页。
⑤ 《日方记载的中日战史》,《中日战争》(1),第 251 页。
⑥ 易顺鼎:《盾墨拾余》,见《中日战争》(1),第 119 页。

15 日,大迫尚敏与福岛安正从大孤山出发,当天到达桂花岭。此处地势险要,岭道左右皆悬崖绝壁,高可 20 公尺,连绵 100 余公尺。大迫万万没有料到,日军到达桂花岭后,却遭到当地团练的连续袭击。据载:"岫岩州东南之桂花岭,其地有复来社,本岫岩地,拨入金州,后又拨归岫岩,故名'复来'也。居民皆习淘煤,俗呼为'煤黑',连村数十,自练乡团。贼来犯之,乡团极力抵御,以抬枪毙敌无算。"①辽阳知州徐庆璋闻报后,在日记中写道:"近日团练日增,贼势渐减。闻岫界桂花岭团练、官兵打死倭贼不少。"②在战斗中,团练中有一名乡民中弹牺牲。日军检查死者的尸体,"没有发现军人符号,不知属于哪支部队"③,感到很奇怪。由于团练的不断袭击,大迫尚敏不得已另派骑兵一队,由土门子进逼岫岩。

当时驻守岫岩的清军有:奉军(包括靖边军)步队 8 营、马队 4 营和炮队 1 营,由总兵聂桂林统带;盛字练军步队 4 营,由侍卫丰升阿统带。合计 17 营。④另外,岫岩城守尉嘉善,闻日军将至,仓促招募八旗子弟成马队 2 000 人及步队 70 人,也拨归丰升阿统带。⑤当日军南北两路进逼岫岩时,聂桂林与丰升阿始议御敌之策,决定派步队 4 营、马队 1 营,并携野炮 4 门,驻守城北 10 里的黄岭子,以御北路来犯之敌;步队 5 营及马队 200 余骑,赶往洪家堡子、土门子岭,以御南路来犯之敌。

16 日上午 8 时,日军因大迫支队在桂花岭受阻,又从大孤山调一个步兵大队前来增援。因得以通过桂花岭,继续北进。上午 11 时半,大迫尚敏刚进入土门子村,即有探骑来报:"敌骑兵百人、步队三四百人,正从北面向土门子前进,估计三十分钟内到达。"于是,大迫急命抢占村北的土门子岭,以等待清军到来。不久,清军骑兵先至,发现日军已占领土门子岭,经过短时间的对射后退走。17 日,大迫派探骑至岫岩城南 10 里的洪家堡子,发现清军在此布置阵地。中午 12 时,双方展开了激战。下午 2 时,清军增至 2 000 人,并分兵向日军两翼运动,欲包围之,并发起冲锋。据日方记载:"敌军各部队展开,一齐吹

---

① 易顺鼎:《盾墨拾余》,见《中日战争》(1),第 113 页。

② 徐庆璋:《辽阳防守日记》,甲午十月二十二日。

③ 《日清战争实记》第 13 编,第 4 页。

④ 《明治二十七年十一月末北京、奉天地方清国诸军位置一览表》,见日本参谋本部:《明治二十七八年日清战史》,附录第 44。按:桥本海关《清日战争实记》谓:"聂桂林、丰升阿等率马步十一营来自海城,即以供岫岩守备"。(见该书第 6 卷,第 23 页)所记与此不同,录之以供参考。

⑤ 桥本海关:《清日战争实记》第 6 卷,第 231 页。

响军号,敲响大鼓,向我军前进,起初势如脱兔,非常凶猛。"①战至下午4时半,大迫支队主力全部到达洪家堡子,日军力量大为加强。双方对峙至18日晨6时半,清军主动放弃阵地撤退。

在大迫支队从南路进攻的同时,三原重雄率领步兵大队及搜索骑兵分队,也从北路向岫岩进击。三原于14日从凤凰城出发时,曾派军曹川崎伊势雄带骑兵一名,担任与大迫支队联络的任务。并命其完成任务后回到黄花甸,与大队会合。15日,三原大队到达老爷庙。16日,过黄花甸到达岭沟。是日下午4时,日军搜索骑兵分队拟侦察黄岭子,刚过书子沟村即遭到团练的袭击。清军也闻讯赶来,欲从三面包围之。但因天色渐暗,日军骑兵分队在夜幕掩护下逃回。三原先派出的川崎二人,于此日按原定计划返回黄花甸,也在途中被团练袭击,骑兵中弹毙命。川崎一人侥幸逃脱后,不敢再往黄花甸,而逃到了沙子岗。②

17日,上午11时,三原大队开始向黄岭子清军阵地发起进攻。清军全在山上,隐蔽于岩石之间居高临下狙击敌人。日军发起了一次又一次的冲锋,皆被清军击退。于是,三原选拔40余名日兵,避开清军正面,绕至山的西侧,"穿山岩,攀茑萝"③,偷偷地登上了山巅。此时已是午后1时。清军在日军的背腹夹攻下,撤离黄岭子,而退至兴隆沟。是夜,聂桂林、丰升阿等见岫岩被围,决定西撤。

18日拂晓,三原大队再次发起进攻,发现清军正在撤退。日方记载说:"此日,岫岩敌军开始陆续撤退。坚持战斗的部队都是掩护敌军撤退的,有数百名敌骑兵和四门火炮殊死坚守阵地。因此,支队主力不能顺利前进。我军不得不眼看着敌军撤退。"④上午8时30分,大迫支队先由南门进城,占领了岫岩。

当鸭绿江防清军全线崩溃之际,依克唐阿还正在长甸城驻守。他接到日军抢占安平河口的探报后,即派马步各1营驰往援应,但在四道岭子受阻于日军,未即前进。后又派马队统领侍卫永山带队往助,一举收复蒲石河口和鼓楼子。日军"退据安平河口要隘,伺隙出战"。⑤两军对峙数日。到11月1日,依

---

① 《日清战争实记》第13编,第4—5页。
② 《日清战争实记》第13编,第8页。
③④ 《日清战争实记》第13编,第7页。
⑤ 《黑龙江将军来电》,《清光绪朝中日交涉史料》(1923),第23卷,第26页。

克唐阿始得宋庆军已退至凤凰城的飞报。2日,探悉日军陷凤凰城后,"即分股四处占据各要隘,以杜我军救援之路"。依克唐阿认为:"腹背受敌,势难兼顾,若株守一隅,恐于大局有碍。"于是,他先命各营将辎重军火暂运宽甸,然后于3日撤队,"依山傍险,连环扼扎"。[1]4日,依克唐阿抵宽甸县。当天,又探悉日军已由凤凰城北犯,欲进攻赛马集等处。他深虑后路被截,顾此失彼,当即退向瑷阳边门,于6日行抵赛马集。依克唐阿撤离宽甸时,尚不知倭恒额退往何处,所以留聂桂林的奉军步队一营,由营官林长青统带,驻守宽甸。至17日,宽甸终于失守。依克唐阿到赛马集后,采纳了该处巡检孙伟的建议:"大高岭(摩天岭)在西南一百四五十里,宋庆各军现扎岭之前后。若贼逼大高岭,山路崎岖;漫溢北窜,则赛马集最为紧要。"[2]遂即分军在此扼要驻守。

这样,清军在辽阳东路便构建了一道新的防线。这道防线,西起摩天岭,东迄赛马集,长约150里。摩天岭为辽阳东路第一险要,至岭顶有40里,山势巉峻,车辆难行。有大岭、小岭二道,大岭道为通辽阳的本道,小岭道山势稍低,然需迂回几近200里。聂士成、吕本元、孙显寅等部便利用摩天岭的险要地势,以堵住日军从东路进攻辽沈的通道。依克唐阿部则驻守赛马集,以牵制日军的兵力,使其不敢以全力直扑摩天岭。同时,辽阳知州徐庆璋还发动群众组织团练,配合清军作战,对保卫辽阳东路产生了积极的作用。

于是,中日两军争夺辽阳东路的战斗便开始了。

二 辽阳东路争夺战

为打通辽阳东路的通道,日军第十旅团长立见尚文计划以凤凰城为根据地,分兵两路进犯:一路东趋赛马集,扫荡依克唐阿军,以解除侧翼的威胁;一路西进连山关,以夺取辽阳东路第一险要摩天岭。

11月9日,立见尚文派步兵大尉足立武政带领1个中队,作为搜索支队,由凤凰城出发,进犯赛马集。13日,足立率搜索支队抵瑷阳边门后,即向赛马集进发。依克唐阿早在赛马集以南占据要地,并布置了野炮4门。足立下令"据高发炮"。双方"战及三时"。当足立搜索支队支持不住之际,平井信义步兵大尉率队从大西沟赶来支援,掩护足立搜索支队撤退。清军骑兵从后追击,

---

[1] 《黑龙江将军依克唐阿来电》,《清光绪朝中日交涉史料》(1955),第24卷,第1—2页。

[2] 《黑龙江将军依克唐阿来电》,《清光绪朝中日交涉史料》(1955),第24卷,第2页。

日军退至一高地。平井据守大道东侧,令小队长柳原楠次中尉据守大道两侧,以狙击清军。然"清军骑兵猛进,突入其中间"①,日军终于不敌,柳原楠次中尉以下 14 人被击毙,余者逃至马鹿甸子。

在派出搜索支队东犯赛马集的同时,立见尚文又派步兵第二十二联队第一大队长今田唯一少佐率队西犯摩天岭。11 月 11 日,日军侦察骑兵先发,今田唯一率领步兵大队继后。日军由凤凰城北上,经雪里站、樊家台、通远堡抵草河口,又转道向西过分水岭,向摩天岭以东的连山关发起了进攻。连山关是摩天岭的前关,盛军派马队出战,"据守防御甚力"②,但"众寡不敌,登时失守"。聂士成闻警,驰救不及,乃扼守山巅,并"于丛林张旗帜,鸣鼓角,为疑兵"③,使敌不敢轻犯。于是,今田唯一便扎营于连山关。

今田唯一攻占连山关后,立见尚文担心其兵力太少,难以守住关口,便遣步兵第二十二联队第二大队长安满伸爱少佐率大队增援,并命联队长富冈三造中佐亲往连山关坐镇指挥。富冈接到赛马集败绩的战报,即派步兵大尉加藤炼太郎率 1 个中队东进,以侦察赛马集的清军动静。加藤行抵草河岭,遭到依克唐阿军的截击,无法前进,当晚退至通远堡。加藤派快骑至连山关报告,富冈见两面受敌,而日军"在连山关谷底,蹙处此地,摩天岭山脉三面环绕,才一径平路通东,三面不可置兵"④,颇不利于防守,便于 23 日只留少数兵力驻扎,将联队主力撤至草河口,以扼东西两路之咽喉,并切断聂、依两军的联系。

但是,富冈三造的目的并没有达到,依、聂两军还是及时地取得了联系,并约好以 11 月 25 日为合攻草河口日军之期。是日,依克唐阿亲率敌忾军和镇边军向草河口日军阵地发起了猛攻。依军分两路进兵:一由草河岭直进,为北路;一由草河城从岭南进,为南路。依军两路共有马步 10 余营,计 5 000 余人,携大炮 6 门。聂士成军马步 3 营,携大炮两门,从西路进击,以牵制日军。两天以前,聂士成奉上谕,特授直隶提督,为之感奋不已。24 日,聂士成召集会议,激励众将说:"我曹不力战,步叶曙卿(志超)、卫达三(汝贵)后矣!"⑤众将皆

---

① 桥本海关:《清日战争实记》第 6 卷,第 234 页。

② 《日方记载的中日战史》,《中日战争》(1),第 252 页。

③ 聂士成:《东征日记》,见《中日战争》(6),第 14 页。

④ 桥本海关:《清日战争实记》第 6 卷,第 235 页。

⑤ 曹和济:《津门奉使纪闻》,见《中日战争》(1),第 156 页。

感激奋发。是夜,雨雪霏霏。聂士成"密约盛军接应,亲率数百骑乘敌不备夺回连山关隘。时敌在梦中惊觉,不知我兵多寡,逃窜分水岭。"①25 日天明,盛军队伍纷纷继至。于是,合军向分水岭进逼。

富冈三造见清军东西两路来攻,当即下令进行战斗准备。时日军集结在草河口的总兵力为步兵 6 个中队、骑兵 3 个中队及大炮 4 门。富冈命安满伸爱少佐率第二大队,配以两门大炮,扼守草河口东方的坡路,以抵挡依克唐阿军;今田唯一少佐率第一大队的两个中队,配以大炮两门,防守分水岭,以抵挡聂士成军;富冈本人率其余兵力为预备队,并亲自指挥东路的战斗。日军兵力本来就不多,经这样一分散,其处境愈加不利。

是日上午 11 时,依克唐阿军开始向日军发起了猛烈的进攻。日军竭力防御。于是双方展开了激战,"彼此枪炮环施,子如雨注",数十里外,"如迅雷疾发,终日不止。"草河岭一带山路崎岖,但敌忾军将士无不奋勇直前。步队统领寿山及营官等"绕山越涧,披荆力战。"马队统领永山"亦令各将士下马步行,分道猛进"。依克唐阿登山头指挥,只"见寿山、永山在南路山脊冲锋陷阵,弋什哈伤亡几尽,犹统率所部猛攻。"②清军攻势之猛烈,使日军异常吃惊。日本的随军记者写道:"敌军似不使用其惯用的防御手段,而以攻势的姿态前进,真是奇中又奇! 敌军一反常态,奋勇直前,攀岩石,冒弹雨,向我军冲锋。"③这次战斗一直打到黄昏,历时约 6 个小时。激战中,日军"炮兵大尉池田纲平被伤,中尉关谷黎代之,以指挥炮兵,亦被伤。此日,大尉斋藤正起以一小队自左方面进前,与清国马队相遇,奋战死之。"④死伤共达 40 余人。清军仅有 10 余人阵亡。黄昏后,下起大雪,咫尺不辨。聂士成已达到牵制日军的目的,便引军回营。随后,依克唐阿也下令撤离战场,退至白水寺。徐庆璋对此战评之曰:"有此一胜,稍振军威。"⑤

26 日,立见尚文接到草河口的战报,认为清军以赛马集为根据地,对日军

---

① 聂士成:《东征日记》,见《中日战争》(6),第 15 页。按:《日记》将此事记于"十月二十九日"(公历 11 月 26 日),应属追记,比实际发生的时间晚了两天。徐庆璋《辽阳防守日记》所记与日方记载一致,可证。

② 《黑龙江将军依克唐阿奏请奖恤伤亡弁勇折》,《清光绪朝中日交涉史料》(2155),第 26 卷,第 19 页。

③ 《日清战争实记》第 14 编,第 5 页。

④ 桥本海关:《清日战争实记》第 6 卷,第 236 页。

⑤ 徐庆璋:《辽阳防守日记》,甲午十一月初三日。

右翼造成了极大威胁,决定倾全力以攻占该地。在此之前立见接到报告:根据第一军司令官山县有朋的命令,步兵第十一联队长西岛助义大佐率部已于 23 日由九连城出发,再向宽甸城行进,"击却宽甸近旁清兵,更转向赛马集"。①立见当即率部从凤凰城出发,取道大西沟,与西岛支队并进,对赛马集采取包围的态势。立见率第十旅团主力倾巢出动,以步兵第十二联队长友安治延中佐为前卫司令官,富田春壁少佐的步兵第一大队、山名有友大尉的炮兵中队及丰边新作大尉的骑兵中队属之;立见本人自为本队司令官,冈见正美②少佐的步兵第三大队、半田隆时少佐的步兵第二大队,以及卫生队和辎重队属之。经过 3 天的连续行军,至 29 日始行近赛马集南。立见下令以行军队形向赛马集前进。是日午后,日军前卫进入赛马集,发现已无清军踪影。适在此时,突有飞骑来报:富冈三造中佐的辎重队在草河城附近被清军袭击,死伤 8 人。立见立即下令:以原属本队的冈见大队作为前卫,原前卫富田大队、骑兵中队及炮兵中队编入主力,向后撤退。当天傍晚,抵草河城。30 日,立见探悉清军在白水寺,便命令前卫转道向北,进入白水寺。友安治延中佐率前卫到达白水寺,结果又扑了个空。友安放出探骑,始发现清军已在东北方向的崔家房布阵。友安率前卫进至崔家房时,依克唐阿所部敌忾军、镇边军约 4 营已"退据其北方最高山。两军相对峙于山上,铳战久之,至日暮而止。"③12 月 1 日,日军发现对面山上清军已经撤离。

据日方记载:立见尚文率第十旅团主力进攻赛马集时,"二十六日发凤凰城,涉河十数流,草鞋悉冻,此夜宿于三家子。二十七日至马鹿甸子,涉河者又十数流,天寒雪降,入夜益甚,全军围燎火以彻夜。二十八日踏雪入于羊柳子,人马滑倒者颇多。"④不用清军来攻,日军冻伤的兵员已是"十居八九"。⑤仅 12 月 2 日一天的时间,日军步兵第二十二联队冻伤者有 155 名,其中不能行走者 16 名;步兵第十二联队冻伤者达 300 名,其中 150 名"全休"⑥,完全丧失了战斗力。至 5 日,立见不得不率领各部队由草河口撤回凤凰城。

在日军步兵第十旅团回到凤凰城的当天,聂士成"挑选精锐千余,分作三

①④　桥本海关:《清日战争实记》第 6 卷,第 237 页。

②　一作"冈见正胜"。

③　桥本海关:《清日战争实记》第 6 卷,第 238 页。

⑤　《日方记载的中日战史》,《中日战争》(1),第 253 页。

⑥　日本参谋本部:《明治二十七八年日清战史》第 15 章,第 457 页。

队,进伏分水岭旁,突出奋击。敌军不支,弃岭而逃,追杀至草河口。"①于是,聂士成命总兵夏青云率马队进扎分水岭,总兵耿凤鸣率新奉军扎连山关,总兵吕本元、孙显寅统盛军扎甜水站,记名提督江自康率仁字营扎老虎岭,营官聂鹏程、沈增甲各带本营扎齐家崴。这样,辽阳东路的布置更为严密。

在这次辽阳东路争夺战中,依克唐阿采取运动战的方法,使敌军疲于奔命,而遭受很大的损失。据日方的总结,依克唐阿这种战法的特点有三:其一、在运动中"避众击寡是他的唯一战法,我军侦察队为此而三次受到敌军袭击"。其二、"实行完全的攻势运动","他们在草河口战斗中从前后夹击我军"。其三、"神出鬼没,进退灵活","在宽甸城、赛马集附近收容各部队,派出后卫有秩序地后撤;在崔家房战斗中,派出千余骑兵殿后,以掩护作战,而主力在数天前就离开了白水寺。"并称赞依军"漂亮地实行了上述三种运动"。②当然,依克唐阿所实行的运动战还带有很大的自发性,没有也不可能把它提高到战略的地位上来认识,所以并不能真正地在战争中坚持下去。

三　清军反攻凤凰城失败

日军既在辽阳东路的争夺战中没有达到预期的目的,便想改弦更张,打通辽阳南路通道,因此决定发动进攻海城之战。为了配合第三师团进攻海城,立见尚文奉命率部向连山关进逼,以牵制摩天岭附近的清军,使之不能分兵支援海城。

先是在12月4日,徐庆璋以凤凰城日军兵力不多,"惟陆续往凤城搬运器械食物,意在图沈",向盛京将军裕禄建议,调集各军反攻凤凰城。并认为:"若不趁此时进剿,后恐难以取胜。"③日军既放弃草河口而撤回凤凰城,依、聂两军乃得以会师。此时,依克唐阿见黑龙江新招之齐字新军及靖远新军陆续开到7营,声势稍壮,于是与聂士成会商,决定乘机反攻凤凰城。9日,依克唐阿所部18营至通远堡,聂士成率夏青云等马步5营来会,共同商定"合力夹攻"之策。10日,清军兵分两路:西路由依克唐阿和聂士成率领,由通远堡南进;东路由寿山、永山率马步7营,绕道进逼城东北。是日,由通远堡南进的清军行至雪里

---

① 聂士成:《东征日记》,《中日战争》(6),第15页。

② 《日清战争实记》第14编,第11页;第15编,第1页。

③ 徐庆璋:《辽阳防守日记》,甲午十一月初八日。

站以北约 12 公里的金家河时,便与日军发生了一场遭遇战。①

在依、聂两军会师通远堡的当天,立见尚文留步兵第十二联队长安友治延大佐守凤凰城,自己率步兵第二十二联队北犯连山关。当天,立见宿于雪里站。10 日拂晓,立见并不知有清军来袭,仍率队继续由雪里站北进。不久,有探骑回报:"敌军三千余人南进,已到达樊家台附近。"②上午 9 时许,日军行近金家河时,清军已经发现日军前来,并利用该处地形布置阵地。此处东西两侧峰峦连绵,山峰高达二百五六十公尺,两山相距 1 000 余公尺,草河从山间流过。清军分为三部:左翼五六百人据守河东岸的山头;右翼五六百人,据守河西岸的山头;其余部队为主力,集中于河东岸的柳树林。仅有的两门火炮也架设在柳树林里。

立见尚文根据清军的兵力部署,命第三大队三原重雄少佐率队列阵于右侧,进攻清军的左翼高地;第二大队长安满伸爱少佐率队列阵于左侧,进攻清军的右翼高地;炮兵两小队在距清军 3 000 公尺的正面布置阵地;第一大队长今田唯一少佐所部为预备队,埋伏在最后方。上午 10 时,双方展开了激烈的炮击。战至 11 时,日军改变战术,以火炮集中轰击相距 1 200 公尺的清军右翼阵地。在猛烈炮火的掩护下,安满大队发起冲锋,"乘势遂夺清兵第一阵。清兵复集第二阵,拼死防战,炮弹迸空,铳响劈山,战愈益烈"。③立见尚文见进攻清军两翼一时难以突破,便下令将炮兵转移到左前方山麓,掩护今田大队对清军实行中央突破。日军的第一次冲锋被打退后,又发起了第二次冲锋。由于日军的炮火太猛,依、聂两军被迫后撤至二道房身村,"据守右侧山头进行防御"。又战至下午 4 点多钟,清军始撤出阵地。当晚,依克唐阿军扎草河口,聂士成率夏云青等回扼分水岭。④

此战从上午 10 时开始,到下午 4 时多,连续激战 6 个多小时。日军伤亡 60 人,其中 10 人被击毙,安满伸爱少佐以下 50 人负伤,清军伤亡较大,有 110

---

① 一些中日有关论著皆谓此战发生于雪里站北 17 公里的樊家台,并称之为樊家台之战。按:日本第二军司令官野津贯道发给大本营的电报:"十日上午 9 时过后,我军在雪里站以北约 3 里(日里,每日里合 3.924 公里)的金家河子与敌军遭遇。"(《日清战争实记》第 13 编,第 14 页)聂士成《东征日记》谓:"大战于金家河。"(《中日战争》(1),第 15 页)依克唐阿《奏请奖恤伤亡弁勇折》则称:"十四日(公历 11 月 10 日)接仗,……此金家河失事之由来也。"(《清光绪朝中日交涉史料》(2155),第 26 卷,第 15 页)可见,此战并非发生在樊家台,应以称金家河遭遇战为是。

② 《日清战争实记》第 15 编,第 2 页。

③ 桥本海关:《清日战争实记》第 6 卷,第 239 页。

④ 聂士成:《东征日记》,见《中日战争》(6),第 15 页。

人阵亡,16 人被俘。①其中,以敌忾军伤亡为多,依克唐阿自称"几不能军"。②

当依克唐阿和聂士成在金家河激战之时,寿山、永山所率马步各营由于道路遥远,尚在行军途中。11 日,清军到达赛马集大道上的龙安。依军统领扎克丹布、德英阿所率步队 3 营赶到,清军兵力增加到 10 营。当天,安友治延接到情报:依军 3 000 余人南下,已进至龙安。安友一面派搜索骑兵 3 小队及步兵两个中队警戒清军来路;一面派飞骑向九连城第五师团司令部告急。大岛义昌即派 1 个大队至汤山城驻守,并令原驻该地的山口圭藏少佐率步兵第二十一联队第二大队速援凤凰城。12 日拂晓,日军搜索骑兵及步兵分三路出发:中路是骑兵一小队和步兵一中队,沿赛马集大道前进;南路也是骑兵一小队和步兵一中队,沿叆阳边门大道前进;北路仅骑兵一小队,沿雪里站小道前进。日军中路的搜索骑兵小队在长岭子与清军遭遇,双方发生枪战。日军骑兵小队不敌,急向后撤,与足立武政大尉的步兵中队会合,企图挡住清军。但是,清军从正面和两侧三面来逼,"一齐集中射击,其势甚猛"③,日军势难抵挡,只好撤回防地。清军直追至一面山。

12 月 13 日黎明,清军从一面山进抵草河东岸,先用步枪进行试探射击。日军不应。于是,清军又在河岸附近高地布置阵地,架设火炮 4 门,以掩护马步各营渡河。是日,浓云密布,朔风凛冽,河水半已封冻。午后 1 时,清军中央阵地燃起了三堆火,这是全线进攻的信号。清军全线向前推进,当清军先头部队进至河岸,其左翼部队已进抵叆河北岸的小歪村。但是,日军阵地寂静无声,清军不知河对岸有多少日军,在何处布置防线,因而"疑之,不敢来逼"④,遂停止了进攻。本来,兵贵神速,而清军却在进攻中犹豫不决,错过了这次以众击寡的好机会。当天下午,山口大队从汤山城开来,日军兵力有所增强。但是,安友治延为谨慎起见,仍不敢与清军正面交锋,决定实行偷袭:以富田春壁少佐的第一大队为右翼,于四更时偷渡叆河,包围清军宿营村庄,从三面纵火,以火攻破之;半田隆时少佐的第二大队为左翼,截击撤退的清军;山口圭藏少佐的汤山大队为中路,集中进攻清军的炮兵阵地,野炮兵则在其后 2 700 公尺

① 《日清战争实记》第 15 编,第 3 页。
② 《黑龙江将军依克唐阿奏请奖恤伤亡弁勇折》,《清光绪朝中日交涉史料》(2155),第 26 卷,第 19 页。
③ 《日清战争实记》第 15 编,第 4 页。
④ 桥本海关:《清日战争实记》第 6 卷,第 240 页。

的距离上进行支援。

12月14日拂晓前,富田大队借着月光出发,沿瑷阳边门大道涉渡瑷河,包围了清军的宿营村庄,并一齐开枪射击。清军未料到敌人偷袭,从朦胧中"惊起,或挥铳剑来突,或据墙壁乱射,仓皇防战甚力"。富田大队从上风头纵火,火借风势,迅猛异常。清军虽被包围在猛火浓烟之中,处境极为困难,但寿山、永山仍然沉着勇敢,一面疏散兵力,一面布置掩护部队,以使全军有秩序地撤退。这样一来,日军的进攻反而受到阻碍。永山亲率清军"右翼队据高丘,犹放铳防战,半田大队不能拔之。"①山口、富田两大队见状,一齐来攻,清军依然不惧,继续"奋斗勇战,坚守阵地"。②由于把日军3个大队都吸引到了右翼,其他部队才得以从容地撤退。直至掩护任务完成后,清军右翼部队"遂傅山背,攀岩角而退"。③

先是清军进抵一面山后,安友治延决定于14日实行偷袭清营,当即打电报向旅团长立见尚文报告。立见便派三原重雄率一个大队埋伏于葱岭附近,以扼清军退路。15日晨7时,清军果然退至葱岭,"三原大队俄起要击之"。④清兵突遭狙击,猝不及防,队伍大乱。在此紧急关头,永山挺身而出,率队力战。

永山(1868—1894),汉军正白旗人,世居瑷珲。原姓袁,乃明末名将袁崇焕之七世孙。袁崇焕冤死后,其子孙被编入宁古塔汉军正白旗。永山父名富明阿,曾任吉林将军。富明阿死,永山以荫授侍卫。永山"幼而学文,心识忠义;长而伟武,胸有甲兵"。日本挑起甲午战争后,永山"踊跃请行,誓灭狂寇",因从依克唐阿军,任马队统领。"大小十余战,阵阵军锋,无不怒马当先,摧坚执锐。有时山路崎岖,马队不得手,该侍卫即下马步战,奋不顾身。"⑤由于永山"临敌辄深入,为士卒先"⑥,其部下亦皆奋勇敢战,故日人有"深畏马队"之语。这次依军分队进攻凤凰城时,永山"慷慨流涕,自请独当一面,坚称不取凤凰城,誓不复还"。在一面山战斗中,永山为右翼,一直坚守阵地,直至全军脱离敌军的包围。此次葱岭遭敌伏击,他在奋战中先是"左臂受伤一处,额颅受伤一处,犹复亲持枪械,击毙悍贼数名,督队前进。至洞胸一伤,倒地晕绝,忽大

①③④　桥本海关:《清日战争实记》第6卷,第241页。

②　《日清战争实记》第15编,第7页。

⑤　《依克唐阿奏侍卫永山力战捐躯请从优议恤片》,《清光绪朝中日交涉史料》(2155),附件2,第26卷,第20页。

⑥　《清史稿》,列传247,《永山传》。

呼而起,弋什扶之,坚不肯退,口喃喃嘱兵勇好辅寿山杀贼而逝。"时年才 27 岁。依克唐阿称其"死难情形较左宝贵尤为惨烈,其战功亦不相下"。①对其英勇绝伦的无畏气概和视死如归的爱国精神,"一时江淮诸将,咸叹服不置"。②

永山率队拼死搏战,使敌人死伤甚众,不敢进逼。当他牺牲后,寿山便率军突出日军的伏击圈,向赛马集撤退。

在这次反攻凤凰城的战斗中,清军失利,损失甚大,计有 150 人阵亡,4 人被俘,并遗失钢炮和铜炮各两门。尽管如此,清军也给予了敌军以沉重的打击,使其伤毙 74 人,其中死 12 人,伤 62 人。③

四　辽阳东路争夺战的继续和收复宽甸

当清军反攻凤凰城之际,日军对辽阳南路的进攻开始了。12 月 18 日,李鸿章以海城失守,辽阳危急,电令袁世凯专马函告聂士成等"回军设法夹击海城〈日军〉大股"。同一天,宋庆也根据李鸿章的指示,电饬聂士成等军"向南夹击,合并一路,相机攻剿"。前敌营务处周馥致电李鸿章,认为聂军相距过远,西援必来不及;并担心聂军撤后,摩天岭可危。④聂士成也认为:摩天岭为辽沈门户重地,不能轻弃。他将留守事宜商诸盛军统领吕本元、孙显寅及新奉军统领耿凤岐,"皆莫敢肩此任"。此时,盛京将军裕禄、吉林将军长顺及辽阳知州徐庆璋均飞函"请留守,万勿轻动,致碍全局"。⑤于是,聂士成不得不电复李鸿章、宋庆,说明"万难回顾情形"。27 日,裕禄得知聂士成亦反对西退之说,便电奏东路各军"所防皆紧要处所","均势难抽动"。⑥当天,光绪降旨谓所奏"自系目前实在情形",谕裕禄"飞咨宋庆另行筹调,并饬知聂士成等仍严扼大高岭,以杜贼西窜之路"。⑦因此,聂士成军仍得留守摩天岭。裕禄、长顺等几经磋商,决定函请依克唐阿率军西援。30 日,依克唐阿奏请留统领寿山率马步两营扎分水岭,统领德英阿带步队两营驻守本溪湖,亲率马步各营西援辽阳。当即得

---

① 《依克唐阿奏侍卫永山力战捐躯请从优议恤片》,《清光绪朝中日交涉史料》(2155),附件 2,第 26 卷,第 21 页。

② 《寿将军家传》(刊本),齐齐哈尔市图书馆藏。

③ 《日本第一军石坂军医部长给石黑野战卫生长官的报告》,《日清战争实记》第 13 编,第 18 页。

④ 《前敌紧要军情各电清单》,《清光绪朝中日交涉史料》(2159),附件 1,第 27 卷,第 6、7 页。

⑤ 聂士成:《东征日记》,见《中日战争》(6),第 16 页。

⑥ 《盛京将军来电》,《清光绪朝中日交涉史料》(2157),第 27 卷,第 1 页。

⑦ 《军机处电寄裕禄谕旨》,《清光绪朝中日交涉史料》(2158),第 27 卷,第 1 页。

到了光绪的批准。

当时,日军的主攻方向已转至辽阳南路,东路日军分布于广阔的地带,兵力益显不足,只好缩小防区,退向雪里站。1895 年 1 月 2 日,聂士成致电李鸿章和宋庆,略谓:"军兴以来,只闻敌来,未闻我往,此敌之所以前进无忌也。拟将岭防布置严固,率精骑千人直出敌后,往来游击,或截饷道,或焚积聚,多方扰之,令彼首尾兼顾,防不胜防,然后以大军触之,庶可得手也"。①聂士成建议深入敌后进行游击战,这确实是一个创见。若能够将其付诸实行,必定可以有效地打击敌人。但是,李鸿章电称:"倭防范严密,恐不易攻,转为所乘"。②明确表示不同意。宋庆也担心"该提督一动,岭防松懈"。③此议遂不果行。

至 1 月 10 日,聂士成接裕禄电,知依克唐阿、长顺、宋庆商定"合兵攻海城倭兵,饬各路同时大举,以分敌势"。11 日,聂士成亲率马步千余人,过通远堡、金家河,进逼雪里站,以图牵制。盛军统领吕本元、孙显寅,新奉军统领耿凤鸣,以及仁字军统领江自康,亦皆派队以助声援。雪里站日军伏不敢出。14 日,清军与日军探骑相遇,毙其数名,余者逃回。16 日,日军增援部队从凤凰城抵雪里站。23 日,聂士成探知日军将出动大股来攻,于是将部队散伏于雪里站以北 12 里的陡岭子一带,并命数名号兵持号绕道潜伏山顶,以瞭望敌军动静。传令各营曰:"闻山巅号声,悉吹之,即燃枪迭击,蛇行鼠伏,聚散无常,使敌莫测我军虚实。"24 日晨,日军果至。顿时,"山巅号响,各处号声、枪声同时并发,敌骇窜。"25 日,乃夏历除夕,聂士成料定日军必乘机来袭,便事先命夏青云率队埋伏于陡岭子以北 10 里的土门岭。是日拂晓,果有日军步骑 500 余人来袭,清军突起奋击。日军急收队,返奔雪里站。"自此以后,敌坚守不敢出,惟探马相遇开枪互击而已。"④

辽阳东路争夺战持续了两个多月,日军不仅受阻于摩天岭,由东路进犯辽沈的计划遭到失败,而且被迫放弃攻势而转为守势。在保卫摩天岭的战斗中,聂士成或攻或守,防御得力,终于使日军未能越雷池一步。

聂士成(? —1900),字功亭,安徽合肥人。初以武童投效袁甲三军营,后

---

① 聂士成:《东征日记》,见《中日战争》(6),第 16 页。按:原电见《李文忠公全集》,电稿,第 19 卷,第 31 页。

② 《复聂提督》,《李文忠公全集》,电稿,第 19 卷,第 31—32 页。

③ 《宋宫保来电》,《李文忠公全集》,电稿,第 19 卷,第 32 页。

④ 聂士成:《东征日记》,见《中日战争》(6),第 16—17 页。

编入淮军,隶于刘铭传,积功至副将。"自束发从戎,即有誓死报国之志。"①其为人"秉性忠贞,践履纯笃,事亲至孝,居官清廉,叙众严而有恩,遇事勇而有断,沉毅果敢。"②1884年10月,法军袭据基隆,聂士成奉命"率师渡台湾,屡战却敌"。③1885年,还北洋,统庆军驻防旅顺口。1891年,调统芦台淮、练诸军。1892年,实授山西太原镇总兵。1893年10月,率武备学堂学生三人游历东三省和朝鲜,著有《东游纪程》一书。他在此书中指出:俄国为中国之大患,"贪心不足,每思开扩土地","夺我利权,此俄之素志也"。还认为:日本为"心腹之忧",对朝鲜觊觎已久,朝鲜"若有疏失,非独伊一国之危,亦我省之大患也。"果然不出他之所料。几个月后,日本便发动了这场侵略朝鲜和中国的战争。聂士成不仅在反对列强侵略的战争中作战英勇,而且善谋略。如在牙山提出班师回国,在摩天岭建议敌后游击,皆为明证。在辽阳东路的争夺战中,他更创造了甲午战争期间成功地进行积极防御的第一个范例。"自是,中外皆钦其名。"④

此后,日军不得不放弃由东路进犯辽沈的计划。但正在此时,李鸿章以畿辅吃紧,"急需大支游击之师,非速饬聂士成回直整顿不可",电恳"朝廷主持,勿稍摇惑",排除宋庆等人的反对,谕聂士成"即日拔队进关"。⑤清廷采纳了李鸿章的意见,令按察使陈湜率福寿军10营填扎摩天岭。2月12日,聂士成命夏青云马队暂留一日,候陈湜到防再发;自率马小队先行,至甜水站与吕本元、孙显寅面商有关岭防诸事,然后登程,入关回直。

凤凰城北路的战事虽趋于沉寂,然其东路的争夺战又起。本来,清政府所派东边道原驻凤凰城,自九连城、凤凰城相继失陷后,新授东边道张锡銮遂统定边军驻通化县。张锡銮汰旧募新,共得7营,以天津武备学堂学生县丞商德正为总练习。至是,军气颇振。适奉天省城运来毛瑟枪850支,以之装备3营;又原有之7公分半口径炮4门,以配1营。于是,张锡銮率奉军新后营(营官文廷顺⑥)、靖边右营(营官林长青)、新中营(营官岳元福)等3营,进驻宽甸城北25里之大川头,以期收复宽甸。

自凤凰城、安东失陷后,署凤凰厅同知章樾、凤凰城城守尉佑善及安东县

---

① 《清史列传》第61卷,《聂士成传》。

② 袁世凯:《养寿园奏议》第14卷,第4页。

③ 《清史稿》,列传254,《聂士成传》。

④ 费行简:《近代名人小传》,第375页。

⑤ 《寄译署》,《李文忠公全集》,电稿,第20卷,第14页。

⑥ 文廷顺,一作"周廷顺"。

知县荣禧皆撤至东边一带。章樾等以失守城池而被朝廷革职，愧愤不已，"力图恢复"，于是邀举人姜焕章等劝办团练，共成立仁、义、礼、智、信、温、良、恭、俭、让十团。"每团一二千人不等，筹备枪械，挑成堪以打仗炮〔枪〕手四千余人。"以韩玉琛、楚文彦、傅彩等统带各团。于是，张锡銮决定趁清军反攻海城之机，兵团合力进袭宽甸，"以牵贼势"。①

当时，宽甸城内只驻有少数日兵，日军于2月25日派出1个中队以加强宽甸城之防御。当夜，日军中队宿于三道沟。26日晨，从三道沟出发。下午4时许，行至宽甸县西南3公里处，忽闻县城西面响起枪声，又得探骑来报，始知清军真的前来攻城。于是，日军中队急速直奔县城。

原来，是日午时，张锡銮即下令进攻宽甸守敌，命文廷顺率奉军新后营驰赴蒲石河，扼西面来援之敌；岳元福率新中营由小道绕至城西十八里冈埋伏，以截击城中逃敌，林长青率靖边右营至大亮子沟，伺机向敌发起攻击；乡团则在城东西扼守。林长青抵大亮子沟后，侦知日军一队由双山子急行而来，相距约10余里，便率部直进，在宽甸城西南之一撮毛与敌相遇。他告诫部下说："与倭相距百步，始得发枪。"②于是，全营俟敌靠近，擎枪齐发，子出如雨。日军不支，向东急退，又遭到乡团的阻击，只得又反奔入宽甸南门。此时，日军中队知其辎重队已被清军袭击，并且判断："敌军似已知我军兵少，其主力自西南方发动攻击，欲包围我军。"便与城内日军相合，出西门绕袭林长青后路，而岳元福所率新中营已至，迎头痛击。日军死伤甚众，向南逃至馨儿岭。清军终将宽甸收复。此战从下午4时打至7时，共杀伤日军32人，其中少尉1名，通译官1名，军曹6名，士兵24名③；"生擒倭领队贼目广甚田吉1名，夺获枪械、子母、衣物多件"。④

日军于2月27日退至长甸，28日又弃长甸回香炉沟。3月1日，清军收复长甸。日军之踞宽甸、长甸、香炉沟三处，本为互成犄角之势，清军既收复宽甸、长甸，其香炉沟之日军势难久支，故放弃香炉沟而退保金厂、长冈。

至3月上旬，张锡銮所调马步各营陆续开到，宽甸布置稍固，决定于3月11日向金厂、长冈之敌发起进攻：岳元福率其新中营，由红铜沟入香炉沟，以进攻金厂；文廷顺率其新后营，绕至金厂以西，自大安平河直捣长冈。但由于事机不密，此计划为日军所侦悉。3月9日，日军步兵第十一联队长西岛助义率

---

①④　《盛京将军裕禄来电》，《清光绪朝中日交涉史料》(2847)，第36卷，第4页。

②　姚锡光：《东方兵事纪略》，见《中日战争》(1)，第32页。

③　《日清战争实记》第27编，第24、25页。

其第二、第三大队之 9 个中队及山炮 3 门,自九连城增援金厂。11 日黎明,岳元福冒雪至红铜沟,分队向日军进逼。日军已有准备,分两路来扑:一由金厂东道岭出红铜沟掌;一由红铜沟岔绕出岳元福营之后。岳元福分兵迎击,激战两小时,伤亡数十名,前哨哨官王维选、哨长权福廷皆中炮牺牲。岳元福命左哨哨官刘开勋率队埋伏于山岗下,俟敌逼近突放排枪,始将敌击退。文廷顺营行近长冈,遇日军伏兵侧出横击,亦伤亡 10 余名。幸乡团至,与文营合击,毙伤敌人多名,始退回长冈。经过此日之战,日军虽未吃大亏,但以此知清军仍必进攻,且虑其孤悬叆河东而无援应,故陷于进退两难之中。适在此时,日军听到清军拟三路进攻凤凰城的传闻,一时人心惶惶,认为"即使此为敌军制造的谣言,也不可不十分警惕。"①3 月 14 日夜,日军又弃金厂,潜渡叆河退回九连城。"自是,宽甸境内肃清,倭人阻河为界,叆水以东无倭人踪迹。"②

此时,辽阳东路日军龟缩于九连、凤凰诸城,只求守此数地,无力再发动攻势。日军驻凤凰城司令官立见尚文少将为之抑郁不已,作诗曰:"留守凤城四阅月,每闻战捷剑空鸣。难忍功名争竞念,梦魂一夜屠清京。"③这个侵略分子哀叹自己在辽阳东路的争夺战中未能得手,只好向睡梦里去寻求慰藉了。当时对清军来说,兵机甚利,如能抓住这一时机发动攻势,将会产生全局性的影响。对此,时人评论说:"苟我有劲旅,自宽甸乘锐扫荡,收复沿鸭绿江诸城壁,以截断朝鲜与我辽东相通之路,则辽东之倭必将返顾。惜锡銮兵势既单,军械既乏,而兵团以胜而争不相能,且吊死问伤恤赏又不时至,士气复沮,而九连、凤城遂沦于倭不可复克。"④为之不胜惋惜之至!

第四节　保卫辽阳南路与规复海城之战

一　山县有朋罢职与日军进攻海城

日军进攻辽阳东路受挫之后,又发动了争夺辽阳南路之战。

---

①③　《日清战争实记》第 27 编,第 27 页。
②　姚锡光:《东方兵事纪略》,见《中日战争》(1),第 33 页。
④　姚锡光:《东方兵事纪略》,见《中日战争》(1),第 34 页。

日军虽然突破了清军鸭绿江防线,在数天内连拔九连城、安东、凤凰城。但是,问题也随之而来:日军的下一步作战将指向哪里? 11 月 3 日,山县有朋向大本营提出了《征清三策》,极力主张进行冬季作战:第一,从海路至山海关附近再次登陆,建立根据地,以进行直隶作战;第二,向旅顺进击,以便将兵站基地移至不冻港;第三,立即北进,以攻取奉天。山县要求从三策中取其一策。山县在《征清三策》中提出南迫京津,北略奉天,同时开辟两个战场,再一次表现了日本军国主义的军事冒险主义。

在山县有朋的三策中,争论最大的是第一策。山县说:"此次之战斗,海陆两军均连战连捷,且常不失先发制人之机,今已占领若干要地,宜乘此时机进兵山海关附近,尽全力陷敌之首都,使彼结城下之盟也。"这本是符合日本大本营在战争爆发前夕所制定的作战方针的。根据作战方针,日本海军如能取得制海权,则陆军主力将从渤海湾登陆,在直隶平原进行决战。但是,在列强环伺的情况下,伊藤博文不得不考虑外交方面的问题,因此对山县的策议持反对态度。他反驳说:

> 第一军留守于九连城,举其余之主力进袭奉天,进而向南攻击北京,第二军亦将守兵置于金州半岛,余皆渡海而叩山海关,循海岸陷天津,以使两军相应援乎? 此虽壮则壮矣,又谈何容易耶! 面临天寒冰结之气候,在渤海求运输交通之便利,乃至难之事也。且敌之舰队自黄海一败后,虽畏缩而无出战之勇,然并非全部丧失其力量。故欲将第二军之大部运至山海关,需大量海军之掩护,自不待言。即行此策,幸而达其所望,然彼清国必满廷震骇,暴民四起,土崩瓦解,终必形成中外齐声称之谓无政府状态。若至斯时,尽管我国竭力避免西方列强之干涉,但列国在各自保护其商民方面,由于最为深切之利害关系,势必导致不得不实施联合干涉,乃属必然也。此岂非自我招致各国之干涉耶? 若夫使清国一度陷于无政府境地,我方鉴于时机成熟,虽欲容彼之请而讲和,而代表彼国担当与我商谈任务之对手,又决不能求之于已土崩瓦解之清廷也。①

根据伊藤博文的意见,日本大本营否定了山县有朋的第一策。对其第三策,考虑到实行之后,兵站线将拉长,必然增加补给上的困难,能否胜利尚不可

---

① 伊藤博文:《机密日清战争》,见《中日战争》续编,第 7 册。

期,亦非良策。至于第二策,虽比较容易实行,然金州以东无足够的宿营地,且必须放弃一些业已占领的地区,将给士气带来不利的影响。因此,大本营最后否决了山县有朋的冒险进攻方案,做出了冬季宿营的决定。11 月 9 日,大本营命令第一军退至九连城附近,在瑗河与大洋河之间建立营地,全军冬营待命,为明年开春发动攻势作准备。山县对大本营的决定极为不满。事后,他在给部下的一封信里写道:"如你所知,皇上知道我历来偏重军事。可以想见,这次的种种评论也出于此。然而,我仍认为,使今日之战斗半途而废的这种公开策划的意见是不对的,以致彼此间引起了不应产生的纷纷议论。"①他还一意孤行,抵制大本营关于冬季宿营的命令。其理由有三:一、停止战斗会使士兵的士气低沉;二、清军在此期间将加强防卫体制;三、为了断然进行直隶作战,确保后路的安全是必要的。②于是,决定先取岫岩,然后打通辽阳东路,以实现"奉天度岁"的计划。但不料在辽阳东路受挫,打通东路无望,又由于受到第二军成功地攻陷旅顺口的刺激,山县于 11 月 25 日独断地下令进攻海城,并决心在攻下海城之后,立即对山海关发起进攻。这样,日本统治集团最高层对作战方针的分歧意见便表面化了。

日本大本营试图制止山县有朋的独断行为,指出此时以主力与清军交锋,对将来直隶作战不利,并下令第一、第二两军各就原地待命。但山县依然不听。为了保证最高统帅权的一元化,和抑制驻外统将的独断专行,大本营决定罢去山县第一军司令官的职务。据亲近伊藤博文的日本官员证实:当时川上操六和桂太郎担心,若公开罢职,则山县势必产生"宁可狠心切腹自杀以保持武人面子"的念头,因此请求伊藤博文奏请以"养病"为名召回山县。11 月 29日,天皇睦仁向山县下达了回国"养病"的诏书:"朕不见卿久矣。今又闻卿身染疾病,不胜轸念。朕更欲亲闻卿述敌军之全部情况,卿宜迅速归朝奏之。"但在睦仁所派"敕使"到达前,山县已于 12 月 3 日命令驻安东的第三师团,作为独立师团向海城方向进发了。4 日,山县才再次向大本营陈述进攻海城的理由,以使大本营承认既成事实。5 日,又以临战易帅不利士气为由,向大本营电告病已好转,康复在即,能够指挥进攻海城的作战事宜,并要求转奏天皇,免其卸职回国。但"敕命"已下,势难收回。山县被迫于 9 日由安东乘轮归国。临

---

① 平塚笃编:《续伊藤博文秘录》,转见藤村道生:《日清战争》中译本,第 117 页。
② 藤村道生:《日清战争》中译本,第 116—117 页。

日本第一军司令部将校及幕僚合影（前排中央为
继任司令官、晋升陆军大将野津道贯）

行前，他给野津道贯、桂太郎两师团长写了下面的一首诗：

> 马革裹尸原所期，出师未半岂空归？
>
> 如何天子召还急，临别阵头泪满衣！①

其愤懑不平之情溢于言表。山县归国后，被任命为监军。大本营以野津道贯
继任第一军司令官，又将近卫师团步兵第二旅团长奥保巩少将擢升为中将，以
补第五师团长之遗缺。

海城东接岫岩、凤凰城，西通牛庄、营口，北控辽阳、奉天，南达盖平、金州，
为辽南要冲，具有重要的战略地位。日本第一军谍报人员曾向山县有朋提出：
若能占有海城，则"拔辽阳、奉天，逼山海关，亦非难也"。这个建议正投合了山
县的心思。于是，他向大本营报告说："盖盛京首府在奉天，奉天锁钥在辽阳，
而海城为辽阳锁钥，亦当北京要冲。若清军据海城，与西之牛庄，北之辽阳互
相死守，则日军不能进。故欲早取海城。"②山县虽被罢职，但是进攻海城的第
三师团已经在行进途中，而且第一军将领对此盼望甚切，因此大本营亦未坚决
阻止。

---

① 黑龙会编：《东亚先觉志士记传》下卷，列传二，第 450 页。

② 桥本海关：《清日战争实记》第 10 卷，第 318 页。

在日本军方看来，"海城的守备在析木城。"①因此，日本第三师团决定先经岫岩取析木城，然后攻占海城。日军从安东出发时，正值严寒天气，只能踏冰雪行进。沿途河流甚多，一概没有桥梁，步兵便踩着石头过河，而炮兵则须用铁棒打碎河面上的冰层，才使炮车得以过河，所以行军非常缓慢。12月4日，日军前锋抵大洋河岸。大洋河水宽60公尺，非用渡船或架桥不可。日军先用三四只小船横排联在一起，一次可渡30人，运送600人足足花了5个小时。后来又改架桥梁，使大部队通过。前后共用了3天时间。日军士兵雪中行军，有的鞋磨破，以致双脚鲜血淋漓。由于补给困难，有的大队没有冬装，只能穿上白色的夏服裙，在寒风中瑟缩着身子行军，并用冻成冰坨的米饭和梅干果腹。②岫岩以南群山重叠，土门子岭和万全岭尤为险峻，日军士兵感到前程险恶，情绪十分低落。如果有清军深入敌后进行袭击，或击敌于半渡，或伏兵于险要，那么日军第三师团能否顺利地北进，恐怕是大成问题的。直到8日，日本第三师团才抵达岫岩。

日本第一军第三师团师团长、
陆军中将桂太郎(1847—1913)

12月9日，第三师团长桂太郎中将下令，将部队划分为三部分：右翼支队，以第五旅团长大迫尚敏少将为支队长，包括步兵第六联队（缺1个大队和1个中队）、步兵第十八联队（缺1个大队）、骑兵第一中队（缺1个小队和大孤山至岫岩间的通信骑兵）及野战炮兵第三大队（缺1个中队）。左翼支队，以步兵第十八联队长佐藤正大佐为支队长，包括步兵第十八联队之1个大队及骑兵第一中队。主力纵队，以第六旅团长大岛久直少将为前卫司令官，包括步兵第七联队（缺1个大队）、骑兵第三大队本部及第二中队（缺1个小队）。主力由桂太郎师团长亲自指挥，包

---

① 《日清战争实记》第16编，第6页。
② 《日清战争实记》第15编，第20—21页。按：夏服裙是一种日本和服式的裙子。梅干是用梅子腌制的咸菜。

括步兵第十九联队本部（缺1个大队）和1个大队、步兵第六联队之1个中队、骑兵第二中队之一个小队，以及野战炮兵第三联队本部和第二中队（包括大队本部）。同一天，桂太郎下达了进攻析木城的命令：右翼支队向北直插牛心山，再向西挺进析木城；左翼支队进至析木城西南之下八岔沟附近，对盖平方向实行警戒，以掩护主力纵队之左翼；主力纵队过大偏岭，舍营于王家堡子，次日经小偏岭、小孤山，出于析木城之南。由于两翼支队道路迂回，因此于当天下午即行开拔。主力纵队则迟至10日晨出发，当天宿营于王家堡子，其前卫则宿营于前方的瓦房店。

当时，驻守析木城和海城的清军有：奉军步队8营，马队4营，炮队1营，由总兵聂桂林统率；盛字练军4营，由侍卫丰升阿统带；原牙山仁字军步队2营，由总兵马金叙统带；希字军（大同军）步队7营，马队1营，由总兵蒋希夷统带。共计28营。清军兵力不能算少，如能部署得当，指挥得力，是可以一战的。但是，清军四统领不相系属，缺乏统一的指挥，不可能真正协同作战。在四军中，聂桂林、丰升阿二军不但毫无战斗力，而且军纪荡然，"闻风即溃，骚扰不堪"。蒋希夷和马金叙称"此军有不如无"。①于是，诸将互相观望，既未能及时激励士气，也无坚守的决心。对此，日本方面是完全了解的。日谍的报告即指出："清军连战连败，士气沮丧，无复决战之勇。虎山大败以后，兵备未整，大孤山、岫岩弃而不守，海城之守备不甚坚。"②聂桂林等军被派赴析木城驻守时，并未认真构筑防御设备，只不过是每日远出马队以行警戒而已。直到探悉日军由岫岩北进时，这才仓促在析木城以南和以东布置阵地。清军的分工是：

奉军：主要兵力分驻于析木城南的龙凤峪、嘎大峪、樱树沟等处及山城子西方高地，并派马队一哨在二道河子附近担任警戒；析木城东的东大岭和潘家堡子也驻有两营，为全军之左翼。

盛字练军：扎于奉军背后的姑嫂峪、朱家堡子一带，以备接应。

希字军：驻守下八岔沟，并派一部至小井子西方高地防守，为全军之右翼。

仁字军：驻守析木城。

---

① 《北洋大臣来电》，《清光绪朝中日交涉史料》(2089)，第25卷，第28页。
② 桥本海关：《清日战争实记》第10卷，第318页。

日军为进攻海城设置的土门子岭兵站

　　12月11日凌晨,日本第三师团主力从王家堡子出发,其前卫也同时从瓦房店出发。按照日军原先的计划,当天应宿营于小孤山,12日再向析木城南清军阵地发起进攻。但是,日军侦察骑兵向前卫司令官大岛久直报告:析木城以南的二道河子没有清军,只在其附近的龙凤峪有数量不多的清军。大岛认为,析木城的守备在二道河子西侧的山间要道上,此处一旦失守,析木、海城将不战自溃。是否能够占领二道河子高地,在战术上具有重要意义。因此,他决定不失时宜地改变计划,立即向清军发起攻击。是日下午1时,大岛命令前卫之两个中队以急行军前进。在二道河子以南六七百公尺处,双方开始对射。不久,日军前卫后继部队赶到,展开全部兵力,向清军阵地发起猛攻。激战中,日本第三师团参谋木神原忠诚少佐中弹丧命。

　　战至下午3时半,聂桂林和丰升阿决定退却,全部撤出析木城以南阵地,从析木城附近奔向海城。驻东大岭和潘家堡子的奉军两营,先于10日即遭到日军右翼支队进攻,坚持到11日下午两点半也撤离阵地,越五道沟岭和蟒洞峪向西退却。只有驻守下八叉沟和小井子西方高地的希字军,彻夜与日军遥相对峙。拂晓前,蒋希夷见他军全撤,自己已成孤军,势难与优势敌军对抗,遂西撤至截子岭、石柱沟附近。马金叙在析木城,见前敌部队皆退,也经排路屯、钟家台撤至海城西面的坡厂、八里河子附近。

当天黄昏时,日军探骑报告,清军仍据守析木城南的下八岔沟和小井子西方高地。桂太郎认为,从地形上来说,以进攻清军右翼最为有利。于是,决定明日进攻樱树沟以南高地的清军。

12日拂晓,桂太郎根据报告,知清军右翼已撤,便又改变作战计划,决定直接进击析木城。于是,日军主力纵队由大道向析木城前进,前卫在前,师团主力在后;左翼支队经樱树沟插向析木城西,以切断清军退路;右翼支队由东路进逼,形成了三面合击的形势。但是,析木城已无清军一兵一卒。上午10时,日军不战而占领了析木城。

是日下午,日军主力纵队向海城方向前进。前卫进至距海城7公里的营城子宿营;师团主力行进在后,宿营于杨家店。其他部队宿营于析木城和红花店附近。当天晚间,桂太郎发布进攻海城的命令如下:

一、敌军已向海城及其北面退却。我前卫追击敌军到达营城子。

二、为占领海城,师团于十三日向该地前进。

三、前卫于明日午前八时三十分出发,向海城前进。要特别注意警戒左翼,对营口方向进行远距离的搜索,并侦察自营城子经河右岸至海城东南高地的道路。

四、师团本队于明日午前七时先行,从杨家店西北小河处出发。宿营于析木城和红花店附近的部队从宿营地出发,应于同一时间加入行军序列。①

13日上午9时40分,日军前卫到达海城以南约8里的罗家堡子。时驻海城的清军为聂桂林的奉军和丰升阿的盛字练军,主要布防在城东南的荞麦山、城西的晾甲山和城里三处。上午10时,清军自荞麦山发出防战的第一炮。于是,日军前卫司令官大岛久直决定首先对荞麦山发起进攻,命步兵第十九联队长粟饭原常世大佐率第二大队担任主攻,步兵第七联队第一大队作为后继部队;炮兵大队在罗家堡子北布置阵地,掩护步兵进攻;骑兵大队监视营口方向,并对清军的右翼和后路进行牵制。荞麦山的清军见敌人来攻,下山抵御,并以3门大炮连连发射,"其距离测定颇为准确"。此时,城里的清军也发炮支援。日军将12门山炮依次排列,猛烈还击。"双方的炮击越来越激烈,黑烟顿时笼

---

① 《日清战争实记》第16编,第9页。

罩了乾坤。"①上午 10 时 30 分,大迫尚敏及其右翼支队抵罗家堡子。桂太郎命大迫率步兵第六联队进攻荞麦山清军左翼。荞麦山守军终不能支,首先败走。奉军和盛字练军遂弃海城而退向辽阳。上午 11 时,日军从东、南两门进城,完全占领了海城。

日军占领海城之后,即移第三师团司令部于城内,并在城外修建工事,作婴城固守计。12 月 15 日,日军在海城原县衙设善后公署,以村木雅美中佐为署长。所谓善后公署,实际上是以司法为形式的军事管制机构。其任务是起草法章,经师团长认可,交法官执行。这个善后公署发布了一系列的法章,规定了死罪四条:一、间谍处死;二、妨碍执行军务者处死;三、毁坏军用电线或其他军用物资者处死;四、杀人放火者处死。②企图以残暴手段来镇压不满和反抗日军的当地居民。

二 清军救援海城与缸瓦寨战斗

日军第三师团北犯,意侵海城,而海城若失,则日军将北窥辽阳、奉天,西窥牛庄、营口,关外锦州、宁远诸城危殆,大局攸关。因此,宋庆闻报,即决计救援海城。

12 月 6 日,即日本第三师团自安东出发的第 4 天,宋庆命总兵刘盛休、宋得胜率铭、毅两军北进,拱卫牛、亲庆军及嵩武军仍驻盖平,以顾后路。此时,金旅日军的动向不明,使宋庆感到担心,"未敢轻动",于是令北援之军"赴海、盖适中之处择要驻扎"。③同一天,日军金州守将乃木希典所部步兵第一联队占领了复州。10 日,宋庆亲率铭、毅两军进驻大石桥。大石桥居于海城、盖平、营口三角地带之中心,驻此则可兼顾三面。此时,清廷迭降谕旨,谓:"此时北路倭贼渐次撤退,而大股萃于金、复,意图北窜,不日必有大举扑犯之事。"并命宋庆"迎战"。④说金、复日军"意图北窜",自然是对的;说北路日军"渐次撤退",却完全错了。北路日军不但不曾"渐次撤退",反于 12 日占领了析木城,13 日又攻陷了海城。宋庆遂改变计划,拟与北部诸军联系,以协力规复海城。决定调蒋希夷统希字军守备大石桥,亲率铭、毅两军经虎樟屯南的三道岭子折赴牛

---

① 《日清战争实记》第 16 编,第 11 页。
② 《日清战争实记》第 16 编,第 20 页。
③ 《前敌紧要军情各电清单》,《清光绪朝中日交涉史料》(2101),附件一,第 25 卷,第 36 页。
④ 《军机处电寄宋庆谕旨》,《清光绪朝中日交涉史料》(2100),第 25 卷,第 32 页。

庄。他先派马队侦察至牛庄道路,得知由大石桥经虎樟屯、缸瓦寨(又作感王寨)至牛庄道路安全,日军固守海城尚无出城情况,于是决心通过海城西 30 里的缸瓦寨 ,取直路以达牛庄。

宋庆的援海计划引起了不同的意见。前敌营务处臬司周馥即持反对的态度,于 16 日致电李鸿章称:"宋帅率铭、毅各军北剿海城一股,而留章高元、刘世俊等防盖东,兼遏南路,未免兵分力单。指日大战,即胜,而营口以西空虚,恐倭又袭故智,抄宋军后路。现河冻处处可通,守固无益,剿亦不能速进。"①李鸿章则同意宋庆的计划,认为"海失,辽必难保",电嘱宋庆"专马密饬聂(士成)、吕(本元)等作速回顾,与毅军夹攻海股,冀获一胜"。②光绪开始对此颇有顾虑,谕曰:"宋庆以孤军处东南两寇之间,关系奉省大局,务当熟筹进止,稳慎图功,毋坠敌人诡谋。"但最后还是批准了这个方案,指出"军事变迁非一,必须随时调度,以赴戎机",并谕聂士成、吕本元"移至岫岩、海城,与宋庆合力会剿"。③只是由于日军突然主动出击,才使清军合击海城的计划未能实现。

12 月 17 日,宋庆命辎重队先发自大石桥,经虎樟屯、缸瓦寨向牛庄行进。并分遣马步小队多批,远出缸瓦寨东北之四台子、东西柳公屯、盖家屯一带,以警戒海城之敌。刘盛休统铭军 10 营随后继行。宋庆自率毅军 10 营殿后。18 日夜,辎重队宿于东西粮窝及东莲花沟一带。铭军在缸瓦寨和石桥子宿营,并派出马步各队于缸瓦寨东的马圈子、上下夹河、盖家屯等处,严密监视海城方向。毅军则宿营于虎樟屯。是日,宋庆得知海城日军屡出城搜索,并与铭军发生冲突。当天,他还接到李鸿章关于约聂士成、吕本元夹攻海城的电报。于是,宋庆益觉必须速向牛庄,以与辽阳方向各军取得联系,便电饬聂士成、吕本元、孙显寅各军急速"向南夹击,合并一路,相机攻剿"。④但是,他又感到海城之敌威胁右翼,颇为可虑,便急命刘盛休暂时守据缸瓦寨,构筑临时工事,以防敌人来袭。

刘盛休奉命后,即下令彻夜构筑工事,布置阵地:利用缸瓦寨村东的树林为掩护,急造掩堡多座,作为第一防线;利用村东端原有的围墙,多穿枪眼,以利防御,作为第二防线。炮兵跨通下夹河之道路,沿缸瓦寨东围墙向南一侧附

---

① 《寄译署》,《李文忠公全集》,电稿,第 19 卷,第 15 页。
② 《寄宋宫保》,《李文忠公全集》,电稿,第 19 卷,第 14 页。
③ 《军机处电寄宋庆谕旨》,《清光绪朝中日交涉史料》(2120、2134),第 26 卷,第 6、12 页。
④ 《寄译署》,《李文忠公全集》,电稿,第 19 卷,第 18 页。

近,排列火炮3门;再向南稍远处配置4门,以封锁海城大道。又分遣步队1营于马圈子,1营于香水泡子(一作祥水泡子),为左翼;马队1哨于于官屯,以警戒右翼。

12月19日上午9时,宋庆率毅军从虎樟屯出发,拟至缸瓦寨与铭军会合,然后同向牛庄转进。上午11时行近缸瓦寨时,得报日军已逼近盖家屯附近,势将进袭,便一面派飞骑檄蒋希夷率希字军由大石桥北上赴援,一面命所部向缸瓦寨急进。上午11时50分,战斗便在下夹河村打响了。

先是在12月17日,清军自大石桥北进时,桂太郎即接到报告,谓清军"有进逼海城西南之势"。这个报告引起了桂太郎的重视,但一时还摸不清清军的意图何在。据他推测,有三种可能:一、向辽阳撤退;二、渡辽河奔锦州;三、伺机收复海城。他认为:"无论敌军出于何种目的,卧榻之侧岂容他人鼾睡,何况这样的大军在海城附近徘徊?"①于是决定出击,以解除对海城的威胁。

18日晨,桂太郎一面派出步兵一中队和骑兵一小队至盖家屯方向侦察,一面命参谋官在晾甲山上瞭望,观察远方清军的动静。日军进至柳公屯时,发现有少量清军。清军见日军逼近,便向盖家屯撤退。下午1时,日军开始向盖家屯发起攻击。驻该村的清军是铭军1营,立即开枪回击。清军从墙壁的枪眼里往外射击,使日军无法靠近。对射半小时后,清军两哨从村的西侧迂回,欲攻日军右翼。此时,日军已有6名受伤,便撤出阵地,退向海城。但日军却由此证实了清军的大致位置是在盖家屯以西地区。同时,日军参谋官也观察到上夹河、缸瓦寨等处都有清军活动。根据这些报告,桂太郎断定清军意在伺机收复海城,便于当天晚9时下达了明晨进攻的命令。

19日拂晓,日军从海城倾巢出动。根据桂太郎的部署,大迫尚敏率所部从晾甲山以南行进,进攻清军的正面;大岛久直率所部从晾甲山以北行进,进攻清军的左翼。桂太郎本人率师团本部在两队的中央后方行进,至八里河子暂驻,以等待前方的报告。上午11时,大岛率部到达盖家屯后,未发现清军,便返抵八里河子。桂太郎认为清军业已远出,追之徒劳无益,即命大岛回军海城。适在此时,步兵第五旅团的传令骑兵策马前来报告:"大敌在缸瓦寨,大迫旅团即将对敌军发动进攻。"②于是,他又命大岛部队返回,命其向缸瓦寨方向

---

① 《日清战争实记》第19编,第1页。

② 《日清战争实记》第19编,第3页。

前进。

　　上午 11 时 50 分，大迫部队逼近下夹河村，向村内的少量清军开枪射击，将其击退。此时，大迫尚敏发现，马圈子和香水泡子皆有清军驻守，于官屯也有清军骑兵。因双方相距过远，没有炮兵的掩护难以发起攻击，大迫便一面命令部队在下夹河村隐蔽，一面派飞骑向师团长报告敌情，并请求派停留于盖家屯的炮兵支援。下午 1 时 15 分，炮兵开到下夹河村，将阵地设于该村的西头。但是，马圈子清军对日军炮兵阵地造成了很大的威胁，于是大迫令步兵第十八联队第一大队长石田正珍少佐，率所部 3 个中队进攻马圈子的清军。石田先把 1 个中队置于下夹河村边，作为预备队，命令另外两个中队展开进击。在清军的坚决抗击下，日军难以前进，队伍陷于混乱。石田不得不下令预备队加入战斗。日军炮兵也适时地移于下夹河村西北端，以 18 门火炮猛击马圈子，掩护步兵前进。清军顽强抵抗，"弹丸雨注"，使日军"将校兵士伤亡颇多"，"鲜血淋漓，染红了满地积雪"。①由于敌人炮火太猛，清军死伤亦多，难以抵御，便向缸瓦寨退去。

　　在石田大队进攻马圈子的同时，大迫尚敏又命步兵第六联队第一大队长冈本忠能少佐率部从正面向缸瓦寨前进，第二大队长小野寺实少佐率部进攻于官屯村。下午 2 时，小野寺实大队击退于官屯的清军骑兵，占领了该村。随后，日军炮兵便转向缸瓦寨猛轰，掩护步兵和骑兵进攻。铭军炮队用 4 门速射炮回击，步队也举枪猛射。据日方记载："我骑兵和炮队都尽全力攻击缸瓦寨敌军，大迫部队的步兵亦急起猛击突进。两军交战正酣，彼我炮声如轰雷，天地为之震撼。敌军据缸瓦寨和香水泡子的民家墙壁，向我狙击。我兵没有可据之地物，只是在茫茫的原野上纵横奔驰，加以积雪达两尺余，军队的动作极不自在。……我军的确站在苦战的地位。例如，以一百二十名袭击香水泡子的一支部队，仅仅有四十名生还。各队的死伤可想而知。"②不久，鉴于日军炮火太猛，清军炮兵暂时停止发射，转移到缸瓦寨村正南，重新布置阵地。但是，铭军步队却打得更猛了。日军难以前进一步，只好潜伏在可掩蔽之物的后面，以等待增援部队到来。

　　下午 4 时零 2 分，大岛部队的步兵第七联队第二大队和步兵第十九联队

---

①　《日清战争实记》第 19 编，第 5 页。

②　《日方记载的中日战史》，《中日战争》(1)，第 265 页。

第二大队,作为日军第三师团的总预备队,分别从晾甲山和八里河子开抵下夹河村,以增援大迫部队。于是,日军向缸瓦寨清军阵地发起了总攻。大岛久直命令步兵第七联队长三好成行大佐,在下夹河至缸瓦寨东西走向的洼地右侧布置3个半中队,插入大迫部队的两个大队之间;步兵第十九联队第二大队长小原芳次郎少佐,带领3个中队前进至第七联队左侧。此时,日军最左翼是步兵第六联队第一中队,其次是步兵第十九联队两个中队和步兵第七联队的1个中队,在12门火炮的掩护下向清军阵地再次发起攻击。清军炮队转移阵地后,发炮击敌,"其距离测定之精确为从来清军所未有"。由于毅军也投入了战斗,清军士气更为高涨。总兵宋得胜"出力真打"①,士兵勇往直前。据日方记载称:"若干敌军大胆地出现于炮兵的左前方。他们甚至不再凭借清军善于使用的障碍,而挺着身子前进,向我猛烈射击。这真是清军从来未有过的勇敢行为!第七联队左翼的一个中队和第十九联队的各个中队,夹于这条射击线与正面敌弹之间,受到交叉火力的射击,伤亡特别多。"②对于清军的英勇表现,日人不由得暗自称赞:"敌兵亦不愧为闻名的白发将军宋庆的部下,不轻露屈挠之色。"③

战斗一直持续到日落。下午5时50分,日军从于官屯、下夹河、马圈子三面进逼,并且投入了最后的预备队,才先后突破了清军的两道防线,占领了缸瓦寨和香水泡子。这是中日两军少有的一次鏖战。此战从上午11时50分开始打响,到下午5时50分结束战斗,共打了6个小时。双方的伤亡都很大。日军步兵第六旅团第十九联队第二大队参加战斗的官兵367名,伤亡达160余名之多;其第七中队14名军士中,有13名负伤。受伤者还有第五旅团第六联队长冢本胜嘉中佐等军官多人。据日方公布的日军伤亡数字:第六旅团伤亡254人,第五旅团伤亡146人,合计400人。这个数字还未将因冻而死伤的人数计算在内。据日方自供:"部队自清晨在积雪中行动,迄于夜间,一直奔走于数里的道路上,因而有冻死者,其人数惊人。"④清军伤亡约500人,其中死者约200人,伤者约300人。⑤仅以毅军而言,伤亡约200人,其中死者78人⑥,

----

① 《李毓森致盛宣怀电》,《盛档·甲午中日战争》(上),第388页。
② 《日清战争实记》第19编,第7页。
③ 《日方记载的中日战史》,《中日战争》(1),第265页。
④ 《日清战争实记》第19编,第11页。按:"里"指日里,每日里合3.924公里。
⑤ 《毅军某运输兵供词》,见《日清战争实记》第19编,第13页。
⑥ 宋庆:《大清敕建锦州毅军昭忠祠碑文》。

日军运送伤兵的情景

伤者约 128 人。毅军分统总兵宋得胜中弹负伤,短期内"恐难赴敌"。①清军撤出缸瓦寨后,退回田庄台。蒋希夷由大石桥赴援,行至中途败报传来,遂向西转进,因与毅军、盛军相合,同至田庄台。

在缸瓦寨战斗中,清军打得勇敢顽强,给敌人以沉重打击,但最后还是以失败告终。从双方的力量对比看,日军除在炮兵方面占优势外,并不比清军强。据日方统计,当时日军全部参战人员为 4 537 名,而清军直接投入战斗的兵力为 5 000 人左右。②从天时地利来看,清军更是居于绝对有利的地位:第一,清军实行完全的村落防御,据守有利的地物,以迎击来敌;日军在一片开阔地上进攻,既缺少地形之利,又无地物可供隐蔽之用,而且积雪甚深,颇不便于运动。第二,清军实行正面防御,没有被敌包抄后路之虑;日军只能对清军设防的正面进攻,且时刻顾虑清军攻其侧翼或夹击。第三,遍地之皑皑白雪,极便于清军观察来敌的动静;日军观察隐蔽的清军则甚难。第四,时近黄昏,清军位于西,日军位于东,清军视日军极易,日军则因被夕阳照射而无法瞄准射击。第五,清军以逸待劳,而日军则经过长途雪地行军,前卫行 16 公里,主力

① 《前敌紧要军情各电清单》,《清光绪朝中日交涉史料》(2159),附件一,第 27 卷,第 8 页。

② 《日清战争实记》第 19 编,第 10—11 页。

行 28 公里,喘息未定即投入战斗,早已疲惫不堪。本来,清军这一仗是有可能打赢的,那么又为什么吃了败仗呢? 分析起来,主要有以下几个原因:

其一,清军统兵将领存在着浓厚的单纯防御思想。铭军阵地局促于缸瓦寨、马圈子、香水泡子三个村庄,于官屯仅派出少量骑兵,而近在咫尺的下夹河却根本未曾设防。因此,日军得以顺利地占领下夹河村,并以此为发起进攻的据点。不仅如此,当大迫部队进攻受挫时,已现动摇之状,并潜伏待援几达两个小时,这本是清军主动出击的绝好机会,而且大有取胜的希望。可是,清军却坐待不动,错过了这次十分宝贵的时机。不久,日军大股增援部队开到,清军欲获得胜利就更加困难了。

其二,清军将领谋略不足,调度无方。当时即曾有人为缸瓦寨之败惋惜,称:"惜调度未得法,否则全胜。"①还有人指出:日军"分兵先犯马圈子,宋庆不能乘机夹击,而株守缸瓦寨,坐待其击败我马圈子兵以全力攻缸瓦寨大营,于是大营不能守。"再如不设预备队、不敢实行敌人最怕的侧击、未能采取包抄下夹河村的战术等等,都说明了清军将领的调度无方。而调度无方正是谋略不足的具体表现。当时日军全体出动,海城空虚,如果此时身为主将的宋庆能派数营实行奇袭,采取围魏救赵之计,即使不能占领海城,必可打乱敌人的部署,使其不得不回军救援。这样,不仅可解缸瓦寨之围,而且趁日军之退,从后掩击之,并预伏兵于中途,全胜则无疑矣。而宋庆却无此胆识。故时人评之曰:"宋庆武人,能战,无调度,非大将材。"②这一评语还是公允的。

其三,尽管大多数清军官兵在战斗中表现得相当勇敢顽强,但其战斗意志同日军相比,却相形见绌了。日军的进攻,往往是靠坚强的战斗意志而取胜的。以日军进攻马圈子为例:当进至距村 400 公尺处时,因伤亡严重,士气沮丧,队形大乱,已经无法再进了。但是,在此关键时刻,日军指挥官认为:"与其这样白白地延误时间而使士气沮丧,莫如一拥而上。"于是,在 400 公尺的距离上发起了冲锋。本来,日本的军事条令规定,以步枪刺刀实行冲锋,须在距敌150 公尺以内;在 400 公尺的距离上冲锋,是不允许的。③这实际上就是一场战斗意志的较量。在这场较量中,日军以气势压倒了清军,靠必胜的信念取得了胜利。

---

① 《李毓森致盛宣怀电》,《盛档·甲午中日战争》(上),第 338 页。
② 姚锡光:《东方兵事纪略》,见《中日战争》(1),第 42、24 页。
③ 《日清战争实记》第 19 编,第 5 页。

缸瓦寨战斗是辽阳南路保卫战中关键的一战。清军缸瓦寨之败,使日军第三师团以孤军固守海城才有了可能。从此,辽东战局更加每况愈下了。

三　金旅日军北犯与盖平失守

进攻盖平,是日军争夺辽阳南路的一步重要的棋。

日本第一军第三师团既已占领海城,岫岩、析木城等处皆分兵留守,在海城的实际兵力不过半个师团,6 000 人而已。此时,北之辽阳,南之盖平,西之田庄台,驻有清军数万,使海城处于三面包围之中。日军第三师团悬军深入,处境在在可虑,深感“三面受敌,孤军难守”。①日本大本营也焦虑万分,急筹解救措施,并为此而进行了激烈的争论。当时多数意见认为,第一军的进攻已经到了终点,应从海城和析木城撤退,以便对战线重新进行调整。但是,回国担任监军的山县有朋极力反对,说这两个地方是多少人牺牲生命“排千难冒万险而攻陷的”,若放弃它们将“在内招致国民的谗言非议”,“在外增加敌人的势力”,这“必然会对前线士兵的士气产生很大影响”。②在山县的强烈要求下,大本营才命令其驻金旅的第二军“至少派一个混成旅团速向盖平方向前进,援助第三师团击退该敌”。随后,又向第一军司令官野津道贯发出了如下的训令:

> (第三师团)孤立于平坦之地,面对优势之敌,乃属不得已。且占领海城,并非作战大方针之希望所在,亦非派遣该师团之最初目的。但放弃占领地而退却,将增长敌之志气,大有不利之虞,故第三师团势不得不暂时保持该地。贵官应常将大方针之希望置诸念头,制止该师团远离海城作战,并应准备在希望之时机脱离该敌。③

这道训令透露:占领海城不符合“作战大方针”,违背大本营的本意,但权衡利害,又不得不暂时守住海城。因此,金旅日军北犯的主要目的,就是要打开至海城的通道,以便与第三师团建立联系,从而缓解其孤危的处境。

日本第二军司令官大山岩接到大本营的电令后,即着手组织混成旅团。混成旅团以驻金州的步兵第一旅团为基础,并补充骑兵第一大队、野战炮兵第一联队第二大队及其他部队,由第一旅团长乃木希典少将任混成旅团长。但

---

① 《日方记载的中日战史》,见《中日战争》(1),第 266 页。
② 藤村道生:《日清战争》中译本,第 131 页。
③ 日本参谋本部:《明治二十七八年日清战史》第 24 章,第 140、144 页。

是,第二军兵站所在地柳树屯至盖平的距离有 200 余公里,要进兵盖平,在运输上有不少困难,需要进行各种准备。因此,直到 12 月 30 日,大山岩才向混成旅团发出了进兵的命令,但同时规定在占领盖平后不得擅进。

当 1 月 1 日乃木混成旅团集结于普兰店时,因其搜索队进至熊岳城,被毅军探马发现,宋庆得知金旅日军"各路聚集,意图北犯"。当即进行布置,命马玉崑率毅军进扎高刊。缸瓦寨之战后,刘盛休以"腿伤复发"请假,李鸿章复电照准,并撤去统领,委姜桂题接统铭军。于是,宋庆命姜桂题率铭军,刘世俊率河南嵩武军,继毅军之后而进。又顾虑日军"熊岳一支诚恐有大股在后,章高元、张光前兵力太单,难以抵御,留徐邦道之十〈一〉营暂扎蓝旗厂,为章高元后应,而顾营、盖。"①本来,他的判断是正确的。7 日,乃木混成旅团麇集熊岳城,也进一步证实了他原先的判断。但是,鉴于总兵刘凤清所募的新毅军 4 营适于此时开到高刊,又据报海城日军"现惟专力御我",采取守势,宋庆即认为"盖平尚不吃紧","章高元、张光前两军驻盖扼防,可敷防剿",遂"调徐邦道一军前来高坎〔刊〕合剿"。②旅顺口失陷后,徐邦道奉命改编怀字、成字两军,合为拱卫军马步 11 营。他自称:"即此十一营亦足大战倭人矣!"③所以,在此紧急的时刻,徐邦道一军举足轻重,命其离盖平而北调,显然是一个错误的决定。是夜,章高元"飞函告急,请派徐邦道一军前往援应",宋庆才止徐邦道北行,饬其"星速回援盖平"。连日来,徐邦道一军南北奔驰,"夜不顿舍,军士饥惄"④,疲惫不堪,行进缓慢,未能适时赶到。9 日凌晨,宋庆又接章高元飞报日军大股渐逼盖平,于是急令毅、铭两军会合,南援盖平。但这一决定为时太晚,已经来不及了。这样,驻守盖平的章高元、张光前两军,实际上并未得到增援。

时章高元统山东嵩武军两营、广武军 4 营、福字军两营,共 8 营;张光前统亲庆军 5 营。盖平守军力量单薄,章高元得报徐邦道已经回拔,士气为之一振。先是,两军进行分工:章高元率所部嵩武军⑤8 营沿城南盖平河北岸设防扼守;张光前率所部亲庆军 5 营驻守城东约 3 里的凤凰山。至 1 月 8 日,章高元得报派往南路的探骑与日军前锋遭遇,因知日军主力已向榆林堡

① 《宋帮办来电》,《清光绪朝中日交涉史料》(2190),第 27 卷,第 23 页。
② 《宋帮办来电》,《清光绪朝中日交涉史料》(2190、2214),第 27 卷,第 25、32 页。
③ 《徐邦道致盛宣怀电》,《盛档·甲午中日战争》(上),第 324 页。
④ 姚锡光:《东方兵事纪略》,见《中日战争》(1),第 43 页。
⑤ 按当时的习惯,章高元所部嵩武军、广武军、福字军或统称嵩武军。

而来，益严戒备。并专骑飞报宋庆及徐邦道，请其迅速来援。9 日，日军已进至城南 4 里处，大战在即，而援军尚未开到，章高元盼援不至，决心督军死守。

1 月 10 日晨 5 时半，日军开始进攻。起初，日军试图用声势压倒清军，"从左右两翼和中央三面进逼，齐声呐喊，向清军阵地冲击"，但未收到效果。嵩武军守备严密，布阵于"盖平城前方大约三百公尺处，前控盖平河，据守半月形掩体"，努力防战。据日方记载："我军在开阔的地面上进攻敌军，连可隐蔽身体的一草一木也没有。我军起立前进，敌军即从掩体后面射击；我军停止前进匍匐地面，敌军亦即停止射击。因地形不利于我军，处境十分困难。"日军第一联队第三大队长今村信敬少佐"见此情景，带领部队前进至适当地点，命令部队展开，进行最激烈的射击。"①在章高元的指挥下，嵩武军士气旺盛，"精神百倍"，皆怀有"奋不顾身，誓灭此寇"②之心，"集中炮火，发大炮步枪，炮弹如雨"。今村所部尽管"奋力应战"，仍然陷于困境。

章高元（1843—1913）③，字鼎臣，安徽合肥人。早年入淮军，隶刘铭传部下。1874 年，日本发兵侵略台湾，从琅峤（今恒春）登陆，企图长期霸占。清政府下令布置台防，章高元随军入台。旋事定，遂撤回，驻军江阴。1884 年，法军侵扰台湾，刘铭传檄调渡海守台。在基隆、沪尾之役中，章高元率部誓死拼战，"短兵肉搏，锋厉无前"。战后论功，简署澎湖镇总兵。奉命开辟山区番界，"筚路蓝缕，颇奏肤功"。④1887 年，改授山东登莱青镇总兵。1894 年中日战争爆发后，章高元因有"骁将"⑤之称，奉旨率军 8 营赴援辽东，由登州渡海至营口，隶于宋庆。赴援之初，章高元即以爱国大义激励将士，"均能奋往直前"。⑥奉檄驻守盖平，其"军纪风纪之佳，为各军冠"⑦，甚得当地人民支持。1895 年 1 月 10 日，乃木混成旅团来攻，以主力进攻嵩武军阵地。尽管敌我"枪炮利钝相悬"，章高元身临前敌，毫无惧色，誓决死战，使诸将士深受鼓舞，上下"戮力同心"，无不"临阵当先，效其死命"。⑧日军企图强行突破嵩武军正面阵地，终未得逞。

---

① 《日清战争实记》第 17 编，第 17、19 页。

②⑥⑧ 《章高元禀》，《甲午战争有关折奏史料》（抄本）。

③ 《清史稿·章高元传》："卒，年七十一。"但未记卒于何年。缪荃孙《重庆镇总兵章公鼎臣别传》述作者与章之交往，谓"公长荃孙一岁"。今考定缪生于 1844 年，则章当生于 1843 年。

④ 缪荃孙：《重庆镇总兵章公鼎臣别传》，见《碑传集补》第 30 卷。

⑤ 《宋帮办来电》，《清光绪朝中日交涉史料》（2269），第 28 卷，第 17 页。

⑦ 《盖平县志》第 14 卷，第 32 页。

日军对清军阵地实行中央突破不成,便改用绕攻侧翼的战术。隐岐重节奉命率右翼支队进攻清军左翼。此时,凤凰山上"旌旗飘扬,步骑兵约两千人排成队形",向接近山下的日军射击。隐岐在马上仰视曰:"此乃今日战场上之天王山,不速拔此山,我军将难脱困境。"①随即命令第一大队长竹中安太郎少佐实行突击,攻占此山。张光前指挥亲庆军进行抵抗。"时两军战方酣,炮声喊声相应,仿若天地即将崩毁。"②双方展开了激烈的战斗。日军虽然伤亡甚大,但仍猛攻不退。张光前不能坚持,阵地开始动摇。日军竹中大队趁机发起冲锋,"跨过倒在前后左右的同伴的尸体冲击直前"。③亲庆军随之撤出阵地。上午 7 时 50 分,日军占领了凤凰山。

日军竹中大队冲上凤凰山后,隐岐重节即令所部第二大队西渡盖平河,以冲北岸清军。并亲率预备兵两个中队进击,夺取山下清军据以防御的房屋。此时,竹中大队从山上冲下,向清军齐射。张光前的亲庆军全部放弃抵抗,向西沿田间小道败走。隐岐率部追击,其骑兵小队先于清军到达盖平城南门外。亲庆军见城门被堵,便纷纷逃散。上午 8 时 15 分,日军从盖平城东南角攀上城墙,并竖起了日本旗。

章高元见盖平城已被敌抢占,便令分统、广武军统带记名提督杨寿山和分统、福字军统带副将李仁党,各带奋勇 200 余名"回队顾城"。福字军帮统游击李世鸿等从之。遂在南门与日军展开了激烈的争夺战。

杨寿山,字人杰,湖南人。1866 年,投嵩武军,隶张曜部。1876 年,随左宗棠出征新疆,平定阿古柏入侵。杨寿山"屡立战功,素称骁勇"。中法战争后,驻军青岛,任广武军统带。1894 年冬,奉命援辽,"拔队启行,过其寓而不入"。其养子叩马坚请稍驻,以安置家事。杨寿山斥之曰:"此何时!尚暇顾家?"言罢,"即扬鞭径去,部曲为之感泣。"移军盖平后,连日与小股日军相接,"设伏迎剿,屡有斩获"。他带队赶至南门后,奋不顾身,冲锋杀敌,"透过贼队,毙贼数十人"。但为敌队所隔,不能归队。补用参将嵩武军亲军营营官张奉先带队接应,与杨寿山前后夹击,始冲开敌队。然又为城外敌队截断。张奉先再次回救,"中弹,陷于阵中"。杨寿山"步行闯出,血渍襟袖皆赤"。此时,日军突放排枪,杨寿山"正在指

---

① 《日清战争实记》第 17 编,第 17 页。按:天王山,位于日本京都府乙训郡大山崎村,地势险要。1582 年,羽柴(丰臣)秀吉讨伐叛臣明智光秀,大战于此。秀吉先夺占天王山。因获全胜。

② 《日方记载的中日战史》,《中日战争》(1),第 266 页。

③ 《日清战争实记》第 17 编,第 17 页。

挥,忽一飞子洞胸而入,仆地气绝",壮烈殉国。①

李仁党原为陈士杰部将。1882 年,陈士杰由浙江调任山东巡抚,李仁党从之。积功至副将,任福字军统带。中日战争爆发后,随章高元援辽。他在防守盖平东 30 里的牵马岭期间,不顾"冰雪在地,不避严寒,与士卒露宿山顶十余夜",屡次击退敌人骑队。此次奉命抢夺盖平南门,奋勇争先,高呼杀贼,亦不幸"中子殒命"。

杨寿山、李仁党牺牲后,李世鸿表现十分突出。李世鸿(1842—1895 年),字海珊,安徽合肥人。1858 年,以武童投寿春镇总兵麾下。1863 年,改隶淮军。1874 年,随章高元渡台,以功保都司,加游击衔。内渡后,驻军江阴。中法战争起,刘铭传檄章高元援台,李世鸿以偏将从。"基隆之捷,世鸿在行中,殊憝战。"②他曾于夜半率队"攻敌后营,踏破之,夺还炮垒,获法国军旗与其他器械甚伙"。③以功升游击。1887 年,章高元赴山东,令管带广武营。甲午战争爆发后,李世鸿任新募福字军帮带,奉命援辽。行前,驰书诫其子"善事祖母"。并称:"今当前敌,生死置之度外!"④移驻盖平后,多次出队击敌。及乃木混成旅团来攻,东路敌军陷城,李世鸿随李仁党带队奋击。李仁党阵亡后,全队亦死伤殆尽,李世鸿"犹抽靴刀搏战,刃数人,冲入敌阵死之"。⑤时人赞之曰:"不以无阶位故,缩纽偷息玷主者名。死事之烈,可壮士气。"⑥

这时,杨寿山和李仁党所带奋勇已有多数牺牲。游击贾君廉、都司张世宝,也皆与李世鸿同时中弹阵亡。清军争城部队本来只有 400 余人,现已所剩无几,且"无统将,以致溃退"。⑦日军右翼支队既击溃了清军争城部队,便"绕出章高元军后,拊背夹攻"。⑧这样,章高元军的处境更加困难了。

与此同时,日军从盖平河南岸也加紧了进攻。步兵第十五联队长河野通好大佐先是指挥第三大队在祁家务占领阵地,以牵制清军右翼,及见右翼支队得手,便前进至临近河岸的邵家屯。随后,野战炮兵第二大队长松本鼎少佐即指挥

① 《章高元禀》,《甲午战争有关折奏史料》(抄本)。按:《章高元禀》又称:张奉先"于回救寿山时中弹陷阵,必无生理"。实则张奉先并未阵亡,而是因伤重被日军俘虏,于 1895 年 8、9 月间遣返回国。(《盛档·甲午中日战争》(下),第 464 页)

②⑥ 《李世鸿传》,《皖志列传稿》第 7 卷,第 48 页。

③⑤ 吴涑:《清故游击李君家传》,见《中日战争》(6),第 303 页。

④ 《死事游击李君墓志铭》,《清甲午中东之役战殁李将军传志汇编》。

⑦ 《宋帮带来电》,《清光绪朝中日交涉史料》(2261),第 28 卷,第 15 页。

⑧ 姚锡光:《东方兵事纪略》,《中日战争》(1),第 43 页。

炮兵进至第三大队的左侧,并在河岸占领阵地,向清军的正面阵地轰击。在猛烈炮火的掩护下,乃木希典亲自督令士兵过河进击,章高元依然坚持不退,激励部下抵抗。据日方记载:"在乃木旅团长的严令下,各部队一齐呐喊,跳到结冰的河面上前进。盖平河面的冰凹凸倾斜,脚下打滑,有不少人滑倒而受到清军狙击。"因之伤亡甚众。徐邦道带领拱卫军也在此时赶到,立即投入战斗。其"攻势甚为猛烈,一时使日兵踟蹰不前"。①但是,占领盖平城的日军右翼支队在城墙上架起大炮,向清军阵地猛轰。清军处于南北两面炮火的轰击下,"各军站立不住,同时败退"。②上午 9 时 40 分,日军全部占领了盖平。章高元、徐邦道二军皆退至盖平西北 10 余里的贺家屯。日军之"陷盖平,与海城倭相倚,而辽东兵事愈棘矣"。③

日军虽然占领了盖平,但也付出了沉重的代价。据日方公布的数字:日军伤亡共 334 人。④乃木希典的大衣被 3 颗子弹击穿⑤,侥幸保住了性命。清军伤亡的数字是日军的两倍多。营官以上死 5 人,哨官以下员弁死 19 人,勇丁共伤亡700 余名。⑥

四 清军反攻海城

盖平失守后,清军为了挽回在辽阳南路争夺战中的不利局面,便决定实施反攻海城的计划。

先是淮军屡挫,声名狼藉,言官交劾,清廷因欲起用湘中故将。帝党也想借此机会实现"以剂湘淮"的构想。湖南巡抚吴大澂奏请统率湘军北上,朝旨允之。左宗棠旧部藩司魏光焘、曾国荃旧部臬司陈湜、湘军悍将李续宾之子道员李光久等,皆令募兵北援。1894 年 12 月 28 日,旨授两江总督刘坤一为钦差大臣,督办东征军务,"关内外防剿各军均归节制"。⑦刘坤一就任之初,因需料理畿辅各军,急切不能前赴山海关,便将关外攻守事宜委宋庆调度。1895 年 1 月 15 日,光绪又谕宋庆、吴大澂帮办刘坤一军务。早在盖平失守前,清军即准备反攻海城。依克唐阿曾与吉林将军长顺拟定一个反攻计划:依克唐阿、长顺由北"分左右两路,

① 《日清战争实记》第 17 编,第 19 页。

② 《宋帮带来电》,《清光绪朝中日交涉史料》(2261),第 28 卷,第 15 页。

③ 姚锡光:《东方兵事纪略》,见《中日战争》(1),第 42 页。

④ 日本参谋本部:《明治二十七八年日清战史》第 24 章,第 192 页。

⑤ 《日清战争实记》第 17 编,第 21 页。

⑥ 《章高元禀》,《甲午战争有关折奏史料》(抄本)。

⑦ 《光绪朝东华录》,光绪二十年十二月,第 211 页。

步步前往,相机规海,兼可顾辽";宋庆由南"率队夹攻";催业已出关的陈湜一军由西"速来助防剿"。①由于日军进攻盖平,清军"以保盖平,护营口为当务之急"②,致使此计划未能实现。盖平失陷后,章高元的山东嵩武、广武、福字诸军及张光前的亲庆军驻大房身,徐邦道的拱卫军驻二道沟,刘世俊的河南嵩武军及姜桂题的铭军驻大石桥,宋得胜、马玉崑的毅军驻侯家油坊,"皆环营口东西北三面,或十数里,或二三十里","严备堵剿,力保营口"。③这样,清军发动的规复海城之役,起初只有依克唐阿、长顺二军参加,其后才逐渐扩大规模,投入了更多的部队。

自 1895 年 1 月 17 日至 2 月 21 日,清军先后四次反攻海城,皆以失败而告终。兹分述如下:

第一次反攻:时在 1 月 17 日。清军参战的部队主要是依克唐阿、长顺二军。依军有:敌忾军步队 4 营,镇边军步队 3 营,马队 8 营;靖远新军步队 2 营,马队 4 营;齐字练军步队 4 营,马队 2 营;齐字新军马队 3 营;韩登举民团 3 营。长顺有:靖边军步队 11 营,马队 2 营 3 哨,炮队 2 哨;吉字军步队 8 营,马队 4 营。此外,还有豫军精锐营步队 3 营 2 哨,马队 3 哨。合计 63 营,约 20 000 余人。

清军为组织反攻海城,曾进行了多日的准备。在清军看来,海城为"辽沈之门户,海疆之咽喉,此城不复,军事难期得手"。清廷也向依克唐阿、长顺迭降"迅拔坚城"的谕旨。长顺所部原驻本溪湖,于海城失守后,移至鞍山站、腾鳌堡一带分路扼扎。长顺本想与宋庆、依克唐阿二军约期同进,先图恢复海城。1894 年 12 月 24 日,依克唐阿带队抵辽。而宋庆复函称:"因两军相距较远,难定师期。"④于是,依克唐阿与长顺共商反攻海城之策。1895 年 1 月 6、7 等日,二人同抵鞍山站,"商定分左右两路,步步为营,相机进剿"的作战方针。但又恐东路之敌趁机窜扰,便商请盛京将军裕禄分别行知东路清军"一律大张旗鼓遥作进规凤城之状"。⑤1 月 11 日,依军进扎耿庄子,为右路;长军进扎闵子山,为左路。两军均按计划稳步向海城进逼。

---

① 《黑龙江将军吉林将军来电》,《清光绪朝中日交涉史料》(2229),第 27 卷,第 38 页。

② 《军机处电寄宋庆谕旨》,《清光绪朝中日交涉史料》(2234),第 27 卷,第 39 页。

③ 《宋帮办来电》,《清光绪朝中日交涉史料》(2261),第 28 卷,第 15 页。

④ 《吉林将军长顺奏报海城获胜并拟会合进兵各情形折》,《清光绪朝中日交涉史料》(2721),第 34 卷,第 10 页。

⑤ 《黑龙江将军依克唐阿奏报抵辽布置及迭次打仗情形折》,《清光绪朝中日交涉史料》(2455),第 31 卷,第 2 页。

此时,日军陷海城已有1月。在此期间,城西3里的晾甲山、城北3里的欢喜山、城西南7里的唐王山及城东北3里的双龙山,皆修筑了炮台。城东南一里的荞麦山原为清军阵地,也重新加以布置。荞麦山与晾甲、唐王二山成鼎足之势,扼营口大道;双龙山与欢喜山对峙,扼辽阳大道;欢喜山又与晾甲山相望,扼牛庄大道。桂太郎命步兵第五旅团舍营于城西南部,步兵第六旅团舍营于城东北部,各自加强其防区的守卫。并规定了具体的分工:步兵第六联队长冢本胜嘉负责晾甲山,步兵第十八联队长佐藤正负责唐王山,步兵第七联队长三好成行负责双龙山,步兵第十九联队长粟饭原常世负责欢喜山,各派出前哨实行远距离侦察,从严戒备。于是,海城敌人防守益固,势难拔取了。

依、长两军之南进,早在日军的严密监视之中。1月11日,日军步兵第十九联队所派侦探队穿敌忾军号衣到双庙子侦察,在返回杨相公屯时与依军统领博多罗部相遇,博多罗当即率小队进击,毙敌3名,击伤4名,并"夺获枪八杆、刀八把、马三匹"。清军亦阵亡1名,受伤3名。①12日,依克唐阿到双台子。13日,又抵鼉龙寨。14日,长顺亦抵甘泉堡。15日,依军前锋进至前柳河子和平二房村。是日,日军100余人到甘泉堡南山,并在山上设卡。长顺派靖边练军统领丁春喜、靖边后路统领周宝麟会同豫军精锐营统领蒋尚钧,将日军击退,但又各返营地。清军行动缓慢,似进似退,使日军一时摸不准其南下的目的。16日,桂太郎根据侦察人员的报告,获悉清军已占领验军堡以北的沙河沿、长虎台、小王屯、大富屯等村,并在土墙上挖枪眼,这才断定清军不可能是侦察或者牵制,而是要进攻海城。鉴于清军在数量上居于优势,桂太郎下令禁止部队出击,而制定了"把敌军引到我军防御工事近旁,然后加以反击"②的作战方案。当天下午5时半,日本第一军司令官野津道贯率参谋长小川又次少将、炮兵部长黑田久孝少将、参谋福岛安正中佐等,自岫岩来海城视察,并筹划攻守之策。野津肯定了第三师团的作战方案,并训示一定要固守海城。

1月17日,清军分左右两路反攻海城。右路长顺军进至双龙山东北的二台子,左路依克唐阿军进抵欢喜山西侧的波罗堡子,对海城形成了弓形的包围线。此时,日军已经做好了迎战的准备:三好成行大佐指挥步兵第七联队防守双龙山;粟饭原常世大佐指挥步兵第十九联队防守欢喜山。此外,日军还在晾

---

① 《黑龙江将军来电》,《清光绪朝中日交涉史料》(2273),第28卷,第18—19页。按:依克唐阿此电又称"毙贼十余名",不确。日军之伤亡数,采自日方记载。(见《日清战争实记》第19编,第19页)

② 《日清战争实记》第19编,第21页。

甲山和唐王山增添了兵力，以防清军由营口大道和牛庄大道来袭。

是日下午1时20分，长顺所部从二台子缓缓前进，将艾台堡子村占领，开始向双龙山射击。清军左右两翼所发射的炮弹，飞过双龙山巅，落于山的南麓，形成交叉火力。在清军第一次排炮射击下，日军死伤多人，其中二等军曹比良外茂松等3人当即被击毙。随后，依军举着24面旗帜，向双龙山前进，一直进至距日军阵地四、五百公尺处。适在此时，日军的一个炮兵中队前来增援。清军"更番仰攻，扑及山腰，雪深岩高，枪炮如雨，未能遽上"。日军枪炮齐射，长顺所部"阵亡兵勇二十余名，受伤者四十余名"①，无法继续前进，便迅速"退入后面的洼地，在洼地下面缓慢地撤退"。②时为下午2时35分。

当东路长顺所部后撤之际，西路依克唐阿所部尚在与日军对峙。③在波罗堡子村南距欢喜山约2 000公尺处，依军设置了4门快炮，镇边军统领荣和"奋不顾身，亲督炮队在西猛攻"。④在炮火的掩护下依军向欢喜山进逼。枪炮弹丸，雨注交射，欢喜山日军阵地处于危殆之中。这时，日本第一军司令官野津道贯中将和第三师团长桂太郎中将，适在欢喜山上观战。"突然，一发清军炮弹掠着欢喜山巅飞来，其弹道非常准确。二位中将正手持报告交谈，炮弹从中间穿过，不禁愕然一惊。"⑤但这颗炮弹未即着地爆炸，致使这两个侵略军头子得以保住性命。于是，日军加强了炮击，向波罗堡子和清军前沿阵地连续发射。依军仍坚持战斗，与敌对射。荣和"左腿受伤"，"犹裹创力战"。⑥战至下午4时10分，依军伤亡已近百人，开始撤退。日军以步兵第十八联队在西，步兵第十九联队在东，步兵第六联队居中，炮兵部队继后，追击北撤的依军。依军且战且退，仍给最先逼近的日军步兵第十八联队第三大队以重大杀伤。下午5时许，日军始进入波罗堡子。

同一天，徐庆璋为配合清军反攻海城，命乡团自吉洞峪向析木城方向前进。在此以前，日军曾屡次进犯吉洞峪，皆为乡团所阻，未能得逞。据《辽阳县

---

① 《吉林将军长顺奏报海城获胜并拟会合进兵各情形折》，《清光绪朝中日交涉史料》(2721)，第34卷，第10页。

② 《日清战争实记》第19编，第23页。

③ 《日清战争实记》第19编，第25页。按：姚锡光《东方兵事纪略》称："我西路兵先退，东路继之。"(《中日战争》(1)，第45页)有关论著多从之，实误。

④⑥ 《黑龙江将军依克唐阿奏报抵辽布置及迭次打仗情形折》，《清光绪朝中日交涉史料》(2455)，第31卷，第3页。

⑤ 《日清战争实记》第19编，第25页。

志》载:"日人自大孤山登陆,陷岫岩,欲间道犯辽阳。吉洞峪练总徐珍集乡勇,各持抬枪、鸟铳在峪南韩家岭、宋家岭等处扼守。日兵数千来窥,甫上岭,辄击之,毙数人,遂不敢进。各乡勇昼张旗帜,夜燃火把,出没往来,虚实兼用。一日钲鼓大作,日人数百骑驰至;令乡勇俱伏,俟至近,发铳齐击,却退。徐练总曰:'寇且大至,宜避之。'炊时,果以巨炮来向前设伏处击之,许久,林烟石火,而众无恙。至是,日军不复至。相持月余,日乃分兵赴海城。"①但潘家大岭仍有日军驻守。于是,趁依、长两军反攻海城之机,委员俞凤翔商令徐珍等进击,夺回潘家大岭。但是,徐庆璋认为:"该处三面皆通贼路,我军兵单,万难驻扎。"②遂放弃潘家大岭,暂时未再向析木城进逼。

在这次反攻海城的战斗中,日军守双龙山的步兵第七联队伤亡 7 人,守欢喜山的步兵第十九联队伤亡 15 人,参加追击的步兵第十八联队伤亡 23 人,合计伤亡 45 人。③战斗结束后,依克唐阿退回耿庄子,长顺则先已退向柳河子,皆未远去。于是,5 天后又有第二次对海城的反攻战。

第二次反攻:时在 1 月 22 日。清军参加反攻的部队与第一次相同。

清军第一次反攻失败后,退守东起甘泉堡西至耿庄子一线。1 月 18、19 两日,双方前哨迭有接触。19 日拂晓,野津道贯一行返回岫岩。是日,为日军第三师团伤亡最多的缸瓦寨战斗一周月。桂太郎为了安抚部下和鼓舞士气,便在海城南小门内举行招魂祭。他在祭文中赞这些成为异乡之鬼的死者:"夏则炎天,冬则冱寒,忠节尽国,不厌其艰","或死弹丸,或毙厉疾",虽"魂魄在天,地无影迹",却"氏名在牒"。最后则祈祷这些亡灵佑助:"我武之扬,此灵惟藉。"④桂太郎估计清军还会重整旗鼓来攻,所以这次招魂祭实际上是战前的一次精神动员。在依克唐阿看来,"若不急图攻计,诚恐再一漫溢,则无险可扼之区,办理更形棘手。"⑤因此,他再次与长顺商定,约期各出队夹攻海城。

1 月 22 日上午 8 时,清军仍分东西两路向海城进逼,但在战术上略有改变,即长、依两军又各分两路进攻,以分散敌人的兵力。长顺命亲军统领明顺等带队自正北从双龙、欢喜二山之间进击,将炮兵阵地布置在三里桥以北高地

---

① 《辽阳县志》,《中日战争》(6),第 314 页。
② 徐庆璋:《辽阳防守日记》,甲午十二月二十四日。
③ 《日清战争实记》第 19 编,第 28 页。
④ 《日清战争实记》第 19 编,第 30 页。
⑤ 《黑龙江将军依克唐阿续陈进规海城打仗情形折》,《清光绪朝中日交涉史料》(2487),第 31 卷,第 17 页。

以为掩护；丰升阿、蒋尚钧、丁春喜带队经头河堡、二台子绕过双龙山，以攻海城东北的双山子。依克唐阿命庆德、韩登举等营由波罗堡子进攻徐家园子，将炮兵阵地布置于沙河沿以为掩护；德英阿、乌勒兴额等营为后继；札克丹布等营绕到苏家堡子，从西进攻。

在清军进攻之前，日军已重新进行了防御部署：自双龙山下至欢喜山以东属三好成行大佐的防守范围，自欢喜山下至牛庄大道属粟饭原常世大佐的防守范围，由大岛久直少将指挥；自牛庄大道至晾甲山下属冢本胜嘉大佐的防守范围，自晾甲山下至唐王山下属佐藤正大佐的防守范围，由大迫尚敏少将指挥。桂太郎判断：清军的主力是在西路，而东路清军的"目的是分散我军的兵力，其任务是实行牵制"。①同时，他认为，佐藤所部的防守范围是在晾甲山以南，而只要清军不从营口大道来攻，这一带就没有危险。因此，命令佐藤率步兵第十八联队第三大队、第二大队第七中队，以及步兵第六联队第一大队和炮兵第二大队，伺机袭击清军的右翼。

上午 10 时 15 分，依军在大富屯和小富屯以南，经过波罗堡子附近，以密集的队形向徐家园子进逼。日军用望远镜观察到：清军"五人一帜，十人一旗，旗帜飘扬，红黄黑白相间"。"他们在头上缠着紫色头巾，手持抬枪、鸟枪、连发枪等火器"，"从一千公尺以外的远距离开始射击，一步一枪，两步一射，小心翼翼地前进"。②此时，日军已在徐家园子设下埋伏，并不还击，只等清军进到近距离，然后再给以突然打击。原来，防守徐家园子的日军是步兵第十九联队第一大队，由藤本太少佐指挥，正在村北和村西的防御工事里隐蔽。后来的佐藤正所部也进行了隐蔽：步兵第六联队第一大队伏于村西南朝北的土崖上；步兵第十八联队第三大队和第二大队第七中队面西立于土崖下面；兵头雅誉少佐指挥炮兵在村南占领阵地。

下午 1 时 15 分，依克唐阿亲率博多罗一营督战，前军庆德各营逼近徐家园子，"德英阿、乌勒兴额继之，札克丹布等亦至"。当依军"以破竹之势逼近至二百公尺"③时，日军步兵第十八联队第三大队长牛岛本蕃少佐首先率队自工事两端冲出，将依军横队从中间冲开，分割成为两部。随后，所有日军伏兵全部跳出工事，将依军冲散。依克唐阿见处境不利，一面命博多罗一营绕攻城

---

① 《日清战争实记》第 21 编，第 2 页。
② 《日清战争实记》第 21 编，第 2—3 页。
③ 《日方记载的中日战史》，《中日战争》(1)，第 276 页。

南,以牵制敌人,一面派飞骑向长顺告援。关于这次中伏的经过,依克唐阿奏称:"我军不能前进,即饬博多罗绕向南门,另牵贼势。奴才亲冒子弹,率领各营复将伏贼诱出(指牛岛大队),札克丹布等连开数炮,击毙不少。我军方拟越过,不意该贼另有埋伏,忽然突起(指其余日军伏兵),城上下各炮齐发。我军已无后继,兵勇纷纷倒地,不忍再令伤亡,遂饬且战且退。"①

长顺接依克唐阿的飞报后,即拔队经沙河沿绕至城西,抢攻晾甲山。吉林练军马队统领西隆阿、吉字营马队营官庆昌等先至,亲军统领明顺也率队赶到,对晾甲山进行三面围攻。但日军炮火太猛,难以前进,不久亦即撤退。长顺见西路清军已退,也下令北撤。

在这次战斗中,仍采取"步步为营,相机进剿"的老战术。这种战术曾被日人讥之为"防势进攻"。②加以缺少攻城的大炮,又不擅长攻坚,因而遭到了失败,而且损失比第一次更大。是役日军仅伤亡9人。③由于日军"用开花弹猛击",杀伤力很强,所以清军瞬时"尸积如山"。④长军伤亡弁勇120余名。"哨官周绪科炸去头颅,立时阵亡;营官左世荣膝被铅子透出;哨官穆泰和、万金彪、葛永仁各受重伤。"⑤依军"伤亡亦有五百余名之多"。⑥共伤亡600余人。

第二次反攻海城之败,使依、长二军的元气都受到一定的损伤。事后,长顺称:"未敢遽议进兵者,正以稳慎进取。"⑦依克唐阿则提出:"一俟调集统领寿山等十一营,即当再图攻取。"⑧由于清廷一再督催,才迟至20余天后发动了第三次反攻。

第三次反攻:时在2月16日。参加这次反攻的清军有三支:一、左翼军,包括靖边军步队16营、马队2营3哨、炮队4哨,吉字军步队8营、马队4营,豫军精锐营步队3营2哨、马队3哨,由长顺指挥;二、中路军,包括敌忾军步队4营,镇边军步队4营、马队9营,靖远新军步队5营、马队4营,齐字练军步队4营、马队2营,齐字新军马队3营,韩登举民团3营,由依克唐阿指挥;

---

①⑥ 《黑龙江将军依克唐阿续陈进规海城打仗情形折》,《清光绪朝中日交涉史料》(2487),第31卷,第17页。

② 《日清战争实记》第19编,第29页。

③ 《日清战争实记》第21编,第5、8页。

④ 《日方记载的中日战史》,《中日战争》(1),第276页。

⑤⑦ 《吉林将军长顺奏报海城获胜并拟会合进兵各情形折》,《清光绪朝中日交涉史料》(2721),第34卷,第11页。

⑧ 《黑龙江将军依克唐阿续陈进规海城打仗情形折》,《清光绪朝中日交涉史料》(2487),第31卷,第18页。

三、右翼军，包括拱卫军步队 11 营，老湘军步队 5 营，由徐邦道、李光久指挥。

长顺和依克唐阿两次反攻海城，均遭挫败，深感盘踞海城之日军防守甚坚，若仅以现有兵力攻击，徒受损伤，难以取胜。长顺说："此次倭贼占据海城，据守险要，反客为主；我以潜师远攻，已殊劳逸，且各营大半新募，可胜而不可败，若使连日攻坚，非特多伤精锐，兵家所忌，设有疏虞，则一蹶难振，大局便不可问。"①依克唐阿则提出扰袭敌后的战术："裹粮而行，卷旗急趋，扰彼岫岩、金、复，遇之则战，得之不守，如飘风疾雨之过而不留。如此则该贼在惊疑，首尾不顾，办理似易得手。"②但是，在当时的条件下，对长顺所忧心的局面并无挽救之方；依克唐阿的建议也很难付诸实行。他们所能够采取的唯一办法，只是先厚集兵力，再订期反攻。

当时，日军已从山东荣成登陆，进据威海，对刘公岛实行围攻；同时，清廷决定向日本乞和，并派户部左侍郎张荫桓、湖南巡抚邵友濂为全权大臣东渡议和。所以，清廷亟望对海城发动第三次反攻，以期一举攻取，使日本当局早日同意和谈，庶可挽救北洋舰队全军覆没的命运。2 月 7 日，光绪谕曰："此时各军俱到前敌，亟宜克期合剿。著长顺与依克唐阿同心协力，严饬诸将领奋勇进战，务期一举攻拔，再向南路与宋庆会合，节节扫荡，军事当大有转机矣。"③11日，又谕宋庆，吴大澂"会商进兵之策，速筹攻剿"。到 13 日，依克唐阿所调在下马塘的镇边军步队 1 营、马队 1 营及靖边新军步队 3 营，由统领寿山带到；长顺所调在连山关的吉林靖边军步队 5 营、炮队 2 哨，也由统领文元带到。于是，依克唐阿与长顺商定，并约会徐邦道、李光久二军，于 2 月 16 日合攻海城。

2 月 16 日，清军向海城进逼。事前，诸将商定此次反攻的战术，"以分军先抢山头为上"。各军的分工是：左翼长军由东北攻双龙山；中路依军札克丹布、寿山、博多罗等 9 营步队由正北先佯攻欢喜山，春龄率荣和所部 4 营为后备，德英阿、乌勒兴额步队 6 营由西北攻晾甲山；右翼徐邦道拱卫军和李光久老湘军"均由四台子东来，合攻唐王山"。④

是日拂晓前，依克唐阿先派探骑从间隙越过日军的前哨线，到海城城外进

---

① 《吉林将军长顺奏报海城获胜并拟会合进兵各情形折》，《清光绪朝中日交涉史料》(2721)，第 34 卷，第 11 页。

② 《黑龙江将军依克唐阿奏报海城贼援已至请饬诸军会剿折》，《清光绪朝中日交涉史料》(2488)，第 31 卷，第 18 页。

③ 《军机处电寄长顺依克唐阿谕旨》，《清光绪朝中日交涉史料》(2502)，第 31 卷，第 25 页。

④ 《黑龙江将军依克唐阿奏报筹攻海城情形折》，《清光绪朝中日交涉史料》(2745)，第 34 卷，第 22 页。

行侦察。上午 9 时,依军炮兵先在欢喜山以北 3 000 公尺的石头山上占领阵地。随后,又继续前进,在验军堡村西头占领阵地。依军从这两处开始炮击欢喜山阵地。这也是清军发起第三次攻击的信号。但是,依军步队并不向欢喜山进逼,而是由验军堡向波罗堡子以南伸展。日军也已猜出:清军"对我中央阵地的欢喜山只是虚张声势,欲向右翼的双龙山和左翼的唐王山进行强力的攻击"。①此时,日军已在各山增设了野炮,防御能力大为加强。右翼之双龙山仍由三好成行大佐督军守卫;左翼之唐王山和晾甲山则由步兵第五旅团长大迫尚敏少将亲往督战,以防清军由牛庄大道和营口大道来攻。

上午 10 时,清军左右两翼同时向日军阵地发起了进攻。长军由五道沟和后台子村前进,将炮兵阵地设在三里桥北的高地上,向双龙山炮击。11 时,依军进逼双龙山,前进到斋藤堡子,并向村南展开队伍,对双龙山日军阵地猛射。中午前后,长军 3 000 余人"吹响进攻号,呐喊着猛进"②,"威武汹汹地杀到双龙山"。③长顺分三路合攻:"长顺亲督统领文元攻北门外三里桥,周宝麟为接应;明顺带所部攻双山子,丰升阿为接应;并饬丁春喜同豫军镇东营由栗子洼进攻,兼顾东面援贼。"④当进至距日军阵地约 300 公尺时,日军"负山伏于壕沟,放炮死拒"。长军虽"枪炮齐施,猛进战"⑤,但扼于日军的猛烈炮火,死伤甚众,势难向前,不得已而后撤。

在清军右翼方面,依军进攻晾甲山,徐、李二军进攻唐王山,也皆阻于日军炮火。依军进逼晾甲山数次,皆未能得手,只得"收队环扎抢获各庄"。徐邦道、李光久二军"奋勇当先",先占领了唐王山以西的高地。因为唐王山西北两面皆断崖绝壁,不能攀登,惟其东南两面山势平缓,有登山的道路,所以徐、李军以一部向唐王山之东南侧迂回,另一部向唐王山以北的八里河子和唐王山后村的日军哨兵线进击。当清军进至距日军阵地七、八百公尺时,唐王山上的日军炮兵突发排炮,步兵也猛烈射击。由于日军"于山下各屯多藏伏兵,山根连掘长壕隔断,更无蹊径可通",尽管清军"更番迭战"⑥,终未能达到抢占山头的目的。下午 3 时,清军向西退去。

---

①③ 《日方记载的中日战史》,《中日战争》(1),第 276 页。

② 《日清战争实记》第 22 编,第 4 页。

④ 《吉林将军来电》,《清光绪朝中日交涉史料》(2569),第 33 卷,第 40 页。

⑤⑥ 《黑龙江将军依克唐阿奏报筹攻海城情形折》,《清光绪朝中日交涉史料》(2745),第 34 卷,第 22 页。

依克唐阿、长顺在三次反攻海城之前,曾与辽阳知州徐庆璋相约,令驻吉洞峪镇东军各营于同日攻打析木城,以分敌人之势。徐庆璋命委员俞凤翔督率马振芳、胡魁福、程克昌三营官,各带五成队进攻析木城。但马振芳等营到达析木城已是 2 月 17 日,比预定日期迟了一天。担任析木城守备队长的是日军步兵第十九联队第三大队长林太一郎少佐,闻清军来攻,立即命令部队紧急集合。上午 7 时,清军进至城东桥头,日军从城内突然冲出,"枪炮如雨"。清军虽"奋勇攻击",终究不敌,阵亡 10 余名,伤三、四十名。营官胡魁福及两名哨官的坐骑均被击毙,马振芳中枪落马,幸被抢回。交战一小时后,俞凤翔见难以取胜,即令各营"拔伍退扎"。由于兵力太弱和错过约期,镇东军配合反攻海城未能奏效。

据日方公布的数字,此役日军伤亡才 14 人。[①]而在中国方面,依军"伤亡兵勇三十余名",徐、李二军"伤亡兵勇六七十名"[②],长军伤亡兵勇"百数十名"。[③]共伤亡 200 余人。

第四次反攻: 时在 2 月 21 日。参加这次反攻的清军,除依克唐阿、长顺、徐邦道、李光久外,又增加总兵梁永福的凤字军 5 营;同时吴大澂又派署永州镇总兵刘树元率其亲军 4 营来助。

清军第三次反攻失败后,各部皆未远离。李光久扎二台子,徐邦道扎柳公屯,依克唐阿所部英德阿等扎安村堡子,寿山扎大富屯,札克丹布、博多罗扎小王屯,皆距海城十里八里不等。长顺则退扎甘泉堡一带。2 月 20 日,清廷谕关外诸将"亟应联络各营,鼓励士卒、齐心并力,迅图克复海城"。[④]于是,依克唐阿、长顺共同商定于 2 月 21 日对海城发动第四次反攻。

清军仍分三路进军:东路为长顺军,由东北进攻栗子洼,出双龙山之东,以为牵制;中路为依克唐阿军,由正北抢占波罗堡子和教军场,再向东南直插双山子;西路为宋庆和吴大澂所部,由西进攻晾甲山和唐王山。宋、吴所部也进行了具体分工:李光久会合刘树元,由正西进攻晾甲山;徐邦道会同梁永福应之;拱卫军分统罗应旒先扫清龙台铺伏敌,然后绕出唐王山后,进攻唐王山。

① 《日清战争实记》第 22 编,第 5 页。
② 《黑龙江将军来电》,《清光绪朝中日交涉史料》(2652),第 33 卷,第 36 页。
③ 《吉林将军来电》,《清光绪朝中日交涉史料》(2659),第 33 卷,第 40 页。
④ 《军机处电寄宋庆吴大澂依克唐阿长顺谕旨》,《清光绪朝中日交涉史料》(2662),第 33 卷,第 41 页。

是日上午 9 时左右,各路清军开始向日军阵地进逼。依军从沙河沿经验军堡至三里桥,又以快速的运动向东南行进,直扑欢喜山与双龙山之间的甜水沟。与此同时,长军也从西艾塔堡子插向双龙山东侧,先"以偏师相挑"。上午 10 点零 10 分,依军对甜水沟的日军前哨,长军对双龙山东侧阵地,发起了进攻,猛放步枪和抬枪。在沙河沿的清军炮兵阵地也连连发炮,向双龙山轰击。在炮火的掩护下,依军和长军进至距日军阵地 1 500 公尺处。日本随军记者描述当时的情景说:"这时,炮击越来越猛烈,敌军企图左右夹击双龙山,颇为趾高气扬。……三里桥南端的一支敌军猛然向南挺进,以相当机警的动作向我前哨冲锋。"①但是,此时日军已经加固了双龙山的防御工事,并增修了碉堡,大岛久直少将还特地亲至双龙山指挥。当清军接近后,大岛命令炮兵发炮,步兵也从碉堡里一齐射击。依军大炮被击坏 5 门,炮力不敌,难以再进,同长顺退至沙河沿、西烟台一带。

西路清军也按计划向晾甲山和唐王山发起攻击。李光久、刘树元两军先集中于二台子,由西抢占安村堡子,又向南进至团子山西的前、后石井堡。日军从唐王山上观察,李、刘二军"运动非常整齐","每支部队的动作整齐划一"。②上午 10 时 30 分,李、刘两军离开石井堡,开始从西向晾甲山日军前沿阵地进攻。徐邦道督副将胡延相、蒋顺发,并会同梁永福,从南面直攻晾甲山。各军"奋勇猛攻",日军前哨抵挡不住,开始向山顶"反奔"。罗应旒以晾甲山将得手,"挥队自唐王山后抄袭而下,欲攻入城"。③不料恰在此时,日军第十八联队长佐藤正大佐率队由大石桥返回,挡住了罗应旒部的后路。于是,佐藤与驻守唐王山的日军步兵第十八联队第一大队长石田正珍少佐一起,率队左右夹击罗部。"佐藤大佐的部队自上夹河以北进,出现于坡厂东南,石田少佐的部队自八里河子以西进,出现于牛庄大道左右,欲将清军夹在中间加以狠击。"④徐邦道见罗部处境危殆,便会同梁永福"转炮向西轰击",予以支援,将敌击退,并迅速督队渡过沙河,"列炮以待"。⑤日军企图夹击罗部的计划终于落空。上午 11 时,双方停止战斗。

①② 《日清战争实记》第 22 编,第 7 页。

③ 《黑龙江将军来电》,《清光绪朝中日交涉史料》(2697),第 33 卷,第 54 页。

④ 《日清战争实记》第 22 编,第 8 页。

⑤ 《黑龙江将军依克唐阿奏报援辽情形请迅饬宋庆等设法联络再图进攻折》,《清光绪朝中日交涉史料》(2931),第 37 卷,第 13 页。

在这次战斗中,依军伤亡 17 名,徐、李等军伤亡约 200 余名。①而日军方面才死伤各二,共 4 人。②

从 1 月 17 日到 2 月 21 日的 36 天内,清军反攻海城共四次③,皆遭到了失败。清军失败的原因是多方面的,其中多数原因与其他战役失败的原因是共同的。但这次作战有一点很不同于往常,就是打的是一场进攻战。在辽阳东路,依军曾反攻过凤凰城,但其规模和次数远不能和规复海城之战相比。所以,对于清军来说,这确实是一件新鲜的事情。这一点,甚至使日军方面感到惊奇。他们说:"清军先攻凤凰城,后又攻海城,这些行动之所以得到军人的赞赏,是因为清军摆脱了牙山、平壤以来实行专守防御的常规。敌军现在采取攻势,其志甚佳。"④这次进攻战,实际上又是一次攻坚战。对于清军来说,这却是一项难以完成的任务。他们既缺少这方面的能力,又缺乏这方面的充分准备。当时,日军实行阵地防御,利用工事和碉堡隐蔽,主要靠炮火取胜。而清军在进攻时不但无隐蔽物可言,而且在大炮数量和炮兵技术上同日军相比,不啻天壤之别。这样,就不难理解,为什么清军在每次战斗中伤亡人数远远超过日军,顶多坚持几个小时就打不下去了。试看下表⑤:

类别	次数	第一次反攻	第二次反攻	第三次反攻	第四次反攻
大炮数	清军	13	14	14	14
	日军	30	30	43	43
	对比	1：2.3	1：2.1	1：3.1	1：3.1
伤亡数	清军	160	630	230	220
	日军	45	9	14	4
	对比	3.5：1	70：1	16.4：1	55：1
交战时间(小时)		3	3	5	2

① 《黑龙江将军来电》,《清光绪朝中日交涉史料》(2697),第 33 卷,第 54 页。
② 《日清战争实记》第 22 编,第 8 页。
③ 清军反攻海城凡五次。姚锡光《东方兵事纪略》称:"我军凡五攻海城,一攻于宋庆(缸瓦寨之退),四攻于依克唐阿、长顺,皆不能拔。"(《中日战争》(1),第 47 页)缸瓦寨之战是海城日军主动出击,而宋庆只是被动迎战,而且也未向海城进攻,故不能算作第一次反攻海城。连上后来的 2 月 27 日之战,才能算五次反攻海城。
④ 《日清战争实记》第 19 编,第 29 页。
⑤ 表中的清军伤亡数本不甚精确,皆取其约数。

另外,清军所使用的基本战术是"先抢山头",其动机不能说不好,但其效果则不佳。这又是为什么呢?因为清军每次进攻的时间都是在上午或者中午前后,以堂堂正正之阵,大摇大摆地行进,这无疑等于预先通告自己要进攻了,使敌人得以从容准备,结果每回都遭到重大的伤亡,不用说抢不着山头,连山脚也到不了。清军还想靠在国内镇压农民起义的一套办法打近代化战争,以对付武器装备和组织形式都比自己先进的日本侵略军,怎么能够打得赢呢?清军还有一个很大的失误,就是以其人数之众,却没有想到切断海城的后路。当时析木城的守敌仅1个大队,尚较易攻取。如早拿下析木城,并力扼大石桥,即可使海城日军真正成为孤军。据统计,在清军的4次反攻战中,日军耗炮弹约3 000发,枪弹约11万发。若能完全切断海城日军的供应,并多方扰袭之,仅弹药消耗一项即可使它难以久支。而清军却计不出此。海城日军不但与军司令部始终保持联系(军司令官亲临海城前线指示机宜、海城经岫岩至大孤山的军用电线一直保持畅通),而且后勤供应也源源不绝。日军守城一个多月,防御力量不是日渐削弱,而是更为加强了。当然,并不能由此证明海城日军的防御就是固若金汤。如果清军有必胜的决心,战术运用得当,计划周密,配合密切,则全歼日军第三师团,从而使辽东战场的形势改观并进而牵动整个战局,也不是不可能的。然而,清军却没有把握住可能扭转局势的大好时机,而令其徒然逝去了。

五 争夺大平山

第四次海城反攻战之后,紧接着就发生了争夺大平山之战。

大平山矗立于辽河口南百里平原之中,西北至营口约30里,南距盖平约40里,为由盖平赴营口之要冲。其东北约20里即大石桥,为盖海间之孔道。其东南,则山岭连绵,地势险峻;其西北,则平原灡漾,一望无际。故扼大石桥可断敌人海盖相通之路,守大平山可固营口之外户。而盖平失陷后,清军竟将大石桥和大平山弃而不守,致使这两处要地被日军占领。

先是在2月初,日军第三师团长桂太郎中将接到侦察队的报告,谓田庄台及营口方向的清军调动,似将有收复盖平之举。2月5日,桂太郎命令佐藤正大佐率小野寺实少佐的步兵第六联队第二大队和牛岛木蕃少佐的步兵第十八联队第三大队由海城南下援盖。6日,佐藤抵大石桥。门司和太郎少佐也率步兵第十八联队第二大队由析木城至大石桥,与佐藤会合。遂同驻大石桥。时日军步兵第一旅团长乃木希典少将驻盖平以北的飞云寨。因兵力不敷，仅设前哨于大平山。

与此同时，日本第二军第一师团也奉命北上援盖。2月10日，师团长山地元治中将率步兵第二旅团长西宽二郎少将、野战炮兵第一联队长今津孝则大佐及其部队，从金州宿营地出发。19日，山地到达盖平。这样，日军第一师团便全部集结在盖平城及其近郊。于是，乃木派步兵第一联队第二、第三两个大队赴大石桥，佐藤正则率部由大石桥回海城，正赶上21日清军对海城的第四次反攻。当天下午，乃木从飞云寨宿营地策马抵盖平城，与山地商谈作战计划。20日，乃木率第一旅团本部移至破台子。日军在大石桥一带的兵力更为加强了。

在此以前，宋庆已同依克唐阿商定了一个新的作战方案，即在依克唐阿等第四次反攻海城的同一天，宋庆率姜桂题、马玉崑、宋得胜、程允和各营"进逼大平山，如可得手，即向大石桥一路节节前进"。①宋庆想夺回大平山，其目的有二：一是堵住盖平通营口之大道，以加强营口的外围防御；一是切断日军盖、海相通之路，以策应依、长等军第四次反攻海城之战。所以，这是一个"援海保营"的计划。

2月21日，宋庆命马玉崑率毅字右军占领大平山；姜桂题率铭军进扎老爷庙和姜家房；宋得胜的毅字左军和程允和的新毅军驻扎营口东南的白庙子，一防盖平大道来敌，一为马、姜军之后继。是日中午，马玉崑率部进至大平山附近，与小股日军遭遇。在双方骑兵的冲刺中，日兵2人被刺毙命，余众逃窜。清军遂将大平山占领。但大平山仅高二、三十丈，攀登甚易，而且没有树木，显然不便防御。大平山以南地势平坦，无险可守，又距敌营太近，也不利于防御。因此，马玉崑决定以大平山以北的西七里沟为防御之中坚，山南麓的南大平村和山北麓的北大平村各派队警戒。时人或以此责之，谓其"往争大平山，不能力扼山顶或逾山屯扎以固险塞，而驻军山阴"。②持这种观点的人是不了解大平山地势的。大平山之险不在山上或山南，而正在山阴。

同一天，山地元治、桂太郎分别从盖平和海城抵达盖平与析木城之间的汤池，举行军事会议。会议一直开到深夜，主要讨论了变守势为攻势的问题，并

① 《宋帮办吴帮办来电》，《清光绪朝中日交涉史料》(2667)，第33卷，第44页。
② 姚锡光：《东方兵事纪略》，见《中日战争》(1)，第43—44页。

制订了相应的计划。2月22日,山地元治和桂太郎各自返回驻地。当天晚上9时,山地向师团各部队下达了如下的命令:

一、一千名敌军(包括四门以上火炮)可能业已占领大平山。另外,附近村庄也似有敌军。

二、师团主力将于明日(23日)前进至破台子。

三、乃木少将率领的支队仍在原地待命,但须派骑兵小队于上午九时前到后马虎嘴子;该骑兵小队归西少将指挥。

四、西少将应率领步兵第二联队、骑兵一个小队、炮兵一个大队占领赖家窝、滕家坨子、破桥子。

五、步兵第三联队与卫生队之一半应于下午二时前到达破台子。

六、野战炮兵联队须于下午二时前到达破台子。①

2月22日傍晚,忽降大雪。23日下午,雪始停。本来就遍地白雪皑皑,如今地上雪更厚。"大雪与所积之雪约二尺,未能前进"②,因此,日军只得暂时停止进攻。大雪使这次进攻推迟了一天。山地元治深恐延迟过久,势将贻误战机,遂决定于24日对大平山发起进攻。当天夜里,他向第一师团下达了进攻命令:乃木希典率步兵第一旅团为右翼,出大平山之东,进攻东大平山、太子窝、七里沟、老爷庙等处;西宽二郎率步兵第二旅团为左翼,出大平山之南,进攻南大平山、土城子等处;师团本部为预备队,随右翼之后前进。

2月24日凌晨2时,日军第一旅团各大队起床,作出发准备。3时半,离开宿营地,每个士兵携带大约110发子弹和一天的口粮。第一旅团分两路西行:乃木希典亲率步兵第十五联队、步兵第一联队第三大队、炮兵第二大队及工兵1个中队,从三家子出发,向大平山以东的孙家岗子前进;隐岐重节大佐率步兵第一联队第一、第二两个大队和骑兵1个小队,从大石桥出发,向聂家堡子前进。日军第二旅团各大队于凌晨3时起床整装,4时30分从滕家坨子出发,向大平山以南的昌邑屯前进。

天刚破晓,隐岐重节率部抵聂家堡子。聂家堡子原有铭军所设前哨,现见日军来攻,便退向老爷庙。隐岐联队跟踪到小平山西麓,面向老爷庙的铭军,占领牵制阵地。随后,隐岐命令步兵第一联队第一、第二两个大队共1500人,

---

① 《日清战争实记》第22编,第12页。

② 《帮办军务四川提督宋庆来电》,《清光绪朝中日交涉史料》(2704),第34卷,第3页。

排成一字横队；骑兵独立大队长秋山好古少佐率骑兵第一大队，绕过第一联队之右侧，向老爷庙袭击。日军骑兵大队冲进老爷庙村，试图占领之，但遭到清军的狙击。铭军马队突然跃出，"从马上射出雨点般的枪弹"。日军骑兵大队受此一惊，迅速策马后撤，但奔在后面的"军曹宫泽军三郎、一等兵冈本庆三郎二人手脚受重伤；稻垣副官坐骑被打死，徒步殿后战斗，勉强脱离了险境"。①隐岐联队虽然抢占老爷庙未成，但却达到了牵制铭军的目的。

　　上午 7 时，乃木希典率步兵第十五联队到达大平山东麓，立即从左右两个方向进攻大平山东南麓的太子窝。大平山上只有少数毅军前哨，略事抵抗，便卷旗西撤。日军遂将大平山占领。乃木命令野战炮兵第一联队第二大队长松木鼎少佐，在大平山上下两个位置占领阵地，以 12 门火炮向东七里沟清军阵地射击。清军抵不住日军的猛烈炮火，撤出东七里沟村。时为上午 8 时 10 分。于是，日军便将火炮转向西七里沟轰击。

　　西七里沟村是毅军的主阵地。自从毅军于 21 日占领此村后，马玉崑即下令昼夜修筑防御工事。毅军"以原来的坚固土墙作胸墙，在土墙上到处挖有枪眼，以供狙击之用；另外，还有高粱秆搭成的天棚，上铺土块，排以瓦垄，以防日军的榴霰弹。其左右和正面，皆用大小树头设置鹿砦。"②在每座大宅院的周围，都有壕沟和雪堡，墙壁上挖有墙眼，结构非常坚固。毅军依靠防御工事，在马玉崑指挥下努力防战。日方记载说："清兵倔强，乱射大小铳，接战最力。"③"炮声隆隆，硝烟濛濛，敌军顽强抵抗，我炮兵遭受重大损失"，"有时敌军一发炮弹就造成十余人伤亡"。④"因此，我兵死伤很多，西山炮兵大队副官、岩根第十五联队副官亦战死。"⑤战至下午 3 点钟，日军始终未能靠近西七里沟一步。随着太阳偏西，天气愈来愈冷，日军更急欲攻下西七里沟。当时，日军第一师团长山地元治中将正在大平山上观察战况，见连丧两名得力副官，而且清军正在继续给日军造成损失，于是命令乃木希典迅速占领西七里沟。山地随即率师团参谋长、参谋、副官等下山，进入山北麓一座无人的空房，以便就近指挥。当山地一行刚走进这间空房时，只听轰隆一声，整个屋顶忽然塌下，将他们全

① 《日清战争实记》第 22 编，第 14 页。
② 《日清战争实记》第 22 编，第 16 页。
③ 桥本海关：《清日战争实记》第 13 卷，第 436 页。
④ 《步兵第一联队小田切政纯中尉战地日记》，见《日清战争实记》第 23 编，第 12 页。
⑤ 《日方记载的中日战史》，《中日战争》(1)，第 277—278 页。

部埋在下面。日军参谋和副官或伤或残,山地因"恰巧在缝隙里,夹住了身体,而没有受伤"。据日方推测:"我将校进入屋内,刚坐门槛,屋顶就塌了下来。情况十分可疑,或是敌人设下的圈套。"①

根据师团长的命令,乃木希典命令河野通好大佐率步兵第十五联队为第一线,进攻清军的正面和左翼;亲率作为预备队的步兵第一联队第三大队,随第十五联队之后前进。同时,以 24 门大炮集中火力向西七里沟猛击。这时,隐岐联队的第三大队也来会合。各路日军"彼此呼应,猛烈射击"。但是,清军"没有后退一步的迹象,反而更加凶猛"。日军步兵第十五联队第一大队长斋藤德明首先带队冲锋,发起白刃战。随后,第一联队第二大队长粟屋幹、第十五联队第三大队长殿井隆兴也率队逼近清垒,"发射雨点般的枪弹,连连发动冲击"。清军阵地仍巍然屹立,丝毫不动。下午四时,日军步兵第十五联队"弹药告罄,而无暇补充,只能匍匐于地物之后以避弹"。乃木焦急万分,不得不将最后的预备队投入战斗。他命令步兵第一联队第三大队长今村信敬少佐说:"第十五联队倾注全力进攻敌垒,仍不能拔取,战斗极为困难,应立即拨队增援。"今村即将预备队分为两队:一队进攻清军阵地正面;一队拊击背后。"此时,战斗更加激烈,敌我伤亡最多,雪地里死尸累累,无法计算。"②日军第十五联队经过喘息和补充弹药,趁机从四面将清军营垒包围,展开了猛攻。毅军没有后继,以孤军苦战近 10 个小时,"营哨官纷纷伤亡,勇丁伤亡约四五百人,炮弁、教习亦伤亡甚多","而每枪所带子弹三百出,均已罄尽,炮车亦多损坏",已难再战。宋庆"见势不支,先将炮位撤回,令各统将且战且退"。"马玉崑被困垓心,率其亲兵闯出重围,因见我兵尚在围内,重复杀入,冲开一路护之而出。其亲兵百人两次冲锋,仅剩二十余人,战马三易,均被炮毙。"管带后军左营守备赵云奇乃毅军一员勇将,曾"在平壤攻夺倭卡,勇冠各军",此时率队随同马玉崑力战,"中炮阵亡"。宋庆"驰驱冰雪间,炮弹及马首惊厥,倾跌伤腰"。③毅军终于冲出重围,退向姜家房、白庙子等处。日军遂将西七里沟占领。

和右翼的第一旅团相比,日军左翼的第二旅团没有遇到太大的抵抗。是日晨 5 时 40 分,日军第二旅团在大平山以南的昌邑屯集结后,齐向南大平山村西侧前进。当日军进至相距一千二三百公尺时,清军在南大平山村和土城

---

①② 《日清战争实记》第 22 编,第 18 页。

③ 《帮办军务四川提督宋庆帮办军务湖南巡抚吴大澂来电》,《清光绪朝中日交涉史料》(2719),第 34 卷,第 9 页;《帮办军务四川提督宋庆来电》,《清光绪朝中日交涉史料》(2704),第 34 卷,第 3 页。

子所设的前哨开始射击。西宽二郎以 1 个大队进攻南大平山；另以 1 个大队"由第二联队长指挥，快速向前，当其进至距清军大约五百公尺时，吹响进击号，令全体一齐冲锋前进。"①清军只有数哨，众寡难敌，便向西退走。大平山以南各村庄也被日军占领。

大平山战斗从早晨打到晚上，其持续时间之长，在甲午战争诸役中是仅见的。马玉崑指挥毅字右军英勇搏战，艰苦卓绝，连日方也深赞其"骁武绝群"。②应该承认，西七里沟防御战，是甲午战争期间清军打得较好的战斗之一。在这次战斗中，清军如能再坚持 1 个小时、甚至半个小时，日军便会自动撤退。清军则可趁机从后袭之，必能歼灭更多的敌人。清军的一贯缺陷，是不善于使用预备队，而日军正是利用预备队而占了便宜。同时，铭军和毅字左军也都未能及时赶来支援。惟其如此，大平山战斗便不能不功败垂成了。此战之后，光绪谕曰："宋庆秉性忠壮，身临前敌，但统帅之任全在指挥调度，不专以冲锋陷阵为功。况倭贼狡计极多，嗣后务须守临事好谋之训，稳慎图功。是为至要！"③此谕一面肯定宋庆以古稀之年身临前敌，一面指出他在指挥上存在不足，还是比较客观的。

在这次战斗中，清军阵亡 400 余人，受伤 100 余人④，共伤亡 500 余人。日军的死伤人数也不少。据日方公布，日军第一旅团第十五联队死伤最多，达273 人⑤；第一联队死伤人数最少，为 13 人⑥；第二旅团伤亡 48 人。⑦合计 334人。这个数字还没有把日军炮兵的伤亡数包括在内。一个日本军官承认："今日炮兵发射炮弹估计多达数千发，这是征清以来最大的炮战，因而伤亡也可能是最多的一次。"⑧因此，日军的伤亡数可能在 400 人左右。另外，日军冻伤的数字更为惊人。是日，日军从傍晚 7 时开始返回宿营地。他们"行在雪深没胫

---

① 《步兵第二旅团井上俊三翻译官的家书》，见《日清战争实记》第 23 编，第 18 页。

② 桥本海关：《清日战争实记》第 13 卷，第 437 页。

③ 《军机处电寄宋庆吴大澂谕旨》，《清光绪朝中日交涉史料》(2718)，第 34 卷，第 18 页。

④ 宋庆致督办军务处的电报称："我军弁勇阵亡者亦二百余人，受伤一百余人。"（《清光绪朝中日交涉史料》(2719)，第 34 卷，第 9 页）按："二百余人"之"二"，应为"四"字之误。因为大平山战斗的第 3天，宋庆曾在一封电报里说"勇丁伤亡约四五百人"。（《清光绪朝中日交涉史料》(2704)，第 34 卷，第 3页）特别是他在《大清敕建锦州毅军昭忠祠碑记》中更具体地指出："死于大平山者四百二十四人。"

⑤ 《步兵第二旅团井上俊三翻译官的家书》，见《日清战争实记》第 23 编，第 19 页。

⑥ 《日清战争实记》第 22 编，第 19 页。

⑦ 《步兵第二旅团井上俊三翻译官的家书》，见《日清战争实记》第 22 编，第 18 页。

⑧ 《步兵第一联队小田切政纯中尉战地日记》，见《日清战争实记》第 23 编，第 14 页。

的偏僻小道上,不断迷失方向,往往走了几个圈又回到原来的地方。加之又饥又累,最后连从雪里拔出脚来的气力也没有了,有的人甚至就地倒在雪里了。"直到夜里 11 点钟,才到达宿营地。由于在雪地里行进和作战约 20 个小时,因此"冻伤者特别多,仅第一联队就有 390 余人(其中需要住院治疗的有 50 余人)。据说第十五联队冻伤更多。全军冻伤患者多达数千人。"①据有人统计:"此日战斗结束时,第一师团的每个中队平均有五十名冻伤。"②以此计算,日军第一师团的冻伤人数达到三分之一,不下两三千人。可见清军在这次战斗中对日军第一师团的打击确实是十分沉重的。

日军虽在大平山战斗中损失惨重,但还是实现了两个目的:第一,盖平至海城的通道从此不会再受到清军的威胁,从而使海城日军实行出击有了可能;第二,营口清军的外围防御已被攻破,日军便可按其汤池会议的决定发动辽河下游之战了。

六　海城日军出击

日本第二军第一师团占领大平山的 3 天后,驻海城的第一军第三师团便开始出击了。

早在日本第一军攻占海城之后,其司令官野津道贯为扭转冒险进攻海城所造成的被动局面,即主张进一步扩大侵略战争。虽然山县有朋的直隶作战计划被否决,野津不惜再次向大本营提出进军直隶的方案。1 月 5 日,野津至岫岩,便向大本营建议:"以第五、第三师团兵击辽阳";另以一军"自大连湾航至直隶平原,以决雌雄"。但是,大本营仍然认为:"待阳春冰解,集兵旅顺半岛,便路出直隶野,速攻北京可也。"对此,野津甚为不满,召集诸将会议,说:"大本营不闻我言,宜取鞍山店据〈之〉,逐清兵之在牛庄、营口、田庄台者。"③大本营总算批准了这个方案。2 月 21 日,山地元治与桂太郎会于汤池,其主要议题就是研究实施此方案的具体行动计划及两军的协同作战问题。

为了配合海城日军的出击,野津道贯命令第五师团长奥保巩中将采取批亢捣虚之计,将所部集结于黄花甸,经三家子、吉洞峪向鞍山站进犯。自入冬以来,日军第五师团一直奉命驻扎于九连城及凤凰城附近。2 月 17 日,奥保巩

---

① 《日清战争实记》第 22 编,第 16—17 页。
② 《步兵第二旅团井上俊三翻译官的家书》,见《日清战争实记》第 23 编,第 19 页。
③ 桥本海关:《清日战争实记》第 13 卷,第 422 页。

率师团本部移驻凤凰城。23日,又率师团本部抵黄花甸。此时,集结于黄花甸的日军第五师团各部有:步兵第九旅团第十一联队第一大队和第二十一联队的3个大队(缺1个中队);步兵第十旅团第二十二联队第一、第二大队;骑兵第五大队(缺两个小队);野战炮兵第五联队第一、第二大队。

2月24日上午9时,奥保巩命步兵第二十一联队和炮兵第一大队为前卫,武田秀山大佐为前卫司令官,向三家子进犯。驻守三家子的清军只有徐庆璋所部4营,以兵力太单,抵御不住,相继败退。日军遂将三家子占领。当时,清军方面搞不清日军此次行动的目的,开始推断是为救援析木城、海城而来。徐庆璋提出:"三家子西通海城,东通凤凰,南通岫岩,北通辽〈阳〉,四通要冲,必须夺回,方可进攻析木城,以绝海城援贼。"①于是,他一面电请陈湜、孙显寅、吕本元等派队分路进攻凤凰城,以为牵制,一面仍令原扎三家子4营迅速夺回三家子。吕本元、孙显寅电复以防务吃紧,不能派兵相助,致使此计划未能实现。25日,奥保巩派出1个步兵大队由三家子北进,作为疑兵,以牵制摩天岭的清军。26日,日军第五师团主力由三家子西进,越人面山,攀潘家堡子北山,向兴隆沟进犯。驻守兴隆沟的清军定边营不足千人,伏于山腰狙击日军,但敌我众寡悬殊,随即溃退。乡团独力难支,亦随之退走。是夜,日军在兴隆沟宿营。27日,日军乘机占领了吉洞峪。28日,奥保巩命步兵第二十二联队为前卫,富冈三造中佐为前卫司令官,由吉洞峪北犯,到达金厂。3月1日,日军前卫从金厂出发,经把会塞,向八盘岭前进。清军埋伏在山顶上,用抬枪向敌军射击。据日本东京《日日新闻》的随军记者黑田甲子郎报导:"彼等之抬枪,既无准星,又无表尺,以此物狙击我军,当然不会射中。"②因此,清军交火不久,即撤出阵地。2日,日军发现鞍山站并无清军驻守,于是不战而占领了鞍山站。

当日军第五师团向鞍山站进犯之际,海城的日军第三师团也正在做出击的准备。先是汤池会议之后,桂太郎亲赴岫岩面见第一军司令官野津道贯,并与第五师团长奥保巩共同商定出击的计划。随后,野津即率第一军本部抵海城。2月24日,第二军第一师团步兵第三联队也由大石桥来会,以接替第三师团守备海城。海城日军出击的准备工作业已就绪了。

此时,湘军前敌营务处户部主事晏安澜正在四台子养病,探悉日军千余人

---

① 徐庆璋:《辽阳防守日记》,乙未二月初二日。
② 《日清战争实记》第23编,第26页。

从南路开至海城，认为与其待敌来袭，不如主动攻敌，因与诸将商定合攻海城。2月27日，清军分三路进攻：刘树元率亲军3营，会同李光久两营，自二台子进攻晾甲山，依克唐阿所部德英阿等三营自大富屯南下应之，是为左翼；徐邦道率拱卫军10营自柳公屯南出，进攻龙潭堡，梁永福带风字3营自柳公屯东出，截击晾甲山敌人援军，是为中路；刘树元另派3营进攻八里河及戴家堡，是为右翼。晏安澜会同副将郭长云率亲军督队。各军奋勇齐进，接连攻占小八里河、戴家堡、龙潭堡等村，又将二台子、安村堡日军击退，俘获其军曹冈木勇太郎。日军见清军来攻，即用大炮轰击。依克唐阿闻西南方向炮声，知系徐邦道等军进攻唐王、晾甲二山，立派两营前往策应。恰在此时，突有大股日军猛扑大富屯、小富屯，德英阿等预先准备，伏兵村内，伺敌逼近，突出奋击，顶住了日军的进攻。中路清军已逼近唐王山。徐邦道拱卫军在八里河村东布置炮兵阵地，向唐王山还击，"发一炮，辄裂一口"，命中炮弹多发。在炮火的掩护下，湘军副将衔参将营官刘桂云奋勇当先，"欲乘势争山，麾兵自沟中入"。[①]不幸突中敌炮，仆地不起。刘桂云出身行伍，"平日治军严整"，"临阵争先，奋不顾身"，有"良将"之称。[②]对于他的牺牲，时人深为惋惜。刘桂云阵亡后，各军遂收队而还。

经过此日之战，野津道贯知清军已不能对海城构成威胁，决定仍按原计划出击。是日午夜，野津向第三师团发出了28日出击的命令：步兵第五旅团和第六旅团之大部为师团主力，第五旅团第六联队第一大队为支队，掩护师团主力行进；大岛久直少将率步兵第六旅团之大部从北门出发，大迫尚敏少将率步兵第五师团从西门出发，一齐沿辽阳大道前进；第二军第一师团援海部队守备海城，于唐王山、晾甲山对营口大道和牛庄大道实行戒备。

2月28日凌晨3时，日军列队于海城北门和西门。4时，大迫旅团和大岛旅团分路出犯。大迫尚敏率部经罗家圈子、教军场进至验军堡，"冒弹雨向大富屯进逼"。[③]桂太郎令佐藤正大佐率师团主力所属之步兵第十八联队第二大队继进，为大迫旅团后援。与此同时，大岛久直也率步兵第六旅团及炮兵大队向沙河沿进逼。依克唐阿所部德英阿、寿山等率军应敌，"婴守村家土壁，防战

---

① 金兆丰：《晏海澄先生年谱》，见《中日战争》(6)，第286页。
② 《帮办军务四川提督宋庆帮办军务湖南巡抚吴大澂电》，《清光绪朝中日交涉史料》(2722)，第34卷，第11页。
③ 《日清战争实记》第24编，第2—3页。

甚力"。①战至破晓时分,师团主力右翼支队所属的山炮中队,在内藤新一郎少佐指挥下,早在石头山占领阵地,曙光中已能看清目标,便向清军阵地猛射。桂太郎复派野炮大队助之。依军犹"力与相持,枪炮互轰,声震天地。加以雪雾迷离,数武外不能见人,又击坏炮三尊,伤亡营哨官及兵勇甚众。"②依军不能支,只得收队拢扎。于是,大迫旅团占领大富屯,大岛旅团占领沙河沿、长虎台及东西烟台。是夜,日本第一军司令部及第三师团司令部皆宿营于头河堡,前卫大岛旅团宿营于西烟台。在此日的战斗中,日军伤亡95人③,清军伤亡约六七百人。④

3月1日,日军集中兵力进攻甘泉堡。长顺军接战不久,即行北撤。是夜,日军第三师团本部宿营于甘泉堡,前卫大岛旅团宿营于甘泉堡以北的汤河村,大迫旅团宿营于甘泉堡以西的土城子和后柳河子。3月2日,第三师团占领鞍山站。随后,第五师团进入鞍山站。日军第三、第五两个师团终于在鞍山站会师。当天,第一军司令部和第五师团皆宿营于鞍山站以南的汤岗子,第三师团则宿营于牛庄大道上的将军屯。

直至此时,中国方面仍然认为日军北犯的目的是进犯辽阳,不知其"示形逼辽阳,实将袭我牛庄"。⑤因此,清廷于3月1日谕长顺"先固辽沈之防","就近移扎要隘,助守辽阳,以保沈阳门户"。⑥依克唐阿迭接徐庆璋函称"辽阳万分吃紧,迟则无济,于是率队长驱",3月2日"与长顺同抵辽阳"。长、依二军道经鞍山站,皆弃险而不顾。"鞍山站者,为牛庄至辽阳州孔道,山势蜿蜒横亘,中有缺口,形如马鞍,双岭夹峙,惟一线大道,最称险塞。"⑦清军之放弃鞍山站,既使辽阳南路失去重要屏障,又断绝了辽阳与牛庄之间的联系。而海城日军出击的成功,不仅解了海城之围,而且使辽南战局向不利于清军方面转化。从此,日军开始完全掌握了辽南战场的战争主动权,因此接着便发动了辽河下游之战。

---

①　桥本海关:《清日战争实记》第13卷,第433页。

②　《黑龙江将军依克唐阿奏报援辽情形请迅饬宋庆等设法联络再图进攻折》,《清光绪朝中日交涉史料》(2931),第37卷,第14页。

③　《日清战争实记》第24编,第3页。

④　金兆丰:《晏海澄先生年谱》:"我师败绩,阵亡六七百人。"(《中日战争》(6),第287页)按:"阵亡六七百人"之"阵",疑为"伤"之误。《日清战争实记》有清军"伤亡总数不下五百人"(第24编,第3页)之记载,可相印证。

⑤⑦　姚锡光:《东方兵事纪略》,见《中日战争》(1),第48页。

⑥　《军机处电寄长顺等谕旨》,《清光绪朝中日交涉史料》(2726),第34卷,第13页。

第五节 辽河下游之战

一 日军袭击牛庄

由于为日军的行动所迷惑,清军对其主攻方向产生错觉,以致疏忽了牛庄方面的防御,这就给日军袭击牛庄造成了绝好的机会。

日本第一军第三、第五师团于 3 月 2 日会师鞍山站后,野津道贯即对辽南形势做了充分的估计。他认为:若日军由鞍山站继续北进,把清军包围于辽阳是不难的,但这将违背大本营所批准的辽河平原作战方案,因此仍应按原计划向牛庄进军。3 月 3 日天晴气暖,适于行军。而且据探报,清军在牛庄的兵力无几,正可以优势袭取之。兵贵神速,他决定以此日作为第一军进攻牛庄的出发日。是日晨,日本第一军兵分两路,以第五师团为左纵队,第三师团为右纵队,同时向牛庄进犯。

3 月 3 日上午 7 时,日军第五师团从汤岗子出发。奥保巩命大岛义昌为前卫司令官先行,自率师团主力继后。前卫包括步兵第九旅团第二十一联队第一大队、第三大队、骑兵一小队及山炮 1 个中队;师团主力包括步兵第十旅团第二十二联队第一大队、第二大队,步兵第九旅团第二十一联队第二大队,步兵第九旅团第十一联队第一大队,山炮 1 个大队,以及野炮 1 个中队和工兵 1 个中队。并令骑兵第五大队独立执行远距离搜索任务。当夜,第五师团宿营于牛庄以东约 40 里的崔家庄附近。

与此同时,日军第三师团也向牛庄方向进发。大迫尚敏所部为前卫,从金家台开拔,经普赖屯到达牛庄以东 20 余里的古城子;原作为前卫的大岛久直所部改隶于师团主力,由将军屯进至牛庄以东约 30 里的耿家庄子;步兵第六旅团第十九联队第三大队为右翼支队,由林太一郎少佐率领,在师团主力之右侧行进。另以步兵第七联队第二大队(大队长富永政利少佐)为鞍山站支队,步兵第十九联队第二大队(大队长小原芳次郎少佐)为宾山子支队,共同对辽阳方向实行警戒。

3 月 4 日是预定的日本第一军第三、第五两师团合攻牛庄之日。进攻前,野津道贯为了鼓舞士气,特许各部队"自由征集物资",并"尽可能地犒劳士兵"。实际上是暗示允许士兵任意奸淫掳掠。他还训诫桂太郎、奥保巩要"尽可能避免正面进攻,努力进逼敌军侧面"。①根据野津的布置,第五师团自紫方屯沿大道前进,进逼牛庄的东北面;第三师团离开大道,绕到牛庄以北,进逼牛庄的西北面,并切断清军向营口的退路。于是,奥保巩命令富冈(三造)联队攻牛庄北面,大岛(义昌)旅团攻牛庄东北面;桂太郎命令佐藤(正)联队攻牛庄北面,大岛(久直)旅团攻牛庄西北面。部署既定,日军便开始了对牛庄的进攻。

当时,驻守牛庄的清军仅魏光焘的武威军6营3哨。先是魏光焘统武威军驻三台子,徐邦道统拱卫军11营驻柳公屯,李光久统老湘军5营驻三台子中阳堡,刘树元统亲军6营驻四台子,皆距海城不远。四将连日会商反攻海城事宜,"皆以牛庄为后路,仅驻武威一营,而不虑其抄袭我后者"。3月2日,诸将商定于明日进攻海城。正筹划间,忽接探报:"贼马队七十、步队数千,绕出耿庄子、古城子而去,恐袭牛庄也。"②至是,魏光焘始率军赶回。牛庄是一座没有城墙的市镇,不易防守,清军便在市街的入口处修筑一道厚约1尺的土墙,并在市镇内利用官衙和民房的墙壁作为防御掩体。魏光焘将仅有的兵力进行了布置:左、右、中三营防守西北面;前、后两营防守东北面;大营炮队、马队及卫队防守中路。

3月4日拂晓,日军第五师团先向牛庄发起了攻击。奥保巩在牛庄以东约2里的紫方屯指挥,命大岛义昌率前卫进攻牛庄的东北角,前卫所属的山炮中队排列于紫方屯西北端,炮击清军阵地的突出部分。前卫步兵在炮火的掩护下向太平桥前进。武威军前、后两营士兵"伏河沟间,恃土墙为障,诱贼及近"③,暂不还击。日军步兵第二十一联队奥山(义章)大队行进在前,首先接近清军阵地。"清兵或穿铳于屋壁,装填无烟火药以击,或备速射炮于凸角部,以急射炮邀击,如骤雨一时来注。"④奥山大队处于开阔地带,无隐蔽之处,伤亡甚众,士气为之沮丧。大岛义昌立命森祗敬少佐率步兵第二十一联队第一大队继进。大岛本人及步兵第二十一联队长武田秀山大佐亲自"奔驰于各战斗部队之间,激励士卒"。作为第五师团预备队的1个大队和第一军总预备队的1

---

① 《日清战争实记》第23编,第28页。

② 王同愈:《栩缘日记》,见《中日战争》(6),第262页。

③ 《魏光焘禀》,《甲午战争有关折奏史料》(抄本)。

④ 桥本海关:《清日战争实记》第13卷,第440页。

个大队也都投入了战斗。一位目睹这场激战的日本随军记者写道:"此时,枪炮声如百雷齐鸣,万狮齐吼,震耳欲聋。数百云朵在牛庄上空飘游,是我军发射的榴霰弹在空中爆炸;烟霞浮动于杨柳深处,是敌军发炮后的余烟。"①但是,清军决不稍屈,"环击毙贼甚伙"②,挡住了敌人的进攻。

奥保巩见进攻受阻,便命今田唯一少佐率步兵第二十二联队第一大队直扑清军右翼,联队长富冈三造中佐率其余部队继进。今田、富冈等督队向木头桥进逼。"弹丸雨下,炮声如雷,硝烟冥蒙,咫尺不辨。忽有一弹飞穿今田少佐咽喉,少佐死之。"今田唯一曾参加平壤之役和进攻摩天岭的战斗,在日本军队里以"勇敢"著称,即将晋升中佐,而终于在侵略战争中丧命。富冈见今田已死,"大怒,欲以复仇,益鼓舞诸兵突进"。清军才两个营,刚顶住日军从左翼来的进攻,又遭到日军从右翼来的猛扑,左支右绌,难以招架。此时,日军"势如奔潮"③,"麇聚螺集",清军"马步肉薄鏖战"。在激烈的肉搏中,"前营龙总兵恩思项头及足重伤,扶送附近民房躺卧,所部仍抵死拒战。后营罗副将吉亮,伤额及足,帮带魏游击极富阵亡。罗副将督战不休,裹入贼围,仍于枪林弹雨中冲出战地。"④武威军前、后两营退入市街后,继续据民房坚守。时为中午12时半。

日军第三师团的行动较迟。是日上午7时,第三师团前卫佐藤联队,在大迫尚敏指挥下从古城子出发,进至牛庄以北约3里的邢家窝棚。第三师团主力也从耿庄子前来会合。上午10时,桂太郎令大迫尚敏从北方,大岛久直从西方,分别进攻牛庄。柴田正孝炮兵大佐指挥炮兵在邢家窝棚到牛庄北口凹道两侧的高地占领阵地,各排列火炮12门,齐向牛庄猛轰。在炮火的掩护下,佐藤正率部从凹道中间急进。清军将日军"吸引至最佳射击距离","俄据民家土壁乱发小铳,极为剧烈"。佐藤手腕被枪弹所中,自以巾裹伤,"令兵士唱军歌而进,势颇壮烈,兵士争先突出。清兵不屈,频射大小炮弹,片伤佐藤大佐左膝关节,门司(和太郎)少佐代率其大队。"⑤日军步兵第十八联队长佐藤正两次负伤,被抬下战场,使日军的锐气大挫。

大迫尚敏见前锋作战不利,便令石田正珍少佐率前卫预备队援之。此时,

---

① 《日清战争实记》第23编,第29页。
②④ 《魏光焘禀》,《甲午战争有关折奏史料》(抄本)。
③ 桥本海关:《清日战争实记》第13卷,第440页。
⑤ 桥本海关:《清日战争实记》第13卷,第442页。

战斗更趋于激烈。据魏光焘报称："左、右营接战，中营继之。贼以排枪炸炮抵死抗拒，弹如雨点；我军以劈山炮洋枪对击。士卒中弹者如墙而倒，前虚后进，贼之为我击毙者尤众。故伤亡虽多，士气仍壮，纵横荡决，力不稍疲。左营余总兵福章中伤坐地，犹持刀督战，随复炮中要害阵亡。右营沈提督宝堂两臂中弹皆折，帮带陈参将胜友战死。中营总哨弁亦伤。士卒伤亡犹众。""忽贼另支围我驻扎之所，前后受敌。本前司（魏光焘自称）亲督死拒，无奈贼党愈积愈厚，伏首钻进，炮雨横飞。大营肖总兵有元中炮伤重，左哨、右哨、正〈哨〉、副哨弁登时阵亡，卫队哨弁重伤，亲兵伤亡过半，万难力遏，突围且战且退。"①在魏光焘的指挥下，武威军拼死力战，但寡不敌众，伤亡殆尽。时近中午，便退入市街继续抵抗。

于是，日军第三师团大岛久直少将从西，大迫尚敏少将从西北，第五师团大岛义昌少将从东北，富冈三造大佐从东，四路冲进牛庄市街。双方展开了激烈的巷战。清军"据民家矢死坚守，不能辄拔，日兵死伤颇多。"此时，市东北区有一些清军隐蔽在一家烧酒店内，表现"最顽强，无屈色"。日军步兵第十八联队、第二十一联队、第二十二联队各有一支部队，将烧酒店团团围住，并多次冲锋，皆无效果。奥保巩亲临指挥，对部属说："徒攻之，非利也。"②即令各部队中止射击，而命工兵用炸药破坏墙壁。日军连续炸开了两道墙壁，才冲进烧酒店内。在市西北区，有一部分清军据守在一座民房里，大岛久直令步兵第七联队的两个大队包围之，"欲破其门，清兵以铳狙击，且门壁坚牢不能破。适有放火西面者，内藤（新一郎）大队亦烧其旁近家屋，猛烈火焰起于二方，清兵尚无屈色。日军即欲穿外围墙壁以入其内，清兵丛射益力，不能进。因又穿一大孔于家屋外壁，开路而入，清兵已退据内壁；内壁亦坚固，不可辄破。"日军步兵第七联队长三好成行大佐见所属两个大队久攻不破，便运来山炮两门，"用之乱击，壁内西面火延及火药局，爆发数声。"③顿时火焰冲天，吞没了这座民房。就这样逐屋争夺，日军每占领一座建筑物，都要付出沉重的代价。

当武威军正同日军激战之际，李光久率老湘军 5 营 2 哨回援。是日晨，李光久率部自三台子西行。晏安澜闻讯，迎于中途。李光久约晏安澜同救牛庄，

---

① 《魏光焘禀》，《甲午战争有关折奏史料》（抄本）。
② 桥本海关：《清日战争实记》第 13 卷，第 441 页。
③ 桥本海关：《清日战争实记》第 13 卷，第 442—443 页。

劝曰:"海城已无克复期,胡为郁郁久居此?"晏安澜答曰:"我去,则诸营散,大局不堪问。公能保牛庄,我尚思下海城也。"①由于诸将意见不一,李光久只得独自率军赶往牛庄。"士卒疾行二十余里,至牛庄,未及造饭,已被围。"②至是,李光久始知牛庄外围防线被敌冲破,武威军正退守市街。于是,命各营分为三路进击:前、左两营为右路,向关帝庙等处攻入;右、后两营为左路,向海神庙等处攻入;中营及马步小队为中路,向牛庄土城一带攻入。据李光久报称:老湘军"一进街口,即与该贼巷战,毙贼无算,业已败出街外,乃前贼败退,后贼纷来,枪炮雨密。贼又从两旁拥出,纷纷击犯,勇与贼几莫能辨。血战竟日,各街口被贼纵火,断我出路。"后营管带提督谭桂林冲至海神庙前,忽遇大股日军自教堂窜出,"头中炮子,登时阵亡"。左营管带提督贺长发伤腹甚重。前营帮带提督邓敬财"督队力战,胸膛中炮阵亡"。中营游击王得志"右手伤重,犹往复力战,旋即阵亡"。知县黄光楚、云骑尉谢克松等"各率亲兵往来策应,俱力战阵亡"。③此外受伤阵亡者无算。

战至日落以后,魏光焘和李光久率残部从牛庄西区突围而出,但又遭到日军第三师团的追击,续有伤亡。幸李光久布兵伏击,始将日军堵回。据载:李光久"去牛庄三十里,已昏黑。日兵急追,李健斋(光久)令军中曰:'驻此再战!'军士曰:'死亡已多,仅数百人,尚可战乎?'李曰:'可!此村坍墙甚多,吾列帜而俟,藏抬枪于短墙后,兵士少,以枪管前架短墙,后以两人持之,燕药尚可排击。彼不知我众寡,地势甚便,不可失也。若战胜,彼必不敢追;不然,尽为禽矣。'众以为然。日兵追至,又毙(伤)百数十人,乃退。"④尚未突围的清军仍在市街继续抵抗。入夜以后,日军由北而南,逐家搜索。桂太郎向各部队传令:"夜间攻击只准使用刺刀。"⑤据日方供称:"残兵还未完全剿灭,即已日暮。因停止炮击,执剑挨户搜查,杀人无算。"⑥随日军第五师团进入牛庄的日本记者,在一篇通讯里描写了这一惨景:在牛庄市内,"路旁伏尸相枕"。一些民房门前"尸积成山,尸山之间流出几条浑浊的血河"。"走进门里,见院内也堆满

① 金兆丰:《晏海澄先生年谱》,见《中日战争》(6),第 289—290 页。
② 王同愈:《栩缘日记》,见《中日战争》(6),第 263 页。
③ 《帮办军务湖南巡抚吴大澂奏报牛庄失事情形并查明阵亡员弁请交部议恤折》,《清光绪朝中日交涉史料》(2887),第 36 卷,第 19 页。
④ 朱孔彰:《半隐庐丛稿》,见《中日战争》(6),第 305 页。
⑤ 《日清战争实记》第 24 编,第 10 页。
⑥ 《日方记载的中日战史》,《中日战争》(1),第 279 页。

了尸体"。①据日方后来调查,死者共 2 100 余人。②其中,有三分之一是无辜的牛庄市民。③日本侵略军滥杀无辜,曾受到一些正直的西方人士的鄙夷,指责其"如此纵杀,殊为残酷"。④

对清军来说,牛庄之战是一次以弱抵强的战斗。据统计,日军进攻的兵力有步兵 13 个大队、骑兵 4 个中队、炮兵 8 个中队、工兵 3 个中队,合计 11 800余人。而清军防守部队为魏光焘武威军 6 营 3 哨和李光久老湘军 5 营 2 哨,共 12 营 6 000 人,仅及日军兵力的半数。战斗开始时,武威军以 3 300 人独力抗击三、四倍于自己的敌人。魏光焘"以孤军血战,短衣匹马,挺刃向前,督战苦斗,三易坐骑"⑤,"裹创喋血"⑥,表现十分出色。连日人也不得不赞武威军道:"其能久与日军交锋者为武威军,奋死决战,力守至一昼夜,实清军中所罕睹也。"⑦李光久闻警后率老湘军 2 400 人回援,这时敌人已攻入牛庄,但清军仍然"直前搏战,兵已陷入死地,无不以一当百"。⑧这两支湘军面对强虏,毫无惧色,不惜肝脑涂地。其英勇无畏的爱国精神和慷慨壮烈的英雄气概,真可动天地而泣鬼神!但由于众寡悬殊,军械不齐,因此遭受重大伤亡。清军共阵亡1 000 余人,受伤近 700 人⑨,并有约 700 人被俘。日军为攻占牛庄,也付出了很大的代价,伤亡 389 人。其中死 70 人,伤 319 人。⑩

牛庄的失守,使清军反攻海城的计划终成画饼。而营口东、南、北三面要地尽失,势更孤危。辽河下游的战局更加不可收拾了。

二 日军占领营口

在日军第三、第五师团袭击牛庄的同时,其第一师团也正在做进攻营口的

---

① 《日清战争实记》第 23 编,第 32 页。
② 《日清战争实记》第 24 编,第 11 页。
③ 魏光焘报,武威军"阵亡九百余人";李光久报,老湘军"阵亡七百余人"。(《寄督办军务处》,《刘忠诚公遗集》,电奏,第 1 卷,第 16 页)共"阵亡"约 1 700 人。按:"阵亡"实指减员,应包括被俘者在内。关于清军的被俘人数,一说 600 余人,一说 1 000 余人,并不准确。因为其中多数是牛庄市民。据后来落实的数字,日军俘虏的清兵数约 300 人。(《日清战争实记》第 24 编,第 11 页)可见,清军实际阵亡者约 1 400 人,另 700 余死者皆是平民。
④⑩ 《英兵部蒲雷东方观战纪实》,《中东战纪本末三编》第 2 卷,第 26 页。
⑤ 《钦差大臣刘坤一来电》,《清光绪朝中日交涉史料》(2859),第 36 卷,第 9 页。
⑥ 杜俞:《采菽堂书牍》,见《中日战争》(6),第 295 页。
⑦ 桥本海关:《清日战争实记》第 13 卷,第 444 页。
⑧ 朱孔彰:《半隐庐丛稿》,见《中日战争》(6),第 305 页。
⑨ 《寄督办军务处》,《刘忠诚公遗集》,电奏,第 1 卷,第 16 页。

准备。

大平山战斗以后,清军除仍扎老爷庙、姜家房和东西白庙子外,又回到西七里沟、小大平山等村,与日军相持。连日来,双方屡有接触,但未发生大的战斗。此时,乃木希典率步兵第一旅团驻大石桥,也未敢率尔西进。3月4日,奉锦山海关道善联接营口税务司函称:英国代理领事谢立山得日本带兵官照会,谓"本不愿来通商口岸,因大兵在营口阻其往来,定于二三日内攻营口,通知局外各国"。①善联当即密报宋庆和吴大澂。当天,吴大澂以"田庄台相逼甚近","四面空虚",飞电宋庆"派营来援"。②5日晨,宋庆留总兵龙殿扬率新毅军5营扎于营口附近,自率大队赴田庄台防守。日军第一师团长山地元治获悉清军从营口撤退,即令西宽二郎的步兵第一旅团开抵大石桥。是夜,山地向步兵第一、第二旅团下达了明日进攻营口的命令。

营口又称营子口,位于辽河南岸。1858年清政府与英、法等国订立《天津条约》,规定开放牛庄通商,后以牛庄交通不便,改为营口。于是,营口成为列强在中国东北地区的重要通商口岸。市街北临辽河,分为东西两区:西区为商业区,人口达一万,称西营子;东区则外国人居之,人数较少,称东营子。营口炮台在市街西南方,西临辽河口,为五边形,周围绕以土垒。此炮台从1882年开始修建,历时3年而成,用银共15万6千两。1891年,又在河对岸修建小炮台两座,各费银70 000两。营口炮台设克鲁伯炮12门,其中21公分炮2门,15公分炮2门,12公分炮4门,4公分半炮4门。另外还有旧式炮数十门。按炮台的设计,能纵射辽河下流河身,对陆上东、南、北三面亦能射及。水雷营在炮台的东北方。清军在炮台周围以及市街西面和西南一带遍布地雷,其爆发装置设于火药库,而将导线综结于水雷营。从营口的防御设施看,如果清军能够力扼营口东路,日军要攻占营口并不是太容易的。

但是,清军在营口的兵力却很单薄,且无战斗力,而能战之营悉随宋庆填防田庄台。此时,营口仅有总兵蒋希夷的大同军步队5营、营口道标兵统领副将衔尽先游击乔干臣的海防练军步队1营、都司衔尽先守备袁珍的水雷营兵1哨、都司衔尽先守备徐广林的马队1营、记名总兵马占鳌的中营步队1营、游击衔都司王得意的道标步队1营,及团勇3哨,共10营,约4 000余人。善联

---

① 《盛京将军裕禄查明营口等处失事情形并参文武各官折》,《清光绪朝中日交涉史料》(2958),第37卷,第31—32页。

② 《吴愙斋中丞电稿》,《中日战争》(6),第235页。

就现有兵力进行布防,派令蒋希夷大同军及团勇防守市街,徐广林马队及王得意步队保护租界,马占鳌中营步队至营口南大水塘一带设卡,乔干臣海防练军步队守卫炮台,袁珍仍守雷营。善联没有对营口东路的防御加以重视,不能不是一个重大的失误。

3月6日晨5时,日军第一师团分两路从大石桥出发:山地元治亲率步兵第二旅团和独立骑兵大队为本队,自大石桥向侯家油坊进发;乃木希典所部步兵第一旅团为左翼支队,自孙家岗子向韩家学房进发。隐岐重节大佐作为左翼支队的前卫司令官,率步兵第一联队第一、第二大队、工兵第一大队第一中队及野战炮兵第一联队第一中队率先出发。

按日军的原定计划,第一师团将于7日拂晓与第三、第五师团协同作战,对营口发动总攻。但是,情况发生了变化。日军前卫甫抵韩家学房,清军即从营口炮台频频开炮,"颇有震天动地之势"。然而,由于射程太远,命中率不高。于是,隐岐重节便命令前卫停止前进,派骑兵小队侦察营口的守备情况。日军骑兵小队行约一千五六百公尺,与3名清军骑兵相遇。清军骑兵一枪不发,驱马向营口市街奔去。日军骑兵小队从后追击,未遇任何抵抗便冲进营口东门。原来,当日军逼近营口东门时,善联曾命蒋希夷迎击,但蒋希夷"借词迁延不进",随即带领各营北逃,又节节退至石山站。蒋希夷逃出后,向盛京将军裕禄禀报"战绩",竟有"在营口拒守炮台,连日血战"之语。善联又命哨官齐永升率团勇前往抵御。此时,隐岐见骑兵小队已冲进东门,遂命竹中安太郎少佐率第一大队为尖兵,第二大队继之,迅速窜入营口东街。日军尖兵中队占领营口各城门和电报局,其余部队则集结在东门内,准备与清军交战。团勇见日军麇集,并未接仗,亦即溃散,善联称齐永升"遇贼接仗","受伤堕马,团勇伤亡五十余名"①,实际上也是谎报。善联随团勇逃出后,马占鳌、王得意、徐广林各营也不战而逃。竹中即命两个中队渡辽河上游追击,当追至相距1 000到1 500公尺时,用排枪齐射。②逃跑的清军"死伤无算"。③到中午,营口城内已无清军一兵一卒,日军不费一弹即全部控制了营口市街。龙殿扬新毅军5营近在咫尺,

---

① 《盛京将军裕禄查明营口等处失事情形并参文武各官折》,《清光绪朝中日交涉史料》(2958),第37卷,第32页。

② 《日清战争实记》:"竹中少佐……令所部第三、第四中队渡辽河上游,向逃跑的敌军齐射,一次、两次乃至数十次,其距离为一千至一千五百米。不知敌军伤亡多少,估计可达数百人之多。"(见该书第25编,第4页)

③ 《日方记载的中日战史》,《中日战争》(1),第279页。

自始至终未来救援。就这样,日军比原定计划提前一日占领了营口。

正当日军前卫尖兵突进营口市街之际,作为前卫主力的步兵第一联队第二大队也向营口西海岸炮台前进。日军先占领炮台南北两座业已放弃的兵营,继而向炮台发起攻击。当日军接近炮台时,突然地雷爆炸,两名日兵"立刻化为齑粉,飞向天空"①,另有一名日兵负伤。此时,乔干臣下令"施炮迎击"②,于是"五门海岸炮从坚固的炮台连续射击,其弹着极为准确"。③日军停止前进,利用洼地进行隐蔽。隐岐重节发现对西海岸炮台的进攻受阻,便率领作为预备队的两个步兵中队和一个炮兵中队向炮台进逼,准备在适当位置上占领炮兵阵地,一举攻占炮台。但是,据派出去勘查的工兵回报,炮台周围埋有无数地雷。日军虽切断了火药库附近的地雷导线,但考虑天色已晚,急于进攻不利,便决定到次日再行攻击。下午5时半,隐岐命前卫主力和预备队皆在海岸一带宿营。

3月7日拂晓,日军向炮台进逼,发现山顶寂静无声。原来,乔干臣与炮台守军已于昨夜乘微雨之际退走,袁珍与水雷营兵也同时俱退。日军冲进炮台,"四处搜索,不见一人踪影"。炮台内的大炮45门、步枪150支及"堆积如山的弹药"④,皆落于日军之手。营口港内的湄云兵船和两艘汽船,也都成了日军的战利品。这样,日军"只损兵二名,毫不费事就占领了营口"。⑤

三 田庄台大战

日军占领营口后,又发动了辽南最后一战的田庄台之役。从中日双方的用兵数量看,这是甲午战争期间最大的一次陆战。日人称:"日军合大兵而战,以田庄台之役为始,清军兵力亦不下六十余营,是田庄台之役实一大战斗也。"⑥

先是在3月5日,即牛庄失守的第二天,宋庆探闻日军大股向田庄台而来,情况万分危急,即决定率军回援。他提出:"牛庄各军既已溃回,若仅派数

---

① 《日清战争实记》第25编,第4页。
② 《盛京将军裕禄查明营口等处失事情形并参文武各官折》,《清光绪朝中日交涉史料》(2958),第37卷,第32页。
③ 《日清战争实记》第25编,第4—5页。
④ 《日清战争实记》第25编,第5—6页。
⑤ 《日方记载的中日战史》,《中日战争》(1),第280页。
⑥ 桥本海关:《清日战争实记》第13卷,第450页。

营,断不能支。而全队拔回营口,亦不能保。即使徒防营口,指日冰解,水陆受敌,且后路运道一断,粮弹不济,亦难支持。今后路被扰,惟有全队回顾。"①同一天,吴大澂探知日军有直扑田庄台之势,因湘军各营皆已派出在外,自己"仅率卫队二三百名,断难冒险前进"②,便决定移驻双台子,以护田庄台后路。6日,清廷复电:"宋庆率全军回顾西路,是此时第一要著"。并指出:"锦州之防,实惟宋庆、吴大澂专责,务须同心合力,保此一路。"③表示赞同宋庆、吴大澂退保西路的部署。7日,清廷再致电宋庆、吴大澂,重申前旨,谕宋、吴"互相联络,力顾西路"。④刘坤一也认为退保西路是唯一可行之策,指出:"此次关外牛庄湘鄂诸军挫溃,仍系被倭包抄,失亡粮械甚多,损折将卒不少。吴大澂现退双台,以期重整,良非易易。宋庆知营口难守,先行移扎田庄〈台〉,自系老成之见。倘该军迟留,复为倭败,东三省将不可为。现在唯有北固沈辽,西防宁锦,以保大局。不必急于争锋,俟我蓄锐养精,而后与之决战,亦当出奇制胜,不可一味攻坚,使倭伺间乘虚以袭我后,至蹈今日覆辙。"⑤他对敌我双方的力量对比已经有了较为清醒的认识,所以不久之后又提出了实行持久战的建议。他所说的"'持久'二字,实为现在制倭要著"⑥,是在经历了许多重大失败之后才总结出来的至理名言。当时,有人建议"乘虚返捣牛庄",进而"长驱捣海城"⑦,诚为既不知彼又不知己之见。

田庄台在营口北,南临辽河,为营口至山海关的必经之路。市街沿辽河北岸平行,是辽河下游的重要水陆码头,商贾辐辏,人口凡 21 000 人。四面皆平原,渺漠一望无际,"无山险可扼,惟倚辽河以为固,时值冰坚,策马可渡"。⑧此时,集结于田庄台的清军有:马玉崑毅字右军 9 营,宋得胜毅字左军 5 营,龙殿扬新毅军 5 营,李永芳新毅军 5 营,李家昌新毅军 5 营,程允和新毅军 5 营,刘凤清新毅军 5 营,姜桂题铭军 11 营 3 哨,张光前亲庆军 5 营,刘世俊嵩武军 8 营 3 哨,梁永福凤字军 5 营。合计 69 营 1 哨,20 000 余人。清军兵力虽不算单薄,然以屡挫之师,难当锐气方张之敌。况且田庄台本与牛庄、营口相依托,

① 《帮办军务四川提督宋庆来电》,《清光绪朝中日交涉史料》(2757),第 35 卷,第 3 页。
② 《帮办军务湖南巡抚吴大澂来电》,《清光绪朝中日交涉史料》(2765),第 35 卷,第 7 页。
③ 《军机处电寄宋庆吴大澂谕旨》,《清光绪朝中日交涉史料》(2769),第 35 卷,第 8 页。
④ 《军机处电寄宋庆吴大澂谕旨》,《清光绪朝中日交涉史料》(2775),第 35 卷,第 12 页。
⑤ 《钦差大臣刘坤一来电》,《清光绪朝中日交涉史料》(2788),第 35 卷,第 15 页。
⑥ 《钦差大臣刘坤一来电》,《清光绪朝中日交涉史料》(3054),第 40 卷,第 28 页。
⑦⑧ 姚锡光:《东方兵事纪略》,见《中日战争》(1),第 50 页。

牛庄屏其东,营口障其南,而两地既先后失陷,田庄台便处于日本第一、第二两军的钳形攻击之下了。

日军进攻田庄台的部队为第一军第三、第五两个师团和第二军第一师团,共有步兵 20 个大队两个中队、骑兵 4 个中队 5 个小队、炮兵 7 个大队、工兵 4 个中队两个小队,约 20 000 人。并集中了各种炮 109 门,是清军炮数的 4 倍。其中,第一师团野炮 36 门(包括仙台师团的野炮);第三师团野炮 24 门,山炮 6 门;第五师团野炮 24 门,山炮 6 门;第一军所属预备炮厂臼炮 7 门;步兵第二旅团山炮 6 门。以上炮兵皆由第一军炮兵部长黑田久孝少将统一指挥。①日军在一次战斗中动员如此多的兵力,确实是空前的。日人对几次主要战役进行比较后说:"在各战役中,如平壤的攻击,虽称为大战,然我兵力仅有一师团和一支队而已;攻击旅顺口和威海卫时,我兵力虽有军之称,其实并无一军的全力;动员军以上的大兵,实际上只有田庄台一战而已。"②这说明以海城出击为标志,日军在辽南地区已逐步掌握战争的完全主动权了。

3 月 5 日,野津道贯决定乘胜进逼,不使清军有喘息之机,下令向田庄台发起新的进攻。6 日下午,野津与桂太郎在牛庄、营口大道上的高刊会议,商定进攻田庄台的方案。③7 日,日军各部队皆暂驻待命,其位置如下:第一军司令部在凤凰甸;第三师团在高刊附近;第五师团在凤凰甸附近;第一师团主力在侯家油坊、牛家屯附近,其余部队在营口附近。是日,野津还派军参谋到营口东北的牛家屯,与山地元治商谈,最后确定了三路进攻田庄台的计划。④

为了摸清清军的兵力及其火力配备,日军从 3 月 7 日起开始对田庄台进行试探性攻击。当天下午,第三师团前卫司令官大岛久直率领三好(成行)联队及炮兵,便从辽河东岸对田庄台进行了炮击。当天,"大雪弥漫,咫尺不辨。"⑤由于西北风强烈,劲风带着雪花扑在脸上,使人难以睁眼,日兵只能"侧风而行,缓慢前进"。⑥清军则利用有利的天气进行反击。宋庆"派马玉崑居左,宋得胜居右","亲督程允和由中路迎战,左右齐进,枪炮互施"。⑦日军伤亡多人,迅速撤退,未能达到目的。8 日,大岛再次指挥第三师团前卫进至辽河东

①　《日清战争实记》第 25 编,第 13—14 页。又,桥本海关:《清日战争实记》第 13 卷,第 455 页。

②　《日方记载的中日战史》,《中日战争》(1),第 280 页。

③④　《日清战争实记》第 25 编,第 13 页。

⑤⑦　《帮办军务四川提督宋庆来电》,《清光绪朝中日交涉史料》(2784),第 35 卷,第 13 页。

⑥　《日清战争实记》第 24 编,第 14 页。

岸,并令炮兵占领阵地,以 12 门野炮向田庄台轰击。与此同时,第五师团第二十二联队长富冈三造中佐也率领 1 个步兵大队,在野炮和臼炮的掩护下向田庄台进逼。清军排列于辽河北岸,向敌军进行齐射,从而暴露了全部兵力。桂太郎根据前卫的侦察结果,向野津道贯报告说:"敌军有火炮约三十门,其兵力约一万,欲以辽河为防线迎击我军。"①于是,野津根据桂太郎的报告制定了进攻计划。

3 月 8 日下午 3 时,野津来到了辽河南岸的张家沟,向各部队发布了如下命令:"以明日午前七时为期,第三师团须带炮五十余门击其正面,第五师团须从赏军台截敌的退路,第一师团须从西南逼敌的右侧,从三面合击。须要指明,第三师团乃攻击田庄台的中央队,第五师团乃右侧队,而第一师团则为左侧队。"②是夜,第三师团宿于张家沟附近,第五师团宿于青堆子附近,第一师团宿于大房身附近,分别进行战斗准备。

直至此时,清军为日军所制造的假象所迷惑,还不真正了解其进攻计划。先是在 3 月 5 日,桂太郎派野战炮兵第三联队第二大队长兵头雅誉少佐,率步兵一大队及骑兵一中队从大房身渡辽河,侦察北岸下口子村附近,寻找可通野炮之路。当日军进村时,被清军包围,"开屋窗乱发小铳,剧射日兵"。日军突围出来,"死伤二十九人"。③6 日,宋庆命马队营官王殿魁派人侦察,归报亦称:"寇之大股趋重东北"。④同一天,马玉崑询诸自营口逃出的商人后,向宋庆报曰:"日骑二十本日上午自石桥子来牛圈子,步骑约万余继之。又,距田庄台约廿里地有炮三十门、骑兵二三百,亦过牛圈子西北,想明早必不得不战。"⑤果然,7、8 日两天,日军连续从东岸发动攻击。于是,宋庆便决定以辽河西岸为防御的重点。他的判断不能说完全不对,但忽略了一点,即此次日军以三个师团来攻,必使用其包抄的惯技,因此对西南方未注意防守。日军正是利用清军的失误,才以较小的代价攻占了田庄台。

3 月 9 日凌晨,日军集中 91 门大炮,排列于辽河东岸,炮兵第三联队长柴野广义大佐负责山炮和臼炮,第一军炮兵部长黑田久孝少将为总指挥。清军

① 《日清战争实记》第 24 编,第 21 页。
② 《日方记载的中日战史》,《中日战争》(1),第 280 页。
③ 桥本海关:《清日战争实记》,第 13 卷,第 453—454 页。
④ 《帮办军务四川提督宋庆来电》,《清光绪朝中日交涉史料》(2818),第 35 卷,第 33 页。
⑤ 桥本海关:《清日战争实记》第 13 卷,第 450—451 页。

在辽河西岸仅布置了 20 余门大炮，发现日军麇集东岸，先行炮击。日军炮兵先用十数门大炮应战，然后一齐开炮猛击。于是，双方展开了激烈的炮战。"敌我共百余门大炮相互轰击，万条闪电从辽河两岸腾起，千百声霹雳在硝烟下轰鸣，乾坤一时为之震动。"①但是，清军的大炮数不及日军的四分之一，而日军"炮轻易于运动，愈逼愈紧"，将清军大炮"击损及半，内有六尊已不堪用，炮目炮兵伤亡尤重，驾车马匹炮毙愈多"②，渐渐不敌。

当双方激烈炮战之际，日军第三师团已在桂太郎的率领下进至辽河东岸的立楂村。此时，桂太郎正站在一处高地的民房前观察战况。及见西岸清军炮声趋于微弱，便命令步兵第六旅团长大岛久直率前卫进击。于是，三好（成行）联队从大道右侧，粟饭原（常世）联队之藤本（太）大队从大道左侧，山炮中队沿大道，齐向河岸进逼。此时，天气阴暗，但一两千公尺开外仍能略辨其形，只见西岸房屋鳞次栉比，旌旗迎风招展，大岛即令山炮中队急速射击，瞄准清军阵地，猛放榴霰弹。宋庆命刘凤清、龙殿扬、李家昌、程允和等新毅军 20 营，列队西岸，奋力抗击。清军或在民房墙壁上挖枪眼，或登上河滩旁的木船，或利用成堆的木材隐蔽，以连发枪向敌人激射。大岛只得将队伍展开为散兵，令各持步枪进至辽河东岸之小堤后隐蔽，举枪与清军对射。并命山炮中队改用榴弹，集中炮击清军的防御工事。

此时，奥保巩已率第五师团前卫步兵第二十二联队至赏军台。第五师团作为右侧队，其任务就是自赏军台渡辽河，与第一师团合围田庄台，以截断清军的退路。奥保巩来到河边，熟视对岸数刻后，忽然下令："步兵第二十二联队渡过辽河上游，冲击敌军左翼，进逼其退路；野炮及山炮列于赏军台东端，炮击敌军阵地。"③霎那间，野炮第一炮车先射出第一发炮弹。于是，另一场炮战又在辽河上游打响了。据日方记载："敌兵殊死奋战，我军亦应战极烈，彼我炮声，如百雷齐发，仿佛天柱将裂，地轴已倾。"④清军发射的炮弹每每落在日军炮兵阵地附近，造成 19 人的伤亡。奥保巩为扭转相持的不利局面，促步兵第二十二联队急速渡河进击。日军渡过辽河后，在蔡家屯、曹家湾子附近又遭到毅军的阻击。原来，宋庆发现大股日军在赏军台集结，"势将包抄"，便亲自督饬马玉崑、宋得胜"由东迎剿"。由于毅军的阻击，日军第五师团未能按预定计划

---

①③ 《日清战争实记》第 24 编，第 22 页。

② 《帮办军务四川提督宋庆来电》，《清光绪朝中日交涉史料》(2818)，第 35 卷，第 33 页。

④ 《日方记载的中日战史》，《中日战争》(1)，第 281 页。

对清军实行合围。

继日军第三、第五师团进攻之后,第一师团又从田庄台西南发起了攻击。参加此役的第一师团部队有步兵第一旅团第十五联队、步兵第二旅团第二、第三联队,共三个联队;步兵第一旅团第一联队留守营口,未能参加战斗。是日凌晨3时许,第二旅团和1个山炮中队从大房身出发,于黑营台以西辽河下游渡河,向田庄台西南进逼,以断清军后路;骑兵大队跟随第二旅团之后,对第二旅团之左翼实行警戒;炮兵联队在辽河东岸大道之左侧占领阵地,面向田庄台。山地元治自率步兵第十五联队为预备队,位于炮兵阵地之左。晨6时,西宽二郎率步兵第二旅团渡过辽河,向田庄台前进。上午8时,第二旅团进至距田庄台2公里时,西宽二郎命附属于旅团的第三师团山炮中队,列阵于田庄台以西,向田庄台西南炮击。驻守田庄台西南的清军为营口逃回的蒋希夷等10营,不能力战,抗击不到半小时即向西北撤退。于是,西宽二郎率步兵第二联队绕至田庄台以西,逼近通往双台子的大道,截断了清军北退之路。清军或沿辽河南逃,或冒弹雨夺路北走。日军步兵第三联队便迂回到第二联队左侧,猛击逃跑的清军。蒋希夷等营伤亡甚众。

宋庆正在田庄台东北指挥,"登高瞭见倭已趋重西南,急调宋得胜飞驰接应。"①但在此时,日军第三师团炮兵已摧毁了辽河西岸清军的防御工事,步兵乘机越过小堤发起冲锋。步兵第七联队铃木(常武)大队在前,步兵第十九联队藤本(太)大队继之。因辽河此处仅宽500公尺,故日军飞速拥上西岸。大岛久直麾余众全部过河。辽河西岸的新毅军各营在日军的强大攻势下,立脚不住,"且战且退,枪炮如雨,彼此伤亡无数"。战至上午10时,山地元治率第一师团第十五联队渡过辽河。第二联队之一部直插田庄台市街。桂太郎亲率第三师团之渡边(章)联队②从上游渡过辽河,进逼田庄台的东北角。日军从三面突入市街。宋庆"见事急,躬亲驰回督战。所乘之马亦中炮毙,易马督战,军皆思奋。无如贼已据险,抵敌不住。"新毅后军前营营官副将唐宗远、后营营官蓝翎千总何占魁"奋勇督战,中炮阵亡"。此时,马玉崑仍督军与日军第五师团鏖战。宋得胜未能冲入市街内,只将退向市街的队伍援出。马玉崑"独立难

---

① 《帮办军务四川提督宋庆来电》,《清光绪朝中日交涉史料》(2818),第35卷,第33页。

② 渡边联队,即步兵第十八联队。原联队长为佐藤正大佐,故亦称佐藤联队。佐藤正在牛庄之战中负伤,以资格颇深的第二大队长门司和太郎少佐代理联队长。进攻田庄台前,野津道贯始任命军参谋渡边中佐为联队长。

支,当令一并撤退"。①仍有相当数量的清军来不及撤退,便退入民房防守。野津道贯鉴于牛庄巷战的教训,"下令将可疑的房屋全部烧毁,镇内到处起火,黑烟笼罩了整个市街"。此时为上午10点半钟。战斗虽已结束,但大火还在燃烧。而且"越烧越大,火舌迅速向四面卷去,烧了整整一夜。到十日早晨,这座数千户居民的繁华市镇终于变成了一片焦土"。田庄台的居民和未撤退的清军,大都葬身于火海之中。而日本的某些评论却写道:"此火扫荡了辽河对岸,清除了敌军据点,对我军可谓有利。""然而,不计其数的粮食、军器等战利品,却都被烈火所吞没,多么可惜!"②

在这次战斗中,日军伤亡160人③;清军损伤2 000余人④,其中多数系烧死者。日军投入了3个师团的主要兵力,有10名将领,即4名中将(野津道贯、山地元治、桂太郎、奥保巩)和6名少将(大岛久直、大迫尚敏、大岛义昌、西宽二郎、黑田久孝、矢吹秀一)亲临指挥,他们采用"烧光"政策,使清军受到较大的损伤。

田庄台既陷,宋庆率军退至双台子,复退向石山站。"自田庄台沿辽河而东,自鞍山站而西,皆为倭据。辽阳、锦州声援梗阻,必出石山站绕奉天会城,崎岖始达。于是辽阳斗绝,根本动摇,海陆交乘,畿疆危遇,而议款益亟已!"⑤

---

① 《帮办军务四川提督宋庆来电》,《清光绪朝中日交涉史料》(2818),第35卷,第33页。

② 《日清战争实记》第24编,第18、24页。

③ 日本参谋本部:《明治二十七八年日清战史》,附录第83,《田庄台战役日军伤亡表》。

④ 《钦差大臣刘坤一来电》,《清光绪中日交涉史料》(2829),第35卷,第39页。

⑤ 姚锡光:《东方兵事纪略》,见《中日战争》(1),第50页。

第五章

日军侵犯山东半岛与北洋舰队覆灭

第一节　德璀琳东渡

战局每况愈下,清政府急切地期待列强调停。此时,美国以居间人的角色,传递陆奥宗光的谈话,点明要中国先提出讲和。清廷惟恐和议之不速,当然求之不得,决定派津海关税务司德人德璀琳东渡,以相机转圜。

11 月 22 日,德璀琳偕英人泰勒和立嘉①,从大沽乘德国商船礼裕号东渡。行前,德璀琳请头品顶带,李鸿章权宜授之。事后,始致书奕䜣和奕劻说明此事。对于李鸿章的越权行为,翁同龢深为不满,叹道:"可诧也!"②然亦无可奈何。德璀琳此行,携带照会及李鸿章致伊藤博文的私函各一件。照会称:"照得我大清成例,与各国交际素尚平安。现与贵国小有龃龉,以干戈而易玉帛,未免涂炭生灵。今拟商彼此暂饬海陆两路罢战,本大臣奏奉谕旨……遵即令头品顶戴德璀琳立即驰赴东京,赍送照会。应若何调停复我平安旧例之处,应请贵总理大臣与德璀琳筹商,言归于好。为此照会,请烦查照施行。"③李鸿章私函的内容与照会大同小异,但用语更为恳切,如称:"和局中辍,战祸繁兴,两国生灵同罹兵燹,每一念及,良用惋惜!本大臣日夜苦思,冀得善策,俾水陆之战一切暂时停止。""请问贵国命意之所在与夫停止战务重订和约事宜。"④表示在停战与订约问题上愿意听取日方的意见。24 日,即德璀琳衔命东渡的第三天,李鸿章接到伦敦来电:"日本已许美国调停,美总统已派驻北京公使一员、驻东京公使一员,彼此通电办理。又美国愿与中国居间调停,日本甚为感谢,惟中国必须先行派员前往请和,以后之事自然顺适。"⑤他立即转报总理衙门。27 日,田贝接美国驻日公使谭恩电称:"所言中国说和大意,不允。如中国派头等全权大臣与日所派大臣聚会,方能讲和停战。"⑥谭恩的电报证实了伦敦来电

---

① 泰勒(Brent Taylor),德璀琳的私人秘书。立嘉(Alexander Michie),任伦敦《泰晤士报》驻华通讯员及天津英文《时报》编辑,并充李鸿章顾问。

② 《翁文恭公日记》,甲午十月二十六日。

③ 《日本外交文书》第 27 卷,第 858 号,附件。

④ 《李鸿章致伊藤博文书》,见桥本海关:《清日战争实记》第 14 卷,第 466 页。

⑤ 《李鸿章致总理衙门电》,《朝鲜档》(2374)。

⑥ 北京美国公使馆:《中日议和往来转电节略》,见《中东战纪本末三编》第 2 卷,第 32 页。

所传不假,使枢府诸臣感到兴奋。本来,德璀琳赴日一事是秘密进行的,但纸里终究包不住火,消息还是泄漏了。赫德在 11 月 25 日的一封信中写道:"德璀琳已去日访晤伊藤,希望取得和平,而日本已经说过可以通过美国驻东京或北京的公使同日方接触。这两个办法是互不相容呢,还是相辅相成? 尚待分晓。"①赫德写这封信时,德璀琳尚在赴日的途中。田贝得此消息,大为不满,要求总理衙门勿令德璀琳前往,如已抵日亦不可开谈,否则他将撒手不管。奕䜣等人深恐在此关键时刻开罪美国,而且日本已允讲和,感到派德璀琳赴日已无必要,便由孙毓汶、徐用仪驰书李鸿章称:"既经美国出为调停,自较遣人往说为得体,且一切与田使面商较缜密。"②总理衙门也发电阻止德璀琳渡日,但为时已晚了。

11 月 26 日,德璀琳抵达神户。当天晚上,德璀琳上岸访兵库县知事周布公平,说明自己乃为讲和而来,并要求面见伊藤博文,呈交李鸿章的手书。27 日,周布将此事电达陆奥宗光。陆奥即致电在广岛的伊藤博文:"德璀琳请求面会贵大臣之缘由,据敝人推断,该人携带所谓李鸿章之书函,亦大抵与近来清国政府向外国所声明者相同。无论如何,其条件必为我政府所难以同意。"③电发后,陆奥感到意犹未足,再致一电详细地说明自己的观点:

> 有关德璀琳事,经过较全面的考虑后,我认为,无论您或日本政府接待他,还是接受李鸿章的信件,都是不恰当的。在目前情况下,除非中国政府预先发出通知,并派出合适的、有资格的全权代表,否则是不能与中国政府官员进行接触的。如果德璀琳带着任何受我们鼓励的迹象回到中国,则要导致德璀琳本人或赫德被任命为将来谈判的全权代表。而任命外国人为全权代表,无论如何都必须拒绝。因为这样做不仅不合适,而且可能给列国一个间接干涉的机会。因此,我坚持认为,您不要接见他或接受李鸿章的信,而应签署命令,让德璀琳在限定时间内离开日本。④

陆奥的这封电报表明,日本政府以排除外国插手议和为最高外交准则,这也成为处理德璀琳来访问题的基本态度。于是,伊藤接电后,便派内阁书记官长伊

---

① 《赫德致金登干函》Z 字第 641 号,见《中国海关与中日战争》,第 76 页。
② 《孙毓汶、徐用仪致李鸿章函》,《李鸿章未刊稿》(抄本)。
③ 《日本外交文书》第 27 卷,第 851 号。
④ 《日本外交文书》第 27 卷,第 885 号。

东已代治亲至神户办理此事。

第二天,德璀琳仍没有得到日方的明确答复,只收到周布公平的一封信,内容是询问所携李鸿章信件的性质、德璀琳的身份及其同行者的国籍。德璀琳当即复信一一地作了回答。是夜,德璀琳起草致伊藤博文书,详细地说明此行的目的,是想听取日方的讲和条件,而"结束目前这种不幸的战争状态"。11月28日晨,德璀琳发信时,连所携之照会一并附上。并在信末告知:"我已决定今晚离开神户,但仍希望得到答复。"①

在对德璀琳采取何种态度的问题上,伊藤博文与陆奥宗光的意见并不一致。陆奥主张坚决拒绝接待,而伊藤则比较慎重。根据伊藤的分析,中国在连败之后"不仅无一人维持政府,且瓦解亦迫在旦夕。实际上,北京已面临无政府状态,李鸿章不能离开天津。"因此,伊藤认为:"德璀琳一行若提出条件,仅为同我会面而听从我之意图,则不能不决心改变其陷入无政府之状态。"②可见,伊藤是主张有条件地会见德璀琳的。正在两人相持不下的时候,德国驻日公使哥特斯米德在28日上午打给陆奥的一个电话,却使陆奥在这场争论中占了上风。陆奥接到电话后,立即致电伊藤:"德国公使刚刚打来电话说,他已收到德璀琳的电话,间接地建议接见德璀琳一行。我惟恐接见德璀琳一行,将是外国干涉的开始。因此,我要特别重申我原来的建议。"③陆奥的口气很硬,伊藤不得不认真考虑他的意见。

是日,在伊藤博文的指示下,伊东已代治让兵库县知事周布公平出面,正式通知德璀琳:

(一)台端乃非经正当手续的使节,因此不能和台端会面。

(二)今两国正在交战,倘有事商议,中国须通过正当手续,派遣具有能充分发挥实效之资格人前来。

(三)即使带有李鸿章的书翰,而欲以此举作为派遣正式使节的准备工作,亦必须是中国官吏,而且有权力、能完全代表中国政府的人。

由于上述理由,总理大臣不能和台端会面。

又所带来的李鸿章书翰亦不能接受。④

---

① 《日本外交文书》第27卷,第858号。
② 《日本外交文书》第27卷,第857号。
③ 《日本外交文书》第27卷,第859号。
④ 《日方记载的中日战史》,《中日战争》(1),第258页。

对于周布的口头通知,德璀琳一言不发,却称:"本日接恭亲王电,日本政府已承诺美国政府仲裁,本人已无须在日本逗留。恭亲王的电报乃二十六日天津德国领事致神户德国领事者。因此,本人必须立即返回。况且李鸿章的书翰,业已于本日邮寄伊藤伯爵。"[1]

11月29日晨6时零5分,德璀琳一行仍乘礼裕号由神户解缆,归航天津。

德璀琳东渡,只是清政府派出正式议和代表之前的一段插曲。对此,日人评论说:"德璀琳冒然而来,怅然而返,世人皆以为奇。"[2]其实,这并无奇怪之处。派德璀琳渡日一事表明其乞和心情之迫切已达到了不择手段的地步。而日本政府拒绝接见德璀琳,则含有延长战事和避免外国插手而迫使清政府正式派遣全权使臣的双重目的。

第二节　日军进犯山东半岛

一　威海卫的军事地位和防务

威海卫位于山东半岛的东北端,与辽东半岛的旅顺口遥相对峙,共扼渤海的门户。故威海卫素有"渤海锁钥"之称。此地在古代本为滨海渔村,汉时称石落村,元时称清泉夼。明洪武三十一年(1398年),为防御倭寇的侵扰,曾设卫于此,名曰威海卫。卫城前临海湾,背枕群山,峰峦连绵起伏,三面环绕。港湾广阔,其南北两岸山势险峻,蜿蜒而东,犹如两条巨龙腾越海中,刘公岛恰似一颗明珠置于港口中央,形成二龙戏珠之势。在港湾附近,明礁暗石,森列潜藏;列岛群屿,星罗棋布。此港形势堪称险要。古往今来,曾有无数骚人墨客咏叹其险,如称:"形势天然鬼工造"[3];"列岛谽谺锁钥成"[4];"巨镇天开海国雄,屹然海际跨瀛东"。[5]这些绝非过分的夸张。

① 《日本外交文书》第27卷,第861号。
② 《日方记载的中日战史》,《中日战争》(1),第259页。
③ 芳郭钝叟:《于湖小集·哀威海卫》,见阿英编:《中日甲午战争文学集》第20页。
④ 汪钟霖:《威海卫》,见阿英编:《中日甲午战争文学集》第103页。
⑤ 李莫忱:《威海卫》,见《丛氏钞存》(抄本)。

近代以降，威海卫的军事地位再度受到重视。1874年4月，日本出兵进攻台湾，侵扰达半年之久。清廷切感海防空虚，思为亡羊补牢之计。同年11月5日，恭亲王奕䜣等奏称："有鉴于前，不得不思惩于后。"①奏上，谕沿海各省督抚"亟应实力讲求，同心筹办"。②于是，筹备海防问题便被提到议事日程上来。当时，最先提出在威海卫建立海军根据地的是郑观应，他说："今宜以铁甲船四艘为帅，以蚊子船四艘、轮船十艘为辅，与炮台相表里，立营于威海卫之中，使敌先不敢屯兵于登郡各岛。而我则北连津郡，东接牛庄，水程易通，首尾相应。彼不能赴此而北，又不便舍此而东，则北洋之防固矣。"③第二年，山东巡抚丁宝桢在《筹办海防折》中进一步提出威海卫设防的具体计划："威海地势……紧束，三面皆系高山，唯一面临海，而外有刘公岛为之屏蔽。刘公岛北、东两面为二口门，岛东口虽宽，水势尚浅，可以置一浮铁炮台于刘公岛之东，而于内面建一砂土炮台，海外密布水雷，闭此一门，但留岛北口门为我船出入。其北口门亦有山环合，可以建立炮台，计有三砂土炮台于内，有二浮铁炮台于外，则威海于口可以为轮船水寨。轮船出与敌战，胜则可追，败则可退而自固，此威海之

明嘉靖《威海防倭图》　　　　　清光绪《威海海防图》

---

① 《筹办夷务始末》(同治朝)第98卷，第19—20页。
② 《筹办夷务始末》(同治朝)第98卷，第20—21页。
③ 《易言·水师》(二十篇本)，见《郑观应集》上册，第214页。

防也。"①当时，赞成此议者倒是不乏其人。但是，威海筑台设防需费极巨，一时不易筹办，故进展十分迟缓。

刘公岛水师学堂西辕门

---

① 《丁文诚公奏稿》第 12 卷，第 12 页。

　　直到 1881 年,威海始成为北洋舰只的屯泊之所。[①]同年,清政府决定在威海设鱼雷局,但未即兴办。1883 年,李鸿章命候补道刘含芳主持,在威海金线顶建鱼雷库及学堂,并在刘公岛设水师机械厂、鱼雷营料库、雷厂等。1886 年,山东巡抚张曜专程到威海进行实地考察,接见地方名流,以征询意见。[②]次年,威海的海防工程才得以全面展开。是年,除建北洋海军提督衙门外,李鸿章又奏派绥、巩军驻威海,以道员戴宗骞为统领。戴宗骞自带绥军 4 营 1 哨驻威海城郊和北岸;分统总兵刘超佩带巩军 4 营驻威海南岸。1888 年,又调派护军两营驻刘公岛,以总兵张文宣为统领。以上各营皆直辖于北洋大臣李鸿章。战争爆发后,威海海防吃紧,绥、巩、护诸军又各增募 2 营。至是,威海驻军已达到 16 营 1 哨。其驻地如下表。

防　区	番　号	营　别	驻　　地
威海北岸	绥　军	正　营	北竹岛村
		副　营	南竹岛村
		左　营	北门外
		后　营	天后宫后
		新前营	神道口村西南
		右　营	寨子村北山
威海南岸	巩　军	中　营	沟北村
		前　营	城子村
		右　营	皂埠嘴南
		左　营	海埠东夼
		新右营	长峰村东北
		后　营	百尺崖所
刘公岛	护　军	正　营	东疃北
		副　营	东泓西
		前　营	东疃北
		后　营	东疃北

---

① 《苗国清口述》(1957 年记录稿)。按:苗国清,威海刘公岛人。北洋海军练勇营练勇。
② 戚廷阶:《威海始末》(稿本)。

在调派清军驻扎威海的同时,威海港湾南北两岸、刘公岛、日岛等处还修筑了新式海岸炮台多座。这些炮台全系德国陆军工程师汉纳根大尉设计和修建。按照最初的设计,拟建炮台8座。后因海上防御仍嫌薄弱,又陆续建造5座。至1890年,威海共建成13座海岸炮台。所用大炮全部购自国外。其中,除刘公岛西北端的公所后(麻井子)炮台和威海南口的日岛炮台外,皆配备以德国克鲁伯厂制造的大炮。公所后炮台和日岛炮台则建成"暗台",采用英国阿姆斯特朗厂制造的大炮。此台"藏炮地中,俗名地阱炮。敌人无从窥,炮弹不能及。其炮以水机升降,见敌至则升炮击之,可以圆转自如,四面环击,燃放之后炮身即借弹药坐力退压水汽,徐徐而降,复还阱中。其法先掘一阱,藏炮于中,上施钢盖,适与地平,所用炮手两人亦伏地中,以防敌弹飞堕。距阱稍远,多筑土堆,阱东土西,使敌疑惑。开炮之顷,烟焰迷天,不能辨炮在何所。又备小望台一座,略出台面,探视敌情,测量准的。"时人多称此台"厥制新异,足资海防"。①1891年后,威海南北两岸又建造陆路炮台两座,以护炮台后路。战争爆发后,更在威海南北两岸炮台后路增筑临时炮台多座。至是,威海共修筑了各类炮台25座。如下表:

炮台名称	炮台位置	炮数 平射炮							地阱炮		行营炮					曲射炮		速射炮	防守部队
		28公分	24公分	21公分	15公分	12公分	9公分	6.5公分	24公分	20公分	8公分	7.5公分	7公分	6.5公分	6公分	15公分	12公分		
南帮炮台 — 海岸炮台	皂埠嘴 鹿角嘴 龙庙嘴	2	3	4	2	2										1			巩军
南帮炮台 — 陆路炮台	所前岭 杨枫岭				2 / 2	1 / 2						16							
南帮炮台 — 临时炮台	摩天岭 莲子岭										8	2						2	

――――――――

① 《盛世危言·炮台》,见《郑观应集》上册,第836页。

续表

炮台名称	炮台位置	平射炮							地阱炮		行营炮					曲射炮		速射炮	防守部队
		28公分	24公分	21公分	15公分	12公分	9公分	6.5公分	24公分	20公分	8公分	7.5公分	7公分	6.5公分	6公分	15公分	12公分		
北帮炮台 海岸炮台	北山嘴		6				2												绥军
	黄泥沟		2	2															
	祭祀台				2														
陆路炮台	合庆滩					2													
	老母顶					2	2				2								
临时炮台	东里夼					2							2						军
	棉花山												8						
	佛顶山					2										2		1	
	柴峰顶																		
	遥了墩					2							2						
	远遥墩												2				1		
刘公岛炮台 海岸炮台	东泓	2				2						2				4		8	护军
	迎门洞	1																	
	旗顶山	4											3			2		3	
	南嘴												6						
	公所后	2							2								4	8	
	黄岛	4																3	
日岛炮台 海岸炮台	日岛						2	4	2										海军

威海炮台工程之宏大，构造之雄伟，曾引起许多人的赞叹："一台尽聚九州铁，熔铸几费炉中烟？""意匠经营世无敌，人工巧极堪夺天！"①李鸿章视察威海炮台后，也认为：各炮台"均得形势，做法坚固"，"相为犄角，锁钥极为谨严"。并夸口道："但就渤海门户而论，已有深固不摇之势。"②当时，人们只看到台坚炮利海防巩固的一面，而没看到炮台设计中存在严重缺陷的一面，结果产生了

---

① 于本桢：《观威海炮台》，见《丛氏钞存》（抄本）。
② 《巡阅海军竣事折》，《李文忠公全集》，奏稿，第72卷，第2—4页。

刘公岛北洋海军提督衙门

盲目乐观的情绪，从而给日后造成了极大的危害。威海海岸炮台的主要缺陷是后路空虚而无保障。①英人戴乐尔即曾指出："威海南岸之陆路炮台，其后路并无保障，敌人可由此来攻也。"②对于炮台后路空虚的问题，炮台设计者后来辩解说："诸凡兴作之工程，皆余构运之心计也。惟炮台形势，只能顾及海中，不能兼顾后路。当时曾具禀声明，并条陈慎防敌军由陆后犯事宜。惜有胶执成法者，妄谓但须于台后树立木栅，已保无虞。其是否怀挟私意，余不敢知，而职此之故，遂与当事者意见不洽。"③尽管汉纳根把责任推卸给所谓"胶执成法者"，但还是承认了炮台设计中的问题。这是后来日军决定从威海后路"蹈瑕而入"的一个重要原因。④

　　战争爆发之初，李鸿章十分担心"威海南口太敞，日多诡计，设黑夜以雷艇入袭，恐自扰乱"。丁汝昌提出：在威海南北两口"布置水雷及制挡雷练木桩、

---

①　详见拙作：《中日甲午威海之战》，第60—61页。

②　William Ferdinand Tyler, *Pulling Strings in China*, London, 1929, P.63.

③　《德汉纳根军门语录》，《中日战争》(7)，第537—538页。

④　戴绪贤等：《讣闻》，见《丛氏钞存》(抄本)。

渔网等件"。①适税务司德璀琳亦有同见。李鸿章便批准了这个建议。其办法是：将长丈余、直径一尺半左右的木材排列海口，以大铁索相连接，每隔一定的间距用锚固定于海底，以防风浪或潮水之冲击。木栏附近，遍设沉雷、浮雷、电雷等各种水雷。这就是所谓"水雷拦坝"。威海南口由刘公岛东端之东泓至日岛设木栏两层，布水雷5层；由日岛至龙庙嘴下设木栏一层，亦布水雷5层。北口由刘公岛西端之黄岛至北山嘴下设木栏两层，布水雷7层。两口共布水雷248颗。于是，威海南口全被堵塞，只在北口木栏中间设一活动口门，用时启开，平时关闭。有此水雷拦坝，李鸿章相信敌人势难越雷池一步。直到日军已攻占威海南帮炮台时，他仍然认为："水雷拦坝得力，倭船必不敢深入。"②后来事实证明，水雷拦坝并不能使威海卫口成为不可逾越的天堑。

刘公岛北洋海军铁码头

---

①　《复丁提督》，《李文忠公全集》，电稿，第16卷，第36页。
②　《复丁提督张镇》，《李文忠公全集》，电稿，第20卷，第5页。

原来,李鸿章曾经说过,威海卫海军基地"进可以战,退可以守"。①这无疑是正确的。实际上,他的主导思想始终是一个"守"字。早在1874年,他即提出:"中国兵船甚少,岂可往堵敌国海口?"并声称"欲其自守,亦非易言。自奉天至广东,沿海广袤万里,口岸林立,若必处处宿以重兵,力既不给,势必大溃。惟有分别缓急,择尤为紧要之处……但能守此最要、次要地方,其余各省海口边境略为布置,即有挫失,于大局亦无甚碍。"②后来,尽管海军力量有所发展,他的这一思想也未改变。1890年,即北洋海军成军后的第三年,李鸿章在验收旅顺船坞后奏称:"将见北洋海军规模足以雄视一切,渤海门户深固不摇,其裨益于海防大局诚非浅鲜。"③直至战争爆发的前夕,他仍然认为:仅就现有海军力量,"以之守口尚足自防"。④战争爆发后,他又多次重申这一观点:"盖今日海军力量,以之攻人则不足,以之自守尚有余。"⑤在李鸿章的消极防御方针指导下,威海卫海军基地只能成为一座待敌来攻而被动防守的要塞了。

对于北洋海军的实力,李鸿章是有他自己的估计的。他一贯认为,中国海军弱于日本。当丁汝昌请求带海军主力出海探巡时,他说:"此不过摆架子耳!"并反问丁:"人皆谓我海军弱,汝自问不弱否?"⑥如何判定海军的强弱?李鸿章特别强调军舰的航速,他说:"海上交战,能否趋避,应以船行之迟速为准。速率快者,胜则易于追逐,败亦便于引避。若迟速悬殊,则利钝立判。"由于"快船不敌",便得出了"海上交锋,恐非胜算"的结论。⑦李鸿章看到了北洋海军本身的弱点,有其面对现实的正确的一面。但是,以弱胜强亦是兵家常事,问题是要制定一套行之有效的克敌制胜的作战方针。而李鸿章却提出了一条"保船制敌"的消极防御方针。北洋舰队每次出海游巡前,他总是指示丁汝昌"须相机进退"⑧,"速去速回,保全坚船为要"。⑨并警告丁:要对"坚船""担保必无他虞";否则,"致有意外疏失,定惟水

① 《论旅顺布置》,《李文忠公全集》,海军函稿,第1卷,第15页。
② 《筹议海防折》,《李文忠公全集》,奏稿,第24卷,第16页。
③ 《验收旅顺各要工折》,《李文忠公全集》,奏稿,第69卷,第34页。
④ 《校阅海军竣事折》,《李文忠公全集》,奏稿,第78卷,第17页。
⑤⑦ 《直隶总督李鸿章复奏海军提督确难更易缘由折》,《清光绪朝中日交涉史料》(1512),第18卷,第28页。
⑥ 《复丁提督》,《李鸿章全集》(2),电稿二,第748—749页。
⑧ 《复丁提督》,《李鸿章全集》(2),电稿二,第812页。
⑨ 《寄刘公岛丁军门》,《李鸿章全集》(2),电稿二,第836页。

师是问！"①这样，便极大地束缚了海军的手脚，使其处于单纯防御的被动挨打的境地。李鸿章的"保船制敌"之策，实际上是用虚张声势来吓唬敌人的办法。根据他本人的解释，其办法是：舰队"惟不必定与拼击，但令游弋渤海内外，作猛虎在山之势，倭尚畏我铁舰，不敢轻与争锋。"②他甚至相信："一月内必须往来两次，则我局势稍固矣。"③不久，他也感到这个办法不灵，深"恐日本大队船尾追入北洋"④，所以又告诉丁汝昌"此后海军大队必不远出"。⑤这样一来，连"猛虎在山之势"也谈不上了。黄海海战后，李鸿章更是信心全无，自称："以北洋一隅之力，搏倭人全国之师，自知不逮。"因此，他又提出："海军快船、快炮太少，仅足守口，实难从令海战。"⑥并指示丁汝昌："有警时，丁提督应率船出傍台炮线内合击，不得出大洋浪战，致有损失。"⑦明确地表示要避战保船了。

自日军窜犯辽东以后，战局每况愈下，旅顺岌岌可危。11月13日，丁汝昌奉命率舰抵旅探查，但形势已不允许他在旅顺多停留，便于当天返航威海。14日晨，各舰鱼贯驶进威海北口，定远在前，镇远继之。适连日西北风盛，又以定远先行分水力大，航标被推向东南，镇远驶靠舷左侧之航标而进，遂被礁石擦伤多处，伤情严重。⑧即由上海请来外国技师赶修，连修一个多月，始勉强补塞，但已不能出海任战。时战局方棘，而海军首重铁舰，镇远管带林泰曾以巨舰受伤，有负重任，忧愤自杀。杨用霖被任为护理左翼总兵兼署镇远管带。镇远与定远本是姊妹铁甲，作战时必须相互依持，如今镇远既伤情如此，定远势难独自攻战。这样，舰队更只能困守在威海卫港内了。

在此期间，针对北洋舰队的状况，李鸿章拟采取一些补救措施。但是，这些措施不是不见成效，就是计划落空：

第一个措施，是任命洋员帮办北洋海军提督。11月15日，李鸿章致电丁

① 《寄刘公岛丁提督》，《李鸿章全集》(2)，电稿二，第783页。
② 《直隶总督李鸿章复奏海军提督确难更易缘由折》，《清光绪朝中日交涉史料》(1512)，第18卷，第28页。
③ 《寄刘公岛丁提督》，《李鸿章全集》(2)，电稿二，第959页。
④ 《寄刘公岛丁提督》，《李鸿章全集》(2)，电稿二，第862页。
⑤ 《复丁提督》，《李鸿章全集》(2)，电稿二，第881页。
⑥ 《直隶总督李鸿章奏军事紧急情形折》，《清光绪朝中日交涉史料》(1630)，第20卷，第25页。
⑦ 《寄威海丁提督戴道刘镇张镇》，《李文忠公全集》，电稿，第19卷，第1页。
⑧ 《寄译署》，《李文忠公全集》，电稿，第18卷，第53—54页。

汝昌："顷札马格禄帮办北洋海军提督,帮同认真办事。若遇海战,务奋勇御敌。……即传谕各管驾以下员弁谨受指挥。"[①]马格禄是英国人[②],本为拖船船长,在天津大沽间驾驶拖船,对海军战守一窍不通。此人嗜酒如命,终日沉溺于醉乡,以酒徒而闻名。李鸿章轻信了德璀琳的举荐,委任他帮办北洋海军提督。对此,马格禄的同事英人戴乐尔评论说:"以斯人而当斯任,实乃可悲之蠢事。"[③]后来,到日军进攻威海卫时,马格禄先是毫无作为,每日求慰藉于杯中之物,后则积极鼓动投降,促成了北洋舰队的覆没。

　　第二个措施,是聘用"挟奇技来投效"[④]的洋人。这就是李鸿章的顾问毕德格所举荐的两个美国人宴汝德和郝威(或译作浩威)。他们在来华途中曾被日人扣留,后被释放,与毕德格同船到达上海。毕德格极称"稔知其人",而李鸿章此时正一筹莫展,徒然坐困愁城,闻之大喜,令丁汝昌察看。他对此颇寄希望,认为:"如在威(海)试果能有效,沉其快船,亦转危之机。"于是,批准宴汝德、郝威二人经烟台去威海。他们到烟台后即"密录十事":"一、在口岸造炮台,精强水师不能攻入;二、运兵登岸,敌不能看见;三、打沉敌船,停泊开行皆能打沉;四、活捉敌船,使不受伤;五、经过敌炮台,使敌不能看见;六、经过敌设水雷处,无险;七、使雷艇靠近战船,敌不能看见;八、改制商船如同精强战船一般;九、四十八点钟时候,能将炮台口岸布置严密,并不用炮台、水雷;十、能毁近水炮台。"[⑤]并提出,中国如愿聘用,须先预付一万元美金。丁汝昌以事关重大,不敢擅自做主,请示李鸿章:"责成太重,把握尚无,应请宪酌。"这分明是一桩丑恶的骗局,李鸿章却认为:"无论其办法有无把握,不妨试验,留之必有用处。"[⑥]宴汝德、郝威二人被聘用后,一面以到国外购买药品为由,拖延试验毁"敌船"的时间,一面根据简单的机械原理,搞一点喷水的试验,以蒙蔽中国官员。其"办法是在艇尾上建造一部喷水机,舰在海面上行驶时就会喷出水来,

① 《寄丁提督》,《李文忠公全集》,电稿,第18卷,第46页。

② 马格禄(John M'clure),一说美国人(见《近代来华外国人名辞典》第306页),非是。查《日清战争实记》,载有《福龙鱼雷艇管带蔡廷干供词》即谓马格禄为英国人。桥本海关《清日战争实记》所载《刘公岛洋员名单》,开列13名洋员之姓名、职务及国籍,其中马格禄亦注明为英国人。

③ William F.Tyler, *Pulling Strings in China*, P.60.

④ 《北洋大臣来电》,《清光绪朝中日交涉史料》(2122),第26卷,第8页。

⑤ 《北洋大臣来电》,《清光绪朝中日交涉史料》(2122),第26卷,第8页。按:"十事"中最后一项原误译为"使近水处炮台水师无响声",兹据丁汝昌12月23日电报校改。(见《清光绪朝中日交涉史料》(2149),第26卷,第17页)。

⑥ 《北洋大臣来电》,《清光绪朝中日交涉史料》(2149),第26卷,第17页。

可是经过试验，并没有什么实效"。①及至威海卫吃紧，宴汝德便携巨额订金而去。郝威自愿留下，得到批准。后来，就是这个郝威提议假托丁汝昌的名义作投降书，并亲自起草。李鸿章指望靠洋人的"奇技"来创造奇迹，终未能如愿以偿。

第三个措施，是奏调南洋水师主力舰只到北洋助战。战争初期，曾有人建议调南洋数舰到北洋听差，以壮声势，李鸿章皆未采纳。经过黄海海战，北洋舰队"失船五号，余多被损赶修"，"暂无船可战"，李鸿章始通过盛宣怀向翁同龢呼吁，请旨电饬南洋"暂调南琛、南瑞、开济、寰泰四船至威、旅帮助守护，暂听北洋差遣，以济眉急"。②在翁同龢的支持下，朝廷于 9 月 29 日批准了北洋的请求，谕"暂调南瑞、开济、寰泰三船迅速北来助剿"。③第二天，两江总督刘坤一便以"东南各省为财富重地，倭人刻刻注意"，"前敌饷源均关大局，不敢不兼筹并顾"④为由，要求免派。清廷左右为难，只好将此事暂时搁置起来。11 月 7 日，即大连湾弃守的当天，李鸿章致电督办军务处称："海船现仅修好六只，小雷艇仅二只可出海，力量夙单，未便轻进，致有损失。"⑤清廷见局势日危，再次电谕南洋，商调 4 艘战舰北上助剿。署南洋大臣张之洞不便硬拒，便提出要北洋派人"将此四轮管带全行更换"，因其"皆不得力，炮手、水勇皆不精练，毫无用处，不过徒供一击，全归糜烂而已，甚至故意凿沉搁浅，皆难预料"。并激昂慷慨地表示："统之率以北行，无论胜负如何，必能拼命一战，为北洋助一臂之力。舍此四轮亦所不计矣！"⑥实则此皆非由衷之言。李鸿章以此电告丁汝昌，丁复电称："查南洋船所缺何项人才，未能悬揣，且往返亦需时日。该船历年操练已久，亦非不能驾驶出洋。应请电致香帅，速饬行速炮、快四船迅将领配一切赶紧备齐，并子药军火多储速配，径驶来威。昌即酌添得力员弁，再筹会剿。"⑦往返电商多日，而旅顺已危在旦夕，张之洞却顿食前言，拒绝派舰北上。当清政府筹办三洋海军之初，左宗棠曾经为之担心："若划为三洋，各专责成，则畛域攸分，翻恐因此贻误。"⑧不幸而被他言中了。李鸿章借调南洋舰只以加

---

① 《谷玉霖口述》(1946 年记录稿)。按：谷玉霖，威海北沟村人，先是来远舰炮手，后调任北洋海军衙门护卫。
② 《吴邦桢、盛宣怀致翁同龢电》，《盛档·甲午中日战争》(上)，第 176 页。
③ 《寄南洋刘岘帅》，《李文忠公全集》，电稿，第 18 卷，第 2 页。
④ 《南洋大臣来电》，《清光绪朝中日交涉史料》(1709)，第 21 卷，第 5 页。
⑤ 《北洋大臣致督办军务处电》，《清光绪朝中日交涉史料》(1921)，第 23 卷，第 25 页。
⑥ 《江督张香帅来电》，《李文忠公全集》，电稿，第 18 卷，第 38 页。
⑦ 《寄江督粤督》，《李文忠公全集》，电稿，第 18 卷，第 46 页。
⑧ 见《洋务运动》(1)，第 114 页。

强北洋舰队的计划终告失败。

旅顺口陷落后,北洋舰队局促于威海一港,所游弋之处亦不过西至登州(今山东蓬莱),东至山东半岛东端之成山头而已。此时,丁汝昌虽屡被参奏,然仍积极备战。他向各舰发布了如下的训令:

一、现在新补炮员,技艺尚未娴熟,各舰长务令急于练习,以至精巧,而期临事必中。

二、各舰长公余之时,宜悉心讲求战术,通力划策,勿托空议。

三、各舰所需之弹药火器,务在威海领收存贮,以备缓急。

四、各舰所需之小修理及零星要具,务于威海机厂办之,并着该厂急制应用。

五、煤炭、淡水,各舰皆须满载其量,以为随时出航之准备。

六、凡有动作,皆须敏捷,勿得稍涉缓慢。①

同时,还整饬军纪,密缉奸细,严禁海军官兵酗酒赌博,明令所有舰员非公务而上陆者处重刑。

从当时威海设防的情况看,尽管北洋舰队力量大为削弱,但日军要想从海上攻入还是极其困难的。威海防御的弱点仍在陆路,而陆上炮台则归陆军指挥。恰恰在陆上炮台的防御问题上,丁汝昌与威海陆军主将戴宗骞发生了尖锐的意见分歧。他们争论的问题有二:

一是如何防御日军从陆路进攻威海的问题。戴宗骞提出了"御敌于境外"之策。他说:"御敌于境外,尚可以战为守,若纵敌深入腹地,彼则尽锐环攻,我则势成坐困,与其束手待毙,曷若先发制人?"②并准备将威海陆上防务交丁汝昌兼管。戴宗骞"御敌于境外"之策并非不好,但抽调主力去打游击,必使后路炮台陷于危殆。因此,丁汝昌提出"游击之师不得不仰仗抚军",并规劝他打消主意:"尊意倭逆万一登岸,吾仲已选锐卒,以备亲率迎剿前路抵御,固为得机得势,惟兵力过单,恐后路不足为固,诚以为虑。委以鄙人照料,临事在海分调船艇,犹惧不能悉当,岂有余力指挥在岸事宜? 伏念威海陆路全局系于吾仲,幸宜持重,总期合防同心,一力固守,匪惟一隅之幸也。"③李鸿章也不同意戴宗

---

① 归与:《中日威海战役纪略》。见《海事》第 10 卷,第 9 期,第 30 页。

② 戴绪贤等:《讣闻》,见《丛氏钞存》(抄本)。

③ 《丁汝昌致戴宗骞书》,《丁汝昌遗墨》(影印本)。

骞率队远出，严令曰："戴道欲率行队往岸远处迎剿，若不能截其半渡，势必败逃，将效湾、旅覆辙耶？汝等但各固守大小炮台，效死勿去！"①但是，戴宗骞仍不愿改变主张。丁汝昌已经看出这一点，因致电李鸿章称："戴道意，敌无论何处登岸，以抽绥巩军队驰往剿捕为重。惟地阔兵单，万一不支，后路炮全设一有失，为贼所用，则各军舰势难支。"②戴宗骞则进一步申述己见："鉴于大连湾守兵不并力陆援，旅顺诸军不据南关岭而株守营墙，均以失事……宗骞来往察度情形，仍求中堂俯采愚者之一得，准备因地审势，自酌战守。虽布近局，仍扼外险，宁力战图存，勿坐以待困。总之，一拼比较略有所济，以报中堂。"③在他的一再坚持下，李鸿章的态度有所改变，同意他派 3 个营前路抵御，说："东军、戴道三营均打游击，只要真打，可牵贼势。"④无论是戴宗骞还是李鸿章，都对敌人缺乏正确的估计，以区区三营之众怎么能"牵贼势"呢？不过，丁、戴关于威海防御之策的争论，倒暴露了二人之间久已存在的不和。尽管李鸿章极力调和其间，劝之曰："师克在和，宜虚心和商。"⑤然欲消释前嫌，又谈何容易！

二是关于拆除龙庙嘴大炮的问题。先是，丁汝昌发现威海南帮炮台的布防存在严重问题：在三座海岸炮台中，皂埠嘴、鹿角嘴二台皆有长墙地沟保护，"惟龙庙嘴炮台隔在墙外，上有高冈，敌若抄后，实难守住"。因此，他与南帮炮台守将刘超佩相约，"水陆共护此台，倘万不得已，拆卸炮栓、钢圈底，归鹿角嘴炮台，免致为敌所用"。⑥当日军将迫近威海时，丁汝昌见情况危急，又"挑奋勇安插其中，暗备急时毁炮"。⑦并拟先将各台备用钢底、钢圈取存刘公岛上。因此事未商于戴宗骞，引起他的极度不满，表示强烈反对："威并未见敌，而怯若此！半年来，淮军所至披靡，亦何足怪！宪谕特言台炮能回打，龙庙嘴台亦能回打，因甚轻弃？"⑧"禹（廷）如此胆识，焉得不弹？"大敌当前，而海陆主将交恶，使李鸿章大为恼火，加以严斥："吾令戴与丁面商妥办，乃来电负

① 《寄威海丁提督戴道刘镇张镇》，《李文忠公全集》，电稿，第 19 卷，第 1 页。
② 《丁提督来电》，《李文忠公全集》，电稿，第 19 卷，第 4 页。
③ 《戴道来电》，《李文忠公全集》，电稿，第 19 卷，第 5—6 页。
④ 《复刘镇》，《李文忠公全集》，电稿，第 19 卷，第 42—43 页。
⑤ 《寄戴道》，《李文忠公全集》，电稿，第 19 卷，第 42 页。
⑥ 《丁提督来电》，《李文忠公全集》，电稿，第 19 卷，第 7 页。
⑦ 《丁提督来电》，《李文忠公全集》，电稿，第 19 卷，第 44 页。
⑧ 《寄丁提督刘镇》，《李文忠公全集》，电稿，第 19 卷，第 45 页。

气争胜,毫无和衷筹商万全之意,殊失厚望!吾为汝等忧之,恐复蹈旅顺覆辙,只有与汝等拼老命而已!"然而,是非难辨,他便游移两可,不明确表态,复电说:"陆路防务责成应在该道。然如丁言,若临警,龙庙嘴不守,则岛、舰受毁,亦不可不虑。"①未过多久,果如丁汝昌所料,龙庙嘴炮台先被敌占,并为敌所用。刘公岛护军统领张文宣立即电告北洋:"南帮炮台皆失,惟龙庙嘴炮台钢底、钢圈未下,现水师及岛内均受大敌。"李鸿章始悟丁汝昌的意见是有道理的,谓:"电称龙庙嘴台已失,余尚无恙,可知雨〔禹〕廷实有先见。"②无奈为时已晚矣!

由于威海海陆主将不和,不能和衷协商,带来了严重的后果,成为导致战争失败的重要原因之一。战后,有的海军将领总结战争教训说:"沿海各带炮台、水雷营等处,须归海军提督节制,作为一气,不啻唇齿相依。威海之败,诚为此也。"③这个教训何其惨痛!

前敌将领交恶固然是一种内耗,但言官的滥施攻击未尝不是一种内耗,甚至是更为严重的内耗。自开战以来,丁汝昌屡遭攻讦,多次被议,在内心增加了沉重的负荷。他在一封信里充分地流露了自己不安而又异常愤懑的心情:"汝昌以负罪至重之身,提战余单疲之舰,责备丛集,计非浪战轻生不足以赎罪。自顾衰朽,岂惜此躯?⋯⋯惟目前军情有顷刻之变,言官逞论列曲直如一,身际艰危尤多莫测。追事吃紧,不出要击,固罪;既出而防或有危,不足回顾,尤罪。"④不久,丁汝昌所担心的事情终于发生。朝廷降旨将他拿京刑部治罪,其罪名是:"海军提督丁汝昌,统率海军多年。自倭人肇衅以来,迭经谕令统带师船出海援剿,该革员畏葸迁延,节节贻误。旅顺船坞是其专责,复不能率师援救,实属惴怯无能,罪无可逭。"⑤这对丁汝昌的打击是很大的。据一洋员记述,当时他"惟望死于战阵",因此在战斗中"恒挺身外立,以求解脱"。⑥此时,前敌将领纷纷致电北洋,吁恳设法挽回。刘步蟾等电称:"丁提督表率水军,联络旱营,布置威海水陆一切,众心推服。今奉逮治严旨,不独水师失所秉

① 《寄威海丁提督戴道等》,《李文忠公全集》,电稿,第20卷,第1页。按:禹,即禹廷,丁汝昌之字。

② 《寄译署》、《复戴道》,《李文忠公全集》,电稿,第19卷,第5页。

③ 《曹嘉祥、饶鸣衢呈文》,《盛档·甲午中日战争》(下),第401页。

④ 《丁汝昌致戴宗骞书》,《丁汝昌遗墨》(影印本)。

⑤ 《光绪朝东华录》,光绪二十年十一月,第204页。

⑥ William F. Tyler, *Pulling Strings in China*, P.78.

承，即陆营亦乏人联络，且军中各洋将亦均解体。当此威防吃紧之际，大局攸关，会恳宪恩，设法挽转，收回成命，暂留本任，竭力自赎，以固海军根本之地，而免洋将涣散之心，实为深幸！"①李鸿章也为之婉转求情："今丁既逮问，自无久留之理，惟威海正当前敌，防剿万紧，经手要务过多，一时难易生手。可否吁恩暂缓交卸，俟遴选得人，再行具奏。"②朝廷虽不允所请，但已松了口气，寄李鸿章电旨称："丁汝昌着仍遵前旨，俟经手事件完竣，即行起解，不得再行渎请。"李鸿章揣摩旨意，立即示意丁汝昌："查经手事件所包甚广，防务亦在其内，应令丁提督照常尽心办理，勿急交卸。"③这样，丁汝昌逮京问罪的事便暂时缓下来了。

丁汝昌虽处境十分困难，但仍力图振作，筹商水陆战守。当时有日军欲扑山海关的传闻，丁汝昌勉励诸将说："倭赴榆关，料不易逞志，铤而走险是其惯习，宜更防其回扑我境也。"提出要提高警惕，预防敌人玩弄"声东击西"的诡计。又曾针对清政府派德璀琳东渡一举，要求诸将不要因朝廷求和而动摇保卫国土的信念，而更应"纾力增备"④及时筹办防务。

德璀琳赴日被逐后，清政府于 1895 年 1 月 5 日派总理衙门大臣、户部左侍郎张荫桓和湖南巡抚邵友濂为全权大臣前往日本会商。张、邵尚未起程，即传来日本欲犯山东的消息。1 月 9 日，李鸿章接伦敦来电："风闻日本不肯停战。日本派兵已赴山东各口侦探，如有可以上岸之处，即将陆军渡上。"⑤这个消息的可靠性是无疑的，故引起清廷的极大恐慌，便于 13 日谕李鸿章"悉心筹酌，饬令海军诸将妥慎办理"。当天，李鸿章致电丁汝昌称："查倭如犯威，必以陆队由后路上岸抄截，而以兵船游弋口外牵制我师，彼时兵轮当如何布置迎击，水陆相依，庶无疏失，望与洋弁等悉心妥筹，详细电复，以凭核奏。"⑥根据李鸿章的指示，丁汝昌与诸将合议，提出了一个"水陆相依"的具体方案。这个方案主要包括三层意思：一、根据敌我舰队的力量对比，船台依辅是唯一可行之法；二、说明威海与旅顺港口情形相异，回答了 13 日电旨"若敌船逼近，株守口内，转致进退不得自由"的说法；三、威海后路地阔兵单，全靠后路有大股游击

① 《北洋大臣来电》，《清光绪朝中日交涉史料》(2143)，第 26 卷，第 15 页。
② 《北洋大臣来电》，《清光绪朝中日交涉史料》(2135)，第 26 卷，第 13 页。
③ 《寄威海戴道张镇刘镇等》，《李文忠公全集》，电稿，第 19 卷，第 25 页。
④ 《丁汝昌致戴宗骞书》，《丁汝昌遗墨》(影印本)。
⑤ 《北洋大臣来电》，《清光绪朝中日交涉史料》(2224)，第 27 卷，第 37 页。
⑥ 《寄刘公岛丁提督刘镇》，《李文忠公全集》，电稿，第 19 卷，第 37 页。

之师,防敌抄袭后路,庶几威防可固。李鸿章阅后认为:"海军所拟水陆相依办法,似尚周到。"①清廷也批准了丁汝昌的"水陆相依"方案。但特别强调"海军战舰必须设法保全"。②刘坤一还亲至天津会见李鸿章,议定"务须保全铁甲兵轮各船",因为"倭计欲得我铁甲兵轮,并欲窜扰山东,以断南北运道,殊于大局有关"。③随后,李鸿章即致电丁汝昌:"廷旨及岘帅(刘坤一)均望保全铁舰,能设法保全尤妙。"④

在保全铁甲舰的问题上,从清廷到内外臣工的意见都是一致的。但是,如何才能保全铁甲舰呢? 大家的认识并不一致。随着战局的变化,敌人渐逼威海,彼此的意见分歧更为明显了。朝廷主张主动出击,谕曰:"现在贼踪逼近南岸,其兵船多只,难保不闯入口内,冀逞水陆夹击之诡谋。我海舰虽少,而铁甲坚利,则为彼所无,与其坐守待敌,莫若乘间出击,断贼归路。威海一口,关系海军甚重。在事将弁兵勇,倘能奋力保全,将登岸之贼迅速击退,朝廷破格酬功,即丁汝昌身婴重罪,亦可立予开释。"⑤这道谕旨表示担心敌舰闯入威海口内,说明朝廷对威海的防御情况并不真正了解,因为威海防御上的弱点在陆上,而不在海上,敌人是很难从海上进来的。另外,谕旨本身也自相矛盾:一方面要求海军"乘间出击,断贼归路";一方面又要求"奋力保全""威海一口"。实际上,海军只要一离开威海港,敌舰必将立即"闯入口内"这是确定无疑的。这叫丁汝昌执行哪一条呢? 何况在北洋海军舰只减少、镇远铁甲舰重伤的情况下,即使"乘间出击",结局亦难预卜。不过,有一点可以断言,"断贼归路"是绝不可能做到的。李鸿章倾向于用冲出的办法保全铁舰。他先是致电丁汝昌称:"若水师至力不能支时,不如出海拼战,即战不胜,或能留铁舰等退往烟台。"⑥后来,到南帮炮台失守时,李鸿章再次指示丁汝昌:"万一刘岛不保,能挟数舰冲出,或烟台,或吴淞,勿被倭全灭,稍赎重愆。"⑦在当时的情况下,北洋舰队能否安全地退往烟台等处? 在丁汝昌看来,挟数舰冲出,不仅舰队将毁于一旦,而且基地亦必失无疑。所以,他无论如何也不肯这样

① 《北洋大臣来电》,《清光绪朝中日交涉史料》(2281),第28卷,第25页。
② 《军机处电寄李鸿章李秉衡谕旨》,《清光绪朝中日交涉史料》(2330),第29卷,第30页。
③ 《钦差刘大臣来电》,《清光绪朝中日交涉史料》(2340),第29卷,第34页。
④ 《复丁提督》,《李文忠公全集》,电稿,第19卷,第45页。
⑤ 《军机处电寄李秉衡谕旨》,《清光绪朝中日交涉史料》(2347),第29卷,第36页。
⑥ 《寄刘公岛丁提督》,《李文忠公全集》,电稿,第19卷,第44页。
⑦ 《复丁提督张镇》,《李文忠公全集》,电稿,第20卷,第5页。

干,而仍主张用船台依辅的办法来保全铁舰。他复电李鸿章称:"至海军如败,万无退烟之理,惟有船没人尽而已。旨屡催出口决战,惟出则陆军将士心寒,大局更难设想。"①在同一封电报中,他还提出后路速派援军,威防方能支持。丁汝昌认为,采取船台依辅的办法,对海上的防御较为有利,而对陆上的防御则无把握。因此,他特别担心威海后路的防御,相信只要后路确有保障,威海必可固守,铁舰亦会万无一失。可是,威海后路的防务,已是他职权范围以外的事了。

事实证明,丁汝昌的担心是颇有道理的。威海之陷,问题就恰恰出在后路防御上。

二 威海卫的后路防御

山东为畿疆左辅之地,东北斜伸入海,与辽东半岛遥相对峙,共扼北洋之门户。山东半岛东北端的威海卫,又是北洋海军的根据地所在。故在甲午战争期间,山东一直是日军计划进攻的目标。清政府也曾多次增募和调拨部队,并采取了一系列的防御措施,以加强山东沿海一带的防务。

甲午战争前,山东全省陆军共47营2哨,其中步队39营,马队7营1哨,炮队1营1哨。在山东驻军中,有一半以上分扎在山东半岛沿海一带,拱卫于威海后路。其分布情况如下页表。由下表可知,山东半岛的清军兵力为24营两哨,总计12 200人。单从数量上看,兵力似乎还相当可观。但是,由于山东半岛海岸线绵长,地面辽阔,以20余营分扎各处,显然无济于事。

驻　　地	军队番号	指　挥　官	兵　　力		
			营	哨	人
威海北帮	绥 字 军	道员　戴宗骞	4	1	2 100
威海南帮	巩 字 军	总兵　刘超佩	4		2 000
刘 公 岛	北洋护军	总兵　张文宣	2		1 000
烟　　台	嵩 武 军	总兵　孙金彪	3		1 500
	烟台练军		1		500

① 《丁提督来电》,《李文忠公全集》,电稿,第19卷,第44页。

续表

驻　　地	军队番号	指　挥　官	兵　力		
			营	哨	人
登　州	嵩　武　军	候补道　李正荣	1		500
	登州练军		1		500
	荣字练军		1		500
青　州	青防步队	副都统　讷钦	1		5
	青防马队		1		500
胶　州	嵩　武　军	总兵　章高元	2		1 000
	广　武　军		2		1 000
	炮　　队		1	1	600
合　　计			24	2	12 200

　　1894 年 6 月间,中日交涉渐趋恶化,战争一触即发,山东巡抚福润奏准添练炮队 4 营,装备火炮 36 门,以为布防威海后路之用。后福润又迭奉廷旨,谕警戒威海卫、胶州湾、烟台、成山等沿海要地。7 月中旬,总理衙门以山东半岛沿岸兵力不敷,令福润将山东内地各军分遣沿海要地。福润复奏准增募步队 4 营,合原先添练之炮队 4 营,共 8 营,称福字军。以其 2 营驻青岛,由总兵章高元编成;6 营驻济南,由副将冯义德编成。

　　中日正式宣战后,福润更令总兵曹正榜在烟台编成东字军 3 营,并饬令沿海十余州县筹办民团,以助战守。各州县先后"筹饷募勇以备战,札民登圩以严守,昼夜巡警"。①自 8 月以来,日舰不断窥伺威海南北两口,戴宗骞和张文宣以现有兵力过于单薄,各请增募两营,李鸿章皆允之。戴宗骞将新募之 2 营,一编入绥军,称新前营,驻威海卫城西北之神道口;一编入巩军,称新右营,驻威海卫南乡之长峰寨。福润亦因威海后路各海口守备薄弱,急电李鸿章,建议以候补道员李正荣率在济南之嵩武军 4 营,移驻登州;嵩武军分统总兵孙万龄率所部由烟台往扎荣成。时日舰恒在威海西北之远遥山附近海面驻泊,并连日在威海北口外徘徊,似有登陆之企图。于是,李鸿章将注意力放在威海卫以西一带海岸的警备上,而未采纳填防荣成的意见。福润还计划编练 10 营,以

---

①　《黄县重建北城楼记》(原碑藏龙口市文化馆)。

补沿海兵力之不足,然尚未及编成,便奉旨移抚安徽,由李秉衡接任。

李秉衡(1830—1900),字鉴堂,祖籍山东福山。乾隆中,其曾祖由山东迁奉天,入海城籍,旋居岫岩厅南石嘴子村(今属辽宁庄河县)。①初纳赀为县丞,以功保知县。先署直隶完县,补枣强县知县,升任蔚州知州。又授永平府知府。李秉衡历任州县,为官廉正,兴利除弊,赈灾救恤,"民获苏"。②曾委办安州水灾,"不假手胥吏,户口必亲查,票必亲填,日历风霜冰雪,每夜归,膝至足皆肿"。③时有"北直廉吏第一"④之称。以张之洞荐举,擢授浙江按察使。未到任,调广西。中法战争爆发后,以臬司护理广西巡抚,"于客主各军将领苦心调和,粮饷军火不分东局西局,但择其急者便宜应之。护抚命下,欢声雷动,桂省军民若庆更生,即楚军、广军诸大将,无不虚心相听,愿为尽力。"⑤因此,"诸军欢跃,士气大振,乃出关剿敌,一战而挫法人于文渊,又败之于摩沙,蹙之于邱骡,于是克服谅山,法人败绩。"⑥战后,晋布政使,仍摄抚篆。时朝廷派内臣勘界,李秉衡"与议不合",因乞休。1894年5月,廷旨起李秉衡为安徽巡抚,未抵任。8月间,朝廷以山东为畿辅屏障,改命李秉衡抚之,调福润至安徽。9月11日,李秉衡行抵山东省城济南,正式视事。

李秉衡莅任后,深知时局艰难,而"材轻任重,惧弗克胜",但决心破除情面,"殚竭愚忱",能有一番作为。他发现山东半岛兵力严重不足,而"筹办海防,款无所出"。为了筹款,李秉衡采取了两个办法:一是"裁并局员,节省糜费"⑦;一是清库挖潜,"移缓就急"。⑧在不到半月的时间内,便筹集了30万两饷银。随后,他亲临沿海重要口岸,审度形势,筹办防务。李秉衡于9月30日离开省城,先抵登州,再至烟台,又赴威海视察,于10月29日返回烟台,历时一月。此后,便坐镇烟台,居中调度。

通过视察,他看到山东防务确实存在不少漏洞,如不抓紧补救,将是很危险的。于是,决心进行整顿。他主要做了以下三件事:

其一,撤换了一大批不称职或渎职的文武官员。如驻营登州的候补道李正荣,以"统率多营,未能办理裕如","撤去统领,饬令回省供差,以策后效"⑨,

①③⑥ 于霖逢:《李忠节公家传》,见《李忠节公奏议》。

②④ 《清史稿》,列传254,《李秉衡传》。

⑤ 彭玉麟奏疏。转见于霖逢:《李忠节公家传》。

⑦ 《奏裁并各局片》,《李忠节公奏议》第5卷,第4页。

⑧ 《奏分别筹款免借商本折》,《李忠节公奏议》第5卷,第7页。

⑨ 《奏查道员被参各款据实复陈折》,《李忠节公奏议》第5卷,第11页。

而以提督夏辛酉接替李职。驻扎威海后路的胶州协副将冯义德,以"于各营军衣粮米,皆其亲属自行采办,在各勇营粮内任意摊扣,在其队伍亦未能精壮",先行革职,"如查有侵蚀虚冒情弊,即当按律惩办,以儆贪黩而肃戎行"。①其所统福字中、前、后三营,委记名总兵李楹接带。候补道黄玑"揽权纳贿",候补知府严福保"得势妄为",直隶州知州范一双"借势通贿",淄川县知县黄华"诬良为盗"②,栖霞县知县陈洵"苛敛团费"③,均即行革职。此外,还有一批文职官员被降职。经过此番整顿,山东的吏治有了起色,对安定民心、加强防务起了一定的作用。

其二,充实山东沿海一带防线的薄弱环节。根据实地考察,李秉衡认为:"山东海防以威海、登州为最吃重,烟台次之,胶澳又次之。威海为北洋门户,近十年中经北洋大臣极力经营,已成重镇。……大致尚属完固。登州郡城与旅顺对海,其北水城上即蓬莱阁,下即大洋,并无炮台巨炮,设守甚难。"他亲自周历审视,发现城西沿海有天恒山,城东海岸有沙冈10里许,皆可安设炮位。于是,便饬防营在天恒山顶赶修土炮台,围以后墙,并从烟台找到五六千斤炮位数尊,运往山顶安放。又沿沙冈赶挖长沟,筑避炮的土墙,将从各地查访出来的五六百斤和千斤广炮,皆排列沙冈之上。他兢兢业业,努力筹划,"期于毫无把握中力求守御之法"。④

其三,建议成立大支游击之师,以巩固威海后路的防御。李秉衡认为:"敌图威海,必先由后路登岸。"⑤先是,烟台守将汉中镇总兵孙金彪提出:"威海既为水师根本,舰攻不利,或以陆队潜渡汉港,从后抄袭,则我全台俱难为力,非得大支援兵扼要屯扎,诚虑百密不免一疏。"⑥李秉衡完全赞同孙金彪的意见,于11月9日奏称:"查登、莱两郡,三面环海,岛屿纷歧,已属防不胜防,而武定府属之利津、霑化、海丰等县亦处处濒海。前奉电旨,谕令严防利津海口,遵即调拨河防两营前往驻扎。又霑化县属之陈家庙海口,亦可容巨舰,自应一体严防,复挑拨河防一营移扎该处。合观全势,非另有大支游击之师,不足以资策应。"⑦

① 《奏参副将冯义德折》,《李忠节公奏议》第5卷,第23页。
② 《奏甄别不职各员折》,《李忠节公奏议》第5卷,第24页。
③ 《奏查明被参知县请革职折》,《李忠节公奏议》第5卷,第22页。
④ 《奏报驰抵烟台一带筹办海防折》,《李忠节公奏议》第5卷,第17页。
⑤ 《李秉衡致戴宗骞电》,《山东巡抚衙门档》(中国第一历史档案馆藏)。
⑥ 《孙金彪致盛宣怀函》,《盛档·甲午中日战争》(下),第160页。
⑦ 《奏报驰抵烟台一带筹办海防折》,《李忠节公奏议》第5卷,第18页。

威海卫港全景

甲午战争时的威海卫城

同一天，又奏："已饬提督夏辛酉先募数营，以实登防。惟合计兵力尚单，必须另有一大支游击之师，以资策应。"他请求批准招募 20 营，先赶募 10 余营，"总期纪律严明，操练纯熟，一军可作一军之用，庶有事得所藉手。"而且，还考虑到国家财政困难，提出："增募营饷，购买军械需用款项，拟取给于海防捐输，并饬藩司尽力挪借，万不得已不敢遽请部帑。"① 设立大支游击之师，具有重要的战略意义。在这个问题上，李秉衡的意见与丁汝昌不谋而合。然而，此举却受到种种干扰，未能顺利地实现。

在对日战争的战略指导上，清廷始终有一种严重的重京畿、辽沈而轻山东的思想。在李秉衡筹防的过程中，清廷先是旨谕李秉衡，即饬曹州镇总兵王连三"统带所部马步练军北上，并由李秉衡抽调陆路劲旅数营，拨定粮饷，配齐军火，一并交该总兵迅速起程，前赴津、通一带，听候调遣"。② 王连三北上后，扎于北塘后路的军粮城，起不了多大的作用。可是，这不仅使山东的兵员减少，而且还支出了 3 个月的军饷，以及秋季底饷、公费和津贴，不能不影响山东的防务。继之，清廷又旨谕李秉衡饬令章高元 4 营和夏辛酉 4 营往援旅顺。在李秉衡看来，登州防务与威海同样重要，提出夏辛酉不宜远调。清廷又重申前旨："现在旅顺防务万分吃紧，登州尚非敌锋所指，尽可移缓就急，何得专顾一隅，致滋贻误？ 著懔遵前旨，饬夏辛酉统带四营，即日拔队前往，不准刻延。"③ 李鸿章也令盛宣怀致电登莱青道刘含芳，劝李秉衡遵旨速派夏辛酉援旅。④ 李秉衡无奈，只好将夏辛酉所部嵩武军拨归章高元，共成 8 营，统带东渡援旅。这样一来，威海后路的防务更为空虚了。

尽管如此，李秉衡仍然一面积极添募勇营，一面调兵遣将。先是莅任之初，他即添募兴字军 4 营，驻防莱州；另添募练军 1 营，增防烟台。10 月上旬，将驻曹州之松字营马队和济字副中营东调，分扎瑯玡台和石臼所；又命莱州知府何鸣高招募莱边炮队 4 营，守备莱州海口。11 月，旅顺危殆，威海吃紧。为加强威海后路的防御，李秉衡饬令青州驻防之步队 1 营、马队 1 营，以及驻济南之河成左营和河定右营，前往烟台；福字步队 2 营驻威海卫城西之田村（后移上庄），福字炮队一营驻前双岛（后亦移上庄）。此后，威海后路便无兵可增。

① 《奏海防重要请添募劲旅折》，《李忠节公奏议》第 5 卷，第 20 页。
② 《奏总兵王连三遵旨北上折》，《李忠节公奏议》第 5 卷，第 12 页。
③ 《军机处电寄李秉衡谕旨》，《清光绪朝中日交涉史料》（1903），第 23 卷，第 20 页。
④ 《盛宣怀致刘含芳电》，《盛档·甲午中日战争》（上），第 252 页。

　　到12月下旬,山东半岛形势更加危急。日舰在山东海面上活动日益频繁,并驶入荣成湾,派人上岸侦察情况。于是,戴宗骞命刘超佩遣巩军中营3哨,携山炮4门,移驻龙须岛北的大西村。李秉衡亦将已集中于烟台的济字右营、精健前营、泰靖左营及河成左营调往荣成县城附近,并配置河定右营于俚岛,命均归副将阎得胜节制,以防日军从该处登陆。另外,调驻龙门港之总兵孙万龄率嵩武左营和福字3队,移驻酒馆;总兵李楹所统福字军3营开往上庄,副将曹凤仪率在宁海新募之襄字军3营屯龙门港;总兵曹正榜率在烟台之东字军3营扎宁海城关,以防威海西路。

　　至是,清军在山东半岛的兵力配备已大体就绪。如下表所示。这样,山东半岛的总兵力达到60营,共约3万人,比原有的兵力增加了一倍以上。

驻 地		军队番号	指挥官	兵 力		
				营	哨	人
荣成	龙须岛	巩军中营	哨官 戴金镕		3	300
	南门外	河成左营	参将 赵得发	1		500
		济字右营	巡检 徐抚辰	1		500
	窑上	泰靖左营	副将 阎得胜	1		500
		精健前营	都司 叶云升	1		500
	俚岛	河定右营	副将 戴守礼	1		500
威海卫	北帮	绥字军	道员 戴宗骞	6	1	3 100
	北帮后路			1		500
	北海岸	新练炮兵		1		500
	田村北			1		500
	南帮	巩字军	总兵 刘超佩	5	2	2 700
	南帮后路	新练炮队		1		500
	刘公岛	北洋护军	总兵 张文宣	4		2 000
宁海	酒馆	嵩武左营	总兵 孙万龄	1		500
		福字军		1	2	700
	上庄	福字军	总兵 李楹	3		1 500
	城关	东字军	总兵 曹正榜	3		1 500
	龙门港	襄字军	副将 曹凤仪	3		1 500

续表

驻　　地		军队番号	指挥官	兵　　力		
				营	哨	人
烟　　台		嵩武军	总兵　孙金彪	3		1 500
		烟台练军		1		500
		青防步队	巡抚　李秉衡	1		500
		青防马队		1		500
		抚标新军		1		500
登　　州		嵩武军	提督　夏辛酉	1		500
		登字练军		1		500
		荣字练军		1		500
		登州防军		3		1 500
莱　　州		莱边炮队	知府　何鸣高	4		2 000
		兴字军		4		2 000
胶州	青　　岛	炮　　队		1	1	600
	瑯玡台	松字营马队		1		500
	石臼所	济字副中营		1		500
合　　　　计				59	9	30 400

但是,以此兵力应敌,仍难乐观。李秉衡于 12 月 28 日致电总理衙门陈述为难情形:

> 现有先后调募共十六营,内只泰靖、精健两营系属旧营,余仅新募成军,未经训练,前订购外洋枪械亦急切未到。近已调扎酒馆三营、上庄三营,分布百八十里之间均系威海西面,后路兵力仍不能厚。又因荣成沿海地方空阔,不得已抽拔泰靖、精健两营并马队一哨驰扎荣成,以顾威海东面后路。惟荣至威百余里之遥,实不敷分布,能得威海拨出两营,联络扼扎,声势稍旺。现合计备策应者竟无几营。其奏调之将领,并添募之营,年内未能到东。倘倭以大股来扑,力实不敌。惟有尽此兵力,勉为支撑。据实复陈。①

---

① 《山东巡抚来电》,《清光绪朝中日交涉史料》(2163),第 27 卷,第 12—13 页。

对于地面广阔和兵力有限的矛盾,李秉衡感到甚难解决。确实,他无法解决这个矛盾。他说:威海后路"共三百里之遥,分布不及二十里,明知分则力单,而地面太长,有不能不分之势"。①"惟有就现有兵力,分布各岛口。"②在这一思想指导下,他制定了以下的防御计划:

> 一、日军若在宁海附近意图登陆,即以李楹所部福字三营、曹正榜所部东字三营作为前敌,全队出击,在龙门港之曹凤仪襄字军出七成队接应;

> 二、日军若在酒馆附近意图登陆,即以孙万龄所部嵩左等营、李楹所部福字三营作为前敌,全队出击,曹正榜抽拨二营接应,孙金彪率二营驰往救援;

> 三、日军若径犯威海西海岸,即以孙万龄嵩左营,并督率谭邻都福字炮队营,及曹正榜、李楹各抽拨两营,并曹凤仪抽拨半营,由孙金彪统带嵩武两营,督同各营前往威海抄敌之背,与威海各军前后夹击;

> 四、日军若由荣成成山头等处登陆,即以阎得胜所部两营、戴守礼一营作为前敌,迎头堵击,徐抚辰、赵德发各一营为接应。③

李秉衡设想日军最有可能从宁海、酒馆、威海西海岸、荣成成山头等四处进犯,因此相应地采取堵击的办法,以使敌人不得登岸。可是,清军在烟台以东的部队仅43营,约21 000多人,而且散扎于300里之遥的地段上,使本来已经不足的兵力更加不足了。所以,当日本第二军从荣成登陆后,清军在每次战斗中都处于绝对劣势,欲其不败怎么可能呢?

由于各方面的原因,威海卫的后路防御未能得力,山东半岛之战的结局也就可想而知了。

三 日本组建"山东作战军"和进行威海卫作战准备

当清政府在山东半岛筹办防务之际,日本大本营也正在研究制订威海卫作战计划。

为进行威海卫作战,日本大本营感到依靠原有侵华部队力有不足,必须组

---

① 《山东巡抚来电》,《清光绪朝中日交涉史料》(2303),第29卷,第14页。
② 《山东巡抚来电》,《清光绪朝中日交涉史料》(2294),第29卷,第12页。
③ 《李秉衡饬诸将扎》,见《甲午中日战争纪要》,第158—159页。

建新的作战部队,便重新改编第二军,以作为"山东作战军"。"山东作战军"以陆军大将大山岩为司令官,下属两个师团:第二师团,包括步兵第三旅团(旅团长陆军少将山口素臣)和步兵第四旅团(旅团长陆军少将伏见贞爱亲王),陆军中将佐久间左马太为师团长;第六师团,包括步兵第十一旅团(旅团长陆军少将大寺安纯)和混成第十二旅团(旅团长陆军少将长谷川好道),陆军中将黑木为桢为师团长。"山东作战军"组建后,佐久间、黑木等人暂驻广岛,等待进兵的命令。

先是在 12 月 14 日,日本海军军令部部长桦山资纪传令于伊东祐亨,要联合舰队协同第二军攻占威海卫,消灭北洋舰队,并运送第二军在山东半岛登陆。16 日,大本营正式电令伊东曰:

> 一、目前敌舰队退缩威海卫,不出应战,成为我军日后进兵渤海湾头作战之障碍,应予消灭。为此,海陆两军须进占威海卫。
>
> 二、贵官护送第二军登陆,并与之协同占领威海卫,消灭敌舰队。[①]

伊东接到命令后,于 23 日派八重山舰长平山藤次郎海军大佐,率军官数人从荣成湾(龙须岛以西)、爱伦湾(倭岛以南)、桑沟湾(寻山所与宁津所之间)三处选择一个较理想的登陆地点。

25 日,平山藤次郎乘高千穗舰到山东半岛南海岸进行调查。高千穗航至荣成湾,以岸上清军守备情况不明,未敢即时靠岸。适一当地渔船驶过,高千穗将其追获,问船上渔民湾内形势。渔民答非所问,平山等"不得要领",遂用一计,将渔船放回,派一船随之。渐近岸边,日本通译官大声呼喊:"英国人救村民溺于海者而至,村人可出而迎之。"村民争至海滨,即诱数人至船上,伪谓之曰:"我英国人也,欲观日清战斗航海而来。"因问岸上情况,颇得其实。"即用为向导,视察湾内,审得其山川形势及民俗情态而还。"[②]26 日,平山回大连向伊东报告调查结果,认为荣成湾内龙须岛以西一带海滩,是比较理想的登陆地点。

荣成湾的地理形势早就被日本军部所注意,并曾由已故海军大尉关文炳详细勘察过。关文炳曾于 1888 年 12 月奉日本参谋本部密令,赴威海卫及胶

---

① 日本海军军令部:《二十七八年海战史》下卷,第 5 页。

② 桥本海关:《清日战争实记》第 11 卷,第 367 页。按:原文"英国人"作"外国人",兹据《八重山舰长平山藤次郎海军大佐的侦察报告》校改。

州湾侦察,往返历时 70 天。完成任务后,他写了一份《关于威海卫及荣成湾之意见书》,略谓:"荣成湾位于山东半岛成山角之西南,西距威海卫水路约三十海里。湾口面向西南,宽约四海里,水深四至五寻。中国人称之为'养鱼池水口'。本湾甚浅,湾口宽阔,并非好锚地。但此处能避北风、西风,底为泥沙,适于受锚,平时为渔船停泊之地。故无论遇到何等强烈之西北风天气,舰船亦可安全锚泊。况且,本湾位于直隶海峡外侧之偏僻海隅,一旦清国与外国发生海战,即成为军事重地。故欲攻占威海卫,必先取此湾以为基地。"①

平山藤次郎的侦察报告进一步证实了关文炳的结论:

> 在山东半岛成山角之南,有一突出的小半岛,即龙须岛。与龙须岛西侧相对者为龙口崖,其间有一海湾,宽三千余公尺,长二千五百公尺,湾口水深五寻,愈近岸水愈浅,湾内可停泊大船几十艘。东、西、北三面都是大陆环绕,惟南面向海,故在此季节,几乎不必担心风浪。……底系沙地,直至岸边,水深适宜,用舢板和汽艇可以靠岸。若事先准备栈桥材料,人马皆易于登陆。滩头有十五六棵松树,有道路通行,埋有电线杆,近岸处可容纳舰船。其地形基本上不便于敌军之潜伏。因此,此处实为难得的适宜登陆地点。②

本来,伊东祐亨就非常重视关文炳的报告,如今又收到平山藤次郎的侦察报告,便选定荣成湾内龙须岛以西的海滩为登陆地点。经与大山岩会商,最后确定了这一方案,并得到大本营的批准。

为了实施荣成湾登陆的作战方案,日军进行了多方面的策划和周密准备。根据日本大本营的部署,重新改编的第二军分两批向大连湾集中:预先在广岛待命的佐久间左马太中将,于 1 月 10 日率领第二师团从宇品乘船出发,14 日晨进入大连湾;第六师团从门司港乘船出发,也集合于大连湾。到 16 日,"山东作战军"的所有部队已全部在大连湾集结完毕。

在第二军向大连湾集中的同时,日本联合舰队也重新进行了改编,将战舰编为五队:本队,包括松岛、千代田、桥立、严岛四舰;第一游击队,包括吉野、高千穗、秋津洲、浪速四舰;第二游击队,包括扶桑、比叡、金刚、高雄四舰;第三游击队,包括大和、武藏、天龙、海门、葛城五舰;第四游击队,包括筑紫、爱宕、摩

---

① 东亚同文会编:《对支回顾录》下卷,列传,《关文炳传》,第 449—453 页。
② 《八重山舰长平山藤次郎海军大佐的侦察报告》。见《日清战争实记》第 17 编,第 33—34 页。

耶、大岛、鸟海五舰。登陆前，日本海军制定了周密的掩护陆军上岸和协同陆军作战的《联合舰队作战大方略》。其中，包括《护送陆军登陆荣成湾计划》、《鱼雷艇队运动计划》和《诱出和击毁敌舰计划》。《护送陆军登陆荣成湾计划》共 32 项，其主要内容如下：

一、当联合舰队运送陆军登陆之前，第一游击队到登州海面游弋，并实行炮击，次晨到登陆地点与大队会合。

二、联合舰队主力在护送运兵船到达荣成湾之前，八重山等舰已达山东成山头，宜速派兵上岸，切断清军电线，并侦察附近敌情。

三、在护送运兵船途中，若与清国舰队遭遇，本队、第二游击队及鱼雷艇应放弃对运兵船的护卫，直攻敌舰，以使第三游击队护送运兵船到达目的地。

四、登陆之日，本队、第一游击队、第二游击队和鱼雷艇队，全力驶向威海卫，以牵制清国舰队，使其勿妨我兵登陆。夜间，除鱼雷艇队外，本队和第一游击队应泊于成山头洋面，以防清国舰队逃走；第三、第四游击队，以及特务舰和通报舰，宜泊于陆军上岸处，专门防御鱼雷艇。

五、陆军进攻南帮炮台时，筑紫、赤城、摩耶、爱宕、武藏、葛城、大和、岛海八舰须加以配合，除炮击南岸炮台外，还应炮击刘公岛东侧炮台和日岛炮台，以为陆军声援。若有清舰出港，则诱出洋中以击之。筑紫等舰各训练陆战队，以伺机登陆夺取刘公岛。第一、第二水雷艇队须与舰队主力同进退，第三鱼雷艇队则泊于威海卫南口之南岸炮台附近，若陆军陷南岸炮台，而清舰尚不出口，应趁夜间破坏港口防材，奋前突进，以击沉敌舰。

六、陆军若占领威海卫南岸炮台，宜利用其炮台之大炮，以击刘公岛、日岛炮台及港内之清舰。

七、陆军之运送分三批：第一批在十九日；第二批在二十日；第三批在二十二日。第一批运兵船以护卫舰送之，第二、三两批不再护送。①

《鱼雷艇队运动计划》包括三项：

一、登陆的当天夜晚，第一艇队（六艘，司令为饼原少佐）在威海卫港外实行警戒；第二艇队（六艘，司令为藤甲少佐）以鸡鸣岛为锚地，对鸡鸣

① 桥本海关：《清日战争实记》第 11 卷，第 363—366 页。

岛以北二、三海里处实行警戒；第三艇队（四艘，司令为今井大尉）对荣成湾实行警戒。

二、次日夜间，第一艇队执行对荣成湾警戒任务；第二艇队对威海卫方向实行警戒；第三艇队对鸡鸣岛实行警戒。

三、第三夜及以后，各艇队按上述顺序轮流执行警戒任务。

《诱出和击毁敌舰计划》包括 7 项，其主要内容是：

一、敌鱼雷艇若冲出威海卫港，应尽可能将敌艇诱至鸡鸣岛附近，然后我以两个艇队配合，击毁敌鱼雷艇。

二、敌舰若从威海卫港内驶出，在威海卫执行警戒任务之艇队应隐蔽破坏敌舰。

三、各艇队以鸡鸣岛以东海面为集合地点。鱼雷艇对敌舰发射鱼雷后，应立即返回集合地点，通知支援艇队。鸡鸣岛之支援艇队接到通知后，即向敌舰方向前进并破坏之。①

日军为攻占威海卫，曾经准备了两手，即在海陆配合攻取之外，还想采用诱降的办法，以达到消灭北洋舰队的目的。在伊东祐亨主持的一次海军作战会议上，有的参谋官提出："覆其根本，宜备敌国舰队出击及其遁逸，务不损我舰，不使敌舰沉没。待及弹竭粮尽，士气沮丧，以令丁提督降。"②伊东颇以为然，即策划对丁汝昌实行诱降。他派参谋长海军大佐鲛岛员规到金州城，向大山岩提出诱降丁汝昌的计划。12 月 10 日，伊东又亲自访见大山岩，商谈诱降的具体办法。大山岩亦表示赞同。于是，由国际法顾问、海军教官高桥作卫起草致丁汝昌的劝降书。高桥起草了两份劝降书：一为中文；一为英文。劝降书从侵略者的立场出发，颠倒是非，挑拨离间，极尽劝诱之能事。其中文劝降书曾博得许多日本侵略分子的齐声喝彩，赞其"情理兼备，洵为不朽名文"。③两份劝降书草拟后，几经斟酌，大山岩选定了英文的一种。中文劝降书劝丁汝昌"弃小节而全荣名"，效法李陵之降单于，而李陵在中国人心目中是个不光彩的历史人物，所谓"弃小节而全荣名"的行为又是为中国人所鄙夷的，其效果只能

---

① 《联合舰队作战大方略》，见《日清战争实记》第 23 编，第 83—87 页。

② 桥本海关：《清日战争实记》第 12 卷，第 388 页。

③ 黑龙会编：《东亚先觉志士记传》下卷，列传，第 287 页。又，中文劝降书全文见东亚同文会编：《对支回顾录》下卷，列传，第 708—711 页。

是适得其反。这可能是大山岩弃之不取的主要原因吧。其英文劝降书之内容如下：

大日本国海军总司令官中将伊东祐亨致书与大清国北洋水师提督丁军门汝昌麾下：

时局之变，仆与阁下从事于疆场，抑何不幸之甚耶？然今日之事，国事也，非私仇也，则仆与阁下友谊之温，今犹如昨。仆之此书，岂徒为劝降清国提督而作者哉？大凡天下事，当局者迷，旁观者审。今有人焉，于其进退之间，虽有国计身家两全之策，而为目前公私诸务所蔽，惑于所见，则其友人安得不忠言直告，以发其三思乎？仆之渎告阁下者，亦惟出于友谊，一片至诚，冀阁下垂谅焉。

清国海陆二军，连战连北之因，苟使虚心平气以察之，不难立睹其致败之由，以阁下之英明，固已知之审矣。至清国而有今日之败者，固非君相一己之罪，盖其墨守常经，不谙通变之所由致也。夫取士必以考试，考试必由文艺，于是乎执政之大臣、当道之达宪，必由文艺以相升擢。文艺乃为显荣之梯阶耳，岂足济夫实效？当今之时，犹如古昔，虽亦非不美，然使清国果能独立孤往，无复能行于今日乎？

前三十载，我日本之国事，遭若何之辛酸，厥能免于垂危者，度阁下之所深悉也。当此之时，我国实以急去旧治，因时制宜，更张新政，以为国可存立之一大要图。今贵国亦不可不以去旧谋新为当务之急，亟从更张，苟其遵之，则国可相安；不然，岂能免于败亡之数乎？

与我日本相战，其必至于败之局，殆不待龟卜而已定之久矣。既际此国运穷迫之时，臣子之为邦家致诚者，岂可徒向滔滔颓波委以一身，而即足云报国也耶？以上下数千年，纵横几万里，史册疆域，炳然庞然，宇内最旧之国，使其中兴隆治，皇图永安，抑亦何难？

夫大厦之将倾，固非一木所能支。苟见势不可为，时不云利，即以全军船舰权降与敌，而以国家兴废之端观之，诚以些些小节，何足挂怀？仆于是乎指誓天日，敢请阁下暂游日本。切愿阁下蓄余力，以待他日贵国中兴之候，宣劳政绩，以报国恩。阁下幸垂听纳焉。

贵国史册所载，雪会稽之耻以成大志之例甚多，固不待言。法前总统末古末哑恒曾降敌国，以待时机；厥后归助本国政府，更革前政，而法国未尝加以丑辱，且仍推为总统。土耳其之哑司末恒拔香，夫利加那一败，城陷而身为囚虏。一朝归国,即跻大司马之高位,以成改革军制之伟勋,迄未闻有挠其大谋者也。阁下苟来日本,仆能保我天皇陛下大度优容。盖我陛下于其臣民之谋逆者,岂仅赦免其罪而已哉?如榎本海军中将、大鸟枢密顾问等,量其才艺,授职封官,类例殊众。今者,非其本国之臣民,而显有威名赫赫之人,其优待之隆,自必更胜数倍耳。第今日阁下之所宜决者,厥有二端:任夫贵国依然不悟,墨守常经,以跻于至否之极,而同归于尽乎?抑或蓄留余力,以为他日之计乎?

从来贵国军人与敌军往返书翰,大都以壮语豪言,互相酬答,或炫其强,或蔽其弱,以为能事。仆之斯书,洵发于友谊之至诚,决非草草,请阁下垂察焉。倘幸容纳鄙衷,则待复书贲临。于实行方法,再为详陈。

谨布上闻。①

1895年1月19日,即日军开始登陆荣成湾的前一天,大山岩派第二军参谋陆军步兵少佐神尾光臣和他的法律顾问有贺长雄,携带英文劝降书到松岛舰,传知大山岩的意见。于是,此劝降书由大山岩和伊东祐亨连署,以表示负责。几天后,以伊东祐亨单独落款的形式,由英国军舰塞班号转致丁汝昌处。丁汝昌接书后,毅然拒绝了日本人的劝诱。

日军头目的劝降虽遭拒绝,但并未放弃"务不损我舰,不使敌舰沉没,待及弹竭粮尽,士气沮丧"的作战原则。日军进攻威海卫的基本战术是:"利用第二军所略取诸堡垒,与舰队相策应,欲以击清国舰队。即以西部半岛诸炮垒(指北帮炮台)悉破坏,不复用之;独修理温泉汤诸堡垒(应指南帮炮台),以攻刘公岛。诸队(指日舰本队及各游击队)即据阴山口(皂埠口)为根本,连朝出诸舰于港口(指威海卫南北两口),更互监视清军举动。"②后来,日军就是靠这种围困的办法达到了预定的目的。

日军既准备妥当,便开始向山东半岛进犯了。

四 日军登陆荣成湾和荣成失守

日本大本营之所以批准从荣成湾登陆的方案,是因为关文炳实地调查后

---

① *Admiral Ito's Letter to the Late Admiral Ting*.见《日清战争实记》,第23编,第82—83页。译文载《中东战纪本末》第5卷。收入《中日战争》(1)第195—197页。

② 桥本海关:《清日战争实记》第21卷,第388页。

所写出的报告是有说服力的。他说:"从荣成湾到威海卫距离不过十七里①,先在荣成湾备好远征陆军由陆路前进,拊威海卫之背,舰队由正面进逼,以击威海卫诸炮台,海陆配合,前后夹击,使彼腹背受敌,进退失据。此余设想攻占威海卫之最易方法也。"不过,他又指出:"此间道路高洼不平,且狭窄弯曲,行旅为之却步,行军必更困难。……如此道路,能否派遣陆军,因不在其职,甚难确言。故此事应由本省与陆军省议商,派遣负责之陆军将校勘察之,则能否行军即有所了然,于将来采取何等方略必大有裨益。"②因此,日本大本营对进攻威海卫后路的计划尚感到无完全的把握。在荣成湾登陆之前,曾传令曰:"敌舰队在威海卫港口,陆军在威海卫及其近旁者当不下一万二千人,因我军与舰队联合,欲从荣成龙须岛旁攻之。贵官等宜速取荣成湾侦察威海卫诸道,以查敌状。"③于是,日军几次乘船至龙须岛附近登岸,进行侦察,不仅了解了到威海卫的道路情况,而且"得威海、成山兵防状以去"。④

　　根据作战计划,在日军登陆荣成湾之前,日舰第一游击队先对登州进行了牵制性的炮击。1月18日,第一游击队司令官鲛岛员规奉命执行炮击任务。其目的是制造"声东击西"的假象,以牵制山东半岛西部的清军不至全趋东面。是日拂晓,鲛岛率第一游击队之吉野、秋津洲、浪速三舰从大连湾起航。午后2时40分,日本三舰将近登州海岸,减速行驶。3时,日舰以15公分炮开始炮击,炮弹落入城内造成两处起火。清军立即备战,从府城东门外海岸发炮还击,但因炮力不足,其中多数炮弹未到敌舰即已落海。4时5分,炮声停息。日舰驶向鼍矶岛停泊。当天,李秉衡接报,电饬"各营连夜整队严防"。⑤

　　1月19日下午1时45分,日舰再次炮击登州。从日本军舰上观察,登州"府城守备严逾昨日"。"丹涯〔崖〕山炮台俄发大炮,诸炮台皆齐发射,势颇猛烈。"⑥步营也"出队分伏沙堤长城迎敌"。⑦丹崖山旁水城上旧有明代防倭铜炮一尊,名曰镇海侯,乃抗倭英雄戚继光所铸,总兵夏辛酉命"遽发是炮击之"。⑧

---

① 17里,为日本里程,约合 67 公里。
② 关文炳:《关于威海卫及荣成湾之意见书》。见东亚同文会编:《对支回顾录》下册,列传,第453 页。
③ 桥本海关:《清日战争实记》第11卷,第362页。
④ 姚锡光:《东方兵事纪略》,见《中日战争》(1),第55页。
⑤ 《李秉衡致李楹电》,《山东巡抚衙门档》(中国第一历史档案馆藏)。
⑥ 桥本海关:《清日战争实记》第11卷,第369页。
⑦ 《夏辛酉致李秉衡电》,《山东巡抚衙门档》(中国第一历史档案馆藏)。
⑧ 姚锡光:《东方兵事纪略》,见《中日战争》(1),第56页。

炮弹"过吉野舰侧,远落海中,高扬波涛"。①吉野受此一惊,急回旋舰身躲避,并停止炮击,合队东驶。时为下午 2 时 30 分。盖日舰之炮击登州,只求达到牵制的目的,尽可能避免伤舰折兵,且"登州、威海间,阻烟台通商地,不利行师,原不欲于此登岸也"。②

是日午后 7 时,吉野等 3 舰与第一游击队之高千穗相遇。先是在 1 月 18 日,高千穗舰长野村贞海军大佐接到命令:在运兵船从大连湾出发之前,即 19 日凌晨,先对威海卫进行侦察。日本方面一直注视着北洋舰队的动向,深恐北洋舰队离开威海卫而驶向其他港口。万一出现这种情况,其消灭北洋舰队以至整个战争计划,都将受到影响,甚至会使战争延长,这是日本当局所尽力避免的。因此,高千穗的具体任务,就是侦察北洋舰队是否尚在威海卫港内:若情况未变,则与吉野等 3 舰会合;若情况有变,则立即返航向旗舰报告。19 日上午 7 时,高千穗驶至距刘公岛 20 海里处,只见浓云满天,雪花纷飞,无法观察。直至下午 1 时,雪停天晴,高千穗降下舰旗,驶近威海南口,观察到有 10 余艘中国军舰隐蔽于日岛附近。此时,只见日岛炮台上摇动信号旗,似欲炮击,高千穗即"在威海卫港前向西横切,驶向登州湾,以与第一游击队会合"。③午后 7 时,高千穗终于与吉野等 3 舰相遇,并挂出"敌舰在威海卫"的信号。于是,第一游击队整顿队形,以高千穗为殿舰,向成山头方向驶去。20 日凌晨 2 时半,第一游击队在成山头附近海面与联合舰队会合,加入了战列。

日本联合舰队是 1 月 19 日从大连湾起航的。是日,将全部 50 艘运兵船均按舰队编制,以军舰为先导,分三批先后出发:第一批,以远江丸为监督船,共 19 艘,19 日午后 1 时出发;第二批,以长门丸为监督船,共 15 艘,20 日午前 10 时出发;第三批,以横滨丸为监督船,共 16 艘,21 日拂晓出发。并决定,除第一批运兵船由军舰护卫外,另外两批皆不用军舰护航,各自按规定的航线航行。日本联合舰队担任护航的军舰共 25 艘,另有鱼雷艇 16 艘。由八重山舰长平山藤次郎大佐率领的八重山、爱宕、摩耶三舰,作为先遣队先发。第四游击队筑紫、鸟海、大岛三舰及赤城、天城二舰继后。正午时,第一批运兵船 19

---

① 桥本海关:《清日战争实记》第 11 卷,第 369 页。按:夏辛酉电报称:"我军亦开炮还击,中倭船一炮。"似系观察不清而致误。姚锡光谓"中其船面",乃误从夏辛酉之电,不足为据。

② 姚锡光:《东方兵事纪略》,见《中日战争》(1),第 56 页。

③ 《日清战争实记》第 18 编,第 15 页。

艘和海军运输船 6 艘,在 13 艘军舰的护航下由大连湾出港。这十三艘护航舰是:本队松岛、千代田、桥立、严岛四舰;第二游击队扶桑、比叡、金刚、高雄四舰;第三游击队天龙、大和、武藏、葛城、海门五舰。6 艘海军运输船和鱼雷艇随第二游击队而行;19 艘运兵船则分为 4 队,每队以第三游击队之一舰为先导。其航行序列如下:

  本　　　　　队:松岛、千代田、桥立、严岛。

  第二游击队:扶桑、比叡、金刚、高雄。

  海军运输队:相模丸、西京丸、江户丸、伊势丸、共代田丸、万国丸。

  鱼雷艇队。

  第三游击队:天龙、远江丸、摄阳丸、鹿儿岛丸、山口丸;大和、金州丸、三池丸、丰桥丸、新发田丸;武藏、有明丸、宗谷丸、兵库丸、小仓丸、立山丸;葛城、酒田丸、名古屋丸、广岛丸、萨摩丸、空知丸、和歌浦丸;海门。

　　为掩护"山东作战军"在荣成湾登陆,日本海军几乎投入了全部力量,共调用了 25 艘军舰。其分工和装备情况,如下表所示:

分工	队别	舰　名	舰　种	舰　质	吨　位	速力（节）	炮数	下水年代
炮击登州	第一游击队	吉　野	巡洋舰	钢	4 225	22.50	34	1892
		秋津洲	巡洋舰	钢	3 150	19.00	22	1892
		浪　速	巡洋舰	钢	3 709	18.00	24	1885
侦察威海卫		高千穗	巡洋舰	钢	3 709	18.00	24	1885
抢先登陆	先遣队	八重山	巡洋舰	钢	1 609	20.00	9	1889
		爱　宕	炮舰	钢骨铁皮	622	10.25	2	1887
		摩　耶	炮舰	铁	622	10.25	2	1886
掩护先遣队	第四游击队	筑　紫	巡洋舰	钢	1 372	16.00	7	1880
		鸟　海	炮舰	铁	622	10.25	2	1887
		大　岛	炮舰	钢	640	13.00	4	1891
		赤　城	炮舰	钢	622	10.25	4	1888
		天　城	巡洋舰	木	926	10.25	7	1877

续表

分工	队别	舰名	舰种	舰质	吨位	速力（节）	炮数	下水年代
护卫运兵船	本队	松岛	海防舰	钢	4 278	16.00	31	1890
		千代田	巡洋舰	钢	2 439	19.00	27	1890
		桥立	海防舰	钢	4 278	16.00	32	1891
		严岛	海防舰	钢	4 278	16.00	32	1889
	第二游击队	扶桑	铁甲巡洋舰	铁	3 777	13.00	17	1877
		比叡	巡洋舰	铁骨木壳	2 284	13.20	15	1877
		金刚	巡洋舰	铁骨木壳	2 284	13.20	9	1877
		高雄	巡洋舰	铁骨铁壳	1 778	15.00	5	1888
	第三游击队	天龙	巡洋舰	木	1 547	12.00	6	1883
		大和	巡洋舰	铁骨木壳	1 502	13.00	7	1885
		武藏	巡洋舰	铁骨木壳	1 502	13.00	7	1886
		葛城	巡洋舰	铁骨木壳	1 502	13.00	7	1885
		海门	巡洋舰	木	1 367	12.00	6	1882

在这 25 艘军舰中，本队 4 舰和第一游击队 4 舰构成了日本海军的主力。其次是第二游击队 4 舰。此 4 舰皆有十七八年的舰龄，型式也较陈旧。其中，高雄仅千余吨，比叡、金刚则皆系木壳，难任海上大战；惟扶桑吨位较大，又是铁甲巡洋舰，尚有一定的战斗力。至于第三游击队 5 舰，或为木结构，或为铁骨木壳，且其吨位皆千余吨；先遣队三舰和第四游击队 5 舰，大都是不足千吨的炮舰。当时，有人指出：日本军舰"旧制渐朽废不中用者十之七，新制坚利者十之三"。[1]"实则任战之船不能十艘，余多木质小船，猥以充数。"[2]这种说法基本上是符合事实的。但是，由此而产生对日本海军实力的低估，也反映了当时有相当一部分清朝官员始终存在着一种盲目轻敌思想。

1 月 20 日拂晓前，日本八重山、爱宕、摩耶三艘先遣舰最先到达荣成湾。此日，雨雪霏霏，陆上白皑皑一片，很难辨认目标。5 时 30 分，八重山等 3 艘日舰各放下一只舢板，载侦察兵 6 人和决死队员 7 人，另陆军侦察队 12 人，共 51

---

① 袁昶：《禀复署府部德》，《于湖文录》，见《中日战争》(5)，第 324 页。
② 姚锡光：《东方兵事纪略》，见《中日战争》(1)，第 70 页。

人,由海军大尉大泽喜七郎指挥,向预定的登陆地点驶近,但误入落凤墙南嘴以西的海湾中。大泽见岸边有30余艘中国渔船聚泊,便命部下劫持渔民进行盘问,始弄清预定登陆地点的准确方位。于是,下令转舵绕过山嘴,向东北驶至划子窝岸边。

原来,山东半岛的成山附近地势复杂,暗礁潜藏,怪石嵯峨,是著名的海道极险之处。过成山头而西行,即至龙须岛。龙须岛为一半岛,由成山大西庄村至卧龙村之间向南伸入海中。此岛之西南角有数条长礁,挺入深海,似龙须之状,故名。其东、西、南三面礁石林立,亦不可靠岸。惟龙须岛后面大西庄村以西至落凤墙村以东的一片海岸,地势平坦,全是沙滩,适于登陆。自古以来,这里就是南北往来船只避风的好去处,也是渔船的聚泊之所,故当地称为"划子窝"。明朝初年,倭寇曾屡次在此登岸骚扰。据一个日本随军记者自供:"山东流传一句俚语:'倭子上岸了!'以此吓唬啼哭的儿童。过去,倭寇在夏季抢掠山东沿岸,到冬季则南下抢掠沿海大陆,其凶悍实令人胆战心惊。大和民族的兵威早已为整个中国所熟知。中国的海防几乎全是为防御倭寇而设置的。"[1]出言虽极狂妄,但道出了历史的事实。为了防倭的需要,明政府设立了成山卫,以此处为停泊水师之所,并在落凤墙村南嘴修筑炮台一座,以控制海口。清雍正年间,设荣成县,即以成山卫为县治。从历史上看,荣成湾就是海防的要地。但是,长期以来,清政府并未在成山一带设防,落凤墙村南嘴炮台也被废弃。日军登陆以前不久,始派清军东来,然尚不足两营:河防军1营驻落凤墙村;巩军中营两哨8棚驻大西庄村,另两棚驻成山头之始皇庙。[2]清军有行营炮4门,却架设在落凤墙村东的小岗上,根本未想到利用南嘴这个极为重要的炮台旧址。以此兵力和布置,是不可能挡住日军登陆的。

平山泽七郎率三船驶至划子窝,先令一舢板靠岸,以切断大西庄村的电线。日兵10余人上岸后,为巩军哨兵所发现,"齐发小铳,铳丸如霰"[3],又用4门行营炮击之。日兵急忙奔回船上,一面以火箭向本舰报警,一面驾船退驶。此时,第四游击队各舰亦驶进荣成湾。于是,八重山、爱宕、摩耶、筑紫、鸟海、大岛、赤城、天城八舰排成一字横阵,向岸上猛烈排击。当时,驻落凤墙村的河

---

① 《〈日本新闻〉特派记者素川战地通讯》,见《日清战争实记》第17编,第29页。

② 按淮军的一般编制:一营500人,有营官;每营5哨,每哨100人,有哨官;每哨10棚,每棚10人,有棚目,俗称棚头。

③ 桥本海关:《清日战争实记》第11卷,第371页。

日本第二军登陆龙须岛

防营,本不是受过正式训练的部队。"河防营者,河涨则集,涨平则散,无常饷,知奋踢,不知行阵,盖土夫,非战兵也。"①"名为每营五百人,实则只有三百余人,带有旧式枪一支;余者均是杂役人等,并无其他御敌武器"。②这样的所谓军队,怎能抵御强敌的进攻?当日舰的炮弹落到落凤堌村,击中村民阮卿珍的房屋而引起火灾时,这营河防军也就仓皇西逃。驻大西庄村的巩军队长戴金镕,见势难抵御,便将行营炮弃置,率队西撤。成山头始皇庙的两棚巩军,听到龙须岛方向的炮声,遂撤到山北,沿北海岸退回威海。此时,成山一带已无清军一兵一卒,但日军还是不敢贸然上岸,又向岸上排轰了两个多小时,才开始实行登陆。

　　针对日军的登陆活动,清政府内部议论纷纷,始终拿不出果断而切实的对策。当时,在枢府内部,袭击日本运兵船的主张占了上风。先是,在1月20日,清廷获悉日舰炮击登州,及日船近50艘聚泊大连湾,认为其"诡谋叵测,威海之防不可一日稍松",曾谕饬威海"水陆各军严密防守,力与相持,毋令乘隙

---

① 姚锡光:《东方兵事纪略》,见《中日战争》(1),第54页。
② 李荫农:《甲午中日战争目击记》(稿本)。按:李荫农,荣成县成山东墙村人,日军登陆时年24岁。

登岸"。①21 日，日军登陆的消息得到证实后，清廷急速谕饬："防军飞速驰击，勿任深入蔓延；海军战舰必须设法保全"。同时指出："预筹水陆相依之法尚属详悉"，但应迅筹"如何相机合力出击之处"，"毋得束手坐待，致为所困"。②22日，清廷电谕李鸿章，明确地指示海军出海袭击："闻敌人载兵皆系商船，而以兵船护之，若将定远等船齐出冲击，必可毁其多船，断其后路，此亦救急之一策。"③23 日，又谕饬海军"乘间出击，断贼归路"，并令李鸿章晓谕马格禄"同心戮力，克建殊勋"。④李秉衡以守土有责，急欲扫清敌氛，非常赞成朝廷的主张，他说："伏查倭人既经登陆，其船上必无重兵，我若以兵船奋力攻击，毁其运兵及接济粮械之船，则水路受创，陆路亦易得手。如谓保护铁船，恐其战败毁伤，万一威海有失，则海军根本已废，铁船从何处保全？此理甚明而易见。"⑤

以署南洋大臣张之洞为代表的一种意见，则是迅速增援威海后路。他说："威海为北洋屏蔽，海军停泊之所，此处不守，则北洋出路梗阻矣。该处台坚炮巨，炮手亦好，敌船不能攻，故袭后路。此攻旅顺之故智也。"此时，清廷已先后从南方调 25 营北上。其中，贵州古州镇总兵丁槐苗兵 5 营；徐州镇总兵陈凤楼马队 3 营，并率清淮马队 2 营；皖南镇总兵李占椿果胜军 5 营；记名提督万本华长胜军 5 营；总兵张国林健胜军 5 营。张之洞认为：山海关一带军情趋于缓和，"诸军尚多"，此 20 余营"似非急需"。因此，他建议：即令此 25 营取道莒州等处，"直趋烟台，探明威海后路，相机援剿"，俟"威海保全后，仍可再令赴山海关"。⑥刘坤一亦有同见。日军登陆荣成湾后，他认为：日军"尽锐趋山东沿海，威海甚危，海军告急，倭计欲得我铁甲兵轮，并欲窜扰山东以断南北粮道，殊于大局有关。"于是，一面商于李鸿章，电饬丁汝昌"相机办理，务须保全铁甲轮各船"，一面电饬"所调江南马步诸军，由山东迅赴烟台或威海，探悉倭人所向，全力截击"。另外，他还提出：军情既有变化，可令已调近畿的总统皖军马步 20 营的提督程文炳和总统甘军马步 18 营的提督董福祥，"即日率老营启行，由德州、济南一路前进，以期迎头堵截"。⑦清廷批准了刘坤一改调江南马步

---

①　《军机处电寄李鸿章李秉衡谕旨》，《清光绪朝中日交涉史料》(2316)，第 29 卷，第 18 页。

②　《军机处电寄李鸿章李秉衡谕旨》，《清光绪朝中日交涉史料》(2330)，第 29 卷，第 30 页。

③　《军机处电寄李鸿章谕旨》，《清光绪朝中日交涉史料》(2337)，第 29 卷，第 33—34 页。

④　《军机处电寄李秉衡谕旨》，《清光绪朝中日交涉史料》(2347)，第 29 卷，第 36 页。

⑤　《奏请饬海军轰击倭船片》，《李忠节公奏议》第 6 卷，第 2 页。

⑥　《署南洋大臣来电》，《清光绪朝中日交涉史料》(2335)，第 29 卷，第 32—33 页。

⑦　《钦差刘大臣来电》，《清光绪朝中日交涉史料》(2340)，第 29 卷，第 34—35 页。

诸军"由山东境迅赴威海助剿"的建议,而驳回了令程文炳、董福祥二军赴山东省合力堵截的意见。其驳语有云:"贼之踞荣城〔成〕、逼威海,其意似在占据海口,窥伺近畿,程文炳、董福祥两军未便轻议移动。"①

在此一发千钧的关键时刻,李鸿章一直缺乏定见。起初,他倾向于令海军退至烟台。在日军登陆的当天,他致电丁汝昌称:"成山一带虽有日船,自威至烟何至一步不能行!"②几天后,他又指示丁汝昌:"若水师至力不能支时,不如出海拼战,即战不胜,或能留铁舰退至烟台。希与中外将弁相机酌办为要!"③但是,当他与刘坤一会见以后,他的想法又有所改变。他在致登莱青道刘含芳电中说:"只要威防水陆合力坚守,以待援师。"④也开始寄希望于东来的援军。此时,李鸿章已从总税务司赫德处获悉,在威海的洋员马格禄曾电告赫德,威海可以守住。他急电询问丁汝昌:"有何把握?与商筹。"⑤丁汝昌与马格禄商议后,复电李鸿章,认为"万无退烟之理",而出口决战则"陆军将士心寒,大局更难设想",皆不可行。根据他的意见,惟一的希望仍在于后路有劲旅来援。他提出:"威防如能支,尚须曹军门及吴宏洛来援,他军恐难靠。"⑥曹军门,指前广东陆路提督曹克忠,统领新募洋勇30营驻天津新城南小站,其4营驻渤海西岸之祁口(一作岐口)。吴宏洛为前澎湖镇总兵,统领宏字6营1哨驻大沽、北塘间的新河镇。在丁汝昌看来,曹、吴两军之驻地皆距山东甚近,东来增援尚不难如期到达,而其他各军则皆远水不济近火,故提出这个要求。李鸿章明知朝廷不会批准曹、吴东援,也不为之奏请,但还是同意了丁汝昌"死守"的意见。他电告丁汝昌说:"汝既定见,只有相机妥办。"并特别嘱咐一句:"望保全铁舰。"⑦他还将此意电告李秉衡:"鸿迭饬水陆将领力图保威,以待援应。"⑧李、丁二人最终取得了一致的意见。

在当时的情势下,清军究竟应该采取何种对策?对此,见仁见智,各有不同。要作出恰当的判断,恐怕既要考虑中日海军力量的对比,也要考虑威海后

---

① 《军机处电寄刘坤一谕旨》,《清光绪朝中日交涉史料》(2352),第29卷,第38页。
② 《复丁提督》,《李文忠公全集》,电稿,第19卷,第39页。
③ 《寄刘公岛丁提督》,《李文忠公全集》,电稿,第19卷,第43页。
④ 《复烟台刘道》,《李文忠公全集》,电稿,第19卷,第43页。
⑤ 《复丁提督》,《李文忠公全集》,电稿,第19卷,第42页。
⑥ 《丁提督来电》,《李文忠公全集》,电稿,第19卷,第44页。
⑦ 《复丁提督》,《李文忠公全集》,电稿,第19卷,第45页。
⑧ 《复李鉴帅》,《李文忠公全集》,电稿,第19卷,第46页。

路防御情况。

就海军来说，经过黄海海战，北洋舰队的实力已大为削弱。当时，驻泊在威海卫港内的北洋舰队仅有战舰 7 艘、炮舰 6 艘和练舰两艘。如下表所示：

舰 名	舰 种	舰 质	吨 位	速力(节)	炮 数	下水年代
定 远	铁 甲	钢	7 335	14.50	22	1882
镇 远	铁 甲	钢	7 335	14.50	22	1882
来 远	铁 甲	钢	2 900	15.50	14	1887
靖 远	巡洋舰	钢	2 300	18.00	23	1886
济 远	巡洋舰	钢	2 300	15.00	23	1883
平 远	装 甲	钢	2 100	11.00	11	1889
广 丙	巡洋舰	钢骨钢壳	1 030	15.00	20	1891
镇 东	炮 舰	钢	440	8.00	5	1879
镇 西	炮 舰	钢	440	8.00	5	1879
镇 南	炮 舰	钢	440	8.00	5	1879
镇 北	炮 舰	钢	440	8.00	5	1879
镇 中	炮 舰	钢	440	8.00	5	1881
镇 边	炮 舰	钢	440	8.00	5	1881
康 济	练 舰	铁骨木壳	1 310	12.00	11	1879
威 远	练 舰	铁骨木壳	1 268	12.00	11	1877

此外，还有飞霆、宝筏、利顺三艘差船和大小鱼雷艇 13 艘。以此力量守口，是绝对没有问题的；而出海作战则须取慎重的态度。因为镇远触礁后伤势极重，虽勉强堵塞支撑，仍不能出海作战。北洋舰队可任海战的主力战舰仅有定远、来远、靖远、济远 4 艘，平远、广丙两舰则可作辅助战舰使用，其余舰只只供守口而已。如果北洋舰队贸然出海，适中敌人的计谋。日本方面早就做好了对付北洋舰队出海的准备，其所制定的《联合舰队作战大方略》即称："若敌舰驶出威海卫港，应巧妙地将其诱至外海，我主力战舰(联合舰队本队、第一游击队及第二游击队)实行适当的运动，准备战斗。筑紫舰及另 7 舰(赤城、摩耶、爱宕、武藏、葛城、大和、鸟海)则组织陆战队，伺机登陆，占领刘公岛。"①可见，如

---

① 《日清战争实记》第 23 编，第 84 页。

果北洋舰队真的"出口决战"或冲过成山角以"断敌退路",将会遭到数倍于己之敌舰的包围,这无异于孤注一掷,必定大失其利,甚至有极大的可能提前归于覆灭。伊东祐亨企图将北洋舰队"诱至外海",其目的是使北洋舰队失掉刘公岛、日岛及威海南北两岸炮台的掩护,这是十分清楚的。这说明伊东很怕北洋舰队在近海作战。

　　威海卫的后路防御,是其整个防御体系中最薄弱的环节。这已为当时许多有识之士所共见。张之洞、刘坤一等人奏调江南马步20余营改趋烟台、威海,正是想填补威海后路的空虚,然路途遥远,缓不济急。丁汝昌建议调曹克忠、吴宏洛二军东援,较为可行,但即使请调成功,以当时的行军速度,未必能全部及时到达,恐亦难应付局面。当时,最切实可行的办法是:一面急令威海后路诸军迅速救援威海,一面调本省他处和外省的驻军继续增援。日军登陆时,威海后路的登莱二州(包括烟台)驻有清军 32 营 16 000 多人,完全可以抽调 20 余营赶赴东路迎敌。这将会使威海后路的防御情况大为改善,起码可使日军的行进受阻,而推迟其进攻威海卫的时间。继之,还可从胶、青二州及本省西部抽调若干营,增援东路清军。然后,再调京畿南部曹克忠等军和江南马步各军来援,以厚威海后路的兵力。若如此,虽不能很快地做到"逐倭下岸",但必可使日军的图谋一时难以实现。当时,日本因国内困难重重[1],国外列强虎视眈眈,正陷于极端窘困之中。连陆奥宗光也不得不承认:"内外形势,早已不许继续交战。"[2]因此,如果威海战事能够持久下去,对中国是非常有利的。然而,清廷始终不愿改变重京畿轻山东的战略部署,多次驳回了一些官员关于抽调近畿劲旅东援的请求。李秉衡负责威海后路的防务,对战局也缺乏正确的估计,在布置上平均使用兵力,因而造成了被动的局面。他获悉日军在荣成湾登陆时,先是"电饬威海西面后路各营,各抽五成驰应",却又担心日军"难免不从西面乘隙上岸,因之所派嵩武等营未能全趋东面,转致西面全虚"。[3]其结果,先后派往东路的兵力总共才 10 营。以区区之弱军,迎锐气方张之大敌,怎么能阻止其长驱直入呢?

　　1 月 20 日上午 8 时许,日本海军大尉大泽喜七郎率水兵 8 人,再次乘舢板从八重山舰出发,直抵岸边。此时,清军早已溃走,大泽等遂直接登岸。日兵

---

①　参见拙作:《中日甲午威海之战》,第 49 页。

②　《伯爵陆奥宗光遗稿》,第 476 页。转见丁名楠等:《帝国主义侵华史》第 1 卷,第 365—366 页。

③　《李秉衡致总理衙门电》(1895 年 1 月 22 日),《山东巡抚衙门档》(中国第一历史档案馆藏)。

上岸后,发现清军在海岸沙滩上挖有一道壕沟,长约二三公里,深仅 3 尺,草率之极;清军在大西庄村的兵营里有丢弃的文件和尚未来得及吃的饭菜。大泽下令切断清军的电线,又率水兵由大西庄西行,在落凤堌村东的山冈上缴获了清军的 4 门行营炮。上午 9 点多钟,日本海军舰艇和 19 艘运兵船陆续抵荣成湾,开始做登陆的准备。各运兵船皆放下带来的舢板,满载士兵,由海军汽艇每次牵引五六只驶向岸边。到 21 日下午 4 时,日军第一批部队登陆完毕。是日拂晓,第二批 15 艘运兵船到达,第二军司令官陆军大将大山岩乘横滨丸同行。23 日,第三批 16 艘运兵船到达。其战斗部队皆于当天登陆。但辎重驳运费时,又花了两天的时间。几日来,"大雪满天,朔风劈耳,数〈只〉运货轮往来,使人马辎重上陆,五日不绝。至二十五日,皆尽上陆。"①日军的登陆活动共进行了 5 天,先后驳运 34 600 人(包括夫役)和 3 800 匹马上岸。日军登陆的当天,第二军司令部人员即进入大西庄,并以此村为宿营地。大山岩住进渔商李云鹭开设的万顺渔行,作为临时指挥部;第二军参谋长陆军少将井上光及其他参谋人员,住进渔商王西园开设的德顺渔行。②第二师团司令部陆军中将佐久间左马太及参谋长步兵大佐大久保利贞等,则在落凤堌村以西约 5 里的马家疃宿营。此时,日军已经占领成山角的始皇庙和灯塔,解除了后顾之忧,于是便派前锋继续西进。

当天下午,佐久间左马太派步兵第四联队为前卫,向荣成进犯。第四联队长步兵大佐仲木之植,以山田忠三郎步兵少佐所率第一大队为前队,并以上野庸步兵大尉所率第一中队为尖兵。由马家疃至荣成县城仅 15 里,由于大雪塞路,日军步兵第四联队一面搜索一面前进,直到下午 7 时才进抵城下。

荣成县本无防营驻守,知县杨承泽以海防吃紧,曾令县内绅民筹办防团,称荣成县海防总团。团勇皆无枪支,"每人手持一根长矛,操练时各随鼓点舞动,如同演戏一般"。③后来,日舰经常在荣成湾出没,使城里居民惶恐不安,杨承泽无计可施,只好张贴告示以安定人心。其告示曰:"照得倭人构衅,现已举办防团。倘有贼船近岸,自当调勇阻挡。我民且勿慌乱,致滋乘机劫抢。本县

---

① 桥本海关:《清日战争实记》第 11 卷,第 371—372 页。
② 《李明堂口述》(1957 年记录稿);《袁忠信口述》(1976 年记录稿)。按:李明堂,荣成县卧龙村人,日军登陆时 24 岁;袁忠信,荣成县成山大西庄人,日军登陆时 5 岁。
③ 《田少安口述》(1976 年记录稿)。按:田少安,荣成县城里人,日军登陆时 10 岁。

日军第二师团第四联队向荣成县城(成山卫)进犯

自示之后,万勿以身试尝!"①满纸的空话、套话可以敷衍于一时,而终究无济于事。副将阎得胜率5营河防军开到后,荣成的防御也未真正地得到加强。在这5营中,副将戴守礼的河定右营开往俚岛;阎得胜的泰靖左营和都司叶云升的精健前营本拟开往倭岛,因路程较远,暂驻窑上;惟参将赵得发的河成左营和巡检徐抚辰的济字右营驻扎县城南门外。不久,赵得发一营移驻城东,分扎沙寨和落凤墙两处。这样,荣成附近就只有徐抚辰一营了。

先是,当天中午,杨承泽闻知日军在划子窝登陆,便下令紧闭城门,率团勇登城巡视。此时,城东败回的河防军奔至城外,见城门关闭,便蜂拥而西。守城的团勇见状,打开城门,也纷纷四逃。杨承泽则跑到城东南隅秀才孙绍峰的家里躲藏起来,几天后化装混出城外,逃往济南。下午7点多钟,日军步兵第四联队没有遇到任何抵抗,便从东门进入了县城。随后,仲木之植探悉南门外驻有清军一营,便命令山田忠三郎少佐率前队出南门,向清军发起攻击。交战不久,济字右营便乱了秩序,争先恐后的向西奔去。在这次短暂的交火中,清军战死五六人,被俘12人,并遗弃步枪40支,及弹药72 500余发,而日军则无一人伤亡。②李秉衡于上午闻日舰在荣成湾开炮,当即飞电饬阎得胜、叶云升、戴守礼三营折回荣成,"视敌所趋,并力堵击"。③并警告说:"何营不前,即惟何

① 见《日清战争实记》第17编,第31页。
② 《日清战争实记》第17编,第32页。
③ 《李秉衡致戴宗骞电》,《山东巡抚衙门档》(中国第一历史档案馆藏)。

营是问！"①及电到达，为时已迟，阎得胜等得知敌人已进县城，行至中途便折道西去。威海东路要冲的荣成县就这样失陷了。当时有人写诗道："寇入荒城惊破胆，兵皆鼠窜奈他何！"②充分地表现了人民群众对不战而逃的清军的愤慨之情。

日军进入荣成后，首先占领了城里的电信局。适在此时，威海还发来一封电报。日本电信技师破译了电文，知其内容是："近日见倭船在近海游弋，多达数十艘，是否有倭兵登陆之举？"③随即切断了通向芝罘（烟台）和威海卫的电线。当夜，日军第四联队便宿于荣成。第二天，大山岩率日军第一批登陆部队亦至荣成，并在城内设临时司令部。因为他要等待第二、三两批登陆部队的到来，所以直到 1 月 25 日才下达了进兵威海卫的命令。

第三节　威海卫之战

一　白马河前哨战

日本第二军占领荣成后，大山岩一面派出多起探骑侦察清军驻兵情况，一面连日召集参谋人员会议，研究制定攻占威海卫的作战方案。

根据日本第二军参谋官会议分析，清军必定采取"恃坚垒雄堡，欲防日军"的战术，这是成欢之战以来清军的惯用战法，是不会改变的。而这正是清军"所以自取败"之道。④同时，确信"清军绝不可能把全部兵力集中于威海卫，因为无论如何，须有一部兵力担任守备，另外还要有其他驻防的需要。这样，日军从荣成湾登陆到占领威海卫，如果需要两三周的时间，在此期间从各地集中到威海卫的清军不会超过 16 000 人。倘若如此，以第二军第二师团之全部和第六师团之一半对付清军，日军仍然居于优势"。关于由荣成至威海卫的道路，关文炳曾在 1888 年和 1889 年之交进行了特别细心的观察。日方记载说：

---

① 《李秉衡致阎得胜等电》，《山东巡抚衙门档》（中国第一历史档案馆藏）。

② 岳晓岩：《日本军》，《蜗庐杂咏》（抄本）。

③ 《日清战争实记》第 17 编，第 33 页。

④ 桥本海关：《清日战争实记》第 11 卷，第 374 页。按：此语引自英将伯麦的格言。伯麦（Sir Gordon Bremer，1786—1850 年），英国海军准将，第一次鸦片战争期间担任英国侵华军海军司令。

"对于沿途的地形及道路情况,关文炳做了详细的记载。此次我军制订出兵山东、进攻威海卫的作战计划,依据关文炳的游记判断地形,得益良多。关文炳可以说是圆满地完成了任务。"①从荣成到威海卫有两条路:一条是南路,经桥头、温泉汤、虎山等地,北至威海卫,称为芝罘大道;一条是北路,经北港西、鲍家村、崮山后等处,穿过威海南帮炮台后路至威海卫,称为威海大道。南路道路较好,北路难行,根本不可能用车辆运输,骡马也只能勉强通过。根据上述情况,日本第二军参谋官会议建议分左右两路进兵威海卫:第二师团由南路行进,人数较少的第六师团由北路行进,至目的地会合。

大山岩采纳了参谋官会议的建议,于1月25日中午发布进军命令:

一、原在登陆地点及荣成附近之敌约一千五百人,皆向西撤退。在孤〔崮〕山后、桥头集尚有不少敌军。我军按行军计划表,于二十六日向威海卫进军。

二、右路纵队到达鲍家后,在该村停留,侦察前方敌情,并与舰队取得联系。

三、左路纵队到达张〔江〕家口子后,侦察前方敌情,并与右路纵队保持经常联系。停留于桥头集的部队派出一支分队,对宁海、文登方向实行警戒。

四、军司令部拟于二十七日至埠柳村,二十八日到达桥头集。②

1月26日,日本第二军分路向西进犯:第六师团为北路,由陆军中将黑木为桢指挥,辖步兵第十一旅团(旅团长陆军少将大寺安纯),称右路纵队,其任务是由东路进逼威海南帮炮台,担任主攻;第二师团为南路,由陆军中将佐久间左马太指挥,辖步兵第三旅团(旅团长陆军少将山口素臣)和第四旅团(旅团长陆军少将伏见贞爱亲王),称左路纵队,其任务是绕至威海南帮炮台西侧,切断其退路,并与右路纵队形成夹击之势。

当敌人大军压境之际,清军却未能及时集中兵力,组成一支有力的打击力量。日军原先估计,清军在威海后路集中了一万多人的兵力,但侦察的结果表明,清军"并未从各地向威海卫集中,只有三营新兵于上月到达威海卫,还有一

---

① 《日清战争实记》第20编,第19—20页。
② 《日清战争实记》第20编,第20—21页。

部署既定,日军便于 30 日拂晓对南帮炮台发动了总攻。

自孙万龄等军西撤后,威海东南一路已无兵防守,虎口山便成为南帮炮台后路之最后险要。威海陆军主将戴宗骞获悉日军正向威海进逼,不得不重新组织兵力布防。

戴宗骞(1842—1895),字孝侯,安徽寿州人。"幼负志略,喜读书,不屑为章句学。"①后为生员,复补廪生。以乡试不中,因弃文从戎。1867 年,往投李鸿章,上《平捻十策》。②李鸿章留之幕府,襄赞军事。继委办全军营务处,一切军书皆出其手。积勋至知县。次年,随广西右江镇总兵周盛传移军天津附近,驻新农镇。1872 年,建议疏河故道,"俾淮练军治之,则兵农合一,事半而功倍"。上命戴宗骞办理,成稻田 6 万余亩,因著《海上屯田志》以记其事。③1880年,随吴大澂驻防三姓,治绩颇著,因擢知府。1887 年,李鸿章奏派戴宗骞总统绥巩各军督办威海防务。1891 年,大阅海军,论功晋升道员。戴宗骞究心洋务,颇擅文才,而治军则非所长,部下亦无得力之将。李秉衡曾批评他"无将略"。④战争爆发后,戴宗骞在战守问题上多与丁汝昌意见相左,势同水火。日军占领荣成后,他主张"御敌于境外",曾派分统刘树德率两营驰赴荣成迎敌。然刘树德兵力既单薄,又无战斗决心,未经战斗便从桥头撤回。戴宗骞见日军已逼近威海后路,仍怀信心,尽力布置战守。根据现有的力量,他一面派绥军两哨至虎山附近警戒,招回自桥头集西撤之刘树德两营,并增拨 1 营;一面令巩军统领总兵刘超佩从巩军中、前两营中挑选 800 精兵,前往北虎口防守。至28 日,南帮炮台后路布防大体就绪。其兵力配置是:刘树德率绥军副、前、左 3营 1 500 人防守虎山;由刘超佩派遣的巩军中、前营 800 人,防守北虎口一带高地;另外,两哨绥军防守南虎口一带高地。戴宗骞即将兵力布置情况电告李秉衡,略谓:

> 今夜集合三军,若倭大举来攻,以刘树德为先头,派巩军八百人为应援。现已派勇兵两哨,埋伏虎口山外,以挫敌之斥候骑兵。孙(万龄)、李(楹)俱已到达,明日决前进三十里,依据险隘,坚持不退。望速补充粮食。敌若驻营与我相对,即拨嵩武(孙金彪部)、曹(正榜)军来会。援兵纵缓,

---

① 戴绪贤等:《讣闻》,见《丛氏钞存》(抄本)。
② 金天翮撰:《皖志列传稿》第 7 卷,《戴宗骞传》。
③ 《清史稿》列传 247,《戴宗骞传》。
④ 《李秉衡致张之洞电》,《山东巡抚衙门档》(中国第一历史档案馆藏)。

亦必能支。①

然除绥军自身兵力外,其他外援皆不可靠。江南马步 20 营及丁槐 5 营正在北上途中,很难于短期内东来。孙、李军才数营,而且远在几十里外,势难到达。戴宗骞以 2 500 人防南帮炮台西南一路,本已不敷分布,其东南一路便无兵可派。这样,以寡兵而御强敌,其结果也就不难预卜了。

1 月 30 日凌晨 3 时,日军左右两路纵队皆从宿营地出发,向南帮炮台进逼。右路纵队担任主攻。根据第六师团长黑木为桢的命令,全纵队分为三部:右翼支队,以步兵第十三联队第一大队长渡部之步兵少佐为司令官,率步兵第十三联队第一大队及山炮第六大队之 1 个小队,沿海岸佯攻南帮炮台东侧,以为牵制;左翼支队,以步兵第十一旅团长大寺安纯陆军少将为司令官,率步兵第十三联队(缺第一大队)、步兵第二十三联队第一大队、骑兵第六大队之 1 个小队及山炮第六大队(缺 1 个小队),集中兵力攻占南帮炮台之陆路炮台,以便为进攻南帮海岸炮台开辟道路;预备队,包括步兵第二十三联队(缺第一大队)、骑兵第六大队(缺 1 个中队和 1 个小队)及海军陆战队,集合于鲍家村以西待命。与此同时,日本联合舰队也加以配合。在此以前,伊东祐亨即已下令:当陆军进攻南帮炮台时,筑紫、赤城、摩耶、爱宕、武藏、葛城、大和、鸟海八舰向南帮炮台、刘公岛东泓炮台及日岛炮台炮击,以为声势。②

拂晓时,日军左翼支队进至摩天岭南侧山脚。据日本随军记者记述:"摩天岭是群山中的最高山峰,为陆地防御最险要之处。炮垒峨峨,高耸入云,仰头才能望到。附近有炮台数座,皆以胸墙相连,蜿蜒曲折,沿山构筑,其长度连万里长城似也要退避三舍。敌军据守炮垒,实行其擅长之防守战术。"③确实,日军之所以要首先集中力量抢夺摩天岭,就因为此峰为南帮炮台群的制高点,而一旦将其占领,即可控制威海南岸诸炮台。此计划若得以实现,清军在南帮炮台的整个防御体系将随之趋于瓦解。摩天岭炮台只是战争爆发后临时修筑的土炮台。炮台位于摩天岭顶巅平坦处,周围有环形土堆,每隔十数步留一垛口,以备炮手瞄准射击之用。其正北面留有出口,为守台出入之路。四周绕以深堑,沟外堆积鹿砦,并在深堑与鹿砦之间遍布地雷。炮台上设有 8 公分行营

---

① 《甲午中日战争纪要》,第 166 页。
② 桥本海关:《清日战争实记》第 11 卷,第 364 页。
③ 《〈日本新闻〉特派员素川的战地通讯》,见《日清战争实记》第 20 编,第 26—27 页。

威海卫南岸摩天岭炮台遗址

炮8门。守军为巩军新右营,系不久前招募的一营新兵,原驻长峰村,又调扎摩天岭。营官周家恩是著名的勇将,附近村民皆称他是"硬汉子"。①他明知敌我众寡悬殊,决心拼战到底。

是日上午7时30分,日军左翼支队发起攻击。其排列顺序是:步兵第十三联队第二大队在右翼,由其大队长镰田宜正少佐率领;步兵第十三联队第三大队在中央,由其大队长师冈政宜少佐率领;山炮炮兵和工兵随在第三大队之左侧;步兵第二十三联队第一大队在左翼,由其大队长梅泽道治少佐率领。大寺安纯命令"各队散开,越山谷,攀高岭,从侧面向摩天岭前进。清军以巨炮从山上炮台齐射,炮弹如同雷电落地,在头顶和脚下一起爆炸"。②北洋舰队从海上"相应,频开炮轰发;清兵守杨峰〔枫〕岭者,自侧亦射炮丸"。③在清军交叉炮火的打击下,日军死伤累累。大寺亲自督战,采取齐头并进的战术,像撒网似的向摩天岭炮台围来,终于爬过了鹿砦。此时,日军开始进入清军的布雷区,踏响了连环排雷,突然雷轰不断,地动山摇,顷刻间有不少敌兵丧命。对此,日方记载说:"我军立即进逼垒下,敌发大炮防战,我亦乱发山炮应战。两军战正酣,山动谷鸣,地轴为倾。敌兵在垒下预设地雷,我兵误逾其上,爆然燃炸,黑烟冲天,我兵势稍沮。"④"士兵因此皆有惧色,不敢大胆向前。"⑥

日军进攻受挫后,便改变战术,先占领摩天岭西侧的山头,然后向摩天岭发起冲锋。周家恩指挥全营官会连续打退了日军的几次冲锋。日军三次爬上

---

① 《邵启元口述》(1958年记录稿)。按:邵启元,威海南岸海埠村人,当年22岁。
②⑥ 《日清战争实记》第20编,第27页。
③ 桥本海关:《清日战争实记》第11卷,第377页。
④ 《日方记载的中日战争》,《中日战争》(1),第270页。

炮台,守军与之展开肉搏战,全歼了爬上炮台的敌兵。据目击者说:"清军大旗倒了三回,硬是竖起了三回。"[1]日军依仗兵多势众,又从"三面合围",同时向摩天岭发起冲锋。此刻,巩军新右营士兵已经牺牲殆尽。周家恩连中数弹,身负重伤,但毫不退缩,带领仅存的少数官兵同冲上炮台的敌人拼战。在激烈的搏斗中,周家恩与守台士兵全部英勇阵亡。在"垒内已无一兵一卒"的情况下,日军左翼支队才占领了摩天岭炮台。大寺安纯见摩天岭已被攻占,喜不自胜,"与部下共徒步登炮台,自观战状"。[2]此时,停泊在港内的定远等舰齐向摩天岭发炮。大寺胸部被炮弹洞穿而亡,《二六新报》随军记者远藤飞云亦中弹毙命。大寺安纯是甲午战争中第一个被清军击毙的日本将军。他在日本国内被誉为"一代良将"。[3]日人江间些亭有悼诗云:"威海垒壁摩天岭,棨戟林林攒锐锋。石破天惊炮声震,阵云惨澹啼黄龙。宁测骥足忽屯蹶,将军马前铁弹裂!将旗裂处笔折处,六尺之躯云变灭。马革裹尸所曾期,只见沙场满腔血!"词意低沉,对大寺安纯等之死痛惜之至。可见,摩天岭战斗对日军的打击是极为沉重的。

在进攻摩天岭时被击毙的日军第六师团第一旅团长、陆军少将大寺安纯

日军左翼支队攻占摩天岭后,其步兵第二十三联队第三大队在大队长大室胜武少佐率领下,绕至邵家庄,在野战炮兵第六联队第三大队山炮的掩护下,开始向杨枫岭炮台进攻。与此同时,步兵第十三联队第二大队由其大队长镰田宜正少佐率领,工兵第六大队由其大队长川村益直中佐率领,也从摩天岭向杨枫岭发起攻击。杨枫岭炮台的守军为巩军左营,在营官副将陈万清的指挥下,英勇抵抗。南岸皂埠嘴、鹿角嘴、龙庙嘴三座海岸炮台,皆掉转炮口指向陆地,向日军所到之处轰击。定远等舰及鱼雷艇,也都驶近南岸,支援南帮炮台守

---

① 《邵景泰、谢增口述》(1958年记录稿)。按:邵景泰,威海南岸海埠村人,当年18岁;谢增,威海南岸百尺崖所人,当年17岁。

② 桥本海关:《清日战争实记》第11卷,第377页。

③ 《日清战争实记》第20编,第32页。

军。于是,双方展开了一场激烈的炮战。一个日本随军记者写道:"我陆军虽称英勇,不惜生命,岂能抵挡住如斯之巨炮?我等只好袖手藏在炮垒里。"①战至中午 11 时 50 分,杨枫岭炮台的弹药库中炮,忽然爆炸起火。此时,巩军左营伤亡逾半。陈万清见已不可守,遂率余部撤离炮台。

当日军合攻杨枫岭炮台之际,梅泽道治少佐率领步兵第二十三联队第一大队,由摩天岭朝西北方向突进,直逼龙庙嘴。龙庙嘴炮台外无长墙地沟保护,很容易靠近,梅泽下令先占领其最南端的高地,然后从左右进击。巩军统领刘超佩左腿中弹,即丢下守台部队,乘小火轮逃往刘公岛。后刘超佩被押解天津,署理北洋大臣王文韶讯明后奏称:"是其受伤虽非谎,饰而逃避亦属实情。"②刘超佩逃后,南岸水雷营管带李荣光并学生也随之逃散。惟有几十名守台清军,则坚守不退,与冲上炮台的敌人誓死搏战。据当时目击这一惊心动魄场面的村民说:"炮台上死了好几十官兵,尸首横七竖八,许多尸首上既有枪伤又有刀伤。"③这几十名守台勇士全部壮烈牺牲。随后,日军便沿着海边小道向东,攻破了鹿角嘴炮台外面的长墙。鹿角嘴炮台既无小炮,又无步枪,"安置于坚垒中的巨炮,对于近距离之日军不起任何作用"。④于是,日军很快地便占领了鹿角嘴炮台。时为午后 12 时 50 分。此时,在清军手中的只有所前岭和皂埠嘴两座炮台了。所前岭在百尺崖所北面,皂埠嘴又在所前岭之北 2 里处,所以要从背后进攻这两座炮台,必须通过百尺崖所。百尺崖所是一座周围不过 2 里的小城,垒石而成,只有南北二门,乃明朝专为防御倭寇而设。守军为巩军后营,是不久前招募的新兵。营官何大勋见日军来攻,亲自登城指挥,士气极为旺盛,利用抬杆(亦称抬枪)射击敌人,东西城墙角上的两门旧炮也用来配合,打退了日军的多次冲锋。敌人在冲锋失利后,便转用大炮轰击。南城门终被轰塌,城上的大旗杆也被击毁。何大勋率部边战边退,在所城西北与巩军右营会合,共同抵御进攻的敌人。在激战中,何大勋和右营帮带张友志皆中弹阵亡。两营清军只剩 80 余人,向西突围而去。

日军攻陷百尺崖所后,为扫清进攻皂埠嘴炮台的障碍,便猛力扑向所前岭

---

① 《〈日本新闻〉特派员素川的战地通讯》,见《日清战争实记》第 20 编,第 28 页。

② 《署理北洋大臣王文韶讯明总兵刘超佩失守炮台逃避情形折》,《清光绪朝中日交涉史料》(2971),第 38 卷,第 10 页。

③ 《刘玉新口述》(1958 年记录稿)。按:刘玉新,威海南岸沟北村人,当年 10 岁。

④ 《日清战争实记》第 20 编,第 28 页。

炮台。所前岭炮台是南帮炮台群中最小的炮台,不仅炮台范围小,而且炮又少又小,仅有 12 到 15 公分口径的克虏伯炮 3 门,故当时习惯上称之为"小炮台"。炮台守兵仅 1 哨,由徐帮带指挥。他原为哨官,因帮带鲍义璧借故规避,才被提为帮带。在徐帮带的带领下,这一哨人打得十分顽强,杀伤多名敌人。最后,守军一哨人也伤亡殆尽,徐帮带被日兵围住,死在敌人刺刀之下。日军杀了这位爱国英雄,恨犹未解,又搜捕其家属。当时,徐帮带的妻子怀抱刚满周岁的儿子芸生,准备跳海自尽,被日兵追及。残酷的敌人夺过芸生,在岩石上摔死,又用刺刀挑死了孩子的母亲。①日军惨无人性的暴行,激起了当地人民群众的强烈仇恨,也增强了皂埠嘴炮台守军与台共存亡的决心。

皂埠嘴是威海所有炮台中最大的炮台,因山上不长树木,群众皆称之为"秃子头"炮台。炮台上有炮 5 门,其中 28 公分口径克虏伯炮两门,24 公分口径克虏伯炮 3 门。由于皂埠嘴炮台的炮火猛烈,日舰一般是不敢驶近的,在此之前日舰多次扰袭失败的事实即可为证。日军为了攻占南帮炮台群中仅存的这座炮台,一面从陆上进攻,一面从海上用舰炮轰击。在处境极端不利的情况下,炮台守军仍然沉着机智地对敌,终于在南沙滩击沉日舰一艘。②但在战斗的紧要关头,炮台上管旗墩(信号台)的姓侯的大车贪生怕死,弃职潜逃。③于是,皂埠嘴炮台便同外界、特别是海军和刘公岛失去了联系。但守军继续奋勇搏战,前仆后继,无一人后退。日军在炮火的掩护下,企图接近炮台,一直没有成功。日军又从几个方面发起猛攻,终于冲上炮台。守军全部战死。

日军在付出重大的代价后,才登上了皂埠嘴炮台。如果这几门巨炮落入敌手,必将造成极大的危害。因此,皂埠嘴炮台是否为敌所用,是直接关系到刘公岛及北洋舰队能否坚守的问题。早在日军进攻南帮炮台前,丁汝昌即有见于此,曾和护军统领张文宣商定,"挑奋勇安插其中,暗备急时毁炮"。④当时,戴宗骞为白马河战斗的"小胜"所鼓舞,产生了盲目乐观情绪,认为"我初战即利,士气倍增,探回报倭众不过三四千人",因对丁汝昌之议极为不满,说:"若非事机紧迫,何至如此!"李鸿章也对丁严加申饬:"丁系戴罪图功之员,乃胆小

① 据《谢增口述》(1958 年记录稿)。按:谢增,百尺崖所人,当年 16 岁。

② 《张文宣致李秉衡电》,见《清光绪朝中日交涉史料》(2412),第 30 卷,第 20 页。按:皂埠嘴炮台所击沉之日舰,舰名无从查考,颇令人怀疑其真实性。经多方调查,证实确有此事。参见拙作《中日甲午威海之战》第 66 页注①。

③ 《李振槐口述》(1958 年记录稿)。按:李振槐,威海南岸百尺崖所人,当年 20 岁。

④ 《丁提督来电》,《李文忠公全集》,电稿,第 19 卷,第 44 页。

北洋海军派奋勇炸毁后的威海南岸皂埠嘴炮台

张皇如是,无能已极!"①及至1月5日傍晌,南岸各台相继失陷,皂埠嘴台也危
在瞬间,丁汝昌恐怕巨炮真被敌人所夺,便派鱼雷艇队管带兼左一管带王平,
率护军前营帮带洪占魁、定远炮手头李升及奋勇25名泊台下,专等事急时炸
毁巨炮。是日下午1点多钟,日军登上炮台,刚把日本旗竖起,"炮台突时坍
塌,台上日兵飞入空中"。②此时,仅有8名奋勇撤回到鱼雷艇上,"余尚未知下
落"。③"艇亟退,而巨石盘空下,当泊艇处坠水,激波入空际,退稍缓,人艇并碎
矣"。④当时在威海口外"观战"的英国海军官兵,目睹中国水师这一奇勇和壮烈
场面,也无不感到"惊心动魄"。

　　日军虽然攻占了威海南岸所有炮台,但战斗并未停息,反而开始了最激烈
的炮战。日军在进攻威海之前,即计划利用南岸海岸炮台以攻击清军,并准备
了修配这些巨炮的零件。据英国政府派来观战的炮兵司司长蒲雷称:"东人
(指日人)亦预思得炮以攻船,故先调舰内水师挽入陆军队中,以备一得炮台即

　　① 《寄丁提督刘镇》,《李文忠公全集》,电稿,第19卷,第45页。
　　② 《中东战纪本末》第4卷,见《中日战争》(1),第189页。
　　③ 《北洋大臣来电》,《清光绪朝中日交涉史料》(2410),第30卷,第19页。
　　④ 罗惇曧:《威海卫熸师记》,见阿英编:《甲午中日战争文学集》,第356页。

用华炮以击华兵。又早虑及华兵如不得守台，必预将要件拆去一二，炮即无用，故从旅顺带炮前来，以备装用。而丁之所料，则可谓不幸而中矣。"①日军刚攻陷鹿角嘴炮台时，海军陆战队长丰岛阳藏炮兵中佐即进入炮台，他指挥炮兵装配好了第一、第三及第四诸号炮，然后利用这3门24公分口径克虏伯炮，以榴弹射击清军目标。"清兵亦应之，定远、济远、来远三舰与刘公岛东方二炮台猛烈应射，声震山岳，硝烟蔽空。定远泊日岛西方，济远自日岛北方航行东西，来远在日岛炮台正面海中。定远渐次航向西，共来远以巨炮纵射。"②不久，第一号炮即被炮弹击伤，丰岛命将其炮栓移用于第二号炮。又一颗炮弹击中第二号炮，而此炮长8公尺有余，炮身两人合围，竟然"折断，飞去六七间远"。③至下午3点半钟，"战愈剧。清兵炮丸雨下，猛火轰然，弹皆坠地，爆裂四散，摧石壁树木，势颇惨烈。左翼墙破坏，墙下交叉小铳皆尽损伤。日兵仅有大炮两门，众寡不敌，遂停止。清兵亦休战。"④

在激烈的炮战中，广丙舰帮带大副都司黄祖莲不幸牺牲。黄祖莲（1863—1895），安徽怀远人。1875年，入上海方言馆学习，选为官费出洋生。考进美国海军学校学习航海驾驶。1881年回国后，积劳叙千总。1889年，充济远舰驾驶二副。1892年调充广丙舰帮带大副。黄祖莲熟读战史，颇具谋略，并以敢言见称。甲午战争爆发之初，曾献"攻其不备"之策⑤，未被采纳。黄海海战中，他指挥广丙舰炮手配合平远舰，重创日舰西京丸。在此日的战斗中；他连连开炮击敌，后竟被龙庙嘴炮台发炮击中阵亡。

当双方炮战开始时，南岸西撤的巩军七八百人散布于海埠、城子和沟北村之间，已被日军截住。此时，清军营官仅有陈万清一人，主动担负起指挥的责任。他亲自带头突围，在海埠村附近将一队日兵冲散，陈万清等刚冲过海埠村，又被另一队日军堵住。双方相互射击，战斗十分激烈。陈万清的右脚受伤，坐骑中弹，其贴身卫士邵辰仆地不起。他忍住伤痛，抱起邵辰，又换乘一匹坐骑，继续冲围。在他的带头下，清兵无不奋勇当先，迫使敌人后退。这些巩军残部终于突围而出。⑥几十名受伤的清兵无法突围，便将枪支砸坏，跳进沟北

①　《英兵部蒲雷东方观战纪实》，《中东战纪本末三编》第2卷，第23页。
②④　桥本海关：《清日战争实记》第11卷，第381页。
③　《日清战争实记》第20编，第32页。按：间，日本长度单位。一间合1.818公尺，六七间约合十一二公尺。
⑤　《清史稿》，列传281，《黄祖莲传》。
⑥　据《邵启元口述》（1958年记录稿）。

村海边的船坞里,全部壮烈牺牲。

在南帮炮台战斗中,巩军死伤 800 余人[1],有"将校五人,下士卒五十一人"被俘。日军虽占领了南帮炮台,但也付出了很大的代价。除步兵第十一旅团长大寺安纯陆军少将及随军记者远藤飞云被击毙外,"死伤二百二十六人"[2],其中包括步兵大尉三上德治以下军官 5 人。

三 南帮炮台外围战斗和北帮炮台弃守

在日军右路纵队进攻南帮炮台的同时,其左路纵队也向南帮炮台外围的清军发起了攻击。

先是在 1 月 29 日,日军右路纵队到达江家口村。30 日,占领温泉汤后,即将第二师团司令部设于温泉汤。当天午夜,第二军司令部发布了总攻威海卫的命令。佐久间左马太中将遂将全师团重新进行编制如下:右翼支队,包括步兵第三旅团(缺第四联队之 1 个大队)、骑兵第二大队的 1 个小队及炮兵第二联队第三大队,以步兵第三旅团长陆军少将山口素臣为司令官;左翼支队,包括步兵第四旅团(缺两个中队)、骑兵第二大队本部及两个小队、炮兵第一联队第三大队(缺1 个中队),以步兵第四旅团长陆军少将伏见贞爱亲王为司令官;预备队,包括步兵第十七联队的 1 个大队、骑兵第二大队的半个小队、炮兵第一联队第三大队的半个小队以及炮兵第二联队本部和第一大队;通信队,包括步兵第四联队的 1 个大队和骑兵第二大队的 1 个中队(缺 1 个分队);军直辖部队,包括步兵第十七联队(缺 1 个大队)和骑兵第二大队的半个小队。

日军第二师团第四旅团长、
陆军少将伏见贞爱亲王

1 月 30 日凌晨 4 时 50 分,伏见贞爱以步兵第五联队第三大队为左翼支队之前锋,在其大队长石原庐的率领下由

---

① 《日清战争实记》第 20 编,第 33 页。
② 桥本海关:《清日战争实记》第 11 卷,第 382 页。

集合地先行,他本人率大队继后,同向虎山进发。虎山是仅有几十户人家的小山村,左右皆山,前临汤河,有一山口北通威海卫,形势颇为险要,是威海南部的交通孔道。白马河战斗后,戴宗骞命刘树德带 3 营绥军在此驻守,并配给行营炮 8 门。上午 6 时许,日军左翼支队前锋逼近虎山,企图抢占山口东面的高地。清军立即发炮轰击。石原命第九中队停止前进,向清军射击;第十一、第十二两个中队展开队形,攻击清军炮兵阵地。于是,战斗趋于激烈。据日方记载说:"〈我兵〉欲夺敌兵的炮兵阵地,敌兵据住便利的阵地,猛烈向我军瞰射,我兵甚是苦战。"交战中,日军步兵第五联队第三大队死 2 人,伤 4 人;清军也有两名士兵阵亡。不久,日军左翼支队后队赶到。伏见贞爱命炮兵第一联队第三大队长樱井库五郎少佐,在汤河对岸的栾家店附近架设山炮,以掩护步兵作战。在猛烈炮火的掩护下,日军第十一、第十二两个中队进至虎山南麓。刘树德见敌兵靠近,竟不坚持战斗,弃军北走。3 营绥军随之溃散。日军进入虎山,在清军阵地上缴获了被遗弃的 4 门行营炮。其第十中队执行追击任务,又缴获了清军丢弃在半路上的 4 门行营炮。8 门大炮竟如此轻易地落入敌手!上午 9 时 30 分,日军左翼支队前锋追至宋家洼村时,扼于北洋舰队诸舰的炮火,未敢继续前进。"此日严寒,号令要吹传令号,亦因管口冻冰不能吹。"①左翼支队前锋只得住宿于宋家洼。

是日上午 6 时,山口素臣也率日军右翼支队从温泉汤出发,向南、北虎口村进击。日军进至南虎口山南麓,列布阵势,开始射击。山上守军为绥军正营和副营,由戴宗骞亲自率领,头一天刚从南、北竹岛营地赶来,绥军有行营炮 4 门,占据有利地形,向敌炮击,使日军步兵难以前进。至 9 时 15 分,日军在虎口南面的高地布置炮兵阵地,开始炮击。日军步兵第十六联队第一大队的 3 个中队,在大队长江田国容少佐的指挥下,在炮兵阵地前面展开。戴宗骞见日军攻势变猛,便率两营绥军撤出阵地。当这两营绥军经老北集、杨家滩撤至长峰寨时,士兵多已溃散。戴宗骞只带少数部众回到了北帮炮台。10 时 30 分,日军又向北虎口发起了攻击。北虎口守军约 700 人,是从巩军中、前两营挑选的奋勇,刚从城子、沟北营地赶来。他们士气旺盛,"冒着敌人的炮火,前仆后继,在山上布置炮兵阵地"。②但日军漫山遍野,势如潮涌,奋勇 700 人已死伤大半③,力

---

① 《日方记载的中日战史》,《中日战争》(1),第 270 页。

② 《徐云秀口述》(1958 年记录稿)。按:徐云秀,威海汤河西村人,巩军前营哨旗兵,当年 23 岁。

③ 战斗后,日军检查战场,发现清军仅遗尸即有一百二、三十具。(见《日清战争实记》第 20 编,第 36 页。)

难抵御,终于战败。日军步兵第十六联队第二大队,在其大队长冈田昭义少佐率领下,越过北虎口山,占领沟北巩军中营、城子巩军前营两处营盘,并悬挂起日本旗。然后,冈田又率队沿海岸向杨家滩行进,对清军实行追击。此时已近正午,北洋舰队 10 余艘舰艇,突然驶近海岸,向日军队伍猛击。日军猝不及防,急忙向后倒奔。在北洋舰队的这次突袭中,日军死 38 人,伤 51 人①,因遭到意想不到的惨重损失,不得不退向凤林集。

当天下午 3 时,根据日本第二军司令官大山岩的宿营命令,日军第六师团在崮山后、百尺崖所及其附近;第二师团在凤林集、宋家洼、虎山及其附近;第二军司令部在温泉汤。1 月 31 日,第六师团移驻宋家洼、虎山、温泉汤等村,第二师团改驻凤林集、曲阜、冶口等村,第二军司令部则移至虎山。是日,第二、第六两师团都在做进攻威海卫的准备,并对清军的态势进行了各种侦察。于是,大山岩发布命令:第六师团自长峰寨、竹岛村进入威海卫城;第二师团绕至孙家滩,以切断威海清军的退路,并警戒由烟台东来的援军。

2 月 1 日,佐久间左马太命令所属各部队西进,并重新部署兵力:骑兵第二大队第十一中队为独立骑兵队,至鹿道口,搜索酒馆集地方;步兵第五联队第二中队为左侧队,至孙家滩,破坏鹿道口附近的电线,并警戒前双岛和初村地方;步兵第十七联队骑兵一小队为前卫,至艾山庄,警戒威海卫大道;本队营于羊亭集至曲阜村间。是日,第二师团司令部进至东阳村,获左侧队报告,知孙家滩及其附近有清军集结,于是命伏见贞爱为前卫司令官,率步兵第四旅团离开师团主力,向孙家滩进击。

当时,驻守孙家滩的清军,是从桥头一带西撤的孙万龄等军。孙万龄探知日军来攻,决定将全军分为 3 部,划地防守:嵩武左营和福字 3 队在中央,防守孙家滩村东的羊亭河长堤,由孙万龄亲自指挥,从正面堵击敌人;福字 3 营驻守港南村高地,为右翼,由李楹指挥,预防日军迂回和包抄后路;精健等 5 营驻守小西庄和港头村,为左翼,由阎得胜指挥,一面预防日军直插威海卫城,一面接应孙万龄部。在此以前,孙万龄曾接到处斩阎得胜的命令。自荣成失守和白马河战斗后,威海卫后路战局每况愈下,李秉衡非常焦急。他认为:"与倭接仗,虽互有胜负,而各营将领不齐,接仗未能得力,致倭人渐向西进,非斩其退缩之尤者,不足以警众。查各军退缩者不止一人,而以阎得胜

---

① 《日清战争实记》第 20 编,第 36 页。

孙家滩之战清军据守的羊亭河长堤

为最怯。"①因此,于1月29日电饬孙万龄:"阎得胜临阵退缩,即军前正法"。②然而,孙万龄并未按上司的电令办事。估计他可能担心将阎处斩会引起精健等营的骚动,而不利于眼前的战斗。实际上,阎得胜对孙万龄的命令始终阳奉阴违,不肯认真执行。这样,就为清军孙家滩之败埋下了伏因。

当天下午1时,伏见贞爱命步兵第十七联队第三大队长土肥好敏少佐率所部进攻孙家滩,山炮兵第六中队列阵于羊亭集以西,发炮进行掩护。日军越

---

① 《山东巡抚来电》,《清光绪朝中日交涉史料》(2398),第30卷,第15页。按:原电将"阎得胜"误作"谭得胜",兹据《山东巡抚衙门档》校改。

② 《李秉衡致孙万龄电》,《山东巡抚衙门档》(中国第一历史档案馆藏)。

过羊亭河时,"河水结冰,坚如铁石,风雪卷地而来,一步一颠,兵士颇苦之"。[①]过河后,日军冒着风雪直向孙家滩东面的护河大堤扑来。此时,孙万龄军已将4门行营炮"据险架设,努力进行防战"。[②]在孙万龄的指挥下,嵩武左营和福字3队皆埋伏于护河大堤的树丛里,用步枪和抬杆射击敌人。据目击者谈:"孙统领的兵有大堤和树木隐蔽,打死日本兵不少。只见(日本兵)这一排倒下了,又一排向前冲,可始终冲不上去。"[③]日军见正面进攻受挫,又企图从南面包抄孙万龄的后路,因遭到李楹军的堵击,而未能得逞。不久,日本炮兵架起了4门山炮。于是,双方"炮声无间,战愈倍烈"。[④]日本炮兵"拼命地发射,终将清兵的猛烈炮火压下去了"。[⑤]阎得胜见日军炮火猛烈,只放了两排枪,便下令西撤。孙万龄因左翼受到威胁,不敢恋战,不得已率军越过皂山,撤至酒馆集。

在孙家滩战斗中,孙万龄军打得相当顽强,杀伤敌人40名,而清军也有35人阵亡。[⑥]如果阎得胜能够按作战计划出击,必定会取得更大的战果。逃将阎得胜终究未能逃脱惩罚。第二天,孙万龄在酒馆集隆福寺召集各将领会议。阎得胜按时赴会,刚走进寺门即被逮捕正法。

2月2日上午,日军左右两路纵队会师于威海卫城:第六师团步兵第十三联队之一部,从东门进入城内;第二师团步兵第十七联队第一大队和步兵第十六联队第二大队,从西门进入城内。然后,日军又立即分兵进攻北帮炮台。

北帮炮台坐落于威海卫城东6里的丘陵地带,地势陡峭,仅有一条小路可通,形势极为险要。此台与刘公岛隔海相望,相距仅4里,故对刘公岛的防御关系极大。北帮炮台由绥军驻守,原有6营,而经过虎山和虎口两次战斗,已有5营溃散。为了加强北帮炮台的防御,丁汝昌派广甲舰管带吴敬荣带200多名水手,张文宣派护军两哨,前来助守。南帮炮台失陷的第二天,丁汝昌亲至北帮炮台,与戴宗骞商"战守之策",戴称:"绥、巩军均向西散去,派人四出招集,所剩只绥军一营,守台及保长墙等处。"当天夜里,这仅剩的1营绥军也溃散了。而吴敬荣"所带协守水手亦随绥军西去"。2月1日,丁汝昌再次前往北

---

①　桥本海关:《清日战争实记》第11卷,第384页。

②⑤　《日清战争实记》第20编,第36页。

③　《隋纪明口述》(1959年记录稿)。隋纪明,威海港头村人,当年16岁。

④　桥本海关:《清日战争实记》第11卷,第383—384页。

⑥　《日清战争实记》第20编,第37页。

北洋海军派奋勇炸毁后的威海北岸黄泥沟炮台

帮炮台与戴宗骞议商,戴无可奈何说:"所散兵勇招集不回,并台、墙守兵亦溃西去,全台只剩十九人。"丁认为:"孤台不支,恐资敌用,我船及岛将立见灰烬。"①于是,他劝戴宗骞移住刘公岛。戴喟然叹曰:"守台,吾职也。兵败地失,走将焉往? 吾唯有一死以报朝廷耳! 他何言哉?"②丁汝昌挈之行。戴在刘公岛水师公所前的官码头下船时,望丁一眼,惨然一笑,对搀扶他的水手语义双关地说:"老弟,谢谢了。我的事算完了,单看丁军门的啦!"③上岛后即愧愤自尽。丁汝昌复募送奋勇至北帮炮台,将大炮、火药库尽毁,"火延数昼夜始熄"④,尚未遗敌。当毁炮的奋勇刚回艇上时,日军平行而至,不费一枪一弹而占领了北帮炮台。

到此日为止,除刘公岛和日岛外,威海全区都处于日本侵略者的铁蹄践踏

---

① 《北洋大臣来电》,《清光绪朝中日交涉史料》(2482),第31卷,第16页。

② 戴绪贤等:《讣闻》。见《丛氏钞存》(抄本)。

③ 《陈学海口述》(1956年记录稿)。按:陈学海,威海卫城里人,来远舰水手。

④ 池仲祐:《甲午战事记》,见《清末海军史料》,第325页。

之下。日军在旅顺的暴行，曾引起世界正义人士的谴责，斥之为披着文明人皮的野兽。而今，刚踏上威海的土地，又充分暴露了其贪婪的本质和嗜血的兽性。日军官兵挨门逐户搜寻财物，遇到店铺更是动手抢劫一空。"民间鸡豕竟吞噬，器皿钱财一掠空！"[1]其奸淫烧杀的罪行，尤为令人发指。当时有一篇悼念死难者的祭文，曾记述日军的暴行和威海各村人民流离失所的悲惨情景："倭寇鸱张，兵马纷扰，突围村庄，操戈入室，持刀登堂，拆毁我房屋，搜取我衣

威海长峰村为悼念被日军杀害的村民所作《祭乙未殉难诸公文》

嗚呼悲哉△諸公之亡苦曰人事之所為而吾竊感慨歔欷口而問彼蒼令
夫人誰不死三求何常者若者以壽終若者為天殤若者顛連艷若者凍餒
惡若者為雄經而墜舌若者飲鴆毒而絕腸死焉不同要皆足動親朋之
哀中△鄰里之涕滂而況鋒鏑之危盜賊之強合此十數人之性命一朝委弃於
梃杖斧斤是為人生之至慘凡在有情而共傷吾想夫大雅之方與也官軍
鼠竄倭寇鴟張兵馬紛擾突圍村莊操戈入室持刀登堂拆毀我屋房
搜取我衣裳蹧蹋我黍稷稻粱屠殺我雞犬牛羊一至昏黃四起火光當此
時也朔風栗列天氣慘凉飢寒之兒童莑寢雪地困憊之峰女夜走山
岡而此室家之保衆門戶之持鄰閭之維繫有作丁壯老囷而莫當若
之諸公者或為仟武為農或為工商或為一家之主或為一鄉之師異類
之言語不過方賴以筆以應對同人之憂患莫鮮有資協力以扶匡余
何更生不測事出倉皇欲救禍而反遭奇禍欲消殃而竟罹山殃當其
時或以子攻父而背犯鋒鎧或以弟救兄而身旗槍或被髮纓冠以救鄉
隣不魅肿而仆屍道旁是以孝子悌弟仁人義士之骨肉而供吞噬於熊虎
射狼於不令人痛心疾首而以天道之茫茫昔在狠阮成礼不遑今逢祭日
布奠傾觴△諸公有灵尚其來△饗

---

① 岳晓岩:《日本军》,《蜗庐杂咏》(抄本)。

裳,糟踏我黍稷稻粱,屠杀我鸡犬牛羊。一至黄昏,四起火光。当此时也,朔风凛冽,天气惨凉,饥寒之儿童暮寝雪地,困惫之妇女夜走山冈……奈何变生不测,事出仓皇? 欲救祸反遭奇祸,欲消殃竟罹凶殃。当其时,或以子救父而首犯锋铓,或以弟救兄而身被旗枪,或被发缨冠以救乡邻,不转瞬而仆尸道旁。是以孝子悌弟仁人义士之骨肉,能不令人痛心疾首,而叹天道之茫茫?"①威海人民也对日本侵略者进行了各种形式的斗争。日军为搬运辎重,到各村征用民夫,便遭到大多数村民的抵制。连日方记载也不得不承认:"山东地方以不可通车辆,多募人夫,到处劝诱土民,又多遁亡,应者甚稀,是以搬运甚困。"②各村群众还开展自发的对敌斗争,伺机消灭进村干坏事的敌人。长峰村便提出了"进村就赶,进家就打"③的口号,对敌人进行坚决的斗争。日军对反抗的群众进行了残酷的镇压,如长峰村有丛德等 17 人被杀,九家疃村有邹宿等 8 人被杀,海埠村有邵锦安等 20 多人被杀,等等。

日本侵略者一面在威海全区进行血腥镇压,一面积极准备对北洋舰队的进攻。于是,保卫刘公岛的战斗便开始了。

第四节　北洋舰队的覆没

一　刘公岛保卫战

早在日本第二军总攻威海南帮炮台之前,日本联合舰队司令官伊东祐亨中将即在加紧筹划对刘公岛的进攻。这既是日军在山东地区的最后一战,也是北洋舰队生死存亡之战。为了牵制清军在山东半岛西部的兵力,日军采取了如下两种措施:

一是继续炮击登州。1 月 24 日,伊东祐亨命令联合舰队第三游击队的天龙、海门二舰,伺机对登州进行炮击。当天,天龙、海门驶至登州近海,"向城内

---

① 《祭乙未殉难诸公文》,《丛氏钞存》(抄本)。
② 桥本海关:《清日战争实记》第 11 卷,第 386 页。
③ 《丛维祖口述》(1958 年记录稿)。按:丛维祖,威海长峰村人,当年 26 岁。

开炮,登防营亦开炮还击,遂向东驶去"。①28 日,天龙、海门再次驶至登州近海,"又相持一日而退"。②

一是散布将要占领烟台的消息。烟台乃是 1858 年英国强迫清政府订立的《天津条约》所规定的通商口岸,故此地的安全颇为西方列强所关注。在此以前,意大利外交大臣布朗克即曾提请日本驻意公使高平小五郎注意:日军"不可侵占烟台"。③高平深知,布朗克的意见反映了英国政府的态度。力求避免列强插手中日战争的日本政府,当然不会做出进占烟台的不策略决定。但是,日军为牵制清军起见,在炮击登州的同时,还是"声言有攻烟台之议"。对此,李秉衡疑信参半。认为:"虽系牵制我军,难保不乘虚登岸。"④在总攻南帮炮台的前两天,日本方面又通过英国驻烟台领事阿林格向登莱青道刘含芳转告:日军"欲至烟台,不向开炮",要求清军"亦不开炮"。李秉衡认为:"两国拊兵,断无不开炮而让其遂踞之理。"并致电总理衙门表示:如日军至烟台,"必当开炮轰击;如英国执意阻拦,断不可曲从"。⑤孙家滩战斗后,李秉衡"深恐贼乘锐西犯",因退"扼莱(州)境而东,以固省垣门户"。⑥英国领事劝刘含芳避入租界,刘答曰:"此我死所,出一步非职也。"⑦慷慨誓死。其夫人郝氏"复手鸩一盂",以坚其志。⑧当时烟台颇有即将沦陷之势。

日军一面制造"声东击西"假象,一面积极部署进攻刘公岛。1 月 30 日,为配合日本第二军总攻南帮炮台,日本联合舰队便开始了对刘公岛的进攻。刘公岛保卫战,从 1 月 30 日迄 2 月 11 日,前后共进行了 13 天。其整个战斗过程,可划分为三个阶段:

第一阶段,从 1 月 30 日至 2 月 3 日,历时 5 天。在此阶段中,日军的计划是:一方面,以陆军攻占威海卫城和南、北两岸炮台,以孤立刘公岛;另一方面,在陆军的配合下,以海军对刘公岛及港内的北洋舰队发起海上进攻。

1 月 30 日凌晨 2 时,伊东祐亨率联合舰队本队松岛、千代田、桥立、严岛四舰和第一游击队吉野、高千穗、秋津洲、浪速四舰,乘夜自荣成湾起锚,沿海岸

①④　《李秉衡致总理衙门电》,《山东巡抚衙门档》(中国第一历史档案馆藏)。

②　《李秉衡致张之洞电》,《山东巡抚衙门档》(中国第一历史档案馆藏)。

③　《日本外交文书》第 27 卷,第 831 号。

⑤　《山东巡抚来电》,《清光绪朝中日交涉史料》(2380),第 30 卷,第 6 页。

⑥　《李秉衡致汤聘珍等电》,《山东巡抚衙门档》(中国第一历史档案馆藏)。

⑦　汤寿潜:《刘含芳家传》,见《刘含芳事略》。

⑧　陶思澄:《祭刘公郝夫人文》,见赵世骏等编《贵池刘公事迹图咏》。

停泊于威海港南阴山湾的日本联合舰队

缓慢地向威海卫海面航进。第三、第四游击队筑紫、赤城、摩耶、爱宕、武藏、葛城、大和、鸟海八舰随之。第二游击队之扶桑、金刚、高雄三舰,于头天傍晚至成山角海面担任警戒,也驶抵威海卫海面会合。只有天龙、海门、天城等舰仍泊于荣成湾,警戒登陆地点。6时半左右,"本队与第二游击队向东口(即南口),第一游击队向西口(即北口),各横行二十海里间,以张威势,以窥清舰队动静。"①上午10时,筑紫等8舰驶近皂埠海面开炮,以援进攻南帮炮台的日军。丁汝昌率定远、济远、平远及诸炮舰,驶至刘公岛与日岛之间,"一面巡航,一面向东(南)岸炮台猛轰,努力阻止日军进攻"。②筑紫等日舰被迫驶回。中午12时,日舰本队及第一、第二游击队诸舰又"合为单纵阵,频进挑战"。北洋舰队不应。于是,日本第三、第四游击队诸舰复进逼威海南口,筑紫为先导,赤城等舰随之。突然,"刘公岛炮台放大炮、小炮,清舰亦发弹,势颇激烈。筑紫舰烟突根为巨弹所中,伤水兵四人。"③筑紫等舰急退。下午3时许,日本旗舰松岛命令第二游击队诸舰炮击日岛。本队及第一游击队诸舰皆至口外"观其战状"。刘公岛和日岛炮台皆发炮,一颗从刘公岛射来的巨弹几乎击中松岛。伊

---

① 桥本海关:《清日战争实记》第 12 卷,第 399 页。
② 《日清战争实记》第 19 编,第 33 页。
③ 桥本海关:《清日战争实记》第 12 卷,第 399—400 页。

被北洋海军用舰炮击毁后的威海南岸龙庙嘴炮台

东见进攻未能奏效,便下令驶至鸡鸣岛海面停泊。当天夜里,又命第二艇队之
4艘鱼雷艇"伺机以快速突击港内,因港内防守严密而未能达到目的,无功
而返"。①

　　1月31日,日舰筑紫请求趁黑夜占领日岛,得到伊东祐亨的批准。但是,
上午11点以后,天气突变。"风雪大作,海浪高起,寒威亦甚,炮门往往结冰不
能使用,舰队不得已退到荣成湾方面,只留第三游击队守住港口。"②

　　2月2日,风煞雪停,天气转晴。当天,日军进入威海卫城,并占领北帮
炮台。至此,威海陆地全失。北洋舰队失去后防,刘公岛成为其唯一依托。
伊东祐亨见形势大为有利,决定于次日发起第二次海上进攻,企图一举歼灭
北洋舰队。3日拂晓,日舰第一、第二游击队与本队会合。上午9时,三队战
舰皆排成单纵阵,在威海卫海面游弋,进行挑战。10时,第二游击队扶桑、比
睿、金刚、高雄四舰驶向威海南口,首先向刘公岛东泓炮台发炮。到此日为
止,日本第二军的炮兵中尉铃木清治和陆军技师川岛高良,已经修好了南帮
炮台的大炮5门:龙庙嘴炮台的24公分口径炮2门,15公分口径炮1门;鹿

<hr>

　　①　《日清战争实记》第19编,第34页。
　　②　《日方记载的中日战史》,《中日战争》(1),第271页。

角嘴炮台的 24 公分口径炮 1 门；皂埠嘴炮台的 24 公分口径炮 1 门。加上其先前已装配好的鹿角嘴炮台 24 公分口径炮，共得大炮 7 门。① 日本陆军见海军来攻，也从南帮发炮夹击，"北洋舰队实已陷入重围之中，而丁汝昌以下毫无屈色，努力防战。"② 双方炮战异常激烈。"巨弹交迸，坠入海中，猛响如百雷齐发，飞沫高及数丈。"③ 扶桑等舰不敢恋战，转舵驶向外海。下午 1 时，筑紫、大和、武藏、葛城四舰又驶向威海南口，并开始炮击。战未久，筑紫被一颗炮弹击中，"左舷穿透中甲板，未爆炸，由右舷落入海中，打死士兵三名，伤官兵三名，舰体损坏"。④ 一颗臭弹使筑紫侥幸得以保全。战至下午 2 时 39 分，葛城亦中炮受伤。炮战终日，日舰始终无法靠近威海卫口，最后不得已而退走。

在此阶段中，日军以水陆夹击为主要进攻方式，不但未能奏效，反而遭到损伤。中国官兵士气旺盛，重创敌舰，挫败了敌人的进攻计划。

第二阶段，从 2 月 4 日至 7 日，历时 4 天。日本联合舰队两次海上进攻失败后，伊东祐亨感到单纯靠强行进攻，不会有多大效果，于是决定辅之以鱼雷艇偷袭的办法。

2 月 4 日，伊东祐亨命令日舰本队和第一游击队仍至威海卫海面"横行洋中，以张声势"。⑤ 傍晚，伊东决定"断然实行大胆奇谋，破坏防口拦坝"⑥，命鱼雷艇潜伏于威海卫南口右侧的阴山口，按计划行事。午夜时分，日本一艘鱼雷艇从阴山口偷偷摸进威海卫南口，靠近龙庙嘴山脚，开始破坏防口拦坝。此防口拦坝，是以长约丈许 5 寸见方的方木编成，每两根之间距为 3 尺，对口外纵向排列，上敷 3 条 3 英寸钢索，再以 4 英寸铁链连接钢索，使之不能移动，为防止因波浪或潮水而流失，还每 10 根方木下一铁锚，以 5 英寸锚链相连。其设计既巧妙又牢固。但破坏起来并不太难。日本水兵用铁斧砍砸，四五下就可砸断一根钢索。没用多大工夫，3 根铁索皆被砸断。于是，龙庙嘴山脚前百余公尺的一段拦坝，顿时失去维系，随潮水而漂去。这样，威海卫南口的拦坝终被搞开了一个缺口。

---

① 桥本海关：《清日战争实记》第 11 卷，第 381—382 页。
② 日本海军军令部：《明治二十七八年海战史》下卷，第 11 章，第 199 页。
③ 《日方记载的中日战史》，《中日战争》(1)，第 271 页。
④ 日本海军军令部：《明治二十七八年海战史》下卷，第 10 章，第 85 页。
⑤ 桥本海关：《清日战争实记》第 12 卷，第 403 页。
⑥ 《日清战争实记》第 19 编，第 37 页。

2月5日凌晨1时，"夜气沉沉，星斗满天，冥色蔽海"。伊东祐亨命令日本鱼雷艇第一艇队警戒威海卫北口，第二、第三艇队伺日落后进港偷袭。并命鸟海、爱宕二舰炮击刘公岛及日岛炮台，"以牵制清舰，使不遑他顾"。[①]北洋舰队以为此系日舰之例行侦察，未予重视，发炮还击而已。至凌晨3时左右，皎洁的明月落于威海里口山背后，月夜变成了咫尺难辨的黑夜。日本鱼雷艇趁机进入了拦坝缺口。参加此次行动的有两个艇队：第二艇队，由二十一号（司令艇）、八号、九号、十四号、十八号、十九号六艇组成；第三艇队，由第二十二号（司令艇）、五号、六号、十号四艇组成。4时，两个艇队按规定至杨家滩海面会合。随后，第三艇队在前，第二艇队继之，以微速沿西海岸向北航行。二十二号艇行驶在最前面，当接近中国军舰时已被发觉，二十二号艇便匆忙放出一枚鱼雷，未中。北洋舰队即时防战，用机关炮轰击。二十二号艇又乱放一雷，转舵向龙庙嘴急逃，误触暗礁。艇员改乘舢板，又复倾覆，有一人中弹，多人落水。据第三艇队司令今井大尉自称，当时有不少人一度昏死过去，他自己也险些丧命。[②]

适在此时，中国左一鱼雷艇从日艇右侧开来，其他中国鱼雷艇也从左侧开来。日本第二艇队之九号艇混入中国鱼雷艇之间，并与之并行，故未被发觉。于是，九号艇得驶近距定远舰约半海里处。在黑暗中，另有一艘日艇驶在九号艇之前，乃是日本第三艇队的十号艇。当时，定远停泊在刘公岛铁码头西侧，丁汝昌正在舰上与诸将彻夜议事，忽见火箭冲天，报告敌艇闯入。遂急登甲板，观察敌艇活动，而各舰炮火齐鸣，一物未见。为了发现敌艇所在，乃下令暂时停止炮击。及至硝烟消散，始发现左舷正面约半海里处似有黑影，仔细察看，正是日本第三艇队的十号艇和第二艇队的九号艇。丁汝昌急令开炮。而这两艘日艇盯住定远不放，仍向前驶。十号艇艇长中村松太郎大尉记其事说："本艇继续北进，敌军发射的大小炮弹愈来愈多，雨注于我艇近旁，有不少击中了本艇。"[③]当驶至距定远约300公尺时，十号艇先放一雷，但未发出。继将艇身左转，又放一雷，击中定远尾部，但其仅受轻伤。十号艇放雷后，以全速南驶，慌忙中撞上了防口拦坝。

日本九号艇长真野岩次郎大尉驾艇继十号艇而进，当靠近定远200公尺

---

① 桥本海关：《清日战争实记》第12卷，第403页。

② 《日清战争实记》第22编，第33页。

③ 《中村大尉家书》，见《日清战争实记》第22编，第108页。

处,先放艇尾一雷;又进至 50 公尺处,将艇身向左方回旋,发出艇首之鱼雷。定远开炮,命中九号艇机舱,机舱人员全被击中。轮机师以下 4 人当场死去;另 4 人受伤,其中 2 人伤势极重,命在旦夕。然而,几乎与此同时,定远舰底被鱼雷击中,只听轰隆一声巨响,舰身随之剧烈震动。丁汝昌立命关闭防水门,但已来不及,海水突然从升降口喷出,舰身逐渐倾斜。于是,赶紧砍断锚链,由铁码头西侧向南行驶,绕向铁码头东侧,在刘公岛岸边的沙滩上搁浅。这样,定远才未沉没,丁汝昌还希望利用其备炮以充实威海卫南口的防御。对此,丁汝昌托人带信给刘含芳说:"初十夜,月落后倭雷艇数只沿南岸偷入,拼死专攻定远,旋退旋进。我因快炮无多,受雷一尾,机舱进水。急将定远驶搁浅沙,冀能补救,作水炮台用,后以受伤过重,竟不能用。"①定远中雷后,刘步蟾悲愤难禁,自责说:"身为管带,而如此失事,实有渎职之罪。今唯一死谢之!"丁汝昌劝慰之,曰:"此乃余之罪也!切莫存有此念。"②于是,移督旗于镇远舰。

2 月 5 日天明后,伊东祐亨与幕僚登上松岛甲板,用望远镜瞭望泊于港内的定远舰,见其后部有一半似沉水中,然看不太清楚。至上午 8 点多钟,才清楚地看到,定远正在用汽艇搬运舰上的物品,证实确实中雷了。伊东以为机会难得,下令对刘公岛发动第三次进攻。日本联合舰队本队及第一、第二、第三、第四游击队共 22 艘战舰,环绕于威海卫南、北两口之外,进行猛烈炮击。北洋舰队诸舰与刘公岛、日岛各炮台,努力防战。炮战甚久,双方互有伤亡。日舰终难接近两口,只好停止进攻,退向外海。

2 月 6 日,伊东祐亨重施故技,派第一艇队司令饼原平二少佐,率第一艇队的二十三号(司令艇)、小鹰、十三号、十一号、七号五艘鱼雷艇,再次进港偷袭。先是在 5 日下午 3 时,饼原带艇队全体人员在阴山口登岸,沿海边道路至龙庙嘴,观察了威海卫港内形势和北洋舰队各舰的位置。6 日凌晨 2 时 45 分,纤月没于山后,满天暗晦如墨。五艇成单纵阵,自威海南口向港内行进。但七号艇没有找到拦坝的缺口,只有四艇进入港内。凌晨 4 时,日艇开始向北洋舰队接近。北洋舰队用探照灯照射,其灯光两次从日艇上方扫过,却没有发现日艇,而日艇反借探照灯的灯光看到了北洋舰队各舰的位置。小鹰进至距来远舰250 公尺处,发射前部右舷鱼雷。来远中雷翻转,露出红色舰底,舰中 30 余人

---

① 《北洋大臣来电》,《清光绪朝中日交涉史料》(2550),第 32 卷,第 24 页。
② 《定字鱼雷艇某官员供词》,见《日清战争实记》第 19 编,第 42 页。

遇难。二十三号、十一号两艇也将鱼雷放出，练舰威远及差船宝筏亦中雷沉没。"十三号艇欲击镇远舰，频搜索之不得。"①

被日本海军鱼雷艇击沉的威远舰

① 桥本海关：《清日战争实记》第12卷，第405页。

当天下午,日本联合舰队又对刘公岛发动了第四次海上进攻。此次进攻时,日本陆军预先在威海北岸架设快炮,与其舰队配合,夹攻刘公岛及中国军舰。此时,北洋舰队已有 4 舰中雷,特别是其中定远、来远两艘战舰,一搁浅,一沉没,确实是严重的损失。而对日军的攻势,北洋舰队努力抗御,丁汝昌一面命靖远、济远、平远、广丙四舰与黄岛炮台配合,向北岸回击;一面命其余各舰与刘公岛、日岛各台配合,以封锁威海南、北两口。日本联合舰队于是被击退。

2 月 7 日,伊东祐亨又下令对刘公岛发动了第五次进攻。这是一个总攻击令。伊东决心一举攻下刘公岛,以全歼北洋舰队。事前,他制定了进攻的计划:以第二、第三、第四游击队为左军,炮击日岛;以本队及第一游击队为右军,专攻刘公岛炮台。他改变前此进攻的方法,而代之以从两翼进攻的战术。上午 7 时 22 分,本队松岛、千代田、严岛、桥立四舰在前,第一游击队吉野、高千穗、秋津洲、浪速四舰继后,进至距刘公岛约 4 500 公尺处。同时,第二游击队扶桑、比睿、金刚、高雄四舰,第三游击队大和、武藏、天龙、海门、葛城五舰,以及第四游击队筑紫、爱宕、摩耶、大岛、鸟海五舰,则进至距日岛约 4 500 公尺处。

7 时 34 分,本队之千代田舰先放一空炮,严岛、桥立二舰接着开炮。于是,本队以松岛为先导,边射击边前进。当松岛驶至距刘公岛 2 800 公尺左右时,本队向右转弯,第一游击队又代之炮击。北洋舰队与刘公岛、日岛炮台相互配合,开炮抗御。39 分,松岛即被"击中前舰桥,打穿烟突,伤航海长高木英次郎少佐等官员三人"。50 分,桥立亦中弹受伤。8 时零 5 分,严岛"三斤速射炮炮盾中炮碎裂","损坏上甲板及几条传令管,打死水兵二人,伤四人"。秋津洲被刘公岛炮台击中,两名水兵受伤。20 分,浪速"六号煤库中弹,七号煤库被击穿"。①日舰本队及第一游击队遭此损伤,气焰为之一挫。

不料此时,一个意想不到的事情发生了。在威海卫北口,突然出现煤烟簇簇,竟是中国鱼雷艇驶出。起初,伊东祐亨认为,必是北洋舰队准备最后决战,故先放出鱼雷艇扰袭敌舰,以便乘虚突进,当即下令防卫。不意中国鱼雷艇竟然沿海岸向西逃逸。于是伊东祐亨令速力最大的第一游击队追击。本队尾随其后前进。15 艘艇船不是触礁或搁浅,就是被日军俘获。如下表所示。有些

---

① 日本海军军令部:《明治二十七八年海战史》下卷,第 10 章,第 92—95 页。

因艇搁浅而上岸的清军官兵"为日第二师团兵所捕获,多被斩囚"。[①]福龙管带蔡廷干也被俘,鱼雷艇管带兼左一管带王平则逃到了烟台。

船艇名	排水量	速力(节)	结　　　局
福龙	115	23	在烟台附近搁浅,被日艇拖出,编入日本鱼雷艇队,仍名"福龙"。
左一	108	24	逃至烟台以西,艇毁。
左二	108	19	在烟台附近搁浅,后被破坏。
左三	108	19	在威海西海岸搁浅,被筑紫曳至阴山口,因风浪搁礁破坏。
右一	108	18	在威海西海岸搁浅,被赤城拖出,后编为日本鱼雷艇第二十六号。
右二	108	18	在龙门港搁浅,由日艇拖出,后在阴山口被风浪打坏。
右三	108	18	在龙门港搁浅,为摩耶曳出,后编为日本鱼雷艇第二十七号。
定一	16	15	在威海西海岸搁浅,被日艇拖出,后在阴山口被风浪打坏。
定二	16	15	在烟台附近搁浅,后被破坏。
镇一	16	15	在烟台附近搁浅,后被破坏。
镇二	16	15	在刘公岛铁码头附近沉没,后打捞出来,编为日本鱼雷艇第二十八号。
中甲			在烟台附近搁浅,后被破坏。
中乙			在威海西海岸搁浅,为鸟海曳出,后在阴山口被风浪打坏。
飞霆		9	在威海西海岸搁浅,为爱宕曳出,改为日本民船。
利顺			在威海北口被日舰击沉。

当日本联合舰队右军攻击中国鱼雷艇之际,其左军也向日岛发动了猛烈的进攻。日本陆军也从威海南岸连续开炮,支援海军。日岛炮台由康济舰管带萨镇冰带领 30 名水手防守。萨镇冰(1859—1952),字鼎铭,福建福州人。蒙古族。1869 年,萨镇冰毕业于福州船政后学堂。1876 年冬,福州船政选派出洋,入英国格林尼次海军学校学习。1880 年回国。先任南洋水师澄庆炮舰大副,后调北洋,历任天津水师学堂教习、威远兵船管带。1887 年,改任康济练船管带。积功晋副将衔,实授游击。甲午战争爆发后,丁汝昌以日岛炮台地位重要,令萨镇冰带康济水手 30 名至岛,以加强日岛的防御。连日来,萨镇冰指

---

① 桥本海关:《清日战争实记》第 12 卷,第 407 页。

协防威海南口日岛炮台的北洋
海军精练左营游击萨镇冰

挥水手英勇发炮,打得相当顽强。在这天的战斗中,日舰13艘在扶桑的带领下,轮番向日岛轰击。威海南岸皂埠嘴、鹿角嘴、龙庙嘴、所前岭四座炮台,也向日岛猛轰不已。萨镇冰鼓舞水手坚守岗位,誓死拼战。刘公岛炮台也发炮支援。在双方炮战中,刘公岛东泓炮台一炮击中扶桑左舷舰首,"刹那间一声巨响,舰身猛震,甲板被打烂一尺多的洞,三分厚的铁梁和梯子皆被击断,弹片纷飞,击毁左舷内侧,击到指挥塔的铁壁又弹回甲板,死伤达七人之多"。①此外,筑紫舰也死伤8人。日舰遭此打击,只得停止进攻,退向阴山口。

日岛炮台虽然打退了日舰第二、第三、第四游击队的进攻,但本身损失也很严重。在敌人水陆两路的夹攻下,一座地阱炮被扑倒了,极力去把它举起,终于无效。这倒下来的炮,却又妨碍其他炮的使用。军官的住所也因炮弹的炸裂而焚毁了。一所弹药库也爆炸了。丁汝昌决定放弃这座已经失去作用的炮台。于是,萨镇冰便同水手们在第二天撤回刘公岛。

在此阶段中,日本鱼雷艇队两次偷袭,使北洋舰队遭到严重损失,力量大为减弱。同时,鱼雷艇的逃跑,打乱了北洋舰队的防御部署,造成极大的危害。尽管如此,北洋舰队仍能以弱敌强,击退日本联合舰队的3次进攻,并伤其多艘舰只,取得了一定的战果。

第三阶段,从2月8日至11日,历时4天。日军见硬攻难下,便决定继续围而困之,一面水陆夹击,一面派鱼雷艇袭击,以消耗北洋舰队的战斗力量,促使其内部发生变化。

2月8日,日本联合舰队在威海卫口外警戒,以防北洋舰队遁逸,并"时或开炮挑战"。与此同时,南岸各台又向刘公岛及港内舰只猛轰。刘公岛炮台应之。炮战中,"靖远伤亡四十余人,岛上学堂、机器厂、煤厂、民房皆有毁伤,岛

---

① 《日清战争实记》第20编,第3—4页。

内民人亦多伤亡。"①伊东祐亨见日岛炮台始终不发一弹,始知其已被轰毁,乃下令明日专攻刘公岛。并决定再次破坏威海南口的拦坝,以扩大其缺口。是夜 11 时,日本海军的 4 艘汽艇和 4 只舢板,又载多人至龙庙嘴下破坏拦坝。由吉野、秋津洲、浪速三舰所派人员安装炸药,"以电引火,使之爆炸"。②这次破坏了大约有 400 公尺长的拦坝,使日本鱼雷艇进出威海港湾更加畅行无阻了。

2 月 9 日,日本联合舰队又发动了第六次海上进攻。上午 8 时,日本第一游击队吉野、高千穗、秋津洲三舰,及本队千代田舰,在威海卫南口海面警戒。第三游击队天龙、大和、武藏、海门四舰在前,葛城为殿舰,驶近刘公岛东泓炮台,"纵横左右行驶,猛烈射击"。③"葛城最力战,清兵亦善拒。"④10 点钟时,日本第二游击队扶桑、比睿、金刚、高雄四舰,加入战斗。南岸三台也"共戮力轰发"。日军还在北岸架起 12 门大炮,向刘公岛排轰。"北岸皆子母弹,纷如雨下;南岸皆大炮开花子、钢子","岛舰共伤亡一百余人"。然刘公岛各炮台仍奋力还击,"击毁鹿角嘴大炮一尊","击伤倭两舰"。⑤丁汝昌亲登靖远舰,率平远及炮舰至日岛附近,与敌拼战。战至中午时,鹿角嘴炮台发射的两颗炮弹命中靖远,"左舷破了,炮弹穿过了铁甲板,又穿过了右舷船首,于是船头先沉了下去。"⑥"弁勇中弹者血肉横飞入海。"⑦丁汝昌正在督战,舰沉之时与靖远管带叶祖珪"意与船俱沉,乃被在船水手拥上小轮船"。⑧他被抢救上岸后,叹曰:"天使我不获阵殁也!"⑨靖远舰中炮搁浅,使北洋舰队的力量更为削弱。

2 月 10 日,伊东祐亨命令严岛作为哨舰到威海卫海面,整日执行警戒任务,其他各舰皆补充煤炭,做进攻前的准备。入夜后,旗舰松岛、千代田及桥立与之会合,共同对威海卫海口实行警戒。11 日乃是日本纪元节⑩,联合舰队各

---

① 《署理北洋大臣王文韶复奏查明丁汝昌等死事情形折》,《清光绪朝中日交涉史料》(2808),第 35 卷,第 27 页。

② 《日清战争实记》第 20 编,第 7 页。

③ 《日清战争实记》第 20 编,第 10 页。

④ 桥本海关:《清日战争实记》第 12 卷,第 409 页。

⑤⑦ 易顺鼎:《盾墨拾余》,见《中日战争》(1),第 117 页。

⑥ 肯宁咸:《乙未威海卫战事外记》,见《中日战争》(1),第 322 页。

⑧ 《署理北洋大臣王文韶复奏查明丁汝昌等死事情形折》,《清光绪朝中日交涉史料》(2808),第 35 卷,第 27 页。

⑨ 池仲祐:《甲午战事记》,见《清末海军史料》,第 326 页。

⑩ 纪元节,据称是神武天皇纪念日,1966 年日本政府规定此日为建国纪念日。

威海卫港内北洋舰队济远、平远二舰回击日军水陆进攻

舰皆举行遥拜仪式。仪式完毕后,伊东令第三游击队再次向刘公岛炮击。这是日军发动的第七次海上进攻。上午9时,第三游击队葛城、大和、武藏、天龙四舰进迫威海卫南口,向刘公岛连连炮击。南岸三台"亦发大炮,火势甚猛。清兵不屈,连日连夜,疲困亦极,力击诸舰及东(南)口三炮台。"①葛城舰首先中弹,"操作前部回旋炮的一号炮手的头部、手臂及左腿,皆被弹片击中,当即死亡。"另有6人受伤。天龙舰副舰长中野信阳正在舰桥右舷发令时,一颗炮弹飞来击中左舷,弹丸纷飞,"打断中野副舰长一条腿,腿留在舰桥上,而身体则飞入海中。"弹片飞入机舱,机械士高野泰吉等五人负伤。不久,"大和舰舰桥的机关炮也被打坏。"②于是,伊东又令第二游击队进行支援。日军水陆夹击,炮火更趋猛烈。在激战中,刘公岛东泓炮台为鹿角嘴炮台击中,两门24公分口径克虏伯大炮被毁,守军撤出炮台。港内诸舰在四面八方的炮弹轰击下,难以抵御,只得"悉集港西"③,躲避一时。入夜以后,伊东还令浪速、秋津洲二舰驶往威海卫北口,继续炮击不已。

在此阶段中,北洋舰队官兵尽管处境危殆,在敌我力量绝对悬殊的情况

---

①③　桥本海关:《清日战争实记》第12卷,第410页。
②　《日清战争实记》第20编,第11页。

下依然努力防战,连续击退了日军的两次进攻,并使其遭到一定的损失。然而,北洋舰队的力量已大为削弱,又兼粮食缺乏,弹药将罄,一系列的困难接踵而来。尤其是人心不稳,士气大挫,使丁汝昌感到面临山穷水尽的绝境。看来,如果外援不至,仅靠北洋舰队本身的力量是解不了刘公岛之围的。

二　孤岛援绝与《威海降约》的订立

2月11日乃夏历正月十七,是北洋舰队抗击日军进攻的最后一天。至12日,局势竟突然发生了戏剧性的变化。关于此日的情况,日本某随军记者报道说:

> 十二日午前八时〈三十分〉,一炮舰(镇北)前樯悬白旗,后樯悬黄龙旗,拖一舢板自东(南)口驶出。众皆曰:"此敌军之降使也。"炮舰至英、德军舰旁抛锚,有九人改乘舢板。我鱼雷艇驶近舢板,拖向我旗舰。舢板亦前悬白旗,尾部树一黄地黑龙旗。舢板接近后撤去白旗,摇橹靠上松岛舰,有二人悄然登上左舷梯。舢板则退至松岛舰首旁停住。转瞬间,我十余艘鱼雷艇自各处岩石后驶出,在敌炮舰周围游弋,颇有剑拔弩张之势。不久,第一游击队司令官被传呼至旗舰,然后返回。舰队命令吉野、高千穗、严岛、桥立四舰,会同浪速、秋津洲二舰,赴威海口巡逻。于是,四舰起锚,不顾降使(程璧光)之惊疑,从百尺崖出发,赴威海西(北)口,与浪速、秋津洲合为一队,在刘公岛前警戒。[①]

此事发生后,中外猜测纷纷,然皆莫知底蕴。诗人黄遵宪在《降将军歌》中写道:"冲围一舸来如飞,众军属目停鼓鼙。船头立者持降旗,都护遣我来致词。""船头立者"即广丙舰管带程璧光;"都护"指丁汝昌。意谓丁汝昌遣程璧光向日人乞降。关于丁汝昌之死,聚讼纷纭,疑案莫明。北洋舰队之降,到底是在丁汝昌生前,还是在他死之后?这也算得上一个历史之谜了。

丁汝昌(1836—1895),原名先达,字禹廷,安徽庐江人。后徙居巢县。出身贫苦,"少卓荦负奇气"。[②]1853年,参加太平军,隶程学启部下。1861年,程学启降清,丁汝昌被编入湘军。次年,随李鸿章至上海,改属淮军。授参将,升

---

① 《日清战争实记》第20编,第12页。
② 陈诗:《丁汝昌传》,见《庐江文献初编》(安徽省博物馆藏)。

马队营官。积功授总兵，加提督衔。1874年，罢官归里。1879年，李鸿章奏请将丁汝昌留北洋海防差遣。旋派充炮舰督操。1880年，统领北洋海军。1888年，北洋海军正式成军，授北洋海军提督。早在丰岛海战后，丁汝昌就抱定了拼战到底的必死决心。他将次子代禧留在身边，而促其儿媳张氏携孙旭山返回原籍。行前，嘱张氏曰："吾身已许国，汝辈善视吾孙可也。"①盖暗示生离死别之意。后来，果如他所安排，在他死后，由其子代禧扶榇回里。他"于未被围之先，已派员将水师文卷送烟，誓以必死"。②并向李鸿章表示："惟有船没人尽而已！"③李鸿章是相信他这句话的。因为他从李已30余年，而李也赏识他的"材略英勇"，并"倚之为横海楼船之选"。④故刘公岛保卫战开始后，李鸿章颇为担心地说："恐船尽人亡，奈何？"⑤丁汝昌还向戴宗骞表示："自顾衰朽，岂惜此躯？"⑥可见，他老早即有死的准备，绝无幸存苟活之意。所以，当他接到伊东祐亨的劝降书后，毅然加以拒绝，并对左右说："汝等可杀我，我必先死，断不能坐睹此事！"又称："决不弃报国大义，今唯一死以尽臣职。"⑦

当日军迫近威海卫时，丁汝昌筹划防务，联络各军，尽了自己的极大努力。在个人处境十分困难的情况下，他不计个人的恩怨得失，仍然"表率水军，联络旱营，布置威海水陆一切"⑧，"总期合防同心，一力固守"。⑨他的行动，赢得了官兵的信赖，并在一定程度上稳定了军心。他指挥的刘公岛保卫战，先后共打退了日军的7次猛烈进攻。但是，他既无力解决陆海两军之间的矛盾，也无权干预陆军管辖的事务。日军进攻南帮炮台之前，丁汝昌曾计划挑奋勇入台，以备情况紧急时将台炸毁，不使资敌。他最担心的就是南帮炮台的巨炮落入敌手，成为进攻刘公岛及北洋舰队的利器。但是，他的这一措施，却遭到陆军的阻拦而未能实行。自尽的前几天，他派人送信给刘含芳说："倭连日以水陆夹攻……水师二十余艘，加以南岸三台之炮，内外夹攻我船及岛。敌施炮弹如雨，极其凶猛。我军各舰及刘公岛各炮台，受敌弹击伤者尚少，被南岸各台击

---

① 施从滨：《丁君旭山墓表》，见《丁氏宗谱》（民国十一年刻本）。
② 《刘含芳致李鸿章电》，见《清光绪朝中日交涉史料》(2629)，第33卷，第11页。
③ 《丁提督来电》，《李文忠公全集》，电稿，第19卷，第44页。
④ 李鸿章：《庐江丁氏宗谱序》，见《丁氏宗谱》。
⑤ 《复烟台刘道》，《李文忠公全集》，电稿，第20卷，第7页。
⑥⑨ 《丁汝昌致戴宗骞书》，《丁汝昌遗墨》（影印本）。
⑦ 《福龙鱼雷艇某弁供词》，见《日清战争实记》第20编，第9页。
⑧ 《刘步蟾等公电》，见《清光绪朝中日交涉史料》(2143)，第23卷，第15页。

伤者甚重,官弁兵勇且多伤亡。是日(指二月七日,即夏历正月十三日),〈日〉岛之炮台及药库均被南岸各台击毁,兵勇伤亡亦多,无法再守,只得饬余勇撤回。当南岸未失以前,昌与张文宣等曾挑奋勇,备事急时即往毁炮。讵料守台官既不能守,又不许奋勇入台。又竟以资敌,反击船、岛,贻害不浅。此船、岛所以不能久撑也。南、北各岸,极其寥落,现均为敌踞,且沿岸添设快炮,故敌艇得以偷入,我军有所举动,敌及对岸均能见及,实防不胜防。"①巨炮资敌,仅使岛、舰难以支撑,而且给敌艇偷袭创造了条件。所以,丁汝昌把炮台为敌所用视为刘公岛保卫战失败的一个重要原因。

丁汝昌虽有坚守的决心,却未能防止某些部将的叛逃。鱼雷艇的逃跑就是他未曾料到的。鱼雷艇管带兼左一管带王平,一直为丁汝昌所非常信任,屡次交办艰巨任务。当1月30日南帮炮台即将陷敌之际,丁汝昌便派王平"将赵北〔皂埠〕炮台各台并药库毁坏"。②以此,丁汝昌曾为王平请赏。2月1日,日军已修好南岸三台的7门大炮。丁汝昌为解除南岸巨炮的威胁,又命王平率奋勇乘左一往南岸毁炮。参加奋勇的来远水手陈学海追述此事道:"左一船上带了三只小舢板,船尾一只,船旁各一只,准备上岸用。当靠近南帮时,叫日本人发现了,向船上射击。王平胆怯,不敢登岸,转舵向后跑,还不让回去说出实情。"回岛后,王平却向丁汝昌谎称:"到南帮,来不及炸炮,用'坏水'(镪水)浇进炮膛,把炮废了。"丁汝昌听后,信以为真,说:"刘公岛能够久守了。"王平谎报战绩,恐被丁汝昌发觉,便策划逃跑。陈学海认为,领头逃跑的还有前济远舰鱼雷大副穆晋书和福龙管带蔡廷干。后来,果然有福龙和其他鱼雷艇的员弁揭发蔡廷干"在威海卫背叛丁提督而逃跑"。③在鱼雷艇逃跑的前一天,陈学海便得到了消息。他听到鱼雷艇上的熟人谈及此事,认为这样干不好。他的那个朋友说:"王船主(平)有命令,谁敢不从?"④可见,王平、蔡廷干等密谋逃跑是确有其事的。从种种迹象看,他们策划此事,已经有五六天了。据一鱼雷

---

① 《丁汝昌致刘含芳函》,见《清光绪朝中日交涉史料》(2550),第32卷,第14页。

② 《北洋大臣来电》,《清光绪朝中日交涉史料》(2410),第30卷,第19页。

③ 《蔡廷干致诺斯罗普博士函》,见《日清战争实记》第39编,第83页。按:诺斯罗普,美国人,为蔡廷干在美国学习时的授业老师。蔡廷干被俘后,日本当局将他关押在大阪某寺院中。《马关条约》签订后,诺斯罗普来到日本。当时,任陆军大臣大山岩的夫人是诺斯罗普的学生,在她的帮助下,诺斯罗普见到了关押中的蔡廷干。会见后,蔡给诺斯罗普写了这封信。信中称:"当此先生关怀旧门生之时,恳请先生竭其全力,务使我得以暂居日本。"1895年8月日本送还的清军官弁名单中,果无蔡廷干其人。(见《盛档·甲午中日战争》(下),第464—465页。)

④ 《陈学海口述》(1956年记录稿)。

艇员供认:各艇早已串通好了,决定"一有机会就跑,但丁提督号令严格,未能跑成"。①又据定字鱼雷艇某弁供称,定字鱼雷艇管带也曾向定远舰管带刘步蟾微露逃跑之意,被刘"严厉训斥"。②2月7日,日军对刘公岛发动了总攻。丁汝昌见情况危急,命王平带各艇出口,"尽可能击沉敌舰。"③这便为王平等人提供了极好的逃跑机会。对此,丁汝昌在给刘含芳的信中说:"十三晨,敌全力攻扑东口,炮声一响,我小雷艇十〈三〉只畏葸,擅由西口逃出西去,倭分队尾追,被其获去九只,全被击沉。以我艇资敌用,其害与南台同。自雷艇逃后,水陆兵心皆形散乱。……各艇既不得力,且复擅逃,其官弁人等必由浅沙登岸,务请各帅严拿正法。"④王平等违令擅逃,造成了严重的后果,使战局更加不可收拾了。所以,丁汝昌又把鱼雷艇逃跑视为刘公岛保卫战失败的另一个重要原因。

2月7日之战,使刘公岛和北洋舰队遭到很大损失,"弁兵伤亡三百余员名,伤心惨目,莫可言状"。⑤特别是鱼雷艇队违令擅逃,更引起水陆兵心浮动,秩序一时为之混乱。曾在定远舰上任职的洋员戴乐尔,便在当天的日记中写道:"晚七时,闻水兵违抗命令而上岸。约八时,陆兵也不听命而登舰。"⑥当时在刘公岛的英国《香港日报》战地通信员肯宁咸也说:"七号那天……在旗舰上下了一个'净炮'的命令,兵士都违抗不从。刘公岛东炮台的兵士也离开了他们的炮座。"⑦

2月8日,刘公岛上的混乱局面仍在继续。戴乐尔在此日的日记中写道:"二月八日,终于度过了一个焦虑之夜。陆军里的混乱情况最为严重。他们……扬言不再作战。或齐集防浪堤下,或占据小船,或登上镇远舰,要求载他们离岛。我们都相信,他们所说的不再作战是真话。"⑧威海营务处候选道牛昶昞也说,此日一些士兵"哀求生路",丁汝昌"晓以大义,勉慰固守";并宣告:"若十七日救兵不至,届时自有生路。"⑨经过丁汝昌的抚慰,士兵们也都回到了战斗岗位。以"十七日"为期的许诺,究竟包含着什么意思? 恐怕当时只有丁汝昌自己知道:

---

① 《某鱼雷艇员供词》,见《日清战争实记》第19编,第42页。

② 《定字鱼雷艇某弁供词》,见《日清战争实记》第19编,第42页。

③ 《福龙管带蔡廷干供词》,见《日清战争实记》第20编,第9页。

④ 《丁汝昌致刘含芳函》,见《清光绪朝中日交涉史料》(2550),第32卷,第14页。

⑤⑨ 《署理北洋大臣王文韶复奏查明丁汝昌等死事情形折》,《清光绪朝中日交涉史料》(2808),第35卷,第27页。

⑥⑧ William F. Tyler, *Pulling Strings in China*, p.79.

⑦ Cunningham Alfred, *The Chinese Soldier and other Sketches*(肯宁咸:《华军战阵随记》),见《中日战争》(6),第323页。

在"生路"这个字眼儿的背后,实际上还另外包含着相反的意思。

正当刘公岛内兵心浮动、秩序混乱之时,一些洋员和清军官员也在私下聚会,策划投降的事。最先鼓动投降的 3 名洋员,除戴乐尔外,还有医官英人克尔克和炮兵教习德人瑞乃尔。2 月 8 日夜,戴乐尔等三人先后访见候选道牛昶昞和山东候补道严道洪,共同"商量办法"。商量的结果是,由戴乐尔和瑞乃尔出面,向丁汝昌劝降,以探其态度。过半夜两点,二人见到丁汝昌,瑞乃尔会讲华语,由他陈述所商量之意见。他首先向丁说明眼前之困难处境,然后劝之曰:"可战则战;否则,若士兵不愿战,则降不失为适当之步骤。"瑞乃尔的谈话,引来一些水兵,都在窗外偷听。这些劝降的话,实际上起了煽动的作用。丁汝昌称:"投降为不可能之事。"又谓:"余当自尽,以使此事得行,而全众人之命。"①他明确地表示,不但拒绝投降,而且不可能在有生之时坐睹此事。

对丁汝昌来说,当时死中求活之法只有一个,就是有大支援兵开到。其实,这也是各方面普遍关注的问题。先是在 1 月 22 日,廷旨准将已奉旨北上之贵州古州镇总兵丁槐所部 5 营截留山东;23 日,刘坤一到天津与李鸿章晤商,决定饬徐州起程之徐州镇总兵陈凤楼马队 5 营,及皖南镇总兵李占椿等步队 15 营,皆迅赴烟台。据李秉衡的估计,威海如能支持 20 天,这批援军当可赶到。他在致广西巡抚张联桂和浙江巡抚廖寿丰的电中说:"电奏允留丁槐一军,并准截留北上二十营助剿,如威能二十日无事,添此兵力当可挫贼。"②从 1 月 22 日奉旨算起,过 20 日为 2 月 11 日,即夏历正月十七。23 日,李秉衡致电戴宗骞,将"旨调丁镇(槐)二千五百人速救援威海",及"皖南镇李占椿等步队十五营、徐州镇陈凤楼马队五营,现至清江,亦令改道由沂、莒一带赴威海救援"等情相告,并要他将此消息转告刘公岛护军统领张文宣。丁汝昌不能不看此电,这就是他所以许诺以"十七日"为期的原因。

威海战局能否支持,在很大程度上决定于后路的援军情况。对此,从山东到北洋,当事者皆无异议。1 月 24 日,李秉衡向刘坤一提出:"刻惟力图保威,以待援应。"③同一天,他还在另一封电报里说:"如威能二十日无事,便大有转机。"④李鸿章也有同见,"迭饬水陆将领力图保威,以待援应"。⑤并告以:"坚持静伏,

---

①　William F. Tyler, *Pulling Strings in China*, p.79.

②　《李秉衡致张联桂电》、《李秉衡致廖寿丰电》,《山东巡抚衙门档》(中国第一历史档案馆藏)。

③④　《李秉衡致田镇台电》,《山东巡抚衙门档》(中国第一历史档案馆藏)。

⑤　《复李鉴帅》,《李文忠公全集》,电稿,第 19 卷,第 46 页。

勿浪战","外省必有援兵大队前来"。①为迎接援军东来,李秉衡筹备粮械,调拨车马,竭尽全力。陈凤楼5营系马队,按说能够很快地东来。但他迟不启程,到正月初一(1月26日)时才令两营先行。李秉衡致电催行,词意甚为恳切:"威待援甚急,盼公来如望云霓,恳公迅赐起行。"②另外,他还一面致电催丁槐"飞速东来"③,一面恳请刘坤一电饬李占椿等马步20营"迅速兼程来威,俾得协力堵剿"。④

丁汝昌既向士兵们讲明坚守至11日,因此他盼望援兵的心情最为焦急。7日,他与牛昶昞、张文宣联名写信给刘含芳说:"昌等现惟力筹死守,粮食虽可敷衍一月,惟子药不允,断难持久。求速将以上情形飞电各帅,切恳速饬各路援兵,星夜前来解此危困,以救水陆百姓十万人生命,匪特昌等感大德矣。"⑤9日,他又派营弁夏景春偷渡威海,从旱路潜往烟台,带函给刘含芳,告以:"十六七日援军不到,则船、岛万难保全。"⑥并请刘转一函给陈凤楼,内称:"此间被困,望贵军极切,如能赶于十七日到威,则船、岛尚可保全。日来水陆军心大乱,迟到,弟恐难相见,乞速援救。"⑦但是,陈凤楼有马队3营刚到潍县,又被李鸿章奏请调往天津。对此,李秉衡大为不满,致电刘含芳说:"陈凤楼到潍,傅相电止,奏调回直。奈何?岛、舰无兵救,真堪伤痛!"其他各军则行进缓慢。"仅丁(槐)二营到省,催两日无东来耗。又三营到诸城,即滋事戕营官。李、万、张三军入东境,迟迟不前。"⑧电催札饬,急如星火,也无济于事。直到刘公岛陷落之时,援军尚距威海甚远。丁汝昌的盼援终于落空了。只是他当时还未料到如此结果,所以还存有一线希望。

在盼望援军的日子里,刘公岛的形势更趋恶化。为了不使受伤的巨舰落入敌手,丁汝昌于2月9日派广丙用鱼雷炸沉了已经搁浅的靖远舰;并在定远舰的中央要部装上棉火药,将其炸毁。10日,刘步蟾在极度悲愤中自杀。他平时恒以"舰亡人亡"⑨之语自儆,终于实现了自己的诺言。李秉衡对他的评语

---

① 《复戴道》、《复刘镇》,《李文忠公全集》,电稿,第19卷,第47、43页。
②⑦ 《李秉衡致陈凤楼电》,《山东巡抚衙门档》(中国第一历史档案馆藏)。
③ 《李秉衡致汤聘珍电》,《甲午威海倭警电报》(抄本)。
④ 《李秉衡致刘坤一电》,《山东巡抚衙门档》(中国第一历史档案馆藏)。
⑤ 《北洋大臣来电》,《清光绪朝中日交涉史料》(2482),第31卷,第16页。
⑥ 《北洋大臣来电》,《清光绪朝中日交涉史料》(2550),第32卷,第14页。
⑧ 《李秉衡致刘含芳电》,《山东巡抚衙门档》(中国第一历史档案馆藏)。
⑨ William F. Tyler, *Pulling Strings in China*, P.80.

北洋海军旗舰定远自爆后的景象

北洋海军覆灭后停泊在威海湾中的平远

时人所绘丁汝昌拒降自杀的情景

是:"船亡与亡,志节懔然,无愧舍生取义。"①11 日,即丁汝昌所许期限的最后一天。当晚,丁汝昌接到了刘含芳派人送来的一封李鸿章电报,其内容是:"水师苦战无援,昼夜焦系。前拟觅人往探,有回报否? 如能通密信,令丁同马格禄等带船乘黑夜冲出,向南往吴淞,但可保铁舰,余船或损或沉,不至赍盗,正合上意,必不至干咎。望速图之!"②此电分三路送,这才送到丁汝昌手里。丁汝昌接到催令冲出的电报,始知援兵无期。"奈口外倭舰雷艇布满,而各舰皆受重伤,子药将尽,无法冲出。水陆兵勇又以到期相求,进退维谷。"他几次派人将镇远用雷轰沉,但"无人动手"。到夜深时,又有"水陆兵民万余人哀求活命"。他"见事无转机",决定实践自己的诺言,以"一身报国"。③叹曰:"与舰偕亡,臣之职也。"召牛昶昞至,对他说:"吾誓以身殉,救此岛民尔! 可速将提督印截角作废!"④牛佯诺之。丁汝昌遂饮鸦片,延至 12 日晨 7 时而死。⑤

于是,洋员及诸将齐集牛昶昞家议降,公推护理左翼总兵署镇远管带杨用霖出面主持投降事宜。杨当即严词拒绝,思追随于刘、丁之后,因口诵文天祥

---

① 《山东巡抚李秉衡奏查明丁汝昌死事情形折》,《清光绪朝中日交涉史料》(2947),第 37 卷,第 24 页。

② 《寄烟台刘道》,《李文忠公全集》,电稿,第 20 卷,第 12 页。

③ 《署理北洋大臣王文韶复奏查明丁汝昌等死事情形折》,《清光绪朝中日交涉史料》(2808),第 35 卷,第 27 页。

④ 陈诗:《丁汝昌传》,见《庐江文献初编》(安徽省博物馆藏)。

⑤ 《丁氏宗谱》:"丁先达,讳汝昌,字禹廷。生于道光十六年丙申十月初十日巳时,卒于光绪二十一年正月十八日辰时初。"按:戴乐尔《中国事记》也提到丁汝昌死的时间:"In the early hours of the 12th Admiral Ting committed suicide."句中的 early hours,可译为"清早"。全句的意思是:"十二日清早,丁提督自杀身亡。"(见该书第 85 页)这也可与《丁氏宗谱》的记述相印证。

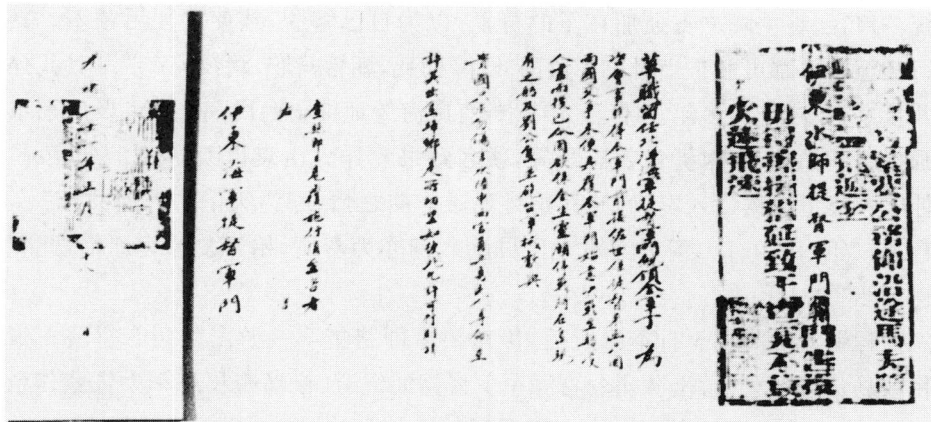

威海营务处提调候选道牛昶昞伪托丁汝昌名义炮制的乞降书

"人生自古谁无死？留取丹心照汗青"的诗句，回到舰舱，"引枪衔口，发弹自击"。[①]护军统领总兵张文宣也同时自尽。日军进攻威海卫后，张文宣曾电李秉衡称："刘公岛孤悬海中，文宣誓同队勇先用力，后用命。"故李秉衡说："其致死之心，蓄之有素，卒能舍命不渝，亦属忠烈可嘉。"[②]最后，洋员美人郝威倡议假丁汝昌名义以降，并亲自起草降书。诸将及各洋员无持异议者。即译作中文，由牛昶昞钤以北洋海军提督印。其书略谓："本军门始意决战至船没人尽而后已，今因欲保全生灵，愿停战事，将在岛现有之船及刘公岛并炮台、军械献与贵国，只求勿伤害水陆中西官员兵勇民人等命，并许其出岛归乡，是所切望。"[③]并决定派广丙舰管带程璧光送致日本联合舰队旗舰。关于议降的经过，戴乐尔在回忆录中有所记述："丁氏既死，马格禄、郝威及中国官员数人上岸至牛道台家，遇见瑞乃尔。郝威倡议伪托丁提督名义作降书，并亲自拟稿。译作中文，并钤提督印。"[④]当年丁汝昌10名护卫之一的谷玉霖也说："丁军门自尽之后……牛昶昞集众筹议投降事。"[⑤]可见，众将及洋员议降是在丁汝昌自尽之后或弥留之际，丁汝昌并不是既降而后死的。事后，牛昶昞等人为推卸罪过，竟

---

① 池仲祐：《杨镇军雨臣事略》。见《清末海军史料》，第374页。

② 《山东巡抚李秉衡奏查明丁汝昌死事情形折》，《清光绪朝中日交涉史料》(2947)，第37卷，第24页。

③ 《中东战纪本末》第5卷，见《中日战争》(1)，第197页。

④ William F. Tyler, *Pulling Strings in China*, P.85.

⑤ 《谷玉霖口述》(1946年记录稿)。按：谷玉霖，威海北沟人，先在来远舰当炮手，后在提督衙门当护卫。

统一口径,将主降之责强加在丁的身上,以为自己解脱,致使丁死后蒙羞。其行径至为卑鄙可耻!当时以丁汝昌"既降而死,朝旨褫职,籍没家产"。①其儿孙辈投亲奔友,流离多年。②直至光绪末,有威海等地绅士商民 300 余人及广东水师提督萨镇冰、甘肃提督姜桂题等,联名致书北洋大臣袁世凯,提出为丁汝昌伸雪。袁世凯据以入奏,称:"其始终艰难委曲之情,亦为天下中外所共谅"。③宣统二年(1910 年),筹办海军大臣贝勒载洵亦为奏请,始开复原官原衔,此冤得到昭雪。

程璧光赍降书至日本旗舰后,伊东祐亨即召集第一游击队司令官海军少将鲛岛员规、第二游击队司令官海军少将相浦纪道、松岛舰长海军大佐威仁亲王、联合舰队参谋长海军大佐出羽重远等会议。诸将皆主除军舰、炮台外,连清将也捕擒之。伊东排之曰:"丁提督,清国海军名将也。自居北洋水师职以来,辛苦经营,十年如一日,而今日之战术又有所可观。其技〔伎〕俩决非可侮也。"④因允之。复书要求先"于明日将兵船军械炮台之属悉数交下",然后遣送中国将弁兵勇返国。⑤下午 3 时,程璧光离日舰回岛。

2 月 13 日凌晨 3 时,程璧光再至松岛舰,要求展限 3 天,赍书称:"来函约于明日交军械、炮台、船舰,为时过促,因兵勇卸缴军装,收拾行李,稍需时候,恐有不及。请展限定于华历正月二十二日起,由阁下进口,分日交收刘公岛炮台、军械并现在所余船舰,决不食言。"⑥并告以丁汝昌已死。伊东亦允之。

是日上午,伊东祐亨与联合舰队参谋长出羽重远、第二军参谋副长伊地知幸介等议商缔结降约之款项。下午 5 时 20 分,牛昶昞在程璧光陪同下,往松岛舰访见伊东。日方除伊东外,还有出羽、伊地知及国际法顾问有贺长雄等在座。牛昶昞首先开场说:"丁提督临死,以后事托马格禄,今则刘公岛陆海两军责任已在马格禄掌中。然阁下非华人不共议事。我在刘公岛,丁提督次级也。今来贵舰,幸与我共议事。"伊东表示同意。随后,便开始会商具体事项。在交出刘公岛炮台、军械及军舰问题上,双方皆无异议。但是,日方又提出:投降之中国将弁,将由日兵监护押送至国外。牛昶昞面有难色,害怕将中国将弁及洋

---

① 陈诗:《丁汝昌传》,见《庐江文献初编》(安徽省博物馆藏)。
② 据丁汝昌的曾孙辈丁荣准(住安徽巢县高林镇汪郎中村)口述(1978 年记录)。
③ 《清末海军史料》,第 370 页。
④ 桥本海关:《清日战争实记》第 12 卷,第 142 页。
⑤ 《中东战纪本末》第 5 卷,见《中日战争》(1),第 198 页。
⑥ 《中东战纪本末》第 5 卷,见《中日战争》(1),第 198—199 页。

员送至日本,因"请令赴芝罘(烟台)或养马岛(宁海州管辖)"。①伊东作色责之,牛不敢再言。关于遣送中国将弁及洋员于何地一事竟未议决。

2月14日下午3时半,牛昶昞、程璧光复至,交出中国将弁、洋员名册及陆军编制表,并告以担任武器、炮台、舰船委员姓名。牛昶昞重提前议:"昨夜所议,诸将及外国人辄不承服。"因请废监护日兵,又谓:"贵官诚能垂恩典,使得海路赴芝罘,即望外之幸也。"伊东沉思良久,始答应将康济舰仍归中国,用以载送丁汝昌灵柩,海陆将弁及洋员一便乘之去烟台。牛、程闻之大喜,当即起身向伊东"恭为敬礼"。于是,牛昶昞与伊东祐亨共同签订《威海降约》,其内容有11项:

一、中西水陆文武各官,须开明职衔姓氏,西人须开明国名姓名;其文案书识及兵勇人等,但须开一总数,以便分别遣还中国。

二、中西水陆文武官员,须各立誓,现时不再预闻战事。

三、刘公岛一切器械应聚集一处,另开清折,注明何物在何处。岛中兵士,由珠岛日兵护送登岸;威海各东兵,自二月十四日(西历)五下钟起,至十五日午正止,陆续遣归。

四、请牛道台代承交付兵舰、炮台之任,惟须于十五日正午以前,将舰中军器、台上炮位开一清账,交入日舰,不可遗漏一件。

五、中国中西水陆各官弁,许于十五日正午以后,乘康济轮船,照第十款所载,开返华界。

六、中西各官之私物,凡可以移动者,悉许随带以去;惟军器则不论公私,必须交出,或日官欲加以搜查,亦无不可。

七、向居刘公岛华人,须劝令安分营生,不必畏惧逃窜。

八、日官之应登刘公岛收取各物者,自十六日九点钟为始,若伊东提督欲求其速,可先令兵船入湾内等待。现时中西各官仍可安居本船,俟至十六日九点钟为止,一律迁出;其在船之水师水手人等,愿由威海遵陆而归,可听其便;其送出之期,则与各兵一律从十五日正午为始。

九、凡有老稚妇女之流,欲离刘公岛者,可自乘中国海船,从十五日正午以后,任便迁去;但日本水师官弁可在门口稽查。

十、丁军门等各官灵柩,可从十六日正午为始,或迟至廿三日正午以

---

① 桥本海关:《清日战争实记》第12卷,第415页。

牛昶昞(左二)在《威海降约》上签字,
其对面坐者为日本联合舰队司令官伊东祐亨(右二)

前,任便登康济兵船离岛而去。伊东提督又许康济不在收降之列,即由牛道台代用,以供北洋海军及威海陆路各官乘坐回华。此缘深敬丁军门尽忠报国起见。惟此船未离刘公岛之前,日本水师官可来拆卸改换,以别于炮船之式。

十一、此约既定,战事即属已毕;惟陆路若欲再战,日舰必仍开炮,此约即作废纸。①

根据第一项规定,刘公岛护军正营管带陆敦元、帮带田领庆、副营管带袁雨春、前营管带李春庭、后营管带余发恺等官弁40人,及士兵2 000人;北洋海军靖远管带叶祖珪、来远管带邱宝仁、济远管带林国祥、平远管带李和、威远管带林颖启、康济管带萨镇冰、广丙管带程璧光等官弁183人、海军学生30人,及水手2 871人,合计5 120人,皆在遣归之列。另外,岛上13名洋员,其中英人马格禄、戴乐尔等11人,美人郝威一人,德人瑞乃尔一人亦在遣归之列。

---

① 《中东战纪本末》第5卷,见《中日战争》(1),第199—200页。

日本联合舰队进泊威海卫港

2月16日，即在日军进威海卫港接收炮台、军械、舰船的前一天，牛昶昞又致函伊东祐亨，感谢其不受收康济舰，并更求返还广丙舰。其函云："此舰属广东舰队，因不与战斗。去岁季春，李中堂校阅海军，即与广甲、广乙诸舰共来北洋。及事已毕，将直回粤，嗣有两国事，因暂留居北洋。广甲、广乙今已沉坏，粤东三舰只残广丙一舰而已。广东军舰不关今日之事，若沉坏其全舰，何面目见广东总督？愿贵官垂大恩，收其兵器铳炮，以虚舰交返，则感贵德无量。"①牛昶昞的要求，自然遭到伊东的拒绝和斥责。不久，此信在日本报纸上刊登出来，日人皆视为奇闻，加以嘲笑。

2月17日上午8时30分，日本联合舰队以松岛舰为首舰，本队千代田、桥立、严岛、第一游击队吉野、秋津洲等舰紧随其后，第三、第四游击队殿后，从百尺崖起航，成单纵阵形，各高悬军旗，鱼贯自北口进，徐徐入威海卫港。第一游击队之高千穗、浪速二舰，在口门担任警戒，待诸舰皆投锚后始入港内。10时30分，诸舰各卸小火轮及舢板，由海军将校驾之，驶向中国军舰。镇远、济远、平远、广丙、镇东、镇西、镇南、镇北、镇中、镇边十舰，皆降下中国旗，而易以日本旗。唯一的例外是康济舰，其舰尾仍悬黄龙旗。因为这是留下来载送丁汝昌灵柩的。刘公岛各炮台也升起了日本旗。到下午1时，镇远等10舰都编入了日本舰队。4时，康济舰载丁汝昌、刘步蟾、杨用霖、戴宗骞、沈寿昌、黄祖莲等灵柩6具②，以及陆海将弁和洋员，在汽笛的哀鸣声中，迎着潇潇冷雨，凄然离开威海卫港，向烟台港驶去。

北洋舰队就这样全军覆没了。

---

① 桥本海关：《清日战争实记》第12卷，第419页。
② 张文宣灵柩被营弁搬上民船，未上康济舰。

第六章

马关议和与三国干涉还辽

第一节　日本破坏广岛会议

一　张邵东渡

日军向威海卫发动进攻之日,正是清政府遣使赴日乞和之时。

先是在 1894 年 11 月间,日本政府考虑"中日战争不能无限期延长下去,媾和谈判的时机迟早必会成熟",并为了防止第三国插手,向美国驻日公使谭恩表示:如果将来中国愿意开始媾和谈判,日本并不反对。于是,清政府感到和谈有了新的希望。当时,曾通过美国驻华公使田贝向东京提出,中国愿意以承认朝鲜独立和赔偿军费两项作为媾和的条件。这样的条件,当然不能满足日本统治集团越来越大的贪欲。27 日,日本外务省致送谭恩一份备忘录,拒绝了中国所提出的条件,但又提出:"中国政府如真诚希望和平,可任命具备正当资格之全权委员,日本政府当于两国全权委员会商时,宣布日本政府之停战条件。"①无论如何,日本政府总算表示愿意和谈了。

日本的停战条件究竟如何? 这是西方列强至为关心的问题。各国"皆在飞耳张目,百方探索,甚至间或发出揣摩臆测之说"。②清政府更是急于知道日本的条件,便于 30 日经田贝转电东京称:"来电未将妥协办法指明,仍请将应商大略明白电复。"伊藤博文与陆奥宗光经过详细讨论和周密策划,早就拟好了媾和条件的条款;但在是否公布条款的问题上,二人却存在着不同的意见。陆奥主张:"公开发表或暗示对中国的要求条件,以便使欧美各国预先予以默认,防止日后发生误解。"伊藤却认为:"一旦把中日媾和条件向外发表,则难免遭受外国的一些干涉,这一点必须认识;同时,我国先向各强国公开发表对中国要求的条件,本为取其默认,但却反有诱发他们事先干涉的机会。"伊藤的意见得到了内阁阁员和大本营重臣的同意。最后确定这样的方针:"在中国诚意求和以前,我国决不泄露要求的条件,将问题严格局限在中日两国之间,使第

---

①　陆奥宗光:《蹇蹇录》中译本,第 111、113 页。
②　陆奥宗光:《蹇蹇录》中译本,第 117 页。

三国在事前绝无插足的余地。"日本政府本来就决定使中国无法窥测其最终的条件,当然要对清政府的要求断然拒绝了。12 月 2 日,日本政府复以备忘录致谭恩,一面指责清政府"似尚未痛切感到有媾和的必要",一面重申:"如果不经过具备正式资格之全权委员会商以后,日本不能宣布媾和条件。若中国政府对此不能同意,则此次之商议,即可暂告中止。"①

日本方面的强硬态度,使清政府感到不正式遣使不行了。翁同龢便在日记中写道:"田贝接倭回电,仍须派员也。"②同时,美国也向清政府提出劝告:"中国欲与日本讲和,最善办法莫如派头等全权大臣,首先与之议和。"③此时,德璀琳已返天津,李鸿章亲加询问,知日本"所欲甚奢",深恐遣使赴日受到要挟。12 月 8 日,他致函奕䜣,提出建议:"此时赴倭,实多不便,如于上海、烟台两处,择一地以候晤,庶不致为所要挟。"④12 日,慈禧公开表态,"允派员在沪会议,令总署照会美国使臣田贝"。⑤当天,总理衙门即请田贝转电谭恩:"中国政府兹特依从日本政府之意见,任命全权委员,与日本全权委员进行会商关于媾和的方法。中国政府建议以上海为委员会商之地,中国政府希望日本政府事先告知两国委员会商的日期。"⑥

日本政府迫使清政府派遣"全权委员"的目的达到了,又要作进一步的威逼。12 月 18 日,日本政府通过谭恩转电清政府:"若中国政府任命媾和全权委员,日本政府不论何时可任命同等资格之委员。但在日本政府任命该全权委员以前,中国政府应先将该国全权委员的姓名、官位通知日本政府。全权委员会商地点必须是在日本国内。"⑦至此,清政府不得不确定议和代表人选了,但仍幻想日本有可能同意以上海附近为会议地点。20 日,清廷颁旨:"著派尚书衔总理各国事务大臣户部左侍郎张荫桓、头品顶戴署湖南巡抚邵友濂为全权大臣,与日本派出全权大臣会商事件。"⑧当天,经田贝电达东京,除通告此事外,还提出:"中国为往返便利,请日本选定与上海相近的地点为会议场所。并希望日本立即任命全权委员,速定会商日期,并望于日本任命全权委员之日,

————————

①⑥　陆奥宗光:《蹇蹇录》中译本,第 113 页。

②　《翁文恭公日记》,甲午十一月初七日。

③　《美国公使田贝致总理衙门函》,《朝鲜档》(2402)。

④　《致恭邸函》,《甲午战事电报录》下卷,见《东行三录》,第 199 页。

⑤　《翁文恭公日记》,甲午十一月十六日。

⑦⑨　陆奥宗光:《蹇蹇录》中译本,第 114 页。

⑧　《上谕》,《朝鲜档》(2449)。

决定两国开始休战的日期。"⑨

当然，日本政府既不同意到中国会商，也不同意休战。可是，按照国际惯例，开始议和谈判就要实行休战。所以，对于如何答复休战问题，日本政府是需要仔细斟酌的。12 月 23 日，陆奥宗光致电驻俄公使西德二郎和驻朝鲜公使井上馨时，便透露了他的真实意图。他说："据我之见，即使谈判开始后，也不实行停战。如果中国迫切希望停战，则要待我们提出的有利的三个条件得到保证以后方可答应。"①所谓"三个条件"，就是朝鲜"独立"、割让土地和赔偿军费。但是，陆奥"即使谈判开始后也不实行停战"的话，私下说说可以，公开说出总是不那么光彩的。24 日，日本驻德公使青木周藏致电陆奥称："根据国际惯例，除非同意停战，否则就不必同中国进行正式议和谈判。因此，应通知中国……停战时间应经各自全权代表在会议上同意。"②陆奥认为青木的意见不失为可行的办法。于是，日本政府于 26 日复经谭恩致电北京，告知："日本政府选定广岛为全权委员之会议地点"；"至于休战条件，纵使日本政府许诺休战，亦须在两国全权委员会商后，始能明言。"③29 日，清政府经田贝转电东京，表示"愿闻日本所派大臣衔名"。④自从美国担任中间人以来，日本政府的种种做法，田贝也认为未免过分，他估计这次清政府要求日本见示所派委员姓名、官职，也会遭到拒绝。因此，他在 30 日致电谭恩说："日本对清国之少许请求亦加拒绝之事，颇使我感到为难。若现在日本将全权委员姓名通知清国，会谈必将有利于日本而结束。此不过是为保全清国体面之需要而已。"⑤对于田贝的埋怨，日本政府不予理睬，仍然我行我素。31 日，日本政府经谭恩转电称："日本须俟中国所派大臣到境有日，即日派出大臣，现时不必先言派几员，系何姓名、职衔。"⑥又拒绝了清政府的要求。

清政府在十分屈辱的情况下，仍不得不派张荫桓、邵友濂东行。1895 年 1 月 1 日，即张荫桓离京的前 4 天，田贝代为拟定一份洋式国书底稿，内有"所有该全权大臣等与贵国所派全权大臣议定永和之约，所画之押，即如朕笔亲书；其与贵国全权大臣所定之款，亦如朕与贵国亲定之款无异"⑦等语。清政

---

① 《日本外交文书》第 27 卷，第 870 号。
② 《日本外交文书》第 27 卷，第 871 号。
③ 陆奥宗光：《蹇蹇录》中译本，第 114 页。
④⑥ 北京美国公使馆：《节录中日议和往来转电大略》，见《中东战纪本末三编》第 2 卷，第 33 页。
⑤ 《日本外交文书》第 27 卷，第 878 号。
⑦ 《美国公使田贝致总理衙门函》，《朝鲜档》(2486)。

府当然不能接受这一国书底稿，便于第二天以"本署已缮定国书，请钤御宝，未便更易"①为由，婉辞谢绝了。此事却引起了田贝的极大不满。不久，清政府拒绝田贝国书底稿的事竟传到了日本。谭恩致电田贝称："日本传言：中国所派之二大臣，并无'全权'二字意义之实等语。请贵大臣转询中国，所派之大臣是否按'全权'二字之义，不能随便推诿。希即电知，以便转告日本政府。"于是，田贝致函总理衙门，不无牢骚地说："本大臣前曾为贵国国书底稿送贵署查阅，此不过按洋式国书拟就。嗣接函复云已缮定国书，未便更易。贵国所缮国书底稿，本大臣既无由得见，而于函送所拟国书底稿后，亦未尝复与本大臣相商。书中是否界有全权之任，更无从知悉。是以难电复本国驻日本大臣，谓此二大臣系有何权。果系按'全权'之义，无所推诿，抑或另有别权。贵国所缮国书之意，有人知之，本大臣则犹未知。如日本已真有人知之，实为奇异！"②清政府当即答复"实有全权"。③后来，日本方面正是在"'全权'二字意义之实"的问题上大做文章，破坏了广岛会议。

1月5日，张荫桓陛辞，在奕䜣带引下先后觐见光绪和慈禧。当天，特降黄纸谕旨云："张荫桓、邵友濂现已派为全权大臣，前往日本会商事件，所有应议各节，凡日本所请，均著随时电奏，候旨遵行。其与国体有碍，及中国力有未逮之事，该大臣不得擅行允许。懔之！慎之！"④这道谕旨本身，说明清廷对日本方面的情况完全不清楚。连张荫桓本人也是如此。他在离京前奏称："此行原无把握，为时久暂，自难预定。如能仰托皇上福威，敌人就范，则臣蹄期可速，经费可节，随使各员亦有劳可录。俟到差后，察看情形再行具奏，以慰宸厪。"⑤他虽然感到"此行原无把握"，但仍存有一线希望。清政府所派与日本议和的全权大臣尚未离京，就注定广岛会议是必然要流产的。

张荫桓于1月6日离京，11日出塘沽，13日抵上海，与邵友濂会晤。他行至通县时接翰林院学士准良函，谓其"以一身任天下之怨，到沪后宜疏陈敌情贪狡，不可以和，兵气转圜，可以一战，请命回京"。此时，朝廷正调湘军出关，以期挽回颓势。9日，吴大澂到天津，晤张荫桓，"嘱展缓行期，以俟捷

---

① 《总理衙门致美国公使田贝函》，《朝鲜档》(2489)。

② 《美国公使田贝致总理衙门函》，《朝鲜档》(2538)。

③ 北京美国公使馆：《节录中日议和往来转电大略》，见《中东战纪本末》第2卷，第33页。

④ 《上谕》，《清光绪朝中日交涉史料》(2205)，第27卷，第28页。

⑤ 《钦差大臣张荫桓奏折》，《朝鲜档》(2509)，附件一。

音。如果连获胜仗,直可坐待彼来"。张荫桓亦以吴之所言"不为无见"。并认为:"和议之难易,必视战事之利钝为转移。现在各路大军云集,一闻和议,恐将士为之迟疑。"及至抵达上海时,"匿名揭帖,遍布通衢,肆口诋谋,互相传播"。所有这些,都使他深切感到"人心思奋,具见同仇敌忾之诚"。①张、邵二人在上海滞留期间,清廷对遣使尚未下最后决心,主要是寄希望于战况有所好转。可是,前线并无好消息传来。先是闻盖平失守,又探知日军欲犯威海。枢府诸臣相对默然,一筹莫展。14 日上午,军机处承光绪意,拟"谕张荫桓等即赴广岛,毋庸再候电旨"的电旨一道。午正 3 刻,慈禧召见枢臣,对电旨事颇不以为然,曰:"上未尝启知也。"翁同龢替光绪辩解说:"臣于和议向不敢阿附,惟兹事亦不可中止,使臣已遣而逼留,恐彼得借口。且我之议和,正欲得其贪吻之所出,先作准备耳。幸少留意。"可见,帝党主张遣使的目的,是想摸清日本的条件。但慈禧不听,遂撤电旨不发。到 16 日,慈禧又谕枢臣:"张、邵出使,明日如无张电,可降旨趣令起身。"②19 日,张荫桓始奉到"克日出洋"的电旨。24 日上折主张和战并行:"兹奉命克日起程,臣等订定船期束装东渡,惟有吁恳圣明饬下关内外统兵大员,一意筹战,力求实效,勿以臣等之行意存观望。他日和议可成,彼固不敢别有觊觎;即和议不成,我亦不至漫无准备。"③

　　1 月 26 日(夏历春节)午夜,张荫桓、邵友濂带头等参赞官候选道伍廷芳、二等参赞官刑部郎中顾肇新、内阁侍读端良,三等参赞官候补道梁诚、候选道黄承乙,随员兵部候补郎中钱绍桢、分省补用知府沈铎、湖北候补同知张桐华、江西候补知县张佐兴、前山东昌邑县知县招汝济、山东候补盐大使赵世廉、候选训导沈功章,东文翻译补用直隶州知州罗庚龄、分省补用知县卢永铭,学生候选县丞易廷祺、汪豫源、监生张作藩,供事候选布政司理问徐超、分省补用县丞徐保铭,武弁五品军功外委李玉德、六品军功刘志麟、五品军功施鸿声、五品军功施祥芝,及跟役 23 名④,并大小行李 120 件,乘英国轮船王后号从上海出发,驶向日本。

――――――――――

　　①③　《户部左侍郎张荫桓等奏请饬下关内外统兵大员实力防剿勿以议和意存观望折》,《清光绪朝中日交涉史料》(2636),第 33 卷,第 21、22 页。

　　②　《翁文恭公日记》,甲午十二月十九日、二十一日。

　　④　张荫桓从行者名单,据《朝鲜档》(2509 附件三、2626 附件一、2627)及《清光绪朝中日交涉史料》(2343、2636 附件二)编成。

二　日本广岛拒使

张荫桓、邵友濂等于 1 月 28 日抵长崎，30 日转神户，31 日乘小轮船尾张丸至宇品，当天赴广岛，分驻春和园和洗心亭。

在张荫桓一行抵日本之前，所聘之和谈顾问前美国国务卿科士达已先期至日本。先是在张荫桓离京之前，以"倭人动援西例，侈言公法"，而"科士达人极公正，熟谙各国条例"①，因奏请聘为顾问。朝廷批准了张荫桓的请求。科士达于 1 月 21 日至横滨，转赴神户，以待张、邵二使至。科士达曾在中国驻华盛顿公使馆充法律顾问，故同中国有一定关系，但他更倾向于日本。当日美两国修改条约谈判陷于停顿时，他为陆奥宗光充当说客，使美国国务卿格莱星姆的态度有所转变。栗野慎一郎调任驻美公使之初，陆奥又把栗野介绍给他。此后，科士达同栗野保持着经常的联系。当 12 月 23 日科士达接到中国的邀请电报后，便急不可待要会见栗野。此日为星期日，科士达至日本公使馆时，正值栗野外出，因留言谓有要事面谈。当晚，栗野往访科士达，"秘密进行推心置腹之谈话"。在交谈中，科士达向栗野保证："此次虽应清国之聘而东行，因与陆奥大臣有亲交之谊，对日本所怀之友谊一如既往。"②一直警惕第三国插手中日和谈的陆奥宗光，接到栗野的电报后感到不安。26 日，他复电栗野说：

> 虽然，我认识到，作为我的私人朋友，〈科士达〉会在一些事情上对我们有所方便这一事实。但我认为，让我的一位私人朋友站在我们的敌人一边，是很失策的。因此，如有可能，我特别希望能阻止他来。为达此目的，需要花费必要的费用，我不会反对的。务望尽最大的努力，千方百计地阻止他协助中国的全权代表。应让他充分了解，在取得如此巨大成功的战争中，目前日本所处的地位和具有的伟大雄心，是很重要的。即使在三个月前，当英国政府做出努力时，日本尚不愿接受以朝鲜独立、战争赔款作为终止敌对行动的条件，时至今日更加不可能了。因此，极为明显，在今日取得双倍胜利之时，日本至少要多得些东西。事实上，中国尽其最大努力而给予者，在日本看来仍是不够的。科士达应该记住这些，这是很

---

① 《张荫桓延聘美律师科士达片》，《朝鲜档》(2509)，附件 4。
② 《日本外交文书》第 27 卷，第 877 号。

重要的。但务必小心,勿以官方身份,而以个人意见告诉他。①

26日夜半,栗野接到陆奥的电训。27日,科士达至日本公使馆告别,栗野趁机将陆奥电训的内容作为一己之见告诉了他。科士达当即表示:"尔来日本政府所取之措施至当。军国之机运将由此而起,乃势所难免。此示为本人所充分了解者。故本人对清国之境地将予以相当之忠告,并不得不尽力斡旋,以使日本政府满意而许诺媾和。"本来,栗野也想到按陆奥的指示,用金钱收买科士达。但是,派探"秘密侦知,该氏有以此次出行,一举置办终生家产之计划,故以若干金钱左右该氏之进退,决无希望"。②结果,栗野没花一分钱而达到了收买的目的,而清政府花重金礼聘的顾问却成了敌人的帮凶。

当日本政府获悉张荫桓一行由上海起程后,也连忙召开会议研究对策。1月27日,日本大本营召集当时在广岛的阁员及大本营的高级幕僚,就两国媾和问题举行御前会议。新补参谋总长陆军大将小松彰仁亲王、内阁总理大臣伊藤博文、陆军大臣山县有朋、海军大臣西乡从道、海军军令部部长桦山资纪、参谋本部次长川上操六等出席了会议。会议确定了"以此次中日两国开战主因之朝鲜独立、割让土地、赔偿军费及将来帝国臣民在中国通商航海之利益等问题为重点"的媾和条约方案。明治天皇阅览后,即批准以该方案为媾和条约的基础。31日,又任命伊藤博文和陆奥宗光为全权办理大臣。

伊藤博文接受任命后,曾对陆奥宗光密谈:"详细观察目前国内外形势,不能不说媾和的时机尚未成熟,且中国政府是否具有真心亦难揣测,若我们稍一疏忽,不仅媾和之目的未达,反将使我国对中国要求之条件传播于外,恐将引起内外议论。因此,我们与中国使节会晤之日,如不明察他们的才能和权限,绝不可轻易开始媾和谈判,且回顾中国政府过去付与其使节的全权,往往不符国际公法上的一般惯例,这也是我们应该深加考虑的。"对此,陆奥立表赞同。经过他们二人的进一步密议,最后决定:双方会晤后,"第一步先查阅他们携带的全权委任状的形式如何,如有不符国际公法一般惯例的规定,在未进入正式媾和谈判之前,即拒绝与之继续谈判,宣布此次谈判失败。这样,就可在不暴露我国媾和条件下使谈判决裂。他日中国如果真心悔悟,重派具有位高资深

---

① 《日本外交文书》第27卷,第874号。
② 《日本外交文书》第27卷,第877号。

的全权大臣时,再与之会商,也决不为迟。"①这真是机关算尽! 在双方使节还未会晤之前,他们就挖空心思要破坏谈判了。

中国议和代表既抵日本,即处于日本弁兵的监守之下。中国使节书信往来,日人"先拆阅而后送"。张荫桓到广岛后,欲往北京寄密电,日方不允;中国国内有电一份,亦扣压不送。中国使节提出交涉,日方竟然答称:"欲收发密电,须先将密码书送交译看,方可接递。"中国头等参赞官伍廷芳看到中国使节蒙此耻辱,不禁感慨系之,云:"我将卒苟能奋勇于疆场,不容其猖披,何致就彼而受此欺慢? 欲消此恨,其在将与兵焉! 和局易成与否,亦在战争之胜负判也!"②就是在这种不正常的气氛中,中日使节开始会晤的。

2月1日上午11时,中日两国全权大臣会晤于广岛县厅。双方互相交换敕书。日廷颁给伊藤博文、陆奥宗光的敕书,谓:"受命为全权办理大臣,与大清国全权委员会同协议,便宜行事,缔结媾和预定条约,并予以记名调印全权。其所议定各条项,候朕亲加检阅,果真妥善,即便批准。"清廷颁给张荫桓、邵友濂的敕书,谓:"著前赴日本,与日本所派议和全权大臣妥商一切事件,电达总理衙门转奏裁决。"当双方交换敕书时,陆奥将事前已经准备好的信件从身边取出,交与中国使臣。原函称:"本大臣等奉我国天皇陛下敕书,载明一切条规,准令便宜行事,毋须奏请裁决。是本大臣实有全权也。至贵大臣所执敕书,虽经捧读,其中文义未及深察,将来恐多误会。究竟敕书中曾否载明便宜行事全权字样,贵大臣等能否遇事自专,毋须电请裁决? 特先函问。"③本来,日廷敕书中"朕亲加检阅,果真妥善,即便批准"与清廷敕书中"转奏裁决",实际上是一种意思。双方代表的所谓"全权",其实都是不完全的。而伊藤、陆奥二人却抓住清廷敕书中的"裁决"二字,咬定中国代表无全权,而声称日本代表则实有全权。

2月2日上午,中国代表复函日方,称:"本大臣于会议处接贵大臣陆奥氏亲交手函,询问全权。本大臣等所奉敕书,已于会议时互易恭阅,是明授以商议条款便宜画诺之权。和议一成,即可电请大皇帝俞允,约期签字,带归敝国,恭呈御览,再相调换。"④日方的目的是要破坏会议,怎么解释也是无用。当天下午4时,中日使节再次会晤于广岛县厅。伊藤首先宣读一份英文说帖,指责

---

① 陆奥宗光:《蹇蹇录》中译本,第119、121—122页。
② 《伍廷芳致盛宣怀函》,《盛档·甲午中日战争》(下),第390—391页。
③ 转见姚锡光:《东方兵事纪略》,见《中日战争》(1),第80—81页。
④ 转见姚锡光:《东方兵事纪略》,见《中日战争》(1),第81页。

中国无讲和之诚意，不能与议。最后又提出："中国如真诚求和，对其使臣授予确实全权，并遴选负有重望官爵并足以保证实行缔结条约之人员当此大任，我帝国当不拒绝再开谈判。"①随后，伊藤博文与张荫桓之间有一段对话：

> 伊藤："贵国敕书不足，不能开议。"
>
> 张："中国既派全权，一切权利包括在内。"
>
> 伊藤："这是中国自己所说，与公法不合。"
>
> 张："贵国初复田贝电云，中国派全权大臣，持有国书，本国亦派全权与议。中国即照此办法。……"
>
> 伊藤："本国敕书，悉照公法办理，两相比较，自知不同。"
>
> 张："贵国敕书亦有'亲加检阅，果能妥善，即便批准'。是约本必须候旨核阅，然后批行。两国所奉全权，都是一样。若嫌简略，我可补请电旨。……"
>
> 伊藤："总以敕书为凭，不照公法，断不能行。贵国不过试探消息。……"②

此时，陆奥宗光取出预先拟好的声明，向中国代表宣读，谓："奉有日本国天皇陛下所授予的正式而且完备的全权委任状之日本帝国全权办理大臣，不能同意与只携有会商事件、咨报总理衙门随时请旨遵行的敕令之中国钦差全权大臣谈判。因而，日本帝国全权办理大臣不得不宣告此次谈判至此停止。"③遂关闭了会谈的大门。

当中国使节退出会场时，伊藤博文特将伍廷芳留下，托其代向李鸿章致意。1885年伊藤赴天津时，曾与伍廷芳相识，故趁机将他留下来谈话。伊藤对伍廷芳说："贵国何不添派恭亲王或李中堂（鸿章）同来会议，郑重其事？"又说："现在兵攻威海卫，南边一带已得，但海面及刘公岛各炮台现尚鏖战，胜负未分，大约指日可全取。军情万变，时刻不同，早和为宜。"④一则胁以兵威，一则指名要奕䜣或李鸿章到日本议和。伊藤留下非全权大臣的伍廷芳单独谈话，是日本方面在广岛会议中的最得意之笔。所以，陆奥颇为自得地说："这虽然

①　陆奥宗光：《蹇蹇录》中译本，第124页。
②　《出使大臣张荫桓邵友濂来电四》，《清光绪朝中日交涉史料》（2601），第32卷，第35页。
③　陆奥宗光：《蹇蹇录》中译本，第125页。
④　《伊藤博文与伍廷芳问答节略》，《盛档·甲午中日战争》（下），第393页。

不过是一次谈话，但后来李鸿章之所以能出任中国全权使臣亲赴马关，未尝不与这一席话有关。"①

日本方面既拒绝了中国使节，便以广岛为屯兵之所为由，不准其在广岛停留。2月4日，张荫桓一行离开广岛，至宇品乘尾张丸至长崎等船回国。离开广岛前，张荫桓、邵友濂致书伊藤博文、陆奥宗光，提出四点：一、"会晤时，本大臣面商，如以敕书语句略有简缺，愿即电奏补足，贵大臣又不见允"；二、"查中国敕谕，往外国议约，其格式向与此次相同，向未闻他国不接受也"；三、"贵大臣说帖多有诋讪之词，惟本大臣此来系欲仍复旧好，无烦置辩"；四、"议和大臣向来应得之权利，本大臣不能照享，实出意外。"最后说："惟荷贵国派船迎送接待之雅。本大臣现将起程，理当鸣谢。"②

张荫桓等被送到长崎后，当即致电田贝，告以日本破坏广岛会议情况。2月5日，枢臣将张荫桓等的电报呈交慈禧。慈禧令孙毓汶、徐用仪二人前往美国公使馆，商议办法。当天，由田贝致电张荫桓和邵友濂："务在长崎暂住候信，俟转电日本政府，请其听任暂住长崎候信。"同时转电日本政府："中国现拟更换国书，声叙明晰，请允留张、邵二大臣暂住长崎候信。"③6日，慈禧召见枢臣于养心殿，首谓："战事屡挫，今使臣被逐，势难迁就，竟撤使归国，免得挫辱。"奕䜣与孙毓汶、徐用仪嗫嚅委婉而言："宜留此线路，不可决绝。"并复述美国公使田贝言："若决绝，则居间人亦无体面。"慈禧曰："若尔，中国体面安在？"诸臣略劝慰。翁同龢云："定约画押，既添入国书，则批准一节亦宜叙入，或稍可维持。"慈禧以为然，谓："顷间上请安时，亦言若不待批准，则授权一介矣。"④于是，决定改国书，添定约画押字样，并将"批准"二字亦轻笔点出。7日，由田贝转电东京，略云："中国愿换国书，将议妥定约、画押、互换各节全权叙入，仍交张、邵二大臣收执备验。惟转寄稍需时日，请令张、邵二大臣在长崎等候，与日本所派大臣先行开议，不必由崎回沪。"一封电报，当然不会使日本当局回心转意而改变其既定方针。张、邵亲历其境，知道事情已不可挽回，在日本也不可久留，便经美国驻长崎领事转电田贝云："总须回沪，在崎未便报明。拟于西二月十二日，即搭首开轮船回沪。"果然，到9日，日本政府便下了逐客令，经谭

---

① 　陆奥宗光：《蹇蹇录》中译本，第126页。

② 　《张荫桓、邵友濂致伊藤博文、陆奥宗光函》，《盛档·甲午中日战争》（下），第395页。

③⑤ 　北京美国公使馆：《节录中日议和往来转电大略》，见《中东战纪本末三编》第2卷，第33页。

④ 　《翁文恭公日记》，乙未正月十二日。

恩转电北京:"虽允可再开商和议,总须中国派从前能办大事有名之员,给予十足全权责任,方可再行开办。现派之二大臣既未得商此事,即不准仍在日本候信。"⑤清政府无可奈何,只好于10日令张、邵回国。张荫桓一行于12日离开长崎,15日回到上海,即将被拒回国情形奏报,并谓:"惟伊藤词意,中国若复遣使,自非名位极崇能肩重担者,不足与议。"①

由上述可知,日本方面拒绝中国使节,以破坏广岛会议,是经过精心策划的预谋。所谓中国代表全权不足,只是日本用以掩饰其真实企图的一个借口而已。日方之破坏广岛会议,其真实目的有二:

一是等待占领刘公岛并最后消灭北洋舰队。伊藤博文认为,待日军全取刘公岛及威海港内的北洋舰队之后,就可以在和谈中处于更为有利的地位。在日方宣布拒绝中国使节的第二天,日本外务省外交顾问端迪臣访问了科士达。会见后,科士达得到的一个印象:日本拒使的原因之一是"日方已经派出一支军队去攻袭威海卫炮台,击毁或捕捉在那里避难的中国海军的剩余部分。当着使臣在广岛举行会议时,在该炮台正进行着激烈的战事。无疑,日本人感到在这一仗胜利结束后,他们可以处于一个较优越的地位来签订和约。"②他的观察是正确的。

一是迫使清政府改派奕䜣或李鸿章来日本和谈。如果说日方在与中国使节会晤时已经多次暗示这一点的话,那么伊藤博文在与伍廷芳的个人交谈中便和盘托出了。

基于以上两个目的,日本政府破坏了广岛会议。日本之决定破坏广岛会议,不是不想跟中国和谈,而是要举行一次真正能够实现对中国最大限度掠夺的和谈。

第二节　马　关　议　和

一　李鸿章赴日乞和

2月17日,即日军占领刘公岛和俘获北洋舰队全部舰船的当天,日本政府

---

① 《出使大臣张荫桓邵友濂来电》,《清光绪朝中日交涉史料》(2598),第32卷,第35页。

② 《科士达外交回忆录》,《中日战争》(7),第472页。

声称:中国另派大臣,须有允偿兵费、朝鲜"自主"、商让土地及与日本日后办理交涉能画押之全权。慈禧急欲求和,决定派李鸿章赴日乞和。

李鸿章于 3 月 13 日晚自天津登轮,14 日晨起碇,开始了他赴日和谈的历程。

先是,李鸿章在京期间,曾奏明酌带随员名单。后在头等全权大臣之下特设参议一职,其位高于参赞之上,以其子李经方充之。李经方曾出使日本两年,"熟悉情形,通晓东西语言文字"①,故李鸿章颇欲倚重之。在奏明的随员名单中,参赞翰林院编修张孝谦、兵部候补主事于式枚和二品顶戴江苏候补道徐寿明,皆不到职,"未能随行"②。最后,随同前往的随员是:参议江苏存记道李经方,参赞二品顶戴记名海关道罗丰禄、二品顶戴候选道马建忠、二品顶戴候选道伍廷芳,随从医生四品衔直隶候补同知林联辉,随员同知衔候选盐大使陶大均、五品衔河北试用县丞张柳、四品衔直隶州用直隶候补知县廖炳枢、前美国外部律师科士达、前美国副领事毕德格,东文翻译候选直隶州罗庚龄、分省补用知县卢永铭,供事文案委员四品衔同知用直隶候补知县黄正、五品衔候选州判沈云台、五品衔候选布政司经历马祝平、候选知州马家桢,学生蓝翎直隶州用直隶补用知县柏斌、五品顶戴候选县丞黄才俊、知县用指分浙江补用县丞史悠保、分省试用县丞洪冀昌、试用县丞高庄凯、江苏试用县丞王崇厚、候选从九品吕梦麟,武弁总兵衔尽先副将杨福同,花翎副将衔尽先补用参将阎钦、花翎游击衔尽先都司吴忠元、花翎尽先游击田尚霖、蓝翎尽先守备吴锡宝、花翎尽先都司柴振邦、尽先都司倪顺、尽先守备邹肇元、尽先千总邱荣、尽先千总杨玉和、把总田锡珍、五品顶戴宋吉修。共 33 人。此外,还有管厨、厨子、茶房、打杂、轿班、剃头匠等仆从多人,李鸿章又聘请法国驻华使馆的慈巴茨斯医学博士作他的随从医生。随员及随从人等共 135 人。

3 月 14 日晨,李鸿章乘德国商轮公义号,悬挂仿英国旗式而新制的加绣青龙团式的黄龙国旗,科士达乘德国商船礼裕号,同时驶离天津。在此以前,经田贝转电东京:"李中堂愿与所带随员等,均在两船上居住。日本可以不必费事多备住处。"③公义、礼裕二轮开船后,因遇风浪,在荣成湾停泊一天,故至 19

---

① 李鸿章:《酌带随员约筹经费折》,见《朝鲜档》(2611)。
② 《总理衙门收李鸿章文》,《朝鲜档》(2713)。
③ 北京美国公使馆:《节录中日议和往来转电大略》,见《中东战纪本末三编》第 2 卷,第 34 页。

日晨始抵马关。日本外务书记官井上胜之助带数人到码头迎接。伊藤博文、陆奥宗光再奉日本全权办理大臣之命,业已先后抵达马关。其随员有:内阁书记长官伊东已代治、外务书记官井上胜之助、外务大臣秘书官中田敬义、外务省翻译官陆奥广吉、楢原陈政,原驻华使馆书记生郑永邦。日方选定马关红石山下安德天皇祠旁的春帆楼为会谈场所,漏夜准备,从正厅到二楼的楼梯铺上了华丽的地毯。为了方便,伊藤住在春帆楼附近的梅坊,陆奥住大吉楼。准备让李鸿章下榻的引接寺,也装修一新。李鸿章抵达的当天,双方先用书面通知各全权大臣的到达,并规定于次日举行第一次谈判。

马关春帆楼中日双方和谈会场

3月20日，双方全权大臣首次会谈，是为第一次谈判。是日下午2时半，李鸿章带同参议李经方、参赞罗丰禄、伍廷芳、马建忠，以及东文翻译卢永铭和罗庚龄，乘轮登岸，坐轿赴春帆楼。李鸿章在楼下略事休息，于3时零5分步入楼上会议室。日方出席会议者亦7人，除伊藤博文、陆奥宗光外，还有内阁书记官长伊东已代治、外务书记官井上胜之助、外务大臣秘书官中田敬义及外务省翻译官陆奥广吉、楢原陈政。伊藤与李鸿章寒暄数语后，即提出："本日应办第一要事，系互换全权文凭。"①李鸿章将其所带之黄绸包袱解开，从绘有黄龙图案的筒中取出敕书，连同其英文译本交给伊藤。伊藤亦打开锦袋，将敕书及其英译本交于李鸿章。李将日方敕书交卢永铭看，将英文译本交李经方、罗丰禄看，并与之低语交换意见。双方对敕书皆未提出意见。于是，李鸿章令罗丰禄宣读拟请停战的英文备忘录，希望"于开议和约之始，拟请两国水陆各军即行一律停战，以为彼此议商和约条款地步"②。伊藤对李鸿章的提议并不感意外，答以："此事明日作复"。③

随后，双方便转入一般的谈话。伊藤博文先就中国敕书无皇帝署名事加以发挥："余所带之敕书上有我皇上之亲署，而中堂之敕书只钤御玺，而无御笔签名，毋宁乃为阙典。"又谓："前张、邵二使未完成使命，持节空自归去，余等甚感遗憾。然于当时，其敕书既不完备，又似未诚心求好，方产生如彼之结果"。并问李鸿章："此次贵国修好之心诚否？"李鸿章极力表白说："我国若非诚心修好，必不派我；我无诚心讲和，亦不来此。"继发表大篇议论：

> 贵我两国乃东洋之两大国，同种同文，利害攸关。贵国近年进步极速，跻身泰西各邦之列，实令人钦美不止。然如贵大臣所深知，我国虽待革除之弊甚多，然实行之中不如意事常十居八九。我国与贵国提携，共图进步，借以与泰西争衡，防止白色人种之东侵，此乃两国之共同愿望。今虽一时交战，终不可不恢复和平，且冀更进而为亲睦之友邻。切望贵我两国将为东亚之两大强国，以与欧美持久对抗。庶几变今日之不幸为两国深交厚谊之基础也。……

此次战争，实获两个良好的结果：其一，证明欧洲式之陆海军组织及作战方法，并非白种之民所独擅，黄种之民亦可应用并取得成功；其二，贵

①③　《马关议和中日谈话录》，《东行三录》第227页。

②　《马关会谈纪要》，《日本外交文书》第28卷，第1089号，附件2。

国之长足进步,使我国从长夜之迷梦中觉醒,得益匪浅,此实为贵国促成其发奋图强,帮助其将来之进步。我曾审时度势,上疏论列,然未能如贵国之收到实效,殊以为憾。今我国人虽有多数怨恨贵国,而我对贵国反多感荷。缘我国有识之士,鉴于今日之大败,必有所觉悟。倘能恢复两国之和平,以其唇齿相依之关系,促进国家之兴盛,永保东亚之和平,则足以实现两国之宿愿。贵我两国之外,东亚尚有何国耶?我国虽属老大,诚能完备其海陆军,开发其无尽之宝藏,并与贵国相互合作,则与欧洲列强分庭抗礼亦非至难之事。①

对于他的这番议论,陆奥宗光评论道:"他所谈论的虽然只是今日东方政界人士的老生常谈,但是他如此高谈阔论,其目的是想借此引起我国的同情,间用冷嘲热讽以掩盖战败者的屈辱地位,尽管他是狡猾,却也令人可爱,可以说到底不愧为中国当代的一个人物。"②从历史发展的角度看,中日两国人民终将会友好下去的,然在此际大谈中日提携之道,实无异于缘木而求鱼,对牛而弹琴。不过,李鸿章以战败者的身份向敌乞和,尽力表现出恢弘的气度,以掩盖其艰难的处境,也是不难理解的。

日本内阁总理大臣伊藤博文
(1840—1909)

李鸿章在发表长篇议论之后,提出向国内发密电的问题。围绕着发电问题,李鸿章与伊藤博文又有一番对话:

李:"本大臣有电回国,奏明业已抵达及会谈要旨等,可否?"

伊藤:"中堂之要求可格外通融,前张、邵二氏来此,本大臣未曾允电。"

李:"多谢厚意。张、邵二人以敕书不完备,致未完成使命,我深感惭愧。彼二人毕竟不熟悉对外事务。"

伊藤:"中堂谓张、邵二氏对外国事务生疏,而张氏曾任驻美大臣多年。"

李经方插话:"张大使不过一个普通

① 《马关会谈纪要》,《日本外交文书》第28卷,第1089号,附件2。
② 陆奥宗光:《蹇蹇录》中译本,第132页。

公使,从未担此大任。"

伊藤(目视伍廷芳):"张、邵之失败,此人亦不能无过。"

(此时,伍廷芳赧然。李鸿章大笑,又似干笑。)

李经方为伍辩解曰:"伍参赞乃奉命自天津随行,未预闻敕书之事。"

伊藤:"无论预闻与否,既系随行,亦难辞其咎。"

李:"若当时贵大臣不提出此带专门性之异议,我亦未必不顾年迈之躯而前来贵国也。"

伊藤(微笑):"忽视外交上专门性事务者,不仅贵国而已,他国亦间或有之。中堂应该承认,不遵守外交之惯例,不能受到应有的礼遇。"

李:"贵国上有圣明之君,下有辅弼之贤相,故国运昌隆。而我国尾大不掉,徇私舞弊,积重难返,兴利除弊至难也。"

所谓"全权不足",本是日方破坏广岛会议的借口,而李鸿章却承认是中国的过错。伊藤博文则借此而辱使臣,讪笑中国,表现极为无礼,而李鸿章竟不敢置一词之辩。于是,在春帆楼的会议桌上,一方颐指气使,飞扬跋扈,一方低首下心,呃嗟栗斯,形成了极为鲜明的对比。

此日,还商定李鸿章一行将于明日上午10时住进引接寺,下午继续谈判。会谈结束时,李鸿章又对伊藤博文说:"方才交贵大臣之备忘录,望明日口头答复之。"伊藤答称:"谨悉。俟详阅后,当以口头或书面答之。"遂散。时为下午4时15分。

3月21日,为中日双方之第二次谈判。是日下午2时30分,双方全权大臣复会于春帆楼。中方出席者为李鸿章、李经方、罗丰禄、伍廷芳、马建忠、罗庚龄六人,日方出席者为伊藤博文、陆奥宗光、伊东已代治、井上胜之助、中田敬义、陆奥广吉、郑永邦七人。会谈开始后,伊藤说:"对昨日中堂所交之备忘录,兹提出书面答复。我已译成英文和汉文,可先读英译。"随即亲自朗读英译之日方复文。此时,李鸿章取汉译之日方复文读之。陆奥从旁插话说:"译文以英译为正译,汉译或有不清晰之处,如需罗道台翻译,请为中堂译之。"罗丰禄遂拿起英译复文,逐字逐句地译成汉文,并加以解释。李鸿章等端坐倾听。日文复文的主要内容是:

　大日本帝国全权办理大臣体察目前军务情形,并顾虑因停战所生局面,兹将停战要款胪列如下:

日本军队应占守大沽、天津、山海关，并所有该处之城池堡垒，驻上开各处之清国军队，须将一切军器、军需交与日本国军队暂管；

天津山海关间之铁路当由日本国军务官管理；

停战限期内日本国军队之军需军费，应由清国支补。

既允上开各款，则停战日期、停战期限及日清两国军兵驻守划界并其余细目，应即行议商。①

当时，清廷最迫切期望的是停战，伊藤、陆奥早知其意，因此故意提出这种明知不会被接受的苛刻条件，以迫使中国方面打消停战的念头。

李鸿章听完罗丰禄的口译后，完全出乎意料之外，为之大惊失色，口中连呼："过苛，过苛！"②他再三向伊藤博文恳商，几乎近于哀求：

贵方所指之天津、大沽、山海关三地，实北京之咽喉，直隶之锁钥也。倘贵军占此等要地，我方则反主为客，岂不令人有宛如异国领土之感？③

前承贵国请余来此议事。我之来此，实系诚心讲和，我国家亦同此心。乃甫议停战，贵国先要踞有三处险要之地。我为直隶总督，三处皆系直隶所辖，如此于我脸面有关。试问伊藤大人，设身处地，将何以为情？

我两人忠心为国，亦须筹顾大局，中国素未准备与外国交争，所招新兵未经训练，今既到如此地步，中日系切近邻邦，岂能长此相争，久后必须和好。但欲和好，须为中国预留体面地步；否则，我国上下伤心，即和亦难持久。如天津、山海关系北京门户，请贵国之兵不必往攻此处；否则，京师震动，我国难堪，本大臣亦难以为情。④

无论李鸿章怎样乞求，伊藤决不松口，并限定于 3 天内作出答复。下午 4 时 20 分，李鸿章离席，遂各回住处。

当天，李鸿章即致电总理衙门，告以日方的停战要款。3 月 22 日，电达北京，光绪"为之动容"，欲至宁寿宫谒见慈禧，而"慈躬未平，逡巡而退"。是日，

---

① 以上皆见《马关会谈纪要》，《日本外交文书》第 28 卷，第 1089 号，附件 2。
② 陆奥宗光：《蹇蹇录》中译本，第 133 页。
③ 《马关会谈纪要》，《日本外交文书》第 28 卷，第 1089 号，附件 2。
④ 《马关议和中日谈话录》，《东行三录》第 232—233 页。

奕劻、孙毓汶、徐用仪先散，"往各国使馆商酌"。各公使皆以先索议和条款为要。于是，议定以此意电复李鸿章。23 日，翁同龢和孙毓汶各出一电稿。经传看后，用孙毓汶稿。翁同龢深感"措辞不易也"。①其电曰：

> 阅所开停战各款，要挟过甚。前三条万难允许；必不得已，或姑允停战期内认给军费。但恐只此一事仍难就范。昨令奕劻等与各公使面商，均以先索和议条款为要。可告以中朝既允议和，无不推诚相与，可允必允，无须质当。其停战期内认给军费一节，可以允许；若彼仍执前说，则以难允各条暂置勿论，而向索和议中之条款。务将朝廷诚心议和之意，切实讲论，婉与磋磨，总以先得议款为要。②

此电于当天下午 6 时 35 分打到马关电报局，至第二天中午始送交李鸿章。盖日人早将中国的密电码破译了。

3 月 24 日下午 3 时，中日全权大臣举行第三次谈判。双方出席人员同于第二次谈判。李鸿章提出宣读对日方之复文，即取汉文正本交给伊藤博文，将英文译本交罗丰禄，令其读之。复文表示对日方"所复停战节略内要款情形，万难照办"，并谓："本大臣尽心议和之始愿，从未稍减，以期两国和局之早底于成也。"李鸿章既将停战之议搁起，便要日方出示和款。伊藤答应第二天交阅。4 时 15 分，谈判暂告结束。

在此日的会谈中，伊藤博文突然询及台湾之事，表现出对台湾的极度关心，引起了李鸿章的警惕。当时有如下的对话：

伊藤："我国之兵已向台湾行进，但尚未接来自南方之消息，情况难明。不知台湾之民如何？"

李（突闻"台湾"二字，面带惊愕之色，故作镇静）："诚如贵大臣所知，台湾居民有客民与土人两种。客民多来自广东，占十分之四，最为强悍。土人居十分之六。几日前议及停战，贵大臣不肯轻许，盖为出兵台湾之故欤？"

伊藤（微笑）："决非如此。"

李："贵国倘占台湾，英国将不甘心，奈何？"

伊藤："英国乃守局外中立，无任何置喙之理由。"

---

① 《翁文恭公日记》，乙未二月二十六日、二月二十七日。
② 《译署来电》，《李文忠公全集》，电稿，第 20 卷，第 24 页。

李:"英国固守局外中立,然此事与其利害攸关耳。"

伊藤(边笑边说):"利害攸关者非英国也,岂非贵国乎?"

李:"否。以台湾近香港。"

伊藤:"近香港何妨? 我只进攻敌对之国。"

李:"除我国之外,英国不欲他国盘踞台湾。"

伊藤(微笑):"岂止台湾而已! 不论贵国版图内之何地,我倘欲割取之,何国能出面拒绝?"①

伊藤本答应在第二天出示和款,却又急不可待地露出要割占台湾。李鸿章不敢正面拒之,而大谈英国如何如何,想用英国来吓住日本,也未免太天真了。

从3月20日至24日,中日全权大臣共举行了三次谈判。是为马关议和的第一阶段。在此阶段中,伊藤博文蛮横无理,耍尽刁滑手段,而李鸿章则委曲求全,惟恐和议中梗。日方终于以苛刻的条件使中国方面自动撤回了停战的提议,达到了不停战而和谈的目的。

二 日军攻占澎湖

在日本全权大臣坚拒中国停战要求的同时,日军向台湾省所属的澎湖列岛发动了进攻。日本政府之所以决定进攻澎湖,是为下一步占领台湾做准备。日本的企图是:趁中日双方正在和谈之际,先攻占澎湖,以逼迫中国在谈判桌上同意割让台湾;即使达不到割取的目的,也可利用澎湖作为进攻台湾的跳板。

澎湖列岛位于台湾海峡之中流,东与台湾之云林、嘉义两县隔海相望,西与福建之厦门遥相对峙。群岛错立,风涛澎湃,诚乃闽台之锁钥,历来为兵家必争之地。当时驻守澎湖的清军达13营3哨,计5000余人。

日军之进攻澎湖是从3月23日开始的。为发动这次进攻,日军进行了多日的准备。先是在3月6日,以占领台湾咽喉澎湖为目的的日军混成支队,包括步兵3个大队和炮兵1个中队,共约5000人,以后备步兵第一联队长比志岛义辉步兵大佐为支队长,正式在宇品组成。是日下午2时许,比志岛支队分乘鹿儿岛丸等轮抵马关。运兵轮增加到7艘,于8日下午5时出马关,9日晨进入佐世保港,以与日本联合舰队会合。在伊东祐亨的主持下,制定了进攻澎

---

① 以上见《马关会谈纪要》,《日本外交文书》第28卷,第1089号,附件2。

湖的作战计划。其要点是：

一、第一步占领澎湖南部之仓岛（按即将军澳屿）为据点，占领澎湖后即以此处为根据地，以制马鞍山以南之海面。

二、在冲绳之中城、大岛之久慈设置贮水池，并在冲绳之中城设煤炭贮藏所。

三、占领澎湖后设民政厅，购备蒸馏水器械。

四、十九日到达仓岛后，第一游击队吉野、秋津洲、高千穗先侦察澎湖岛。

五、二十日总攻击。上陆时，如有清军抵抗，〈第一〉游击队即开炮击之。在此期间，本队泊于海上。①

3月15日，日本联合舰队及运兵船由佐世保出港，于20日下午2时45分抵仓岛。翌日，伊东祐亨便下达了22日进攻澎湖的命令。并有军令曰："凡抵抗者格杀勿论！"又曰："战略上有必要时可以火焚之！"②22日天明后，狂风不停，波涛汹涌，小艇靠岸困难，日军的进攻不得不再推迟一天。

3月23日，晴朗无云，风平浪静，是多日以来未见到的好天气。拂晓时，伊东祐亨令旗舰挂出"准备出港"的信号。高千穗、浪速、秋津洲三舰为先锋队，先由仓岛向澎湖进发。吉野因碰礁伤重，未参加此次战斗。上午7时，本队松岛、桥立、严岛三舰及西京丸继进，运兵船随之。9时20分，第一游击队樯顶上扬起"开战"旗。9时40分，岛上拱北炮台开始发炮。日军第一游击队3舰接近炮台，发排炮猛轰。双方展开了激烈的炮战。上午11时30分，日舰本队及运兵船皆集中于里正角，并在海岸近处抛锚。此时，松岛舰悬挂"陆军登陆"信号。根据预定的登陆顺序，乘坐鹿儿岛丸的日军前卫后备步兵第一联队第一大队，从第一中队至第四中队依次自里正角西侧的良文港③登岸。随后比志岛义辉也率部队上岸。拱北炮台见日军登陆，转向良文港海滨轰击，"发炮不停，十有八九落于小汽艇或运兵船附近，亦有落于登岸士兵身边者"。④但是，日舰各炮齐放，火力太猛。"浪速、高千穗、松岛、桥立发炮，声震天地。十二公分速

① 《宗方小太郎日记》（稿本），1895年3月14日。
② 《日清战争实纪》第24编，第29页。
③ 良文港近龙门社，故有些文献称为龙门港。
④ 《日清战争实记》第25编，第29页。

射炮,毫无间断。旗舰又令严岛停泊于适当之处,发射三十二公分之巨炮。第一分队长毛利氏指挥,在六千公尺的距离上开炮,只听轰然一声,顷刻间炮台冒起茶褐色之烟尘。"[1]拱北炮台守军仅为宏字正营一哨,已伤亡多人,仍坚持发炮击敌,但无法阻止敌人的登陆。到下午 2 时许,日军混成支队已全部登岸,炮战始告停止。

日军混成支队登陆后,比志岛义辉探知龙门社一带村落并无清军踪影,便下令抢占距登陆地点约 800 公尺尖山村前高地。于是,后备步兵第一大队长岩畸之纪少佐命第一中队长山口正路大尉和第二中队长中岛行正大尉,各率其中队前进。尖山高地因无清军防守,遂被占领。尖山以西约 2 000 公尺为大武山,乃是通向拱北炮台和马公城的必由之路。日军占领后,即向西行进,欲占领大武山。"朱上泮闻警,率定海〈右〉营兵五百进战,至太武社,前队奋登。"[2]定海右营前队 300 余人向前迅进,日军急速射击,"双方相距约二百公尺,皆竭尽全力以战。"此时,朱上泮率后队 100 余人增援。日军第一中队伏于低洼处,待清军行近,从侧面突然发起攻击。清军猝不及防,当即有 6 人牺牲,朱上泮中弹负伤,然仍"顽强抗击"。日人称:"清军于登陆地抵抗之顽强,以此次为最。"[3]岩畸见战斗处于胶着状态,便下令将预备队第三、第四两个中队投入战斗。日军第二大队正在登陆地附近待命,也奉支队长之命进至第一大队之右侧,进行策应。在激战中,日军第一大队死伤 10 人;清军死 34 人[4],伤者不计其数。到下午 4 时,日军终将大武山占领。当夜,日军第一、第二大队宿营于大武山,混成支队司令部宿营于尖山社。

3 月 24 日,日军混成支队又向拱北炮台发起了进攻。日军的计划是:先集中兵力攻占拱北炮台,然后一面由北进逼马公城,一面以拱北炮台之大炮牵制圆顶半岛的清军。为了加强炮队力量,伊东祐亨命令组成海军速射炮队,以松岛舰炮术长井上保海军大尉为司令,率海军官兵 45 人,携速射炮 3 门,先于良文港登陆。午夜刚过,井上率领的海军速射炮队与荒井信雄炮兵大尉指挥的临时山炮中队,先从宿营地出发。凌晨 2 时 30 分,比志岛义辉也率混成支队由尖山社出发。此日之战,比志岛以后备步兵第十二联队第二大队为前锋,从

---

① 《日清战争实记》第 24 编,第 31 页。
② 连横:《台湾通史》上册,第 68 页。
③ 《日清战争实记》第 24 编,第 32 页。
④ 《日清战争实记》第 25 编,第 31 页。

正面直扑拱北炮台;后备步兵第一联队第二大队为侧翼,绕攻炮台右侧。日军临时山炮中队 6 门炮车及海军速射炮队 3 门炮车,皆布阵于附近高地。5 时 50 分,日军开始进攻。拱北炮台开炮防战。战至 6 时 30 分,日军进抵炮台下,并冲入炮台内。此时,炮台内仅剩少数清兵,或伤或残,仍坚持不退。据日本随军记者记述:"(清军)或隐藏于壕中,或潜伏于门内,力图阻挡我军进入。当第五中队第三小队长江头特务曹长跨越壕沟之际,敌一伤兵突然跃起,以刺刀刺透曹长股部,真不愧为血性男儿!"①时为 6 时 45 分。日军既占领了炮台,始发现炮台守兵已将 3 门大炮的标尺破坏,原先想即时利用该炮以攻清军,此计划未能实现。在这次战斗中,日军死伤 19 人。

日军既陷拱北炮台,便以后备步兵第一联队第二大队为前锋,进逼马公城。行军途中,渔翁岛炮台频频发炮,进行遥击。上午 11 时 10 分,日军抵马公城下,分三路攻城。城内外的清军多已溃散。朱上泮在 23 日之战中,"左股忽为开花弹所中,肩上复中一弹,当即昏倒在地"②,被亲兵救起,乘舟"逃往西屿,匿民间,雇船渡海至厦门得免"。③总兵周振邦和通判陈步梯,"见倭兵登陆,炮台不守,朱统领不知所往,进退失措,军心大震。略与交锋,即以渔舟入小港逃避。"④此时,另有三十多名士兵尚在守卫城门。日军发起冲锋,遂突入城内。至 11 时 50 分,马公城各炮台及兵营皆被日军占领。

在日军混成支队进攻马公城的同时,其海军陆战队也奉命向圆岛半岛前进。海军陆战队以高千穗舰海军少佐丹治宽雄为大队长,高千穗舰海军大尉筑山清智为参谋,严岛舰海军大尉吉岛重太郎为大队副官,下属三个中队:枪队第一中队,松岛舰海军大尉名和又八郎为中队长;枪队第二中队,桥立舰海军大尉栗田仲树为中队长;炮队,浪速舰海军大尉今井兼胤为中队长。混成支队攻占拱北炮台之后,又以全队西攻马公城,即将炮台交于海军陆战队驻守。海军陆战队的任务是:"扼制圆岛半岛之清军,以解除进攻马公城的陆军之后顾之忧。"⑤上午 8 时,丹治宽雄将全队分为两路:枪队第一中队和炮队为右翼,向井仔按社方向前进;枪队第二中队为左翼,向乌崁社方向前进。日军沿途搜

---

① 《日清战争实记》第 25 编,第 32 页。

② 《署台湾巡抚唐景崧来文》,《朝鲜档》(2763)。

③ 易顺鼎:《盾墨拾余》,见《中日战争》(1),第 125 页。

④ 思痛子:《台湾思痛录》,第 19 页。按:据日军所得情报,周振邦系先乘渔船逃往渔翁岛,又乘差船南通号逃往台湾。(《日清战争实记》第 25 编,第 34 页)

⑤ 《日清战争实记》第 26 卷,第 3 页。

索,在乌崁社和双头卦社各捕杀清兵二十余人。下午 4 时 30 分,海军陆战队占领猪母水社。猪母水社位于圆顶半岛的细颈处,守住该处即可切断圆顶半岛与澎湖全岛的联系。圆顶半岛的清军遂陷于绝境。于是,丹治致书守将定海军分统兼卫队营管带郭润馨,限其于次日上午 8 时率部来降。此时,圆顶半岛的清军尚有 560 余人,而日军海军陆战队才 410 多人,但是,郭润馨没有抵抗的勇气,遂偕定海前营帮带郭俊山、五营正总查欧阳连降敌。

马公城陷落后,清军将领朱上泮、周振邦、陈步梯等先后乘船至渔翁岛,又逃往厦门和台湾等处,引起岛上人心惶惶。渔翁岛守将刘忠樑等知大势已去,便炸毁火药库后也乘船而逃。当天,占领马公城的日军乘小船渡至渔翁岛,发现已无清兵。

日军占领澎湖后,即在马公城设立澎湖行政厅,以海军少将田中纲常为行政厅长官,陆军步兵中佐志水直为副长官。行政厅的主要事业是安抚岛上人民,到各社张贴伊东祐亨所出的布告,内称:"尔等善体本司令官爱民至意,共来享其保护。"①比志岛义辉也有布告称:"本军远征到此,问清国破好谕盟之罪。事固属邦交,与尔等民庶毫无干涉。是以能表恭顺之意,不抗我军者,不但免其杀戮而已,尚且问尔等民人疾苦,加意庇护。尔等深体此意,安慎就业,不可徒有恐慌逃避等事。"②并特制"顺民证",上有"顺民"、"大日本行政厅证之"等字样,专门"发给表示恭顺的岛民"。③可是,尽管动员多日,也只有 200 多人领取了"顺民证"。

在澎湖岛的战斗中,日军死伤人数虽不算太多,但死于传染病的数字却相当惊人。据日方自称:"我患瘟疫而死者达九百八十人,埋骨于马公城东南阳明门外,病者更不计其数。"④日军减员甚多,然尚可战斗。而清军 10 余营则或逃或降,一朝瓦解。大量军械、弹药等,全归日军所有。据统计,岛上各炮台、兵营尚有大炮 18 门,枪 2 463 支、子弹 1 043 190 发、火药 797 桶、装药 3 173 包、大米 910 包等物资全归日军所有。时人称:"澎湖既失,台势益孤,而广、闽、苏、浙海道中梗。于是,中国凡购外洋军械,尽截于倭,委输将断,而和议益哑矣!"⑤

---

① 《日清战争实记》第 25 编,第 37 页。
② 《日清战争实记》第 25 编,第 36 页。
③ 《日清战争实记》第 25 编,第 38 页。
④ 香风外史:《征台颠末》,第 166—167 页。
⑤ 姚锡光:《东方兵事纪略》,见《中日战争》(1),第 91—92 页。

三 李鸿章遇刺与《中日停战协定》的订立

日本一方面在谈判中拒绝中国的停战提议，一方面派军队攻占澎湖，以便为占领台湾作准备。不料在3月24日第三次谈判之后，发生了"几乎酝成国际异变"①的事件，才迫使日本不得不答应停战。

3月24日下午4时15分，李鸿章结束谈判后乘轿返回引接寺。4时30分，途经外滨町邮便电信局前，将至江村（仁太郎）杂货店。过江村店再向北拐，前行约50公尺，就是引接寺的门口了。但在此街道拐角处，人群拥挤，争看大名鼎鼎的中国全权大臣李鸿章。当轿子从人群中穿过时，忽有一暴徒排群而出，直至轿前，手按轿夫肩膀，趁轿夫惊讶停进之际，对李鸿章开枪。枪弹击中李鸿章左眼下，"李以手掩创口，血出驾轿，而还引接寺旅馆，神色自若，徒步登阶入内"。②当天，李鸿章致电总理衙门称："今申刻会议，已将停战搁起，向索议和条款，允于明日面交。归途忽有倭人持手枪对狙，击中左颊骨，血流不止，子未出，登时晕绝。"③回国后，他在请假的奏片中又谓："归途被刺，晕绝复苏。"④甚至有些记述说他"自料必死"，或"死后复生"。所有这些，都未免过甚其词。李鸿章中枪后感觉眩晕是有的，但并未晕绝。在遇刺的第二天，他在致王文韶的电报中说："归途遇刺客，用手枪击中左颊，血流不止，眩晕时许复苏。"⑤这封给私人的电报，倒说出了真实的情况。事实上，李鸿章一直是非常清醒的。被刺的当天晚上，他还告诉科士达，"他的朋友曾经警告他不要到日本，因为可能会有人企图暗杀他，但是田贝、法国公使及其他人们，向他保证那里没有一点危险。他说：'现在你看，怎么样了！'"并且在给日本全权大臣的照会上签字，通知对方"不能出席定于次日开的会议"。⑥

此次事件的发生，不能说完全出于偶然。凶手名小山丰太郎，郡马县大北岛人，是年26岁，是个无职业的青年。他为什么要行刺李鸿章呢？日本山口地方法院的《判决书》提到小山行刺的动机时说："被告（小山）丰太郎，因我帝

① 《科士达外交回忆录》，见《中日战争》(7)，第475页。
② 桥本海关：《清日战争实记》第14卷，第477页。
③ 《寄译署》，《李文忠公全集》，电稿，第20卷，第25页。
④ 《李鸿章奏被刺后血气日衰又约款多不如意愤恨填膺困急难支请假二十日片》，《清光绪朝中日交涉史料》(2984)，附件一，第38卷，第19页。
⑤ 《复北洋王夔帅》，《李文忠公全集》，电稿，第20卷，第26页。
⑥ 《科士达外交回忆录》，见《中日战争》(7)，第475—476页。

国与中国启衅,致动干戈,皆中国现任钦差头等全权大臣李暗为主持,思非绝其生命,则我国不能得志,难保东方之平和。适闻其奉命来我帝国山口县赤间关议和,遂决意行刺。"①显然,《判决书》既美化了日本当局,又掩盖了小山丰太郎行刺的真实动机。当时,日本国内的主战气焰仍相当高涨。"对于中国的割让唯欲其大,发扬帝国的光辉唯欲其多。"甚至声称"必须有瓜分四百余州的决心"。尽管有人认为"媾和条件若失之过苛,并非上策",但也未敢反抗社会的逆流而公开发表其主张,只是在私函中流露出自己的一点意见而已。②至于日本军队内部,主战的空气更浓,力主非占领北京不可言和。在日本将领所写的诗中,多有"燕京从是几行程"、"何时轻骑入燕京"这样的诗句。李鸿章在谈判中提出停战被拒绝后,马上在日本报纸上即有反映。诗人山田松堂写道:"三军万里向天津,正是东风桃李辰。星使乞和和未就,燕京将属手中春!"③可见,战争歇斯底里已经在日本国内造成一种扩张主义流行病,而小山丰太郎正是在这种流行病的感染下才决意行刺的。他在法庭上公开宣称:"日军放弃占领北京是意味着日本的耻辱,目前同中国签订和约为时尚早。"④伊藤博文也指出小山之所以行刺,是因为"以和为非"。⑤所有这些,足以说明小山丰太郎行刺李鸿章是为了破坏和谈,以便使日本得以继续扩大侵略战争,从而达到"对于中国的割让唯欲其大,发扬帝国的光辉唯欲其多"的目的。3 月 30 日,日本山口地方法院以预谋杀人未遂罪判处小山丰太郎无期徒刑。山口县知事及巡捕长则受到了革职的处分。⑥

李鸿章遇刺事件发生后,日本政府极为狼狈。对此,陆奥宗光写道:"我观察内外人心所向,认为如不乘此时机采取善后措施,即有发生不测之危机,亦难预料。内外形势,已至不许继续交战的时机。若李鸿章以负伤作借口,中途归国,对日本国民的行为痛加非难;巧诱欧美各国,要求它们再度居中周旋,至少不难博得欧洲二、三强国的同情。而在此时,如一度引出欧洲列强的干涉,我国对中国的要求亦将陷于不得不大为让步的地步。……而况位高望重之李鸿章,以古稀高龄初次出使异国而遭此凶变,显然容易引起

---

① 《使相遇刺纪实》,见《中日战争》(5),第 384 页。
② 陆奥宗光:《蹇蹇录》中译本,第 115—116 页。
③ 见《日清战争实记》第 29 编,《文苑》。
④ 加尔别林:《日本近代史纲》中译本,第 333 页。
⑤ 《使相遇刺纪实》,见《中日战争》(5),第 385 页。
⑥ 《复译署》,《李文忠公全集》,电稿,第 20 卷,第 28 页。

世界的同情。故若某一强国想乘机进行干涉，固可以李氏之负伤为最好的借口。"[①]陆奥这段话，表明了日本政府有两怕：一怕李鸿章借此回国，中断谈判；二怕列强乘机干涉。因此，日本当局感到非常紧张。伊藤博文、陆奥宗光皆来引接寺，探望李鸿章的伤势，并表示"慰问"。睦仁天皇接到报告后，也"深为忧愁惋惜"[②]，降诏曰："其凶犯，自应饬吏按照国律内最严之刑办理。兹特明降谕旨，通饬官民，钦遵旨意，保我国家荣耀声名，庶不致再有此等狂悖不法之事，而损我国之光誉也。"[③]并派侍从武官中村大佐为特使，偕石黑忠悳、佐藤进两军医总监同赴马关，"慰问李病"。皇后"赐予御制的绷带，并派护士二名前去侍养"。[④]

当天夜间，陆奥宗光亲至伊藤博文下榻之处，密商对策。陆奥提出："我皇室对于中国使臣之优渥待遇，及一般国民之亲切好意，虽皆无可非议，但在目前情况下，如果仅在礼遇上或社交的情谊上作表示，不另采取具有现实意义之措施，恐终不能使对方衷心感到满意。故此时由我无条件允许他所一再恳请之休战，较为得计。如此，不仅对中国，即对其他各国亦在事实上表现我国之诚意；同时由于我国警察之疏虞，以致使其负伤，结果自当影响媾和之早日完成，此时我军再任意进攻中国，即在道义上亦不能无所缺憾。"伊藤完全赞同陆奥的意见。但是，因涉及到停战的问题，必须征询军部的意见，便致电在广岛的内阁阁员及大本营的重臣进行议商。不料除陆军大臣山县有朋外，多数对停战持反对态度。大藏大臣松方正义、海军大臣西乡从道、农商大臣榎本武扬、海军军令部部长桦山资纪、参谋本部次长川上操六联名复电称："目下实行休战，对我国不利，请再加以考虑。"[⑤]

为了对停战问题取得一致的意见，并经睦仁天皇裁可，伊藤博文乃于3月25日夜离开马关。伊藤抵广岛后，与文武重臣会晤，权衡停战的得失，大费唇舌，终于取得一致的意见。于是，伊藤上疏曰："由于此次凶变，帝国不得不立于甚为困难之境地。反之，清国却因此而得到最好的口实，清使或将立即归国。而当其向各国哀诉时，各国将向彼表示同情，且难保不转而以其联合之压

---

① 陆奥宗光：《蹇蹇录》中译本，第137—138页。

② 《使相遇刺纪实》，见《中日战争》(5)，第382页。

③ 《寄译署》，《李文忠公全集》，电稿，第20卷，第27页。

④ 《日方记载的中日战史》，《中日战争》(1)，第282页。

⑤ 陆奥宗光：《蹇蹇录》中译本，第138页。

力抑制我方。果真如此,则帝国之威严必将大为丧失。因此,今日善后之策,惟有与清使继续商谈,以预先避免各国之联合干涉。"①实行停战的决定得到了睦仁的裁可。27 日夜半,伊藤将此决定电知陆奥宗光。当天,陆奥已经断定李鸿章不会借故回国。他致电伊藤说:"李鸿章之情况大为好转,此际不仅无归国之意,而且似乎已下决心,必须在缔结条约完毕后回国。此事无论按李经方所言,或就以前密码电报观察,其意均甚明显。"②但是,考虑到停战之事如由西方国家提出,将对日本不利。所以,陆奥接伊藤电后,不敢迟延,即据电意,拟成停战协定草案。

3 月 28 日,陆奥宗光亲至引接寺,就李鸿章病榻,述日本天皇允诺停战之意。并面致一照会,内称:"我天皇陛下闻悉本月二十四日之变故后,宸襟深感烦恼,对前所未予见诺之无条件休战,兹已命其全权办理大臣可规定期限,在某些区域内予以允诺。"李鸿章的半面脸包有绷带,仅露一眼在外,流露出欣喜的神情,并向陆奥表示,因伤未愈而不能亲赴会所商议,然就病榻谈判随时皆可。陆奥随即将停战协定草案交出。29 日,陆奥又至引接寺。李鸿章就草案中的三项条款提出了修正案。陆奥"除去请将休战范围扩大到南征军、即台湾诸岛之要求外,其他不重要的条款,完全接受了他的提案"。③能够实行停战,李鸿章已经认为是很大的成功,感到心满意足,因此对条款的内容也就不去进一步争讲了。当天,伊藤博文自广岛回到马关。30 日,两国全权大臣签订了《中日停战协定》6 款:

第一款 大清帝国、大日本帝国政府,现允中日两国所有在奉天、直隶、山东地方水陆各军,均确照以下所定停战条款一律办理。

第二款 两国军队应遵该约暂行停战者,各自须驻守现在屯扎地方,停战期内不得互为前进。

第三款 中日两国现约,在停战期内,所有两国前敌兵队,无论或攻或守,各不加增前进,并不添派援兵及加一切战斗之力,惟两国如有分派布置新兵,非遣往前敌助战者,不在此款之内。

第四款 海上转运兵勇军需,所有战时禁物,仍按战时公例,随时由

---

① 伊藤博文:《与清使谈判要件裁可公文》,《机密日清战争》,见《中日战争》续编,第 7 册。
② 《日本外交文书》第 28 卷,第 1037 号。
③ 陆奥宗光:《蹇蹇录》中译本,第 139 页。

敌船查捕。

第五款　两国政府于此约签订之后，限二十一日期内，确照此项停战条约办理，惟两国军队驻扎处所有电线不通之处，各自设法从速知照，两国前敌各将领于得信后，亦可彼此互相知照，立即停战。

第六款　此项停战条款，约明于光绪二十一年三月二十六日，即明治二十八年四月二十日，中午十二点钟届满，彼此无须知会。如期内和议决裂，此项停战之约亦即中止。①

一般认为，停战协定的签订，是日本政府迫于各方面压力的结果。实际上，日本却巧妙地利用这次停战来达到自己的目的。其一，条约第一款规定在奉天、直隶、山东等处停战，而将台湾、澎湖排除在停战之外，这是为日本割占台湾预作准备的。其二，条约第四款规定海上转运军队军需，仍可查捕敌船，在北洋舰队已经全军覆没的情况下，只对日本一方有利。其三，条约第五、第六两款规定停战期限，并谓如期内和议决裂，此协定即行作废，这实际上是逼迫中国在限期内满足日本的要求。其四，日本政府之所以允许停战三周，也是与其"征清大总督府"将于两三周后进驻旅顺一事相联系的。先是在 3 月 16 日，日本大本营决定成立"征清大总督府"，以参谋总长小松彰仁亲王为大总督，海军军令部部长桦山资纪、参谋本部次长川上操六、野战卫生长官石黑忠悳、野战监督长官野田豁通及将校数十人从之，进驻旅顺，以对清政府进一步施加军事压力。可是，小松彰仁等人还不能立即出发，陆奥宗光曾经指出，其行期"尚在两三星期以后，当不致贻误军机"。②因此，可以说，此停战协定正是为日本即将提出的缔和条约作了铺垫。

四　《马关条约》的签订

早在第三次谈判中，李鸿章即请日本方面出示和款，伊藤博文也答应俟次日交阅。因发生李鸿章遇刺事件，故将此事暂时搁起。今既已缔结停战协定，李鸿章便旧话重提，促日方开示和款节略了。

3 月 30 日，即停战协定签字的当天，李鸿章即提出续开和议谈判，照会日方说：

---

① 《中外条约汇编》，第 152—153 页，见《中日战争》(7)，第 501—502 页。
② 陆奥宗光：《蹇蹇录》中译本，第 138 页。

停战条款现已画押,本大臣甚愿即将永远和局事宜从速开议,俾停战期限未满之先,和局已可成议。本大臣现因受伤静养,中外名医均以轻出为戒,是以一时不能躬往会议处所。如承贵大臣体谅,拟请即将所拟和局要款开具节略,送到本大臣,以便查核。设如此办法贵大臣未能遽以为然,本大臣拟于寓内布置会议处所,俾本大臣不至负伤外出受风,仍可与贵大臣会议一切。①

4月1日,陆奥宗光邀李经方商谈关于议定和约的程序方法。是为中日双方的第四次谈判。上午10时,双方在春帆楼会议。出席会议者,中方还有伍廷芳、罗丰禄、马建忠,日方还有伊东已代治、井上胜之助、中田敬义、陆奥广吉、楢原陈政。陆奥知道中方急于知道全部和款,便提出逐条进行议商的办法。李经方力主在全部条款阅毕后再逐条进行议商。他说:"缔结和约,兹事体大。除非阅读全部条款,不足窥其全貌,从而难有分别讨论细目之便。诚如欧几里得所云:凡事物均由部分组成,若不就其整体而思,亦无从决定其部分。和款各条相互牵连,今不阅读全部条款,如何能逐条表明意见?"陆奥语塞,同意采用此程序方法,但提出日方出示和约底稿后,中方须在3日或4日内答复,"或将约内各款全行承允,或将某款更行商酌"。②李经方应允回馆后再行答复。会谈至上午11时45分结束。当天下午2时,李鸿章照复陆奥,接受日方的提议。陆奥即命井上胜之助和中田敬义将和约底稿送致李鸿章。

日本提出的和约底稿,其主要内容是:一、中国认明朝鲜国确为完全无缺之独立自主;二、中国将盛京省南部地方、台湾全岛及澎湖列岛永远让与日本国;三、中国赔偿日本军费库平银3万万两;四、中国已开通商口岸之外,更开顺天府、沙市、湘潭、重庆、梧州、苏州、杭州七处为通商口岸,日本国臣民运进中国各口货物减税,免除厘金,并得在中国制造一切货物。根据这个约稿,日本将向中国割取大量疆土,勒索巨额赔款,并获得远远超过西方列强在中国的特殊权益,足见其欲望之贪,野心之大!

李鸿章接阅日方提出的和约底稿,为之愕然。他早就知道日本所欲甚奢,但还未料到苛酷到如此程度。急与科士达相商,科士达建议"请总署密告英、俄、法三公使"。即日傍晚,李鸿章分两次将日方约稿条款电告总理衙门。并

---

① 转见王芸生:《六十年来中国与日本》第2卷,第249页。

② 《马关会谈纪要》,《日本外交文书》第28卷,第1089号,附件2。

称："查日本所索兵费过奢,无论中国万不能从,纵使一时勉行应允,必至公私交困,所有拟办善后事宜,势必无力筹办。且奉天为满洲腹地,中国万不能让。日本如不将拟索兵费大加删减,并将拟索奉天南边各地一律删去,和局必不能成,两国惟有苦战到底。以上情节,并祈密告知三国公使。至日本所拟通商新约详细节目,一时务乞勿庸告知各国,恐见其有利可沾,彼将协而谋我。"①上电于4月3日到京,军机大臣先将约稿梗概上奏光绪。又重抄两份呈递。彻夜抄录,至4日上午9时始毕。随后又接李鸿章一电,略言："彼武员专政,虽伊藤不能争。"并谓"此事恐难结局。"当天,光绪召见枢臣议商,其"意总在速成"。翁同龢力言台湾不可弃,与礼亲王世铎、庆亲王奕劻发生龃龉。上午10点1刻,时恭亲王奕䜣卧病在府,世铎、奕劻与各枢臣往商。奕䜣主交廷议,而持之不坚。孙毓汶力争须和,并言:"'战'字不能再提。"奕䜣病甚重,唯唯而已,最后执孙毓汶之手曰:"是。"②议无所决。

李鸿章等不到清廷的复电,而4月5日的限期已到,乃对日方的和约底稿拟一说帖。内容分朝鲜自主、让地、兵费及通商权利四项。除承认朝鲜自主外,对其余3项皆有所驳论。如:"让地"一项揭露日本的谎言:"日本与中国开战之时,令其公使布告各国曰:'我与中国打仗,所争者朝鲜自主而已,非贪中国之土地也。'"并告诫日本当局:"徒恃其一时兵力,任情需索,则中国臣民势必尝胆卧薪,力筹报复。""兵费"一项曰:"日本所索赔款,既名为兵费,似即指此次用兵之费而言,其迄今所费详细数目,未睹官中簿籍,虽非外人所能周知,然较之日本所索之数恐不及其小半。""且限年赔费,复行计息,更属过重不公,亦难照办。""通商权利"一项称:"中国如准洋商在华造土货,势必尽夺小民生计,于华商所设制造厂所极有妨碍,国家自不能不出力保护。""如果中国以此等利益准予日本,各国皆援一体均沾之例,则华商之制造厂所立即挤倒矣。"③

陆奥宗光读完李鸿章的说帖,认为"笔意精到,仔细周详,将其所欲言者都尽情地说了出来,不失为一篇好文章"。他立即携往梅坊,与伊藤博文相商。伊藤读后大为恼火,认为:"如果不先加以彻底的反驳,使其迷梦觉醒、恍然悔悟,则对方终不能了解现在彼我之地位,将续作痴言哀诉,徒使谈判延长。苟我不指出其论点的谬误,可能使局外第三者发生日本虽胜于力而屈于理的怀

---

① 《寄译署》,《李文忠公全集》,电稿,第20卷,第29—30页。

② 《翁文恭公日记》,乙未三月初十日。

③ 《使相徂东公牍》,见《中日战争》(5),第388—395页。

疑。"陆奥认为:"一开论驳之端,彼方亦必有再三反驳的余地","与其在空洞的理论上和他们晓晓不休,还不如在事实面前使他们就范。"也就是说,不跟中国讲道理,专要中国谈"事实",以迫使中国屈从。伊藤终于同意了陆奥的意见,于4月6日致李鸿章一照会。略云:"应知由于战争结果所要求之条款,自不能与在通常情况下谈判某事件相提并论。故日本全权大臣对于我方所提出之媾和条约案,再请中国全权大臣明确答复对全部或每条允诺与否。若条款中有希望修改者,亦希逐一开明条项以约文之体裁提出。"①

李鸿章接到日方照会后,当日致电总理衙门称:"说帖大意,于让地一节,言奉天南边割地太广,日后万难相安。赔费一节,言中国财力短绌,万办不到,非大加删减不可。通商利权一节,言子口半税减为值百抽二,并将一切税钞豁除,与各国定章不符。又机器进口改造土货运入内地免税,亦难准行。以上已

慈禧太后(1835—1908)

摘要答复,而彼嫌未说明所欲允之意,注意仍在让地、赔款两条实在着落。若欲和议速成,赔费恐须过一万万,让地恐不止台、澎。但鸿断不敢擅允,惟求集思广益,指示遵行。停战期只剩十余日,事机急迫,求速代奏,请旨示复,为幸!"②他估计"赔费恐须过一万万",未免把日本的胃口看得小了点;但断定"让地恐不止台、澎",却看准了。当时,枢府诸臣仍在争论割地问题,意见相持不下。4月6日议事,争论又起。翁同龢激昂慷慨,力陈台湾决不可弃。其他枢臣多主弃台湾而保奉天南部。翁言:"恐从此失天下人心。"众则谓:"陪都重地,密迩京师,孰重孰轻,何待再计?"翁同龢孤掌难鸣,弃台派占了上风。因按众意拟复李鸿

---

① 陆奥宗光:《蹇蹇录》中译本,第145—146页。
② 《寄译署》,《李文忠公全集》,电稿,第20卷,第32页。

章电旨。8日，奏事太监传慈禧旨意："两地皆不可弃，即使撤使再战，亦不恤也。"[1]然而，在割地问题上，无论是哪一派观点，都只是一种主观愿望，不可能以此来填满日本的欲壑。在左右为难之中，只好由总理衙门发一封语义含糊的电报给李鸿章，内称："南北两地，朝廷视为并重，非至万不得已，极尽驳论而不能得，何忍轻言割弃？纵敌意太奢，不能尽拒，该大臣但须将何处必不能允，何处万难不允，直抒己见，详切敷陈，不得退避不言，以割地一节归之中旨也。"[2]正如有人指出："这个电旨的措词，在廷臣争吵之后，对割地无肯定指示，却责鸿章'不得退避不言'。互相推诿，其情可见。"[3]不过，电旨虽对割地无肯定意见，然细揣旨意，实暗寓"极尽驳论尚不能得"时可弃两地之意也。但是，清廷在割地问题上仍然抱有幻想，故又指示李鸿章："先将让地以一处为断，赔费应以万万为断，与之竭力申说。彼信中原有某某款不允之语，不嫌反复辩驳也。"[4]日方将此密电译出，完全摸到了中国方面的底。

日本方面深感双方反复辩驳，只能使谈判延长，这是对日本不利的。而要早结束谈判，只有对中国全权大臣采取威胁手段，这就是陆奥宗光所说的"在事实面前使他们就范"。日方考虑到李鸿章的威望和影响，决定先从李经方身上下手。先是在4月1日，日本政府即经谭恩转电北京云："李中堂现虽较愈，未免所商之事现须从缓，日本拟中国如电派李经方，亦予以全权之任，日本可以接待。"清廷正急切谈和，当无不可，便于6日经田贝转电日本云："中国因李中堂伤病未痊，添派李经方为全权大臣，随同李鸿章与日本全权大臣商议和约。"[5]同一天，李鸿章也向伊藤博文致送了同样内容的照会。日方于4月7日复照，表示承认李经方为全权大臣。

此时，双方全权都在为下一轮谈判作准备。李鸿章拟定了一份商改约稿节略，准备于4月8日晚上送交日方。此节略云："查日本约稿所拟请让奉天南部地方，内有辽阳州等处与台湾全岛，皆日兵所未到者，未便请让。又欧洲向例，险要之地虽为敌国兵力所据，仍应让还。旅顺口、大连湾乃北京渤海最要门户，应照法国俾路佛之例，让还中国。"又云："此次兵端，并非中国先开，亦未侵占日本土地，论理不应认赔兵费，即使赔费，亦只应算至光绪二十年十月

① 《翁文恭公日记》，乙未三月十二日、十四日。

②④ 《译署来电》，《李文忠公全集》，电稿，第20卷，第33页。

③ 王芸生：《六十年来中国与日本》第2卷，第266页。

⑤ 北京美国公使馆：《节录中日议和往来转电大略》，见《中东战纪本末三编》第2卷，第35页。

二十五日中国认明朝鲜自主之日止。其款既以兵费为名，即应查明用兵所费实数。"①于是，李鸿章于8日中午复电总理衙门称："昨接唐抚（景崧）电，敌未来犯，军民心固，似可坚守。鸿断不敢轻允割弃，已于另备节略中驳论及此。但窥日意，仍逐日由广岛运兵出口，恐添赴台，将有南北并吞之志。旨饬让地以一处为断，极是正论，自应如此立言，不知将来能否办到。日原图所划奉天经纬线度，竟连辽阳、田庄台、营口均包在内。辽阳未失，尚易辩驳。此外日兵已据之地，彼已设官安民，极力争论，未易退让。可俟会议时，察酌妥议，似难由我预为决定。总之，敌所已据处，争回一分是一分；其所未据处，丝毫断不放松也。"②

此电刚发，伊藤博文即派专人邀中国新任全权大臣李经方至其行馆谈话。伊藤对李经方大肆威胁，施行外交讹诈。伪称："此次停战，由伊力持乃允。各武员预备兵马粮械齐足，必欲分道直攻北京，再行议和。现期已迫，断难再展。"又谓："尊意欲将奉境全行收回，万做不到。南北两处均要割让，仅让一处亦断不行。该国已用兵费，实系太巨，所索三万万，即欲减少，能减无几。此我国上下文武熟商而定，特据实密告。"③最后，厉声恫吓说："尚希中国使臣能深切考虑现在两国之间的形势，即日本为战胜者、中国为战败者之事实。前者由于中国请和，日本应允，始有今日之议和。若不幸此次谈判破裂，则我一声令下，将有六七十艘运输船只搭载增派之大军，舳舻相接，陆续开往战地。如此，北京的安危亦有不忍言者。如再进一步言之，谈判一旦破裂，中国全权大臣离开此地。能否再安然出入北京城门，恐亦不能保证。此岂吾人尚可悠悠迁延会商时日之时期乎？"李经方经此一吓，先自怯了七分，所携之商改约稿节略亦不敢交出，答以："回去与父商议后，再行提出答案。但答案万一不能使日本全权大臣满意时，希望不因此招致日本全权大臣之激怒，以致谈判破裂，使九仞之功亏于一篑。是以诸事皆请海涵。"④简直是在哀求告饶了。

李鸿章据李经方之回报，即致电总理衙门云："鸿再四筹思，时迫事急，姑据鄙见，将奉天之凤凰厅、安东、宽甸、岫岩四处边境割让，海城俟后再说。赔

---

① 《增补中日议和纪略》，第10—14页。见王芸生：《六十年来中国与日本》第2卷，第267—271页。按：光绪二十年十月二十五日，即公历1894年11月22日。这一天，清政府以朝鲜自主、赔偿军费为条件，经美国公使向日本提出议和。

② 《复译署》，《李文忠公全集》，电稿，第20卷，第33页。

③ 《寄译署》，《李文忠公全集》，电稿，第20卷，第34页。

④ 陆奥宗光：《蹇蹇录》中译本，第147页。

费即遵电谕，以一万万应之。明日再将约稿送交，看其能否转圜。会议后，再详晰电奏。让北地以海城为止，赔费以一万万外为止。倘彼犹不足意，始终坚执，届时能否允添，乞预密示。否则，只有罢议而归。"①并据此意拟定修正约稿，于 4 月 9 日送致日方，乃约定于 10 日继续谈判。

4 月 10 日下午 4 时 15 分，中日全权大臣在春帆楼举行第五次谈判。李鸿章以伤势渐愈，亲自参加。中方参加者还有全权大臣李经方、参赞伍廷芳、马建忠及罗丰禄。陆奥宗光因病未能出席。日本参加者除全权大臣伊藤博文之外，还有伊东已代治、井上胜之助、中田敬义、陆奥广吉、楢原陈政 5 人。闲谈片刻后，伊藤即转入正题，并拿出准备好的改定条款节略，对李鸿章说："中堂见我此次节略，但有'允'、'不允'两句话而已。"根据日方提出这份节略，中国的下属领土皆永远让与日本：一、盛京省南部地方，从鸭绿江口起，溯江抵安平河口，从此划线而抵凤凰城、海城及营口，以上指名之地亦在所让境内；二、辽东湾东岸及黄海北岸在奉天省所属诸岛屿；三、台湾全岛及所有附属各岛；四、澎湖列岛。赔款则减至库平银二万万两。李鸿章阅读日方节略的中文本后，曾就赔款和让地两项进行了辩驳。伊藤对李鸿章说："驳只管驳，但我主意不能稍改。目前最需我等努力者，乃速定和约。我国在广岛已做好出征准备，有六十只运输船随时可解缆出航。昨夜至今晨，渡海之运输船已达二十只，其所向之地盖距天津不远。惟在停战期内，须严守停战之约耳。一旦时机到来，当即刻进发，而无可犹豫也。今日之事，所望于中堂者，惟'允'与'不允'之明确答复而已！"②李鸿章见伊藤毫不松口，便要求到 14 日下午 4 时作出最后答复。会谈结束时为 6 时 30 分。

是日谈判后，李鸿章即起草电文，请旨定夺。夜 10 时，发电总理衙门，将白天谈判情况告知。并称："（日本）乘胜贪横，悍然不顾，实非情理能喻。伊请三日回信，倘不准，定即添兵。广岛现泊运船六十余只，可载兵数万，小松亲王专候此信，即日启行。鸿力竭计穷，恳速请旨定夺。"③同一天，总理衙门也有电致李鸿章，转告电旨曰："请预示允添之处，却难即时悬定，仍在李鸿章相机因应，视其情词缓急，以为迎拒之方。彼既垂涎金州之矿，台湾此利尤巨。该大臣既与力争两地土地，能允固善；必不得已，或许倭以矿利，而土地人民仍归我

①　《寄译署》，《李文忠公全集》，电稿，第 20 卷，第 34 页。
②　《马关议和纪要》，《日本外交文书》第 28 卷，第 1089 号，附件 2。
③　《寄译署》，《李文忠公全集》，电稿，第 20 卷，第 36 页。

有。此姑备一说，无非为保全境土起见。"①李鸿章于 4 月 11 日收到此电，当即复电云："金州已据，固难争回；彼垂涎台湾甚久，似非允以矿利所能了事。"②日方阅清廷与李鸿章往来密电，知尚不肯遽然允诺日方条款，遂决定进一步施加压力。第五次谈判的次日，即 11 日，伊藤博文致函李鸿章，声称："所有昨交和约条款，实为尽头一著。中国或允或否，务于四日内告明。其四日限期，系从昨日算起。"并在函尾附加数语曰："战争之为物，无论在战斗的措施上或在战争所生的结果上，均有进无止，所以请阁下勿认为今日可侥幸得到日本允诺的媾和条件，至后日亦仍可得允诺。"③当日，李鸿章致电总理衙门："伊昨面谈，语已决绝。今又来此函，似是哀的美敦书。应如何应付之处，伏候速示遵办。"④12 日，李鸿章复函伊藤，以日方改定和约条款后，仅谈判一次即作为尽头条款，使中国使臣无陈明国家意见之机会，仍要求对让地、赔款两项酌为减轻，并再会商一次。日方不愿再费唇舌，决定强硬到底。因此，伊藤于 13 日再致李鸿章一函，强调实已让到极处，无可再让。当日，李鸿章接总理衙门转来电旨称："伊藤连日词气极迫，倘事至无可再商，应由该大臣一面电闻，一面即与订约。该大臣接奉此旨，更可放心争论，无虞决裂矣。"⑤他知道此时徒然辩论，决无转圜之余地，倾向于即与订约，因复电称："若议不合，必至决裂。察看近日日人举动，已遣运兵船二十余艘，由马关出口赴大连湾，并令德、美观战探事人随从往前敌，其意可知。恐非即与订约不可，不得不先奏明。"⑥此电发后，李鸿章派伍廷芳往晤伊藤，伊藤又大施恫吓，声称："恐不待停战期满，已先开仗。"并扬言："广岛已派运兵船三十余艘出口，赴大连湾，小松亲王等明日督队继进。若再商改约款，故意迟延，即照停战款内和议决裂此约中止办法。"李鸿章见伊藤紧逼不放，不敢怠慢，即致电总理衙门代奏请旨："其愈逼愈紧，无可再商，应否即照伊藤前所改订条款定约，免误大局。乞速请旨，电饬遵办。"⑦14 日，再次致电总理衙门称："伊谓'……姑候至明日四点钟晤面定议，过期即作罢论。'事关重大，若照允，则京师可保；否则，不堪设想。"⑧君臣皆惟恐京城不保，于

---

① 《译署来电》，《李文忠公全集》，电稿，第 20 卷，第 36 页。

② 《复译署》，《李文忠公全集》，电稿，第 20 卷，第 37 页。

③ 陆奥宗光：《蹇蹇录》中译本，第 151 页。

④⑥ 《寄译署》，《李文忠公全集》，电稿，第 20 卷，第 38 页。

⑤ 《译署来电》，《李文忠公全集》，电稿，第 20 卷，第 38 页。

⑦ 《寄译署》，《李文忠公全集》，电稿，第 20 卷，第 39 页。

⑧ 《李鸿章全集》(3)，电稿三，第 497 页。

14日、15日连复内容相同之两电,谕李鸿章即可定约:"原冀争得一分,有一分之益。如竟无可商改,即遵前旨,与之定约。①"李鸿章既奉最后谕旨,马关缔约之事乃定。

4月15日下午2时半,中日全权大臣在春帆楼举行第六次谈判,双方参加的人员同上次一样。这次会议原定于14日下午4时举行,因李鸿章要等最后谕旨来到,故请求延期至15日下午。这次会谈的时间很长,直到晚7时半才结束,整整谈了5个小时。李鸿章不惜再三恳求,日方却丝毫不肯相让,只在个别细节作了一些改动。因日方掌握了中国的来往密电,"知李已觉察日本的决心不可动摇,故请北京给予最后训令,北京政府亦迫不得已而许李鸿章以权宜签字的权限",所以胸有成竹,决不肯作丝毫让步。对此,陆奥宗光写道:"会见的时间虽长,散会时已到上灯时间,而其结果,他惟有完全接受我方的要求。李鸿章自到马关以来,从来没有像今天会晤这样不惜费尽唇舌进行辩论的。他也许已经知道我方决意的主要部分不能变动,所以在本日的会谈中,只是在枝节问题上斤斤计较不已。例如最初要求从赔款二万万两中削减五千万两;看见达不到目的,又要求减少二千万两。甚至最后竟向伊藤全权哀求,以此少许之减额,赠作回国的旅费。此种举动,如从他的地位来说,不无失态,但可能是出于'争得一分有一分之益'的意思。"②最后,乃商妥签订日方提出的媾和条约,定于4月17日上午10时签约。

在整个马关谈判期间,特别是日本提出媾和条约底稿之后,清政府千方百计地设法争取列强的支持。清廷接到日方约稿条款的当天,即将日本索款、割地要求密告各国公使,并将李鸿章电报中"日本如不将拟索兵费大加删减,并将拟索奉天南边各地一律删去,和局必不能成,两国唯有苦战到底"之意相告。同时,指示驻俄德公使许景澄和驻英法公使龚照瑗,与其驻在国政府频频接触,以探听其意图。实则寄希望于列强阻止日本对中国的领土要求。

清政府之求助于列强,日本政府当天便得到了情报。它根据西方国家的反应,确定了三点意见:一、坚持对割让台湾、澎湖的要求;二、为了减少对俄国的刺激,将奉天省南部的割让地适当收缩;三、将三万万两的赔款减少三分之一,以缓和一些西方国家的不满情绪。日本第二次提出的改定条款节略,正是

---

① 《译署来电》,《李文忠公全集》,电稿,第20卷,第39页。
② 陆奥宗光:《蹇蹇录》中译本,第152、153页。

根据这三条原则来改定的。可见,日方对最初提出的媾和条约底稿所以能稍有删改,完全是日本政府从缓和与西方国家矛盾的需要出发的。李鸿章认为这是他"力与坚持,多方开导"①的结果,未免低估了日本的野心。

4月17日上午10时,双方全权大臣在春帆楼举行中日媾和的第七次谈判。参加会议的人员,除同于上次谈判以外,中方增加了东文翻译卢永铭,日方全权陆奥宗光力疾出席。实际上,这次会议"不过是举行一种签字仪式而已"。②中日两国全权大臣签订的《中日讲和条约》,又称《中日马关条约》,包括《讲和条约》11款、《议订专条》三款及《另约》三款。《讲和条约》的主要内容如下:

一、中国认明朝鲜国确为完全无缺之独立自主;

二、中国割让辽东半岛、台湾全岛及所有附属各岛屿给日本;

三、中国约将库平银二万万两交与日本,作为赔偿军费,该款分作八次交完,第一次赔款交清后,未经交完之款,应按年加每百抽五之息;

四、日本臣民得在中国通商口岸城邑,任便从事各项工艺制造,又得将各项机器任便装运进口,只交所定进口税;

五、开放沙市、重庆、苏州、杭州为商埠,日船可以沿内驶入以上各口,搭客载货,等等。

《另约》则规定:

一、遵和约第八款所订暂为驻守威海卫之日本国军队,应不越一旅团之多,所有暂行驻守需费,中国自本约批准互换之日起,每一周年届满,贴交四分之一,库平银五十万两。

二、在威海卫应将刘公岛及威海卫口湾沿岸,照日本国里法五里以内地方,约合中国四十里以内,为日本国军队驻守之区。

三、在日本国军队驻守之地,凡有犯关涉军务之罪,均归日本国军务官审断办理。

此外,还签订了《停战展期另款》二款:

第一款 光绪二十一年三月初五日,即明治二十八年三月三十日,订

---

① 《钦差大臣李鸿章奏中日会议和约已成折》,《清光绪朝中日交涉史料》(2984),第38卷,第18页。

② 陆奥宗光:《蹇蹇录》中译本,第153页。

约停战,从此约签定日起,得更展二十一日。

　　第二款　此约所订停战,于光绪二十一年四月十四日,即明治二十八年五月八日,夜十二点钟届满,彼此无须知照,如在期内,两帝国政府无论彼此不允批准和约,无庸告知,即将此约作为废止。①

是日上午 11 时 40 分,签字仪式结束。至此,不仅李鸿章一颗惴惴不安的心放了下来,连伊藤博文也松了一口气。此日,他显得特别兴高采烈,对李鸿章说:"中堂与余此身,恰似连结两国之一缕丝线,即将断绝之两国脉络,仅赖此一缕丝线才得保持。"并将马关会议与 10 年前他去天津会谈进行对比,不无得意地说:"谈判结束之日,两次均为四月十五日,亦可谓奇矣!"李鸿章作为签订降约的战败国使臣,处在此时此地,只好生硬地应付一句:"实属奇也。"②事后,陆奥宗光写道:"自李鸿章三月十九日到达马关以后,经过几次谈判,终于克服外交上的种种困难,签订了媾和条约。我国得以发扬国辉,增进民福,在

《马关条约》的签字原件

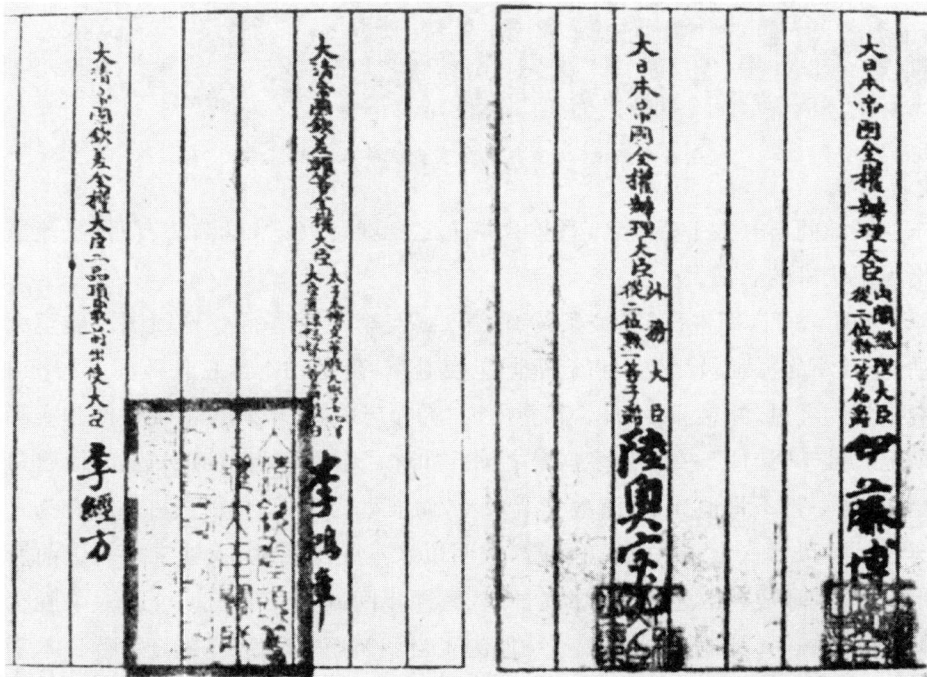

---

① 《中外条约汇编》,见《中日战争》(7),第 495—499、503 页。
② 《马关议和纪要》,《日本外交文书》第 28 卷,第 1089 号,附件 2。

《点石斋画报》所绘各省在京会试举人伏阙陈书图

东亚天地间再开太平盛运者,悉赖我皇上之德威所致。"①既沾沾自喜,又流露出无限庆幸的心情。

4月18日,即签订《马关条约》的第二天,李鸿章一行登轮回国。船至大沽,李鸿章先派随员尽先副将杨福同星夜赴京,赍送约本至总理衙门。20日,奏报签约经过,并恳假20日。其奏所说"竭力与争,几于唇焦舌敝",倒是实际情况。惟于"让地"一事,颇多强辩之词。如称:"奉天迤南虽退出数处,而营口至金、复一带不肯退让,台湾兵争所未及,而彼垂涎已久,必欲强占。或有为之解者,谓:凤、岫、金、复、海、盖一带,宋明以来本朝鲜属地,我朝未入关以前所得;台湾则郑成功取之荷兰,郑本日产,康熙年间始归我版图。今日人乘胜据朝鲜,遂欲兼并其地,事非偶然。"②他为了自我辩解,不惜大讲歪理,替日本割

---

① 陆奥宗光:《蹇蹇录》中译本,第153页。
② 《钦差大臣李鸿章奏中日会议和约已成折》,《清光绪朝中日交涉史料》(2984),第38卷,第19页。

日本赴烟台换约全权大臣伊东巳代治一行

占中国领土硬找根据,以证明割地有理。此适为侵略者辩护而已。

然而,国际风云变幻,俄、法、德三国起而干涉,廷臣议论纷纷,全国舆论哗然,悔约再战之呼声颇高。于是,是否批准条约,又成为朝野论争的焦点了。

《马关条约》签订的第二天,伊藤博文和陆奥宗光乘八重山号军舰由马关抵广岛,立即赴行宫晋见明治天皇。明治天皇睦仁大悦,降诏嘉勉,称此举"洵足显扬帝国之光荣"。①4月20日,便批准了条约。并任命内阁书记官伊东巳代治为全权办理大臣,俟期往烟台换约。25日,由谭恩转电北京,催询中国何时批准条约。清廷决定派二品顶戴候选道伍廷芳和三品衔升用道联芳为钦差换约大臣,同往烟台换约。伍、联二人当日由京启行,于5月5日由天津乘公义轮出海,6日抵烟台。5月7日晨,日本全权办理大臣伊东巳代治乘横滨丸至烟台。当天下午6时,伍廷芳、联芳与伊东会于顺德饭店。8日下午4时,伍廷芳、联芳接奉电旨,准令换约。晚10时,双方在顺德饭店完成了互换条约手续,《马关条约》正式生效。

《马关条约》既换,清廷遂于5月17日明发朱谕,宣示万不得已批准和约之苦衷。其全文如下:

---

① 陆奥宗光:《蹇蹇录》中译本,第154页。

近自和约定议,廷臣交章论奏,谓地不可弃,费不可偿,仍应废约决战,以期维系人心,支撑危局。其言固皆发于忠愤,而于朕办理此事,兼权审处,万不获已之苦衷,有未能深悉者。自去岁仓猝开衅,征兵调饷,不遗余力;而将少宿选,兵非素练,纷纭召集,不殊乌合,以致水陆交绥,战无一胜。至今日,而关内外情势更迫,北则近逼辽沈,南则直犯畿疆,皆意中事。沈阳为陵寝重地,京师则宗社攸关。况二十年来,慈闱颐养,备极尊崇,设使徒御有惊,藐躬何堪自问?加以天心示警,海啸成灾,沿海防营多被冲没,战守更难措手。用是宵旰彷徨,临朝痛哭,将一和一战两害熟权,而后幡然定计。此中万分为难情事,乃言者章奏所未详,而天下臣民皆应共谅者也。兹当批准定约,特将前后办理缘由,明白宣示。嗣后我君臣上下,惟当坚苦一心,痛除积弊,于练兵、筹饷两大端,尽力研求,详筹兴革,勿存懈志,勿骛虚名,勿忽远图,勿沿故习,务期事事覈实,以收自强之效。朕于中外臣工有厚望焉![1]

此实为清廷之罪己诏,然对"幡然定计"所设之理由颇难成立,且不知败之所以败,此则最为可悲也。

第三节　三国干涉还辽

一　俄德法三国联合的形成

在整个甲午战争期间,西方列强曾经多次议商采取联合行动,但由于各怀鬼胎,迄未联合成功。12 月间,西方八国之派兵入京护馆,虽属联合行动,但对战争仍皆采取观望的态度。《马关条约》的签订,使急于扩张远东势力的俄、德两国感到机会到来,便一变观望态度而为积极的行动,并将法国拉到一起,于是有三国联合干涉之发生。

在这次联合行动中,德国起了倡导的作用。德国早想在远东获得一个海港,认为这正是千载难逢的机会。早在 1895 年 3 月初,德国首相霍亨洛即向

---

① 《朱谕》,《清光绪朝中日交涉史料》(3183),第 44 卷,第 19 页。

德皇威廉二世奏称:"我们的政策,在一方面,对于只有利于他国之行动,固不应早期加入;而在另一方面,对于参加此类行动之权利,则当预为保留。盖此项行动能使欧洲列强之东亚势力分配,为之消长变动故也。"这说明德国政府正在等待参加列强联合行动的机会。到3月23日,德国正式向俄国政府提出了联合的建议。德国外交大臣马沙尔致电其驻俄代办齐尔绪基称:"请转告罗拔诺夫公爵:我们对于东亚时局之前途甚为关心,对于俄国之观点亦完全赞同。而且,我们相信,德俄两国在东亚之利益并无冲突之处。因此,我们甚愿常与俄国交换意见。或与俄国采取一致行动。"①德国的建议迅速得到反应。25日,齐尔绪基复电马沙尔,报告俄国已接受建议,罗拔诺夫"证实我们东亚利益之一致,相信他的君主将会欢迎我们交换意见和将来采取共同行动之建议。"②沙皇尼古拉二世正式表示"欣然接受"③德国的建议。这样,德俄两国便初步达成了插手中日谈判的联合行动的默契。

德国提议与俄国联合,是对其对外政策所作的一次重大调整。德国之所以做出此项决定,不外乎以下数种原因:第一,"担心日本之努力奋斗与中国之巨大资源合在一手之中,其结果欧洲利益势将受其危害,而前途甚有希望之德国利益亦将在排斥之列";第二,"借此机会与俄国接近,并使俄法之亲密关系为之松懈"④,以摆脱德国的孤立处境;第三,"俄国在东亚现有真正强大的铁甲舰队",与俄国联合起来,可以"转移俄国的视线于东方",既使德国在亚洲的利益得到保证,又可缓和德国的东陲情势;第四,和俄国联合干涉,有可能从中国索取一个港口,为"海军停泊或屯煤之所"。⑤基于这些原因,德国政府的对外政策才发生了举世瞩目的突然转变。

沙皇俄国的传统政策,就是扩张远东势力,进而称霸亚洲。尼古拉二世登基伊始,继承其先皇之衣钵,以遂其征服亚洲的野心。中日战争爆发后,俄国对日本军事之进展至为关切,貌似静观,实则待机而动。日本在媾和条款中要

---

① O.Franke, *Die Großmächte in Ostasien von 1894 bis 1914*,Berlin,1923.(傅兰克:《1894—1914年列强在东亚》,1923年柏林版。)译文参看王光祈:《三国干涉还辽秘闻》,第5页。

② 《德国干涉还辽文件》,《中日战争》(7),第338页。

③ O.Franke, *Die Großmächte in Ostasien von 1894 bis 1914*.译文参看王光祈:《三国干涉还辽秘闻》,第5页。

④ O.Franke,*Die Großmächte in Ostasien von 1894 bis 1914*.译文参看王光祈:《三国干涉还辽秘闻》,第23页。

⑤ 《巴兰德节略》。见《中日战争》(7),第347、348页。

求割让辽南的消息传出后,俄国主战声浪甚高。但是,当时俄国在远东无海军根据地,亦无容舰队之港湾,西伯利亚铁路尚未竣工,致使俄国政府感到战事并无把握,因仅靠自身力量颇有不足,必须与其他列强联合才有可能进行干涉。何况俄国可信赖的国家只有同盟国法国。以俄法同盟之故,法国不能不与俄国共同行动,然俄法两国的联合仍难应付局面。因此,俄国切望英、德两国参加进来。英国既拒绝参加对日干涉,德国的态度便成为举足轻重的了。法国虽对德国积有夙嫌,却不肯放弃染指中国的野心,也只能从权与自己的宿敌联合。法国外交部长阿诺托有言:"倘若列强态度能够保持一致,则将来对日行动始有效果可言。"①于是,德国对外政策的转变,便成为俄、德、法三国联合形成的一个关键。

俄国政府于4月11日举行了一次特别会议。第一项议程,即是由外交大臣罗拔诺夫报告德国关于联合干涉的倡议。在这个会议上,尽管文武大臣议论纷纭,分歧很大,但主张采取干涉的意见占了上风。罗拔诺夫在会上反驳了"与日本保持良好关系"的主张,他说:"在任何情况下,不能指望日本的友谊,它不仅对中国战争,还要对俄国战争,以后会是对全欧洲。日人在占领南满以后,决不会止于此,无疑将向北推进殖民。"拥有很大权势的财政大臣维特发言说:"日本之进行战争,是我们开始建筑西伯利亚铁道的后果。欧洲列强及日本大概都意识到,不久的将来就要瓜分中国。他们认为,在瓜分时,由于西伯利亚铁道,我们的机会便大大增加。日本的敌对行动主要是针对我国的。假使日本占领南满,对我们将是威胁,以后大概会引起朝鲜的全部归并日本。……我们应坚决声明,我们不能容许日本占领南满,假使不履行我们的要求,我们将采取适当的措施。"并指出:"这样,我们就成为中国的救星,中国会尊重我们的效劳,因而会同意用和平方式修改我们的国界。"大臣们还考虑到,一旦日本拒绝退还南满,则由占有优势的海军先对日本开始行动,以便使陆军有时间准备就绪。最后,会议以维特的意见为基础作出了结论。罗拔诺夫虽不相信与日本有友好关系,但也担心引起对日战争,故迟迟未将会议记录上奏。15日,他以"情况业已万分紧急"②,始将会议记录送请尼古拉二世批示。沙皇命于16日在皇宫里再召开一次会议。参加会议的除维特、罗拔诺夫外,

---

① O.Franke, *Die Großmächte in Ostasien von 1894 bis 1914.*译文参看王光祈:《三国干涉还辽秘闻》,第2页。

② 《俄帝国主义在远东的开端》,《中日战争》(7),第312—318页。

只有陆军大臣万诺夫斯基和海军元帅亚历山德罗维奇大公。会上，维特对特别会议的结论进行了解释，"其他到会者则说得很少或没有说话。结果，维特说服沙皇，沙皇同意了四月十一日会议的决定。"①这次会议最后确定了俄国的干涉政策。

4 月 17 日，即《马关条约》签字之日，罗拔诺夫向德、法两国驻俄使节声明："俄国政府决定，立即以友谊方式，直接向日本政府提出不要永久占领中国本土的请求。"他正式邀请德、法两国参加共同对日干涉的行动。并告知俄国的计划是："如日本不接受此项友谊的忠告，俄国正考虑三国对日本在海上采取共同军事行动。其立行的标的为切断日军在中国大陆上与本国一切的交通，使它孤立。"②同一天，德皇威廉二世下令"将装甲舰一艘、巡洋舰一艘派往东洋"。③德国外交大臣马沙尔也向其驻日公使哥特斯米德发出了如下之电训："现在日本的和平条件是过度的，它们损害欧洲和德国的利益，虽然后者的范围尚小。因此，我们现在不得不抗争，必要时，我们知道怎样予以必要的强调。日本必须让步，因为对三国斗争是没有希望的。"看来，德国的态度比俄国似乎还要强硬。19 日早晨，法国驻俄公使蒙得培罗将法国参加俄国计划一事正式通知了罗拔诺夫。并商定三国驻日公使于 20 日在东京"共同行动"。④这样，俄、德、法三国的联合才最终正式建立。

然而，俄、德、法三国公使并未在 20 日行动，这是由于三国政府还在期待英国参加进来的缘故。当日，马沙尔接到驻俄代办齐尔绪基的来电，报告说：英国外交大臣金伯利"由于英国完全孤立，神经非常紧张且发脾气，似乎英国舆论使他的情绪有了突然的转变。……罗拔诺夫公爵和蒙得培罗伯爵相信，英国开始感觉它误断了和平条约的经济后果，因鉴于三国迄今严格地遵守他们的计划，英国最后将变更它的态度。"⑤同一天，德国驻英大使哈慈菲尔德也向马沙尔报告："英国加入列强行动之可能性，至今仍未消失。英国政府现又开始仔细考虑。法国驻英大使之意，以为伦敦内阁意见，现正改为趋向加入一途。"⑥这说

① 马洛泽莫夫：《俄国的远东政策》中译本，第 74 页。

② 《俄帝国主义在远东的开端》，《中日战争》(7)，第 351 页。

③ 《日本外交文书》第 28 卷，第 637 号。

④ 《俄帝国主义在远东的开端》，《中日战争》(7)，第 352、353 页。

⑤ 《德国干涉还辽文件》，《中日战争》(7)，第 353—354 页。

⑥ O. Franke, *Die Großmächte in Ostasien von 1894 bis 1914*. 译文参看王光祈：《三国干涉还辽秘闻》，第 30 页。

明直到此时三国仍认为英国参加干涉的可能性很大,所以才推迟了在东京共同向日本政府交涉的时间。但是,三国的期待落空了。英国政府相信,"马关条约对于英国是更有利益的,因为新埠口的开放和更巨大的便利的让与将给国际贸易带来好处,而且日本的胜利将阻碍俄国政策在满洲和朝鲜的进展。"①英国内阁会议将于 4 月 23 日举行。而在前一天,德国驻英大使哈慈菲尔德通过与英国外交大臣金伯利的谈话,已经预感到,"在明日的阁议上,他将提议拒绝俄国提案。"②果然,在 23 日的内阁会议,"主张英国今后行动,必须顾及日本,而且日本最足以代替瓦解的中国担负抗俄的责任之一派,乃占优势。"在当天的伦敦《新闻日报》上,刊登了一篇显系出于政界重要人物手笔的文章,竟然宣称:"假如日本果能承认英国确有应在北方得一舰队支点之必要,则英国便可成为日本之友。"③英国终于不肯参加干涉。于是,俄、德、法三国政府不再等待,便电令其各自的驻日公使按原计划行事。

4 月 23 日下午,俄、德、法三国公使联袂至日本外务省致送备忘录。俄国公使的备忘录称:"俄国皇帝陛下之政府,兹查阅日本国向中国所要求之媾和条件,对辽东半岛归日本所有一节,不但认为有危及中国首都之虞,同时亦使朝鲜国之独立成为有名无实。以上实对将来远东永久之和平发生障碍。因此,俄国政府为了向日本国皇帝陛下之政府再度表示其诚实之友谊,兹特劝告日本国政府,放弃确实领有辽东半岛一事。"④德、法两国公使的备忘录亦与此大同小异。三国公使致送备忘录之后,俄国公使希特罗渥发表简短的讲话,意谓日本"永久占领辽东半岛","恐有招致冲突之虞",并希望日本政府"善体此意,采取保全名誉之策"。⑤德国公使哥特斯米德致送照会之后,亦发表声明,指责日本政府未曾接受德国政府先前的劝告,不能不共同提出抗议。并警告说:"日本必须让步,因为对三国开仗是没有希望的。"⑥日本外务次官林董听了哥特斯米德的话,显得有些惊慌,忙问:"如暂时占据半岛,至赔款交付时为止,是

---

① 《施阿兰论三国干涉》,《中日战争》(7),第 420 页。

② 《德国干涉还辽文件》,《中日战争》(7),第 354 页。

③ O. Franke, *Die Großmächte in Ostasien von 1894 bis 1914*. 译文参看王光祈:《三国干涉还辽秘闻》,第 30—31 页。

④ 陆奥宗光:《蹇蹇录》中译本,第 156 页。

⑤ 《日本外交文书》第 28 卷,第 675 号。

⑥ 《日本外交文书》第 28 卷,第 673 号。

否也要抗议?"①三国公使一时不知如何确答,则含糊应之。

二　日本反干涉的失败和中国收回辽南

《马关条约》签字后,日本天皇睦仁传旨,不日驾幸京都。随待广岛的阁僚重臣,多先发京都。陆奥宗光因患肺结核病情恶化,请假在播州舞子休养。此时,东京几无重臣。俄、德、法三国公使至外务省,系由外务次官林董出面会见。当日,林董即将三国干涉之事电告伊藤博文和陆奥宗光。他们得知形势已趋于严重,不得不谋划对策。

先是在4月20日晨,德国公使哥特斯米德突然到外务省说,根据本国政府的指令,准备与其他国家公使一起,将重要事件直接通知外务大臣。此事引起了日本当局的警觉。当天,陆奥宗光便从舞子打电报给林董,要他以个人意见告诉德使,外务大臣因病不能返回东京,且碍难见客,一切事情均由次官转知。随后,陆奥即收到驻德公使青木周藏的报告:"德国声明反对日本,将与其他国家一起采取共同行动。"②22日,又收到驻法公使曾弥荒助的报告:"确知俄国政府已决定反对《马关条约》,并正准备与几个欧洲国家共同进行干涉。法国好像与俄国一起行动。"③这样,事情便逐步趋于明朗化。陆奥也感到俄、德、法三国干涉似难避免,因此冥思苦想,寻求解救之策。终于,一个拉拢英国对抗三国的反干涉构想在他脑子里形成了。23日上午,陆奥将自己的这种构想打电报通知了驻英公使加藤高明:

> 由于俄、法、德三国磋商对我施加压力,驻日德使在其政府指示下,正与驻日之法、俄公使一起活动。而驻日英使似对此事保持冷漠态度。命你以尽可能最秘密的方法,探听并弄清英国政府的真实态度。如你觉得有一定把握,你要尽最大的努力劝说他们,为东亚之和平而挫败三国的阴谋。因为三国正在策划的干涉,可能使中国产生希望,从而不批准媾和条约。这样,就不可避免地使大战再起,并一直打下去。对于执行上述命令之费用,你不必犹豫,必要时即将款项寄上。④

---

① 《德国干涉还辽文件》,《中日战争》(7),第356页。
② 《日本外交文书》第28卷,第644号。
③ 《日本外交文书》第28卷,第653号。
④ 《日本外交文书》第28卷,第666号。

这封电报暴露了日本政府当时有两怕:一怕中国不批准《马关条约》;二怕战争持久地打下去。为了拉拢英国反对三国干涉,日本只好寄希望于施展屡见奇效的贿赂外国权贵的惯伎了。

4 月 23 日晚间,陆奥宗光连接林董数电,得知三国干涉果然出台,证实了自己的预想,然仍感到十分紧张。他连夜回电林董,询问三国公使会面情形,要求对以下几项迅予答复:"一、三国公使所提出之备忘录是否同文? 二、三国公使之热心程度是否相同? 对其言语及面部表情,贵官有何感受? 三、德国公使再三请求会面而又拖延日期,是否因与法、俄两公使之间有何磋商不妥之事? 四、日本政府如不接受三国政府之劝告,是否有立即开始进行武力干涉之迹象?"①

是日午夜,陆奥宗光接伊藤博文自广岛来电。此时,伊藤已接林董报告三国干涉一事之电,故决定于 4 月 24 日在广岛举行御前会议。伊藤致陆奥电称:"关于三国公使所劝告之讲和条款事,拟于明早召开御前会议讨论。其结果,或需急向出征大总督派遣使者。如断然拒绝彼等之要求,则须急速召回军队及舰队,采取自卫措施;如可以采纳之,则只能保有金州半岛作为赔款之抵押。这种情况,一旦批准之后亦可改变。不论如何,必须拖延答复。然相信彼等亦不能允许长久拖延。贵大臣有何意见,请即电示。"②陆奥当即复电曰:"本大臣之意见,大体如昨日所呈。此时暂且维持我方地位,寸步不让,以观彼等将来之行动,再定计较。然事关重大,是否分别拟出照会答复俄、德、法三国政府,仰祈尊裁。在此以前,请勿确定政府方针。"他所说的"昨日所呈",是指 23 日给伊藤的电报,内称:"我政府已成骑虎之势,虽冒任何危险,除表示维持目前地位一步不让之决心外,别无他策。"③可见,陆奥在一开始是主张对三国干涉采取决绝态度的。

4 月 24 日上午,尚未接到陆奥宗光的复电,广岛之御前会议业已举行。当时,尚留在广岛的重臣,除伊藤博文外,仅陆军大臣山县有朋和海军大臣西乡从道二人。伊藤提出了三种方案,以供与会者选择:"第一,即使不幸增加新的敌国,仍断然拒绝俄、德、法之劝告;第二,召开国际会议,将辽东半岛问题交该会议处理;第三,完全接受三国劝告,以恩惠的方式将辽东半岛交还中国。"出

---

① 《日本外交文书》第 28 卷,第 677 号。
② 《日本外交文书》第 28 卷,第 678 号。
③ 陆奥宗光:《蹇蹇录》中译本,第 157、158 页。

席者经反复讨论,认为第一方案难以实行。因为从力量对比来看,日本是难以同三国抗衡的。当时,日本陆军的精锐部队全部开往辽东半岛,联合舰队亦都派往澎湖列岛,不仅国内"几成空虚,而且从去年以来经过长期战斗的舰队以及人员、军需等均告疲劳缺乏"。[1]据日本得到的情报,俄国为了应付万一的事变,正向远东边境派遣了一支 29 500 人的军队。[2]同时,海参崴已被宣布为"临战区",黑龙江北岸一带也正在进行战争准备,侨居海参崴的所有日本人都被集中在大约日本里数 1 里半的地方,等待撤退的命令。[3]此时,俄国已下令停泊在日本港口的所有舰艇,在 24 小时内做好随时起锚出港的准备。并在神户和烟台各聚泊数舰,进行示威。[4]德法两国的军舰也开到黄海活动。俄国代理海军大臣契哈乞夫声称:"我国太平洋舰队相当强大,在精神上对日本海军就占了优势,并且它还毫毛未损。在不冒险作大规模海战时,它目下即能截断日本的交通。"[5]因此,伊藤在御前会议上问道:"抵抗这些国家启开战端,是否确有把握?"然后,又自己回答说:"无论如何,现时是不可能的。"并进一步陈述其理由:"他们的舰队有十二万吨,而我方的军舰连缴获的都算上才八万吨。不仅吨数不及,而且我舰在一年间连续奔波于海上,大部分受了伤。况且,他们还有四艘铁甲舰,如用来切断我之后勤供应,无论如何也不能打仗。"[6]情况既然摆清楚了,于是一致认为:"现在不仅对三国联合的海军无法应付,即单独对抗俄国舰队亦无把握。所以,目前决不可与第三国失和,增加新的敌国决非上策。"出席者又讨论到第三方案,认为此方案"虽然足以表示气度宽容,但未免过于示弱"。[7]也是不可取的。讨论到最后,也拿不出别的良策,只好决定暂从第二方案,即召开国际会议来处理这个问题。

御前会议后,伊藤博文当晚离开广岛,于 25 日清晨赶到舞子。伊藤向陆奥宗光出示御前会议的决定,并征求意见。此时,适大藏大臣松方正义、内务大臣野村靖亦由京都至舞子,遂与伊藤围坐于陆奥病榻之旁,再次议商对策。

---

① 陆奥宗光:《蹇蹇录》中译本,第 158 页。

② 《驻美栗野公使就欧美诸国特别是俄国方面关于日清谈判问题之意图的报告》,收入伊藤博文编《机密日清战争》,见《中日战争》续编,第 7 册。

③⑥ 《伊藤内阁总理大臣关于三国干涉的演说记录》,收入伊藤博文编《机密日清战争》,见《中日战争》续编,第 7 册。

④ 藤村道生:《日清战争》中译本,第 155—156 页。

⑤ 《俄帝国主义在远东的开端》,《中日战争》(7),第 316 页。

⑦ 藤村道生:《日清战争》中译本,第 158 页。

陆奥仍主张首先拒绝三国的劝告,以观三国将采取何等行动,俟探明其真意后,再在外交上采取相应的对策。然而,伊藤反驳道:"此时如不预先推测其后果,就毅然拒绝三大强国的劝告,岂是识者所为? 且从去年以来关于俄国的行动现在不须探究其真意的深浅,就十分清楚了。如果由我故意挑发,正好给他们以适当的口实,其危险就更大了。况在危机一触即发的时刻,即使采取外交上相应的对策,恐也无法挽回。"松方、野村亦皆赞成伊藤之所见。陆奥撤回自己的意见,但不同意召开国际会议的决定。他指出:"这种问题一旦交付国际会议处理,则各国要主张自己的切身利益,这是必然之势。会议是否真能只限于辽东半岛一事亦成问题,在讨论中可能节外生枝,各国互提种种条件,很可能使《马关条约》全部归于破灭。这和我国招引欧洲大国新的干涉同样是失策。"伊藤和松方、野村均以陆奥之说为然。那么,如何处理这个紧急问题为好? 四人经过反复斟酌,认为:日本当前除面临着俄、德、法三国干涉的棘手问题外,还存在着与中国和战未定的问题,倘若与三国的交涉旷日持久,中国或许乘机不批准条约,从而使《马关条约》成为一纸空文,亦未可料。会议最后决定:"对于三国纵使最后不能不完全让步,但对于中国则一步不让。本此方针贯彻到底,这是目前的急务。"①当夜,野村即由舞子赴广岛,将舞子会议的决议奏明睦仁天皇,得到裁可。

舞子会议结束后,陆奥宗光当即发一电训给西德二郎:"中日媾和条约现已经我皇上批准,放弃辽东半岛实难办到。希贵公使请俄国政府对此项劝告重加考虑,如俄国政府不欲损害日俄两国间一向存在的亲密友好关系的话。且望告以日本将来虽然永久占领辽东半岛,亦不致危及俄国利益。关于朝鲜独立,日本政府一定满足俄国的要求。"②陆奥亦知此举之无益,盖欲以此先稳住俄国,再施展纵横捭阖之术耳。同时,他又指示林董,通过德、法两国公使探明两国政府的真实态度,以便从中离间,达到瓦解三国联合的目的。当天,林董趁法国公使哈尔曼来外务省之机,试探其口气。哈尔曼说:"本公使虽不知三国联合在何种背景下产生,然可断定多半出于欧洲之策略。"又谓:"法国本来对日本始终怀有友好之情,乞将此意密告外务大臣。"根据同哈尔曼的谈话,林董认为:德国行动特别积极,实出于其策略的需要,即"取悦于俄国,使其矛

---

① 陆奥宗光:《蹇蹇录》中译本,第159—160页。
② 陆奥宗光:《蹇蹇录》中译本,第60页。

头转向东方,并将欧洲之灾祸转嫁于日本";法国乃是"为了不失俄国的欢心,虽非情愿,亦须追随其后"。①俄国是三国联合的核心,关键是俄国态度的转变。

于是,陆奥宗光起草了一份答复俄、德、法三国公使的备忘录:"如中国政府同意:一、批准并在指定日期互换条约;二、偿还附加赔款;三、在日本撤离后永远拆除在旅顺口的防御工事;四、暂时占领辽东半岛作为担保;五、中国政府承担这一占领费用。日本政府考虑到友好的建议,同意放弃永久占领辽东半岛。"这是准备拖到俄国态度十分强硬时才使用的。林董收到这份备忘录后,立即电复陆奥说:"洞悉贵大臣苦心计划安排之情,本官保证将拖延答复一事处理得当。请放心。"②

但是,俄国政府的态度并未转变。4月27日,西德二郎回电称:"本公使根据四月二十五日电示,昨日与俄国外交大臣曾作长时间之辩论,努力使该政府对我请求作出有利之答复,该大臣似稍有所动,并答应将再请示俄国皇帝之旨意。然今日该大臣向本使声称,俄国皇帝以日本之请求并无撤销俄国劝告之充分理由,故不能予以同意。并风闻俄国政府目前已将运输船派往敖德萨,正在准备运送军队。因此,预料俄国之干涉,性质重大,应预作准备,以资安全为要。"③日本政府企图瓦解三国联合的计划虽然破产,但仍然不肯死心,还在继续拖延答复,另谋其他对策。

为了对付三国干涉,日本政府在试图瓦解三国联合的同时,还在极力拉拢英、美、意三国,以便组成反干涉的联合阵线,以对抗三国的干涉。先是,陆奥宗光于4月23日致电加藤高明,命他摸清英国政府的态度,并促使英国站于反对俄、德、法三国的立场。24日,加藤回电,引述了金伯利的如下一段话:"目前英国政府所遵循的唯一方针,是以极大的兴趣关注事态的发展。因为此事关系英国的利益要比三国大得多。日本必须自己决定,根据以往的事实,看起来日本是可能做到的。"④金伯利的谈话,使日本政府产生了错觉,相信英国是能够援助日本的。于是,陆奥于26日向加藤发出了《关于对英政策之训令》。其中,对日本占领辽东半岛作出如下解释:

一、日本政府对于朝鲜国独立,如其事仅限于本国,将真诚地使欧洲

①　《日本外交文书》第28卷,第701、702号。
②　《日本外交文书》第28卷,第707、714号。
③　陆奥宗光:《蹇蹇录》中译本,第161页。
④　《日本外交文书》第28卷,第704号。

各国得到满足。

二、日本政府将于辽东半岛以营口及另外一港,作为自由贸易港口。其国境通过税之税率,将比普通海关税低廉。且另一港口终年无封冻之虞,船舶自由进出。因而辽东半岛之占领,对欧洲商业之利益不容怀疑。

三、对该半岛之占领,不能认为威胁北京。退一步说,即使威胁北京,或与清国之生存攸关,但清国如能铺设铁路,则足以防御其危难而有余。

四、虽然与清国国境相连,而征诸区划清楚、分界正确之欧洲各国经验,亦无威胁东亚和平之虞。因此,只要正确划定国境线,则日本政府不认为有与清国难结善邻之交和难保和平之理由。

这是日本投给英国的新诱饵! 陆奥特别指示加藤:"将上述让步提案,极其秘密地提示给英国外交大臣,并陈述以下之事:关于本次事件,日本政府承认英国利益超过其他欧洲国家利益之事实。故于第二项中,特别努力调整此等利益。"在训令的最后,陆奥还令加藤"探听英国政府之真实意见",问明究竟"日本能够希望从英国得到何等援助"。①

同一天,陆奥宗光又致电栗野慎一郎向美国政府转达以下意旨:"当此之际,日本政府对美国的友好意向深为感谢。日本政府虽毫不欲将友邦合乎情理之异议置诸度外,但目前放弃辽东半岛实属至难。因为由清国割让该半岛之条约,不仅已经我国皇帝陛下批准,而且日本政府视其情况亦不能认为有放弃之必要。若美国能借以前曾为和平进行友好斡旋之便,进一步特别劝告俄国对永久占领辽东半岛表示异议一事加以重新考虑,日本政府相信该事件将得到完满结束。日本政府惟恐俄、法、德三国之活动将诱使清国毁弃条约,以致再开战端。欲尽可能避免此种结果,日本政府切望美国给予友好援助。"②

4月27日,栗野慎一郎和加藤高明都按本国政府的指示进行了活动,但皆未得到明确的答复。美国国务卿格莱星姆对栗野说:"只要与美国之局外中立不相抵触,将援助日本。"并且明告栗野:"将指令驻华美国公使劝告中国政府批准条约。但其细节需要与总统商议。"英国外交大臣在答复加藤关于"日本

---

① 《日本外交文书》第28卷,第710号。
② 《日本外交文书》第28卷,第711号。

能否事先期待英国之援助"的提问时,虽然指出日本"提出之让步无论如何亦不能使俄、德、法三国满意",但仍然表示:"英国希望和平,当然不愿意看到日本与欧洲各国大动干戈,亦不欲使日清战争继续下去。因此,英国将努力不放过解决目前困难的机会。"①格莱星姆明显偏向日本的谈话和金伯利关于英国将努力解决目前困难的表态,都使日本对反干涉增加了信心。

　　与此同时,日本驻意大利公使高平小五郎根据政府的指令,也在大肆活动。不久前,高平同意大利外交大臣布朗克曾进行过一次十分深入的交谈。在那次谈话中,布朗克以个人的意见,向高平建议说:"外国干涉至不可避免时,余将努力使意国政府采取必要措施防止之。但以上所述之事,须看日本国在清国之割让土地上奖励有关意国利益之工商业发展,从而给予意国政府以方便条件而定。"并补充说:"意国对东亚并非抱有任何有关领土要求之意,惟希望得到通商方面之奖励。"②因此,高平对于争取意大利政府的支持,是颇具信心的。4月27日,高平再访布朗克,又进行了长时间的谈话。布朗克极为秘密地对高平说:"德国希望与意大利合作,而意大利对此加以拒绝。德国此次策动之真实用意,在于从战略上切断欧洲大陆之法俄同盟,而最终使法国处于孤立地位。然而,又不能允许德国与俄国的合作逞其威力,必须在一定程度上遏止其势力。在此种情况下,如能使英、意、美三国联合起来,站在日本方面则干涉问题将不至成为严重之大事而得到解决。但日本必须首先请求此三国与之合作,然后意大利将乐于劝诱英、美两国。缘此次事件,原来既颇具戏剧色彩,故德国与意大利得不抵触三国(德奥意)同盟,而彼此立于反对之位置。"他甚至表示:"在必要时,意大利可将其军舰派往远东。"③布朗克对反干涉的态度十分积极,竟说出了高平藏在心里想说而没有说出的话。

　　陆奥宗光得知意大利政府的态度后,欣喜异常,于4月28日致电伊藤博文:"据昨夜高平之电报,欧洲各国之争论似终于趋于一致。现今如由此再进一步,德国或将与俄国分手,亦未可知。"并重申自己的观点说:"本大臣认为,我们可坚持到底;待到最后万不得已时,才改变我之外交政策。如此方为上策。"随后,他即指示高平小五郎:"阁下可会见意大利外交大臣,请求该大臣将德国政府之真实意图告诉英国,促使英国下决心帮助日本。并请其尽力劝告

---

① 《日本外交文书》第 28 卷,第 716、717 号。
② 《日本外交文书》第 28 卷,第 1039 号。
③ 《日本外交文书》第 28 卷,第 718、719 号。

清国迅速批准条约。此事可秘密地通知驻英公使及驻美公使。"但是，日本政府过高地估计了意大利的地位和作用。实际上，意大利在欧洲列强中并无如此号召之能力。高平于四月二十八日第三次访问布朗克时，布朗克谈话的语气便有了一些变化，他直告高平："现在一切事均须看英国的意向如何而定。"又谓："如果英国决定主动给予援助，意国参加当亦无妨。然意国如作为发起者，恐无任何效果。"①

那么，英国是否能够主动给予日本援助呢？4月29日，英国政府对日本作出了正式答复："英国政府曩已决定守局外中立，此次亦欲维持同一之意向。英国对日本抱有最诚笃之友情，同时亦不能不考虑本国的利益。因此，不能应日本之提议，而援助日本。日本之此种让步，不足以使各国满意。并且俄国似已确实下定决心。"②英国的这个答复，使日本组织反干涉联合阵线的希望也归于破灭。

瓦解俄、德、法三国联合和组织反干涉阵线这两招都失败了，摆在日本政府面前的问题是：下一步怎么办？连日来，俄、德、法三国公使不断至外务省，催促日本对"劝告"作出答复。希特罗渥对林董说："希望日本政府不要采取先发制人的手段，制造新的困难，与三国对抗。"哈尔曼也说："日本在伪装的局外人的好意冲昏头脑之前，应该三思！"③警告日本不是用一个"拖"字可以了结的。日本政府虽想施展新的招数，但一时却拿不出好主意来。

适在此时，西德二郎从彼得堡发来一封电报："俄、法、德在东洋的舰队实力，当已为贵大臣所深悉。若不顾开战之危险，拒绝彼等之提议，是否为我国之上策，本公使难于判断。因为需要根据战果如何而决定其得失。如果贵大臣比较彼我之兵力认为不能抵抗时，则不如按本公使前电所呈放弃与朝鲜接壤之土地，以解决目前之困难为上策。本公使之意见认为，为和平解决此一事件，可放弃永久占有辽东半岛，但作为赔款的担保，可暂时占领该半岛，而大大增加其款额，使中国永远无法清偿为上策。"这实际上是一种变相永久占领辽东半岛之计。陆奥明知此计决行不通，但却受到启发，想出了一个以退为进的让步方案。于是，他于4月30日电令西德二郎向俄国政府致送如下的备忘录：

① 《日本外交文书》第 28 卷，第 723、725、728 号。
② 《日本外交文书》第 28 卷，第 746 号。
③ 《日本外交文书》第 28 卷，第 731 号。

日本帝国政府业已再三考虑俄国皇帝陛下政府之友谊的劝告,兹为再度表示重视两国间之亲密关系,故在交换《马关条约》批准书使日本国之荣誉与尊严得以保全后,同意以另外的附加条约方式,作如下的修改:

第一,日本政府对于辽东半岛之永久占领权,除金州厅外,完全放弃。但日本与中国商议后,当以相当款项作为放弃领土之报酬。

第二,但日本政府在中国完全履行其媾和条约上之义务以前,有占领上述土地以作担保之权利。①

日本政府不仅欲永久占领金旅地区,而且还要求补偿金,并暂时占领辽东半岛。同时,陆奥又致电青木周藏和曾弥荒助,向德、法两国政府致送了同样内容的备忘录。

5月3日,罗拔诺夫致电马沙尔和阿诺托,将俄国政府不满意日本备忘录一事通知德、法两国政府,以征求意见。其电曰:"辽东半岛之重要,主要的是它拥有旅顺。因此,俄国政府认为日政府的答复不能满意。俄国政府的意见是:原来的要求必须坚持,即必须要求半岛全部放弃;如可能,再给日本一个时期作进一步的答复。德、法如同意此举,俄政府即将此意电令它驻日公使,请他和他的同事对这行动取得谅解。"②德法两国政府都赞同罗拔诺夫的意见。当日,俄国通知日本政府,告知对其备忘录"不能满足",并称:"昨日曾召开内阁会议,国务大臣一致议决,日本国占有旅顺口于事有碍,须坚持最初之劝告,决不动摇。该决议业经我皇帝陛下裁可。"日本政府的这一招又没有灵。至此,陆奥宗光才明白,日本"如无以武力一决胜负的决心,单凭外交上的折冲是不起什么作用的。"③他根据舞子会议的决议,断定已到实行"对俄、德、法三国完全让步,但对中国一步不让"政策的时机了。

5月4日,日本内阁及大本营重臣在京都举行会议。参加会议的,除陆奥宗光外,还有伊藤博文、松方正义、西乡从道、野村靖、桦山资纪等人。陆奥提出:"现在完全接受三国劝告,先割断外交上一方面的纠葛;另一方面,毫不犹豫地执行交换批准书的手续,此为上策。"④会议经过讨论,终于取得了一致的意见。此决定并得到天皇睦仁的裁可。次日,陆奥即电驻俄、德、法三国公使,

---

① 陆奥宗光:《蹇蹇录》中译本,第164—165页。
② 《德国干涉还辽文件》,《中日战争》(7),第366页。
③ 《日本外交文书》第28卷,第782号。
④ 陆奥宗光:《蹇蹇录》中译本,第166页。

向三国提出如下之复文："日本帝国政府根据俄、德、法三国政府之友谊的忠告，约定放弃辽东半岛之永久占领。"①三国接到复文后，即逼迫清政府如期换约。8 日，中日双方在烟台完成了互换条约手续，《马关条约》正式生效。9 日，俄、德、法三国驻日公使即皆至外务省，表示对日本的复文极为满意。10 日，睦仁宣诏，容纳三国之忠告，放弃辽东之永久占领。其诏曰：

> 朕因清国皇帝之请，命全权办理大臣，与其简派之使臣，会商订结两国媾和条约。然俄、德两帝国及法兰西共和国政府，以日本帝国永久占领辽东半岛之壤地，为不利于东洋永远之和平，以勿永久保有其地域，怂恿朕之政府。顾朕恒眷眷于和平，而竟与清国交兵者，洵不外以永远巩固东洋和平为目的，而三国政府之友谊劝告，意亦在兹。朕为和平计，固不吝容纳之。至更滋事端，致时局益艰，治平之恢复益迟，以酿民生之疾苦，而沮国运之伸张，实非朕之本意。且清国依媾和条约之订结，以致渝盟之悔，使我交战之理由及目的，炳然于天下。今顾大局，以宽宏处事，亦于帝国之光荣及威严无所毁损。朕乃容纳友邦之忠言，命朕之政府以此意照复三国政府。若夫关于交还半岛壤地之一切措置，朕特命政府与清国政府商订。今媾和条约既经批准交换，两国和亲复旧，局外之国亦斯加交谊之厚。百僚臣庶其善体朕意，深察时局之大势，慎微戒渐，勿误邦家之大计。朕有厚望焉！②

至此，以俄国为核心的三国联合干涉，暂时告一段落。

此后，俄、德、法三国又同日本就交还辽东半岛的条件问题，进行了长时期讨价还价的交涉。陆奥宗光想摸三国的底，在同三国公使会见时，用试探的口气问："按阁下等之估计，清国能付出多少赔款？"俄国公使希特罗渥半开玩笑地说："前些天，德国公使阁下曾在做梦中得知其金额，据说为一千万两至一千五百万两。"陆奥说："如有买主愿买辽东半岛，便卖给出最高价格者。"希特罗渥接着说："辽东半岛土地贫瘠，恐无支付巨额代价者。"德国公使哥特斯米德说："如自战略上论之，当然具有很高价值，但此难用金钱估量。"③言者无意，听

---

①　《日本外交文书》第 28 卷，第 787 号。

②　《东亚关系特种条约汇纂》，第 86 页，转见王芸生：《六十年来中国与日本》第 3 卷，第 19—20 页。

③　《日本外交文书》第 28 卷，第 842 号。

者有心。这次谈话,使陆奥感到不能放弃这次向中国敲诈巨额赎金的机会。

随后,他便提议召开内阁会议,讨论归还辽东半岛问题。6 月 4 日,日本内阁会议通过决定:"作为永久放弃辽东半岛之补偿,对清国要求之赎金,其数量限额为库平银一亿两。"但如果真的索取一亿两,未免过于出格,三国亦难同意。因此,日本政府不得不另行决定,将退还辽东半岛的赎金减为库平银5 000 万两。7 月 31 日,罗拔诺夫通知西德二郎:俄国政府认为"此次所提之金额,未免过于庞大"。他还开玩笑似的说:"在那个地区,让俄国长时间地保持海军和陆军,耗费太大了。"德国政府也向日本询问:"五千万两白银是否最终的要求,没有任何减少的余地?"①8 月 9 日,西德二郎会见罗拔诺夫,进一步探听俄国对赎金数额的意见。当天,西德二郎致电日本临时代理外务大臣西园寺公望说:"我刺探到了他(罗拔诺夫)的关于解决此问题的个人意见。他的回答是:建议中总额的一半(二千五百万两白银)是合理的。"日本政府抱定多争一两便得一两的主意,继续争辩不已,声称:"日本政府相信,此次所提赔款之金额,并非过多。"②俄、德、法三国政府经过协商后,命令其驻日公使同于 9 月11 日至日本外务省递交备忘录,内称:"三国政府相信,日本帝国政府愿意减少已经确定的交还辽东半岛的金额,确信日本所要求的此项赔款应不超过三千万两白银。"并要求日本政府"确定一个准确的尽早撤兵的日期,并能在上述三千万两白银交付后立即撤兵。"日本虽然贪得无厌,但也只好适可而止,在三国保证中国必交出 3 000 万两的赎金后,便于 10 月 7 日正式答复三国政府:日本决定"将补偿金额减至三千万两",并"自中国将上述赔款三千万两全部交付完毕之日起,三个月以内实行撤兵"。③

10 月 14 日,清廷仍派李鸿章为全权大臣,与日本新派驻华公使林董谈判还辽事宜。20 日下午 2 时半,李鸿章与林董在总理衙门开谈。在此之前,清政府曾多次致电驻俄德公使许景澄和驻法参赞庆常,与驻在国政府议减交辽给费。并表示希望将金额减至 1 500 万两至 2 000 万两。④但是,日本既已得到俄、德、法三国的保证,当然不会理睬中国的请求。25 日,李鸿章奏谈判还辽事宜之经过:

---

① 《日本外交文书》第 28 卷,第 849、896、897、904 号。
② 《日本外交文书》第 28 卷,第 906、909 号。
③ 《日本外交文书》第 28 卷,第 926、942 号。
④ 《日本外交文书》第 28 卷,第 935 号。

日人意存要挟,索望甚奢。闻其国中妥议须得偿款一万万两。后减至五千万两;经俄与磋磨五月有余,始说定三千万两。……窃惟日本允还辽南,全赖三国劫持之力,偿款数目已由彼定议画押,即为凭据,无可更改。此时再以减少相商,三国必不肯协从,日本更无所畏忌,殊于朝交国体有碍。且恐耽延日久,另生枝节。……臣仰蒙特简,际此财力艰难,原冀争回一分即有一分之益,乃徒劳唇舌,无补纤毫,瞻顾彷徨,莫名愤疾。事关大局,既不敢拘执贻误,亦不敢专擅允行,自应据实上陈,伏候圣明裁夺。①

奉旨允准后,遂于 11 月 8 日下午 4 时在北京签订《辽南条约》。其主要内容是:

第一款　日本国将光绪二十一年三月二十三日,即明治二十八年四月十七日订立下之关(马关)条约第二款,中国让与日本国管理之奉天省南边地方,即从鸭绿江口抵安平河口至凤凰城、海城及营口而止以南各城市邑,以及辽东湾东岸、黄海北岸奉天所属诸岛屿,并照本约第三款所定,日本国军队一律撤回之时,该地方内所有堡垒、军器工厂及一切属公物件,永远交还中国;因此下之关条约第三款,并拟订立陆路通商章程之事作为罢论。

第二款　中国约为酬报交还奉天省南边地方,将库平银三千万两,迨于光绪二十一年九月三十日,即明二十八年十一月十六日交与日本国政府。

第三款　中国将本约第二款所定之酬款库平银三千万两交与日本国政府,自是日起,三个月以内,日本国军队从该交还地方一律撤回。②

11 月 29 日,双方在总理衙门完成了换约手续。

根据《辽南条约》,中国于 11 月 30 日收回海城、凤凰城、岫岩,12 月 10 日收回复州,21 日收回旅顺,24、25 两日收回金州、大连湾。至此,日军所占之辽南诸城皆先后收回。

在沙俄导演的三国干涉还辽闹剧中,中国始终处于受人摆布、宰割的地位。前门拒一虎,后门进三狼。以三国干涉还辽为由头,列强瓜分中国的狂潮从此兴起了。

①　《文华殿大学士李鸿章奏与日使会商归辽偿费未能减少折》,《朝鲜档》(3018)。
②　《中外旧约章汇编》,第 153—154 页。

第七章

日本割占台湾与台湾军民的反割台武装斗争

第一节　台湾民主国成立和台北沦陷

一　台湾民主国的成立

　　早在马关和谈期间，台湾人民已经感到了台湾地位之岌岌可危。马关第一次会谈是在3月20日。3天后，日军便攻占了澎湖。日本此举，一则企图迫使清政府早日签订丧权辱国条约，一则为割占台湾预作准备。30日，双方签订的《停战条约》，明确规定台湾不在停战范围之内。此消息很快地便传到台湾，群情为之激愤，料到两国"停战，台湾独否，敌必以全力攻注"。31日，署台湾巡抚唐景崧奏称："停战，台不在列，洋行得信喧传，台民愤骇，谓：'此停战，台独不停，是任倭以全力攻台。台民何辜，致遭歧视？'向臣及林绅维源（督办台湾

署理台湾巡抚、台湾民主国
总统唐景崧（1841—1903）

团防）环问，谓：'战则俱战，停则俱停。'众口怨咨，一时军民工商无不失望。义勇尤哗。"①台湾人民既痛恨日本侵略者之觊觎台湾，又对朝廷之歧视台民感到愤懑失望。于是，如何保台的问题便严峻地摆在台湾人民的面前。

　　此时，台湾人民尚未获悉，割让台湾正是马关和谈的主要内容之一。3月24日马关第三次谈判时，伊藤博文提出："我国之兵，现往攻台湾，不知台湾之民如何？"以试探李鸿章的口气。李则答曰："贵大臣提及台湾，想遂有往踞之心，愿停战者，固此。但英国将不甘心。"于是，日本对清政府妄想依靠列强保台便摸到了底。4月1日，日本提出的和约底稿第二款，即要求将台湾

---

　　①　《台湾唐维卿中丞电奏稿》，《中日战争》(6)，第381页。

全岛及所属诸岛屿永远让与日本。在 10 日的第五次谈判中，伊藤大施恫吓手段，声称："广岛有六十余只运船停泊，计有二万吨运载，今日已有数船出口，兵粮齐备"，若中国不肯相让，"当即遣兵至台湾"。15 日第六次谈判时，李鸿章打出台民反对割台这张牌，冀有一线之转机，对伊藤说："我接台湾巡抚来电，闻将让台湾，台民鼓噪，誓不肯为日民。"然日本侵略者割取台湾的决策已定，李鸿章之争辩只能是徒费唇舌。因此，伊藤的回答很干脆："听彼鼓噪，我自有法。""中国一将治权让出，即是日本政府之责。""我即派兵前往台湾，好在停战约章，台湾不在其内。"①清政府终于向日本完全屈服。17 日，《马关条约》在马关春帆楼签字，其第二款规定中国将台湾全岛及所有附属岛屿让与日本。台湾人民一直担心的事情竟然成为现实了。

《马关条约》签字的当天，割台的消息便传到了台湾。"台人骤闻之，若午夜暴闻轰雷，惊骇无人色，奔走相告，聚哭于市中，夜以继日，哭声达于四野。"②清政府将台湾让与日本，不仅激起了台湾广大群众的无比愤慨，也引起了台湾官绅的极度不满，纷纷提出抗议。于是，一场波澜壮阔的反割台运动迅速在全台范围内兴起。在这个运动中，前工部主事丘逢甲是最重要的领导者。

丘逢甲（1864—1912），又名仓海，字仙根，号蛰山，又号仲阏，所著诗文常署南武山人或海东遗民。丘氏本为姜尚之后裔，周初封于营丘，因以丘为姓。战国以降，先祖迁徙不定。至南宋末年，二世祖从文天祥抗元，始定居广东嘉应州镇平县（今蕉岭县）。清乾隆年间，曾祖移家台湾，居于彰化县翁仔社。丘逢甲"幼负大志"，"毅然以天下为己任"。1899 年，中进士，钦点工部主事虞衡司。但他无意仕途，告假还乡，主讲台中府衡文书院。日本挑起战争之初，丘逢甲以台湾孤悬海

工部主事、台湾省义军
统领丘逢甲

---

① 《马关议和中日谈话录》，《东行三录》，第 238、246、252—253 页。
② 江山渊：《徐骧传》，见《小说日报》第 9 卷，第 3 号。

上,久为日本所垂涎,长叹曰:"天下自此多事矣! 日人野心勃勃,久垂涎于此地,彼讵能恝然置之乎?"①于是,他首倡组织义军,加强战备,以防范日军进攻。不久,唐景崧命其总办全台义勇事宜,"遴选头目,招集健儿,编伍在乡,不支公帑,有事择调,再给粮械"。②1895 年 3 月,丘逢甲正式组成一支义军,共 10 营。其中,丘逢甲自带诚字 3 营、靖字 1 营、捷字 1 营;其兄丘先甲分带信字 3 营;进士陈登元分统良字两营。当时,他奉命防守台北后路的南崁、后垅一线,颇寄希望于驻守台北战略要地的清军,认为"但使诸将协心,能与防地共存亡,倭寇虽凶,未必即能全占台省"。③他相信,只要台北驻军能够守住,则台北后路的义军尽管力量单薄,也必能坚持到底。但他万万没有想到,朝廷竟然把台湾一省割给日本。

4 月 18 日,割台消息已经证实,丘逢甲上书抗议,质问朝廷:"和议割台,全台震骇。自闻警以来,台民慨输饷械,不顾身家,无负朝廷……何忍弃之? 全台非澎湖之比,何至不能一战? 臣等桑梓之地,义与存亡,愿与抚臣誓死守御。设战而不胜,请俟臣等死后再言割地,皇上亦可以上对祖宗,下对百姓。如倭酋来收台湾,台民惟有开仗! 谨率全台绅民痛哭上陈。"④适在北京参加会试的台湾举人汪春源等,也联名上书清廷:"今者闻朝廷割弃台地以与倭人,数千百万生灵皆北向恸哭,闾巷妇孺莫不欲食倭人之肉,各怀一不共戴天之仇,谁肯甘心降敌? 纵使倭人胁以兵力,而全台赤子誓不与倭人俱生,势必勉强支持,至矢亡援绝数千百万生灵尽归糜烂而后已。""夫以全台之地使之战而陷,全台之民使之战而亡,为皇上赤子,虽肝脑涂地而无所悔。今一旦委而弃之,是驱忠义之士以事寇仇,台民终不免一死,然而死有隐痛矣。……与其生为降虏,不如死为义民。"并警告说:"睹此全台惨痛情形,岂有不上廑圣虑? 但以议者必谓统筹大局,则京畿为重,海疆为轻故耳。不知弃此数千百万生灵于仇仇之手,则天下人心必将瓦解,此后谁肯为皇上出力乎! 大局必有不可问者,不止京畿已也。"⑤他们的上书,表达了台湾人民誓死保台的决心。

4 月 19 日,唐景崧接总理衙门复电,略谓:"割台系万不得已之举。台湾虽

---

① 江山渊:《丘逢甲传》,见《中日战争》(6),第 396、398 页。
② 《收署台湾巡抚唐景崧文》,《朝鲜档》(2414)。
③ 丘琳辑:《丘逢甲信稿》,《近代史资料》1958 年第 3 期。
④ 王彦威:《清季外交史料》第 109 卷,第 5 页。
⑤ 《户部主事叶题雁等呈文》,《清光绪朝中日交涉史料》(3032),附件 1,第 39 卷,第 36 页。

重,比之京师则台湾为轻。倘敌人乘胜直攻大沽,则京师危在旦夕。又台湾孤悬海外,终久不能据守。"又言:"交割台湾,限两月,余限二十日。百姓愿内渡者,听;两年内,不内渡者作为日本人,改衣冠。"①此电传出后,台北立即鸣锣罢市,绅民拥入巡抚衙门,哭声震天。唐景崧鉴于台湾绅民强烈反对割台,迭奏电恳,两月之内电陈至 20 余次之多。甚谓:"祖宗缔造之艰,史册俱在,传至二百余年,失自皇上之手,天下后世,谓皇上为何如君? 他日更何以见祖宗于地下? 臣为祖宗守土,惟有与台为存亡,不敢奉皇上之诏。"又谓:"弃地已不可,弃台地百数十万之人民为异类,天下恐从此解体,尚何恃以立国? 且地有尽,敌欲无穷,他国若皆效尤,中国之地可胜割乎?"②清廷以和议已有成说,悉置不答。

至是,台湾绅民皆知让台之事已无可挽回。于是,以丘逢甲为首的台湾绅民,连日会商固守之计。前驻法参赞陈季同提出"民政独立,遥奉正朔,拒敌人"③之策。众皆认为:"万国公法有'民不服某国,可自立民主'之条,全台生民百数十万,地方二千余里,自立有余。"④这是自主保台之议的初步酝酿。

但是,当时一些官绅还幻想依靠欧洲各国来保住台湾。张之洞即力主"远交近攻"之策,"以重利求大国力助"。4 月 22 日,他又致电唐景崧,提出"守口聘英将,巡海乞英船"的"庇英自立"⑤之策。当天,唐景崧即与英国驻淡水领事金璋商谈,提出以台归英保护,请其将此请求转达于英国公使欧格讷。他还致电总理衙门称:"方今中外局势已成,非借西法联络各国无以自立。必先去我疑忌,且必有利与人,始肯助我。"4 月 27 日,正式建议朝廷,将台湾归英国保护,"土地政令仍归中国,以金、煤两矿及茶、脑、磺三项口税酬之"。⑥当然,这是不会有任何效果的。因为此时英国政府已完全站在日本一边,俨然以盟国视之。金伯利即私下对加藤高明说:"英日两国,其利害关系颇为相同。今后日本必将加强其兵力,特别要努力加强海上之力量。……极希望今后两国交往益加亲密,经常保持友谊。果真如此,一朝有事之际,亦可互为帮助。"⑦正由于

---

① 《台湾唐维卿中丞电奏稿》,《中日战争》(6),第 385 页。

②④ 《台海思痛录》,第 7 页。

③ 陈衍撰:《闽侯县志》第 69 卷,《陈季同传》。

⑤ 《张文襄公全集》,见《中日战争》(5),第 106、107 页。

⑥ 《台湾唐维卿中丞电奏稿》,《中日战争》(6),第 387、388 页。

⑦ 《日本外交文书》第 28 卷,第 874 号。

此，当龚照瑗于 5 月 1 日会见金伯利商请保台时，金伯利便"坚以办不到"①辞之。又电令其驻日代理公使劳瑟向日本外务省辟谣："近来有英国要占领台湾之谣传，此纯系无稽之谈。英国声明决无占领该岛之意，但此声明请勿登报。"后来，英国政府还将此事之内幕密告日本，并称："清国已得悉贵国将要求占领台湾岛作为和平条件之一，而欲预先杜绝日本之要求"，"因而断然拒绝其提议"。②

求英国不成，又转而求法国。起初龚照瑗的态度很乐观。5 月 1 日，他致电唐景崧，告"法有保台澎不让倭意"。2 日，又致电总理衙门说："密商保台澎办法，现台湾吃紧，法已派人护商，先遣员晤台抚，面商机宜，有兵登岸。请电台抚晓谕地方勿警疑。"③确实，法国有染指台澎之意，并拉拢西班牙与之联合。但此举遭到了德国的坚决反对。德国外交大臣马沙尔竟代为日本出谋划策，以抵制法国。他对青木周藏说："如法兰西或西班牙致送照会，可以明确答复，日本将决心占领台湾及澎湖岛。"④由于德国的反对，法国占领台澎的图谋也就无法实现。4 日，法国外交部长阿诺托对龚照瑗说："保台一节，已联合西班牙、和〔荷〕兰，正在筹划，适闻中日新约批准，事势既定，动多掣肘，一切布置，徒费苦心。"⑤借口条约批准而收回了原先的"保台"许诺。

台湾绅民一面运动各国援助，一面继续吁恳清廷设法挽回。丘逢甲等写下血书，表示"誓不服倭"，并质问朝廷："皇太后、皇上及众廷臣，倘不乘此将割地一条删除，则是安心弃我台民。台民已矣，朝廷失人心，何以治天下？"⑥他在一首诗中写道："忽行割地议，志士气为塞，刺血三上书，呼天不得直。"⑦即追忆此事而作。台湾绅民见运动英、法保台既无成效，呼吁清廷也无结果，不得已于 5 月 15 日电总理衙门及各省大吏，其文曰："台湾属倭，万民不服。迭请唐抚院代奏台民下情，而事难挽回，如赤子之失父母，悲惨曷极！伏查台湾为朝廷弃地，百姓无依，惟有死守，据为岛国，遥戴皇灵，为南洋屏蔽。……台民此举，无非恋戴皇清，图固守以待转机。"⑧16 日，唐景崧亦电总

---

① ③ ⑤ 《节录龚大臣中英法往来官电》，《中东战纪本末三编》第 2 卷，第 60 页。
② 《日本外交文书》第 28 卷，第 819、884 号。
④ 《日本外交文书》第 28 卷，第 812 号。
⑥ 《台湾唐维卿中丞电奏稿》，《中日战争》(6)，第 388 页。
⑦ 《岭云海日楼诗钞》卷 2，《重送颂臣》。
⑧ 《中东战纪本末》，《中日战争》(1)，第 204 页。

理衙门称：台民"愿死守危区，为南洋屏蔽"，"此乃台民不服属倭，权能自主，其拒倭与中国无涉。"①这表明：台湾人民在"事难挽回"的情况下，决心要自主拒日保台了。

台湾绅民和唐景崧的呼吁恳请，不能不使清廷受到震动。先是，《马关条约》签订后，清廷迫于全国上下强烈反对，"连日纷纷章奏，谓台不可弃，几于万口交腾"，以及"台民誓不从倭，百方呼吁"，即曾电谕李鸿章"再行熟查情形"，"详筹挽回万一之法"。及览5月16日"台民不服属倭，权能自主"之奏，当日又电谕李鸿章"台湾难交情形"，再次命其"熟筹办法"。②18日，李鸿章复奏，谓接伊藤博文电告，日本新任台湾总督桦山资纪已于十七日起程赴台，而且"词意甚为决绝"。并恐吓道："此处恐开衅端，并连累他处，务祈慎重筹办，大局之幸！"③所谓"他处"，主要是指京畿和辽沈两处。清廷怕就怕重开衅端，危及京畿和辽沈。所以，李鸿章的恐吓非常有效，清廷也就死心塌地，再也不敢存一丝挽回之想，只要眼前能保持苟安也就心满意足了。于是，为了"免致日人借口"，清廷便一面电令唐景崧开缺"来京陛见"，"台省大小文武各员内渡"，一面谕李鸿章饬令李经方迅速"前往商办"，以示"中国并无不愿交割之意"。④

至此，台湾绅民终于完全绝望，"日集众会议，欲抗朝命"。⑤5月21日，台湾在籍官员工部主事丘逢甲、候补道林朝栋、内阁中书教谕陈儒林等，在台北筹防局聚会。陈季同再申前议，于是自立民主之策乃定。遂铸金印一颗，文曰："台湾民主国总统之印"；制长方形"蓝地黄虎"旗，"虎首内向，尾高首下"⑥，以示臣服于中朝。丘逢甲等共议，推唐景

台湾民主国之蓝地黄虎旗

---

① 《台湾唐维卿中丞电奏稿》，《中日战争》(6)，第392页。
② 王彦威：《清季外交史料》，第110卷，第14页；第112卷，第12页；第112卷，第11页。
③ 《寄译署》，《李文忠公全集》，电稿，第20卷，第60—61页。
④ 《清德宗实录》卷366，光绪二十一年四月二十五、二十六日。
⑤ 吴德功：《让台记》，见《割台三记》，第34页。
⑥ 姚锡光：《东方兵事纪略》，见《中日战争》(1)，第94页。

崧为民主总统。24 日,拟上民主总统印于唐景崧,以是日日舰来犯沪尾炮台而未果。

5 月 25 日,台北绅民拥至巡抚衙门,由丘逢甲等捧送民主总统印及国旗。唐景崧朝服出,望阙九叩首,北面受任,大哭而入。于是,改年号为"永清",寓永远隶于清朝之意。正式宣告台湾民主国成立。时人有诗云:"竞传唐俭是奇才,局面翻新自主裁。露布已令神鬼泣,玉书曾见凤麟来。"①又云:"玉人镌印绶,戎仆制旗常。拥迎动郊野,宣耀照城闉。覆舟得援溺,黔首喜欲狂。"②表现了人民群众对成立民主国的振奋心情,以及当时集众献印旗的盛况和兴高采烈的动人场面。

台湾民主国成立后,主要做了三件事:

其一,将成立民主国之事布告中外,晓谕全台。台湾民主国成立的当天,唐景崧即致电总理衙门:"台民前望转机,未敢妄动,今已绝望,公议自立为民主之国。……遵奉正朔,遥作屏藩。俟事稍定,臣能脱身,即奔赴宫门,席藁请罪。"③同时通电各省大吏,说明成立民主国之缘由。并发布告示,晓谕全台:"惟是台湾疆土,荷大清经营缔造二百余年,今须自立为国,感念列圣旧恩,仍应恭奉正朔,遥作屏藩,气脉相通,无异中土。"台民亦张贴布告称:"今已无天可吁,无人肯援,台民惟有自主,推拥贤者,权摄台政。事平之后,当再请命中朝,作何办理。……台湾土地政令,非他人所能干预。设以干戈从事,台民惟集万众御之,愿人人战死而失台,决不愿拱手而让台。……因此搥胸泣血,万众一心,誓同死守。"④这些台湾民主国的文献,反复说明的是一个意思,即在台湾成为"弃地"的情况下,台民"决不愿拱手而让台",公议"自立为民主之国",御敌寇而保台。这乃是在迫不得已的情况下所采取的一种临时应变措施,把它说成是成立独立国家或搞独立运动,都是完全错误的。

其二,设置新的机构,并重新任命官员以补内渡官员之缺。台湾民主国总统下设三个衙门:改布政使司为内务衙门,以刑部主事俞明震主之,对外称内务大臣,其关防文曰"台湾承宣布政总理内务衙门关防";改筹防局为外务衙门,以前驻法参赞副将陈季同主之,对外称外务大臣,其关防文曰"台湾总理各

---

① 黄家鼎:《补不足斋诗钞》,见《中东战纪本末续编》第 2 卷,第 19—20 页。
② 洪弃父:《台湾沦陷纪哀》,见《民族英雄吴汤兴文献》,《台湾风物》第 9 卷,第 5、6 期。
③ 王彦威:《清季外交史料》第 113 卷,第 3 页。
④ 《中东战纪本末》,《中日战争》(1),第 202—203 页。

国事务衙门关防";改全台营务处为军务衙门,以礼部主事李秉瑞主之,对外称军务大臣,其关防文曰"台湾军务衙门关防"。诸大臣对内称督办,"所有应办事宜,即着该衙门悉心核议,呈请抚台核夺。其余地方民事,仍由道、府、厅、县照旧办理。抚台于外洋各国称台湾民主国大总统,而于本省文武属员仍照衔相称。"①台湾民主国之改官制,主要是迫于当时形势的需要,或改衙门的名称,或对外变换官员的职衔,并不意味着原先的封建衙门发生了根本性质的变化。在三个衙门之外,还设立了议院,并拟推举台湾首富太仆寺卿林维源为议长。但林维源并未就议长之职。据载:"设议院,集绅士为议员,众举林维源为议长,辞不就,余亦不出。唯拔贡陈云林、廪生洪文光、街董白其祥数人就职。"②所谓议院只是一个空架子,仅有数名议员以撑门面,并未真正成立起来,更谈不上"立法机关"的作用了。再就是割台明文下达后,台湾的府、道、厅、县官员及将领大都内渡,民主国一成立,便立即任命新的官职以填补空缺。这样,台湾抗日的领导体系才得以维持,没有因大批官员内渡而趋于瓦解。并对其后台湾的反割台武装斗争起了组织保证的作用。

其三,建立清军与义军联合抗日的新体制。台湾原有的驻军甚少,仅 20 余营。战争爆发后,巡抚邵友濂陆续招募新营。清廷又谕福建水师提督杨岐珍、南澳镇总兵刘永福酌带兵勇赴台。旧有新募各勇,"统计当在八十营之数"。③唐景崧署台湾巡抚后,对编制义勇的工作甚为重视。他认为:"湘、淮勇丁到台不服水土,又虞吃紧之际,难于隔海招军,惟有就用台民之一法。"④由于清政府饬令在台官员内渡,福建水师提督杨岐珍、台湾镇总兵万国本及统兵官廖得胜、余致廷等先后回到大陆,清军营数大为减少,义军的作用更为突出。民主国成立后,除由全台义军统领丘逢甲统 10 营义勇外,又任命吴汤兴为台湾府台军统领,统 6 营义勇。其后,刘永福檄简成功为义军统领,带 11 营,协防台南。在当时来说,建立清军与义军的联合体制是一个创造,为台湾的反割台武装斗争做出了很大的贡献。

二　日军登陆澳底与台北弃守

当台民酝酿自主之际,日本也在做割占台湾的准备。5 月 10 日,即烟台换

---

①　胡传:《台湾日记与禀启》,第 264 页。
②　连横:《台湾通史》上册,第 70 页。
③　《收台湾巡抚邵友濂文》,《朝鲜档》(2262)。
④　《收署台湾巡抚唐景崧文》,《朝鲜档》(2414)。

约的第三天,日本政府便将海军军令部部长桦山资纪晋升为大将,任命他为台湾总督兼军务司令官,以便使割占台湾迅速成为既成事实。

清廷派李经方赴台交割。5月30日,李经方带道员马建忠、顾问科士达等,乘德国商轮公义号由上海启航,于6月1日抵台湾海面。2日下午2时,日本政府所派台湾民政局长水野遵至公义号,与李经方商定台湾交割文据。当天深夜,将文据缮成中文和日文两份,先由桦山资纪署名盖章,然后交于李经方,就算交割完毕。

形式上的交割台湾,只是为日本对台湾的军事占领提供一个所谓合法的依据罢了。其实,早在交割的4天前,日军已经开始了对台湾的进攻。5月29日,日本军舰先向基隆的金包里猛烈炮击,作欲登陆状,以牵制清军的兵力,然后从基隆以东50里的澳底登陆。于是,台湾武装抗日斗争的帷幕便正式拉开了。

日军进攻台湾的部队有两支:一是总督府直属部队,由台湾总督桦山资纪海军大将亲自指挥,包括臼炮中队、要塞炮中队、后备步兵第四联队、临时台湾铁道队等,计将校228人,士卒6 494人,役夫5 636人,乘马1 872匹;一是近卫师团,由近卫师团长陆军中将北白川能久亲王指挥,下辖近卫步兵第一旅团(旅团长川村景明少将)、近卫步兵第二旅团(旅团长山根信成少将)及骑兵大队、炮兵联队、工兵大队等,计将校360人,士卒14 209人,役夫700人,乘马、驮马、挽马3 452匹。近卫师团先驻金州,于5月15日奉命移至营城子,又转旅顺。22日,北白川率部乘14艘舰船由旅顺出发,于26日黄昏时驶至琉球中城湾。桦山资纪一行于24日乘横滨丸自宇品起航,于27日上午也抵琉球中城湾,与北白川的近卫师团会合。桦山即命令近卫师团进兵台湾,"若遇顽民抗拒,即迅速扫荡,严惩不贷"。①当日中午,各舰船起锚驶向台湾。

5月28日傍晚,桦山资纪乘横滨丸驶近淡水海面。提前出发的高千穗、浪速、八重山三舰先已到达此处。据高千穗等舰报告,岸上清军进行抗御,在淡水登陆颇为不利。于是,桦山决定在三貂角附近海湾登陆。横滨丸于29日晨6时驶离淡水,至基隆海面后,又与停泊该处的萨摩丸等11艘运兵船东航,以松岛舰为先导,于下午1时抵三貂角湾,并着手进行登陆准备。日军以澳底为登陆地点,由姬路、佐仓、丰桥三船所载之近卫步兵第一旅团第二联队先行登

---

① 《桦山资纪训示》,见《日清战争实记》第30编,第41页。

陆,第一中队为先头部队。澳底港深,可泊巨轮,而清军却视为荒僻之地,仅以总兵曾照喜统带两营驻守。曾军两营皆系新募,"成军甫三日,遇敌不敢战"。①下午 3 时半,日军先头部队开始上岸。双方才交火,曾军死 4 人,即向西越山而逃。日军一鼓登陆,轻而易举地占领了澳底。当夜,日军便在澳底宿营。

5 月 30 日黎明,日军以近卫步兵第一旅团为前卫,向西进犯。澳底西北去基隆 50 里,沿途重峦叠嶂,山势险峻,只有一条羊肠小道可通,崎岖难行,三貂岭为必经之路。日军炮队只得"将炮身和炮车分解,由士兵分别肩扛"。"驮马由于过度疲劳,或倒卧中途,或坠落涧底,军需均靠人肩运送。"甚至士兵也有"误从悬崖坠落"者。沿途人民都拒绝与敌人合作。日军强令群众搬运物资,并向他们征收粮物,皆"倔强不肯从命。以土人做民夫,中途逃亡者甚众,无奈系绳于其腰间,由士兵监督,鞭打使役。"当询问道路时,多回答"不知"。"欲以小惠结其欢心,反招其轻侮,故不能恩威并行,宁可以威势使之屈服。"②日军到达顶双溪后,继续向三貂岭行进。该岭最险峻,却无防兵把守,日军遂不战而占领三貂岭。

唐景崧闻警,命弁目吴国华率粤勇 700 人守三貂岭。吴国华新自广东来,仓卒部署,诸事不齐备,于 5 月 30 日上午始率 400 人先行,而三貂岭已为敌所据。同一天,唐景崧复命营官胡连胜,且调顶石角营官陈国柱、金包里营官记名提督陈得胜、狮球岭营官知县包干臣等,各率粤勇数百人赴敌,皆称统领,无所系属。31 日晨,始命刑部主事、督办全台营务处俞明震,亲赴前敌督战,兼料理饷械、电报事宜,并拨亲兵 60 人,派委员 3 人,武弁 6 人随往。俞明震乘火车至基隆,住记名提督张兆连大营。是日下午,吴国华军至小楚坑,与日军探骑遇,遽开枪,毙敌 1 人,余敌反奔。吴国华见日军人数甚少,从而追之。适在此时,俞明震遣包干臣率 300 人前来助战。包干臣至小楚坑,见路旁敌尸,遂割取首级。吴国华闻报大怒,撤队下岭。包、吴俱还基隆,俞明震诘以:"奉何人令撤兵?"吴国华自惭,复拔队赴前敌。包干臣以得敌人首级为护符,"竟以大捷斩首无算,赴省城献功。"③

6 月 1 日,日军前卫司令官川村景明率近卫步兵第二联队(缺第四、第八中队),宿营于三貂岭之巅。2 日拂晓,日军自三貂岭宿营地出发,向瑞芳前进。

---

① 俞明震:《台湾八日记》,见《中日战争》(6),第 373 页。

② 《日清战争实记》第 31 编,第 9、10 页。

③ 俞明震:《台湾八日记》,见《中日战争》(6),第 374 页。

上午 7 时 50 分,日军便向瑞芳发起了进攻。

先是 6 月 1 日拂晓,广东守备刘燕率炮勇 30 人运格林炮 5 门至,俞明震急命运至前敌。刘燕以瑞芳西面高地为阵地,列炮扼守。俞明震亦率亲兵 60 人赴前敌督战,拟凭刘燕炮队以固守。2 日晨,张兆连决定进战,吹角列队。即在此时,日军大队已开始进攻。双方遂展开了激战。清兵或"隐于村落的土墙后",或"潜于茂密树林之间,巧妙地利用地物猛烈射击"。①据日方记载:"敌人的抵抗意外顽强,或仅仅以数十名前来逆袭,或单独潜伏房屋竹丛中,待我通过后加以狙击……我方死伤较多。"②在激战中,提督张兆连重伤,记名提督陈得胜战死,余众不支。日军遂两路包围清军炮兵阵地,刘燕督兵抗御,死伤甚众。俞明震率亲兵助战,亦被弹片击伤,被部下抬至狮球岭。瑞芳遂陷。在此战中,日军死伤 19 名。第二联队长阱井重季大佐被枪弹洞穿军服,侥幸地保存了性命。清军则有 30 余名战死,30 余名被俘。③

6 月 3 日晨 6 时,日本近卫师团又由瑞芳宿营地出发,向基隆进犯。进攻前,北白川能久将部队分为 3 部:以步兵第一联队第二大队及工兵一小队为前卫,沿大道向基隆前进;步兵第二联队第二大队(缺两个中队)为右翼,继前卫之后,向八斗方向前进,护卫师团之右侧;步兵第二联队第七中队为左翼,在瑞芳附近通向暖暖街的道路上扼守,护卫师团之左侧。上午 10 时半,日军前卫与清军 200 余名遭遇,清军略事抵抗后退走。不久,日舰从海上开始向基隆炮击。正中午时,在猛烈炮火的掩护下,川村景明指挥 8 个中队向基隆市街发起猛攻。至下午 1 时许,忽然阴云密布,大雨倾盆,云雾之中咫尺难辨,日兵浑身淋透,行进困难。双方相持 5 个小时。直至下午 5 时,日军始突入市街。于是,清军便与敌人展开了巷战。他们有的持刀剑击杀敌人,有的从民房窗内向敌狙击,直到最后战死。日军在进攻基隆的战斗中,伤亡 31 人。④

在进攻基隆的同时,日军又向狮球岭发动了攻击。狮球岭在基隆市街西北,扼基隆去台北通路,故岭防实为省会之关键;八堵适在其后,当狮球岭之冲。日军欲攻台北,此为必由之路。本来,狮球岭由道员林朝栋率栋字 10 营驻守。林为抗法名将,曾随刘铭传据此抗法,战功卓著,"所部将士皆前随征之

---

① 《日清战争实记》第 31 编,第 13 页。
② 《台湾抗战日方资料》,《中日战争》(6),第 456 页。
③ 《日清战争实记》第 31 编,第 15 页。
④ 《日清战争实记》第 31 编,第 19 页。

人，地势险要甚悉"①，"且训练有法，颇负时望"。他因与张兆连不和，被唐景崧调往台中。时台北绅士10余人皆建议调林回，"以守为战，事犹可为"。唐景崧虽电令林朝栋回援，然远水不救近火，只得于是日中午先派中军副将黄翼德率护卫营往扎八堵。黄翼德为人狡诈，至八堵即回，诡言："狮球岭已失，大雨不能扎营，且敌悬六十万金购总统（唐景崧）头，故趁火车急驰回城，防内乱。"②唐景崧知其欺罔，而不敢诘问。于是，防守狮球岭的兵力仅知县胡友胜的粤勇4营，实际上已经成为孤军。尽管如此，胡友胜仍督军苦战，坚守不退。一个日本随军记者写道："我军虽集中射击，而守军却巍然不动。风雨愈急，日近黄昏，枪炮声与风雨声相合，相当凄厉可怕，真不知何时才能攻占！我军再合力攻击，而炮垒后面仅有险峻之栈道相通，前面亦仅可攀，难以发起冲锋。在炮垒与市街之间，是水田与竹丛，且相距甚远，我军架设在炮垒下面的一门山炮亦不能奏效。"③日军占领基隆市街后，四面包围了狮球岭。战至下午6时，狮球岭终被日军攻陷。

狮球岭既失，省城外围险要尽失，台北危在旦夕。但日军一时尚不明台北情况。又由于日军占领基隆后，有两名清军士兵将火药库点燃爆炸，炸死日军军官1人、士兵20人，炸伤军曹1人、士兵20余人及夫役等100余人，其中重伤17人。④同时，港内的水雷尚待扫除。所以，日军未敢贸然立即西犯。6月4日，比志岛义辉率混成支队主力分乘丰桥丸和佐仓丸，由澎湖抵基隆，以增援近卫师团。日本政府所派台湾民政局长水野遵也来到基隆，以便着手筹组殖民机构。

是日黎明，雨稍歇，台北市街寂然，异常平静。俞明震等见唐景崧，力劝其退守新竹，与林朝栋、刘永福二军联合，以图再举。唐景崧不应。俞明震知事已不可为，退后书密函呈唐曰："天不佑中国，无可奈何，公心迹可告无罪。惟计不退守新竹，公宜自为计，不可贻笑天下。"⑤实劝唐离台勿落敌手也。是夜，前敌溃兵入城，台北大乱。未几，巡抚衙门院内火起，唐景崧由抚署后门出，匿于德国洋行。既而微行至沪尾，两天后乘德船鸭打号内渡厦门。

---

① 吴德功：《让台记》，见《割台三记》，第33页。
② 俞明震：《台湾八日记》，见《中日战争》（6），第377页。
③ 《日清战争实记》第31编，第18页。
④ 《日清战争实记》第32编，第8页。
⑤ 俞明震：《台湾八日记》，见《中日战争》（6），第378页。

台北府城北门

6月6日,台北艋舺绅士李秉钧、吴联元、陈舜臣等议迎日军,往商大稻埕李春生,共拟请日军进兵台北的公呈,然无人敢前去递送。有杂货商人辜显荣①自告奋勇赴基隆,由水野遵接见。日方因不明台北情况,对此将信将疑。随后,台北基隆间电话线修通,日军突接台北电信局洋员汉森来电:"台北非常混乱……台北之道路已向贵军队全部开放,未留一兵一卒。在本府之文武官亦皆已逃走。"又电称:"深盼总督阁下迅急来此。"②方知辜显荣所报是实。恰在此时,美国《纽约先驱报》记者达菲德逊、英商汤姆逊及德商奥利亦来日营,自称代表台北外侨请日军从速开赴台北。于是,日军遂决定立即进兵。当日下午7时,日军前锋即由水返脚出发,向台北急进。7日凌晨1时,日军抵台北城东北的练兵场。拂晓,迫近台北北门,遂攀城墙而登,驱散少数守城的清兵,将台北城占领。9日,日军占领沪尾要塞。11日,北白川能久以混成支队守备基隆,自率近卫师团司令部进驻台北。据时人记载:"日大队至,至则占民房,

---

① 辜显荣,台湾鹿港人,在艋舺开瑞昌成商号。后任日本殖民统治时期的台湾保良总局局长。

② 《台湾前期武装抗日运动有关档案》,第33页。

掠鸡牛,搜军器。民之移家者,担簦蹑屩,扶老携幼,累重载舟,纷纷蔽海而浮。妓女、丐妇亦有去者。风云惨淡,日暮则道路无人。有闻扣户声,则阖室皇皇,相惊以番兵来矣。其骇异之情如此!"①15 日,桦山资纪亦率幕僚自淡水乘火车抵台北。

自日军进攻基隆之前,清廷即以"现在和约既定,而台民不服,据为岛国,自已无从过问"为由,命令东南沿海各省督抚"饬查各海口究竟有无私运军械勇丁之事,设法禁止,免滋口实"。②这给台湾的反割台武装斗争带来了十分不利的影响,并造成了极大的困难。时驻守台北后路的总兵余清胜,竟主动地致书日军头目,称:"体我皇上媾信修和睦之至意,何敢抗违,亦不敢有观望。"并表示要"听命行之"。③遂率所部 5 营投敌。此时,台北后路仅余丘逢甲一支义军,势难支撑,遂退往台中,并令所部在新竹一带继续抗击南侵日军。后日军以台湾民主国为丘逢甲所首倡,"嫉之甚,严索之"。④于是,丘逢甲辗转离台内渡。临行前,他写下了抒发满腔悲愤的《离台诗》六首,内有"宰相有权能割地,孤臣无力可回天"、"卷土重来未可知……海上谁来建义旗"⑤诸句,仍然对台湾

日本在台北所设之总督府(原台湾布政司衙门)

　① 洪弃父:《台湾战纪》,《中日战争》(6),第 335—336 页。
　② 《军机处电寄张之洞等谕旨》,《清光绪朝中日交涉史料》(3287),第 45 卷,第 13 页。
　③ 《日清战争实记》第 32 编,第 16 页。
　④ 江山渊:《丘逢甲传》,见《中日战争》(6),第 402 页。
　⑤ 《岭云海日楼诗钞》,《选外集》。

之回归祖国寄予了无限的期望。

日军仅用两周的时间便占领了台北府的大部分地区。桦山资纪抵台北后，即发布告示，表示要坚决镇压抵抗者，内称："倘若有顽冥不悟，潜伏所在，为害闾阎者，一经查出，即加诛戮，决不姑宽。若或有各地居民藏匿败兵，不告诉官府者，家主与败兵同罪，按律重办。"①桦山企图用残酷镇压的手段来阻止台湾人民的反抗，当然只是痴心妄想，是不可能达到目的的。

6 月 17 日，桦山资纪在台北主持所谓"始政典礼"，宣布台湾总督府正式成立。后来，日本政府便视此日为其在台湾殖民统治的开始，订为"始政纪念日"。

第二节　新竹争夺战

一　日军南侵和新苗军的成立

侵台日军占领台北后，便急不可待地要拿下新竹，以便打开南侵的通路。

新竹原名竹堑，清初隶诸罗（嘉义旧名），1723 年划入彰化，设淡水同知，稽查北路。1731 年，又以大甲溪以北之刑名钱谷专归淡水同知管理，而犹驻彰化。1755 年，始移治竹堑。及 1876 年，台北设府，裁同知。又设新竹县，与淡水县分治。1887 年，台湾定台湾府为省会后，又将新竹分为二县：划中港以南为苗栗，隶台湾府；以北为新竹，仍隶台北府。县城以砖石筑成，高约三丈，宽丈余，有东、西、南、北四门。城内店肆林立，市面繁华，有居民近两千户，为台湾北部仅次于台北的大城市。新竹、苗栗二县境内多为闽、粤移民，有习武之风。台北陷敌后，各乡皆起兵自卫。是时，各地义军蜂起，揭竿以抗。日军所到之处，几乎步步都遇到强烈的抵抗，"村妇助磨刀，耕农自裹粮"②的全民抗敌情形到处可见。日本侵略军面对如此局面，曾为之哀叹："举凡新竹、台北间一带土地，若说它山河草木全是土匪，也未为不可。"③

新竹本无防营驻守。先是台北失陷之前，栋军防军营傅德升、栋右营谢天

---

① 《台湾前期武装抗日运动有关档案》，第 65 页。
② 洪弃父：《台湾沦陷纪哀》，见《民族英雄吴汤兴文献》，《台湾风物》第 9 卷，第 5、6 期。
③ 大槻正秋：《台湾征讨史》，第 80 页。

德为前锋,自彰化北上,以援台北。傅、谢二营抵新竹后,知县王国瑞令守备新竹。此时,苗栗铜锣湾生员吴汤兴、苗栗头份塾师徐骧、丘逢甲义军诚字正前营邱国霖、苗栗生员吴镇洸等,皆率义勇至新竹城,冀复台北。前台湾镇总兵吴光亮一营及提督首茂林、傅宏禧二营,亦来会合。是时,各路队伍大集,无不同仇敌忾,士气颇振。

吴汤兴(1860—1895),字绍文,原籍为广东嘉应州镇平县高思乡。父汤悦来,原配丘氏,为丘逢甲之远亲。后汤悦来只身到台湾谋生,入赘于苗栗街附近的樟树庄吴家为婿。不久,迁于铜锣湾定居。吴汤兴即其长子,平时"读书力田,负坚毅之气,冒危难,不稍顾","以义侠闻里中"。①中秀才后,以家境窘困,设教乡里,以维持生计。甲午战争爆发后,清军节节败绩,敌寇深入国土,并派军舰南窥台澎。他在悲愤之余,命笔题诗曰:"闻道神龙片甲残,海天北望泪潸潸。书生杀敌浑无事,愿与倭儿战一番!"②其忠义奋发的爱国之情,跃然纸上。吴汤兴与丘逢甲,既沾亲带故,更意气相投。清廷割让台湾后,吴汤兴誓抗朝命,经丘逢甲举荐,由唐景崧颁给台湾府义军统领关防。他回乡后,即号召乡人抗日保台,乡人"咸不愿属倭,听其言无不悦,则各搜器械,具馈粮备应用"。③当地生员邱国霖、吴镇洸皆出而臂助。台北失陷的消息传到苗栗后,吴汤兴即率队北上,以期规复台北。6月10日,吴汤兴抵新竹城外,各路义军及清军诸营"不期而会者万人,遍山漫野"。④于是,众推吴汤兴为抗日义军首将。

6月11日,即日本近卫师团集结于台北的当天。吴汤兴集众列营,祭旗誓师。是日,"设大鼓一面,筑三丈高架挂之,旗帜整齐,立约法数章,有事则击鼓,各庄闻鼓音即齐集公所,并约众接济粮食费用。"⑤吴汤兴望北而誓,表必死之决心曰:"是吾等效命之秋也!"众皆感奋,愿誓死抗敌。12日,吴汤兴发布告示,揭露敌人罪行,表示抗敌决心,并申明纪律,号召人民投入抗日斗争。其布告曰:

> 照得本统〈领〉愚昧无知,谬蒙前抚宪唐委统全台义民,事繁责重,蚊

---

① 连横:《台湾通史》下册,第722页。
② 《民族英雄吴汤兴文献》,《台湾风物》第9卷,第5、6期。
③ 洪弃父:《台湾战纪》,见《中日战争》(6),第336页。
④ 吴德功:《让台记》,见《割台三记》,第42页。
⑤ 吴德功:《让台记》,见《割台三记》,第43页。

负堪虞。惟当此台北已陷于倭夷,土地人民皆遭荼毒。闻倭奴占据后,则田园要税,房屋要税,人身要税,甚而鸡犬牛猪无不要税。且被发左衽,凿齿雕题,异服异言,何能甘居宇下? 本统领恻然不忍,志切救民,故不惮夙夜勤劳,倡率义民义士,以图匡复,以济时艰。尔等践土食毛,尽属天朝赤子,须知义之所在,誓不向夷。尚祈各庄各户,立率精壮子弟,须修枪炮戈矛,速来听点,约期剿办倭奴。本统领开诚布公,甘苦共与,断不敢妄自尊大,但军令宜严,方能杀敌致果。并望众志戮力同心,一团和气,不可互相戕杀,不可挟衅寻仇,并不可观望不前。各安各业;如有倚强欺弱,妄杀无辜,或肆行掳掠,纠党劫财,定按军法严办,决不姑宽。合行晓谕,为此示仰各庄义民等,一体遵照毋违。特示![①]

当天,吴汤兴便率部由新竹沿铁路线北上,以截击南侵之日军。因吴汤兴义军皆来自新竹、苗栗二县,故有新苗军之称。由于人民群众广泛地组织起来,台湾的抗日斗争便开始了新的局面。

北白川能久于 6 月 11 日到达台北后,即命令近卫步兵第二联队第四中队侦察新竹方面的情形。12 日黎明,这支日军沿铁路线南下,经桃仔园至中坜。日军在中坜强征台民为夫役,为之运送辎重。13 日,继续向南侦察。14 日,进至头亭溪,发现在中坜所征夫役已全部逃走,想再征募,却无人应差,于是强捉 3 名村民为之服役。当天下午,行抵大湖口东北 18 里的崩坡。该村“家家闭门锁户,只影不见”。[②]日军不敢停留,一面派飞骑进驻中坜,以为侦察队之后援,一面向南继进,至大湖口火车站前扎营。此时,日军始发现与后方的联系已被吴汤兴切断。义军向日军步步逼近,从四面八方猛烈发射。不巧此时忽降大雨,义军始停止射击。雨停后,义军又开始进攻,日军被迫死守营地。此夜,日军传令骑兵拟突围北上,向师团报告情况,但遭到义军截击,只好返回宿营地。15 日,日军又派出几起传令骑兵,皆被堵回。在此日的战斗中,日军“惟发排枪,弹如雨下,鲜命中。吴军多山民,善狙击,弹无虚发,日军仆者相续。”[③]16日凌晨 1 时,日军趁义军进攻暂停之机向北突围,奔至中坜,始得与第三中队会合。

---

① 《日清战争实记》第 34 编,第 9 页。
② 《日清战争实记》第 34 编,第 1 页。
③ 洪弃父:《台湾战纪》,见《中日战争》(6),第 377 页。

北白川能久闻第四中队逃回,又命近卫步兵第二联队长阪井重季大佐为支队长,率步兵第二联队、骑兵一小队、野战炮兵第一中队和机关炮第四队(各4门炮),再次南侵。6月19日凌晨3时,阪井支队在台北府城北门外集结,于当天过海山口到桃仔园。20日,抵中坜。是夜,阪井接侦察骑兵报告:"大湖口西南高地有身着当地居民服装之守兵"。随即下达进攻命令:

一、支队于二十一日沿铁道向大湖口前进。

二、前卫于午前五时自集合地出发,向大湖口西南高地进发,对凤山、新车及古车方向实行搜索。

三、支队主力于午前五时十五分自集合地出发,在杨梅坜的一个中队为搜索骑兵行动,其他中队待主力到达后进入序列。①

6月21日晨6时,日军前队进至杨梅坜,与部分义军遭遇。义军"占据有利地形,鸣锣击鼓,吹笛奏笙,顽强地进行抵抗。"日军依仗武器精良,用山炮向义军猛轰,迫使义军后退。下午3时,阪井支队进至大湖口车站,义军的抵抗更加猛烈。据日方记载:"位于停车场右方海岸上的村落里有兵营,第一中队第三小队向兵营逼近射击,虽然数次发起冲锋,但敌军据垒壁顽强抵抗,我军不易攻占。第二中队第一小队向前助攻,炮兵亦前往支援,直至次日晨仍未攻陷。"先是,阪井重季抵大湖口后,估计对大湖口附近之义军不难一举驱散,因有如下之命令:

一、敌军出没于我前哨线前方约一千七八百公尺处,支队于二十二日向新竹县前进,沿铁路东南山上的道路前进。

二、搜索骑兵于午前四时三十分自宿营地出发,对新竹县方面实行搜索。

三、前卫于午前四时四十分自宿营地出发,向新竹县前进,对新车和古车方向实行搜索。

四、支队主力于午前四时四十分自宿营地出发。②

今见义军据点久攻不克,只好下令停止进攻,仍按昨日的命令径攻新竹。

6月22日上午11时,阪井支队进至新竹城下,以机关炮队发炮掩护,步兵

---

① 《日清战争实记》第34编,第4页。
② 《日清战争实记》第34编,第5、6页。

发起冲锋。吴汤兴义军"非素练,又苦饷械不继,新竹巨室复观望不供应"①,仍奋力抵抗,毙伤敌人 14 名。然义军终于抵不住日军的猛烈轰击,牺牲 50 余人,为避免过多的伤亡,暂时撤出城外。11 时 45 分,日兵攀城墙而入,打开城门,大队拥进城内。在此以前,新竹知县王国瑞及提督首茂林 2 营已弃城内渡。新竹遂陷。

二　日军新竹受阻与暂缓南进

日军虽占领了新竹城,然城外各庄仍在义军的掌握之中。事实上,新竹日军已处在义军的包围之中。但是,桦山资纪和北白川能久都对形势缺乏正确的估计,认为义军不过是乌合之众,不难一举荡平。特别是新竹的占领使他们滋长了骄傲的情绪,"以为台湾不过手掌大小之地,以一旅之众即可一举歼灭"。②因此,6 月 24 日,由北白川向近卫混成第二旅团长山根信成发出了南进的训令。但是,桦山和北白川都没有料到,日军不仅难以进兵新竹以南,而且连新竹以北的局面也很难控制。

6 月 23 日,即日军占领新竹的第 2 天,日军设在中坜的兵站部即遭到义军的袭击。是日下午 2 时许,义军 300 多人从东、西、南三面包围了日军中坜兵站部,至 150 公尺距离处进行射击。日军第三中队的机关炮兵立即应战,虽猛烈射击,义军却没有后退的迹象。兵站部派骑兵突围赴桃仔园请求增援,因被义军堵击,未能达到目的。双方相持至下午 7 时,义军始停止进攻。目睹这次战斗的《东京日日新闻》报特派记者石塚氏写道:"去年日清战争期间,兵站线长达五百余里,所设兵站亦不少,却从未遭遇敌军如此猛烈之袭击。"③为之哀叹不已。

6 月 25 日,即北白川能久发布"南征"令的第 2 天,日军又遭到义军两次袭击:

一次发生在头亭溪。是日,日本近卫骑兵大队长涩谷在明中佐,亲率近卫骑兵小队及步兵第一联队第六中队,自台北护送粮食纵队往新竹。上午九时,涩谷率骑兵沿铁路线先行,第六中队继后。当进至头亭溪村时,忽有义军约 50 人从竹林中猛烈射击。涩谷下令包围竹林,义军便进入道旁的民房,利用墙壁

---

①　洪弃父:《台湾战纪》,见《中日战争》(6),第 337 页。

②　大槻正秋:《台湾征讨史》,第 80 页。

③　《日清战争实记》第 34 编,第 13 页。

《点石斋画报》所绘台湾军民抗敌图

上的枪眼射击敌人。日军向民房发起冲锋,"但以砖石砌成的墙壁十分坚固,枪弹不能贯通"。于是,日军纵火焚烧民房后又向南行,前进大约 2 000 公尺时,又被七八十名义军拦截射击。义军仍利用民房墙壁的枪眼打击敌人。日兵"拔出刀剑逼近墙壁,冲锋数次,不断呐喊,而土墙坚固,骑兵和步兵对之毫无办法"。此时,日军已有 10 人伤亡,便纵火将民房焚毁。日军自称:"土著强兵,视死如归,对他们不得不出此果断措施。"①这支日军护粮队步步被阻,只能缓慢地向新竹移动。

另一次发生在新竹城。先是在 6 月 24 日,阪井支队即接到义军"集结内山,即将来袭新竹"的情报。于是,阪井重季下令在城东南占领高地,以防义军由此路来袭。果然,25 日上午 10 时 50 分,义军五六百人向日军前哨逼近,"扛

---

① 《日清战争实记》第 34 编,第 14 页。

日本侵台军搜捕义军情景

旗敲鼓,猛烈射击。(日军)哨兵知众寡难敌,以信号求援。"①阪井急命第一大队长前田喜唯少佐率第四中队应战。前田命令机关炮队占领阵地,向义军发射排炮。但义军占据有利地形,日军的排炮毫不奏效。前田急调山炮前来,进行轰击。战斗持续到下午 4 时 10 分,义军始停止攻击。这是义军第一次反攻新竹。

义军的这两次袭击,虽未取得很大的战果,却使日本侵台军感到步履维艰,开始明白要想一下子占领全台并不是那么容易的。于是,桦山资纪决定改变"南征"计划,暂缓南进。北白川能久致电鲛岛重雄称:"本来计划于七月四日自基隆港起锚,然目前风浪极为险恶,即使在打狗、安平两港亦不易登陆,何况实行敌前登陆不能不慎重考虑。今接桦山总督命令:暂缓从基隆起锚,各将校皆集合于台北待命。"②

桦山资纪之决定改变"南征"计划,并不是不急于占领全台,而是要待完全控制台北新竹间的局势后,再全力南侵。为此,桦山一面加紧对台北新竹间抗日义军的扫荡,一面对台北人民施行残暴的统治。他以所谓"钦命台湾总督"的名义公布了《台湾人民军事犯处分令》,其第一条即规定:

台湾人民干犯下列条目者,罪当死刑:

一、抵抗大日本帝国之陆海各军及反叛行为者;

二、毁坏铁道、水陆电线、道路桥梁、军械子药、森林、垒栅、水道、火

① 《日清战争实记》第 34 编,第 10 页。
② 《日清战争实记》第 35 编,第 20 页。

日本殖民当局残酷镇压台湾人民

车、船舶、船厂，以及署衙军用之土地、房物或物件者；

　　三、为寇贼引路或隐藏奸细，并有帮助抵抗大日本国之行为或劫夺者；

　　四、将大日本军舰、军用船舶之军饷及军用物资之数量密报敌人者；

　　五、大日本国军舰、军用船舶之向导有欺诈行为者；

　　六、制造谣言或喧哗吵闹，扰及大日本国军队、军舰及军用船舶之安稳者；

　　七、投毒于井泉河流或使之污秽不堪饮用者；

　　八、将鸦片烟并吸烟工具交付大日本军人、军属及从军者，或让其吸烟者。①

但是，日人的高压政策不但未收到预期的效果，反而激起了台湾人民的更加坚决的反抗。

三　台北新竹间的战斗

　　日军占领新竹后，由于新竹以北地区义军蜂起，粮道受阻，不得不暂时推迟执行"南征"的计划，以便集中兵力镇压台北新竹间的抗日义军。

　　当时，台北新竹间的抗日义军主要有 3 支：

　　第一支义军，以胡嘉猷为首。胡嘉猷（1839—1920），又名阿锦，号甫臣，新竹安平镇人。原籍广东梅县。父胡珠光，于道光年间从军来台。解甲后，业铜器修理，迁居新竹城。甲申法军侵台，胡珠光为清军修炮械，以功授粮总官。胡嘉猷"幼勤学，屡试不第，援例捐监生。及父死，袭其职，赏戴五品蓝翎。"②台湾民主国成立后，胡嘉猷起而响应，亦组织义军备战。及日军占领新竹，胡嘉猷以安平镇为根据地，屡率义军袭击日军兵部，使据守新竹日军的后路受到极大的威胁。据日军森田工兵少尉致东京友人书称："安平镇乃贼首胡嘉裕〔猷〕的据点……构筑巢穴，呈割据之势。其队伍之慓悍，与一闻炮声即逃之清兵相比，实不可同日而语。他们在丛林中实行坚固的家屋防御，经常袭击我兵站线，夺我粮食，杀戮我兵。我先头部队有此后顾之忧，而不能向新竹以南进兵。"③于是，日军决定进攻安平镇，以使新竹的后路得以畅通。

　　6 月 28 日，日军近卫步兵第一旅团长川村景明少将，命令第一联队第一大队长三木一少佐率部进攻安平镇。是日凌晨 4 时，日军从中坜出发，向安平镇

----

① 《日清战争实记》第 35 编，第 21 页。

② 《台湾省通志》卷 7，《人物志》。

③ 《日清战争实记》第 35 编，第 22—23 页。

前进。日军在行进途中多次遭到义军袭击，勉强进至目的地。上午 8 时，日军开始进攻。义军"以竹丛中的家屋为据点，顽强地抗御"。日军因在明处，有多人中弹。此时，"军医指挥担架兵及护士搜索伤员，开始包扎。不料此时受到来自家屋内的射击，且腹背受敌，毫无办法，只好冒险靠近主力以为掩护，才能对伤员进行治疗。"三木见久攻不下，便施出纵火的惯伎，命令士兵"收集茅草，在竹林中放火，但不知何故，火总是烧不起来"。①战至 10 时半，三木下令撤退，抬着伤兵回到中坜。

7 月 1 日，三木一又率队前来，对安平镇发动了第二次进攻。经过 6 月 28 日之战，三木发现义军防战的特点是："以家屋为阵地，周围有土垒、堡垒或竹林环绕，加之四面全是水田，敌军只从墙壁上的墙眼里向外射击，难攻易守。"②因此，为准备这次进攻，又增调了 1 个炮兵中队和 1 个工兵中队。是日凌晨，日军从中坜出发，将步兵、炮兵、工兵分为两队，向安平镇行进。上午 7 时半，炮兵中队首先发炮轰击。胡嘉猷"以旧式大炮还击，沉着应战，日军仍不利"。③9 时半，三木命令步兵与工兵合围胡嘉猷和另一位义军首领黄娘盛所住之家屋。义军固守不退，坚决抗击。不久，日军即"死六、七名，负伤多人"。战至下午 3 时，义军的"气势毫未减弱"，而日本"炮兵已将炮弹全部打光，攻击却毫不奏效"。于是，三木命工兵爆破屋墙，终于炸开了一个缺口。但是，义军弹如雨注，拼死奋战，并从日军背后进行抄袭。5 时，日军丢下死者的尸体，"背负着轻伤的十一名伤员"，"用担架抬着剩余的八名重伤员"④，撤回中坜。日军的第二次进攻又遭到了失败。

经过 6 月 28 日和 7 月 1 日两次作战，"日军死伤四十余人，义军伤亡仅十余人而已。"胡嘉猷因水井被炮轰毁，"汲饮维艰，乃退龙潭陂"。⑤7 月 6 日，日军步炮联合部队自中坜出发，对安平镇发动了第三次进攻。日军进入安平镇后，发现义军已经撤离，便放火烧毁了全部房屋。

胡嘉猷义军至龙潭陂后，即以此为根据地，"时而袭击中坜，时而破坏沿途交通"，成为日军的心腹之患。于是，北白川能久决定增派军队前往镇压。近卫步兵第二旅团长山根信成少将受命，率步兵第三联队第一大队、炮兵第四中队、骑兵 1 个小队及工兵 1 个中队（缺 1 个小队），组成一个混成支队，并任支

①② 《日清战争实记》第 35 编，第 26 页。
③⑤ 《台湾省通志》卷 7，《人物志》。
④ 《日清战争实记》第 35 编，第 23、25 页。

队长。混成支队于 7 月 12 日自台北出发，至桃仔园宿营，13 日抵中坜。当日，山根发布了进攻令：

> 一、根据当地居民报告，龙潭陂有少数土匪。原在安平镇之贼首胡嘉猷现在铜锣寨，集合了土匪百余名。

> 二、支队于十四日向龙潭陂前进。……

> 三、前卫（第三中队）于午前自宿营地出发，向龙潭陂前进。

> 四、右侧警戒（第四中队）随带两名通信骑兵，于午前四时五十分自宿营地出发，经安平镇往铜锣寨方向搜索敌情。

> 五、主力（第一、第二中队）于午前五时三十分自宿营地出发。①

14 日上午 7 时，日军前卫抵龙潭陂，拟从村东进庄，因义军"隐藏在竹丛间的家屋里乱射，因而不能前进"。随后，日军混成支队主力赶到，将村庄包围。而义军仍实行"家屋防御，顽强抵抗"。于是，山根下令用 6 门大炮轰击，发炮 50 余发，全庄几夷为平地。义军死伤甚重，难以抵御。胡嘉猷便率余部突围转移，继续坚持抗敌。②

第二支义军，以苏力为首。苏力，淡水县海山堡三角涌人。世代务农，至苏力始略读诗书。时刘铭传抚台，开山煮脑，苏力"勤事积功，家计以饶。喜周济贫困，见义勇为，乡人称之。"及闻清廷割让台湾与日本，苏力号召乡人起兵以抗，曰："朝廷割地未我闻，是以抗也！"不数日，聚众千余人。"粮饷不足，破家以应，故战士致死。"其子根铨，年方二十岁，随父抗敌。其姑表弟陈小坤，幼习拳击，有胆识，曾从刘铭传"开山抚番"，为刘所器重，此时亦参加苏力义军。日军由台北南下，苏力义军"袭其后，日军苦之"。③

当时，日本近卫步兵第二旅团长山根信成率混成支队南犯，决定分两路进兵：支队主力沿铁路线经中坜到龙潭陂；坊城少佐率第三联队第二大队沿大姑陷河右岸前进，于龙潭陂与支队主力会合。同时，还决定坊城大队所需粮食皆由大姑陷河运送。这批粮食，包括大米 150 余包和梅干 30 余桶，分载于 18 只木船。并从第六中队第一小队中挑选最健壮者 35 人，由樱井茂夫特务曹长率

---

① 《日清战争实记》第 36 编，第 19 页。
② 日方记载谓胡嘉猷死于此役（见《日清战争实记》第 36 编，第 20 页），日本和我国学者多从之，实误。事实上，胡嘉猷还于是年除夕参加了进攻台北之役。失败后，内渡，潜居广东梅县。卒年 82 岁。（见《台湾省通志》卷 7，《人物志》）
③ 《台湾省通志》卷 7，《人物志》。

领,担任护运任务。7月11日黄昏,这支日军运粮队由台北出发,溯流而上,于12日下午抵三角涌。三角涌系沿河的一座街市,户数超过两千,"地近内山,与生番邻,人皆蓄火器,善战斗","山箐丛深,径路险曲"。①苏力对日军运粮队的行动早已掌握,便计划利用此处的地形消灭敌人。

　　7月13日晨,日军运粮队从三角涌出发,前进约4里,即遭到义军的伏击。义军有五六百人,在火力上占有优势。樱井茂夫见处境危急,便将护粮队35人分为两部分,自率一部抵挡左岸的进攻,命军曹江桥勇次郎带一部抵挡右岸的进攻。双方激战约3小时。樱井中弹穿胸。此时,日军护粮队还剩24人,见樱井已死,便商议道:"寡不敌众,不可以常法作战,莫如冲开一条血路。"于是,江桥率残兵突围,或死于义军刀下,或中弹毙命,最后只冲出9人。其中,江桥等5人已受重伤。江桥知势难逃脱,便对伤者说:"与其为敌所杀,莫如自刎而死!"在江桥的命令下,4个受伤日兵顿时"黯然","二人取剑互刺,继之二人自刎。江桥军曹见状……亦取出刺刀自尽。"②仅存者4人,在逃回的途中又有1人失踪。

　　日军护粮队全军覆没的消息传到台北后,北白川能久决定派骑兵队去侦察三角涌的情况。7月15日中午,日军骑兵侦察队22人"离开台北,向三角涌前进。前面派出尖兵,左右派出斥候,一面探察敌状,一面前进。"一路上,日本骑兵小心翼翼,搜索而行。当进至三角涌以南约10里时,地形变得复杂起来。"此地附近都是广漠的稻田,右边有大姑陷河溷溷而流,仅有一条山脉蜿蜒而上,草木苍郁,真是挟敌、横击的理想之地。从山峰到河岸之间仅仅一千公尺,其间鸟路兽径,纵横曲折,稍大的宽六尺余,岩石垒垒。"日军侦察队因迷失道路,进入一条不可通行的狭路。日方记载说:"当我军困顿路上,正在徘徊踌躇时,忽然枪声四起,响彻山中,眼看假装着农民的人们,三三五五,不知从何而来,拿起预先藏好的步枪,四面齐向我军乱射。……已经是八方受敌,两方都陷入重围,无可措手了。刚才在浓雾淡烟中杳然含笑的小河,现在变成充满杀气,四面草木皆成敌人了。""妇女童稚,全都勇敢地手携长枪,向我追赶而来,似乎老幼妇女都要当兵和我对抗。"结果,日本骑兵一行22人,有19人丧生,只剩下中士村松精一郎等"在万死中得一生机的侦察队三骑"③,于16日逃回

---

①　易顺鼎:《盾墨拾余》,见《中日战争》(1),第142页。

②　《日清战争实记》第36编,第30—31页。

③　《台湾抗战日方资料》,《中日战争》(6),第467—470页。

台北。苏力义军又取得了一次全歼敌人的胜利。

第三支义军,以江国辉为首。江国辉(1844—1895),字耀明,号明亮,南雅厅大嵙崁人,武秀才。原籍福建平和县,先祖随郑成功从军来台。江国辉"好武能文,性急好公义。"日军既占台北,清总兵余清胜通书降敌,人心震恐,于是乡人共议,捐金雇勇,以保地方。"初设安民局,嗣为抗日,改忠义局。募义兵一千人,以国辉为统领,吕建邦为副统领,李家允为帮带,简玉和为营官。"①南雅厅乌涂窟黄源鉴亦聚众抗日,与江国辉声气相通,联络呼应。黄源鉴(1851—1905),字晓潭,以号行。"幼聪颖,擅制艺,入淡水县学,继补增贡生。"②其为人"朴诚勇敢知书"。日军自台北南侵,黄源鉴"以兵法部勒乡人,设授方略,屡败倭寇"。③此外,江国辉还同三角涌的苏力建立了联系。在黄源鉴、苏力的支援下,江国辉所领导的义军也在大嵙崁重创南侵的日军。

先是,根据混成支队长山根信成的命令,坊城支队(近卫步兵第三联队第二大队)扫荡三角涌、大嵙崁两处义军之后,应在龙潭陂与山根支队会师。7月12日,坊城支队自台北出发,分成东西两路,分别沿大姑陷河岸南行:右岸为坊城支队主力,包括3个中队和1个工兵小队;左岸为1个中队,担任右侧警戒。另外,第一联队第七中队奉命守备大嵙崁,作为坊城大队的后卫,也和坊城大队同行。当天,宿营于三角涌街。13日,日军从三角涌出发,沿途遭到义军拦击,颇有伤亡。按原先的估计,最迟于上午八九点钟即可到达大嵙崁,但由于义军节节阻击,行进甚缓。据日人记述:日军走出三角涌五六里,刚到福德坑,突然"一发空炮为信号,在四面的山腰、山顶出现了约有二千余名的敌兵,一齐向我射击,枪弹恰如雨霰,或打碎岩角,或打折树枝,山谷响应,如万雷齐发。敌人据地物从上瞰射,我军全队都陷入研钵形的谷底中。""这样,陷于敌围之中,遭受敌袭两次,移时日斜,仍无暇吃饭,各兵都忍饥战斗,其间的困苦,殊非纸笔所能尽述。"④原来,日军钻进了义军所设的包围圈。是日,江国辉"率大嵙崁义民阻击于分水岭,苏力父子率三角涌义民进围福德坑,黄晓潭等率众起自乌涂窟,四乡义民亦各率子弟军参战。日军四窜无路,死伤尤多。"⑤直到14日凌晨1时,义军暂停攻击,日军才得以移向字底坑北方一高地露营。

---

① ⑤　《台湾人物志》第6章,特行,《江国辉传》。

②　《台湾省通志》卷7,《人物志》。

③　易顺鼎:《盾墨拾余》,见《中日战争》(1),第143页。

④　《台湾抗战日方资料》,《中日战争》(6),第471—472页。

7月14日拂晓,日军继续前进。天明时,日军至娘子坑,义军"包围如昨,进行猛烈射击,兵数比昨天大见增加,而且追蹑益急"。①至此,坊城支队已完全陷入了义军的包围之中。"义军以日军无援,只增兵围困之,将使其粮尽自毙。"②从14日早晨起,日军后卫第七中队"粮食完全断绝了,连一粒饭、一块饼干都得不到,因从坊城大队补给一百袋'道明寺',中队二百二十六名人员才解了饥渴。"到15日,坊城大队也面临"粮食不接,弹药将尽"的境地。虽然"在行进的路上屡次向民家征发鸡豕,但不足以多人充饥,所以在午后将从两三所民家收集而来的带皮大米磕开作粥,无奈其分配比例却是每二升分七十人,一碗里的米数寥寥可数,多的亦不过六七十粒,少的仅有二三十颗。"③日军濒于绝境,便决定挑选4人,皆化装为当地居民,潜行出围求援。其中,除一人被义军截获外,有两人到达中坜,一人到达龙潭陂。

7月16日上午9时,山根信成正在龙潭陂,接到坊城支队的告急报告。11时,山根即率混成支队向大嵙崁进发。下午1时半,抵大姑陷河边。山根命令第三中队守备河岸,以第一、第二、第七中队及炮兵、工兵列阵于大姑陷河左岸,开始炮击右岸的义军阵地。日军在猛烈炮火的掩护下,突破了右岸的义军防线。但义军仍据守市街,坚持不退。战斗持续到晚8时。最后日军仍使出火攻之毒计,纵火焚烧义军据守的家屋。顿时,整个大嵙崁市街被笼罩于大火之中。苏根铨"奋战,遂阵亡"。黄源鉴"负伤,裹创陷阵,勇不可当"④,出围后乔装渔夫,潜渡鹭江。苏力突围后亦内渡。江国辉为敌夹攻,遂被执。他坚贞不屈,英勇就戮。和他同时被俘的义民江排合、林万得等150余人,被敌人押至田心仔村,全部用刺刀刺死。

大嵙崁战斗后,日军基本上控制了新竹的后路。这更增加了台中抗日联军反攻新竹的困难。

四 争夺新竹城

台北、新竹一带义军的英勇抗敌行动,大大鼓舞了群众的爱国热情,也使一些地方官绅改变了观望的态度,开始筹备战守了。台湾民主国所任命的台

---

① 《台湾抗战日方资料》,《中日战争》(6),第473页。
② 《台湾人物志》第6章,特行,《江国辉传》。
③ 《台湾抗战日方资料》,《中日战争》(6),第474页。
④ 《台湾省通志》卷7,《人物志》。

湾知府黎景嵩，闻义军沿途截击敌人，颇有斩获，以为恢复有望，便召集台湾、彰化、云林、苗栗四县官绅会议，筹款守御，并开设筹防局，招募土客各勇，命名为"新楚军"，以副将杨载云①为统领。

杨载云，原籍湖北，从军来台，积功至副将。日军占领台北后，曾奉黎景嵩之命，率一营北上御敌。然兵未到新竹，而新竹已为日军所占。杨载云遂扎于新竹以南。四县官绅会议后，黎景嵩饬台湾县知县史道济募勇 500 人，署苗栗县知县李烇募勇 1 000 人，署云林县知县罗汝泽募勇 1 500 人：此数营皆就地而募。另外，又令杨载云添募陈澄波 1 营，并以栋军傅德升、郑以金 2 营隶之，共成 4 营，称新楚军。"营制、营规一依湘、楚旧章，约略变通之。"时人称："其勇虽为新募，颇娴规制，鼓以忠义，气皆奋兴。将官则有副将杨载云，尤为得力。"②

此时，吴汤兴所统带的新苗义军已发展为 6 营，除卫中队营一营随身差遣外，其余徐骧一营扼扎北埔，邱国霖一营扼守尖笔山沿山一带，张兆麟一营分守三环水流东，陈超亮一营驻防深井，黄景岳一营仍守苗栗。③黎景嵩准备将苗栗县钱粮作义军粮饷，并发给军装，"奈库款全无，未能多为接济"。于是发布告示筹饷，称："各属绅富人等知悉：须念本府竭力图维，支持败局，无非为尔绅民，奠定地方，共享承平之福。且借款不过暂济眉急，一俟筹有巨款，即如数备还，亦并非本府有丝毫自私自利之心，一片苦衷，可对天日。现已派新楚劲勇数营开往前敌，会同义军，共图恢复，力扫倭氛。若非各属绅富激发天良，慷慨借助，其功必败于垂成，诚为可惜。……总望好义急公，勿存观望之见，庶几马腾士饱，无虞庚癸之呼。"④由于黎景嵩竭力筹措饷银，新苗义军才得以维持。从此，新苗军与新楚军配合作战，共同打击敌人。义军与清军联合抗日的体制，这才建立了起来。

当时，日军虽欲固守新竹，然仅 1 000 余人，且处于新苗军、新楚军和新竹以北各庄义军的包围之中。如果黎景嵩能够主动与台南联合，集中台湾、台南二府的抗日力量，请刘永福全面主持作战事宜，则不仅收复新竹指日可期，而且战局必有转机。时人谓："当是时，日军得台北一府城、二县治，西不尽海，东

---

① 杨载云，又作杨紫云或杨再云。
② 《台海思痛录》，第 12 页。
③ 据《义民统领吴汤兴求饷禀文》，见《民族英雄吴汤兴文献》，《台湾风物》第 9 卷，第 5、6 期。
④ 《黎景嵩布告》，转见曾乃硕：《吴汤兴事迹考证》，《台湾文献》第 9 卷，第 3 期。

不入山,北不尽宜兰,南不出新竹城。而刘帅永福抚有两府、八县、一州、台中、台南循海至山,咸愿听命。日军恣睢台北,乡民到处为梗,迤西平顶山民亦时截其饷道;而本国又方有俄罗斯、德意志、法兰西三国逼迫,胁退辽东,兵船不敢出,进退维谷。全台之民,引领而望刘帅克台北;即不然,一偏师,新竹可立复也。"①但是,黎景嵩对形势的估计过于乐观,以为指日可以规复新竹,且心胸狭窄,怕请来刘永福反被分功。对此,有人评之曰:"自新楚军迭报小胜,黎景嵩举趾高,夜郎自大,尝谓刘军门是战将,非大将,不愿求援台南。……冀旦夕复新竹,即可称台民主(总统)焉。"②"迨后请援,则事去矣!"③黎景嵩未能与台南黑旗军及时地联合起来,这不能不是一个莫大的失误。这样,规复新竹之战便只能功败垂成了。

先是在 7 月上旬,黎景嵩命令抗日联军各部克期收复新竹。然新楚军营官陈澄波"驻稍后,冀香山接待,先使告香山总理。总理则告新竹人,转报日军。于是,师未行而期泄。"④阪井重季得此情报,即"派出侦察队,加强戒备,严禁四门出入"。⑤先是,日军占领新竹后,支队本部设于西门内;步兵分屯武营头及后布埔演武场;骑兵驻于南门;炮兵布于北门外苍仔庄;机关炮队置于南门义仓。⑥今又重新部署,专等抗日联军来攻。

7 月 10 日,继 6 月 25 日义军进攻新竹失败后,时隔半月,抗日联军又对新竹发动了第二次进攻。参加这次进攻的兵力较多,规模也较大。是日凌晨,按预定计划分三路进军:傅德升攻东门;陈澄波攻西门;吴汤兴攻南门,杨载云继后策应;徐骧、姜绍祖则各从间道先进。上午 8 时,抗日联军开始攻城。陈澄波军自虎头山一带向西门进攻,"至隙仔溪,猝遇伏发,避入蔗园,发枪应之。"⑦双方相持至傍午,陈澄波麾军先退。

当陈澄波军在西门外激战之时,杨载云出牛埔,会同吴汤兴军自鸡卵面山进攻南门。日军早有准备。俟杨、吴军出现于山头,其中大部分下到山腰时,日军炮兵才开始发射榴霰弹。杨、吴军也"落下旗帜,猛烈炮击"。⑧杨、吴军无法靠近南门,又会合傅德升军从东南路进。不料日军已先占据城东 2 里许之

---

① 洪弃父:《台湾战纪》,见《中日战争》(6),第 338—339 页。

② 吴德功:《让台记》,见《割台三记》,第 53 页。

③④⑦ 洪弃父:《台湾战纪》,见《中日战争》(6),第 339 页。

⑤⑧ 《日清战争实记》第 36 编,第 37 页。

⑥ 《台湾省通志》卷 9,《革命志》。

十八尖山,则下山邀击。吴汤兴熟悉山路,亟先应战。杨载云、傅德升军左右并进。"日军凭山发炮,我军先后奋迅争上,夺其山,自山下发抬炮,弹丸及城中。日军则发大炮,我军伏避炮,十八尖〈山〉复为日军据。我军或从山后东径击其腰,日军复退下山。一上一下,如是者数次。新竹人从屋上观,错愕叹两军壮烈。……谓:'来军有大炮,则克矣!'我军卒以无大炮,乏子弹,被驱下山。"①

在杨、吴等军抢攻十八尖山的同时,徐骧率 100 人从北路攻城。将近城,登高四望,闻枪炮声交加,见杨、吴等军在城东激战,转而向南拊敌之背,以牵制日军兵力。日军在城头见徐军人少,率队攻之。"徐骧见其众,分队散行,避入箐以诱之。敌不敢入,发弹射不能中。徐骧则诫无妄发枪。敌围久,徐骧骤分两队出,一攻其前,一抄其后。日已暮,敌遂退。徐骧从山道全军归。"②

继徐骧军之后,姜绍祖率所部从东道进,越十八尖山至新竹东门。"将夺城,城上兵吹号发枪,城下军骤至",从三面散开,对姜军实行包围。姜军退至车站之停车场时,被敌人冲为两段:一部因无人指挥,四散奔溃;一部约 170 余人随姜绍祖退向枕头山竹林中,进入一无人居住的空宅。"枕头山者,十八尖山下平坡也,距东门一里。绍祖望见十八尖山之战,则从屋上发枪击山半敌军。"③起初,日军追逐溃勇,无暇蹑姜绍祖之后,及见姜军在此空宅,便"麾兵将其包围,以猛烈炮火射击"。姜军固守宅院,匿而不出。日军靠近宅院,则又遭到猛射。最后,日军纵火烧房,姜军"被烧死及枪杀者有五十余人,另有一百一十九人被俘"。④当天,日军即将被俘义军将士关押在新竹县监狱,姜绍祖亦在其中。

姜绍祖(1875—1895⑤),幼名金韫,号缵堂,新竹北埔人。原籍广东陆丰县。北埔垦首姜秀銮之曾孙,"家巨富,为一方豪"。⑥姜绍祖捐监生,"赴福州试秋闱,未售"。⑦迨中日战起,即奔走国事,散家财募勇,得 500 人,称敢字营,训

---

① 洪弃父:《台湾战纪》,见《中日战争》(6),第 339 页。

② 洪弃父:《台湾战纪》,见《中日战争》(6),第 340 页。

③ 洪弃父:《台湾战纪》,见《中日战争》(6),第 339、340 页。

④ 《日清战争实记》第 36 编,第 37—38 页。

⑤ 关于姜绍祖的年龄,共有四说:A、22 岁(洪弃父《台湾战纪》);B、21 岁(《台湾省通志》卷 7《人物志》、《台湾人物志》第 6 章《特行》);C、20 岁(连横《台湾通史》);D、18 岁(吴德功《让台记》)。此从第二说。

⑥ 《台湾人物志》第 6 章,特行,《姜绍祖传》。

⑦ 台湾省文献委员会:《姜绍祖事迹调查》,转见张雄潮:《苗栗抗日英烈三秀才》,《台湾文献》第 17 卷,第 1 期。

练于桃涧堡南垵。及日军登陆澳底，即率义勇 1 营北上，拟防沪尾。因唐景崧内渡，遂率军返新竹。适吴汤兴率军自苗栗至，姜绍祖与之会师，进驻大湖口。6 月 14、15 两日，姜绍祖等义军与南犯日军激战，日军奔中坜。20 日，日军增兵南下，姜绍祖又在枋寮抗敌，因力量悬殊而战败。乃回北埔，增募义勇，称缵字军。并积极联络新楚军及各路义军，决定收复新竹，进而恢复台北。他以书生拍案而起，"结发束袴，肩长枪，佩百子弹丸袋，游奕往来，以杀敌致果为事，人不知其为书生也。"①在 7 月 10 日反攻新竹的战斗中，他不幸被俘入狱。初入狱，日人尚不知其为姜绍祖。是夜，新竹街市的总理马玉花向日人告密说："姜非寻常匪徒可比，必须将其捆绑，严加看管。"第二天，日人急至狱中查找姜绍祖，但为时已晚，他已在夜间同其他 7 名义军战士"越狱而逃"。②不久，在一次战斗中，他又与敌人相遇，"死于乱枪之中"。对于姜绍祖之牺牲，时人论之曰："（姜绍祖）闻台北一破，慷慨散家财，募团勇，不顾成败利钝，与日军接战，身先士卒。虽曾被擒而脱虎口，然其志百折不回，再接再厉，竭力抵御，身中数枪阵亡。以翩翩贵胄妙龄，敢冲锋破阵，纵身化为猿鹤，故乡父老至今犹能道其轶事，啧啧称其能军云。"③

　　杨、吴等军第二次进攻新竹失败后，并未远离，仍在新竹附近活动。7 月 25 日，又对新竹发动了第三次进攻。是日午夜，"时值月夜，咫尺难辨"。抗日联军试图摸城，但被日军的巡逻哨兵发现，当即开枪鸣警，并飞报阪井重季。阪井出新竹西门，指挥炮兵用山炮射击。抗日联军"仍从三面包围，炮击相当准确"。"在长达三千余公尺的战线上，枪声与炮声相合，战斗一度非常激烈。"但敌人的火力太猛，且有良好的掩体，抗日联军虽奋力抗御，然处境不利，伤亡惨重，仅牺牲者即达 130 余人，而日军才"死一伤五"。④战至上午 8 时 30 分，抗日联军向南撤退。

　　黎景嵩不愿黑旗军北上增援，坐失良机，致使三次进攻新竹未克。对此，时人颇讥评之。有诗云："回思乙未六月间，台岛治兵如丝棼。伊时廉蔺不交欢，南北将帅门户分。"⑤廉蔺不交欢，盖指黎景嵩不服刘永福也。诗人不禁为

---

① 洪弃父：《台湾战纪》，见《中日战争》(6)，第 336 页。

② 《日清战争实记》第 36 编，第 38 页。

③ 吴德功：《让台记》，见《近代史资料》1981 年第 1 期。

④ 《日清战争实记》第 36 编，第 39、40 页。

⑤ 吴德功：《头份吊古诗》，见《割台三记》，第 55 页。

之叹息不止！

第三节　台湾府的抗战

一　新竹日军出击与苗栗失守

日军自暂时放弃"南征"计划后，重新制定了一个扫荡台北新竹间抗日义军的计划。这个计划分两期实施：第一期，清剿台北至大嵙崁和中坜的义军；第二期，驱除和追击大嵙崁至新竹间铁路线右侧的义军，并向新竹以南进兵。到7月下旬，日军基本上实现了第一期作战的目的，便决定实施第二期作战计划了。

为了实施第二期作战计划，日军各支队于7月25至27日皆返回集合地，补充粮食和弹药，作进攻抗日军的准备。

7月29日，近卫师团司令部自台北出发，沿铁路之兵站线南进。晨六时，北白川能久出北门，总督桦山资纪、民政局长官水野遵、陆军局长官大岛久直等皆至北门外，为其送行。近卫师团司令部，包括步兵第二联队第二大队本部（又称松原大队，以第二大队长松原睺三郎少佐为司令官）和两个中队、骑兵大队本部和第一中队（缺1个小队）、炮兵联队本部和第一大队（缺1个中队）、工兵大队本部和第一中队（已在桃仔园，缺1个小队）、机关炮第三队和第四队（已在海山口），及独立野战电信队。上午8时，近卫师团本队抵海山口。

是日，内藤支队自海山口出发，为右侧队，沿铁路线右侧前进。内藤支队，包括步兵第四联队本部和第二大队、骑兵第二中队（缺两个小队）、炮兵第二大队本部和第三中队，及工兵第二中队的一个小队，由步兵第四联队长内藤正明大佐任司令官。

7月30日，近卫师团司令部和松原支队抵中坜。

7月31日，山根支队自大嵙崁出发，为左侧队，向新埔前进。山根支队，包括步兵第三联队本队和1个大队、步兵第四联队第四中队、骑兵第二中队之1个小队及炮兵第四中队，由步兵第二旅团长山根信成少将任司令官。山根信成率队先向龙潭陂行，于铜锣寨附近露营。内藤支队到中坜。北白川能久因患痢疾,不能骑马,改乘火车于当天抵新竹。

8月1日,近卫师团司令部和松原支队到大湖口。2日,山根支队和内藤支队占领新埔。3日,内藤支队将骑兵和炮兵留给停留于新埔的山根支队,余部与师团司令部和松原支队一起进入新竹。

日军之此番南进,采取"烧光杀光"的政策,见房屋即烧,见不服或反抗的群众即杀。据日军自供:"我军所到之处,烧光家屋,逐杀敌兵,集结于新竹县。"①然而,日军在行军途中,也处处遭到义军的狙击,损兵折卒,减员不少。

日本近卫师团集结新竹后,一面派出前哨,加强戒备,一面积极进行出击的准备。

但在此时,抗日军内部却矛盾重重,纠纷不断。先是,台湾府知府黎景嵩,自攻新竹之后,互有胜负,不愿请黑旗军北上。台中绅民力请于台南,刘永福拟"自备粮饷两个月,以后欲就台中支给,绅富不敢答应"。而苗栗县知县李烇又以筹饷事与新苗军发生纠纷,攻击吴汤兴"徒博虚名,全无实际",并请收其统领关防。吴汤兴备文申辩,"指李烇短处,请派员代换"。黎景嵩不能决,乃令苗栗诸绅为之调解。于是,两造俱禀台南帮办军务刘永福,回电云:"俟派吴彭年到地查明情节核办。"②是为黑旗军参战之始。

吴彭年(1857—1895),字季篯,浙江绍兴府余姚县人。年十八,"为诸生,工诗文,赋气豪迈,欲追傅介子、班定远之志。"③后流寓广东,定居于广州府顺德县。1895年4月,以县丞赴任台北。适《马关条约》签订,清廷割台湾与日本,因滞留台南。刘永福闻其才,延为幕客,任记室,掌管地方文卷,并参赞军务。当此时,戎马倥偬,军书旁午,批答公文,多出其手。刘永福以其"韬钤谙熟,胆略过人,甚器重之"。④倚为左右手。新竹失陷后,台湾道陈文騄拟内渡回籍,适道员易顺鼎自南京至,刘永福命吴彭年致书,请其暂署台湾道。易顺鼎以未奉朝命辞之,但提出:"闻倭氛已逼台中,愿统一军往援,兼谋恢复台北。"刘永福采纳此议,即命易顺鼎统领福军先锋左营、镇海中军副营、道标卫队营,以吴彭年为营务处。吴彭年爱国心切,希望早日规复台北,欣然愿往。易、吴二人商酌,拟克日挥军北上,开往彰化,会合台中诸军,联络台北各庄义首,进

---

① 《日清战争实记》第 38 编,第 1 页。
② 吴德功:《让台记》,见《割台三记》,第 51—52 页。
③ 《台湾省通志》卷 7,《人物志》。
④ 吴德功:《瑞桃斋文稿》下卷,《吴统领彭年传》。

扼大甲溪南,然后传檄台北,共图恢复。然而,黎景嵩来电,"极言台中富民尽去,无饷可筹"。①其意盖在阻止黑旗军北上赴敌也。吴彭年遂未能成行。直至7月中旬,为调和苗栗县和新苗军的矛盾,刘永福才决心派黑旗军北上,以吴彭年为统领,副将李维义副之。

7月19日,吴彭年抵彰化。台中人民如望云霓,欢呼雀跃,阖城出迎,为之空巷。观其"胆略不凡,有儒将风,军令严肃",咸以为恢复有望,士气为之一振。然而,吴彭年所统黑旗北援军太单,只有700人,难御大敌。更为令人担忧者,是黑旗军内部也有不和的苗头。"副统领李维义职居副将,官阶甚高,降之为副,心怀不平。"因此,事事掣肘,专与吴彭年为难。黎景嵩则趁机拉拢之,使己用。据时人称:"黎府有顾盼自雄之意,尝云新竹破,即欲称为民主(总统),有轻视刘(永福)之意。"然"又欲赖黑旗之威以克敌,故将吴彭年副带李维义诱为新楚军统领,以接杨载云之任"。②李维义接任新楚军统领之后,便分带黑旗兵300余而去。黎景嵩的挑拨破坏,造成了严重的后果:其一,既排斥了吴彭年的领导作用,又分其所统部队之半,使其更加力单势孤,在抗击日本侵略军的战斗中难以有所作为。其二,由于未能及时解决苗栗县与新苗军的矛盾,吴汤兴"乏饷以备器械、募壮士"③,虽军情万急而无力筹战守。其三,撤杨载云新楚军统领之任,更是铸成大错。他本是一位智勇双全的战将,两月间出队十余次,颇有斩杀。"杨统领之名大震于中路,敌人闻之,皆有惧心。"④像这样屡挫敌锋的得力将领竟被无端撤职,台湾府战局的发展也就不难预测了。

台中文武内讧不已之日,正是敌寇集结新竹之时。8月8日,从基隆登岸的日军第二师团混成第四旅团,在伏见贞爱亲王的率领下进入台北城。这样,不仅侵台日军的力量更为增强,而且使集中于新竹的近卫师团完全解除了后顾之忧。当日,桦山资纪又派吉野、秋津洲二舰自淡水启航,开到香山、中港海面。于是,近卫师团从新竹倾巢出动,在军舰的配合下,向抗日联军的前沿驻地尖笔山发起了进攻。

当时,新楚军的大营设于苗栗新竹二县间的头份街。头份在中港东南约

---

① 易顺鼎:《盾墨拾余》,见《中日战争》(1),第133、134页。
② 吴德功:《让台记》,见《割台三记》,第52—53页。
③ 吴德功:《让台记》,见《割台三记》,第51页。
④ 《台海思痛录》,第12页。

15里,居民300余户,其市街之繁华超过中港。抗日联军防御的重点是尖笔山。尖笔山北距新竹城20余里,其间山岭连绵,沟壑交错。此山"虽不如直立尖笔之险峻,然峰峦起伏,宜守不宜攻"。在新竹西门外的虎头山和南门外的鸡卵面山,亦皆驻有前哨。桦山资纪对此战极为重视,认为此战将决定抗日军之向背。此时,新楚军已编为7营,即陈澄波的仁字营、廖清轩的楚军左营、蒋为先的劲勇前营、杨孝思的劲勇炮队营、梁鹏翊的劲勇卫队营、梁国桢的劲勇副前营和郑以金的栋字营。新苗军原有6营,屡经战斗,人员多有伤亡,皆来不及补充。合计两军人数,当在5 000之谱。而日本近卫师团则有将校以下军官300余人,士卒14 000余人,军夫700人,计15 000余人。中日双方兵力的对比是一比三。不仅如此,武器装备之差异,战术技术素养之高低,皆有天壤之别。更为重要的是,李维义身为统领,既乏运筹帷幄之才,又无临敌拼战之勇。用这样的将领作统帅,焉有不败之理?

8月8日,日军近卫师团兵分3路出新竹:右翼队包括步兵第二联队(缺两个中队)、骑兵1个小队、炮兵联队本部和第二中队(山炮6门)及机关炮第三队(火炮4门),由山根信成少将率领,沿海岸大道前进;左翼队,包括步兵第四联队(缺1个大队)、骑兵1个小队、炮兵第一大队本部和第一中队(野炮4门、山炮2门)及机关炮第四队,在内藤正明大佐的率领下,沿山路前进;预备队,包括步兵第四联队第一大队第二中队、步兵第二联队第一中队、步兵第二联队第五中队和机关炮一队,由川村景明少将率领,在左右两翼之间一同前进。

根据作战计划,日军于8月8日拂晓出动,山根信成指挥右翼队进攻虎头山,内藤正明指挥左翼队进攻鸡卵面山。此时,吉野、秋津洲二舰驶近海岸,用排炮向二山猛轰。守军仅数百人,在猛烈的炮火下站脚不住,向南撤退。山根支队从后追击,于上午11时到达香山以东之高地,因在此露宿。内藤支队自虎头山南进,于上午9时半到达尖笔山前面的一座山头,开始布列炮兵阵地,对尖笔山腰的大埔实行炮击。"炮声在山谷里轰鸣,自山顶望去,炮弹爆炸,火光闪闪,黑烟笼罩着山头。……发射的山炮和野炮,弹弹命中大埔,不久引起火灾,火焰冲天。"①川村景明亦率预备队抵此,遂决定在此露宿,俟明日山根支队来到,再三面合击尖笔山。9日凌晨2时,日军三路攻山,如临大敌,及至进

---

① 《日清战争实记》第38编,第3页。

至大埔,只见一座空庄,才知道抗日军已于昨夜撤离。

8月10日,日军又向新楚军大本营所在地头份发动了进攻。日军凭借优势兵力,四面环攻,新楚军和新苗军数面受敌,拼死抵抗。不料李维义大营先被日本骑兵踏破。"时日军放开花大炮,子如雨下,铳烟散布,不见人面。"李维义先是缺乏周密布置,既见坐营为敌所破,又不敢率军力战,首先逃脱。诸军随退。此刻,"惟杨载云力战,不避铳火。日军前后夹攻,回见大营已破,尤复奋勇为殿,身中数铳而毙。"在此次战斗中,杨载云虽被撤统领之任,仍然奋不顾身,誓死拼战,与阵地共存亡,其英勇事迹在当地群众中广为流传。有诗赞之曰:"公本血性奇男子,丹心捧日才不群。初寄专阃拜登坛,讵料金牌召孔殷?公愤奋臂冲前敌,身冒炮火甘自焚。呜呼!新楚军,统将谁?蓝翎游击杨载云。"①自杨载云牺牲后,新楚军锐气尽丧,从此一蹶不振,台湾府的抗日力量更为削弱了。

日军占领头份后,乘势南窥苗栗。8月11日,内藤正明派折泽静夫少佐率领1个中队,从头份出发,去苗栗附近侦察情况。根据折泽的侦察,北白川能久下达了对苗栗的总攻命令。并将近卫师团编为三部分:师团前卫,包括步兵第二联队(缺第一大队本部和3个中队)、骑兵1个小队及炮兵联队(缺第二大队),以川村景明为司令官;左翼支队,包括步兵第四联队(缺第二大队)、步兵第三联队(缺第二大队)、骑兵1个小队和1个分队及炮兵第二大队,以山根信成为司令官;师团主力,包括步兵第一联队(缺1个大队)及骑兵大队(缺4个小队),由北白川亲自率领。

8月13日,川村景明率领师团前卫从中港出发,山根信成率领左翼支队从头份出发,向乱龟山前进。"出发前,将头份街全部烧光,使之变成一片焦土。"②当天,北白川亲自率领的师团主力在前卫之后行进,到达后垅。

按原定作战计划,8月14日,师团前卫和主力到达田寮以西,左翼支队到达田寮以东,前卫与左翼支队取得密切联系,做好进攻苗栗的准备;15日,全力发动进攻。但是,川村景明于13日上午接近苗栗时,发现抗日军的主力都集中于苗栗东畔山上,"构筑堡垒,修建棚舍,树立旗帜,防守于此。在左面的山上也有数处阵地,防御敌军。这个高地是进入苗栗的要道。"③于是,当机立断,

① 吴德功:《让台记》,见《割台三记》,第54—55页。
② 《日清战争实记》第39编,第2页。
③ 《日清战争实记》第39编,第6页。

不执行师团命令,在左翼支队到来之前,即以师团前卫对抗日军发起进攻。川村景明先命令坂井重季带领两个步兵中队和 1 个炮兵中队,进攻山上的堡垒。正午 12 时,炮兵开始轰击。日军步兵接连攻下了两座堡垒,又开始进攻第三座堡垒。吴彭年率部拼战,使敌人的进攻受阻。于是,坂井一面指挥部队正面作战,一面命令松原睃三郎少佐率一队日兵,迂回至抗日军的左翼。与此同时,川村又调来了第二联队第七中队,令其归坂井指挥。第七中队也加入了正面进攻的行列。抗日军顽强抵御,打退敌人的数次冲锋。黑旗亲兵营管带袁锡清和帮带林鸿贵"身先士卒,屡冲敌锋",不幸连中数弹,"枪炮中满身,鲜血洒鞍辔",双双阵亡。吴彭年初骑颓马出阵,至鞭之不行,再易以白马,"亲督诸军力战"。战至下午 4 时,吴彭年见伤亡已重,便下令南撤。苗栗知县李烇已先奔逃梧棲港,"带印内渡福州"。①但日军不知抗日军虚实,尚不敢贸然进入苗栗。当夜,师团前卫在乱龟山以南的高地露宿。14 日上午 11 时,日军才占领了苗栗。

二　大甲溪伏击战和彰化陷落

自新楚军在头份溃散后,余勇零星逃回台湾府城彰化。8 月 18 日,黎景嵩因积欠新楚军饷银两万余元,而府库告罄无可支给,又被败勇追索,无奈将新楚军交吴彭年兼统。从此,各军皆归黑旗军统属。时吴彭年正驻守大甲,前自台南所带两月之饷已用完,又兼领新楚军,款项更为支绌,而地方绅富或逃离或观望,兵饷实难筹集。吴汤兴议募敢死队,因粮饷不足,迄未集,亦无器械。幸赖群众热情支持,"城内外人民皆蒸饭到营,供给三餐"②,各军才暂时得以维持。

8 月 22 日,日本近卫师团开始进攻大甲。日军以步兵在前,马炮队随其后。前队败,则马炮队列横阵继进猛击,弹急如雨,攻势甚锐。吴彭年先避敌锋,伏兵于大甲溪,候日军至,突起猛击。日军败渡河,吴彭年麾军追之。日兵渡河及半,徐骧率义军一队自对岸林中出,向敌射击。日军背腹受敌,仓皇逃窜。此战毙敌 50 余人,夺其枪械甚多。吴彭年收队时,道经海口,又见日军粮船数艘泊港内,便令七星队直扑敌船,戮运兵、水手略尽,夺其粮船。

① 吴德功:《让台记》,见《割台三记》,第 56—57 页。
② 吴德功:《瑞桃斋文稿》下卷,《吴统领彭年传》。

8月23日,日军再次猛攻大甲。黑旗军福字先锋营首当其冲,与敌相抵;徐骧等率众左右迂回,攻敌两腋。日军不支,开始退却。适在此时,忽闻后路大营陷敌,各军震骇,遂撤出阵地。此乃敌人所用釜底抽薪之诡计。原来,李维义虽在头份山之战中弃军奔逃,黎景嵩却仍然引为亲信,"介诸(刘)永福,率军为大甲溪后继。"①敌人深知李维义畏葸怯战,便以重金收买汉奸,伪作日兵从间道往袭李营,李维义不战弃营而逃。前敌各军因后路为敌所断,被迫撤出,大甲溪遂被日军占领。

大甲失陷后,刘永福知日军必攻台湾府城,便令各军择彰化境内险要扼守。时吴彭年率黑旗七星队1营及新楚军4营驻彰化。另募新苗军两营,由吴汤兴统领,徐骧分统。吴彭年以可战之兵太少,电请刘永福增派援军。8月24日,闻日军占领台湾县城,驻彰化府县诸吏皆议弃城。吴彭年以此电告刘永福,复电曰:"兵来御之,死守无恐!"吴彭年叹曰:"吾与台事毫无责守,区区寸心,实不忍以海疆重地,拱手让人。今刘帅谕我死守,诚知我也!"②吴汤兴、徐骧也力主抵抗,谓:"不战而退,何颜见刘帮办乎?"③吴彭年遂昼夜巡缉,决心死守。27日,刘永福所派黑旗七星队王德标、刘得胜、孔宪盈、李士炳4营及旱雷营孔搏1营,自台南抵彰化。这样,彰化守军兵力稍有增强,然总共也只有3 000余人。

彰化城小,难防守,而城东八卦山可俯瞰全城,守山即足以守城,故八卦山为布防的重点。吴彭年分4营守八卦山:吴汤兴、徐骧所统新苗军两营;李士炳所带黑旗七星队1营;沈福山所带黑旗军亲兵队1营。黑旗军守备王德标、孔宪盈守中寮和茄冬脚。彰化知县罗树勋及其子云林知县罗汝泽,率防军营守大竹园、中庄仔一带。吴彭年则亲自驻守茄冬脚指挥。

日军前卫占领大甲的当天,近卫师团司令部亦到达大甲。8月25日,北白川能久亲王抵距彰化城仅10里的大肚街妈祖宫,命山根信成少将亲至大肚溪北岸侦察。是夜,山根派人泅渡大肚溪,接近黑旗军兵营,以观察动静;令炮兵队选择适宜的炮兵阵地;并亲率第一联队第二大队寻找涉渡地点,终在距黑旗军驻营约1 500公尺的大肚溪上游,发现了一处水深仅1公尺左右的河段,适于大部队涉渡。26日,北白川率山根、参谋长鲛岛、师团参谋绪方、明石、河村、

① 姚锡光:《东方兵事纪略》,见《中日战争》(1),第102页。
② 连横:《台湾通史》下册,第726页。
③ 吴德功:《让台记》,见《割台三记》,第60页。

总督府参谋林、石井等 10 余人,乘马到大肚溪北岸崁仔脚附近,以就近侦察八卦山阵地。南岸守军发现,"榴弹飞落左侧,弹丸蹴立,沙土溃起,幕僚吃惊劝避。"①北白川受轻伤,坐骑被击毙。

　　根据两天侦察的结果,北白川能久制定了周密的进攻方案,将师团兵力分为 3 部分:右翼队,以川村景明少将为司令官,率领步兵第一联队第一大队(缺两个中队)、步兵第二联队(缺第一大队)、炮兵联队(缺第二大队)及机关炮第一和第四中队;左翼队,以山根信成少将为司令官,率领步兵第三联队(缺第二大队)、步兵第四联队(缺第二大队)、步兵第一联队第二大队及炮兵第二大队;本队,由北白川亲自指挥,包括步兵第一联队(缺第一大队本部和两个中队)及骑兵大队(缺两个小队)。

　　8 月 27 日中午,北白川能久在大肚街师团司令部发布进攻命令。规定 28日为进攻之期,各部队的分工是:"右翼队自午前五时三十分攻击正面之敌;左翼队于明日黎明前从汴仔头上游约一千五百公尺之涉渡点过河,与右翼队配合,攻击敌军第一线,并以一部分兵力向八卦山炮台前进;本队的工兵大队在右翼队击退正面之敌后,在汴仔头架桥,其准备工作须于今日完成,并增派一百名军夫,帮助搜集架桥材料。"②其意图是,置川村的右翼队于正面,实行牵制运动,而让山根的左翼队担任主攻,以优势兵力直逼八卦山炮台。

　　是日午夜,山根信成奉师团长训令,命步兵第四联队长内藤正明大佐率第一大队、炮兵第二大队(缺第四中队)及第一联队第二大队第七、第八两个中队,务于凌晨 3 时前渡河完毕;左翼队之其余部队,于凌晨 2 时 30 分集合于大肚街以东露营地前方之田间。午夜之前,内藤召集各中队长布置有关涉渡事宜,然后按行军序列过河。此时,"黑云蔽天,四面寂寥,夜色沉沉,士卒衔枚,徒涉大肚溪急流。河水深及腰部,逝波如矢,终于偷渡成功。"③过河后,内藤即率队过磋沙坑、柴梳金,直趋八卦山东侧。

　　8 月 28 日晨 5 时 30 分,川村景明指挥右翼队的炮兵,开始炮击黑旗军的正面防线。这是日军发起总攻的信号。于是,内藤率各中队以全速向八卦山前进。继炮兵第二大队之后,步兵第一联队第二大队长千田贞干大尉率第七、第八两个中队,跑步向前,进逼八卦山。此时,山根信成率领步兵第一联队第

---

①　吴德功:《让台记》,见《割台三记》,第 59 页。
②　《日清战争实记》第 40 编,第 7 页。
③　《日清战争实记》第 40 编,第 9 页。

二大队第五、第六两个中队、步兵第三联队第一大队，以及骑兵、炮兵和工兵，也已渡河完毕，即命步兵第一联队第二大队第五、第六中队及步兵第三联队第三中队，从南岸正面守军的东侧插进，包抄其后路。川村在命令炮兵进行炮击的同时，率右翼队涉渡大肚溪，攻击黑旗军之左翼。北白川能久则坐镇大肚溪北岸，观察战斗形势的发展。

6时许，内藤正明率部登上八卦山东面的一个山头。随后，千田贞干也率两个中队来到，立即向八卦山炮台前进。八卦山炮台"以石垒壁，有可容一营多兵力的兵营，设置重炮一门、山炮一门及后装炮二门，并有军械、弹药库，惟对后路未曾设防。"①炮台守军见日军来攻，即发炮抗御。日军左翼队在山根信成的指挥下，步炮协同作战，以猛烈炮火掩护步兵攻山。日军以6个中队的兵力，从东、西、南三个方面向八卦山炮台发起冲锋。吴汤兴手持短铳，足蹬草履，帕首束腰，往来指挥，大呼杀贼。徐骧也麾军力战。然日军炮火炽烈，势不能支。李士炳、沈福山先后阵亡。吴汤兴决心与敌死战，不幸中弹仆地，鲜血洒于八卦山巅。对于吴汤兴之死，有人赞之曰："汤兴固好男儿，不臣倭，不屈节，执戈制梃，授命疆场，其心皭然而不滓，虽与日月争光可也。"②吴汤兴牺牲后，八卦山守军亦伤亡殆尽，且弹药告罄，徐骧率余部20人走后山，突围而出。日军遂登八卦山，时为上午7时10分。

此时，中路的战斗也已结束。罗树勋、罗汝泽父子出南门，匿乡间，数日后至鹿港渡闽。知府黎景嵩见状，亦偕李维义奔鹿港，又循海至台南。

唯独西路的战斗，仍在激烈进行。先是，川村景明率日军右翼队过大肚溪，经国姓井向中寮、茄冬脚前进。王德标"跃出队御之，势猛甚。黑旗七星队从之。日军多死伤，不能前。"孔宪盈亦在茄冬脚力战，与日军相持。吴彭年正在督战，见八卦山已竖日旗，便勒马率军回救。至南坛巷，亲率黑旗七星队300人夺山。日军猛放排炮，七星队伤亡甚众，难以向前。左右掖而奔，吴彭年厉声斥之，乃止。而山上敌弹密如雨落，吴彭年身中数弹，犹奋力向前，终不支仆地，壮烈殉国。有诗人作《哀季子歌》，云："巨炮雷轰力劈山，榴弹雨下响訇訇，身中数枪靡完体，据鞍转战莫敢撄。血溅衣襟溘然逝，凛凛面色犹如生。……人居世上谁无死？泰山鸿毛权重轻。"对吴彭年的爱国精神及其牺牲价值，给

① 《日清战争实记》第40编，第10页。
② 吴剑清：《台湾民族英雄吴汤兴传》，见《民族英雄吴汤兴文献》，第18页。

予了充分的肯定。甚至认为："公故不顾成败利钝，效死弗去，直欲以身报国，不敢畏缩不前，卒至身中数枪，与马同阵亡。古之忠臣烈士，何以加此哉？"①这个评价并不是过分的。

吴彭年牺牲后，王德标还在与敌拼战，他"身被数创，望敌兵则坚立不退，麾军截击不少挫。而回顾八卦山火起，炮声如雷，探哨报彰化失矣，左右强挟之行。"②王德标可以称得上黑旗军勇将中的一位代表。

日军既占八卦山，遂分兵从东、南、北三门入城。日军进城后，即满城搜索，"路逢人则杀之"。③日人自己承认："彰化城内，尸体到处可见。"据日本宪兵队调查，仅在街面上，即发现"尸体二百五十余具"。④当然，这只是被杀者的一部分，是一个被大大缩小了的数字。

上午 10 时，北白川能久亲登八卦山炮台，俯瞰台湾府城，遥望尚在刘永福黑旗军守卫下的台南，不禁得意洋洋，决心乘胜南进。并赋《帅师将向台南有作》诗，有"旭光将被台南地，歼彼渠魁安万生"⑤之句。他当即在炮台上发布命令，以川村景明率右翼队迅速占领鹿港，骑兵大队长涩谷在明大佐率骑兵向嘉义前进，由刚晋级为步兵少佐的千田贞干率步兵第一联队第二大队为之后援。但是，经过整整 3 个月的作战，近卫师团伤亡及患病者人数迅增，据 9 月份统计，仅患霍乱、痢疾、脚气等病的官兵即达 4 274 人⑥，占近卫师团作战人员编制 14 569 名的三分之一弱。有文献记载："彰城设野战医院，初止患者二百余人，后数日疫症流行，忽千余人。患者〈多在〉市内铺户，病人呻吟。至九月中旬，病势益烈，师团中健者约五分之一。山根少将、中冈大佐、绪方参谋及其他将校多入鬼籍。"⑦日人为之作诔文曰："出征不归，客死千里。待彼门者，茕茕无倚，岥彼岵者，瞻望长跂。痛恨深憾，哀莫穷已！"⑧词意缠绵凄怆，怨天恨地，殊不知这正是日本军国主义发动侵略战争而造成的人间悲剧。

---

① 吴德功：《让台记》，见《割台三记》，第 61—62 页。

②③ 洪弃父：《台湾战纪》，见《中日战争》(6)，第 343 页。

④ 《日清战争实记》第 40 编，第 11 页。

⑤ 《日清战争实记》第 43 编，第 29 页。

⑥ 《日清战争实记》第 43 编，第 5 页。

⑦ 吴德功：《让台记》，见《近代史资料》1981 年第 1 期。

⑧ 《日清战争实记》第 43 编，第 8 页。

第四节 台南府保卫战

一 刘永福力撑危局与黑旗军反攻台中

日军近卫师团占领彰化后,即分三路出动:一出西门至鹿港;一出南门至社头;另分一支至云林街,越日至北斗街。8 月 29 日,日军陷云林县。30 日,其前锋抵大莆林,薄嘉义县。台中诸城皆失,台南形势十分危急。

当时,黑旗军的处境极其困难。"局储军械,惟云者士得枪二千数百支、毛瑟枪数十支、林明敦枪数百支,余土枪土药半遭湿蒸,不堪用。"①能战之兵不足 10 营,而且粮饷匮乏。据日本方面得到的情报:"刘永福内无粮饷,外无援兵,仅用功牌送功名,以系将士之心而已。"并且有李维义营中文案名高慧者密告日人:"刘永福缺乏军饷,是其败之一端";"兵力不足,是其败之二端"。②所以,日军对台南黑旗军的情况了如指掌。若不是有刘永福在台南坐镇指挥,恐怕台南府在几天之内就会陷入敌手的。

闽粤南澳镇总兵帮办
台湾防务刘永福

刘永福(1837—1917),又名义,字渊亭,广东钦州人。先世居广西博白,世代务农。父刘以来迁钦州,因定居焉。刘永福早年参加天地会。失败后,避入中越边境一带,并正式创建了黑旗军。在抗击法国侵略的战争中,他屡建奇功,名扬中外。战后,回国任广东南澳镇总兵。甲午战争爆发后,奉旨帮同台湾巡抚邵友濂办理防务。于是,调所驻燕塘 3 营,选壮汰弱,补

---

① 姚锡光:《东方兵事纪略》,见《中日战争》(1),第 103 页。
② 《台湾抗战日方资料》,《中日战争》(6),第 489—490 页。

充缺额,共足 4 营;又遣三子成良新招两营,为统带。随即乘轮赴台。9 月 2 日有电旨:"刘永福着即赴台南,会同镇、道筹商布置,务臻周密。"①四日,刘永福行抵台南,刊"帮办台湾防务闽粤南澳镇总兵关防"。台南本有台湾道陈永骙、台湾镇总兵万国本驻守,刘永福到职后,与他们同居一城,名为帮办,实则无法号令,只好南移凤山之旗后海口,"于该处起筑泥营、炮垒驻扎"。12 日,向朝廷建议:"查台湾势处孤悬,四面受敌,必南北联络一气,临时堵御,呼应方灵。"②此乃有所感而发,但并未受到重视。10 月间,邵友濂调署湖南巡抚,旨谕前台湾布政使唐景崧署理台湾巡抚。唐虽在中法战争期间与刘在越南共事,然"疑刘有异志,颇相猜忌,不肯假以事权"。刘曾亲至台北,与唐会商全台防务,并提出留驻台北以协助处理军务,而被一口回绝。刘永福以此颇不安于位,产生离台内调的念头。每与人谈及唐"排挤倾陷状,几痛哭流涕"。③对此,丘逢甲有言:"景崧虽号知兵,而防敌御寇远不逮永福。全台形势尽集于台北……景崧一人守台北,无永福以佐之,恐守之非易。台北一破,台南将孤守无能为矣。"④这是很有见地的。不久,唐景崧又令刘永福往台湾岛最南端的恒春扎守。恒春至台南有八日路程,唐出此令,其意可知。时人为之叹曰:"唐欲举大事,正宜引为臂助,乃不能推心置腹,以至如此! 有一良将不能用,而所用将佐专择逢迎巧滑贪鄙嗜利之小人,欲不败其可得乎?"日军从澳底登陆后,台湾镇总兵万国本辞职离台,刘永福兼署台南镇篆,始驻台南府城。唐景崧内渡后,台南绅民公议,举刘永福为台湾民主国总统,辞之。以后,台南绅民铸台湾民主国总统银印一颗送来,刘永福复恳辞曰:"今诸君送此印来,无非欲保身家、固土地,不甘为蛮夷牛马而已。诚宜决意抵敌,务须互相协力,筹军饷,为第一着紧要之事。盖军饷足用,士肥马腾,日本虽然厉害,吾岂惧哉?"又称:"区区此印,无能为力。盖有在此不在彼之故,诸君以为然否? 请将印带回销之可也。"⑤卒不收印。6 月 21 日,由上海转到署两江总督张之洞来电,内称:"俄国已认台自主,问黑旗尚在否? 究竟能支持两月否? 似此外援已结,速宜将此事遍谕军

---

① 《清德宗实录》卷 346,光绪二十年八月初三日。
② 黄海安:《刘永福历史草》,见《中日战争》(6),第 405 页。
③ 易顺鼎:《盾墨拾余》,见《中日战争》(1),第 133 页。
④ 江山渊:《丘逢甲传》,见《中日战争》(6),第 398—399 页。
⑤ 黄海安:《刘永福历史草》,见《中日战争》(6),第 409 页。

《点石斋画报》所绘刘永福台南誓师图

民，死守勿去，不日救兵即至也。"①这封电报，对刘永福和黑旗军将士是一个很大的鼓舞。29日夜，设坛幄，祭告天地神祇，台南文武百余人并集，歃血同盟，并作《盟约》云："变出非常，改省为国，民为自主，仍隶清朝。即各友邦，许为辅助，何况我辈，敢不维持？呜呼！为大清之臣，守大清之地，分内事也，万死不辞。一时千载，纵使片土之剩，一线之延，亦应保全，不令倭得。"②30日，以救兵将至布告，"万众欢声如雷"。③此时，南侵日军正被阻于新竹，进退维谷，处境困难，而刘永福之坐镇台南，更是其心腹大患。桦山资纪为摆脱困境，想出了劝降的一招，寄希望于一纸书信，以不战而胜。早在6月25日，桦山致书刘永福，劝其"速戢干戈"，奏请日皇"待以将礼，送还清国；如部下将卒，亦当宥恕其罪，遣还原籍"。8月23日，此书才由英国兵轮送至台南。25日，刘永福复书

---

① 易顺鼎：《盾墨拾余》，见《中日战争》(1)，第133、135页。

② 《日清战争实记》，第46编，第31页。按：约款后书时间为"光绪二十一年又五月初十日"。"又五月"当即"闰五月"；"初十日"之"十"，盖为"七"字之误。易顺鼎亲与其事，称时在丁未(初七)之夜，可证。(见所著《盾墨拾余》)

③ 易顺鼎：《盾墨拾余》，见《中日战争》(1)，第135页。

桦山,斥责日本"弃好崇仇,无端开衅",表示"当与台湾共存亡","守效死勿去之义,以守兹土,以保此民"。①复书义正词严,坚决驳回敌人的劝降阴谋,表现了可贵的民族气节。在此之前,形势一度对抗日力量非常有利。但是,由于台湾府知府黎景嵩不肯与刘永福联合,错过了收复新竹的大好时机。后虽请黑旗军北上,而时过境迁,已难以为力。经过彰化之战,刘永福损兵折将,元气大伤。部将李维义自彰化逃回后,再三提出要到布袋嘴一带据险扼守,刘永福发给饷银,令其统镇海中军左营前往。然而,李维义一到布袋嘴,即"将银席卷,并连各枪支变卖"②,竟同黎景嵩一起带数百人,雇船逃往厦门了。兼护台湾道道台和台南府知府的安平县知县忠满,也弃军逃往厦门。部下的叛逃,更使刘永福内外交困,而莫展一筹。台南的形势更为严峻了。

尽管如此,刘永福仍然决心抗敌,力撑危局。此时,王德标正在嘉义县养伤,"英气不衰,誓吞敌"。刘永福命其在嘉义据守,但仍感前敌统将乏人,文案吴桐林力举杨泗洪"可当大任"。他深以为然,即命杨泗洪统镇海中军正营、后营、前军右营、武毅右军右营兼吉林炮队共5营,"节制黑旗前敌诸军,及各地义勇队,咸归调遣"。③

杨泗洪(1848—1895),字锡九,江苏宿迁人。出身于拳技世家。"性倜傥,有远志。""好济人危急,削不平。"曾投效湘军,积功保至游击。1884年,刘铭传奉旨赴台治军,杨泗洪以营官随行。时法军侵台,在沪尾一战中,杨泗洪"率部挫其锋,敌为却"。刘铭传"极奖藉之,由是名大著"。④累保记名简放提督,赏硕勇巴图鲁勇号。又奏署台湾镇总兵。后刘铭传因故辞职离台。至1891年,邵友濂任巡抚,尽废前任之政,裁撤防军,将杨泗洪降为营官。及日军侵台,连陷台中诸城,杨泗洪义愤填膺,决心守土不去,以恢复为己任。既奉命节制黑旗前敌诸军,为刘永福之知遇和信任感泣不已。他对吴桐林说:"我当以身报大将军知遇之恩,庶不负先生牙齿力也。"⑤遂集队誓师,当众宣言,"励其忠义之气,激以夷狄之辱,垂泪而道,士气奋发,慷慨启行。"⑥

刘永福在任命杨泗洪节制前敌诸军的同时,又接受文案吴桐林、罗绮章

① 《台湾前期武装抗日运动有关档案》,第111—112页。
② 黄海安:《刘永福历史草》,见《中日战争》(6),第410页。
③⑤ 吴桐林:《今生自述》,见《中日战争》(6),第425页。
④⑥ 臧增庆:《清故记名提督署台湾镇总兵官殉难杨公神道碑铭》(抄本)。

的两项建议:一、"议抚";二、"仿内地保甲,行联庄法,令各乡自近及远,渐次举行。"①所谓"议抚",即招抚各地抗日之义首;所谓"联庄法","即一庄联十,十庄联百。由台南联至台中,由台中联至台北。倭至则协力攻倭,倭去则严查土匪。"②刘永福以台中抗战数月,以新苗义军之功居多。彰化之陷,徐骧带20人突围至台南,刘永福慰之,命入卑南募兵。于是,台南各地的义首纷纷应招,其中著名者为简成功、简精华、黄荣邦和林义成。简成功,原名大肚,嘉义大莆林人。其子,简精华,原名婴(一作"宜"或"义")。黄荣邦,原名丑,嘉义中坤庄人。皆应招后改为现名。林义成,乳名小猫(一作"少猫"),又名苗生,恒春阿緱人。日军侵台后,"招义民,据凤山岭以抗",并与简精华互通声气。"倭之据大莆林也,精华宰羊豕,除道路迎倭。倭至,责精华献妇女二百人,精华不应。倭酋怒,挟精华至其家,搜得妇女六十余人,纵兵淫污,精华家人奸辱尤酷。精华怒,送款台军。于是,荣邦、义成皆受抚,愿效死。"③9月1日,刘永福檄简成功总统义军,统义民11营。林义成率所部至,亦合为一军。刘永福重新恢复清军与义军联合抗日的体制,在当时产生极大影响,推动了抗日形势的发展。

9月初,杨泗洪率黑旗军和义军北上御敌。刘永福知其"每战必先","诫其自重"。杨泗洪答曰:"我如驱饥羊,搏饱虎,利在速战,机在勇决。我苟不先,士气少沮,无能为也。"④刘永福知其心迹,默然无语。时日军已据大莆林。3日,杨泗洪率黑旗军至嘉义北打猫庄,探知日军在大莆林街内。大莆林在嘉义城北30里,台南孔道,为必争之地。下午1时半,杨泗洪下令将大莆林围住。当时,驻守大莆林的日军有两队:一是涩谷在明中佐的近卫骑兵大队;一是千田贞干少佐的近卫步兵第一联队第二大队。涩谷急召千田等军官会议,以商讨对策。多数人认为:当务之急是"须确保后方的交通";黑旗军若袭击他里雾,则此处"与后方的联系必定完全断绝"。涩谷亦以为然,决定派第八中队回守他里雾。下午4时,日军第八中队突围奔向他里雾,途中遭到黑旗军的堵截。日军伤亡多人,无力再战,只好伏在水田里,待日落后逃出,连夜奔向他里雾。前进约2里,遇3名日本人,经询问后才知乃是他里雾的通信骑兵。原来,当天下午,杨泗洪采取声东击西之计,佯攻大莆林,而以黄荣邦乘虚袭击他里雾,包围了日本通信骑兵队所住的神庙。日本骑兵"知寡不敌众,便锁住神

①③ 姚锡光:《东方兵事纪略》,见《中日战争》(1),第104页。
② 吴质卿:《台湾战争记》,见《近代史资料》1962年第3期。
④ 臧增庆:《清故记名提督署台湾镇总兵官殉难杨公神道碑铭》(抄本)。

庙大门坚守"。①此时,"阿丑(黄荣邦)自手大斧劈门,七人随之。敌枪乱发,阿丑跳而入。敌越墙遁,有走散者,死于路。"②活命者仅 3 人。他里雾已被黑旗军占领。日军第八中队得知情况有变,只好又返回大莆林。

9 月 4 日,日军被围粮绝,涩谷在明命令第八中队到各村抢粮,抢完后即杀人烧庄。参加抢粮的日本兵野口要藏,在寄回国内的书信中写道:"四日,因征集米谷,我小队被派往西南方向的村落,杀'土匪',烧村庄。征集归来时,又奉命将前方的村庄烧毁。"③随后,涩谷又命这个中队绕过他里雾,与莿桐港的第六中队会合。这天,由莿桐港派出的一支运输队,也在他里雾附近遭到黑旗军和义军的袭击,除 2 人逃回外,悉数被歼。④日军为了报复,于 5 日凌晨 1 时对他里雾实行火攻,纵火烧房,把整个他里雾街变成一片火海。而黄荣邦因在头一天看见敌骑出哨,知敌必来攻,率部伏北部庄,从而避免了这场火难。

至 9 月 5 日夜,在大莆林的日军已被围困整整三昼夜,且与后方的联系已断,半点接济全无。于是,涩谷在明与千田贞干议商,决定北撤。6 日晨,日军刚作好撤退的准备,黑旗军和义军即对大莆林发起了总攻。据日方记载:黑旗军"从嘉义城运来山炮(两门),以炮击激励士气,弹着亦甚良好。"激战两个小时,日本"士兵携带的子弹都已打光,因兵力不足,涩谷中佐、千田少佐等军官不得不从事搬运弹药。"据统计,当天日兵发射的子弹平均约为每人 360 发。⑤可见战况之激烈。最后,涩谷下令向北突围,"跟跄奔出,出则被我军截击,敌大乱"。⑥杨泗洪率军从后追击,见有日将殿后,欲生擒之,脚部中弹,"犹裹创督战,且战且息,屡犯屡突。……寇且败退,腹又中弹。"被部下救回后,延至 8 日而逝。台南绅民"闻其殒,巷哭罢春,多有持纸钱、麦饭哭祭柩前者。"⑦刘永福痛失勇将,"于野外招其魂,哭以奠之,并厚恤其妻子。"⑧

日军从大莆林突围后,逃至他里雾,又会合该处日军北撤,奔莿桐港,渡浊水溪,于 9 月 9 日至北斗镇始停。于是,台中之云林县收复。"各处日军多退,

---

① 《日清战争实记》第 46 编,第 16 页。
②⑥ 洪弃父:《台湾战纪》,见《中日战争》(6),第 344 页。
③ 《日清战争实记》第 43 编,第 15 页。
④ 《日清战争实记》第 46 编,第 17—18 页。
⑤ 《日清战争实记》第 46 编,第 19 页。
⑦ 臧增庆:《清故记名提督署台湾镇总兵官杨公神道碑铭》(抄本)。
⑧ 黄海安:《刘永福历史草》,见《中日战争》(6),第 426 页。

云林也无敌踪,敌军大震。"①涩谷在明逃至北斗后,星夜赍文向北白川能久告急。北白川增派部队,欲夺取云林境内的树仔脚。此处前临浊水溪,"溪中一带沙漠,数里无人居处,中多蔗园、林投、芦苇,可为埋伏之所。沙埔暗埋竹钉,桶上铺竹木,马军多陷于泥淖,人马死者甚多。"两军在此对峙近一月。日军于"日间越溪而战,夜间即退驻北斗"。在彰化县境内,北斗以东,有南投的义首张圭等,"暗行聚众,欲由山后包抄";北斗以西,有海丰崙的陈戆番,"亦有内应之意"。②北斗的日军已处于四面楚歌之中。

对抗日力量来说,当时的形势固为有利,但台南的粮饷不继,兵力也得不到补充,已经无力再进一步发动攻势。时人称:"时台兵军声颇起……盖自精华等受抚,义民趫捷可用,虽用土枪,能卧击,无虚发;且稔习地势,蓦山越涧,尤为长技,聚散前后,飘忽猱腾,每绕倭兵后路,倭人畏之。于是,台北、台中颇思反正。适联庄法已及台中,颇著成绩。台北乡民闻之,愿潜入联庄受约束,期大军至,即内应同举。为台湾全局一大转机。而台南饷械已匮,不能派兵前进,台民觖望。"③到10月上旬,日军开始大举进攻,台南的形势便急转直下,毫无挽回之术了。

二　日军大举南侵与保卫台南之战

当黑旗军与日军相持于浊水溪之际,桦山资纪也正在策划大举南侵。并组成了南进军司令部,以台湾副总督高岛鞆之助中将为司令官,大岛久直少将为参谋长,伊地知乃清炮兵中佐、武富邦鼎海军少佐为副参谋长,平岩亲德炮兵少佐为副官部长,小野重勤步兵少佐为管理部长,村井长宽少将为炮兵部长,三村乙艺工兵少佐为工兵部长。因为桦山知道仅靠近卫师团已不足胜攻占台南之任,所以决定请大本营调第二师团和联合舰队共同参加南侵。为此,他制订了周密的作战计划。到10月初,各部队均按作战计划开始了南侵活动:

> 向台南开始行动的南进军总计四万。其中,一部拟由陆路直扑台南

---

① 洪弃父:《台湾战纪》,见《中日战争》(6),第344页。
② 吴德功:《让台记》,见《割台三记》,第64、65页。
③ 姚锡光:《东方兵事纪略》,见《中日战争》(1),第105页。按:姚锡光曾述及黑旗军反攻彰化之事,论者或从之,然此实乃误笔。事实上,黑旗军之反攻台中,仅进至浊水溪南岸,偶尔逾溪偷袭,从未到达彰化城下。

的正面,大部队则由海路在台南的侧背面登陆。北白川能久亲王殿下率领主力军一万五千人的近卫师团全部,从彰化开始行动,经过嘉义县顺大路开向台南。这一部队已经在开始行动了。又一大部队,即第二师团全部,其主力军约二万五千人。该部队分别从基隆和大连湾乘船,全军有一天集合于澎湖岛;再分为两路,由海路分别开向台南的前侧面和后背面。第二师团的第四旅团由伏见(贞爱)殿下率领,总计约一万二三千人,拟由海路在中部登陆。这一部队已经在十月二日从基隆登船。该部队叫做伏见混成旅团,预定顺海边的道路逼扑台南的前侧面,其登陆地点为布袋嘴港。第二师团的第三旅团由山口(素臣)少将率领,总计约一万二千人,拟由海路在南部登陆。这一部队已经在十月一日从大连湾登船。该部队叫做山口混成旅团,预定从台南的后背面进击,其登陆地点为枋寮港。而全军的指挥者即副总督高岛中将,该中将将率领南进军司令部,从中部布袋嘴港登陆。又后面的指挥者为第二师团长乃木(希典)陆军中将,该中将拟率领第二师团司令部从中部的中港或枋寮港登陆,三日已从基隆登船。海军将炮击两所登陆地点,并预定攻击安平、打狗各要港。①

根据南进军司令部的部署,当时驻彰化城的北白川能久,决定先行一步,向台南府的嘉义进兵。早在 9 月 29 日,他即发布命令:以川村景明少将为前卫司令官,率步兵第一联队(缺第一大队本部和两个中队)及骑兵大队(缺第一中队),从北斗出发,经莿桐港、他里雾、大莆林、打猫堡,向嘉义前进;坂井重季大佐为右翼支队司令官,率步兵第二联队本部和第一大队、骑兵 1 个小队及炮兵第一中队之 1 个小队,经西螺街、土库、新街,从西路进逼嘉义;内藤正明大佐为左翼支队司令官,率步兵第四联队(缺第二大队本部和两个中队)、骑兵第一中队(缺两个小队)及炮兵第二大队(缺第三中队),经树仔脚、云林县、火烧庄,从东路包围嘉义;北白川本人亲率主力,包括步兵第二旅团司令部、步兵第一联队第一大队(缺两个中队)、步兵第四联队第二大队(缺两个中队)、步兵第三联队(缺第一大队)、骑兵 1 个小队、炮兵联队本部和 1 个大队(缺 1 个小队)及第三机关炮队(第二队并入),随前卫之后前进。但因连日风雨大作,鹿港溪

---

①　《台湾抗战日方资料》,《中日战争》(6),第493—494页。按:引文所述日军第二师团和近卫师团的兵力,似不确实。日方记载又谓第二师团为 3.405 2 万人(《日清战争实记》第 44 编,第 20 页)。近卫师团因减员很多,只剩 1 万人左右。因此,日军南侵的总兵力约为 4.5 万人。

水深,不能涉渡,近卫师团主力无法出彰化南进。浊水溪更是大涨,"不啻银河倒泻,山流暴注,急湍奔腾,有倾盆倒峡之势,几使平土变为泽国"。日军只好改变第一次作战计划,"停战数日,以俟天气稍晴,再兴大师。"是时,"黑旗兵扎云林,每夜暗渡,谋袭北斗,夜间铳声迭响。"①然以兵力单薄,无大战果。

10月3日,北白川能久率近卫师团出彰化南下。行前,规定了各部队的行军日程如下:

部队 ＼ 日期	10月6日	10月7日	10月8日	10月9日
前　卫	莿桐港	他里雾	打　猫	嘉　义
右翼支队	西螺街	土　库	新　街	嘉　义
左翼支队	树仔脚	云　林	火烧庄	嘉　义
主　力	社头街	莿桐港	大莆林	嘉　义

日军在南进途中,遭到黑旗军和义军的节节抗击。但日军以优势兵力猛进,黑旗军和义军难以抵御,损失甚大。黑旗军都司肖三发和义首黄荣邦牺牲。到8日,日军便从北、东、西三面包围了嘉义。

嘉义,古称渚罗,南距台南府城130余里,负山面海,颇据形势,为府城北路之屏障。城墙下部垒石,上部砌砖,高两丈有余,厚约1丈2尺。城之顶端有女墙,其箭垛适可为枪眼之用。有四门,上建敌楼,便于瞭望。各门外皆筑瓮城。城外有宽3丈的护城河环绕,河堤上遍植竹林。此时,云林一带黑旗军皆退至嘉义,刘永福令王德标据城固守。

10月9日,日本近卫师团向嘉义发动了总攻。进攻前,北白川能久晋升坂井重季为少将,接替已死的山根信成的步兵第二旅团长职务,并令松原睦三郎中佐为步兵第二联队长。北白川此番率近卫师团进攻嘉义,倾巢而来,志在必得,然自侵台以来,历时将近半载,多次苦战,伤病在身,与他从台北南下到占领彰化时的心情相比,已经有了很大的变化。此时,他在一首诗中写道:"远伐荆蛮百事辛,难堪恶水与炎尘。去京半岁君休笑,忽作白头黑面人!"②此诗,寄托了感叹万端,表现出这个日本侵略军头目精神世界的另一个侧面。嘉义之战的19天后,他即以伤病死于台南。所以,这首诗实际上是他临死前的一次哀鸣。

---

① 吴德功:《让台记》,见《割台三记》,第65—66页。
② 北白川能久:《台湾偶作》,转见川崎三郎:《日清战史》第14编,第3章,第22页。

是日黎明，日军各部队从宿营地出发，分三路逼近嘉义。上午 8 时 30 分，川村景明率前卫进至距北门 1 000 公尺时，一面命炮兵布置阵地，将 4 门山炮架起；一面命步兵制作登城竹梯。此时，北白川也率师团主力进至前卫位置，命 1 个炮兵中队加入进攻。10 时 30 分，右翼支队抵距西门 700 公尺处，选定炮兵阵地，作炮击的准备。与此同时，左翼支队奉命埋伏于东门外约 700 公尺的深壕内，等待进击的命令。

在进攻台湾作战中因伤病
而死的日本近卫师团长、陆军中将
北白川能久亲王(1847—1895)

上午 11 时 30 分，日军开始从三面炮击嘉义，其炮火之炽烈，"恰如万雷落地，天地为之震撼"。嘉义城墙虽然坚固，怎敌得住大炮的轰击？然黑旗军仍奋勇抵抗，"自城墙上进行非常猛烈的射击"。不久，东西两座城门楼皆被轰毁。日军趁机架竹梯登城。黑旗军和防军"顽强抗御，仍不断以抬枪还击"①，但终究抵挡不住。到 12 点 15 分时，日军已经先后占领了西、北、东三门，并突进城内。嘉义知县孙育万从南门奔回台南，王德标率余部退至曾文溪。嘉义遂陷。②

日本近卫师团进攻嘉义的当天，日本第二师团各部队已在澎湖岛待命。南进军司令部设在东京丸上。高岛鞆之助召集乃木希典、伏见贞爱、八舰舰长及参谋等 30 余人，在东京丸上举行作战会议。会议决定：伏见贞爱率混成第四旅团为北军，从布袋嘴登陆，并与近卫师团取得联系，共同从北路进逼台南府城；乃木希典率第二师团余部为南军，从枋寮海岸登陆，从南路扺台南之背。此时，日本海军吉野、浪速、秋津洲、济远、大和、海门、八重山、西京丸八舰，及 49 艘运输船均麇集于澎湖岛马公湾。北军登陆时，由浪速、济远、海门三舰护卫，济远舰长平尾大佐为北军登陆委员长；南军登陆时，由吉野、秋津洲、大和、

_____

① 《日清战争实记》第 44 编，第 17、18 页。

② 姚锡光《东方兵事纪略》称："倭以炮队攻嘉义。王德标初营城外，倭至走入城。倭踞营，夜半地雷发，轰毙倭 700 余人，倭惊退。德标设伏邀之，倭多死。"论者多信之，实乃讹传。后竟演义为嘉义"巧布地雷阵"，把黑旗军的战绩大大夸张了。

八重山、西京丸五舰护卫,八重山舰长平山大佐为南军登陆委员长。

10月10日上午6时,日军运输船19只,载南进军司令部及混成第四旅团,在浪速、济远、海门三舰的护卫下,自澎湖岛出发,舳舻相衔而进。10时50分,抵布袋嘴,停泊于距海岸3海里处。11时40分,济远舰首先向岸上开炮,浪速、海门二舰随之。海岸附近的村落房屋被燃,"火焰冲天,一直烧到半夜仍未熄灭"。下午2时半,日军在炮火的掩护下,开始登陆。此处只有少数清军,稍作抵抗,即向南败退。11日晨,混成第四旅团前锋从布袋嘴出发,途中与近卫师团的松原支队相遇,遂一起向东南进发,于上午10时半占领了盐水港。至此,混成第四旅团与近卫师团两支部队的信息才完全沟通。

日本混成第四旅团虽然派前锋占领了盐水港,但后继登陆部队时时遭到黑旗军和义军的狙击。日方记载说:"我军在布袋嘴登陆时,此地人顽冥不解事理,只认为敌兵一来于自己有害,须抵抗以保持自己的安全,似欲以死力防御到底。一方面刘永福亦利用其无知慓悍,企图借此防阻我军登陆,让其部下大肆煽动。因此,我军东西南北,到处无不战斗。"①确实如此。10月11日,占领盐水港的日军南进时,便遭到林碧玉所率义民的激烈抵抗。

林碧玉(1832—1895),字尔音,号崑冈,嘉义诸生。祖籍福建泉州晋江县,先世迁台,"初居台南县北门乡,后迁将军乡西甲"。中秀才后,设教于乡。"生平尚武好义,精拳术","喜为人排难解纷,里众倚重之。"②至是,闻前敌迭败,台南岌岌可危,便集各庄群众曰:"台湾亡矣! 若等将何往? 吾欲率子弟卫桑梓,若能从吾乎?"应者一百数十人,得旧铳数十杆,迎敌于盐水港南10余里之铁线桥。林碧玉率众踊跃而进,日军稍却。复战于沟仔头,沿途庄民亦持械随战。既而日军大队至,他指天而誓曰:"天苟不欲相余,今日一战,当先中弹而死!"③众皆感泣。在与敌搏战中,林碧玉中弹洞胸,壮烈牺牲。其长子同战死。而日军伤亡亦颇不少,其中有一中尉,中弹当即毙命。

10月12日,步兵第十七联队长泷本美辉大佐派黑松良光大尉率其中队,从布袋嘴出发,向东石、下湖方向侦察。13日下午,黑松中队行至东石村时,被义军包围。据日方记载:"敌兵打着旗帜,兵力约一个半营,即七八百人,自北、东、南三面进逼东石,将黑松中队包围,于相距三百至五百公尺的距离上进行

---

① 《台湾抗战日方资料》,《中日战争》(6),第499—500页。
② 《台湾人物志》第6章,特行,《林碧玉传》。
③ 《台湾省通志》卷7,《人物志》。

激射。……今我不仅处于背水之战的境地，而且众寡不敌，为彼诱入所设的圈套之中。因此，其气焰益盛。我军陷于苦战之中，欲向布袋嘴主力部队求援，但无法脱围；欲杀开一条血路，又未能如愿。自上午十时至下午五时，敌军射击不停。黑松中队之弹药快要用完，口粮将尽，无论如何也不能久持了。"①激战 7 个小时，日军伤亡 19 人。若不是泷本听到枪声，派第三大队长岛田义一率部前来援救，这队日军可能就被全歼了。直至 15 日，混成第四旅团前锋才进至急水溪北岸。

在混成第四旅团登陆布袋嘴的同一天，日军运输船 30 只，载第二师团之大部、即南军，在吉野、秋津洲、大和、八重山、西京丸五舰的护卫下，从澎湖岛出发，向枋寮方向航进。在此以前，乃木希典命令，以步兵第三旅团长山口素臣少将为前卫司令官，率步兵四联队（缺 1 个大队和 1 个分队）、骑兵第二大队（缺 1 个中队）、炮兵第二联队第三大队、工兵第二大队（缺 1 个中队）及架桥纵队，先在登陆点附近占领阵地，掩护师团登陆，并以工兵在登陆地为师团架设栈桥；乃木本人亲率师团主力，包括步兵第四联队第二大队、步兵第十六联队、炮兵第二联队本部和第二大队，登陆后于指定地点进行整顿，做行军的准备。10 月 11 日上午 7 时 50 分，步兵第四联队第二中队在番仔岑、枋寮间登陆完毕，随即沿海边道路向东港前进，到达刘盐仔附近，对东港实行戒备。8 时 20 分，步兵第四联队第三中队登陆完毕，占领北面的加冬脚，对东北方向实行戒备。9 时，步兵第四联队第一中队登陆完毕，由登陆指挥官、步兵第四联队第一大队长山田忠三郎少佐亲自指挥，沿海岸向顶寮前进。

日军登陆后的第一个攻击目标，就是加冬脚。在乃木希典看来，"加冬脚是东港、枋寮间的中枢，并且是通向蕃地的十字路口。若不能攻占加冬脚，则进不能入东港，退不能守枋寮，故该处实为战略要地。"②上午 8 时 40 分，步兵第四联队第三中队自登陆点向加冬脚前进。行近时，日军见村里黑旗迎风飘扬，知有黑旗军防守，于是分为两个梯队，穿过水田，向前进逼。等日军近至 500 公尺距离时，黑旗军才开始射击。日军继续进逼，越是靠近，黑旗军"从胸墙枪眼里发射越猛，眼看着有七八名士卒（日兵）倒下去了"。③日军强行通过，越过壕沟，接近村头的堡垒。堡垒旁有一座高楼，名步月楼，其下有门，可由此

---

① 《日清战争实记》第 44 编，第 26 页。
② 《日清战争实记》第 45 编，第 17 页。
③ 《日清战争实记》第 45 编，第 18 页。

进入加冬脚村。日兵几次夺门都未成功，反有多人被击毙。此时，日军处在围墙之下，既不能进，又不能退，完全陷入了死地。日军为摆脱困境，向前突击，又有一名少尉和几名士兵中弹丧命。余下的 6 名军官，已有 5 名受伤。直到 10 时 40 分，步兵第四联队第一大队长山田忠三郎少佐和第三大队第十二中队长幸村常大尉率部来援，第三中队才脱离险境，然已有 52 人伤亡，中午时，日军从上风纵火烧庄，黑旗军才不得不撤离该村北退。

10 月 12 日，根据乃木希典的命令，山口素臣率领所部沿海岸地带向东港前进。原有中字营管带吴光忠在此驻守，闻风北遁，日军不战而占领东港。横在东港前面的淡水溪，因其下流没有桥梁，日军炮队和粮食运不过去，只好在东港等待架桥。14 日，日军 1 个大队和 1 个中队到桥沟溪一带搜索，遭到一营清军的伏击，伤亡 94 人①后又退回宿营地。15 日，架桥已成，山口便率部渡江北进，占领了奉山。

同一天，日本海军对打狗炮台发动了进攻。早上 6 时，常备舰队司令官有地品之允中将乘坐旗舰吉野在前，秋津洲、大和、八重山、浪速、济远 5 舰继之，向打狗炮台逼近。6 时 40 分，开始炮击。8 时，日本 6 舰排成一列，准备派陆战队登陆。炮台开始猛烈还击。日舰急"拔锚回旋，同时益加攻击炮台"。下午 1 时，已经集合在海面的大小汽艇 20 余只，装载陆战队，在炮火的掩护下，开始靠近海岸。炮台守将为刘永福第三子成良，率部撤回台南。至下午 4 时 18 分，日军完全占领了打狗炮台。

10 月 16 日，日军步兵第十六联队的两个中队逼近凤山南门，步兵第四联队从西门冲入城内，占领了凤山。下午 1 时，乃木希典率第二师团主力进入凤山县城。

10 月 18 日，乃木希典以山口素臣为前卫司令官，率部先从凤山出发，亲率第二师团主力继后，向台南前进。并另派出两个支队：一个支队去台南以东的关帝庙，与近卫师团取得联系，以防台南防军逃往内山；一个支队沿海岸向台南前进，与海军取得联系，以防台南守军从海路逃跑。

10 月 19 日，日军第二师团前卫步兵第十六联队第一大队，在福岛庸智大佐的指挥下，占领台上庄后，又继续北进。上午 7 时，当行至二层行溪南时，遭到郑清所率领的义民的伏击。"郑清者，本凤山绿林豪，其侪七百，应刘帅（永

① 《日清战争实记》第 43 编，第 25—26 页。

福)募来谒,不愿受饷,愿杀敌,领一军守凤山路。至是,遇敌骑齐踊跃伏而击之。"①据日方记载:"敌军潜伏在甘蔗地里,待我军来到,突然从十几公尺外射击。部分敌兵退至二层行村头,以民舍为地物,顽强抵抗我军。我尖兵一个小队正面和侧面皆受敌。交战片刻,又派两个尖兵小队从左右两翼包抄,合力向甘蔗地里之敌兵激射,始将其驱逐。我又进至二层行溪岸,猛烈射击河对岸之敌。但敌军顽强不动,枪声益烈。"②福岛又派两个中队渡河,向义军进逼。并命令炮兵在河南岸占领阵地,向二层行村猛轰。激战3个小时,义军战士有40余人战死,伤者更多,郑清始率余部退入山内。当天,乃木希典率第二师团司令部到二层行村,一面派人侦察附近地势,一面研究制订进攻台南的作战方案。

当日军第二师团主力从南路步步进逼台南之际,混成第四旅团也从北路向台南急进。10月18日,伏见贞爱命令步兵第五联队向王爷头发起进攻。"王爷头是海岸道路的要冲,前面有急水溪,有广漠的平野战地,又有为防潮水或区划盐田而设的、高两三公尺的堤坝十数条。因乃在此构筑掩堡,备克鲁伯野炮及山炮,专以守卫海岸道路。"刘永福命李翊安统带翊字军左、右两营在此守卫,并有义军4营配合,经常出没于布袋嘴一带,袭击日军守备队,威胁日军的粮道,给混成第四旅团的南进造成了很大的困难。为此,伏见贞爱特命步兵第五联队占领王爷头,以扫清旅团南进路上的一大障碍。是日凌晨4时,步兵第五联队长佐佐木直大佐率部从盐水港出发,以石原应恒少佐率步兵第一大队(缺1个中队)和炮兵第一中队(缺1个小队),为前卫;大熊淳一少佐率步兵第三大队(缺1个中队)、炮兵1个小队和骑兵1个分队,为右翼队;佐佐木本人率第五联队本部和步兵第二大队(缺1个中队),为主力。上午6时,日军前卫集合于铁线桥,拟向西进至4 000公尺处渡过急水溪,以击翊字军的侧背。此时,李翊安已率翊字军和义军抢先渡过急水溪,据守铁线桥西方约12里的村庄,以阻止日军前进。8时40分,日军冲入庄内。翊字军奋勇抗御,与敌人展开了肉搏,"刀枪交加,呐喊互扑,白刃飞火,奋击突战"。最后,日军放火烧毁村庄,才得以渡过急水溪进至南岸,突入翊字军炮兵阵地的侧背面,而6名中国炮兵至死不退。连日人也不得不赞叹:"其炮兵直至我兵突入阵地时尚不

---

① 　洪弃父:《台湾战纪》,见《中日战争》(6),第347页。
② 　《日清战争实记》第47编,第18页。

退走,炮手六名终死在炮侧,虽为敌人,其勇敢真值得赏叹,可称为中日战争以来未曾有的勇兵!"最后在王爷头的决战中,"敌兵的一队决死防线,一步也不退,终有七十余人以身殉职,这亦是华兵中绝不可见的勇兵"!①直到下午5时,日军才占领了王爷头。在这次战斗中,日军死伤22人,其中有大尉以下军官6人,而翊字军和义军则牺牲了300多人。

王爷头失守后,曾文溪成为台南府城北路的最后一道防线了。此时,日本南进军司令部已进至茅港尾。曾文溪在茅港南10里,台南北34里。溪之南岸有一条高丈余的长堤;北岸为沙地,甚不便步行。刘永福想利用此处的地势,进行最后的抗御。他命总兵柏正材统军至曾文溪,兼统王德标七星队及林义成、简精华等义军。徐骧先是奉刘永福命,至卑南招募义民,得700人。刘永福名之为先锋营,命徐骧驰赴前敌,亦抵曾文溪。总兵力约4 000多人。

徐骧(1858—1895),字云贤,台湾苗栗头份人,后移居台南屏东。祖籍广东。"年十八举秀才,文武兼能,居身清廉。"②后执教于头份。其为人,"性刚毅,具胆识"。③日本挑起甲午战争之初,徐骧即为台湾的地位而忧心忡忡。对乡人言:"日人实逼处此,包藏祸心,眈眈逐逐,志不在小。彼之馋涎滴滴向吾台落者,已非一日矣。今日事端已启,燎原难遏,势必出于战;战则吾国必败,败则必割地以求和,求和则必首以吾台为馈赠品。"及闻朝廷将台湾割与日本,他不禁义愤填膺,坚决表示:"愿吾血随吾台俱尽,吾头与吾台俱碎。"日军侵台后,毅然投笔从戎,号召乡人"人自为战,家自为守"④,组成义军一营,带之奔赴前敌。自从高揭义旗抗日,转战各地,几乎每战必与,出生入死,艰苦备尝,屡挫屡奋,抗敌之意从未稍衰。有人问以:"眷属何在?"浩然对曰:"有天道,台湾不亡,吾眷可得也;台湾亡,遑问家乎!"皆为之肃然起敬。徐骧好冲锋,每战必身先士卒,抵曾文溪后或劝之,则谓:"此地不守,台湾亡矣!吾不愿生还中原也!"⑤听者无不感动,同仇敌忾,愿与敌决死战。

10月19日凌晨3时,伏见贞爱率混成第四旅团从茅港尾出发,向曾文溪前进。根据日本侦察骑兵的报告,曾文溪的正面防守非常严密:"在左岸高地

---

① 《台湾抗战日方资料》,《中日战争》(6),第500—503页。
② 台湾省文献委员会:《徐骧事迹调查》,转见张雄潮:《苗栗抗日英烈三秀才》,《台湾文献》第17卷第1期。
③ 《台湾省通志》卷7,《人物志》。
④ 江山渊:《徐骧传》,见《小说月报》第9卷,第3号。
⑤ 洪弃父:《台湾战纪》,见《中日战争》(6),第342、346页。

筑有防御工事,沿岸有完备的掩体和炮兵阵地,设有加特林炮。四千名黑旗军携带着毛瑟枪。在曾文溪右岸埋有三十九个地雷,于各处设置陷阱,并且还在涉渡点水下敷设水雷。敌军之精兵尽集于此。"伏见知道从正面进攻,必定会招致重大的伤亡,于是决定:先以步兵两个中队携带火炮4门,自大道前进,佯攻黑旗军的正面阵地,使之无暇他顾,然后亲自率领7个中队,携带两门大炮,从曾文溪上游涉渡,绕攻右翼。日军过溪后,乘朝雾,衔枚疾进,于晨5时逼近黑旗军右翼。黑旗军和义军急起应战,"始则徐射,继而白刃相接"。①日军猛放大炮,掩护步兵齐攻。由于力量过于悬殊,黑旗军和义军势难抵御。徐骧率先锋营与敌步战,拼搏在前,首中敌炮,犹跃起而呼曰:"丈夫为国死,可无憾!"②仆地不起。"弹飞金铁多摧臂,炮洞心胸尚怒眸。"③对于他的牺牲,时人曾评之曰:"蓬荜下士,闾阎细民,而能提三尺剑奋袂以兴,弃父母,捐顶踵,以为国家争尺寸之土。若徐骧人者,尤可敬矣!"④徐骧殉国后,总兵柏正材随之阵亡。王德标下落不明。死者共204人,伤者无数。林义成和简精华则突围而出。后来,林义成回到凤山,继续领导义军抗日;简精华则投奔云林大坪顶,与柯铁联合抗日。

曾文溪之战,为黑旗军保卫台南的最后一战,从此再也组织不起来有力的抵御了。

三　台南府城的陷落

从日军登陆澳底以来,黑旗军先出兵台中,后保卫台南,已历时近5月。至此,日军陆海俱进,南北夹攻,三面包围,台南府城完全处于敌锋之下,危在旦夕。

刘永福这位当年抗法英雄,曾在越南战场上叱咤风云,名震宇内,如今却处于完全绝望的困境了。他自率部来台后,既不为朝廷所信任,又受到上司的压制和排挤。他曾提出招前在越南抗法的旧部3 000人"到台南扼守,兼为北援",多方请求,"言辞恳切,近于哀求"⑤,均不被允准。不仅如此,而且粮饷全

---

① 《日清战争实记》第46编,第24—25页。

② 《台湾省通志》卷7,《人物志》。

③ 黄家鼎:《补不足斋诗钞》,见《中东战纪本末续编》第2卷,第21页。

④ 江山渊:《徐骧传》,见《小说月报》第9卷,第3号。

⑤ 《刘永福乞总署代奏下忱书》,《普天忠愤集》第1卷,第23页。

无。为了支撑危局，尽管采取发银票、印邮票等办法，以济燃眉之急，然"以财政万分困难，杯水车薪，无从救济"。他号召爱国绅民"有银帮银，有钱帮钱，无钱帮米"①，勉度难关。屡次派人渡海向两江、浙闽、两广总督告援，皆无成效，因为朝廷早有严旨禁止运粮械济台。试读7月以后刘永福致张之洞的求援告急电报：

7月11日："台北义勇甚得力，台南饷械极支绌。易道顺鼎目睹，慨然任往江南，力求垂救。绅庶留权道篆助福为理，乞即饬令回台。事关大局，无论如何，多拨饷械，千万莫延。"

7月17日："月前共肃三禀，由厦门复寄三电，易道去又呈一缄，不知已邀垂鉴否？心甚悬悬。饷械奇绌，恩赏多少，祈速接济。"

8月19日："闽、粤饷无济，台南已无法可筹。民不许行，我公不救，兵民皆乱，福死何益？痛哭乞援，望切望速。……天地父母，只公一人，乞救福死，而拯民生。"

8月21日："福所以死守台南，为大局，非为私也。饷械不至，俄师渺然。我建孤忠所在，诸公必有以图之。事急矣！生死安危，惟公是命。如克有济，则祖宗之土地幸甚，台湾数百万之生灵幸甚，福亦幸甚！"

8月22日："今饷械俱绝，民兵将乱，何以战守？福死奚惜，恐屏藩一弃，各国狡然生心。天下仰我公一人，乞为大局计，痛哭流血，乞速设法救援，守走死生，望公一言为定。"

刘永福函电迭至，张之洞拖延不复。直到8月25日，张之洞始转电刘永福，告以："朝廷不得已割台，曾有旨召各官内渡，阁下自在其内。"并谓："台向不归江南管辖，未便越俎。"②拒绝了刘永福的请求，并暗示其内渡。当时，刘成良"揣度情势，预知不久"，也私下劝说其父刘永福内渡。但刘永福尚存一线之望，不忍心弃台湾百姓而去，答曰："虽无粮，何以对百姓？"③

10月初，忽传出消息："已有密旨，令南洋接济台湾。"台湾绅民大受鼓舞，拟再请刘永福为民主国总统，道员易顺鼎为副总统，"合力共谋，同心同德，扫

---

① 黄海安：《刘永福历史草》，见《中日战争》(6)，第409—410页。
② 《张文襄公全集》，《中日战争》(5)，第144—147页。
③ 黄海安：《刘永福历史草》，见《中日战争》(6)，第411页。

平倭寇"，"以转旋台北之乾坤"。①实则所谓密旨乃是讹传。10月2日，由台南回厦门商借兵械的易顺鼎，接到张之洞的来电："台事奉旨不准过问，济台饷械更迭奉严旨查禁，此时台断难救。且事必不能密，万一泄漏，徒碍大局，朝廷必然震怒；且东洋必更加诘责要求，岂不所损更多？是欲为国家而反累及国家也。此事关系重大，务望权其轻重，速离厦门，免生枝节为要。"②易顺鼎闻电后，叹曰："不意天子断送台湾如此之酷，全台亿万生灵从此遂无生路，冤哉！"③为之感慨不已。

台南外援既断，粮饷又复告罄，使刘永福进退失据。正如时人指出："即卧龙复生，亦不能挽回大局。"④此时，他见"四处之罗掘俱穷，百般之设法亦尽，张（之洞）、谭（钟麟）之接济已成画饼，番奴之进逼急若燃眉"，痛感"盖未动兵先筹粮，兵家为第一要。今日睹此情形，粮饷必定涸罄，土崩瓦解，势所必然。自念焦灼，言之激昂。"⑤不禁悲呼道："内地诸公误我，我误台民！"⑥到10月9日，嘉义陷，台南成为一座孤城。正是："兵穷食尽孤城在，空使将军唤奈何！"⑦刘永福正在无计可施之中，英国驻台南领事胡力穑来访。相见后，胡力穑代表洋商的利益，向刘永福提出议和之事，因此双方有如下之对话：

胡："打得久矣，各商民亦甚辛苦，究不如大家和好方为上策。"

刘："如何和法？讲和之事，不是金银讲的。如果和了，百姓得安和亦好；但恐和后，我去了遭残百姓，我心何忍？"

胡："和了，公内渡后，台之百姓即日百姓，焉有遭残乎？"

刘："不知他如此否？他如果得安百姓，亦未尝不可。"⑧

在胡力穑的劝说下，刘永福考虑，别无他法可想，只有和之一途。

10月10日，即日本第四混成旅团登陆布袋嘴的当天，刘永福通过英国军舰皮克号向日军转交了一封致桦山资纪的信。此信于11日转送给高岛鞆之助。内称："现在本帮办意欲免使百姓死亡受累，故本帮办亦愿将台让与贵国。"但提出要"先立条约两端"：一、要求日军"厚待百姓，不可践辱，其台民不

---

①③　易顺鼎：《盾墨拾余》，见《中日战争》(1)，第145页。

②　《张文襄公全集》，《中日战争》(5)，第148页。

④　《上张香帅起义兵救援台湾书》《普天忠愤集》第8卷，第24页。

⑤⑧　黄海安：《刘永福历史草》，见《中日战争》(6)，第411页。

⑥　姚锡光：《东方兵事纪略》，见《中日战争》(1)，第106页。

⑦　吴质卿：《感事诗》，见《近代史资料》1962年第3期。

拘何项人等,均不得加罪残害,须当宽刑省法";二、对其本人"所部兵勇以及随员人等,亦须厚待,不可侮辱,将来须请照会闽浙总督、两广总督或南洋大臣,迅速用船载回内地"。高岛当即代表桦山复书拒绝刘永福之请,谓:"汝似欲具条件乞和,曩依下关条约本岛归我日本版图时,总督桦山海军大将因好意起见,夙陈利害顺逆之理,恳谕汝速投兵撤回。乃汝当时故意左右其辞,斥此好意,窃据南部台湾之地,以至今日。况唆使当地匪类,悍然抗我王师,久致本岛于扰乱者,汝实其魁也。今大军逼在咫尺,命在旦夕,仍觍然乞和,且具条件,拟一如对等国将领相接议事之式,此本职所最不解者也。汝若悔前非,欲诚意乞降,唯有面缚自来军门乞哀而已。"接复书后,刘永福于 14 日再次致书高岛,指出:前看桦山"既肯商议和好,今忽附言投降,将何以明信于天下耶?"并特别警告说:"双方攻战,其胜败之数不可预期,徒害生灵而已。本帮办为爱恤人民起见,始有此和议耳。若本帮办战不能胜,即率旧人退入内山,亦可支数年,而不时出战,决不令安居此地也。"①从这些书信往来中,可以看出,此刻刘永福要的是有条件的和,而日方则要的是无条件的降。由于双方在原则立场上存在分歧,是根本谈不拢的。

当时,摆在刘永福面前的只有两条路:一是进入内山;二是内渡大陆。他一直在这两条出路之间摇摆,内心矛盾重重,长期难以作出决断。他在致高岛鞆之助书中说过"退守内山"的话。事实上,他也有此准备,在情况紧急时"安排退入内山",并"已将辎重军装先用牛车运往"。尽管如此,因对进入内山坚持武装抗日,感到前途难卜,始终缺乏信心。在敌人大军压境之际,他起初确实想通过和谈来达到顺利内渡的目的,当这条路被堵死后,又想到还是要转移内山。此时,他致书易顺鼎称:"誓不走,如万难支,决入内山作草寇,与遗民共存亡。"②10 月 18 日,刘永福召集部将会议,"或言退倚城东山,或言出城决战"。③在当时来说,出城决战实孤注一掷,勇则勇矣,必全军覆没无疑。乃议决"退守关帝庙庄,据山以守"。④这应是当时唯一正确的决策。据易顺鼎称:"台北义民望刘入内山尤切。盖入内山有四利:一、地险倭不能入;一、粮足军不至饥;一、生蕃与倭为仇;一、义民到处相应。刘一日在内山,倭一日不安枕,犹之

---

① 《台湾抗战日方资料》,《中日战争》(6),第 495—498 页。
② 易顺鼎:《盾墨拾余》,见《中日战争》(6),第 445 页。
③ 洪弃父:《台湾战纪》,见《中日战争》(6),第 348 页。
④ 连横:《台湾通史》上册,第 78 页。

刘一日在越南保胜，法人一日不安枕也。"①其后台湾局势的发展，证明这一分析是正确的。假若真能实行此策，则台湾人民的反割台武装斗争必定会出现一个崭新的局面。

但是，到了 10 月 19 日，在这必须立即实施进山计划的最后时刻，他却犹豫了。此日，曾文溪一战之惨败，使他大为震惊。这位身经百战的英雄，却求助于神灵，焚香跪求，得签云："木有根枝水有源。"解曰："求财不得；求病必死；求子生女；失物无回；出行多阻。"签语颇不吉利。适在此时，谭钟麟托人带信来，促刘永福内渡。同时，台南城内"粮饷已罄，人心已变，将有哗溃之虞"。这样，他才下决心"拼死也要内渡"。②当夜，刘永福率其子成良及部将、幕客数人至安平，乘英国商船爹利士号渡厦门。

10 月 20 日，日本吉野、浪速、大和、秋津洲四舰进入安平港内，而炮台并不发炮，绅民始知刘永福业已内渡。21 日凌晨 1 时，台南东门外教堂的英国传教士巴克雷等，至二层行村日军第二师团前哨报信。同时，沿海岸前进的右翼支队派人送来海军所得的消息，也证实了巴克雷等的报告。本来，日军决定于 23 日发动总攻。乃木希典见情况有变，便命令前卫司令官山口素臣提前占领台南。21 日黎明，山口率队自二层行村附近的宿营地出发，从小南门进入台南府城。至此，存在了 149 天的台湾民主国，终告灭亡。

10 月 27 日，桦山资纪发布告示声称："台湾全岛已全部平定。"11 月 18 日，桦山又正式向参谋本部报告"台湾全岛平定"。③但是，他高兴得未免太早了。"全局输未定，已溺有燃灰。"④此后，在日本帝国主义统治台湾的半个世纪里，台湾人民反抗日本统治的斗争从来没有停止过，他们用鲜血和生命在近代中国人民反帝斗争史上写下了璀璨夺目的篇章。

---

① 易顺鼎：《盾墨拾余》，见《中日战争》(1)，第 147 页。

② 黄海安：《刘永福历史草》，见《中日战争》(6)，第 413 页。

③ 《日清战争实记》第 47 编，第 25、43 页。

④ 《岭云海日楼诗钞》卷 2，《送颂臣之台湾》。

结束语

甲午战争的结局及其影响

1894 年爆发的中日甲午战争,是近代史上划时代的重大事件。这次战争是日本蓄谋挑起的。因此,对中国来说,它是一次反侵略战争,其性质是正义的。但是,由于清朝统治集团的腐败无能和战争指导上的失败主义,这次战争终以中国的失败而告终。

在中国近代史的前 80 年当中,清政府领导了五次大规模的反对外国资本主义、帝国主义列强侵略的战争,即鸦片战争、第二次鸦片战争、中法战争、中日甲午战争和抗击八国联军战争。这五次反侵略战争的结局是相同的,最后都是以中国失败签订丧权辱国的不平等条约而告终。其中,甲午战争失败所造成的影响最为深远。这次战争,大大加速了中国社会向殖民地、半殖民地沉沦的过程,同时也是中国近代民族觉醒进程中的一个重要转折点。

甲午战争的爆发,并不是一次偶然的事件。它是日本明治政府长期推行对外扩张政策的产物。早在 1868 年,明治天皇睦仁登基伊始,即颁行诏书,宣称"开拓万里之波涛,宣布国威于四方",以实行对外侵略扩张为基本国策。日本的侵略矛头,主要是指向中国。为此,明治政府进行了长期的扩军备战活动。1870 年,开始推行军制改革,实行全民义务兵役制,建立近代常备军。1874 年侵略台湾受挫后,明治政府深感海军力量之不足,向英国订购了扶桑、金刚、比睿三艘铁甲舰,以充实海军。1886 年,发布海军公债令,开始实施第一期三年造舰计划。1888 年,中国北洋海军正式成军后,明治政府以超过北洋舰队为目标,又提出了庞大的第二期五年造舰计划。并先后向英、法两国购买了 6 艘大型新式战舰,使它的海军力量一跃而居于北洋海军之上。到 1894 年,日本利用朝鲜东学党起义之机,采取欺骗手段,诱使清政府派兵入朝,从而为其大规模出兵朝鲜制造借口,以促成中日直接开战。与此同时,还在外交上纵横捭阖,无所不用其极:一则欺骗、麻痹清政府,以使其相信和局可保;一则分化、拉拢西方列强,以使其默许、支持日本发动侵略战争。是年 7 月 25 日,日本海军便在丰岛海面对北洋舰队发动突然袭击,终于挑起了战争。

这次战争打了 8 个月,中国屡遭挫败,日本也打得并不轻松,甚至可以说已经精疲力竭了。整个过程分为三个阶段:第一阶段,从 1894 年 7 月 25 日至 9 月 17 日,战争是在朝鲜半岛及其附近海面进行。先有丰岛海战和成欢陆战,后有中日陆海决战的平壤之战和黄海海战。第二阶段,从 9 月 18 日至 11 月 22 日,战争是在鸭绿江北岸和辽东半岛进行。主要有鸭绿江防之战和金旅之战。第三阶段,从 11 月 23 日至 1895 年 3 月 29 日,战争是在辽东、辽南、辽河下游、山东半岛及澎湖岛进行。主要有辽东之战、辽南之战、辽河下游之战和威海卫之战。4月17日，李鸿章代表清政府在日本马关签订了空前丧权辱国的《马关条约》，宣告了甲午战争以中国的失败而告终。

在这次反侵略战争中，从光绪皇帝到清政府的多数官员是积极主战的，有些官员甚至主动请缨赴敌。在海军和陆军中，还涌现出众多的誓死抗敌的爱国将士，或奋勇搏战，战功卓著，或壮志未酬，血染疆场，或被困援绝，宁死不降，表现了崇高凛然的民族节操和视死如归的英雄气概。日军所到之处，当地群众也都自发地展开了抗日斗争。台湾人民所进行的反割台武装斗争，尤为慷慨激烈，可歌可泣。但是，无论帝党的积极主战还是爱国军民的英勇斗争，都未能挽回战争的败局。

经过甲午一战，日本成为亚洲的战争暴发户。日本向战败的中国索取赔款库平银2亿两，再加上赎辽费3 000万两和威海卫日军守备费150万两，共2.315亿两，约合3.472 5亿日元。另外，还从中国掠夺了大量的战利品，包括舰艇、轮船、汽船、军港设备、机器、枪炮、弹药、金银、粮食等等，约略计之，其价值也有1.2亿日元。当时，日本政府的年度财政收入才有8 000万日元。这次战争掠夺，使日本发了大财。日本前外务大臣井上馨踌躇满志地说："在这笔赔款以前，日本财政部门根本料想不到会有好几亿的日元，全部收入只有八千万日元。所以，一想到现在有三亿五千万日元滚滚而来，无论政府或私人都顿觉无比地富裕。"①

日本第一次真正地尝到了发动侵略战争的甜头，更加刺激了它对外扩张的野心。从此，日本政府便大力扩张军备，为发动新的战争而作准备。早在马关议和期间，日本陆军大臣山县有朋大将即提出，以"扩大利益线，称霸东洋"为目的，把师团编制加以扩大，以便作为战略单位使用。三国干涉还辽事件发生后，日本参谋本部制定了打败俄国远东军队的扩军计划，把师团的建置翻一番，即在原有的6个师团（1个近卫师团除外）的基础上再增加6个师团。并迅速扩大炮兵和骑兵，使其成为能够适应近代化战争的军队。海军大臣西乡从道大将也提出了庞大的扩充海军的计划。"其目标是要在德国或法国同俄国

---

① 转见拙编：《甲午战争九十周年纪念论文集》，第19页。按：战后，日本政府以"库平实足"、英镑支付等名义，强迫清政府实际支付的赔款数为库平银2.6亿两，折合日金约3.9亿元，而不是3.5亿元。（见拙文《甲午战争赔款问题考实》，《历史研究》1998年第3期）

联合起来时,用以击沉这两个国家能够联合派到东方来的舰队。"①据统计,日本从中国所取得的偿金,用于陆军扩充费为 5 700 万日元,海军扩充费为 1.39 亿日元,临时军事费为 7 900 万日元,发展军舰水雷艇补充基金为 3 000 万日元,共 3.05 亿日元,占偿金总数的百分之八十五。②

根据《马关条约》第六款,中日两国还进行了通商行船条约的谈判。这次谈判历时 1 年,双方于 1896 年 7 月 21 日签订了《中日通商行船条约》29 条。条约规定,日人在中国已开及日后约开的通商口岸有设立工厂企业的自由。本来,通过《马关条约》第 6 条,清政府已经为日本新开了沙市、重庆、苏州、杭州四个商埠。在这次谈判中,中国方面提出对日人所开工厂征百分之十的内地制造税,而日方又以此为要挟,胁迫清政府增辟天津、上海、厦门、汉口四处租界(日在上海设租界的图谋最终未成)。在日本工商界看来,以制造税而换取四处租界的设立,是一个值得庆幸的成功。因为这样一来,日本在中国取得了 8 处专管租界的设立权,比英国还多 3 处,其"已达一百万锭并仍在骎骎发展中的各纺织公司的棉纱等各种产品,将滔滔不绝地流进这个巨大市场。"因此,甲午战争成为日本资本主义发展的"跳板"。"由于巨额赔款的流入,一面进行以扩充军备为核心的产业革命,另一方面获得了采用金本位制的资金,也就拿到了参加以伦敦为中心的国际金融市场的通行证。日本资本主义依靠地理上靠近中国和拥有较多的专管租界,取得了比欧洲列强更为有利的条件,登上了开拓中国市场的新旅程。"③

于是,日本的企业得到了迅速的发展。1892 年,日本全国有工厂 2 767 家,其中使用动力的工厂 987 家,共有 31 916 匹马力;而到 1896 年,工厂数便增到 7 640 家,其中使用动力的工厂发展到 3 037 家,共有 64 429 匹马力,翻了一番还多。④经济力量也大为增强了。1893 年,日本全国共有 703 家银行,资本约 1.1 亿日元;而到 1898 年,便增到 1 752 家,资本 3.8 亿日元,差不多翻了两番。更值得注意的是,日本政府从中国的赔款中拿出 579 000 元用来发展钢铁,并建立了八幡制铁所,决定扩大炼钢计划,在 1896 年实现年产 18 万吨钢的目标。1898 年年底,农商大臣曾弥荒助为取得廉价的铁矿石,曾计划向中

①　藤村道生:《日清战争》中译本,第 185—186 页。
②　石井宽治:《日清战后经营》,见《岩波日本史讲座》(1976 年改订版),近代部分(4),第 54 页。
③　信夫清三郎:《日本外交史》中译本,上册,第 293 页。
④　日本大藏省:《金融事业参考书》,转见东京大学出版会:《日本经济史大系》第 6 卷,第 123 页。

国贷款,以租借中国的大冶矿山,但未成功。这是日本企图通过资本输出而获得利权的最初尝试。后来,日本政府便逐步确定了"以国家资本为中心而进行资本输出这种日本式的特殊的帝国主义政策"。①

对日本来说,占领台湾也有着重要的意义。日本首先垄断了台湾利润最大的樟脑业,使台湾总督府财政从日本财政中独立出来。台湾殖民政权又实行所谓"无主地"国有化和进行强制性购买土地,对台湾实行资本扩张。并增加税收,对台湾人民进行敲骨取髓的压榨。连台湾民政长官后藤新平也不得不承认,从台湾民众的纳税能力来看,其负担太沉重了。日本学者指出:"在台湾内部已经萌发的独自发展的基础,已经被这种征服性的掠夺摧毁了。"②台湾完全成了日本资本主义的商品和原料市场。但更为重要的是,占有台湾使日本有了南进的基地。早在《马关条约》签订之前,山县有朋即向睦仁奏称:"我国应以本次战争为机取新领地于海外。果如斯,则为其守备必须扩张军备,更何况欲乘连捷之势趁机成为东洋盟主者乎? 盖以往军备皆以维持主权线为本,然若欲使本次胜利不致徒劳无效并进而为东洋盟主,则须谋取利益线之扩张。"三国干涉还辽事件发生后,睦仁授意伊藤博文:"(辽东)半岛不必急取,此次战守已通晓其地理人情,为时不远,或从朝鲜或从某地再战之期仍将来临,彼时取之亦可。"③日本的北进和南进虽有缓急之分,但对大陆的扩张政策却要坚定不移地贯彻下去。

日本资本主义以战争为契机而迅速发展起来。这种发展是以扩军备战为动力的,使日本迅速走向带有军事封建性的帝国主义。于是,日本开始成为远东的主要战争策源地。此后的半个世纪中,它多次发动对外扩张的侵略战争,最后终于遭到彻底的失败。可见,甲午战争的胜利也为日本的最后失败埋下了伏因,成为日本军国主义最终败亡的起点。

甲午战后日本的崛起,改变了远东国际形势的格局。甲午战争前,远东地区国际形势的基本格局是英俄的对立和争霸。中国和日本的情况虽有不同,但都受到不平等条约的桎梏。甲午战争的胜利,使日本一跃而为亚洲强国,开始挤进了列强的行列。而中国的国际地位则一落千丈,沦为受列强支配、宰割

---

① 藤村道生:《日清战争》中译本,第193页。

② 石井宽治:《日清战后经营》,见《岩波日本史讲座》(1976年改订版),近代部分(4),第59—60页。

③ 井上清:《日本帝国主义的形成》中译本,第58、59页。

的对象。本来,在远东的争衡中,英国是占据上风的。可是,甲午战争后,俄国和法国都加强了它们在远东的侵略活动,德国开始参加远东地区的争夺,美国则先是兼并夏威夷和从西班牙手中夺取菲律宾,继而提出独立的对华门户开放政策。所有这些,都是对英国在远东的传统的优势地位的挑战。于是,列强在远东地区的角逐日趋激烈,预示着一个更加动荡不安的时代的到来。

甲午战争的失败,对整个中国社会震动之大,影响之深,都是前所未有的。中国从前只被西方大国打败过,如今竟被东方小小的岛国日本打败了,不仅割国土,赔巨款,丧利权,蒙受奇耻大辱,而且进一步刺激了列强侵略中国的野心,大大加速了中国半殖民地化的进程。中国的民族危机愈益深重了。

清政府为偿付日本的巨额赔款,只能向西方列强大举外债。甲午战前的30余年间,清政府曾向英、德各国商人借债25次,总额才4100余万两。到甲午战争爆发时,这些外债绝大部分已经偿清。从甲午战争爆发到中日议和期间,清政府又向英商银行和通过德商银行借了4笔外债,共合4300多万两。以上借款虽皆以海关为担保,但数额不巨,而且其经济性质大于政治性质,对中国的危害还不是太大。清政府为偿付日本赔款而举借的外债,情形就完全两样了。先后向俄、法、英、德四国三次大借款,总计3亿两,连本带利共6亿多两。其数额之巨大是十分惊人的。这三次外债的偿还期,或36年,或45年,都附加了苛刻的条件。如第三次续借英德洋款,合同言明:以海关税收、苏州淞沪九江浙江厘金及宜昌鄂岸皖岸盐厘为担保;本借款起债后12个月内中国保证不向他国借款;偿还期为45年,中国不得提前一次清还或改变其他还法;此次借款未付还时,中国总理海关事务应照现今办理之法办理。通过这次借款,英、德两国便控制了中国部分重要的财政行政权,而且其期限竟然长达45年。列强假此庞大债务攫取了大量利权,使中国处于列强的枷栲压榨下长期不能自拔。

与此同时,虎视眈眈的列强乘机掀起了瓜分中国的狂潮。先是在1895年,德国即向清政府要求设立天津、汉口两处租界,作为还辽的报酬。1897年11月14日,又以巨野教案为借口出兵占领胶州湾。1898年3月6日,强迫清政府签订《胶澳租界条约》。其中,规定将胶州湾租与德国,为期99年;德国有权建造由胶州到济南的铁路,并享有铁路沿线30里以内的开矿权。这样,德国终于实现了蓄谋已久的侵略野心,不仅把胶澳地区夺取到手,变成直接统治的殖民地,而且把侵略魔爪伸向山东内地,从而控制了山东全省,作为自己的势力范围。随后,俄国以"助华"为名骗取清政府的同意,将军舰开进旅顺口,从此赖着不走。并胁迫清政府于 3 月 27 日、5 月 7 日先后签订了《旅大租地条约》和《续订旅大租地条约》。这两项条约规定俄国租借旅大 25 年,并有建造南满铁路的权利,使它实现了长期梦寐以求的对中国东北的控制,从而大大加强了在远东的战略地位。同年 4 月 10 日,清政府与法国互换照会,承认中国滇、桂、粤诸省领土不割让或租与他国,成为法国的势力范围。英国借口维持大国的均势,强迫清政府于 6 月 9 日签订《展拓香港界址专条》,承认九龙及大鹏、深圳二湾为其租借地,定期 99 年;7 月 1 日签订《订租威海卫专条》,规定中国将刘公岛并威海湾内诸岛及威海全湾沿岸以内 10 英里的地方租与英国,租期与俄国驻守旅顺之期相同。1899 年 8 月,日军在鼓浪屿登陆,迫使清政府于 10 月 25 日签订《厦门日本专管租界条款》,取得了在厦门设立租界的权力。并企图占领整个厦门地区,将福建以至浙江划入日本的势力范围。11 月 16 日,法国又强迫清政府签订《广州湾租界条约》,将广州湾租与法国,亦以 99 年为期。自从德国强占胶州湾后,帝国主义各国纷纷接踵效尤。在短短的几年时间内,或夺占海港,或争划势力范围,把中国的大好河山分割得支离破碎,整个神州呈现出一幅触目惊心的图景。列强的蚕食鲸吞,使中国面临着亡国灭种的危险。

国将不国,何以图存? 这个问题,还从来没有如此严重地摆在中国人民的面前。豆剖瓜分的危险,给中国人民敲响了警钟,促进了民族的觉醒。

"灭洋!"农民群众最先响亮地喊出了这个口号。以农民为主体的人民群众,把斗争的锋芒直接指向了帝国主义列强。早在 1894 年的夏秋之交,山东、安徽交界一带农民即以"灭洋"为口号而开展斗争。是年 10 月,有一位官员奏报朝廷道:"外患不除,内忧恐起。近闻山东曹濮、安徽颖亳各地,伏莽欲动,假'兴华灭洋'为名。"①这种斗争,起初主要是以反洋教的形式而出现的,而且范围日益扩大。一个传教士到该地区进行了调查,说起事的农民专"与天主教作敌,凡天主教堂,思尽烧毁;天主教人,思尽杀灭。聚众数万人,在曹县、城〔成〕武县、单县、沛县、萧县、砀山县、考城县、兰仪县所有教堂,烧毁的不少。"②其后,斗争发展到山东、直隶交界一带,更提出了"扶清灭洋"的口号。这些斗争

---

① 《光绪年奏稿》(清写本)。

② 济宁福音院:《大刀会起止论》,见登州《山东时报》,光绪二十二年八月初五日。

彼伏此起,最后汇合成了具有全国规模的轰轰烈烈的义和团运动。到 1898 年
10 月 24 日,赵三多、阎书勤等在山东冠县梨园屯发动起义,正式打出了"扶清
灭洋"的旗号。这次起义,可以视为义和团运动的起点。从此,"扶清灭洋"便
成了义和团运动的主要口号。这个口号的提出,反映了帝国主义与中华民族
的矛盾已成为中国社会主要矛盾的客观事实,但也说明了农民群众没有科学
的思想武器去分析帝国主义的本质及其与清政府的关系。这样,在他们自发
反帝斗争的实践中便产生了极其矛盾的现象:一方面,高呼"灭洋"口号而盲目
排斥洋人洋物;另方面,则打出"扶清"旗帜而蒙受即将沦为"洋人的朝廷"的清
政府的欺骗和利用。可见,几千年来的农民运动尽管到此时增添了反帝的内
容,却仍然无法摆脱皇权主义的束缚。因此,甲午战后以农民为主体的群众自
发反帝斗争,从根本上说来并没有超出旧式农民起义的范围。这正是"扶清灭
洋"口号的历史局限性所在。

当农民群众自发反帝斗争方兴未艾之际,资产阶级维新派所发动的变法
运动兴起来了。这个运动的主题是变法图强,即变封建地主阶级之法,图资产
阶级之强,学习西方资本主义,进行社会改革,以期中国臻于富强之境,挽救瓜
分的危机。以康有为为代表的资产阶级维新派,通过"公车上书"把维新思潮
推向政治运动。因此,可以说,甲午战后发生的"公车上书",是持续了 30 年之
久的洋务运动让位于维新运动的标志。以救国为宗旨的维新运动,是在批判
洋务派旧的"中本西末"论或"中体西学"论中开展起来的。面对甲午战后的瓜
分危机,维新志士们痛切地总结历史经验教训,认识到前此所谓西学,只是"洋
务之枝叶,非其根本",不过"盗西法之虚声,而沿中土之实弊"而已。维新运动
则与洋务运动根本不同,它高举救亡图存的爱国旗帜,反复阐述"能变则全,不
变则亡"的哲理。维新派提出的"救亡"口号,振聋发聩,激动人心,迅速在全国
范围内形成了一个群众性的爱国救亡运动。要救国,只有维新;要维新,只有
学外国。这一时蔚为社会风气,成为近代中国第一次思想解放的潮流。然而,
维新派在政治上是软弱的,在理论上是虚弱的。维新变法学说是以庸俗进化
论为理论基础,而其天赋人权论也只是作为论证君主立宪的理论根据,并没有
由此得出推翻封建君主专制建立资产阶级共和国的结论。维新派所学来的这
些西方资本主义思想学说,跟中国封建主义只能打几个回合,便被帝国主义和
封建主义的反动同盟所击败,宣告退却了。

甲午战争把维新运动推向高潮的同时,又把资产阶级革命派引上了中国

的政治舞台。还在甲午战争期间，伟大的民主革命的先行者孙中山即开始了他的革命生涯。1894 年 11 月 24 日，他在檀香山建立了革命团体兴中会，大声疾呼"亟拯斯民于水火，切扶大厦之将倾"，并发出了"振兴中华"的呐喊。翌年 2 月 21 日成立香港兴中会总部时，便在会员誓词里提出了"驱除鞑虏，恢复中华，创立合众政府"①的纲领性口号。《马关条约》签订后，孙中山深悉清朝统治业已腐朽透顶，不可复振，便开始积极准备武装起义。戊戌变法和义和团运动相继失败后，清政府的反动面目更加暴露无遗，成为人民革命的众矢之的。于是，革命终于成为时代的主流。资产阶级革命派不仅扬弃了维新变法运动和义和团运动的消极因素，而且更为重要的是，为中国近代民族觉醒注入了崭新的内容。这主要表现为以下三个方面：其一，把帝国主义和中国封建统治阶级联系起来考察，认清了清政府的卖国本质，因此主张反对帝国主义侵略必须同推翻清政府的斗争结合起来。这种认识上的升华，使全国的革命形势迅速发展到一个新的阶段。其二，认为只有采取革命的手段才能拯救民族的危亡，并严格划清了革命与保皇的界限。这是革命派在政治上趋于成熟的一个标志。其三，提出了反对封建专制和建立民主共和的思想，这是留给我们至今仍值得珍视的精神遗产。为了拯救民族的危亡，资产阶级革命派对中国革命的性质、方法和任务提出了一套新的思想体系，这在中国近代民族觉醒的进程中是一次重大的飞跃。

甲午战争是持续时间达 30 年之久的洋务运动的最重要的一次实践。洋务运动本是以"富国强兵"为目标的。"富国"与"强兵"相互联系，但重点是"强兵"。洋务运动就是首先从军事工业搞起，而后推衍到民用工业的。在"自强"的口号下，洋务派推行了一系列军事改革，如整饬海防、建制造局、设厂造船、筹建海军等等。在整个洋务运动期间，远东的国际环境比较缓和，对中国实现自强是个有利的时机。在运动的前期，其效果也是明显的。在此期间，左宗棠取得了收复新疆之战的胜利；刘永福的黑旗军屡创法军；冯子材在镇南关及谅山之役中获得大捷；日本驻朝鲜公使竹添进一郎以日兵配合开化党人制造政变也遭到了失败。当时，中国的国势并不比日本弱。法国权威人士评论说："亚洲现在是在三大强国的手中——俄国、英国和中国。"②这不是没有根据的。

---

① 冯自由：《革命逸史》第 4 集，第 9 页。
② 转见丁名楠等：《帝国主义侵华史》第 1 卷，第 319 页。

但是，洋务派所推行的改革，主要是采用西方资本主义的机器生产，引进科学技术和创办新式企业，即改善生产力，却根本不想去触动封建的生产关系及其上层建筑。任何真正的社会改革都是一个系统的工程。而洋务派的改革却只是浅尝辄止，长期停留在较低的层次上，没有进一步深化下去，因此始终未能发展成为一次社会改革运动。时光荏苒，逝波难再。其结果，是使中国失去了这次有可能实现自强的大好机遇。甲午战争的实践，终于宣告了洋务运动的最后失败。这个教训是极其深刻的，值得后来人进行认真的反思。

征引与参考书目举要

一、中　文　部　分

（一）资料：

阿英编：《甲午中日战争文学集》，北京，中华书局，1958 年。

阿英编：《近代外祸史》，上海，潮锋出版社，1947 年。

白永贞等撰：《辽阳县志》，民国十七年（1928）刊。

宝鋆等编：《筹办夷务始末（同治朝）》，北平，故宫博物院，1929—1930 年刊。

蔡尔康辑：《中东战纪本末》，上海，广学会，光绪丙申年（1896）刊。

陈旭麓等主编：《甲午中日战争》（盛宣怀档案资料选辑之三），上、下册，上海人民出版社，1980、1982 年。

陈义杰校点：《翁同龢日记》，北京，中华书局，1989—1998 年。

陈衍撰：《闽侯县志》，民国二十二年（1933）刊。

程大学编译：《台湾前期武装抗日运动有关档案》，台北，台湾省文献委员会，1977 年。

丁仁长、吴道熔编纂：《番禺县志》，宣统三年（1911）刊、民国二十年（1931）重印。

丁汝霖、丁凤吟编：《丁氏宗谱》，民国十一年壬戌年（1922）刊。

费行简：《近代名人小传》，台北，文海出版社，1973 年影印本。

冯自由：《革命逸史》第 4 集，北京，中华书局，1981 年。

故宫博物院编：《清光绪朝中日交涉史料》，北平，1932 年刊。

顾廷龙、叶亚廉主编：《李鸿章全集》（电稿一、二、三），上海人民出版社，1985—1987 年。

郭廷以、李毓澍主编：《清季中日韩关系史料》（《朝鲜档》），台北，“中研院”近史所，1972 年影印本。

何基鸿辑：《丁汝昌遗墨》，北平，1936 年影印本。

洪弃父：《台湾战纪》，光绪三十三年（1906）年铅印本。

胡传：《台湾日记与禀启》，台北，文海出版社，1983 年影印本。

黄海安撰：《刘永福历史草》，民国三十六年（1947）排印本。

黄志平、丘晨波主编：《丘逢甲集》，长沙，岳麓书社，2001 年。

黄遵宪著、钱仲联笺注：《人境庐诗草笺注》，上海古籍出版社，1981 年。

金天翮撰:《皖志列传稿》,民国二十五年(1936)刊。

孔德广(鲁阳生)编:《普天忠愤集》,上海,光绪二十一年(1895)石印本。

李敬修编:《费县志》,光绪二十二年(1896)刊。

李锡亭:《清末海军见闻录》,未刊稿。

李荫农:《甲午中日战争目击记》,未刊稿。

栾述善撰、孙克复回译:《楚囚逸史》,刊于《中日战争》(中国近代史资料丛刊续编),第6册,北京,中华书局,1993年。

罗文彬编:《丁文诚公(宝桢)奏稿》,台北,文海出版社,1973年影印本。

马建忠等:《东行三录》(中国历史研究资料丛书),上海书店,1982年。

欧阳辅之编:《刘忠诚公(坤一)遗集》,宣统元年(1908)刊。

戚俊杰、王记华编校:《丁汝昌集》,济南,山东大学出版社,1997年。

戚其章主编:《中日战争》(中国近代史资料丛刊续编),北京,中华书局,1989—1996年。

戚其章辑校:《李秉衡集》,济南,齐鲁书社,1993年。

戚廷阶:《威海始末》,未刊稿。

钱淦总纂:《宝山县续志》,民国辛酉年(1921)排印本。

丘逢甲:《岭云海日楼诗抄》,上海古籍出版社,1982年。

丘琳辑:《丘逢甲信稿》,北京,《近代史资料》1958年第3期。

上海师范大学图书馆编:《清代碑传全集》,上海古籍出版社,1987年。

邵循正等编:《中日战争》(中国近代史资料丛刊),上海人民出版社,1961年。

沈祖宪编:《养寿园奏议辑要》,民国二十七年(1938)刊。

世续等撰:《清德宗景皇帝实录》,(《清德宗实录》),民国十六年(1927)成书。

思恢复生编:《中倭战守始末记》,上海,光绪乙未年(1895)石印本。

思痛子:《台海思恸录》,台北,台湾银行经济研究室,1959年。

孙宝田:《旅大文献征存》,未刊稿,大连市旅顺博物馆藏。

王筠厚编:《李忠节公(秉衡)奏议》,沈阳,辽宁作新印刷局,1930—1931年刊。

王铁崖编:《中国旧约章汇编》,北京,三联书店,1957年。

王彦威纂辑:《清季外交史料》,北京,书目文献出版社,1982年。

王郁云等撰:《盖平县志》,民国十九年(1930)排印本。

王钟翰点校:《清史列传》,北京,中华书局,1987年。

吴德功:《瑞桃斋文稿》,钞本,福建师范大学图书馆藏。

吴汝纶编:《李文忠公(鸿章)全集》,金陵(南京),光绪乙巳年(1905)刊。

吴绳海、冯正宝译编:《宗方小太郎与中日甲午战争》,未刊稿。

吴质卿:《甲午战争记》,北京,《近代史资料》1962年第3期。

谢忠岳编:《北洋海军资料汇编》,北京,中华全国图书馆文献缩微复制中心,1994年影印本。

许寅辉:《客韩笔记》,长沙,光绪丙午年(1906)刊。

徐庆璋:《辽阳防守日记》,北京,《近代史资料》1962年第3期。

薛福成:《出使英法义(意)比四国日记》(走向世界丛书),长沙,岳麓书社,1985年。

姚文枬纂:《民国上海县志》,民国二十四年(1935)排印本。

余思诒:《楼船日记》,上海,光绪甲辰年(1904)刊。

于云峰等撰:《安东县志》,民国二十年(1931)排印本。

臧增庆:《清故记名提督署台湾镇总兵官殉难杨公(泗洪)神道碑铭》,抄本。

张炳楠监修:《台湾省通志》,台北,台湾省文献委员会,1970年。

张侠等编:《清末海军史料》,北京,海洋出版社,1982年。

张荫桓:《三洲日记》,北京,光绪丙申年(1896)刊。

张之洞:《张文襄公全集》,北京,中国书店,1990年。

赵尔巽等编纂:《清史稿》,北京,中华书局,1976年。

赵恭寅监修:《沈阳县志》,民国六年(1917)刊。

赵世骏等编:《贵池刘公(含芳)事迹图咏》,天津,南开大学图书馆藏。

中国近代经济史资料丛刊编辑委员会主编:《中国海关与中日战争》(帝国主义与中国海关资料丛编之四),北京,中华书局,1983年。

中国史学会主编:《洋务运动》(中国近代史资料丛刊),上海人民出版社,1961年。

朱寿朋编、张静庐等校点:《光绪朝东华录》北京,中华书局,1958年。

《丛氏钞存》,钞本。

《割台三记》,台北,台湾银行经济研究室,1959年。

《光绪年奏稿》,清写本,北京图书馆藏。

《甲午威海倭警电报》,钞本。

《刘含芳事略》,上海,点石斋,光绪己亥年(1899)刊。

《庐江文献初编》,刊年不详,安徽省博物馆藏。

《民族英雄吴汤兴文献》,台北,《台湾风物》第9卷,第5、6期合刊。

《清甲午中东之役战殁李将军(世鸿)传志汇编》,清写本,天津,南开大学图书馆藏。

《山东巡抚衙门档》,中国第一历史档案馆藏。

《孙中山全集》,北京,中华书局,1981—1986年。

(二) 专著:

陈伟芳:《朝鲜问题与甲午战争》,北京,三联书店,1959年。

丁名楠:《帝国主义侵华史》第1卷,北京,人民出版社,1987年。

贾逸君:《甲午中日战争》,上海,知识出版社,1955年。

历史教学月刊社辑:《中日甲午战争论集》,北京,五十年代出版社,1954年。

连横:《台湾通史》,北京,商务印书馆,1983年。

林明德:《袁世凯与朝鲜》,台北,"中研院"近史所,1970年。

戚其章主编:《甲午战争九十周年纪念论文集》,济南,齐鲁书社,1986年。

戚其章:《中日甲午威海之战》,济南,山东人民出版社,1962年版,1978年再版。

戚其章:《北洋舰队》,济南,山东人民出版社,1981年。

戚其章:《中日甲午战争史论丛》,济南,山东教育出版社,1983年。

王家俭:《中国近代海军史论集》,台北,文史哲出版社,1984年。

王信忠:《中日甲午战争之外交背景》,台北,文海出版社,1987年。

王芸生:《六十年来中国与日本》第1—3卷,北京,三联书店,1979—1980年。

孙克复、关捷:《甲午中日海战史》,哈尔滨,黑龙江人民出版社,1981年。

孙克复、关捷:《甲午中日陆战史》,哈尔滨,黑龙江人民出版社,1984年。

郑昌淦:《中日甲午战争》,北京,中国青年出版社,1957年。

（三）译著:

〔美〕杰拉维奇:《俄国外交政策的一世纪(1814—1914)》,北京,商务印书馆,1978年。

〔日〕井上清、铃木正四著、杨辉译:《日本近代史》,北京,商务印书馆,1972年。

〔日〕井上清著、宿久高等译:《日本帝国主义的形成》,北京,人民出版社,1984年。

〔日〕井上清著、尚永清译:《日本军国主义》第2册,北京,商务印书馆,1985年。

〔日〕陆奥宗光著、伊舍石译:《蹇蹇录》,北京,商务印书馆,1963年。

〔苏〕罗曼诺夫著、陶文钊等译:《俄国在满洲(1892—1906)》,北京,商务印书馆,1980年。

〔美〕马洛译莫夫:《俄国的远东政策(1881—1904)》,北京,商务印书馆,1977年。

〔英〕马士:《中华帝国对外关系史》,北京,商务印书馆,1957年。

〔苏〕纳罗奇尼茨基等:《远东国际关系史》第1册,北京,商务印书馆,1976年。

〔加〕诺曼著、姚曾廙译:《日本维新史》,北京,商务印书馆,1962年。

〔日〕桥本海关编译:《清日战争实记》,刊年不详。

〔法〕施阿兰著、袁传璋等译:《使华记(1893—1897)》,北京,商务印书馆,1989年。

〔德〕施丢克尔著、乔松译:《十九世纪的德国与中国》,北京,三联书店,1963年。

〔日〕藤村道生著、米庆余译:《日清战争》,上海译文出版社,1981年。

〔苏〕提亚加伊著、向晓译:《1893—1895年朝鲜农民起义》,北京,三联书店,1959年。

〔日〕田保桥洁著、王仲廉译：《甲午战前日本挑战史》，上海，南京书店，1932年。

〔日〕信夫清三郎编：《日本外交史》，北京，商务印书馆，1980年。

〔日〕信夫清三著、周启乾译：《日本政治史》，上海译文出版社，1982—1988年。

〔日〕誉田甚八著、训练总监部军学编译处译：《日清战史讲授录》，南京，军用图书社，1936年。

〔英〕约瑟夫著、胡滨译：《列强对华外交（1894—1900）》北京，商务印书馆，1959年。

二、日 文 部 分

川崎三郎：《日清战史》，东京，博文馆，1897年。

大山梓：《山县有朋意见书》（明治百年史丛书），东京，原书房，1975年。

东亚同文会编：《对支回顾录》，东京，单式印刷株式会社，1936年。

高桥作卫：《英船高升号之击沉》，东京，清水书店，1903年。

葛生能久编：《东亚先觉志士记传》，东京，原书房，1966年。

海军军令部编纂：《明治二十七八年海战史》，东京，春阳堂，1905年。

河村植等编：《日清战争实记》，东京，博文馆，1894—1896年。

彭（伊原）泽周：《明治初期日韩清关系の研究》，东京，墙书屋，1969年。

平田仙骨：《黄海大战》，东京，博文馆，1896年。

日本参谋本部编纂：《明治二十七八年日清战史》，东京印刷株式会社，1904年。

山崎有信：《大鸟圭介传》，东京，博文馆，1915年。

杉村濬：《明治二十七八年在韩苦心录》，东京，自刊本，1904年。

石井宽治：《日清战后经营》（岩波日本史讲座），东京，岩波书店，1976年改订版。

田保桥洁：《近代日支鲜关系の研究》，京城（汉城），帝国大学，1903年。

外务省编纂：《日本外交文书》第27、28卷，东京，日本国际连合协会，1953年。

向野坚一：《明治二十七八年战役余闻》，油印本，大连市图书馆藏。

信夫清三郎著、藤村道生校订：《增补日清战争——その政治的·外交的观察》，东京，南窗社，1970年。

伊藤博文编：《机密日清战争》（明治百年史丛书），东京，原书房，1967年。

有贺长雄：《日清战役国际法论》，东京，陆军大学校，1896年。

织田纯一郎：《日清韩交涉录》，东京，文海堂，1895年。

中塚明：《日清战争の研究》，东京，青木书局，1968年。

三、英 文 部 分

Allan, James, *Under the Dragon Flag: My Experiences in the Chino-Japanese War*,

London，1898.（［英］艾伦：《在龙旗下——中日战争目击记》，伦敦，1898 年。）

Creelman，James，*The Massacre at Port Arthur*，the World，Dec. 20，1894，New York.（［美］克里尔曼：《旅顺大屠杀》，纽约，《世界报》1894 年 12 月 20 日。）

Dorwart，Jeffery M.Dorwart，*The Pigtail War：American Involvement in the Sino-Japanese War of 1894—1895*，University of Massachusetts Press，Amherst，1975.（［美］多沃特：《辫子战争：中日战争的美国中介(1894—1895)》，马萨诸塞大学，1975 年。）

Foster，Johu W.，*Diplomatic Memoirs*，Boston，1909.（［美］科士达：《外交回忆录》，波士顿，1909 年。）

Lrawlinson，John，*China's Struggle for Naval Development，1839—1895*，Harvard University Press，1967，（［美］劳林森：《中国发展海军的奋斗（1839—1895）》，哈佛大学，1967 年。）

McGiffin，Philo Norton，*The Battle of the Yalu：Personal Recollection by the Commander of the Ironclad Zhen Yuan*，The Century Magazine，Vol. I，No.4，Aug.1895，New York.（［美］马吉芬：《鸭绿江之战——中国铁甲舰镇远号帮带回忆录》，《世纪杂志》1895 年 8 月号，纽约。）

Morse，Hosea B. & MacNair，Harley F.，*Far Eastern International Relations*，Boston，1931.（［英］马士、［美］宓亨利：《远东国际关系史》，波士顿，1931 年。）

Nish，Yan，*British Documents on Foreign Affairs-Reports and Papers from the Foreign Office Confidential Print*，Part I，Series E，Vol.4，*Sino-Japanese War*，1894，Vol.5，*Sino-Japanese War and Tripel Intervention*，1894—1895，Bethasda，University Publication of America，1989.（［英］尼施编：《英国外交文献》第 1 部戊编，第 4 卷，《中日战争（1894）》；第 5 卷，《中日战争与三国干涉（1894—1895）》，美国大学出版会，1989 年。）

Takahashi，Sakuye，*Cases on International Law during The Chino-Japanese War*，Cambridge：At The University Press，1899.（［日］高桥作卫：《日清战争国际法事件论》，剑桥大学，1899。）

Tyler，William Ferdinand，*Pulling Strings in China*，London，1929.（［英］戴乐尔：《中国事记》，伦敦，1929 年。）

Vladimir，*The China-Japan War*，London，1896.（［意］弗拉第米尔：《中日战争》，伦敦，1896 年。）

附录

甲午战争示意图

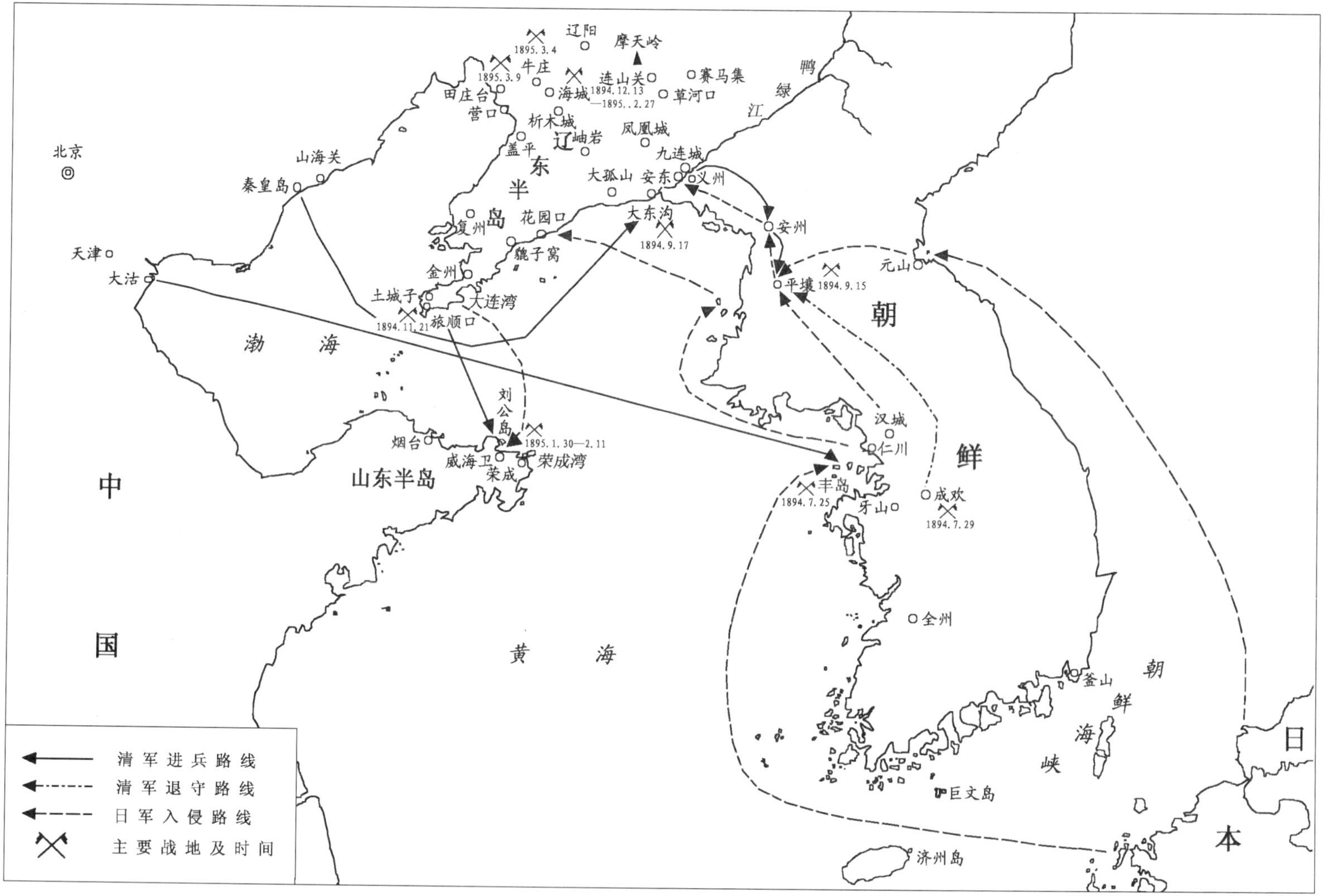

图 1 甲午战争形势示意图

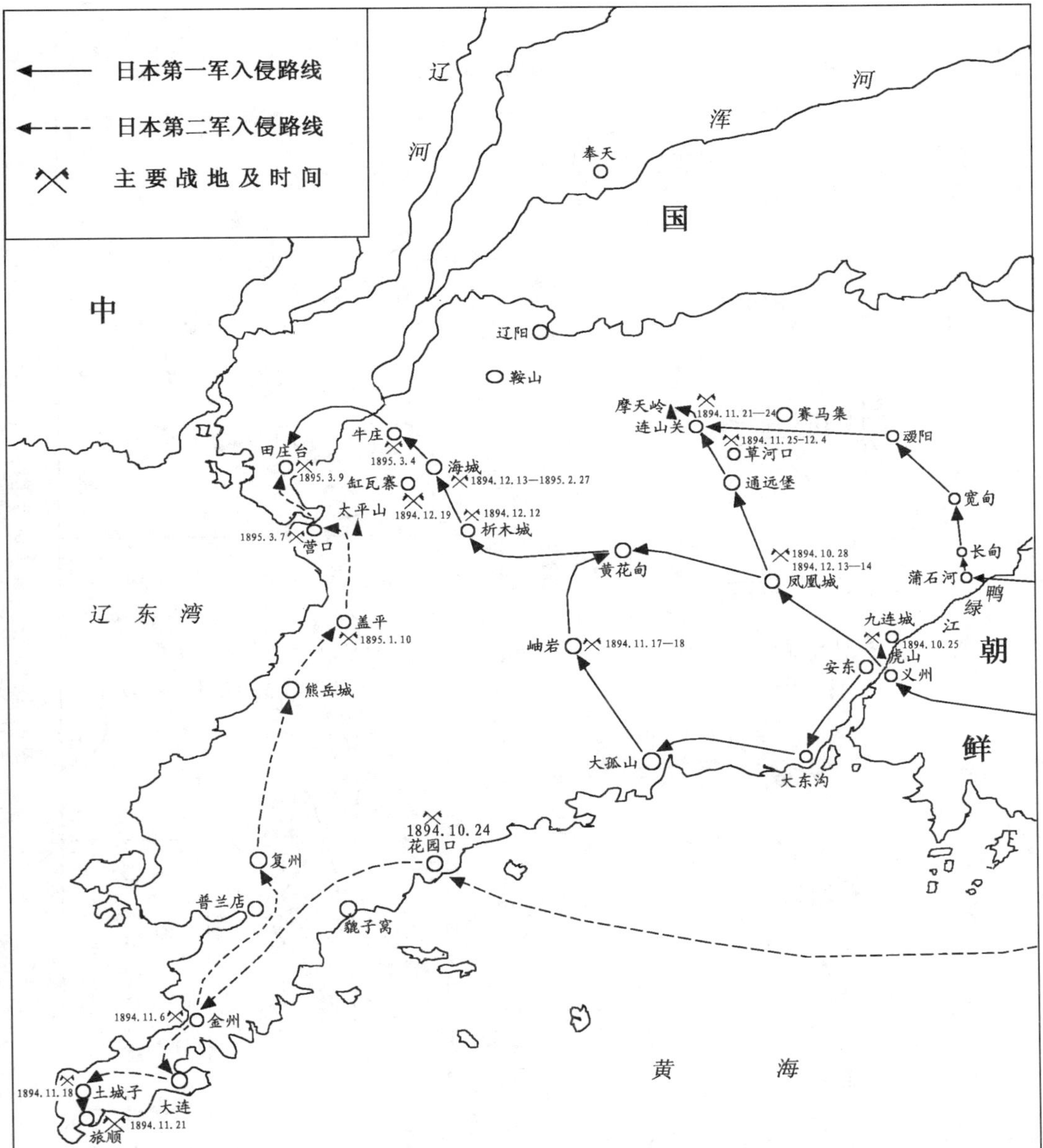

图 2 辽东战场形势示意图

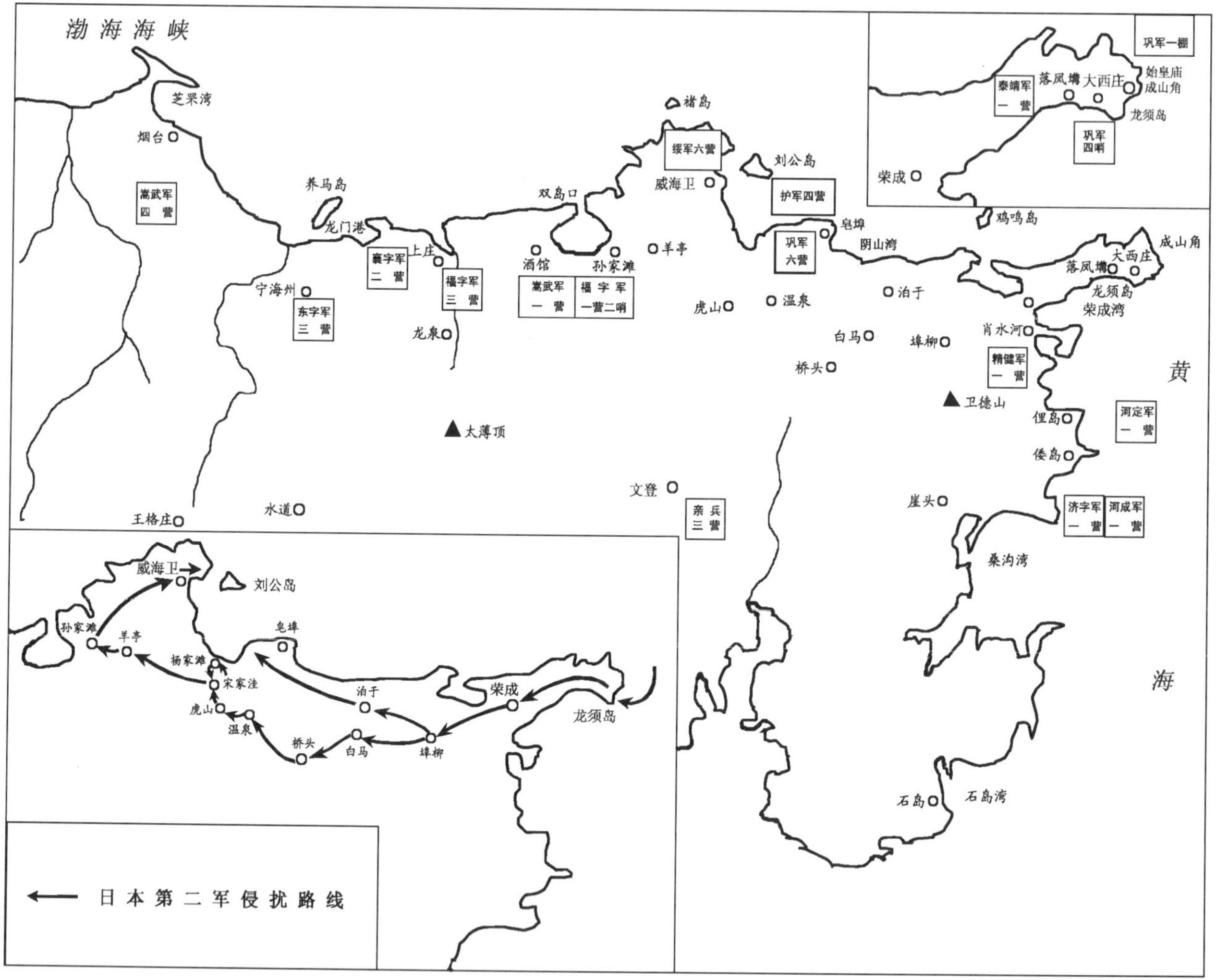

渤海海峡

黄 海

芝罘湾
烟台 ○
温武军
四营

王格庄 ○
水道 ○

宁海州 ○
东字军
三营

龙门港
朱马岛
赛字军
三营
上庄

福字军
三营
龙泉 ○

大泽顶 ▲

嵩武军
一营一营
嵩倍 ○

福字军
一营二哨
孙家滩 ○

双岛口

绥军大营
威海卫
渚岛
羊亭 ○

虎山 ○

文登 ○
哨兵
三营

刘公岛
护军四营
汛军
六营

皂埠
阴山湾

白马 ○
温泉 ○
桥头 ○

泊于 ○

清水河 ○
埠柳 ○
镇远军
一营
卫德山 ▲
俚岛 ○
条岛 ○

崖头 ○

桑沟湾

石岛 ○
石岛湾

荣成 ○

鸡鸣岛

泰崎军
一营
落凤岗 大西庄

汛军
四哨
落凤岗

成山庄
大西庄
龙成湾
荣成湾

成山角
始皇庙
成山头
汛军一帽
龙须岛

洞定军
一营

济字军 洞成军
一营一营 一营

图 3　山东半岛清军布防示意图

—— 日 本 第 二 军 侵 路 线

龙须岛
荣成
埠柳
泊于
白马
桥头
皂埠
温泉
朱家洼
虎山
杨家滩
孙家滩
羊亭
威海卫
刘公岛 △

黄 海

海

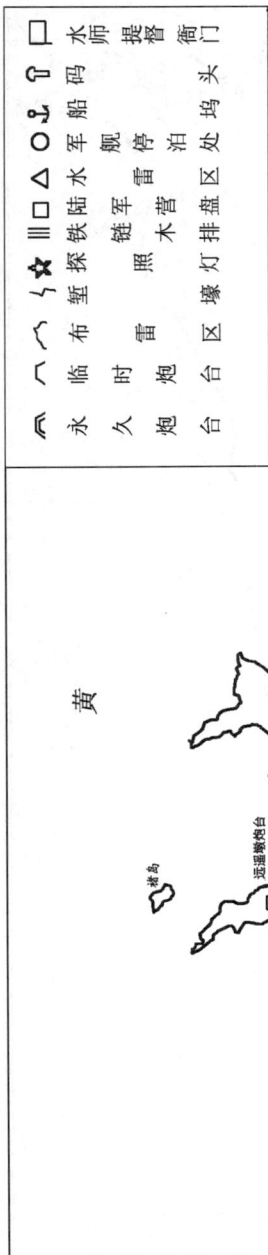

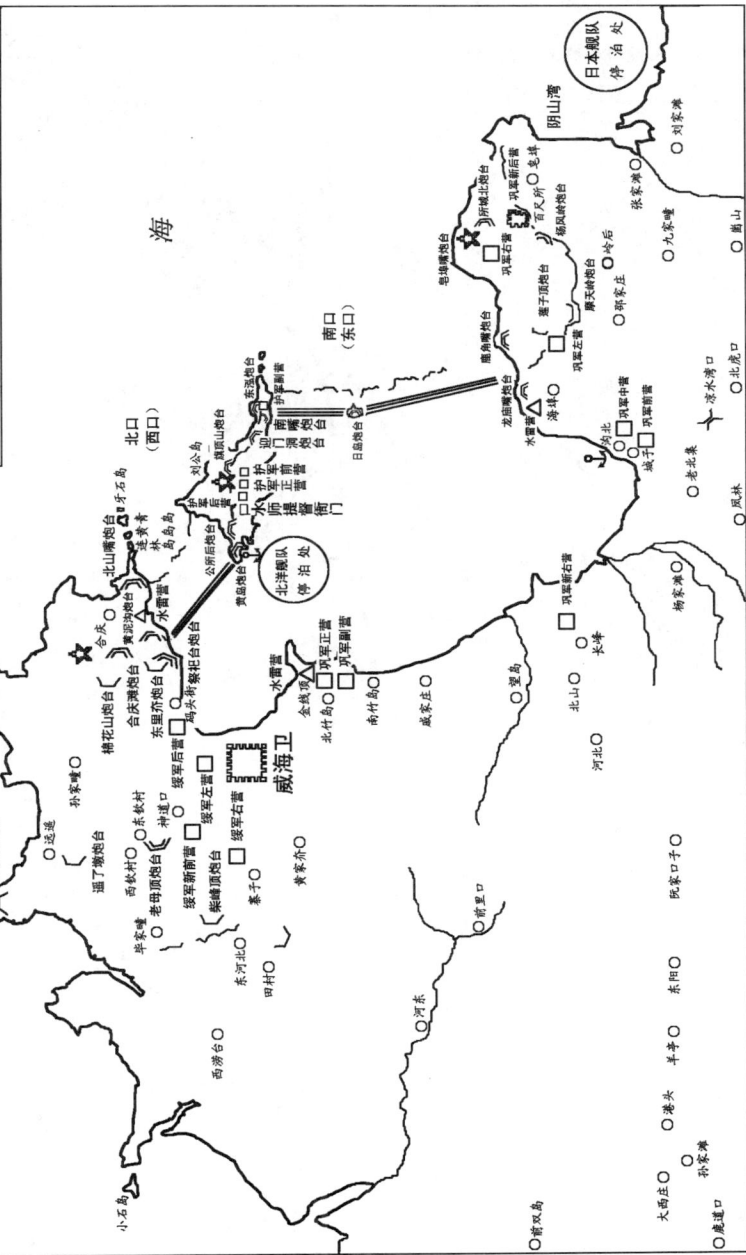

图 4　威海清军兵备示意图

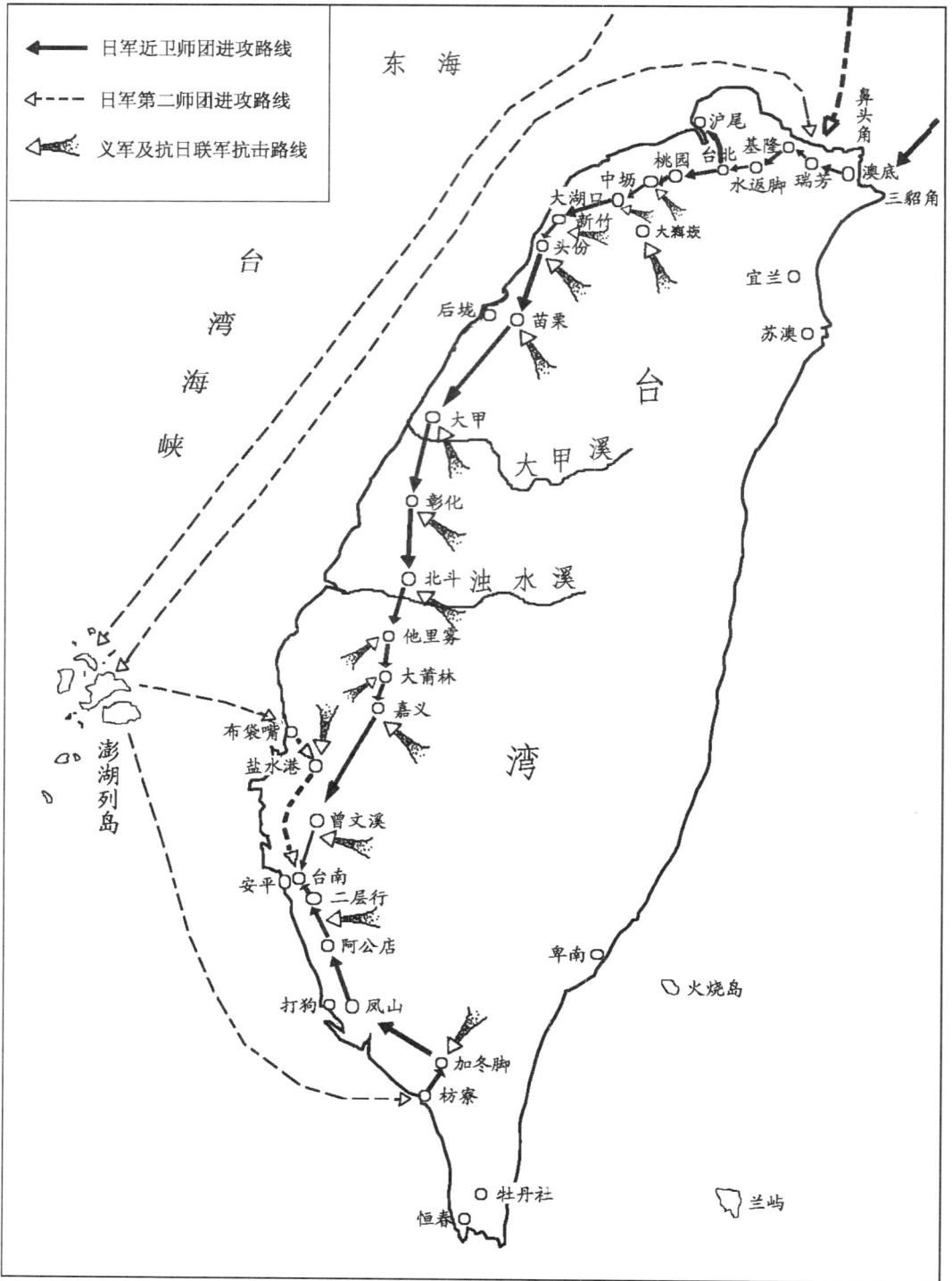

图 5 台湾反割台武装斗争形势示意图

中日甲午战争史研究的世纪回顾

戚其章

中日甲午战争是中国乃至远东近代历史上划时代的重要事件，不仅对中日两国产生了巨大的直接影响，而且使远东国际形势的格局发生了深刻的变化。这次战争以中国的惨败而告终，是持续 30 余年之久的洋务运动最后失败的标志，又成为中国近代民族觉醒的一个重要转折点。但是，中国的甲午战争史研究却起步甚晚，发展的道路又不是一帆风顺，直到近二十几年才取得了令人瞩目的成绩。

自甲午战后至今，甲午战后史研究的发展过程大致可分为四个阶段：第一，甲午战后的 25 年，是研究工作缓慢起步的阶段；第二，从 20 世纪 30 年代开始，是研究工作开创与奠基的阶段；第三，50 年代以后，是研究工作出现转机与发展的阶段；第四，70 年代后期迄今，是研究工作进一步拓宽和深化的阶段。

一、甲午战后 25 年：缓慢的起步

甲午战争失败给中国带来了空前的民族危机，开始面临亡国灭种的危险，极大地震撼了中国人，形成了巨大的思想冲击，促成了民族的觉醒。值得注意的是，在国人日益觉醒的同时，甲午战争史研究却未能跟上。只要将中外情况做一对比，问题就很清楚了。

从甲午战争后期到 20 世纪初叶，日本出版了大量有关甲午战争的书籍。其中以战史著作为主，主要有两类：一是私家著述，如川崎紫山著《日清陆战史》（东京春阳堂，1896）、平田胜马著《黄海大海战》（东京博文馆，1896）、川崎三郎著《日清战史》（东京博文馆，1897）等；二是官方著述，如日本参谋本部编《明治二十七八年日清战史》（东京印刷株式会社，1904）、日本海军军令部编《明治二十七八年海战史》（东京春阳堂，1905）等。这些战史著作，大多为长篇巨帙，以史料丰富见长。如《日清战史》的著者川崎三郎，曾以随军记者的身份参战，战后搜集了中日双方有关战争的文献资料，以及西方人士的记述和评

论,并遍访日军参战将领,据以撰成此书。全书取材广泛,颇多罕见的第一手资料,具有很高的参考价值,迄今仍为研究者必读之书。至于官方著述,系日本军事当局组织编纂,资料搜罗既易,叙述尚称详尽,自然有一定参考价值。但是,这些日方著作,除从军事角度叙述战争过程和总结战争经验外,在观点上则着力为明治政府的对外扩张政策歌功颂德,并歪曲事实,掩饰日方蓄意挑起衅端和发动侵略战争的罪行,故决不能以信史视之。

除战史之外,日本还出版了一批有关甲午战争涉及的国际法及外交方面的著作。如有贺长雄著《日清战役国际法论》(东京忠爱社,1896)、高桥作卫著《日清战争时期的国际法事件论》(*Cases on International Law During The China-Japanese War*, Cambridge University Press,1899)、《战时国际法先例论》(东京清水书店,1904)和《英船高升号之击沉》(东京清水书店,1910)、关善次著《日清战役外交始末》(东京中野书店,1900)、巽来治郎著《日清战役外交史》(东京专门学校出版部,1902)、衣斐钵吉著《归还辽东的由来及真相》(东京外交时报社,1915)等。这些著作极力宣传中国在甲午战争中不遵守国际法,而日本则始终严格遵守战时国际法及国际惯例,以争取西方大国对日本的支持。高桥作卫的《日清战争时期的国际法事件论》即是用英文撰写,在英国出版,并求得英国牛津大学教授、著名国际法学者胡兰德(T. E. Holland)亲自为之作序,以扩大影响。有贺长雄的《日清战役国际法论》先是在巴黎用法文出版(*La Guerre Sino-Japanaise au Point de Vue du droit international*,1896,Paris),后又出版日文版;法国著名法学界人士曾撰写评论,誉之为"五十年来国际法著作最值得重视的一部专著"①。这些著作有一个共同的要害,就是用国际法的术语做概念游戏,甚至将法理研究建立在伪造的历史之上,以误导读者和世界舆论。最近,日本奈良女子大学名誉教授中塚明出版了他的新著《修正历史的伪造》(东京高文研株式会社,1997),对那些历史伪造者的揭露入木三分,是很值得一读的。

欧美国家也发表了不少有关中日甲午战争的论著。英国伦敦出版了杜布雷(Du Boulay)著《中日战争简述》(*An Epitome of the China-Japanese War 1894—1895*, London Harrison and sons,1896)、伏拉第米耳(Vladimir,为意

---

① 《〈日清战役国际法论〉讲评》,《法国学士会院道德政治部公报》,《讲评》译成日文刊于《偕行社记事》151 号(1897 年)。

大利学者 Zenone Volpicelli 的笔名）著《中日战争》（*China-Japan War*，London，Marston and Company，1896）、艾伦著《在龙旗下——中日战争目击记》（*Under the Dragon Flag*，*My Expriences in the China-Japanese War*，London，W.Heinemann，1898）和泰莱（William F.Tyler）著《中国事记》（*Pullings in China*，London，Constable & Co.Ltd，1929）。法国巴黎出版了那高（Ariga Nagao）著《中日战争》（*La Guerre Sino-Japanaise*，Paris，A.Pedine，1896）、布尔伏雷（M.Boulfray）著《甲午、甲辰两次被围的旅顺口》（*Les Deux Sieges de Port Arthur* 1894—1904，Paris，1907）和施阿兰（Auguste Gérand）著《使华记》（*Ma Mission en China* 1893—1897，Paris，Plon-Nourrit et cie，1918）。意大利那不勒斯出版了阿尔伯蒂（Amedeo Alberti）著《甲午中日战争》（*La Guerra Cino-Giapponese* 1894—1895，Napoli，Melti & Joele，1904）。德国斯图加特出版了巴兰德（Max August Scipio von Brandt）著《东亚政策》（*Drei Jahre Ostasiatischer Politik* 1894—1897，Stuttgart，Strecher & Moser，1897）。其中，伏拉第米耳《中日战争》一书的第三部分分为 9 章，叙述战争过程比较详细，书后又附录若干重要文件和书翰，颇为研究者所重视。艾伦《在龙旗下》是一本回忆录，在中国先后有过 3 种译本。作者目睹了中日黄海鏖战的整个场面及日军旅顺大屠杀的过程，将其亲身经历和感受形诸笔墨，故有极高的史料价值，不可以文学作品视之。《中国事记》作者泰莱曾受聘担任北洋海军旗舰定远舰副管驾，亲自参加过黄海海战和威海卫之战，故所记被视为研究甲午海战的重要第一手资料。尽管该书具有一定的参考价值，但由于作者的偏见和私心作怪，颇多歪曲事实、捕风捉影之谈，不可尽信①。正由于此，70 年代末 80 年代初在中国史学界引发了一场关于北洋海军右翼总兵刘步蟾评价问题的大讨论。《使华记》作者施阿兰时任法国驻华公使，《东亚政策》作者巴兰德曾先后任驻日公使和驻华公使，回国后为德国外交部顾问，故这两本书对中国对外关系、三国干涉还辽及远东国际关系等方面提供了不少有价值的材料。

至于美国发表的有关中日甲午战争的论著，主要是两类：其一是海战方面的文章。1895 年出版的《联邦海军讲习会会刊》（*Proceedings of the United*

---

① 戚其章：《英人泰莱〈甲午中日海战见闻记〉质疑》，《近代史研究》1982 年 4 期。张荫麟将该书首次译成中文，题为《甲午中日海战见闻记》，刊于《东方杂志》28 卷 4 期，1931 年。

States Naval Institue 1895，Vol.21，No.3)曾以《鸭绿江之役》(The Battle of the Yalu)为题，刊载了一组美国海军军官的评论文章。同年，美国海军出版的《世纪杂志》(*U.S.N.Century Magazine*，August，1895)还刊出了两篇重要文章，即马吉芬(Philo McGitfin)的《鸭绿江之战》(The Battle of Yalu)和马汉(Alfred T.Mahan)的《鸭绿江之战的教训》(Lessons from the Yalu Fight)。马吉芬在甲午战争中担任镇远舰帮办，参加了黄海海战，曾身负重伤，所撰《鸭绿江之战》详实真切，读之如同亲临，为难得的第一手材料。马汉则是一位有影响的美国海军战略理论家，曾两度担任海军学院院长，他的评论文章亦为研究者所重视。其二是外交方面的书籍。美国政府于 1896 年发表的《美国外交文件(1894)》(*Papers Relating to the Foreign Relations of the United States 1894*，Washington，1896)收录有关中日战争的外交文件多篇。另外，美国波士顿出版了田贝(Charles Denby)著《中国及其人民——一位美国外交人员的观察、回忆与结论》(*China and her People*，*being the Observations*，*Reminiscences & Conclusions of an American Diplomat*，Boston，1906)和科士达(John W.Foster)著《外交回忆录》(*Diplomatic Memoirs*，Boston，Houghton Mifflin Co. 1909)。田贝时任美国驻华公使，曾担任马关议和前中日联系的居间人；科士达系美国前国务卿，被聘为中国赴日议和大臣的法律顾问。由于他们所处的地位，其回忆录也就成了研究者必备的参考资料。

与日本和欧美国家相比，中国的甲午战争史研究工作未免相形见绌。当时刊印的有关甲午战争的书籍并不算少，但多为资料汇编。如陈耀卿编《时事新编》6 卷(1895 年刊本)、思恢复主编《中倭战守始末记》4 卷(1895 年刊本)、佚名编《谏止中东和议奏疏》4 卷(香港书局，1895)、鲁阳生(孔广德)编《普天忠愤集》14 卷(1895 年石印本)、王炳耀编《中日战辑》6 卷(上海书局，1896)、蔡尔康编《中东战纪本末》14 卷(上海广学会，1896)等。这些书体例不一，取材角度各殊。《时事新编》专收报刊文章，以时论为主。《谏止中东和议奏疏》顾名思义是专录反对和议的奏疏，收有文廷式、安维峻、张之洞等主战官员的著名奏章及康有为等人的公车上书。《中日战辑》广泛搜集中外报章资料，按战争进程和时间顺序排比，条理清楚，内容亦较丰富。《中倭战守始末记》除收若干篇时论外，主要以战局的发展为线索，分别纂辑中外新闻报道，各成单元，其中不乏重要史料，为他书所无者。《普天忠愤集》内容较为庞杂，书中所收既有刘永福抗法的记述，亦有关于海防、铁路、造船、开矿之议论，惟激于中东之役败于东邻日本,特略详于甲午战争。《中东战纪本末》初编为8卷,另有续编4卷和三编2卷,书中所收有上谕、奏疏、文告、函牍、条约,有采自中外报章的战地报道及一般时论,还有中外使馆所存之有关电稿,等等。其内容相当丰富,极有参考价值。

还有一类是主要记叙亲身经历的著述。具有代表性的有3种,即冤海述闻客著《冤海述闻》(1895年刊本)、易顺鼎著《盾墨拾余》14卷(1896年刊本)和许寅辉著《客韩笔记》(1906年长沙刻本)。据笔者考证,冤海述闻客即北洋海军济远舰帮带大副何广成,因其与方伯谦关系密切,在方氏被军前正法后撰此书为其辩冤,因此书中多有偏袒方氏之处①。时至今日,为方氏翻案者仍以该书所述为主要根据。尽管如此,该书保存了许多局外人所不知的甲午海战珍贵史料,是不能一概否定的。邵循正认为:"此书非尽实录,但与他书互相参证,亦可窥所述两次战役之真相。"②这是比较客观的评价。《盾墨拾余》作者易顺鼎本以举人纳赀为道员,工诗词及骈文,有文名,尝参刘坤一幕。马关议和后他南下依张之洞,为策助刘永福抗日,曾两渡台湾。该书卷五《魂北魂东杂记》记中东之战历次战况,卷六《魂南记》记两次赴台经过。尤以《魂南记》所述多亲身经历者,为他书所未载,堪称珍贵之史料。许寅辉以文童出身,应聘为英国驻朝鲜总领事馆文案兼翻译,将其在朝鲜的亲身经历写成《客韩笔记》一书,其中述及日人挑起衅端及迫害华人之事颇详,足以揭露日本以强凌弱、践踏国际法的丑恶行径。

以上两类书籍重在历史资料的纂辑或记录,各具不同的史料价值,但无一能够算是史学著作。差可称为战史著作者,仅寥寥数种而已。其中,应首推姚锡光著《东方兵事纪略》5卷(1897年刊本)。作者熟悉中日两国间的历次交涉,时又在山东巡抚李秉衡幕中,"尝往来辽碣登莱,观察军情,因即所见所闻,参以中外记载,撰为此书。"全书分衅始、援朝、奉东、金旅、辽东、山东、海军、议款、台湾上、台湾下10篇,叙述全面,基本概括了甲午战争的整个过程。有论者称:"此书记载详瞻清晰,虽间有舛错,但远胜一时诸作。"③实为确评。若论反映某一地区的战史,当以洪弃生著《台湾战纪》2卷(1907年印本)为代表。

---

① 戚其章:《〈冤海述闻〉研究》,王仲荦主编《历史论丛》5辑,齐鲁书社,1985年。
② 《书目解题》,《中国近代史资料丛刊·中日战争》(以下简称《中日战争》)7册,新知识出版社,1956年。
③ 《书目解题》,《中日战争》7册。

作者乃台湾彰化县鹿港人,本名攀桂,字月樵,著述甚丰,以诗闻名。战争爆发后,曾担任台湾中路筹饷局委员。割台后,取《汉书·终军传》"弃繻生"意,改名繻,字弃生,以字行。此书又名《瀛海偕亡记》,系取《尚书·汤誓》"予及汝偕亡"意,表示同日本侵略者进行殊死斗争。上卷叙述乙未台湾军民抗日情况,至台南陷落止;下卷专述台湾义军与日本殖民当局浴血奋战的壮烈事迹。作者本是事件的亲历者,又具有很高的学识素养,故此书以记实为主,按斗争发展脉络钩稽铺陈,写日人之暴虐,述人民之反抗,读来真切感人,为国人所撰台湾早期抗日史的第一部著作。此外,池仲祐著《海军实记》(1926年刊本)虽成书稍晚,亦值得重视。池氏从青年时代投身海军,曾于1880年以文案随丁汝昌赴英国接超勇、扬威两艘快船,对海军创建原委及掌故皆熟谙于胸。1918年撰成《海军大事记》,严复称此书对海军"得失兴废粲然如视掌列眉"(《海军大事记》弁言)。以此为基础,又历时8年,《海军实记》始告杀青。该书采用纪传体,其《述战篇》下题曰《甲午战事记》,后附北洋海军阵亡将士姓名;又有《战役阵亡群公事略》、《战役死难群公事略》2篇,为是役牺牲将士立传。此书为有关中国海军的第一部专史。近人吴廷燮评曰:"甚文赡,其事覈,不遗善,不隐恶,斯非古之所谓信史欤!"(《海军实记》书后)亲历甲午之役的海军将领刘冠雄亦称:"兹篇所录事实綦详,优劣兴衰可为殷鉴。"(《海军实记》序)尽管如此,这3种书因受篇幅及资料所限,无论在内容的充实性还是结构的完整性上都是大有欠缺的。

以上情况表明,甲午战后20余年间中国的甲午战争史研究,与日本和欧美国家相比,确有很大的差距。但是,无论如何,有关研究终于缓慢地起步了。在当时的中国,未能产生一部全面系统地论述甲午战争的长篇巨著,当不是偶然的。治史者因受传统习尚的影响,大都偏重于古代史或前代史的研究,很少涉足当代史,故以上所介绍的各种有关甲午战争的著作没有一种成于史家之手。这些作者皆非专门史家,激于甲午之败,愤而著书,以警国人,但平日既无治史者所具有的素养和资料积累,一时又难以从广阔的范围来审视战争的进程及其结局,宜乎难有一部有关甲午战争全史的力作问世了。

二、从20世纪30年代开始:开创与奠基

近代中国对甲午战争史的真正研究始于20世纪30年代。以此为起点,甲午战争史研究进入了开创与奠基的阶段。

　　进入 20 世纪 20 年代以后,日本政府更加紧了侵略中国的步伐。其御用文人大肆鼓吹侵略史观,为日本政府推行的军事扩张政策服务。其突出的表现是,美化、甚至神化那些在对外侵略战争中立过"大功"的文武大员。所以,出版人物传记,在日本出版界一时竟成为时尚。其中,一类属于人物传记汇编。如《日本新英杰传》(东京东亚堂书房,1912)、4 卷本《明治功臣录》(东京,1915—1918)、多卷本《类聚传记大日本史》(东京,1935—1936)、《人物评传全集》(东京,1935)、3 卷本《东亚先觉志士记传》(东京原书房,1936)等。凡是甲午侵华的重要分子,像政界的伊藤博文和陆奥宗光,陆军的山县有朋、大山岩、川上操六、山地元治和乃木希典,海军的伊东祐亨和东乡平八郎,无不传上有名。另一类是传主为一人的传记。当时集中歌颂两个人:一是陆将乃木希典,有《乃木将军传》(1927 年刊本)、《将军乃木》(东京,1928)、《回顾乃木将军》(东京菊香吟出版会,1936)等;一是海将东乡平八郎,有《伟人东乡元帅》(大阪,1934)、《圣将东乡平八郎》(东京,1934)、《东乡元帅景仰录》(东京,1935)等。此时已称东乡为"圣将",嗣后又将乃木尊为"军神"。显而易见,这是为日本下一步发动大规模侵略战争预作思想动员。这些日本御用文人所写的书已经谈不上学术,完全与甲午战争史研究风马牛不相及了。

　　不过,在日本学术界有一些正直的历史学家并不愿随波逐流,他们一秉治史者的良知和责任感,试图按历史的本来面目撰写一批有关甲午战争的学术著作。这里举出两本书为代表:一本是田保桥洁著《〈天津条约〉以后中日开战以前近代日华鲜关系之研究》,一本是信夫清三郎著《日清战争——从政治外交方面的观察》。

　　田保桥洁系朝鲜京城帝国大学教授,从 1923 年着手研究明治时代的中日关系,重点放在甲午战争之起源至媾和这一时期,费六七年之功,屡加改订,始于 1930 年成篇。作者自称:"本篇为未定稿,供先辈同学诸氏之高阅。"盖为避讳当世文网之灾,预作退步也。此书虽为非卖品,却迅速流传,不胫而走,造成始料所不及的影响。当时,信夫清三郎还是一个刚过 20 岁的大学生,读了该书大受鼓舞,立志以此为自己今后的研究方向。该书也很快传到中国,于 1932 年译成中文,改题为《甲午战前日本挑战史》正式出版(南京书店,1932)。译者王仲廉在书前"小引"中曾说明其翻译此书的原委:"译者于决心译出之前,曾细读一过,觉其立论尚公正,对中日两国现存之公文书及两国当局之记录或秘录,一一阐发无遗。于三十余年后之今日,于日人又进一步重施其故技于我东三省领土之今日,诚一不可不读之书也。此书所叙,纯系日本方面挑起战端之经过情状,为覈实计,易其名曰《甲午战前日本挑战史》。"甲午战争史研究中的一个重要问题是:甲午战争究竟是谁先挑起来的? 日本军方报告及官私著作一贯宣称:中国济远舰首先在丰岛海面开炮轰击日舰,挑起了这场战争。而田保氏则力驳这一谎言,认为:"济远……不独并未如日本海军方面所言整顿战斗准备,且对于数倍于自己之优势的敌舰队而谓为具有战意,亦属难以凭信。"他指出:"发炮时间孰先? 亦不成重要问题。开战之责任在于日本舰队。当时日本国政府称济远首先发炮而开战端,努力将开战责任转嫁于清国政府者,大概欲努力将'日本国起于被动'之概念传布于各国之故欤?"(中译本,188—189页)仅此一点,在当时已为空谷足音,弥足珍贵! 故王信忠阅读后,大加称许道:"立论公正持平,允称佳作。"[1]信哉斯言!

信夫清三郎这个名字在中国学术界并不陌生。他一生著述甚丰,所主持编写的《日本外交史》上下卷和所著4卷本《日本政治史》,皆已先后译成中文由商务印书馆及上海译文出版社出版。信夫氏出生在一个学术气氛浓厚的家庭,祖父为维新时期的著名汉学家,父亲曾任外交官多年,兼从事外交史研究,后在早稻田大学讲授外交史与国际法。信夫氏秉承家学渊源,又受到田保桥洁的影响,还在九州大学读书期间,花3年的功夫便写出了这部《日清战争——从政治外交方面的观察》。此书于1934年10月出版,未料到仅一周便被日本政府查禁。当时在日本学术界,"外务省派外交史学"占有统治地位,而清夫氏的研究正同外务省及军部的观点相对立,自然会遭此厄运。其后,他被迫对该书进行修改,在史学前辈服部之总的指导下,易名《陆奥外交——日清战争外交史研究》,于1935年11月再次出版(东京丛文阁,1935)[2]。尽管如此,作者仍然坚持自己的基本立场,在再版序言中写道:"关于日清战争的研究至今几乎仍然是一个未开垦的领域。旧史学由于方法方面的缺陷,未能深入于现象的本质,或者由于政治方面的原因,其观念被歪曲,这都是由其立场而带来的必然结果……拙著是在感到旧史学的上述缺陷的基础上,为填补我们的史学的上述空白,对于旧史学来说,是为了使被歪曲了的关于日清战争的叙述向事实真相靠近一步,我所做的一点点努力的成果。"直到晚年,他还回忆

---

① 王信忠:《中日甲午战争之外交背景》所附"参考书目",北平国立清华大学,1937年。

② 1994年适逢甲午战争爆发100周年之际,笔者约请山东社会科学院于时化研究员,将此书译成中文,为了出版的方便,又改名为《甲午日本外交内幕》,由中国国际广播出版社出版。

说,自进入学术界,"便对继续不断侵略中国的日本帝国主义进行分析,使之成为自己研究学问的出发点"①。确实,信夫氏的成果给日本的日清战争研究带来了生机,影响了一代历史学者。

再看中国史坛的情况,就甲午战争史研究而言,所发生的变化更为显著。在此之前,《李文忠公全书》(光绪乙巳至戊申年刊本)和《翁文恭公日记》(1925年影印本)业已问世。陆奥宗光著《蹇蹇录》也被译成中文,易名《日本侵略中国外交秘史》出版(商务印书馆,1929)。德人佛朗克(O. Franke)著《三国干涉还辽秘闻》(*Die Großmächte in Ostasien Von* 1894 *bis* 1914, *Berlin*, 1923)同时出版(中华书局,1929)。日人桥木海关所译编的《清日战争实记》中文本,大约亦在此期间问世。此书凡15卷,记述历次战役经过甚详,可补中国文献资料记述有关战事之阙漏。进入30年代后,《清光绪朝中日交涉史料》(1932年起陆续刊印)、《清季外交史料》(1934年影印本)也先后刊印。鹿岛守之助著《三国干涉之检讨》(南昌,1934年印本)第一批外交著作也在此时陆续翻译出版。所有这些工作,为研究者提供了较前丰富得多的资料,为甲午战争史研究的开展提供了较好的基础。更为重要的是,当时中国的民族危机空前严重,帝国主义加强了对中国的控制和侵略步骤,日本作为侵略中国的急先锋,更是野心勃勃,有一举灭亡中国之势。值此山河破碎、神州沉沦之际,中华爱国学人以借鉴历史,警醒国人,奋起而挽救祖国之危亡。于是,在缓慢起步之后,甲午战争史研究勃然而兴,进入了它的开创时期。

在这一时期的10余年间,出版了一大批有关甲午战争的著作。主要有王锺麒(伯祥)著《中日战争》(商务印书馆,1930)、王芸生著《六十年来中国与日本》(大公报社,1932—1934)、吴兆铭著《日本帝国主义与中国》(1934)、参谋本部第二厅编印《甲午中日战争纪要》(1935年排印本)、张荫麟著《甲午中国海军战迹考》(《清华学报》,1935)、罗香林辑校《刘永福历史草》(正中书局,1936)、王信忠著《中日甲午战争之外交背景》(清华大学,1937)、朱国定著《甲午之战》(正中书局,1939)、钱安毅著《甲午战争的教训》(正中书局,1939)等。这些著作篇幅不等,体裁有别,各具特色。如王锺麒著《中日战争》虽只10余万字,却是中国第一部全面叙述甲午战争过程的专著。《甲午中日战争纪要》也是全面

---

① 《甲午日本外交内幕》译者说明。笔者认为,信夫的研究方向是正确的,但对某些问题的分析和论述也有可商榷之处。如他对"陆奥外交"性质的分析,即是如此。下文还要论及此事。

介绍甲午战争的经过及结局,但重点放在军事方面,对历次战役的记述尤为详实,是中国第一部系统叙述甲午海战和陆战的专著。《刘永福历史草》则属于口碑史学,由刘永福口述、黄海安记录,后又由罗香林加以编校。其中,有两章专记刘永福渡海援台和势穷内渡情况,填补了黑旗军渡台抗日历史的空白。仅此数例,足以表明进入 30 年代后,甲午战争史研究比前一阶段前进了一大步。

在这里,需要特别介绍以下 3 部有关甲午战争的著作,即王芸生著《六十年来中国与日本》、王信忠著《中日甲午战争之外交背景》和张荫麟著《甲午中国海军战迹考》。

王芸生长期从事新闻工作,既是资深报人,又是著名文史专家。1931 年九一八事变后,《大公报》总编辑张季鸾念国难深重,提议在报上开辟专栏,每天刊载一篇中日关系文字,以为警醒国人之助,由王芸生主笔。于是,他的这部专著先在《大公报》专栏连载,从 1932 年起出单行本,至 1934 年 5 月出到第 7 卷,历时两年有半。全书共 7 卷,约 150 万字。其前 3 卷写甲午战争爆发的历史背景、战争过程、和议经过及战后瓜分危局。这是一部极有分量的多卷本学术著作。关于此书的写作动机和目的,张季鸾在序言中指出:"国家之可危可耻,百年以来,未有如今日之甚者也……吾侪厕身报界,激刺尤重,瞻念前途,焦忧如焚。以为救国之道,必须国民全体先真耻真奋,是则历史之回顾,当较任何教训为深切。"应该说,这个目的是达到了。它的长久流传便说明了它所具有的学术价值和生命力。这部书出版后在日本也受到注意,前 4 卷很快被译成日文,题名为《日支外交六十年史》,从 1933 年到 1937 年陆续分册出版。刘大年评论此书说:"第一,此书在当时动员抗日斗争的舆论中,所起的积极作用是明显的。虽有若干缺陷,并没有妨害它激发读者的爱国思想、民族感情。第二,它是那个时代的一部代表作。无论从思想、风格来说,都是这样。某些重大事件的真相,依靠它,才得以披露于世,为人们所知。"①这是实事求是的评论。直到今天,王著仍是研究甲午战争乃至近代中日关系的必读书。

《中日甲午战争之外交背景》是王信忠在清华大学研究院读研究生时的毕业论文,作为"清华大学研究院毕业丛刊"之一种于 1937 年 4 月出版。全书分

---

① 刘大年:《王芸生先生和他的〈六十年来中国与日本〉读后记》,《人民日报》1980 年 7 月 7 日;又见《六十年来中国与日本》8 卷,三联书店,1982 年,413 页。

10章,约45万字。这是中国第一部研究甲午战争历史背景和起因的专著。在此以前,作者曾发表过一篇题为《甲申事变始末》(《清华学报》12卷1期)的长篇论文。由于运思成熟,资料准备充分,所以全书结构严密,写来得心应手。作者写作之前,已经读过田保桥洁和信夫清三郎的著作,并且给予了肯定的评价,而他的此项课题却又与二氏相同,这必然会增加研究的难度。但是,作者却很好地解决了这个问题。首先,作者在占有资料方面独具优势。二氏著作所用的资料以日文为主,兼及西文,极少使用中文资料。如田保氏所用的中文资料仅《李文忠公全书》、《中东战纪本末》等两三种,而信夫氏所用的中文资料也不过多了《清光绪朝中日交涉史料》、《六十年来中国与日本》两种而已。而作者则对中文资料的占有具有优势自不必说,即使在日文及西文资料的搜集方面也不比二氏逊色。其次,作者的视野更为开阔,表现出深邃的洞察力。田保氏的著作是从中日《天津条约》写起,意谓《天津条约》为甲午战争的爆发预先埋下伏线,这自然是有道理的;信夫氏的著作以东学党起事作为开篇,意其为甲午战争的直接导火索,这也是无可厚非的。但主要的问题在于:日本之发动大规模的甲午侵华战争,是蓄谋已久的。《天津条约》也好,东学党起事也好,不过是它挑起衅端的借口,以此分析战争的起因显然是不够的。王信忠则独具只眼,从日本国内喧嚣一时的"征韩论"写起;然后写日本推行大陆政策迈出的第一步,即实为甲午战争导因的最初起点的《江华条约》;再写日本在朝鲜取得了驻兵权的《济物浦条约》;又写中国对朝鲜的宗主权实际上被否定而日本可随时派兵赴朝的《天津条约》;最后揭露"陆奥外交"的实质是"利用外交手段以挑衅之狡狯策略"(该书179页)。通过这样层层揭示和分析,便可清楚地看出,日本之挑起甲午战争并非偶然,不能归结为偶发事件,而是明治政府长期推行军国主义对外侵略扩张政策的必然结果。因此,此书较田保、信夫二氏之书更有分量,也更有深度。

张荫麟并非专治中国近代史的学者,他的主要学术贡献是在中国古代史方面。30年代初,他将泰莱的《中国事记》译成中文,以《甲午中日海战见闻记》为题发表。从此,他更涉猎晚清海军与甲午海战的中外资料,于1934年撰《甲午战前中国之海军》一文,分两期刊于天津《大公报》之《史地周刊》。翌年,《甲午中国海军战迹考》发表。此书一出,影响巨大。直到今天,研究甲午战争史的学者还不能不读此书。该书的重要性主要不在于其中的一些结论,而在于所使用的研究方法。作者认为,以往关于中日海战的记载,"不独中日双方之报告互有出入,即我国之记录,亦多抵牾。除极抽象之轮廓外,旧史所承认之细节,由今观之,几乎无一不成问题,乃知严格考信之需要与艰难,于近世史殊非例外。"作者主张将传统的考证方法用于近代史研究,以增加研究的手段,并亲自实践。可惜他英年早逝,不然在这一研究领域必会有更大的成就。

外国人士有关甲午战争的见闻和回忆,也有不少译成中文发表。主要有以下3类:

第一,关于海战的记事和评论。张荫麟所译泰莱《中国事记》,以《甲午中日海战见闻记》为题发表,已如上述。还有《香港孖剌新闻》(*Hong Kong Daily Press*)战地通讯记者肯宁咸(Afred Cunningham)的威海通讯,由李鼎芳翻译,题曰《乙未威海卫战事外纪》,发表于《大公报》(1935 年 5 月 3 日《史地周刊》)。此外,《海事》杂志除刊出《汉纳根向北洋大臣报告公文》(8 卷 5 期,1934)外,还译载了英国海军元帅贺伦比以及马汉和马吉芬对黄海海战的评论(9 卷 12 期,1935;10 卷 3 期,1936)。这些有关海战资料的翻译发表,有助于对甲午海战的进一步研究。

第二,关于日军暴行的西方目击者记述。在这方面,最具影响的是艾伦《在龙旗下》中文本的发表。此书由费青、费孝通合译,题为《中日战争目击记》,在《新生》杂志连载(1 卷 7、8、9 期,1934)。后来兰言又重译,别出心裁地采用章回小说体,改题《旅顺落难记》出版。这样,便误导了读者,甚至使一些中外研究者把它当成文艺作品来读,认为不足凭信。其实,《在龙旗下》所述,完全是艾伦在旅顺经历的真实记录(笔者拟另撰文考证)。对照一下《中倭战守始末记》卷二所收的一篇《倭寇残杀记》,就十分清楚了。《倭寇残杀记》是《纽约世界报》(*The New York World*)记者克利尔曼(James Creelman)所写的一篇战地通讯,原题 The Massacre at Port Arthur(《旅顺大屠杀》),刊登在1894 年 12 月 20 日该报整整两个版的版面上。当时美国舆论倾向于日本,作为日本政府批准的美国随军记者,克利尔曼起初相信日本军队是"勇敢而人道"的"文明军队"[1]。但是,当他随日本第二军在辽东半岛花园口登陆,并目睹了日军进攻金州和旅顺的战斗后,他的观点完全变了,因此写出了这篇著名的长篇通讯。将克利尔曼的《旅顺大屠杀》与艾伦的《在龙旗下》相印证,进一步

---

[1]　James Creelman, *Fight at Pingyang*, The New York World, Oct.5th, 1894.

证明了日军在旅顺所犯下的残暴屠杀罪行。在困难日益深重的 30 年代,将艾伦的书以《中日战争目击记》为题发表,不仅可补甲午战争中这一重大事件的文献之阙,而且也有警示国人的意义。

第三,西方传教士的回忆录。甲午战争时在华的西方传教士,其中不少人后来都出版了回忆录,但译成中文本的则不多。苏格兰长老会传教医师司督阁(Dugald Christie)的回忆录《奉天三十年记》(*Thirty Years in Moukden*,1883—1913)一书中有关甲午战争的部分,由陈德震译出,另以《甲午战时辽居忆录》为题,发表于《大公报》(1937 年 6 月 11 日《史地周刊》)。其中,除详细地介绍了左宝贵的治军和牺牲情况外,还记述了日本军队"起初发生许多暴行。人们被粗暴地赶出家园,财产被劫掠,家具被烧毁,妇女的处境也是不安全的",直到后来日本士兵才被"严格地约束"。这些记载应该说是比较客观的。

与此同时,在中国史坛上,有关甲午战争的论文也大量出现,而且选题趋于广泛化。这些论文,大致包括 6 个方面:1.甲午战争的历史背景和起因。如惜阴《光绪甲申朝局之变更》(《人文月刊》2 卷 5 期,1931)、陈烈甫《甲午以前的中日邦交》(《新亚细亚》3 卷 9 期,1934)、王信忠《甲午战前之中日外交政策概说》(《社会科学》2 卷 1 期,1936)、问渔《甲午战前日本挑战史》(《人文月刊》3 卷 9 期,1932)、魏建猷《朝鲜问题与甲午之役》(《国专月刊》5 卷 4 期,1937)等。2.北洋海军与甲午海战。如归与《中日黄海海战纪略》、《中日威海战役纪略》和《中日海战史料》(《海事》8 卷 5 期,1934;10 卷 9、10、11 期,1937;9 卷 6、7、10、12 期,1935—1936)、晨园《甲午战役轶闻》(《海事》5 卷 7—8 期,1932)、张荫麟《甲午战前中国之海军》(《大公报》1934 年 9 月 21、28 日)、张其昀《甲午黄海战役回顾谈》(《外交评论》6 卷 3 期,1936)等。3.国际关系与外交。如张忠绂《甲午战争与远东国际关系之变化》(《武大社会科学季刊》2 卷 3 期,1932)、张禄编译《甲午战争中之俄国外交》(《国闻周报》11 卷 29、31、35、37、39 期,1934)、左舜生《中日外交史上的李鸿章》(《外交评论》6 卷 3 期,1936)、王信忠《中日马关议和》(《人文科学学报》1 卷 1 期,1942)等。4.战争失败的影响和历史教训。如吴景贤《甲午战争中国失败的原因》(《学风》1 卷 9 期,1931)、冯节《甲午战争之检讨》(《新亚细亚》10 卷 6 期,1935)、宋云彬《甲午战争失败的教训》(《国民公论》2 卷 1 期,1939)、于炳然《甲午战争的教训》(《新动向》3 卷 6 期,1939)、陈辛慕《甲午之役的教训——〈清宫外史〉读后》(《新华日报》1943 年 3 月 21 日)、陈恭禄《甲午战后庚子乱前中国变法运动之研究》(《武大文哲季刊》3 卷 1 期,1933)、千家驹《中国财政史上的一页重要教训——甲午战争与中国财政》(《中山文化教育馆季刊》4 卷 2 期,1937)、周天放《甲午战后之东北与日本》(《行健月刊》1 卷 3 期,1932)、登璈《甲午战争及其所予今日东北事件之教训》(《新亚细亚》6 卷 4 期,1933)等。5.有关人物研究。如惜阴《书合肥轶事》(《人文月刊》3 卷 7 期,1932)、曾士莪《书翁李相倾事》(《国闻周报》12 卷 27 期,1935)、张健甫《谈甲午战争的李鸿章》(《前锋》创刊号,1940)、刘熊祥《甲午战前李鸿章的海防建设》(《中国青年》10 卷 4 期,1944)等。6.专论。如杨松《论第一次中日战争》、翦伯赞《论中日甲午之战》(《群众周刊》4 卷 18 期,1940;10 卷 2 期,1945)等。

在此阶段不到 20 年的时间里竟有如此众多的研究论著发表,是前一阶段所无法比拟的。此时的研究领域也趋于开阔,选题涉及军事、政治、社会、经济、外交、国际关系等方面。尤为值得注意的是,甲午战争史研究已成为历史学科中的热门课题之一,不仅推出了一批具有深度的高水平学术专著,而且许多论文思虑周详,论述深刻,堪称优秀之作,表明当时的甲午战争史研究已经进入了它的开创时期,为此后研究工作的发展奠定了初步的基础。

三、进入 20 世纪 50 年代:转机与发展

尽管从 20 世纪 30 年代开始,甲午战争史研究进入了开创时期,但其重要成果的发表主要集中于前期,后来由于日本发动全面侵华战争,研究工作受到严重影响和干扰,难以正常进行。直到新中国成立以后,甲午战争史研究才有了转机,进入了它的发展阶段。

正是在这一阶段,开始了有组织的纂辑史料的工程。在中国史学会主持下,邵循正等编辑 7 卷本《中国近代史资料丛刊·中日战争》(新知识出版社,1956)出版了。中国近代经济史资料丛刊编辑委员会主编《中国海关与中日战争》(科学出版社,1958)也出版了。同年,出版了阿英(钱杏邨)于 10 年前发表过的《甲午中日战争文学集》(中华书局)一书。书中除有关甲午之战的诗歌和小说外,还辑录了散见于报刊、专集中的有关甲午战争轶事、时论及战纪等,故有相当的参考价值。《近代史资料》先后刊出了《丘逢甲信稿》、《长顺函稿》、《张荫桓致翁同龢函》,以及徐庆璋《辽阳防守日记》和吴质卿《台湾战争纪》等,也都是有关甲午战争的重要史料。至于台湾刊印的《清季中日韩关系史料》

(1972)11 大册,属于清朝总理各国事务衙门的档案①。在上述各种资料中,以《中日战争》和《清季中日韩关系史料》两种最为重要。特别是作为"中国近代史资料丛刊"之一的《中日战争》,在出版后的数十年间,一直是研究者须臾不可离的基本资料。它对推动甲午战争史研究的发展所起的作用是不可估量的。

此外,山东、辽宁等地及军队的文史工作者开展访问和调查工作,也取得了可观的成果。在 50 年代,战争的参加者和目击者还有不少人健在,抢救活史料正当其时,意义重大。如原北洋海军定远舰总管轮陈兆锵的《战时日记》、来远舰二副谢葆璋至好李锡亭的《清末海军见闻录》及炮手谷玉霖、水手陈学海等多人的重要战争回忆,都是在调查访问中发现或记录下来的,为研究甲午海战提供了珍贵的第一手资料。再如当时搜集到的《丁汝昌遗墨》、《威海海防统领绥巩军戴(宗骞)示》及揭露日军残杀无辜平民暴行的《祭乙未殉难诸公文》等,也都具有很高的史料价值。旅顺除搜集到时人孙宝田所撰《甲午中日战争旅顺屠杀始末记》外,还广泛开展调查,记录下大量日军在旅顺大屠杀中的罪行资料。这些调查访问活动,得到了许多报刊的大力支持和配合。已经刊出的文章有 3 类:1.当事人的回忆。如赵泮馨《甲午战争志略》、王可举《甲午之战日军在荣成湾登陆攻陷威海军港事略》(《山东省志资料》创刊号,1958)等。2.根据调查材料并与文献资料相印证而写出的文章。如李时岳《甲午战争期间辽东人民的抗日斗争》(《光明日报》1958 年 9 月 15 日)、威海市志编委会《甲午战争期间威海军民的抗日斗争》(《山东省志资料》1960 年 4 期)、金纯泰《甲午战争旅顺抗日轶闻》(《辽宁日报》1963 年 1 月 7 日)、也石《旅顺人民的血仇》(《旅大人民日报》1951 年 4 月 7 日)等。3.有关人物生平、事迹调查的记述或评论。如中原《怀念甲午海战的民族英雄——访邓世昌长孙》(《新民晚报》1961 年 1 月 7 日)、廉成烂《左宝贵生平调查》(《北京日报》1962 年 2 月 22 日)等。

在资料搜集和整理工作受到重视的同时,甲午战争史研究也开始得到广泛的关注。当时以"甲午战争"、"甲午中日战争"或"中日甲午战争"为题的出

---

① 笔者于 1994 年夏访问台北故宫博物院时,还有幸得见该院所藏之光绪朝《筹办夷务始末》稿本,认为若有此一编,将会进一步研究甲午战争史大有帮助。但翻阅后发现其中许多日文文字有缺,于是建议该院与北京第一历史档案馆联手,共同将稿本补全,合作出版,使成完璧,以方便研究者,并嘉惠学林。

版物有多种,其中以贾逸君著《甲午中日战争》(上海知识出版社,1955)和郑昌淦著《中日甲午战争》(中国青年出版社,1957)影响较大。此外,当时出版的有关甲午战争的专书,还有历史教学月刊社编辑《中日甲午战争论集》(五十年代出版社,1954),孙毓棠著《中日甲午战争前外国资本在中国经营的近代工业》(上海人民出版社,1955)、陈伟芳著《朝鲜问题与甲午战争》(三联书店,1959)、戚其章著《中日甲午威海之战》(山东人民出版社,1962)、戴逸著《北洋海军》(中华书局,1963)等,也是各具特色的。《中日甲午战争论集》是中国最早出版的一部有关甲午战争的论集,因是年适逢甲午战争爆发 60 周年,编辑此书是要"回顾一下六十年前祖国人民遭受灾难的惨景","同时也为了纪念祖国人民不屈不挠英勇抵抗的精神"(该书前言)。但将此书理解为一本单纯纪念文章的汇编,那就错了。其实,集中所收的文章多数资料翔实,具有创见,甚至是填补空白之作。如周一良《东学院——朝鲜的反封建反帝斗争》、丁则良《马关议和前本李提摩太策动李鸿章卖国阴谋的发现》、孙毓棠《中日甲午战争赔款的借款》等皆一时上乘之作。《朝鲜问题与甲午战争》一书,乍看起来题目并不新鲜,细读之下始知不然。作者将事件置于更广阔的国际环境下进行考察,无论是在方法的运用还是研究的深度方面都前进了一大步。至于《中日甲午威海之战》一书,则是运用口碑史料与文献记载相结合的方法撰述历史的一种尝试,取得了初步的成果。

从这一时期所发表的论文看,不仅数量增多,而且选题更为开阔。如严启祥《中日甲午战争前中日在朝鲜的矛盾和斗争(1884—1894)》(《史学集刊》1957 年 1 期),郭毅生、汤池安《论甲午黄海大战与中国北洋海军》(《文史哲》1957 年 6 期),金冲及《论 1895 年至 1900 年英国和沙俄在中国的矛盾》(《复旦学报》1955 年 2 期),陈诗启《中日甲午战争中国际资本主义在中国的干涉活动和矛盾斗争》(《厦门大学学报》1959 年 2 期、1960 年 1 期),胡滨《1895 年俄德法三国干涉日本退还辽东的内幕》(《光明日报》1953 年 12 月 12 日),李光璧《甲午战争后领导台湾人民抗日的爱国主义者——徐骧、刘永福》(《历史教学》1951 年 3 期)、徐义生《甲午战争前清政府的外债》(《经济研究》1956 年 5、10 期)和《从甲午战争到辛亥革命时期清政府的外债》(《经济研究》1957 年 8、10、12 期),林星《甲午战争后到辛亥革命期间帝国主义在东三省的铁路争夺》(《历史教学问题》1959 年 1 期),胡昭曦《从甲午战争到辛亥革命时期帝国主义对四川的经济侵略》(《历史教学》1961 年 11、12 期),洪静渊《从历史上看日本帝国主义对朝中的文化侵略》(《大公报》1951 年 6 月 26 日),魏建猷《甲午战争中日寇对华暴行》(《解放日报》1953 年 3 月 16 日),缪楚黄《五十年前台湾人民的抗日游击战争》(《新建设》1951 年 4 期),来新夏《中日马关条约之际的反割台运动》(《大公报》1952 年 1 月 18 日),黄苗子《不屈的台湾人民——读五十九年前点石斋画报的台湾时事画》(《新观察》1954 年 21 期),祁龙威《从〈张謇日记〉看中日战争时的帝后党争》(《江海学刊》1962 年 9 期),李鼎文《评介甘肃举人〈请废马关条约呈文〉及其他》(《甘肃师大学报》1963 年 1 期),邓潭洲《十九世纪末湖南的维新运动》(《历史研究》1959 年 1 期)等。这些著述皆为甲午战争研究一时之佳作。

这个时期的甲午战争史研究表现出一个明显的特点,就是研究者的思想开始活跃,并展开了争鸣。例如,关于刘永福的评价问题,即曾在 60 年代初展开过一场激烈的争论。先是李光璧发表《甲午战争后领导台湾人民抗日的爱国主义者——徐骧、刘永福》一文,到该文收入《中日甲午战争论集》时,又将题目改为《1895 年台湾抗日战争中的徐骧和刘永福》。这一改动表明作者对刘永福的评价有了微妙的变化,即从"爱国主义者"降到虽在反侵略斗争中"起了一定的作用"却"称不起一个勇敢的坚强的斗士"(该书第 65 页)的地位。其后,从 1961 年开始,《广西日报》、《文汇报》、《福建日报》、《南方日报》等几家报纸,纷纷发表讨论文章,大都不同意贬低刘永福,有论者认为他是一位民族英雄,也有论者认为虽不是民族英雄也是爱国者,争论不已。再如郭毅生等的《论甲午黄海大战与中国北洋海军》,在当时来说也是一篇非常好的争鸣文章。文中提出了 3 点:其一,"现在的近代史书籍中,甲午战争被描写得灰黯失色,毫无生气,似乎清政府不抵抗,连广大人民、士兵群众和爱国将领等也被腐蚀了。很显然这是违背事实的";其二,"对于中国北洋海军,我们觉得有很多问题值得重新加以研究和估价";其三,"海战开始前阵形排列也不是总兵刘步蟾为了懦怯的目的而擅改;海战中广大将士都异常英勇,值得大书特书。"这些看法一反传统观点,给人以耳目一新之感。可惜的是,这次讨论未能进行下去。笔者在该文的启发下,曾专门写过一篇重新评价刘步蟾的文章,但在当时却没有发表的机会。后来,由于"文革"发生,甲午战争史研究基本上处于停顿状态,更谈不上学术争鸣了。

在这个阶段中,台湾地区的甲午战争史研究亦有相当成绩,其研究成果主要集中于 4 个问题。第一,有关历史背景问题。如孙启瑞《朝鲜壬午军乱时的中日交涉》(《大陆杂志》34 卷 9 期,1970)、王德昭《甲午战前中国处理"壬午事变"之经过》(《中国近代史论丛》1 辑 6 册,1956)和《甲午援韩原由辨》(《中兴评论》1 卷 2 期,1954)、梁中英《甲午战争前中日天津条约背景探原》(《复兴岗学报》1969 年 6 期)、梁嘉彬《李鸿章外交与中日间朝鲜交涉》(《史学集刊》1975 年 7 期)等。第二,有关海军与海防问题。如王家俭《清季的海防论》(《师大学报》1967 年 12 期)、《清季的海军衙门》(《史学集刊》1973 年 5 期)、《清末海军留英学生的派遣及其影响》(《历史学报》1974 年 2 期)和《旅顺建港始末》(《近代史研究所集刊》1976 年 5 期)、马幼垣《甲午战役前旅顺威海卫大连等地之经营》(《近代史研究论集》,1967)等。第三,有关《马关条约》及其影响问题。如黄秀政《中日马关议和的割地问题》(《台湾文献》25 卷 3 期,1974)、林子候《甲午战败后对和约的反应》(《台湾风物》26 卷 3 期,1976)、李守孔《三国干涉还辽之交涉》(《大陆杂志》29 卷 7、8、9 期,1967)、李国祁《三国干涉还辽后中德租借港湾的洽商与德璀琳上德政府建议书》(《近代史研究所集刊》1969 年 1 期)等。第四,有关人物评价问题。如梁嘉彬《李鸿章与中日甲午战争》(《大陆杂志》51 卷 4 期,1975)、程文华《赫德与中国近代外交之关系》(《国立政治大学学报》31 期,1975)等。这些文章大都以史料详实见长,且其中有不少富于开拓性的佳作。例如,《三国干涉还辽后中德租借港湾的洽商与德璀琳上德政府建议书》的作者李国祁,凭借其曾在西德大学执教和从事研究期间所掌握的大量已刊、未刊德国外交档案资料,对德国于甲午战争后强占胶州湾内幕进行探讨,填补了中国近代史研究中的一项空白。《清季的海防论》作者王家俭于 60 年代深感"若无强大的海军,我国的海权与国防安全,殆即无从保障,而欲求将来在海洋发展史上争一席之地,更将困难重重"[1],遂着手是项研究。通过作者对近代海防论的研究,便可明显看出,中国甲午之败实非偶然。这篇学术价值很高的论文,实开本世纪后半期中国海防思想研究之先河。

这里还需要指出的是,从 50 年代起,日本的甲午战争史研究更出现了积极的变化,即正直历史学家研究成果的出版明显增加,且对侵略史观和皇国史观展开了批判。如《日本军国主义》(东京大学出版会,1953)一书的作者井上清即坦言,作为一个历史学家,写作此书是要为"在反对东山再起的日本军国主义的斗争中略尽绵薄"。全书分 2 册,其第二册之第一篇题曰《征韩论和军

---

[1] 王家俭:《中国近代海军史论集》自序,台北文史哲出版社,1984 年。

国主义的确立》,第二篇题曰《甲午战争和日俄战争的性质——日本帝国主义的形成》,通过对日本帝国主义形成过程的论述,揭示了甲午战争的本质。作者认为,甲午战争发生的根源是"天皇制军国主义","为了消除 1890 年以来半封建半资本主义的日本经济矛盾的深刻化而提出向海外扩张的要求,形成了1894 年推动天皇制进行侵略战争的经济上的主要因素",而"天皇的国权主义代替了民众所要求的真正的国民主义,使民众为了'对外强硬'而激昂起来,正是最理想地完成了天皇制发动中日战争的政治准备"(商务印书馆中译本,1985 年,1、136、141 页)。对日本发动的甲午侵华战争的根源作出如此深刻的分析,这在以往的日本著作中还是罕见的。《日清战争研究》(东京青木书店,1968)一书作者中塚明也认为,甲午战争发生的根源是"专制天皇制",并指出:"发动日清战争是天皇制绝对主义对外政策在近代日本史上的'最大杰作'。"由于"战争的主导权掌握在专制天皇制的官僚及军部的手中",即使朝鲜不爆发东学党起义,清政府不派兵入朝,日本也会另外寻找借口,"凭借多年的准备将中国一举打垮,使之成为称霸朝鲜的契机"。因为"当时正值日本国内危机异常高涨之时,专制天皇制的当权者们早就等着这样的机会"(该书 291、289、110 页)。书中详细阐述甲午战争是日本"专制天皇制"所带来的必然结果,是明治政府蓄谋挑起的。后来作者还就此书所阐述的观点作出说明:"这一见解是站在研讨和批判 19 世纪后半叶以来对朝、对华侵略直到太平洋战争的日本军国主义历史的立场上,即站在第二次世界大战后日本历史学界的大多数学者的立场上得出的。"①

四、20 世纪 70 年代后期迄今:拓宽与深化

1978 年以来,广大史学工作者解放思想,冲破学术禁区,甲午战争史研究也开始走上健康发展的道路,无论在研究的广度和深度上都有了重要的突破。从此,甲午战争史研究进入了拓宽与深化的阶段。

如何评价刘步蟾问题的公开提出,标志着甲午战争史研究领域新变化的开始。先是 1977 年 11 月,在沈阳举行的《中国近代军事史》书稿讨论会上,笔者宣读了题为《应该为刘步蟾恢复名誉》的论文,引起了与会的 100 多名中国近代史学者的极大兴趣。从 1978 年起,全国许多报刊就如何评价刘步蟾问题

---

① 〔日〕中塚明:《日清战争前的日本对清战争准备》,1996 年打印稿。

展开了热烈的讨论。几年内,先后发表的讨论文章近 20 篇。对于刘步蟾其人,或肯定,或否定,两种观点针锋相对。争论虽大,但涉及评价刘步蟾的关键问题主要有两个:一是他在黄海海战中是否为自保而擅改阵形? 二是他在黄海之战中的表现究竟如何? 第一个问题是焦点所在,因此争论也最激烈。此问题源于北洋海军英籍洋员泰莱的回忆录《中国事记》。30 年代初,张荫麟撰《甲午中国海军战迹考》,便采用了泰莱的记述。其后,范文澜在所著《中国近代史》中袭用是说,写道:"刘步蟾违反议定的阵势,发出信号,令舰队横列,主力舰居中。他是卑污的懦夫,企图居中躲避炮火。"① 从此,这似乎已成定论。讨论中,经过对《中国事记》所述进行考证和分析,始知泰莱在一些重要问题上都歪曲了事实,且有不少捕风捉影之谈,是不能凭信的。再考察刘步蟾在黄海的战绩,更证明他并不是临阵怯退的懦夫,而是英勇战斗,战功卓越,可称得上一位爱国将领②。这一结论,逐渐在学术界形成共识。于是,这便成为甲午战争史研究发展的一个新起点。因为研究者为了正确评价刘步蟾,必须在详细占有史料的基础上,细致地研究甲午各次海战的全过程和北洋海军的各个方面,例如北洋海军的性质、海军人物、海防思想、洋员与北洋海军的关系、海军建设与洋务运动等,从而拓宽了研究领域,也加深了对有关问题的认识,将研究工作全面地向前推进。

1984 年是中日甲午战争爆发 90 周年。是年 9 月,在北洋海军的根据地威海市,举行了甲午战争 90 周年学术讨论会。这是首次以甲午战争为专题的学术研讨会,引起学术界的关注,也得到各方面的支持,有来自全国 15 个省市的80 多位中国近代史学者出席。从会后编辑出版的《甲午战争九十周年纪念论文集》(齐鲁书社,1986)看,这次会议的讨论内容相当广泛深入,所涉及的问题有:战争的历史背景、国际关系及英俄两国的远东政策、日本的战争准备与挑起战争的手段、人民群众的抗日斗争、东三省练军及辽东战场清军的后勤供应、帝后两党的战和之争、北洋舰队覆灭的原因、三国干涉还辽的影响、台湾人民的反割台运动及对台湾民主国的评价、战争对中国思想文化领域的冲击与民族觉醒、甲午战争与洋务运动发展的关系、载湉、李鸿章、翁同龢、刘坤一、严

---

① 范文澜:《中国近代史》上册,人民出版社,1962 年,258 页。范老此书 1947 年出了第 1 版,至1955 年出至第 9 版,故影响巨大。

② 参阅拙作《英人泰莱〈甲午中日海战见闻记〉质疑》,《近代史研究》1982 年 4 期;《刘步蟾黄海战绩考》,《北京师范大学学报》1982 年 2 期。

复、黄遵宪、柯铁等历史人物的评价,等等。由此可以看出,尽管学者们对许多具体问题的认识存在分歧,而对甲午战争在中国近代史上具有十分重要地位这一点却皆无异议。这正是此次研讨会的最大收获所在。

以此次会议为开端,以后陆续举办了多次规模不等的甲午战争学术研讨会。其中,主要有以下 5 次:1.1990 年 2 月,在北京举行的"纪念甲午海战 95 周年学术座谈会",会后编辑出版了论文集《甲午海战与中国近代海军》(中国社会科学出版社,1990),共收论文 25 篇;2.1994 年 8 月,在北京举行的"纪念甲午海战 100 周年学术研讨会",会后编辑出版了《甲午海战与中国海防——纪念甲午海战 100 周年学术研讨会论文集》(解放军出版社,1995),共收论文41 篇;3.1994 年 9 月,在威海市举行的"甲午战争 100 周年国际学术讨论会",会后编辑出版了《甲午战争与近代中国和世界——甲午战争 100 周年国际学术讨论会文集》(人民出版社,1995),共收论文 85 篇,其中包括中国大陆学者论文 59 篇,台湾地区学者论文 7 篇,韩国、日本、德国、美国、加拿大等国学者论文 19 篇;4.1995 年 9 月,在大连市举行的"海峡两岸《马关条约》百周年学术研讨会",会后编辑出版了《海峡两岸〈马关条约〉百周年学术研讨会论文集》(大连海事大学出版社,1997),共收论文 23 篇,其中大陆学者论文 16 篇,台湾学者论文 7 篇;5.1998 年 8 月,在威海市举行的"北洋海军成军 110 周年纪念学术讨论会",会后编辑了《北洋海军研究》一书,共收论文 36 篇,将于近期出版。

另外,还要提及两次甲午战争 100 周年学术研讨会:一次是 1994 年 6 月,在台北举行的"甲午战争 100 周年纪念学术研讨会",会后编辑出版了《甲午战争一百周年纪念学术研讨会论文集》(台湾师范大学历史学系,1995),共收论文 33 篇,其中台湾学者论文 25 篇,大陆学者论文 2 篇,韩国、日本、加拿大等国学者论文 6 篇;另一次是 1995 年 6 月,在日本东京举行的"日清战争与东亚世界的变化国际学术讨论会",会后编辑出版了论文集《日清战争与东亚世界的变化》(东京まに书房,1997),共收论文 35 篇,其中日本学者论文 27 篇,中国大陆学者论文 3 篇和台湾学者论文 1 篇,韩国、蒙古、俄、美等国学者论文5 篇。

除上述有关甲午战争的学术讨论会以外,还先后举办过多次有关甲午战争人物的研讨会。其中,仅为纪念丘逢甲而召开的学术研讨会就有 3 次:第一次是 1984 年 12 月,在广东梅县举行的"纪念丘逢甲诞辰 120 周年学术研讨会",会后编辑出版了《丘逢甲研究》(广东人民出版社,1986)一书,共收论文 21 篇;第二次是 1994 年 12 月,在广东梅州市举行的"丘逢甲诞辰 130 周年国际学术研讨会";第三次是 1996 年 3 月,在台湾台中市举行的"丘逢甲与台湾历史文化学术研讨会",会后编辑出版了《丘逢甲与台湾历史文化学术研讨会论文集》(逢甲大学人文社会科教中心,1996),共收论文 13 篇,其中台湾学者论文 8 篇,大陆学者论文 5 篇。其后,广东省丘逢甲研究会编辑出版了 3 次会议的论文选辑《丘逢甲研究——1984 年至 1996 年专集》(广东人民出版社,1997),共收两岸三地与会学者论文 42 篇(其中重收第一次会议论文 12 篇、第三次会议论文 9 篇)。丘逢甲是中国近代著名的爱国者、教育家和诗人,关系到如何对他评价的问题主要有两个。第一,丘氏所倡导的台湾民主国究竟属于什么性质? 这是争论的焦点所在。在中外政界人士及学者中间曾经流行一种观点,认为台湾民主国是宣告脱离祖国而成立独立国家。其实,这完全是误解。因为所谓"民主",乃是"台民自主"之义,是在台湾被割让的情况下不得已而采取的"暂行自主"抗日保台的一种临时应变措施,其动机是爱国的,其作用基本上是积极的[①]。这样的"自主","正是为了维护祖国的统一,而不是搞分裂"[②]。所以,将倡导台湾民主国理解为搞"独立运动"或成立"独立的国家",是毫无根据的。第二,丘氏是否有卷饷而去的事? 最早明确记述此事者为连横,谓丘逢甲"挟款以去,或言近十万云"[③]。一句"或言",引起后人的争论不休。或信有其事,或著文驳辩,然皆举不出确证。故有论者主张不如任其"说者自说,疑者自疑",而着眼于"探求丘逢甲在反割台运动中的实际表现"[④]似更有意义。这自是不得已的办法,但问题并未解决。主要的问题在于:丘逢甲是否有可能领到 10 余万两饷银? 据丘氏给唐景崧、俞明震的几封信件,可知当时义军粮饷不继,拮据万分,连借饷几千两都很困难,从哪里能领到 10 万两? 再据范文澜考证,唐景崧就任时,藩库还存银 40 余万两,到他内渡时仅存 24 万两了[⑤]。那么,所少的 16 万两是否拨给了义军充饷? 根据近年查到的日方档案,当时日军谍报已经查明,这 16 万两被唐景崧内渡前汇走了[⑥]。一百年来一直

[①] 戚其章:《关于台湾民主国的评价问题》,《北方论丛》1984 年 4 期。

[②] 孙克复:《论丘逢甲乙未保台斗争》,《丘逢甲研究》,144 页。

[③] 连横:《台湾通史》下册,商务印书馆,1983 年,721 页。

[④] 《丘逢甲与台湾历史文化学术研讨会论文集》,87 页。

[⑤] 《中国近代史》上册,275—276 页。

[⑥] 《日军侵略台湾档案》,《中日战争》(续编)12 册,中华书局,1996 年,199 页。

困扰着人们的这个历史谜团终于解开了。

再就是 1988 年在安徽合肥市举行的"李鸿章与近代中国经济学术讨论会"。当时会议的主办单位确定了这一中心议题,看来是用心良苦,从这方面评价李鸿章比较好谈,但实际上要回避经济以外的问题是很难的。会后编辑出版了《李鸿章与中国近代化》(安徽人民出版社,1989)一书,共收论文 27 篇,其中与甲午战争有关的论文占了一半以上。在中国近代史上,李鸿章是非常有影响力的人物,也是极其复杂的人物,所以对他的争论也最大。生前死后,毁誉相随。正由于此,对李鸿章的研究为数可观。据粗略统计,近百年来陆续问世的李鸿章传记、回忆录、年谱及有关专著不下 30 部,分别用中、英、日、德、法、俄等国文字发表于报刊的论文、评论高达 400 余篇。进入 80 年代以后,对李鸿章的评价发生了显著的变化,全盘否定的简单化做法逐渐少了,研究者更加注重实事求是,力求做到评价恰如其分。虽说如此,见仁见智总是不可避免的。例如,从经济方面看,对他有肯定有否定,但基本上是倾向于肯定。许多论者认为,当时他所创办的近代工业具有积极或进步的历史作用,在一定程度上顺应了历史潮流①。所以,有论者称他是"当之无愧的""中国近代化的奠基人和创建人"。但又指出:"令人遗憾的是,李鸿章放的中国近代化第一炮,恰恰没有放响,他又是中国近代化的失败者"。从军事方面看,对他的评价是臧否参半。他创建北洋海军,构筑海防工事,是为了防范外来侵略,尤其针对东邻日本,无疑是应该肯定的。而由于他的避战求和和指挥失当,又是他"最严重的误国大过"②。从外交方面看,虽然对他也是有肯定有否定,但基本上是倾向于否定,自不待言。争论的焦点是:究竟李鸿章是误国还是卖国? 李鸿章误国说由来已久。当年,张謇参奏李鸿章"主和误国",即有"非特败战,并且败和"之语,最为人传诵③。其后,洪弃生撰《中东战纪》序,亦称:"清师之败,李鸿章有三误焉:一误于望和;二误于待和;三误于求和也……误国深矣!"④那么,他有没有卖国的行为? 具体地说,他是否真的接受了俄国人的巨额贿赂? 或认为,俄国财政大臣维特(Count Sergius Witte)说李鸿章接受了贿赂,"但没有其他实证材料,只有俄方的孤证,没有旁证……如果维特所说属实的话,那就

①　参看张富强《建国以来李鸿章研究述评》,《李鸿章与中国近代化》,384、392 页。
②　姜铎:《略论李鸿章》,《李鸿章与中国近代化》,10、15 页。
③　黄浚:《花随人圣盦摭忆》,上海古籍书店影印本,1984 年,447—448 页。
④　《中日战争》(续编)12 册,378—380 页。

很难洗清李鸿章的卖国罪责。"①也有论者指出："俄国档案中有着清楚的记载，但是善良的人们仍然不敢相信那是事实。"②从俄国文献看，此事既见于《维特伯爵回忆录》(商务印书馆，1976)第四章《我与李鸿章的交涉》，又见于《红档杂志有关中国交涉史料选译》(三联书店，1957)第四篇《关于收买中国大臣李鸿章和张荫桓的电稿》，恐怕很难说是孤证。何况后者多次记述此事，对贿赂过程有着详细的交代，试看俄国驻北京官员寄回莫斯科的两则密电：其一称："昨晚极秘密地将李鸿章请来我处，通过璞科第告他，如果和我国成立借款……当酬他银五十万两，作为他在办理此事时必需的秘密开支，李鸿章同意竭力协助；假使我国能按十足数借款，他保证大致可以成功。"其二称："今天我付给李鸿章五十万两(按北京习惯所用市平银重量)，计值四十八万六千五百万两(按银行所用公砝两重量折算)；李鸿章甚为满意。"③这些密电不可能是虚构的。可见李鸿章这个人物确实太复杂了，今后还需要进行更细致的研究。

在当时的政坛上，与李鸿章同为朝野瞩目的另一位重要人物是翁同龢。1994年5月，"甲午战争与翁同龢学术研讨会"在江苏常熟市举行，会后编辑出版了《甲午战争与翁同龢》(中国人民大学出版社，1995)一书，共收论文29篇。与会学者对翁同龢的评价基本上是肯定的，认为他作为帝党领袖，在甲午战争中主战，而且赞成迁都，倾向于与敌久持，并不错。"说主战误国实属本末颠倒，甲午战败原因不在主战，而在战而不力，决策者没有把战争打到底的决心"(该书第319页)。争论的问题主要有二：第一，如何看翁同龢的操守？一种意见肯定了"翁同龢为官四十多年操守廉洁的品质"；另一种意见则认为他在与外国人洽谈借款过程中有受贿的嫌疑。事实上，至今仍查不到翁氏受贿的确证。相反，从俄国档案记载可知，翁氏与外国人打交道时是很警惕的。如称："户部尚书翁同龢拒绝秘密会面，他怕引起怀疑，因为他与外国人根本没有私人来往。"④第二，翁同龢开缺的原因是什么？对此，意见极其纷纭，也提出不少新见。一种意见认为，翁氏罢官是出自慈禧的决定，其中起主要作用的则是刚毅。有论者强调这是后党破坏维新变法的重大步骤。另一种意见认为，翁同龢开缺的原因是由多种因素构成，翁氏与光绪之间的裂痕形成冲突，而御史参

①　《李鸿章与中国近代化》，4页。

②　孔祥吉：《胶州湾危机与维新运动的兴起》，《历史研究》1998年5期。

③　《红档杂志有关中国交涉史料选择》，204—205、209—210页。

④　《红档杂志有关中国交涉史料选译》，206页。

劾翁氏与张荫桓朋谋纳贿,使光绪态度明显变化。有的学者提出,翁同龢开缺与康有为有关,康氏想取而代之,充当太傅。也有的学者认为,翁氏罢官,本人似有求去之意(该书第 320 页)。看来,对此问题还需要做进一步的深入研究。

1991 年 9 月在福州市举行的"甲午战争中之方伯谦问题学术研讨会",亦颇为学术界注意。会后编辑出版了《中日甲午海战中方伯谦问题研讨集》(知识出版社,1993)一书,共收论文 31 篇。方伯谦之被军前正法,究竟是否冤案,一百年来聚讼不断。方氏死后不久,就有署名冤海述闻客者,撰有《冤海述闻》一书,为方氏辨冤,发出鸣冤之第一声。以后为方氏翻案者,多以该书为主要依据。到 80 年代,卢毓英《卢氏甲午前后杂记》稿本公布,又成为翻案论者的另一重要依据。于是,对方伯谦评价问题的争论形成高潮。福州的研讨会就是在这种情况下召开的。据会议综述,绝大多数与会者认为,方伯谦被杀是"历史上的一桩冤案,应该为之剖白辨冤",并且"一致认为,方伯谦是中国近代最早的海军人才之一,是具有爱国心的海军将领"。在会议的"致辞"中,有些话说得十分肯定:"大量中外史料证实方伯谦是中国近代海军杰出的人才,在捍卫祖国抗击外侮的甲午海战中,是英勇善战的指战员,绝非逃兵,他蒙冤被害是清政府腐败没落所致。国内外的观点已基本取得一致,这也是学术研讨上的一大新闻。"还有的论者评价更高:"方伯谦不仅在战略思想上是伟大的,高出中日双方的战争指导者,令人难望他的项背。"事实上,会议上也还有另一种声音。如称:"(方氏)未经允准而'擅离部位',中途退避,是违犯军纪军令的,'仍当治以应得之罪'。"有论者针对翻案论指称:"如果没有可靠的史料证实其非,仅靠推论也同样无法得出'方伯谦被冤杀'的结论。"①可见,与会者在根本问题上仍然存在着对立的观点,并不像"致辞"和"综述"说得那样轻松:"观点已基本取得一致","不少问题已经取得共识"。故有论者撰文称:"学术讨论应该贯彻'百家争鸣'的精神,让各方都能够充分发表见解,不必、也没有必要匆忙做出结论。参加讨论者谁也没有资格自己宣布自己是胜利的一方。"②笔者认为,就目前情况看,双方的争论主要集中于两个问题:其一,《冤海述闻》、《卢氏甲午前后杂记》两书在关键问题上的记述有多大程度是可信的?其二,方伯谦在黄海海战中是否首先驶逃? 如果这两个问题弄清楚,对方氏的

①　《中日甲午海战中方伯谦问题研讨集》,626、631、579、606、43、74 页。
②　柯平、海莹:《也谈为方伯谦翻案问题》,《齐鲁学刊》1999 年 1 期。

评价问题也就迎刃而解了。所以,这场争论估计还会时断时续地进行下去。

　　学术活动如此之活跃,给甲午战争研究增添了活力,从而将研究工作大大地推向前进。据粗略统计,在这个阶段中,已发表的有关甲午战争的论文为1 000篇左右。据笔者涉猎所及,出版有关甲午战争的著作主要有:韩俊英等编著《甲午战争研究备要》(中央民族大学出版,1997),戴逸、杨东梁、华立著《甲午战争与东亚政治》(中国社会科学出版社,1994),石泉著《甲午战争前后之晚清政局》(三联书店,1997),王如绘著《近代中日关系与朝鲜问题》(人民出版社,1999),孙克复著《甲午中日战争外交史》(辽宁大学出版社,1989),杨惠萍、穆景元、郑学元编著《从甲午战争至甲辰战争》(中央民族大学出版社,1997),关捷著《甲午风云与近代中国》(中央民族大学出版社,1997),戚其章著《甲午战争国际关系史》(人民出版社,1994)、《北洋舰队》(山东人民出版社,1981)、《中日甲午战争史论丛》(山东教育出版社,1983)、《甲午战争史》(人民出版社,1990)、《甲午战争与近代社会》(山东教育出版社,1990),孙克复、关捷著《甲午中日海战史》(黑龙江人民出版社,1981)、《甲午中日陆战史》(黑龙江人民出版社,1984)、主编《甲午中日战争人物传》(黑龙江人民出版社,1984),孙洁池等主编《甲午英烈》(山东大学出版社,1994),郭铁椿著《甲午大连之战》(中央民族大学出版社,1997),杨念群主编《甲午百年祭:多元视野下的中日战争》(知识出版社,1995),辽宁鞍山市政协文史委编印《中日甲午陆战辽海战事纪》(1997),陈伟芳著《台湾乙未战纪》(广西人民出版社,1981)等。从近代军事史方面研究的著作有:张玉田、陈崇桥等编著《中国近代军事史》(辽宁人民出版社,1983),张墨、程嘉禾著《中国近代海军史略》(海军出版社,1989),吴杰章、苏小东、程志发主编《中国近代海军史》(解放军出版社,1989),胡立人、王振华主编《中国近代海军史》(大连出版社,1990),姜鸣著《龙旗飘扬的舰队——中国近代海军兴衰史》(上海交通大学出版社,1991),海军司令部《近代中国海军》编辑部编著《近代中国海军》(海潮出版社,1994),戚其章著《晚清海军兴衰史》(人民出版社,1998),鲍中行著《中国海防的反思——近代帝国主义从海上入侵史》(国防大学出版社,1990),朱来常著《淮军始末》(黄山书社,1984),樊百川著《淮军史》(四川人民出版社,1994)等。有关人物研究的著作有:孙孝恩著《光绪评传》(辽宁教育出版社,1895),徐彻著《慈禧大传》(辽沈书社,1994),谢俊美著《翁同龢传》(中华书局,1994),苑书义著《李鸿章评传》(人民出版社,1991),董守义著《李鸿章》(哈尔滨出版社,1996),刘成功著《李鸿章与甲午战争》(大连出版社，1994)，成晓军著《李鸿章传》(四川人民出版社，1995)，马昌华主编《淮系人物列传——李鸿章家族成员、武职》、《淮系人物列传——文职、北洋海军、洋员》(黄山书社，1995)，安徽肥西县政协文史委编《肥西淮军人物》(黄山书社，1992)，冯天瑜著《张之洞评传》(河南教育出版社，1985)，马东玉著《张之洞大传》(辽宁人民出版社，1989)，刘敬坤著《丁汝昌》(新蕾出版社，1993)，萨本仁著《萨镇冰传》(海潮出版社，1994)，廉成灿等主编《民族英雄左宝贵》(陕西人民出版社，1994)、山东威海市政协文史委编《邓世昌》(1990)，杨万秀、吴志轩著《刘永福评传》(河南教育出版社，1985)，徐博东、黄志平著《丘逢甲传》(时事出版社，1996)等。其他有关著作亦甚多，如王晓秋著《近代中日关系史研究》(中国社会科学出版社，1997)，王振坤、张颖著《日特祸华史——日本帝国主义侵华谋略谍报活动史实》1卷(群众出版社，1988)，李生辉、刘镇传《甲午战争诗歌选注》(大连出版社，1994)，关捷、刘志超编著《沉沦与抗争——甲午中日战争》图片集(文物出版社，1991)，曲传林等编《旅顺万忠墓》(文物出版社，1986)，柯平编《威海甲午战争遗址》(文物出版社，1991)等，难以一一列举。

在此期间或稍早，台湾也出版了一批有关甲午战争的著作。主要有：中华文化复兴运动推行委员会主编《中国近代现代史论集》第11编《中日甲午战争》(台北商务印书馆，1986)，王家俭著《中国近代海军史论丛》(文史哲出版社，1984)、《李鸿章与北洋海军》(近期即将出版)，王尔敏著《淮军志》(台北"中研院"近代史研究所，1967)，林子候著《甲午战争前之中日韩关系(1882—1894)》(玉山书局，1990)，池运在著《袁世凯与中日甲午战争》(台北政治大学外交研究所，1977)，林明德著《袁世凯与朝鲜》(台北中研院近代史研究所，1970)，李国祁著《张之洞的外交政策》(台北"中研院"近代史研究所，1970)，李守孔著《李鸿章传》(学生书局，1977)，雷禄庆著《李鸿章新传》(文海书局，1983)，梁中英著《李鸿章对日外交政策之研究》(台北，1970)，郑天杰、赵梅卿著《中日甲午海战与李鸿章》(文化事业中心，1979)等。

此外，还翻译了部分国外出版的有关著作。如藤村道生著、米庆余译《日清战争》(上海译文出版社，1981)，法国驻华公使施阿兰(A.Gerand)著、袁传璋、郑永慧译《使华记》(商务印书馆，1989)，英国学者杨国伦(Leonard Kenneth Young)著、刘存宽、张俊义译《英国对华政策(1895—1902)》(中国社会科学出版社，1991)，迪肯(Richard Deacon)著、姜文灏、赵之援译《日谍秘史》

（世界知识出版社，1984），美国学者罗林森（John L.Rowlinson）著、苏小东、于世敬译《中国发展海军的奋斗（1839—1895）》（海军军事学术研究所，1993），刘广京、朱昌峻编、陈绛译《李鸿章评传》（上海古籍出版社，1995）等。

有关甲午战争史料的挖掘、整理和出版工作，成绩也斐然可观，规模空前。就私人文集来说，苑书义主编的 12 卷本《张之洞全集》已经出版（河北人民出版社，1998）。顾廷龙、叶亚廉主编《李鸿章全集》电稿部分已出版 3 卷（上海人民出版社，1985—1987）；安徽正大力重编 2 000 万字的《李鸿章全集》，不久当可问世。已经出版的还有：戚俊杰、王记华编校《丁汝昌集》（山东大学出版社，1997），河北省政协文史委、张家口市政协文史委合编《民族英雄邓世昌》（中国民间文艺出版社，1989），戚其章辑校《李秉衡集》（齐鲁书社，1993），汪叔子编《文廷式集》（中华书局，1993），丘晨波主编《丘逢甲文集》（花城出版社，1994）等。至于档案资料的整理出版，以陈旭麓、顾廷龙、汪熙主编《甲午中日战争》（盛宣怀档案资料选辑之三）上、下册（上海人民出版社，1980—1982），张侠、杨志本等编《清末海军史料》（海洋出版社，1982）两种较为重要。盛宣怀时任津海关道，是李鸿章办理外交和军务的主要助手，其档案所记内容十分丰富，且多系李鸿章文集中所未载，故此编为研究者不可缺少的重要资料书。《清末海军史料》搜罗广泛，内容涉及海军建设、舰船购造、海防思想与防务设施、海战纪略等，可大大省却研究者翻检之劳。

这里，还需要介绍一下作为"中国近代史资料丛刊续编"之一的《中日战争》的编辑出版。此书的缘起是，80 年代初，美国著名历史学家费正清（John K.Fairbank）向国务院古籍整理出版规划小组组长李一氓建议，认为中国 50 年代编辑出版的大型资料丛书《中国近代史资料丛刊》贡献很大，仅在美国就培养了 200 名历史学博士，但后来新资料不断发现，《丛刊》已经不能适应发展的需要了，应该组织编辑出版《丛刊》的续编。李一氓很重视费正清的建议，立即着手制订实施计划。这套《中日战争》续编就是其中之一种，当时委托笔者担任主编。全书共 12 册，近 600 万字，已全部出齐（中华书局，1989—1996）。"续编"主要收原先《中日战争》7 册中未曾编入的重要资料。其中，除选自清宫的硃批奏折、电报档、谕旨汇编、军机处录副奏折、上谕档、洋务档及总理衙门档以外，还有盛京将军衙门档、吉林将军衙门档、黑龙江将军衙门档、山东巡抚衙门档、江苏巡抚衙门档等，都是首次整理公布。其他中文资料，如《张謇致翁同龢密信》、《吴大澂文札》、《甲午威海倭警电报》、《龟蔽褊言》、《慎宜轩日记》等,也皆系过去从未披露过的。这样,有关甲午战争的重要中文官私档案文书,可以说基本上都搜罗入编了。译自外文的资料,约占全书近一半的篇幅,以官方档案为主,兼及私人文书及其他资料。如日文资料,除收日本外务省《日本外交文书》第 27、28 两卷、伊藤博文《机密日清战争》、杉村濬《二十七八年在韩苦心录》外,还收了《宗方小太郎日记》、《向野坚一回忆录》及其《从军日记》等;英文资料,除收《英国外交文件(1894—1895)》、《欧格讷外交报告》外,还收了科士达(John W. Foster)的日记及其在马关议和期间写给夫人玛丽的信件等。其中,有些资料在其国内也尚未公开发表,甚至还没有发现。

五、正在争论中的几个重要问题

在甲午战争研究中,许多问题都是有争论的。发生争论的问题涉及各个方面,笔者及其他学者曾多次做过介绍或评述[①],这里一般不再重复,兹就目前正在争论中的几个重要问题略作评述。

(一)甲午战争的起因问题。长期以来,中外学者对此有着各种不同的说法。归纳起来,主要有 3 种见解:第一,经济目的说。认为日本发动甲午战争是为了确保国外原料基地和市场,进行原始积累而掠夺殖民地。第二,偶发说。如战争是因朝鲜东学党起义而引起、战争是由于日本国内发生政治危机而不得不把内部之争转向对外侵略、战争的爆发是由于阴差阳错的偶然性原因促成等说,皆属于此类。第三,日本侵略中国和朝鲜是其既定国策,发动甲午战争是日本军国主义蓄谋已久、精心策划的侵略行动。经济目的只是问题的一个方面,此说并未抓住问题的根本,不能说是日本发动甲午侵华战争的主要原因,这是显而易见的。所以,最近几年,偶发说在日本开战盛行起来,否认日本早就准备侵略朝鲜和中国的大陆政策。如高桥秀直为日本出兵朝鲜辩解说:"日本政府不是有意识要开战才出兵的,当时掌握日本政府主导权的伊藤博文……是试图保持和清国的协调的",后来"伊藤对朝政策的变化,在于日本

---

① 见拙作《三十年来甲午战争史研究概况及争论问题》,《南京大学学报》1982 年 3 期;《建国以来中日甲午战争研究述评》,《近代史研究》1984 年 4 期;《中日甲午战争研究四十年》,《历史教学》1991 年 2 期;《甲午战争研究一百年的回顾》,《历史教学》1994 年 7 期;《甲午战争研究中的争论热点》,《人民日报》1999 年 4 月 24 日。又见韩俊英等编著《甲午战争研究备要》,中央民族大学出版社,1997 年。

的内政"①。大泽博明也认为："甲申事变以后,日本政府在外交、军事上对朝政策不是指向对清战争的,'六·二出兵'(1894 年 6 月 2 日日本政府做出出兵朝鲜的决定)以及日清共同改革朝鲜内政案也不是要对清国进行'挑衅',实现日清共同改革朝鲜内政才是'六·二出兵'的真正意图。"②其他类似的说法尚多,不必赘述。偶发说主张者的一个通病,就是醉心于对历史现象的主观分析,可以完全不顾最基本的客观历史事实。1868 年明治天皇睦仁登基伊始,即开始推行"武国"方针,以对外侵略扩张为基本国策。进入 70 年代,日本国内大倡"征韩论"。所谓"征韩论",其实质就是侵略大陆论。80 年代后,日本政府举全力进行大陆作战的准备。山县有朋内阁一成立,便提出"保卫利益线",成为尔后日本军国主义对外发动侵略战争的"理论"根据。到 1893 年,明治天皇批准《战时大本营条例》,标志着日本已完成入侵大陆的战争准备。斋藤圣二曾对甲午战争中最先入朝的日本第五师团长野津道贯中将的有关文书资料进行深入研究,得出结论说,日本派兵入朝的目的,表面上是"保护日本人及公使馆",而背后的目的是"与清国争夺霸权"③,就是说,根本不存在什么"试图保持和清国的协调","共同改革朝鲜内政"的"真实意图"。实际上,早在 1887 年,日本参谋本部就已经制订了多份陆海军对华作战的具体方案。先前发现并已披露的参谋本部陆军部局长小川又次陆军大佐的《清国征讨方案》,即提出:"于此时,我国断然先发制人。"④几年前,中塚明教授从福岛县立图书馆"佐藤文库"中又发现参谋本部海军部于 1887 年制订的 6 份对华作战的构想方案,并对其中之一的樱井规矩之左右海军少佐《征清方策》进行个案研究,从而得出结论:"从日清战争的实际作战过程也能看出,樱井的《征清方策》绝不仅仅是凭空描绘的作战构想,在以后,它被具体化并运用于日清战争的实战之中。"⑤由此不难看出,日本之挑起甲午战争,实是实施其蓄谋已久的对外侵略扩张的大陆政策的一个必然步骤,决不是一次偶然的事件。

（二）甲午战争的性质问题。对此,中国学者认为,日本发动的这场侵略战争是非正义的战争,中国抗击侵略者的战争是正义的战争。看来只是作原

---

① 〔日〕高桥秀直:《走向日清战争的道路》,东京创元社,1995 年,514 页。
② 〔日〕大泽博明:《日清共同改革朝鲜论和日清开战》,《熊本法学》73 号,1993 年。
③ 〔日〕斋藤圣二:《关于陆军对日清战争的准备》,《创造》24 号,1995 年。
④ 〔日〕小川又次:《清国征讨方策》,《抗日战争研究》1995 年 1 期。
⑤ 〔日〕中塚明:《日清战争前的日本对清战争准备》,《抗日战争研究》1997 年 2 期。

则上的界定,或者说只对这次战争的普遍的性质进行确定,而未对其特殊的性质进行研究。正由于此,也就不存在什么异议。从日本方面看,争论却相当激烈。大致说来,有以下几种见解:第一,义战说。当甲午战争爆发之初,义战说在日本甚嚣尘上。如声言日本此次是为了"长久地保证朝鲜的独立",是"为了世界的文明进步,排除其障碍"①,因此"日清战争是文明与野蛮的战争","对于我们来说,实际是义战。不仅在法律上,而且在伦理上也是无可非议的。"②第二次世界大战后,曾经舆论一律的义战说自然不时兴了,于是又有不同的说法先后提了出来。第二,防卫说。这是近年来流行的说法。如称:当时日本"对北洋水师的壮大感到强烈的威胁,因此基本上是着眼于国土的防卫",所谓"日本早就准备对大陆采取攻势"的说法是错误的③。或辩解说,日本为对抗清国而扩军,乃是出于对清国海军较日本处于优势而产生的危机感,并非积极地图谋与清国作战,而是准备万一发生不测而进行防卫④。就是说,日本由于受到中国的威胁为了防卫才扩军备战,并不是有意识地要发动甲午侵华战争。那么,早在 1887 年,日本参谋本部就制订了陆海军入侵中国大陆的作战方案,又当做何解释?防卫说主张者则避而不谈了。第三,两重性说。两重性说也有两种:一种是说:"日清战争一方面具有国民主义的性质,另方面也带有帝国主义战争的性质。"另一种则说:"对各帝国主义国家来说,日清战争具有防卫的性质;而对后进国家中国来说,则是帝国主义的侵略战争。"⑤这两种不同的两重性说,皆貌似全面,但显然存在问题。能说日本发动的甲午侵华战争具有国民主义性质吗?事实上,最热衷于挑起战争的是日本士族,这种战争狂热也影响到知识分子,但"大多数民众对开战的动机难以理解,因而对战争是漠不关心的"。所以,当时的政治家尾崎行雄即指出:"所谓日清战争的举国一致,也是'雷同附和'的结果。"⑥硬给这场日本统治集团发动的侵略战争赋以国民主义的性质,显然是没有道理的。至于日本与西方帝国主义国家的关系,固然有斗争的一面,但更多的则是利用和勾结,将其说成是"防卫",只能是有意无意地对发动这场侵略战争的罪魁祸首的美化。那么,能否说它具有帝

---

① 见〔日〕信夫清三郎《甲午日本外交内幕》,360—361 页。
② 见〔日〕藤村道生《日清战争》,98 页。
③ 〔日〕桑田悦:《关于日清战争前日本大陆进攻准备说》,《军事史学》119 号,1994 年。
④ 〔日〕高桥秀直:《走向日清战争的道路》,305—306 页。
⑤ 张忠林:《一些日本学者对甲午战争的若干看法》,《国外社会科学情报》1984 年 9 期。
⑥ 〔日〕藤村道生:《日清战争》,97 页,序言 1 页。

国主义战争的性质呢？对此,意见也不一致。有论者说,它不具有帝国主义战争的性质。也有论者说,它带有一定的帝国主义战争的性质。但是,无论如何必须肯定的一点是,甲午战争为日本"开辟了走向现代帝国主义强盗政策的道路"①。从这次战争的结局看,"由于发生战争时,帝国主义的世界体系正处于开始形成的特殊时代",因此"日清战争成为中国被正式分割的起点,也是在亚洲形成帝国主义体制的分水岭"②。正由于此,笔者认为,尽管当时日本本身的资本主义发展尚未达到帝国主义阶段,但从整个亚洲帝国主义体制的形成过程看,日本正是通过发动甲午侵华战争而跻身于帝国主义列强之列,并成为其中最富于侵略性之一员。在这个意义上说,甲午战争是上个世纪之交帝国主义列强在亚洲所发动的一系列侵略战争中的一个重要组成部分,将其排斥在帝国主义战争范畴之外,不承认它具有帝国主义战争的性质,是说不通的。

（三）对"陆奥外交"的评价问题。陆奥宗光作为外务大臣,对于甲午开战负有重大的责任,日本历来对他的评价是很高的。在日本外务省大院里,历届外务大臣中只树立了陆奥的铜像,即足以说明这一点。而在中国的有关著作中,陆奥被描述成一个狡诈成性、善于玩弄外交权术者,这固然不错,却未能进一步探讨"陆奥外交"的实质。什么是"陆奥外交"？ 意见也并不一致。信夫清三郎认为,"陆奥外交"是要"维护日清两国在朝鲜的势力均衡","以和平手段收拾时局",最后走向开战"不是陆奥外相的意志,而是其他人的意志了"③。由于信夫的学术地位和影响,此说在日本影响很大,直到现在仍有相当多的学者持这种看法,而且为官方所接受。1995 年,笔者曾在东京参观日本外务省外交史料馆的"陆奥宗光与日清战争特别展示史料",讲解员先生也津津有味地介绍陆奥的"和平外交"。但是,近年日本又出现一种新的倾向,不再强调"陆奥外交"的和平性质了。现任外交官冈崎久彦出版的 2 卷本《陆奥宗光》（PHP研究所,1987—1989）一书,大肆赞扬"陆奥外交"是用"冷静、现实"的方式来实现弱肉强食的目的,正是"帝国主义外交"的"艺术",并且认为现代日本的外交应以"陆奥外交"为榜样④。中塚明批评了上述两种看法,认为所谓"陆奥外

① 〔日〕井上清:《日本军国主义》2 册,商务印书馆,1985 年,130 页。

② 〔日〕藤村道生:《日清战争——东亚近代史的转折点》,序言 2—3 页,东京岩波书局,1973 年。

③ 《甲午日本外交内幕》,77、83—84 页。

④ 〔日〕冈崎久彦:《所谓战略思考是什么》,中央公论社,1983 年,90—91 页。

交",是指导"近代日本一边同欧美帝国主义国家,特别是英国、美国帝国主义协调,一边对朝鲜、中国进行侵略"。所以,"把'陆奥外交'仅仅评价为'帝国主义外交艺术',这是不愿从历史上接受任何教训的人的主张。"①中塚明的批评揭示出"陆奥外交"的实质。在当时英俄对峙的情况下,陆奥一方面运用"以夷制夷"的外交策略如对俄国打"朝鲜独立"牌,以稳住俄国,而对英国则打"俄国"牌,以俄国势力的东进和南下恫吓英国,以将"英国拉到日本一边"②,作为自己恃强凌弱的靠山;另一方面,采取各种"狡狯手段"促成中日开战,以实现其蓄谋已久的侵略计划。显而易见,这与"和平外交"是完全背道而驰的。至于冈崎的主张,因提出一种曾催生了一个经济、政治及军事大国化的现代日本的"陆奥外交"新说而格外令人注目③。看来,冈崎的说法并非一时心血来潮,其主张亦非无所依凭。今天人们从在日本国内外引起广泛争论的新日美防卫合作指针相关法案中,不是依然可以看到"陆奥外交"的影子吗?

(四)旅顺大屠杀的历史真相问题。1894 年 11 月 21 日日军攻占旅顺后,连续 4 天滥杀无辜平民,制造了震惊世界的旅顺大屠杀惨案。当时在旅顺有许多外国人,其中有美国驻日本武官欧伯连(M.J.O'brien)、俄国驻中国及日本武官窝嘉克(Wogack)、美国海军军官康纳(George W.Conner)、英国船员艾伦(James Allan)及《纽约世界报》记者克利尔曼(James Creelman)、伦敦《泰晤士报》记者科温(Thomas Cowen)等一批西方新闻记者,他们或写报告和回忆录,或发表通讯,都记述日军在旅顺进行了有组织的杀戮④。不仅如此,日本一些参战士兵和随军记者的日记也有类似的记述。如向野坚一《从军日记》、《小野六藏日记》及龟井兹明《甲午战争亲历记》等即是。尽管铁证如山,日本明治政府当局却矢口抵赖。伊藤博文下达指示:"承认错误危险甚多,而且不是好办法,只有完全置之不理,专采取辩护手段。"⑤陆奥宗光也认为:"关于这个事件的真假,或者即使是事实,其程度又如何,这里都没有追究的必要。"⑥于是,他一面向其驻外公使发出训令,以统一口径,一面炮制了一份《关于旅顺口事件

---

① 〔日〕中塚明:《中日甲午战争之开战与"陆奥外交"》,《甲午战争与近代中国和世界》,312、319 页。

② 戚其章:《甲午战争国际关系史》,人民出版社,1994 年,122—132 页。

③ 《甲午战争与近代中国和世界》,312 页。

④ 参阅拙作《旅顺大屠杀真相考》,《东岳论丛》1985 年 6 期;关捷:《日军旅顺屠杀研究》,《第二届近百年中日关系史国际研讨会论文集》,中华书局,1995 年。

⑤ 〔日〕藤村道生:《日清战争》,119 页。

⑥ 〔日〕陆奥宗光:《蹇蹇录》,伊含石译,商务印书馆,1963 年,63 页。

的辩解书》,声称西方记者的报道"是大加夸张渲染以耸人听闻的","在旅顺被杀的人大部分被证实是变装的兵士"①。由于日本政府采取不承认主义,旅顺大屠杀事件在日本也就逐渐被人们淡忘,后来的有关论著也仅仅简单地提到了这个问题。直到十几年前,日本学者大谷正连续发表《关于旅顺屠杀的研究》(《专修大学法学论文集》45 号,1987)、《〈世界报〉和日清战争报导》(《专修大学社会科学年报》23 号,1989)两篇论文,标志着日本史学界对旅顺大屠杀事件开始了"正规的研究"。到目前为止,陆奥所说的"关于这个事件的真假"似乎不成问题了,但在一些具体问题上分歧仍然。争论主要集中于两个方面:第一,日军的杀戮对象都是哪些人? 第二,日军在旅顺屠杀了多少人? 日本学者秦郁彦认为,由于清兵"脱下军装,换上便衣,潜伏于居民家中,日军于扫荡中难以区分败兵与居民,于是'凡是壮丁,估计可能是士兵者,都毫不留情地杀了'。"②就是说,日军杀戮的主要是清兵,平民则是在"难以区分"的情况下误杀的。这完全是陆奥的旧调重弹。上面提到的小野六藏就在日记中写道:"看到每家多者十多名少则二三名敌尸,有白发老爷,还有婴儿一起被打死,白发老婆和媳妇手拉手横躺在地,其惨状不可名状。"③在被杀者中间,有白发老爷、老婆、婴儿和媳妇,他们也同清兵"难以区分"吗? 显然是无法自圆其说的。至于日军屠杀的人数,秦郁彦说:"我估计是 2 000 人以上,中国方面说 20 000 人,这与平时人口 10 000 人相对照,似乎过多了。"④旅顺"平时人口 10 000 人"的说法肯定是错了。据龟井兹明所记,"市街房屋约 2 000 户"⑤,以每户五口计,约合 10 000 人,是指旅顺地区中心的市街人口,而并非整个旅顺的人口。以此来证明日军不可能杀戮 20 000 人,是不能成立的。那么,这"2 000 人以上"的被害者是什么身份? 作者却又含糊其辞,不做明确交代。日本第二军参谋部的报告是这样说的:"敌人在旅顺方面死者约 2 500 人。"⑥如果所说"2 000 人以上"是指清兵的话,岂不是根本没有误杀平民? 如果所说"2 000 人以上"中有误杀平民的话,这数字又怎么能够体现出来? 其自相矛盾如此! 对于旅顺

---

①　拙著《甲午战争史》,241—242 页。

②　〔日〕秦郁彦:《旅顺虐杀事件》,《日清战争与东亚世界的变化》下册,东京まに书房,1997 年,292 页。

③　《小野六藏日记》,1895 年。

④　《旅顺虐杀事件》,《日清战争与东亚世界的变化》下册,295 页。

⑤　〔日〕龟井兹明:《甲午战争亲历记》,199—200 页。

⑥　〔日〕大谷正:《近代日本的对外宣传》,东京研文出版社,1994 年,180 页。

被难同胞之人数,时人孙宝田的记述很明确:"除有家人领尸择地安葬者千余外,据扛尸队所记,被焚尸体实有一万八千三百余人。"①从目前所掌握的史料看,这条记载还是难以推翻的。

一百年来的研究实践表明,甲午战争史研究可以成为一门内容丰富的学科,不仅对甲午战争本身的研究是大有潜力可挖的,因为还存在着许多研究的薄弱环节、甚至空白,有待于进一步探索和填补,而且更为重要的是,甲午战争犹如中国近代史之网的纲,抓住了它就必然会带动整个中国近代史研究的拓宽和深入。

(本文系作者应《历史研究》杂志邀请,为"二十世纪中国历史学回顾"栏目所写专文,原载《历史研究》2000 年第 1 期)

---

① 孙宝田:《旅大文献征存》3 卷,《甲午战争旅顺屠杀始末记》(未刊稿)。

图书在版编目(CIP)数据

甲午战争史/戚其章著.—2 版.—上海:上海
人民出版社,2014
ISBN 978-7-208-12125-6

Ⅰ.①甲…　Ⅱ.①戚…　Ⅲ.①中日甲午战争-史料
Ⅳ.①K256.306

中国版本图书馆 CIP 数据核字(2014)第 041102 号

责任编辑　孙　瑜　邵　冲
封面设计　范昊如

甲午战争史

戚其章　著

出　　版　上海人民出版社
　　　　　(201101　上海市闵行区号景路 159 弄 C 座)
发　　行　上海人民出版社发行中心
印　　刷　上海商务联西印刷有限公司
开　　本　720×1000　1/16
印　　张　36
插　　页　3
字　　数　580,000
版　　次　2014 年 4 月第 2 版
印　　次　2025 年 5 月第 10 次印刷
ISBN 978-7-208-12125-6/K·2165
定　　价　125.00 元